四川统计年鉴

SICHUAN STATISTICAL YEARBOOK

2012

（总第30期 N0.30）

四　川　省　统　计　局
国家统计局四川调查总队　编
Statistical Bureau of Sichuan
NBS Survey Office in Sichuan

中国统计出版社
China Statistics Press

（京）新登字 041 号

图书在版编目（CIP）数据

四川统计年鉴. 2012 ：汉英对照 / 四川省统计局，国家统计局四川调查总队编.
——北京：中国统计出版社，2012.8
ISBN 978-7-5037-6617-6
Ⅰ.①四…
Ⅱ.①四…②国…
Ⅲ.①统计资料-四川省-2012-年鉴-汉、英
Ⅳ.①C832.71-54

中国版本图书馆 CIP 数据核字（2012）第 172551 号

四川统计年鉴-2012
SICHUAN STATISTICAL YEARBOOK 2012

作　　者 / 四川省统计局　国家统计局四川调查总队
责任编辑 / 佘竞雄　王立群
执行编辑 / 宋　兰
出版发行 / 中国统计出版社
通信地址 / 北京市西城区月坛南街 57 号
邮　　编 / 100826
办公地址 / 北京市丰台区西三环南路甲 6 号
电　　话 / (010)63376907
网　　址 / http://csp.stats.gov.cn
印　　刷 / 成都市博普印务有限公司
开　　本 / 890×1240 毫米　1/16
字　　数 / 1224 千字
印　　张 / 38.25
版　　别 / 2012 年 8 月第 1 版
版　　次 / 2012 年 8 月第 1 次印刷
书　　号 / ISBN 978-7-5037-6617-6/ C·2694
定　　价 / 360.00 元

本书附同版本 CD—ROM 一张，光盘内容以书面文字为准。
中国统计版图书，如有印装错误，由四川省统计局综合处负责调换。
地址：成都市二环路西一段 108 号　邮编：610041　电话：(028)87042700　87042698

《四川统计年鉴－2012》编委会

《四川统计年鉴－2012》编辑部

SICHUAN STATISTICAL YEARBOOK-2012

Editorial Board and Staff

编辑说明

一、《四川统计年鉴－2012》是一部全面反映四川省经济和社会发展情况的综合性统计资料年刊。本年鉴收录了全省和各市（州）、县（市、区）2011 年经济和社会各方面的大量统计数据，以及历史重要年份和近年来的全省主要统计数据。

二、本年鉴正文内容分为 24 个篇章，即：1.综合；2.国民经济核算；3.人口；4.就业人员和职工工资；5.固定资产投资；6.能源；7.资源和环境；8.财政和物价；9.人民生活和社会保障；10.城市概况；11.民族自治地方概况；12.县(市、区)概况；13.农业；14.工业；15.建筑业；16.交通运输、邮电和通讯；17.国内贸易；18.对外经济贸易和旅游；19.金融和保险；20.教育、科技和专利；21.文化、体育和卫生；22.其他社会活动；23.法人单位概况；24.企业调查。为帮助读者理解和使用统计数据，部分统计表下作了简要注释，并在各篇末附有主要统计指标解释。

三、与 2011 年版《四川统计年鉴》比较，本年鉴在第二章“国民经济核算”中新增加了 1978 年以来第三产业的分行业资料；在第六章“能源”中取消了原“焦炭、原油、汽油、煤油、柴油、燃料油、液化石油气”6 张平衡表，新增加了 2006 年以来的“能源生产、消费弹性系数”、2005 年以来的“各市(州)单位 GDP 能耗、各市(州)单位工业增加值能耗”；在第十三章“农业”中取消了原“各市（州）乡镇企业主要指标”；在第十八章“对外经济贸易和旅游”中新增加了“人民币汇率”；在第二十章“教育、科技和专利”中恢复了“R&D”资料；将原第二章“国民经济核算”和第三章“人口”中的分县（市、区）资料集中放在第十二章“县(市、区)概况”中。

四、本年鉴中，交通、邮电、旅游、外贸、金融、保险、教育、科技、文化、卫生、体育、专利、民政、火灾、交通事故、矿产资源等数据均由相关部门提供。

五、本年鉴对过去发表的统计资料重新进行了核实，凡与本年鉴数据有出入的，以本年鉴为准。

六、本年鉴中所使用的度量衡单位均采用国际统一标准计量单位。

七、本年鉴表中的符号使用说明：“空格”表示该项统计指标数据不足本表最小单位数、数据不详或无该项数据；“#”表示其中的主要项。

Preface

Ⅰ. *Sichuan Statistical Yearbook 2012* is an annual statistics publication to reflect various aspects of Sichuan's economic and social development, which covers very comprehensive data series in 2011 and some selected data series in historically important years and the most recent years at provincial level, local levels of prefecture and level of county.

Ⅱ. The text of this Yearbook contains the following 24 parts, l. General Survey, 2. National Accounts, 3. Population, 4. Employment and Wage, 5. Investment in Fixed Assets, 6.Energy , 7. Resources and Environment,8. Local Government Finance and Price, 9.People's Livelihood and Social Welfare, 10.City, 11.Survey of Minority Nationality Autonomous Areas, 12. Survey of County (city,district), 13. Agriculture, 14. Industry, 15. Construction, 16. Transportation, Post and Telecommunications Services, 17. Domestic Trade, 18. Foreign Trade and Economic Cooperation and International Tourism, 19. Banking and Insurance, 20. Education, Science, Technology and Patents, 21. Culture, Sports and Public Health, 22. Other Social Activities, 23. Unit List, 24. Enterprise Survey. Explanatory Notes on Main Statistical Indicators is attached to the end of each chapter to help the readers to understand and use the statistical data in this book.

Ⅲ. Compared with *Sichuan Statistical Yearbook 2011*, this yearbook have increased industry data for the tertiary industry since 1978 in Chapter 2 of "National Accounts";have canceled the original "coke, crude oil, gasoline, kerosene, diesel, fuel oil, liquefied petroleum gas " 6 Balance Sheet; have increased "the elasticity coefficient of energy production and consumption since 2006 ", " energy consumption per unit of GDP and energy consumption per unit of industrial added value by region" since 2005 in Chapter 6 of "Energy"; have canceled the original "principle indicators of township and village enterprises by region" in Chapter 13 of agriculture; have increased RMB exchange rate in Chapter 18 of "Foreign Economic Trade and Economic Cooperation and Tourism"; have recoved " R & D" information in Chapter 20 of "Education, Science,Technology and Patents"; have moved the data by counties (cities, districts) in chapter 2 of "National Accounts" and Chapter 3 of "Population" into chapter 12 of "Survey of County (City, District)".

Ⅳ. In this yearbook, data of transport, post and telecommunications, tourism, trade, finance, insurance, education, technology, culture, health, sports, patents, civil, fire, traffic accident, mineral resources provided by the relevant departments.

Ⅴ. The statistics data published in the past is re-verified in this book. Any discrepancy between the data of this book, it prevails.

Ⅵ The units of measurement used in this book are international standard measurement units.

Ⅶ Notations used in this book:"(blank)"indicates that the data not available, "#" indicates the major items of the total.

目 录

CONTENTS

一、综合
Chapter 1 GENERAL SURVEY

二、国民经济核算
Chapter 2 NATIONAL ACCOUNTS

三、人口
Chapter 3 POPULATION

四、就业人员和职工工资
Chapter 4 EMPLOYMENT AND WAGE

五、固定资产投资
Chapter 5 INVESTMENT IN FIXED ASSETS

六、能源
Chapter 6 ENERGY

七、资源和环境
Chapter 7 RESOURCES AND ENVIRONMENT

八、财政和物价
Chapter 8 LOCAL GOVERNMENT FINANCE AND PRICE

九、人民生活和社会保障
Chapter 9 PEOPLE'S LIVELIHOOD AND SOCIAL WELFARE

十、城市概况
Chapter 10 CITY

十一、民族自治地方概况
Chapter 11 SURVEY OF MINORITY NATIONALITY AUTONOMOUS AREAS

十二、县(市、区)概况
Chapter 12 SURVEY OF COUNTY (CITY, DISTRICT)

十三、农业
Chapter 13 AGRICULTURE

十四、工业
Chapter 14 INDUSTRY

十五、建筑业
Chapter 15 CONSTRUCTION

十六、交通运输、邮电和通讯
Chapter 16 TRANSPORTATION, POST AND TELECOMMUNICATIONS SERVICES

十七、国内贸易
Chapter 17 DOMESTIC TRADE

十八、对外经济贸易和旅游
Chapter 18 FOREIGN TRADE AND ECONOMIC COOPERATION AND INTERNATIONAL TOURISM

十九、金融和保险
Chapter 19 BANKING AND INSURANCE

二十、教育、科技和专利
Chapter 20 EDUCATION, SCIENCE, TECHNOLOGY AND PATENTS

二十一、文化、体育和卫生
Chapter 21 CULTURE, SPORTS AND PUBLIC HEALTH

二十二、其他社会活动
Chapter 22 OTHER SOCIAL ACTIVITIES

二十三、法人单位概况
Chapter 23 Unit List

二十四、企业调查
Chapter 24 ENTERPRISE SURVEY

年末农业人口和非农业人口

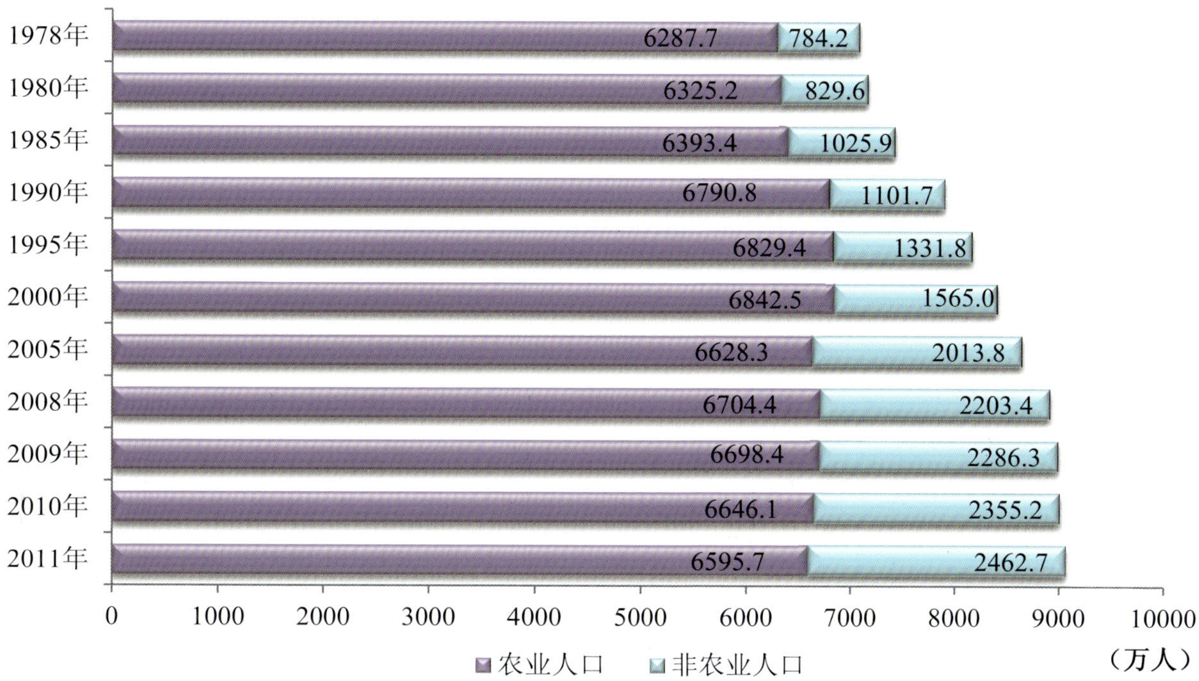

劳动力资源和就业人员

按三次产业分的就业人口构成

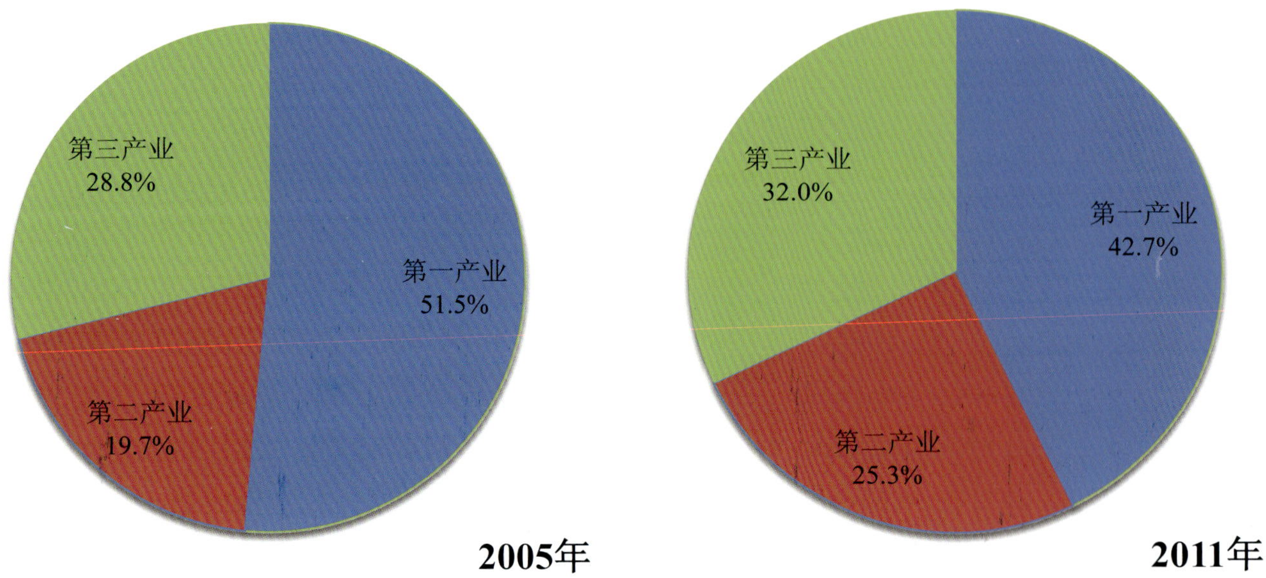

地区生产总值和增长速度

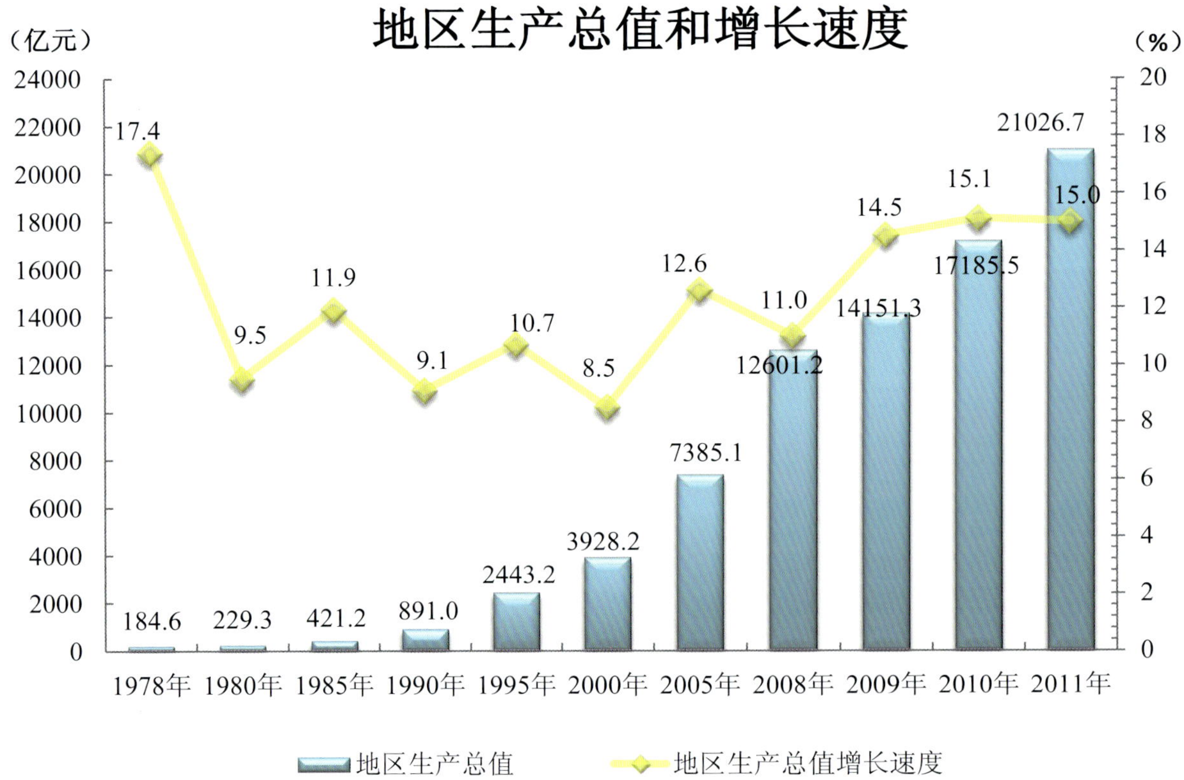

地区生产总值构成

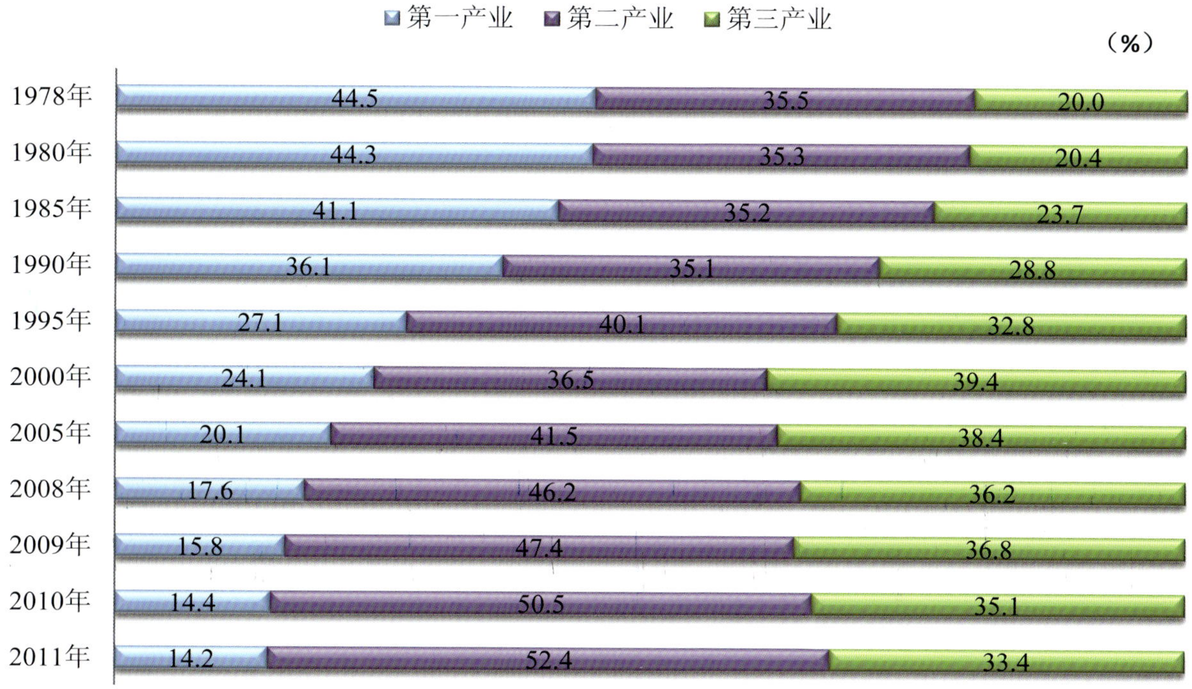

人均GDP

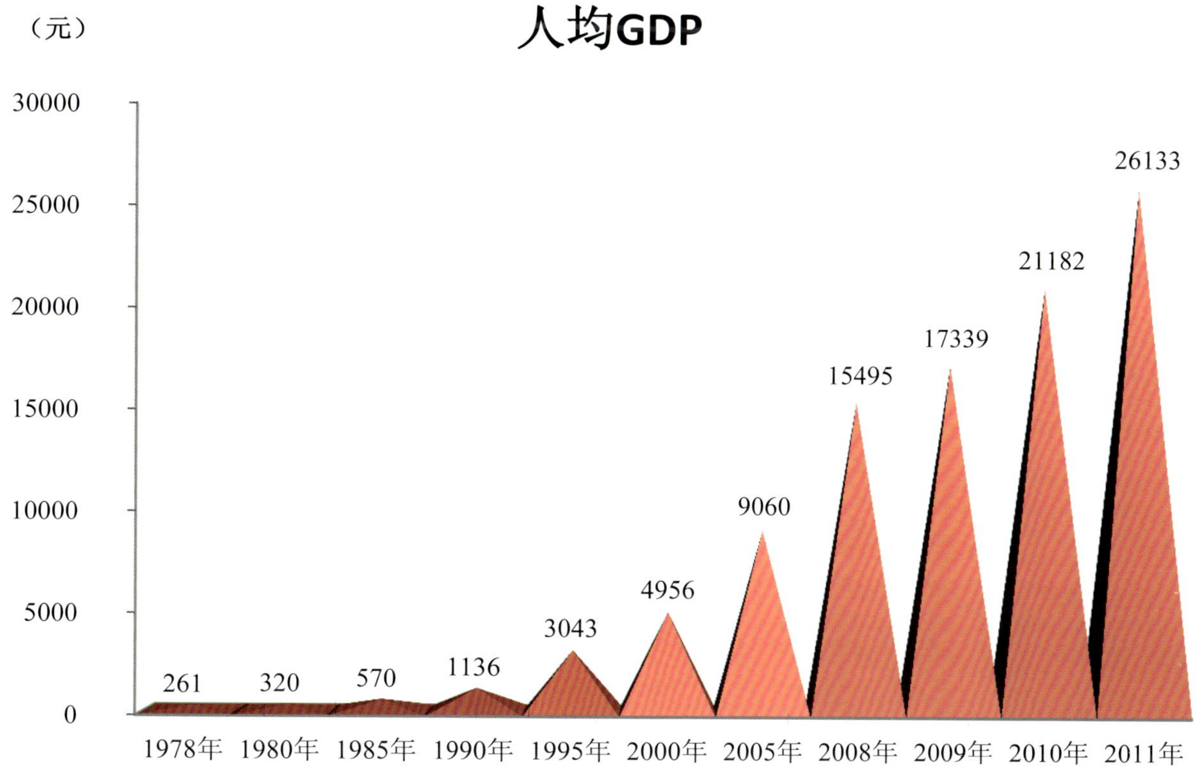

农林牧渔业总产值

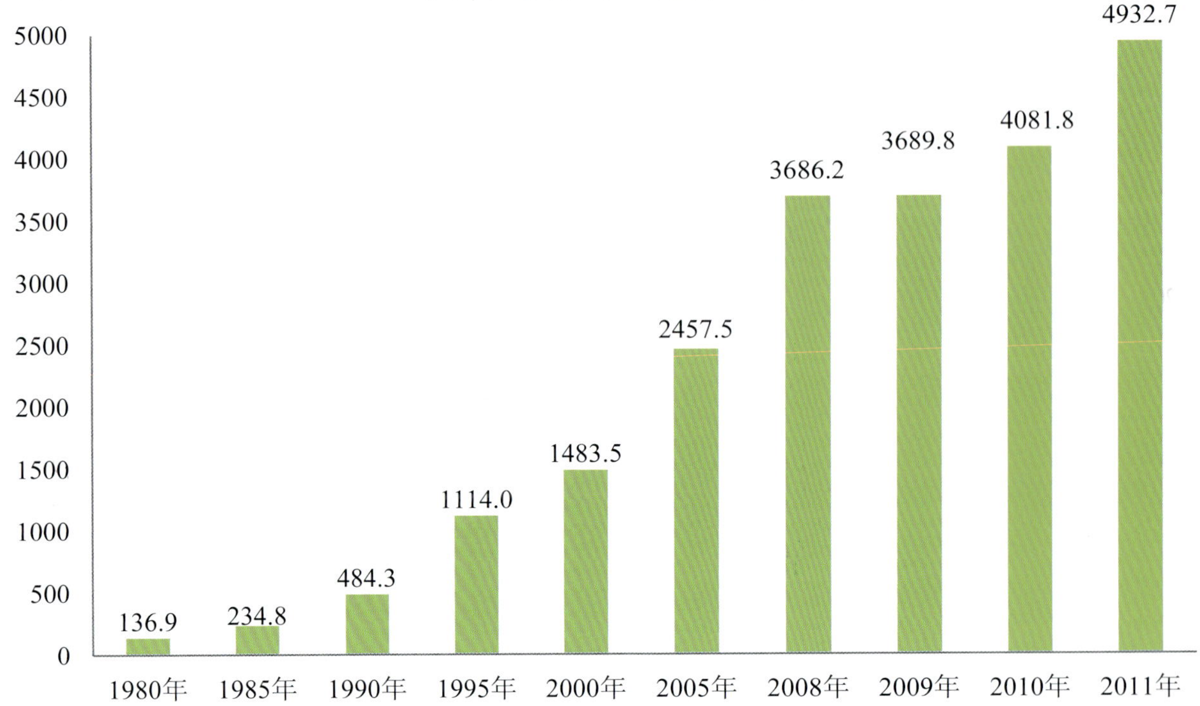

农作物播种面积

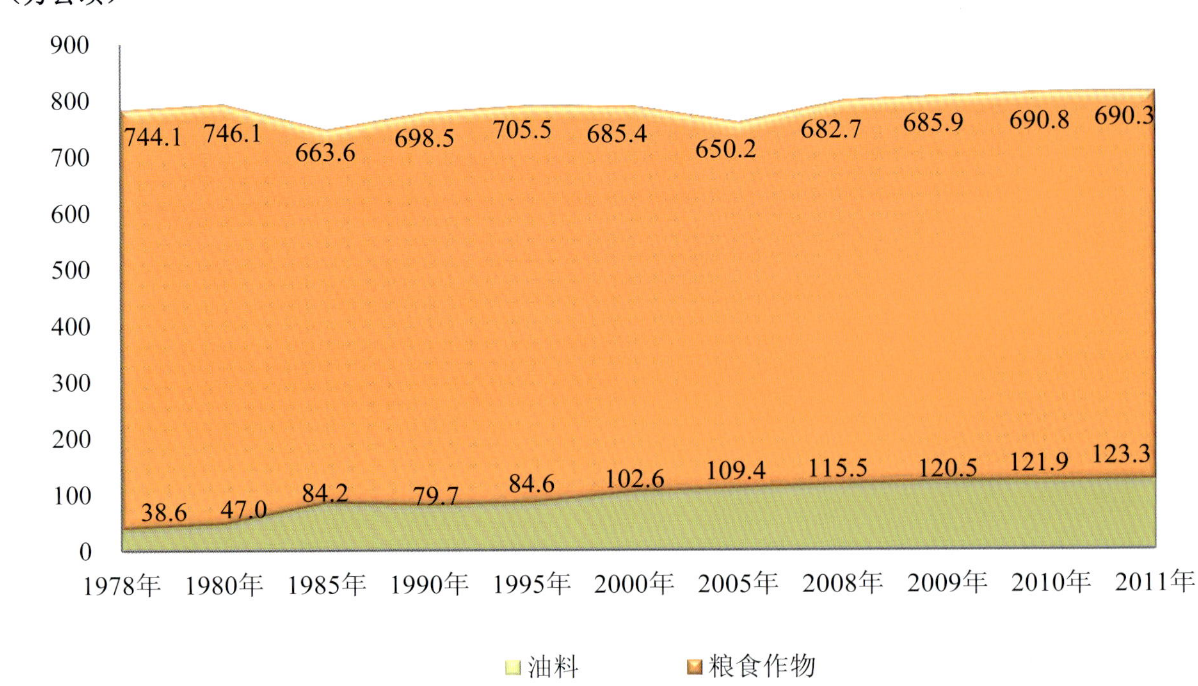

畜产品产量

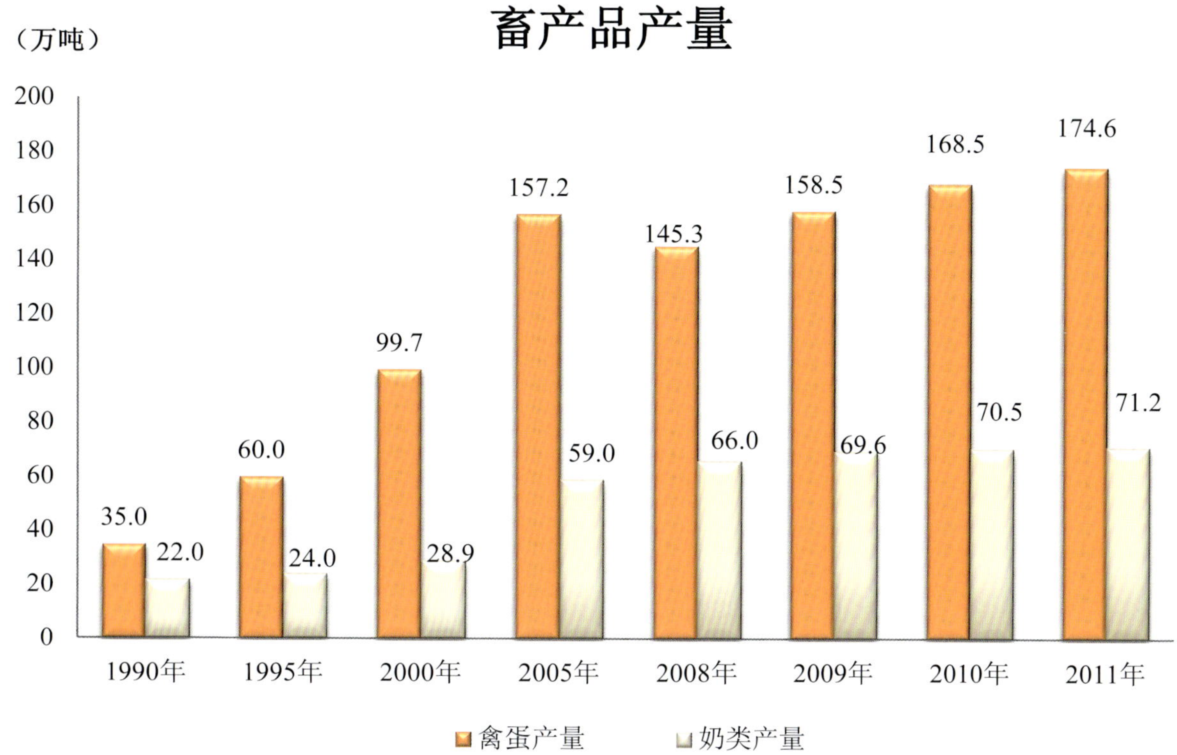

农业机械总动力

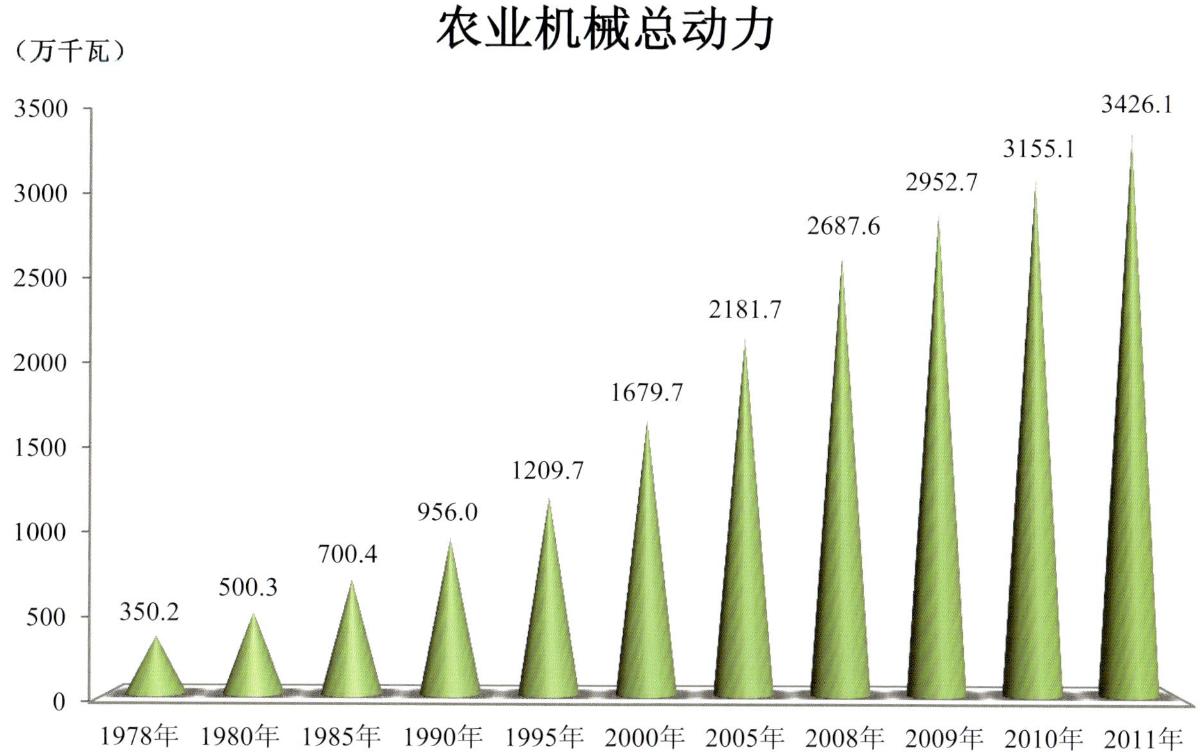

化肥施用量

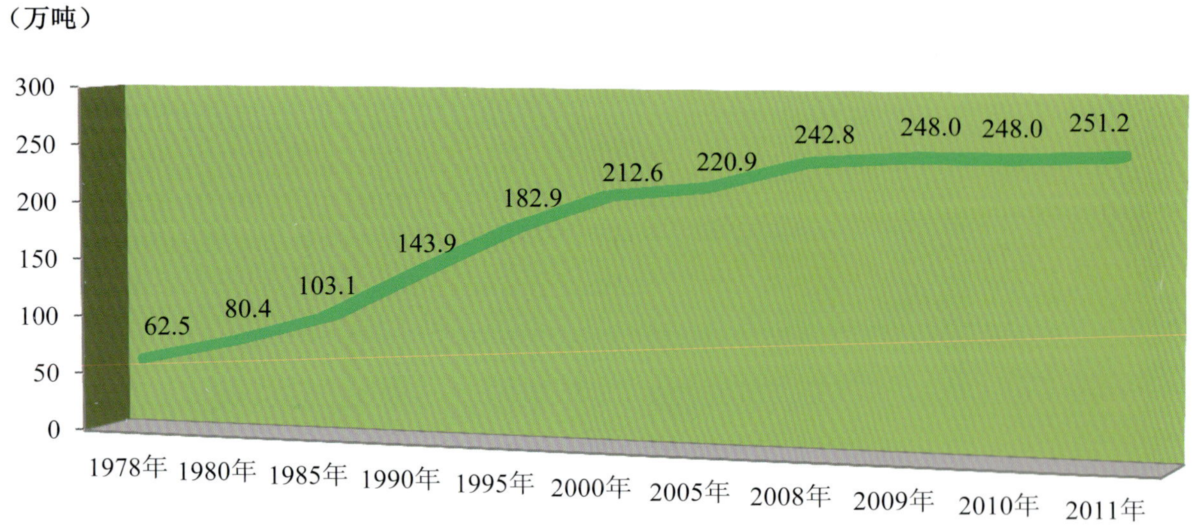
（万吨）
300
250
200
150
100
50
0
62.5
80.4
103.1
143.9
182.9
212.6
220.9
242.8
248.0
248.0
251.2
1978年
1980年
1985年
1990年
1995年
2000年
2005年
2008年
2009年
2010年
2011年

农村用电量

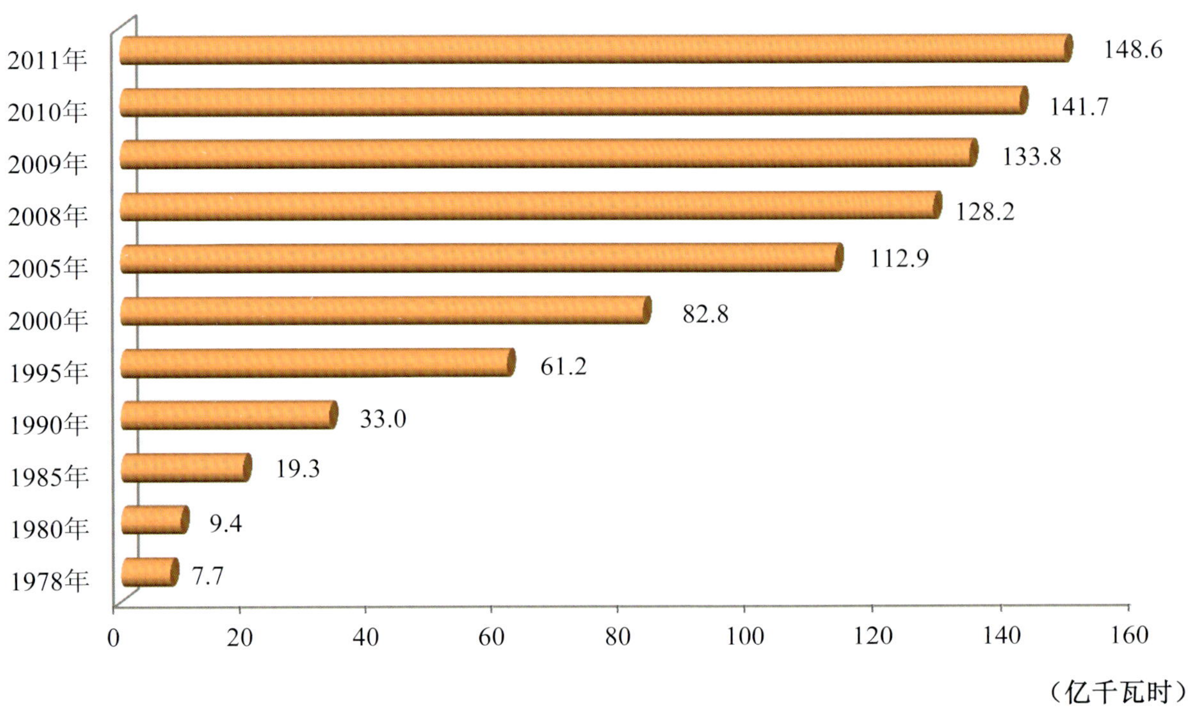
2011年
2010年
2009年
2008年
2005年
2000年
1995年
1990年
1985年
1980年
1978年
148.6
141.7
133.8
128.2
112.9
82.8
61.2
33.0
19.3
9.4
7.7
0
20
40
60
80
100
120
140
160
（亿千瓦时）

工业增加值

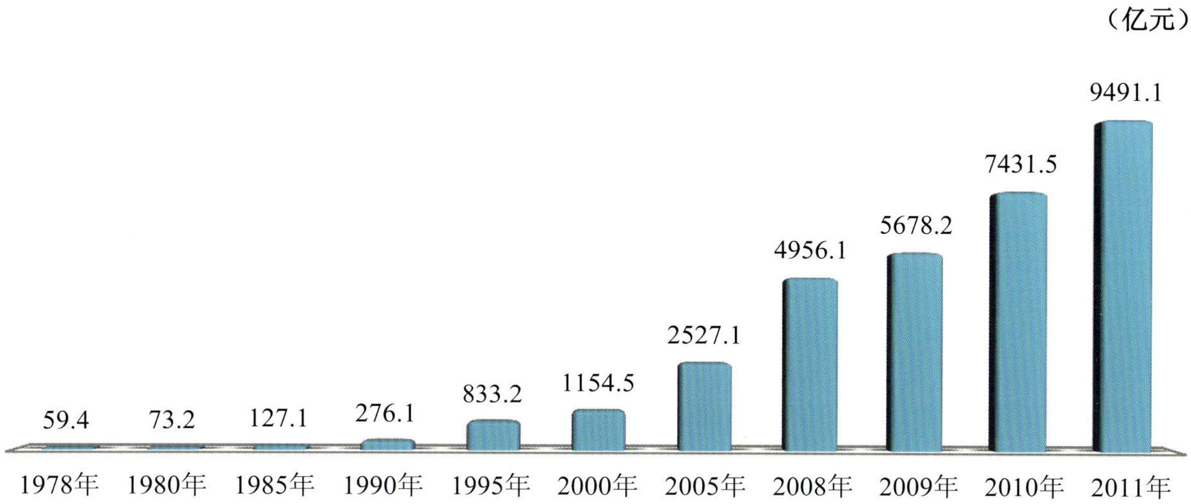

规模以上工业企业利润总额

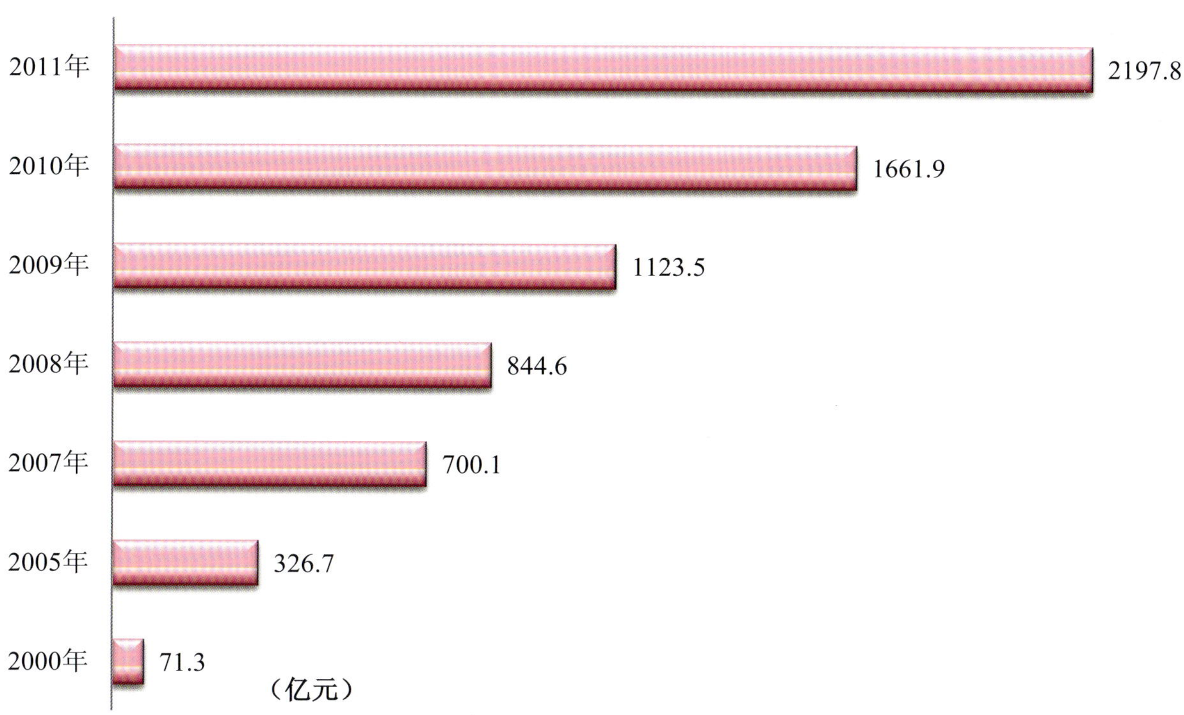

发电量

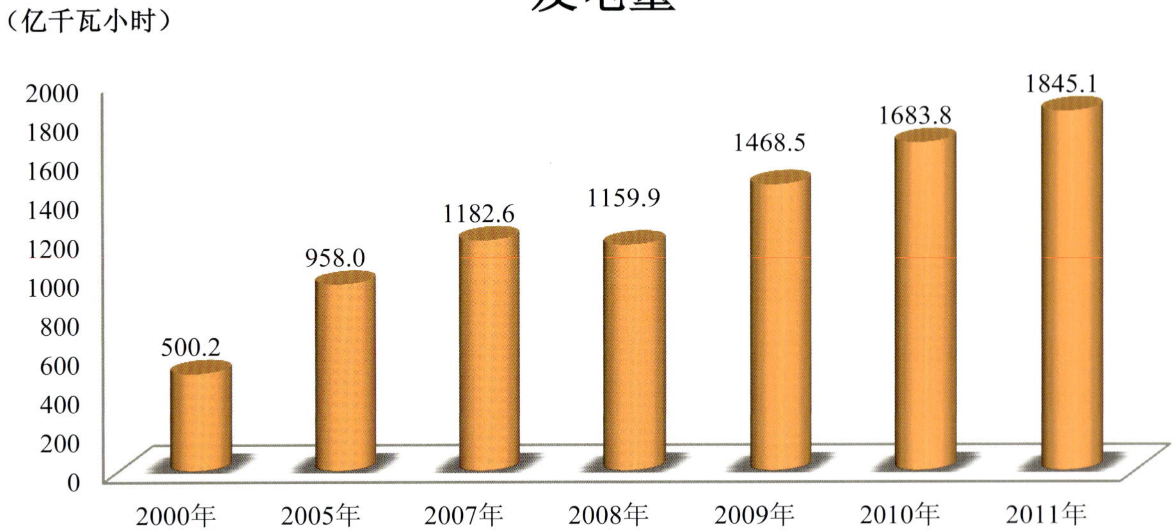

生铁产量和钢产量

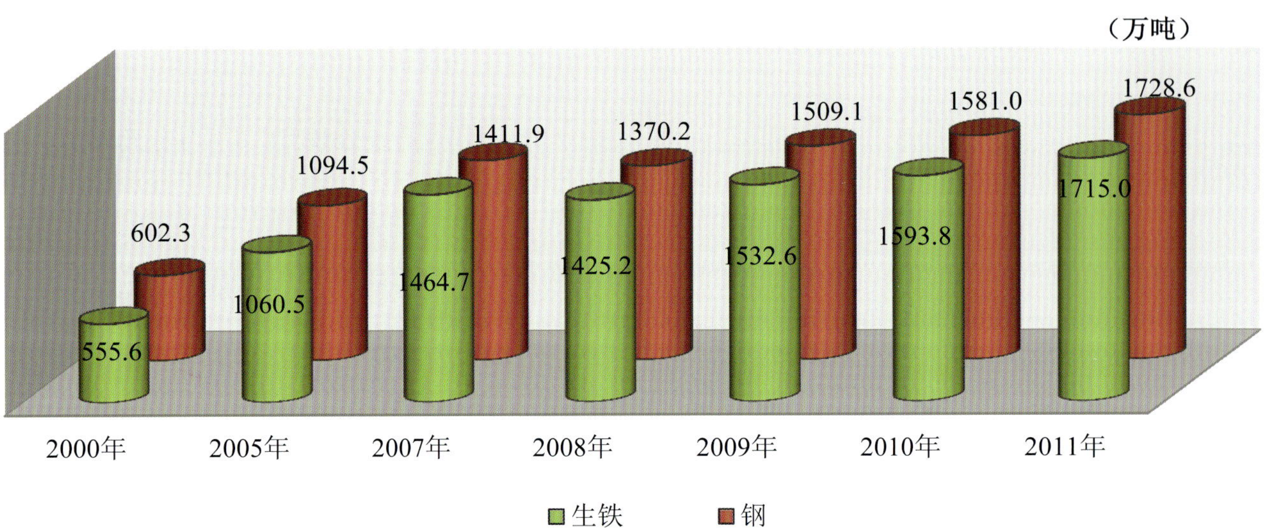

水泥产量

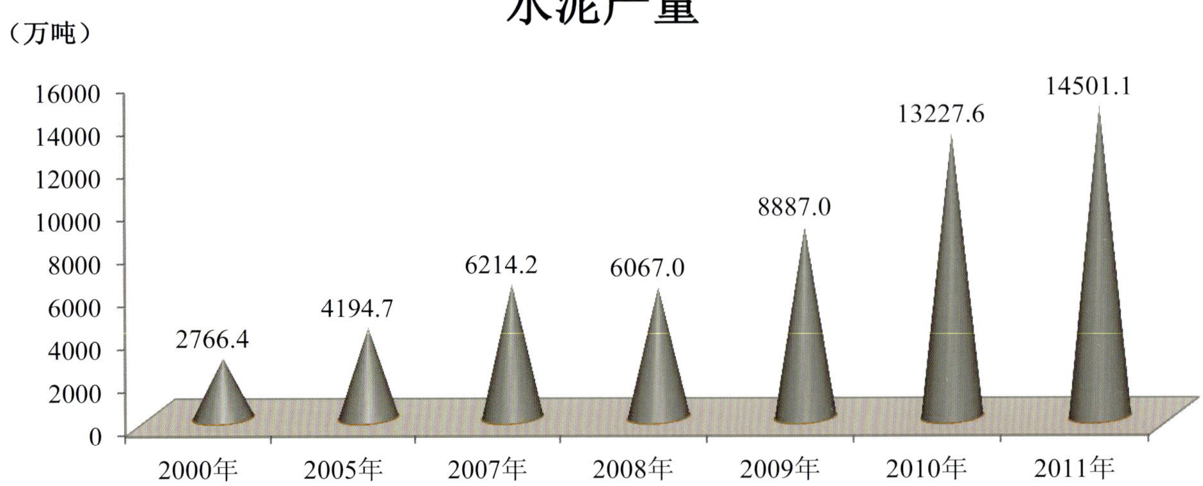

全社会固定资产投资

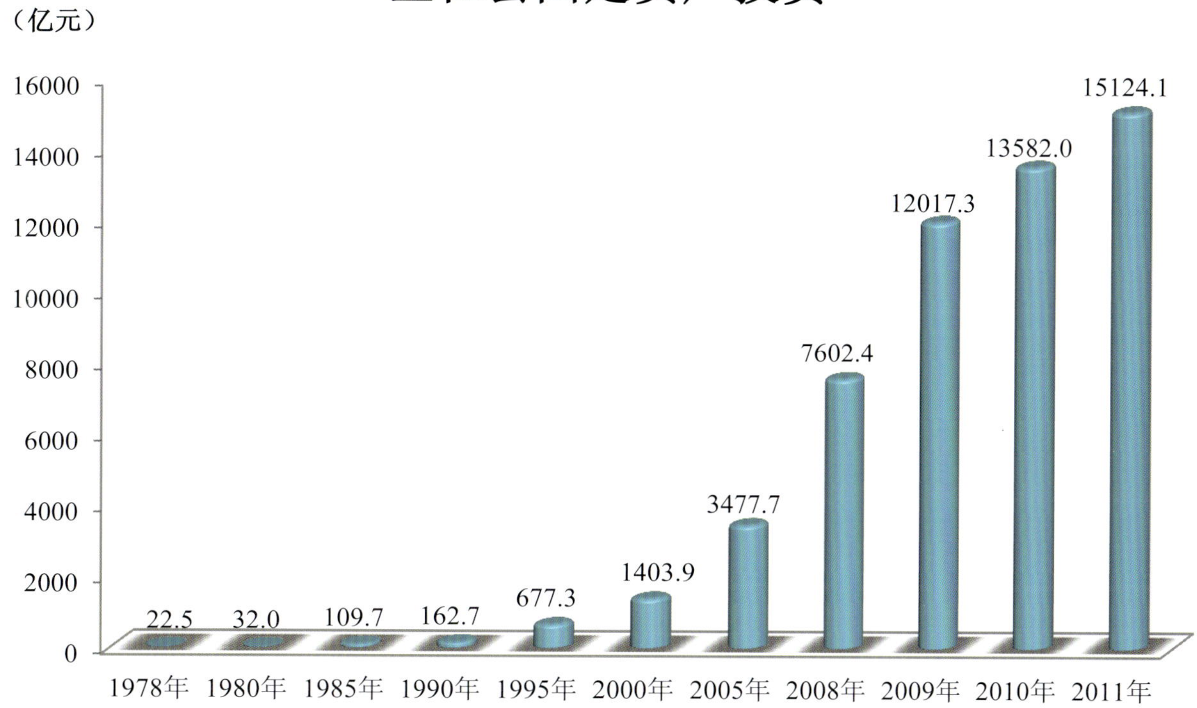

全社会固定资产投资构成

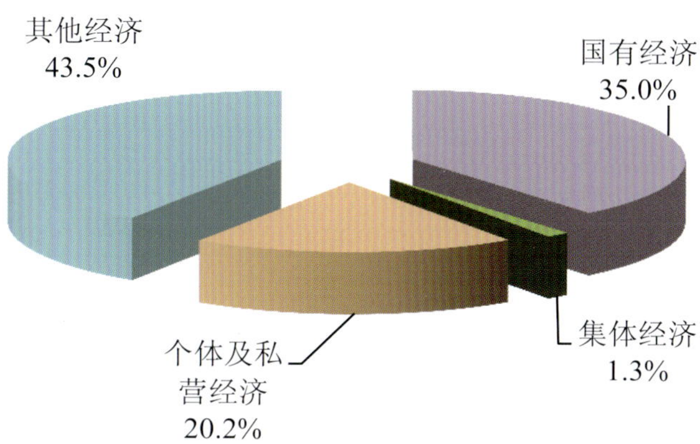

2007年

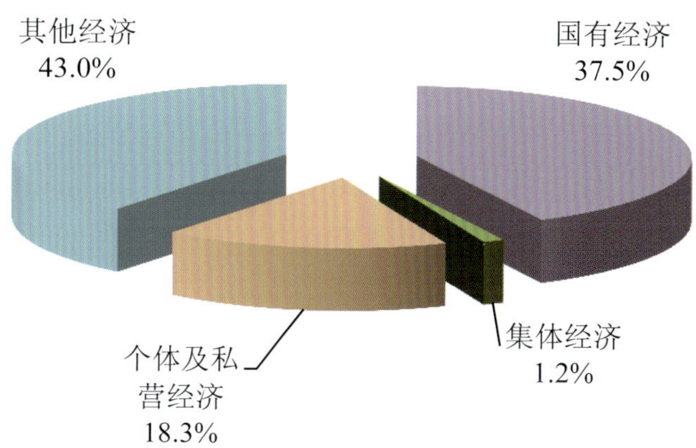

2011年

能源生产量和消费量

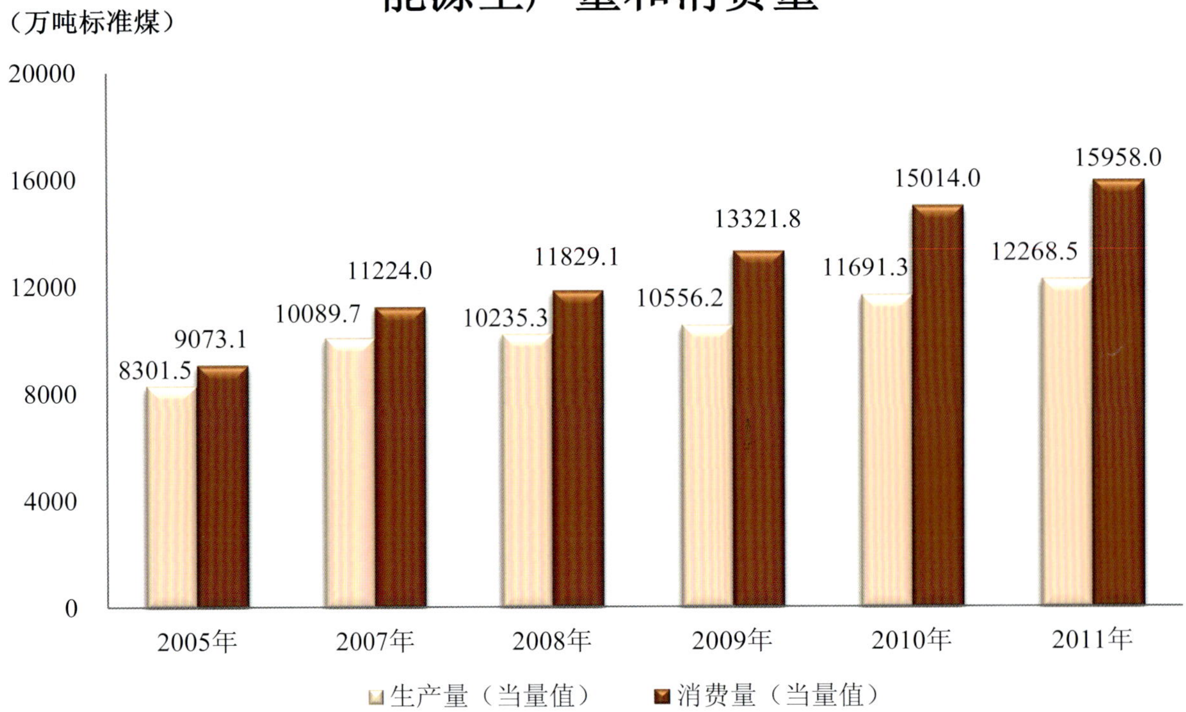

旅客总周转量和货物总周转量

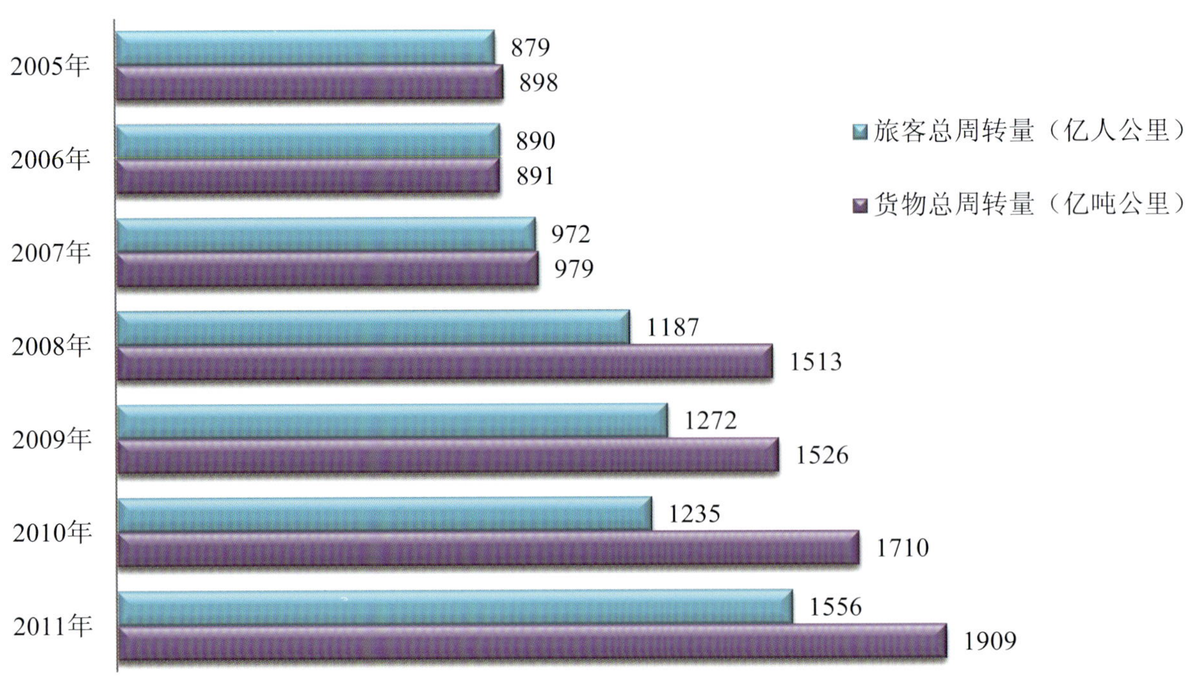

社会消费品零售总额

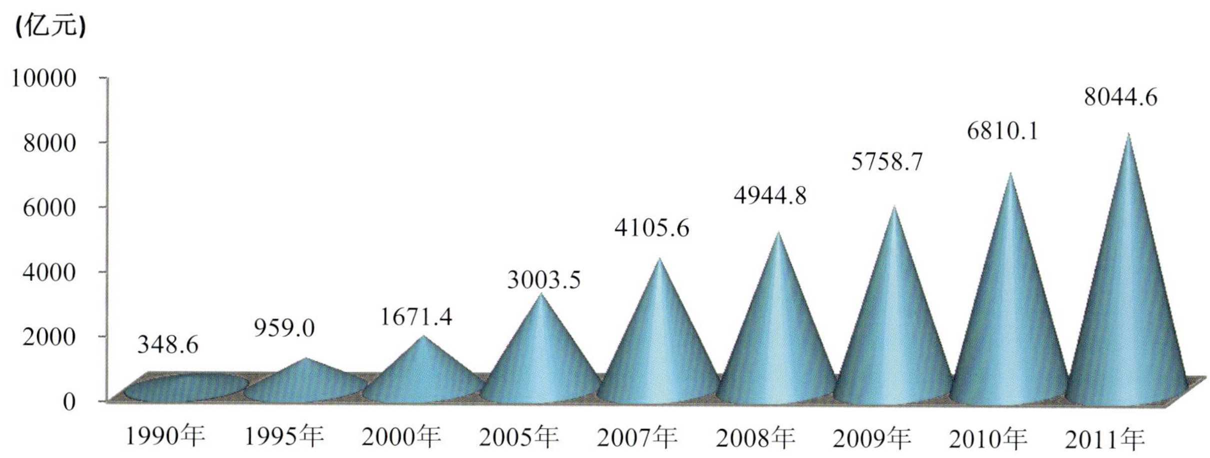

进口额和出口额

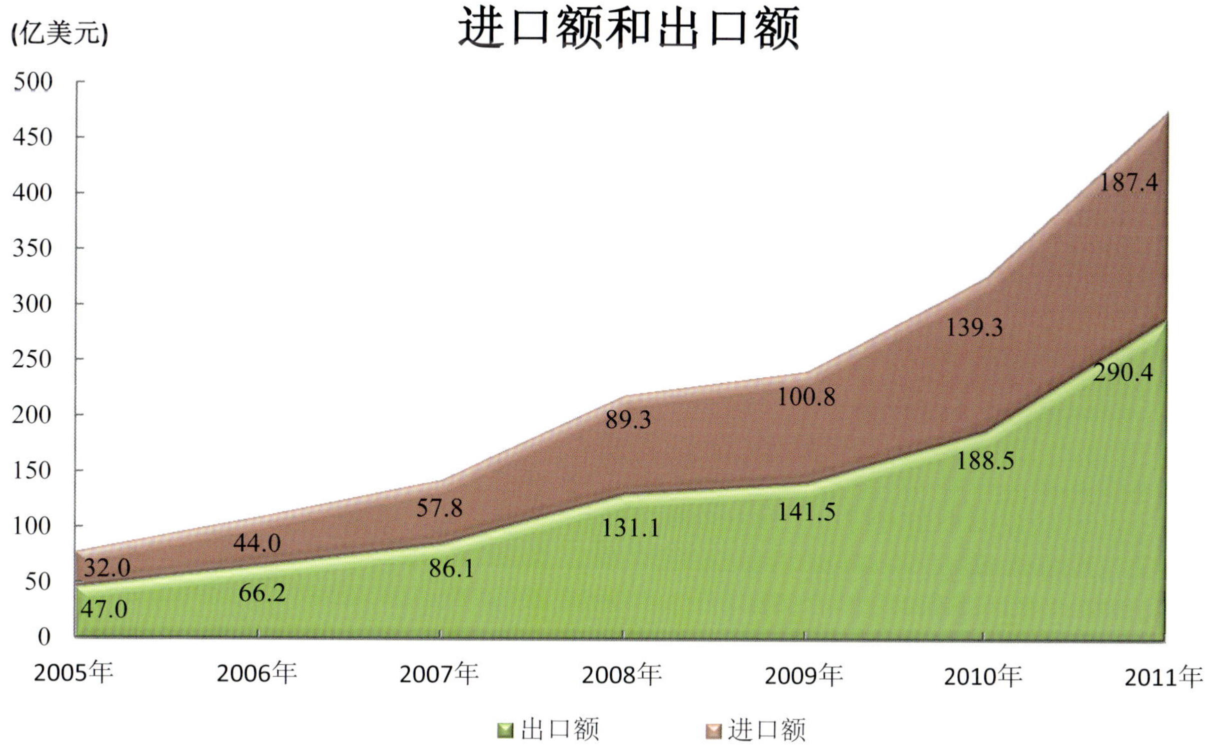

地方公共财政收入和支出

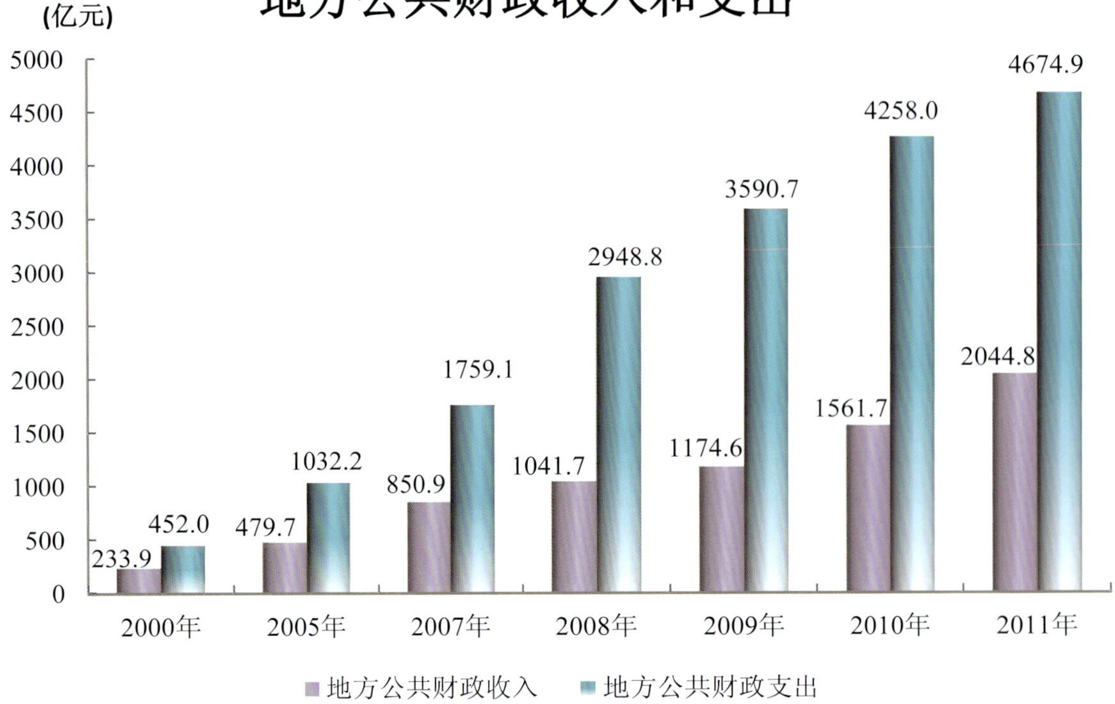

金融机构本外币各项存贷款余额

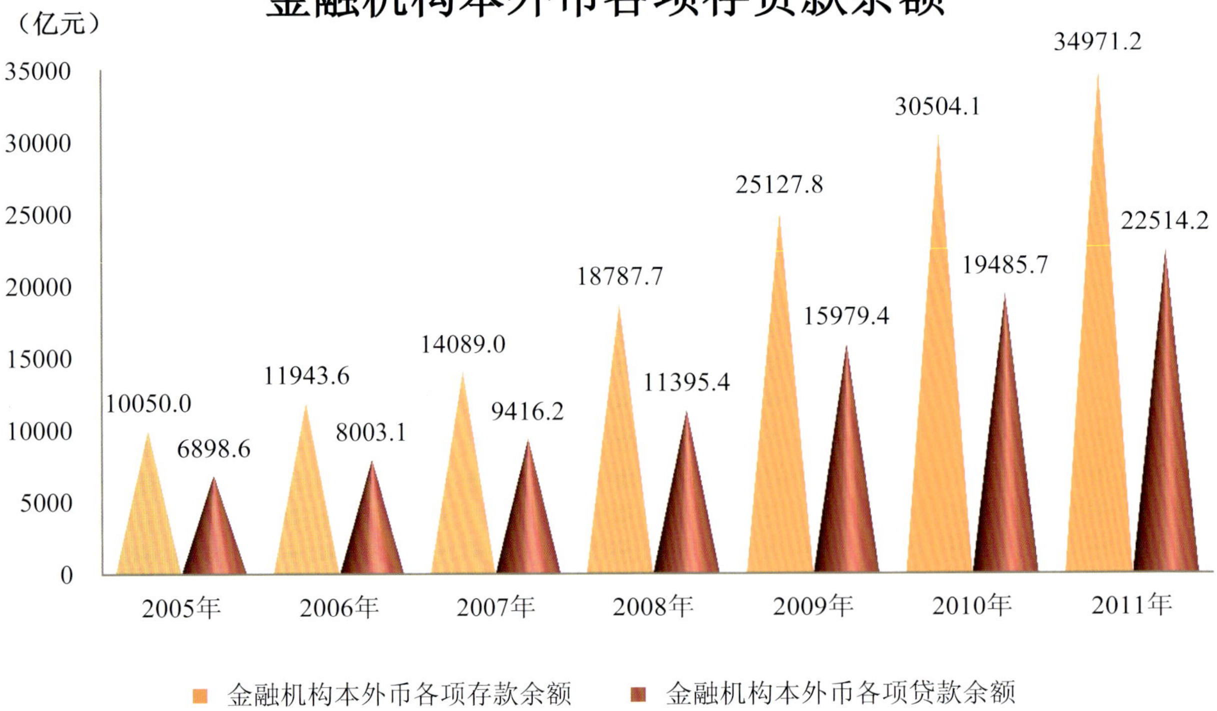

城镇居民人均可支配收入和消费支出

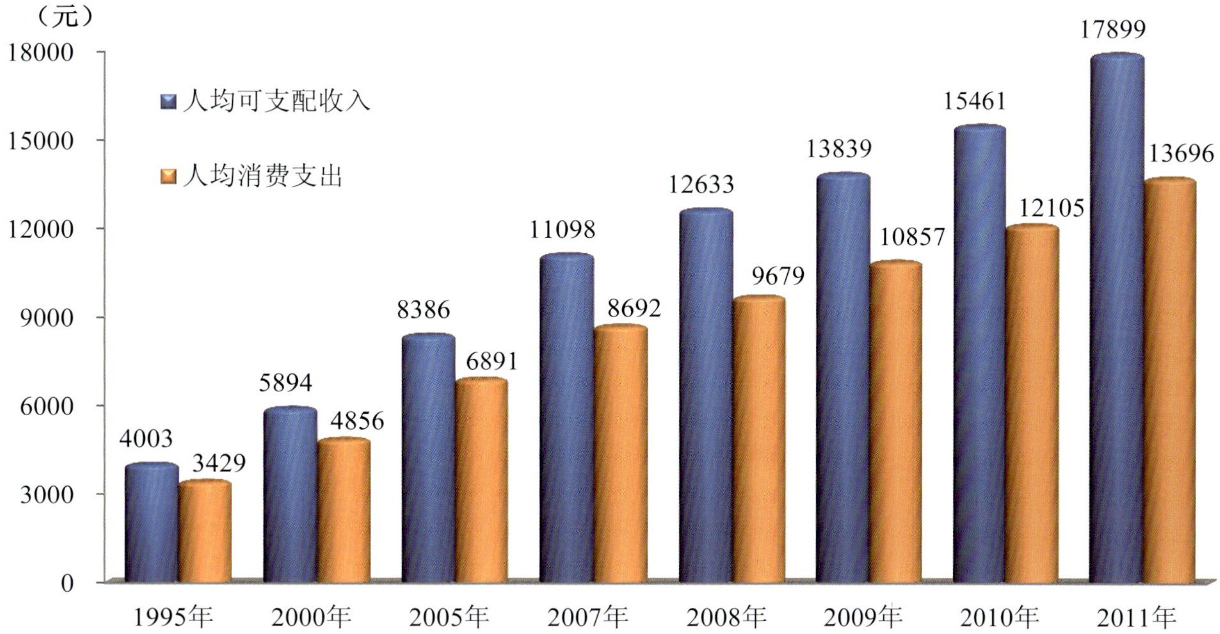

农村居民人均纯收入和生活消费支出

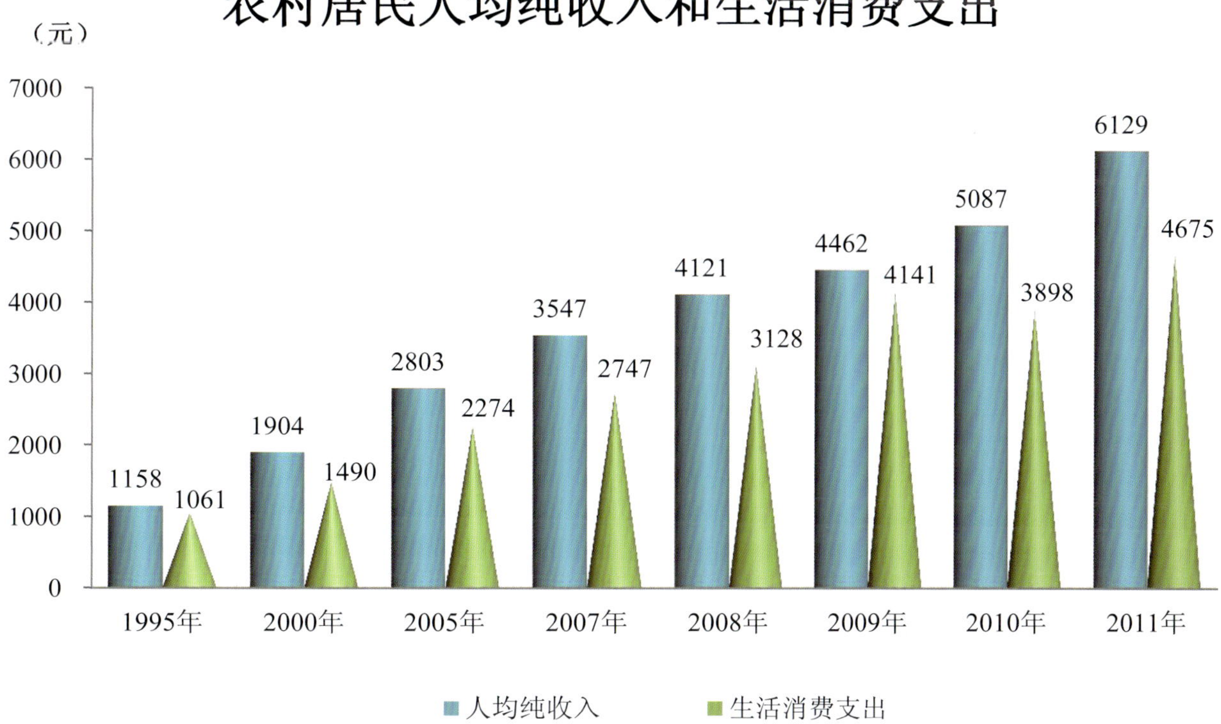

城乡居民恩格尔系数

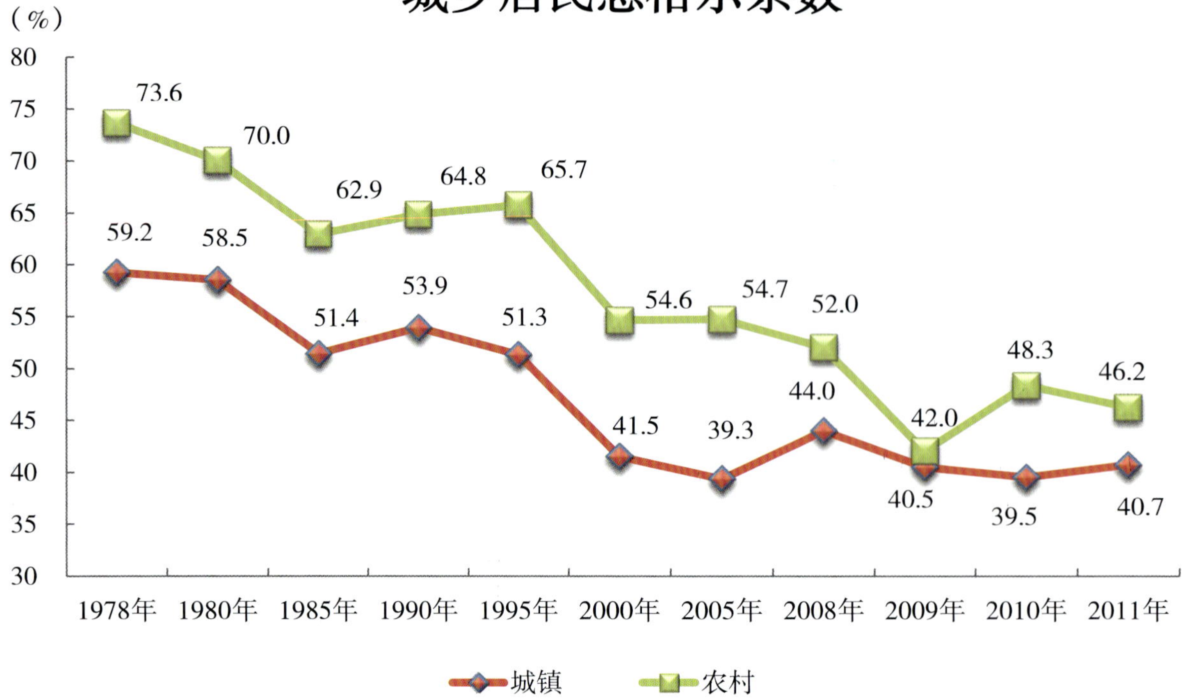

居民消费价格涨跌情况

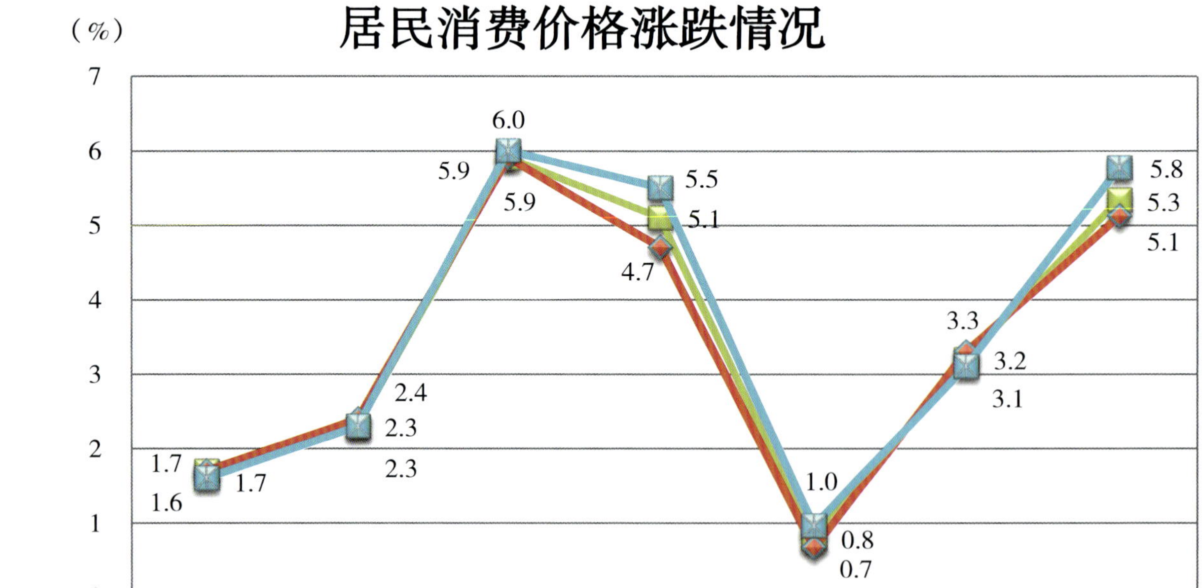

	2005年	2006年	2007年	2008年	2009年	2010年	2011年
全省	1.7	2.3	5.9	5.1	0.8	3.2	5.3
城市	1.7	2.4	5.9	4.7	0.7	3.3	5.1
农村	1.6	2.3	6.0	5.5	1.0	3.1	5.8

工业品出厂价格涨跌情况

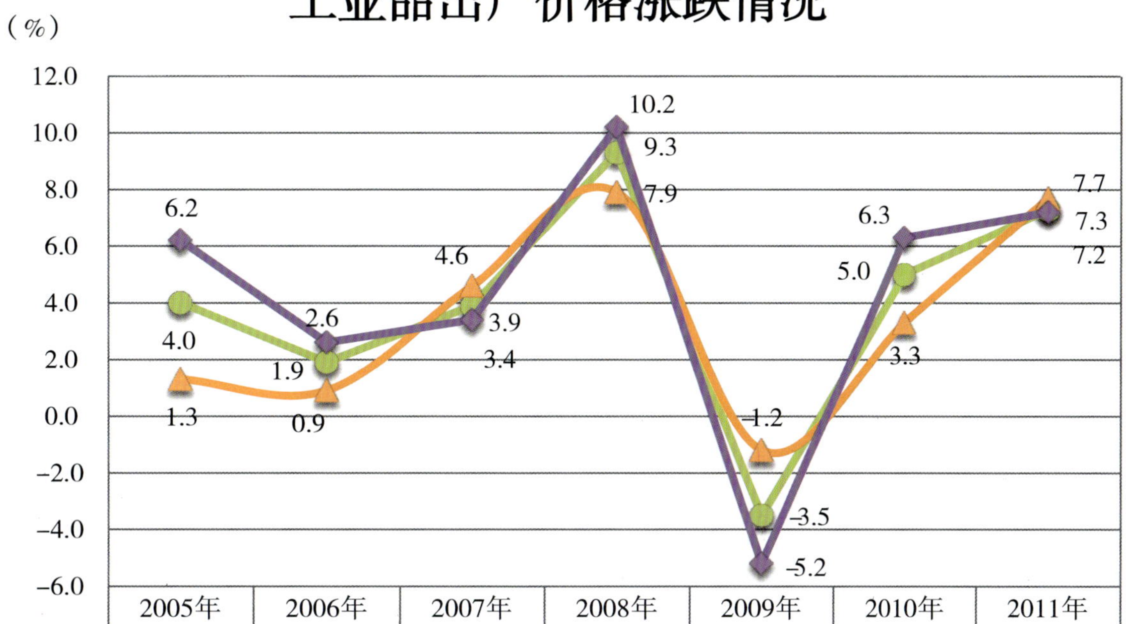

	2005年	2006年	2007年	2008年	2009年	2010年	2011年
全部工业	4.0	1.9	3.9	9.3	−3.5	5.0	7.3
轻工业	1.3	0.9	4.6	7.9	−1.2	3.3	7.7
重工业	6.2	2.6	3.4	10.2	−5.2	6.3	7.2

广播覆盖率和电视覆盖率

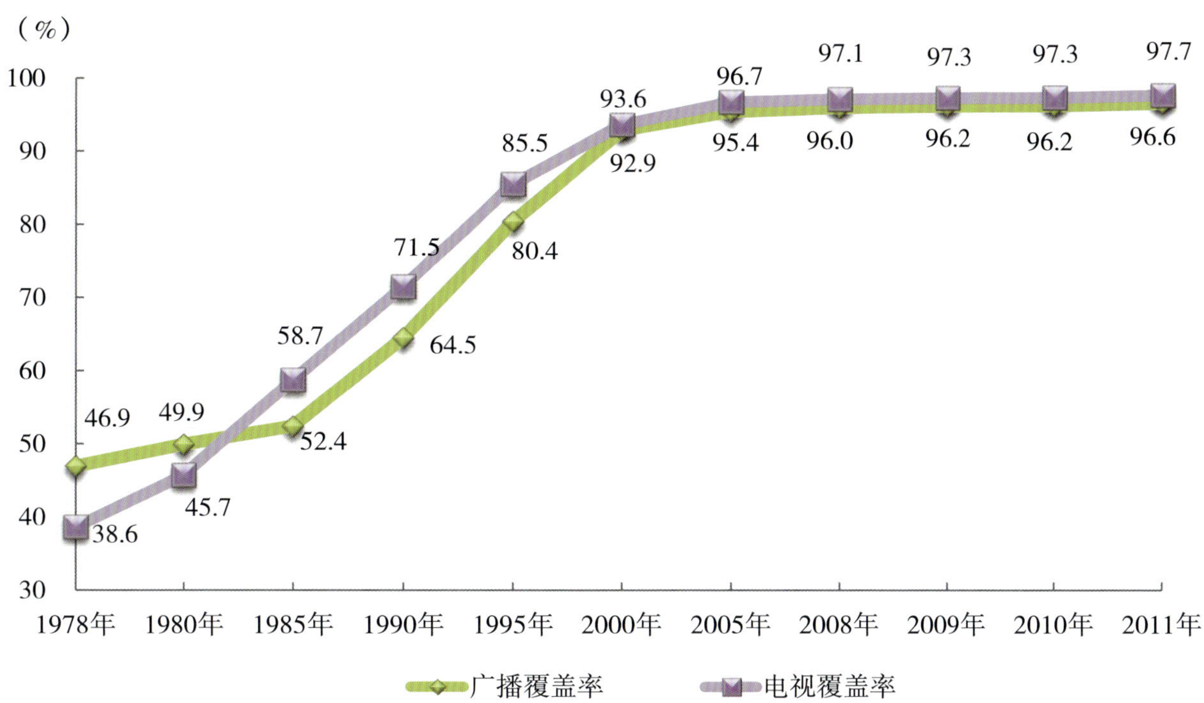

各类学校在校学生数

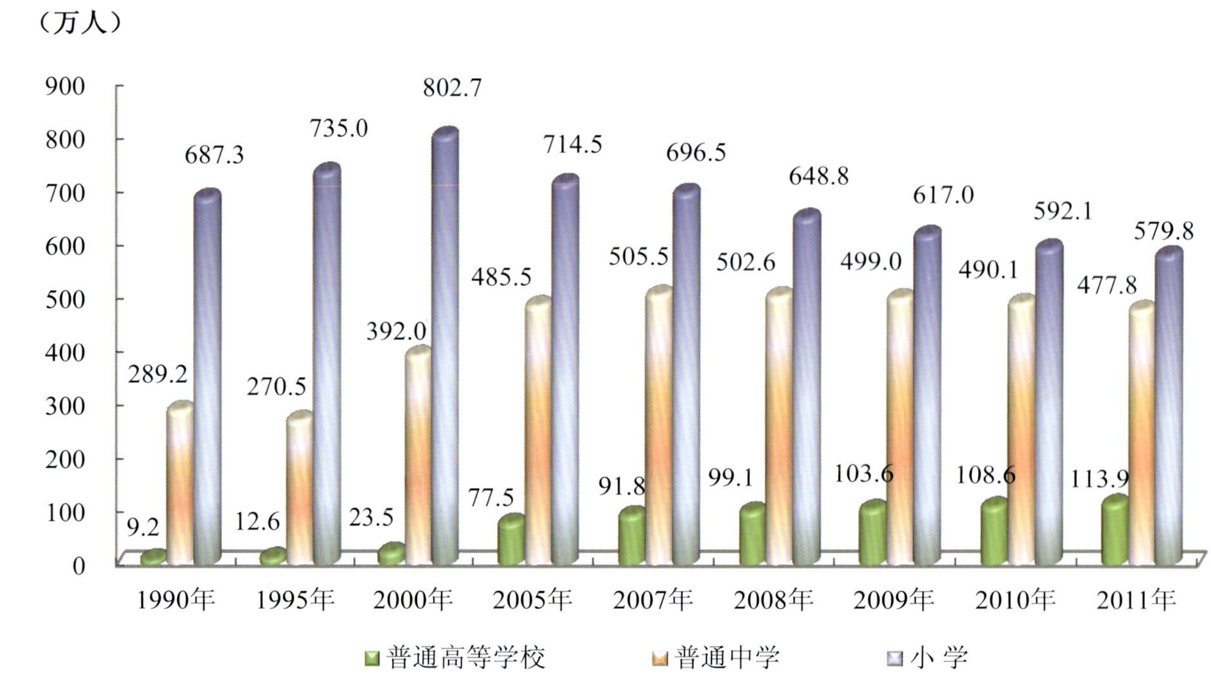

卫生机构床位数

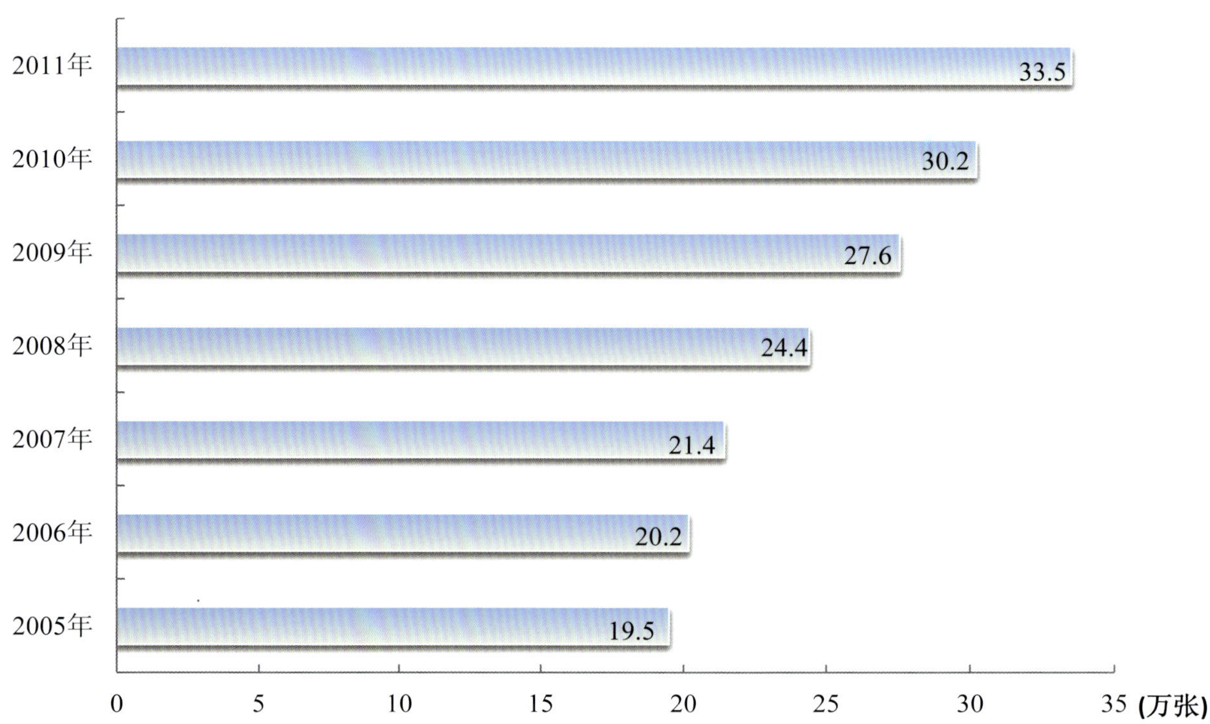

1

综合

GENERAL SURVEY

1-1 各市(州)行政区划及辖区面积(2011年底)
Administrative Divisions and Area(End of 2011)

单位: 个、万平方公里 (unit, 10 000 sq.km)

市(州)	Region	市辖区 Districts under City Administration	县级市 Cities at County Level	县 Counties	自治县 Autonomous Counties	乡 Township	# 民族乡 Ethnic Community Township	镇 Towns	街道办事处 Street Committees	辖区面积 Administrative Area
全　省	**Sichuan**	**44**	**14**	**119**	**4**	**2579**	**98**	**1816**	**275**	**48.5**
成都市	Chengdu	9	4	6		27		193	95	1.2
自贡市	Zigong	4		2		21		75	12	0.4
攀枝花市	Panzhihua	3		2		23	13	21	16	0.7
泸州市	Luzhou	3		4		43	8	85	14	1.2
德阳市	Deyang	1	3	2		21		99	7	0.6
绵阳市	Mianyang	2	1	5	1	133	15	144	18	2.0
广元市	Guangyuan	3		4		139	2	91	9	1.6
遂宁市	Suining	2		3		44		68	14	0.5
内江市	Neijiang	2		3		24		87	10	0.5
乐山市	Leshan	4	1	4	2	115	2	96	7	1.3
南充市	Nanchong	3	1	5		227	1	167	27	1.2
眉山市	Meishan	1		5		58		70	3	0.7
宜宾市	Yibin	2		8		70	13	105	10	1.3
广安市	Guangan	1	1	3		86		86	9	0.6
达州市	Dazhou	1	1	5		206	4	104	3	1.6
雅安市	Yaan	1		7		106	18	42	5	1.5
巴中市	Bazhong	1		3		123		65	6	1.2
资阳市	Ziyang	1	1	2		87		84	4	0.8
阿坝藏族羌族自治州	Aba			13		191	2	32		8.3
甘孜藏族自治州	Ganzi			18		298	7	27		15.3
凉山彝族自治州	Liangshan		1	15	1	537	13	75	6	6.0

注：行政区划情况由省民政厅提供。

a) Data of administrative division are provided by the provincial Civil Affairs Department.

1-2 各市(州)基层群众自治组织情况(2011年底)
Basic Statistics on Grass Roots Organizations by Region(End of 2011)

单位: 个 (unit)

市(州)	Region	社区(居委会) Community (Neighborhood Committee)	居民小组 Residents Unit	村民委员会 Villagers Committee	村民小组 Villagers Group
全 省	**Sichuan**	**6125**	**49249**	**46706**	**366950**
成都市	Chengdu	1575	17990	1787	24730
自贡市	Zigong	277	3240	1135	13394
攀枝花市	Panzhihua	132	1299	352	2348
泸州市	Luzhou	242	1538	1455	14290
德阳市	Deyang	322	2621	1443	17508
绵阳市	Mianyang	480	3342	3275	26993
广元市	Guangyuan	258	950	2499	16310
遂宁市	Suining	193	951	2064	19500
内江市	Neijiang	263	2033	1680	18264
乐山市	Leshan	254	2376	2046	17036
南充市	Nanchong	391	2785	5360	45195
眉山市	Meishan	161	1042	1186	9164
宜宾市	Yibin	303	2401	2857	22831
广安市	Guangan	195	1298	2769	23219
达州市	Dazhou	415	1939	2767	21722
雅安市	Yaan	64	459	1017	6812
巴中市	Bazhong	243	782	2374	11491
资阳市	Ziyang	146	1188	2862	28239
阿坝藏族羌族自治州	Aba	47	90	1354	3915
甘孜藏族自治州	Ganzi	51	121	2679	4206
凉山彝族自治州	Liangshan	113	804	3745	19783

1-3 各市(州)行政区划一览表(2011年底)
Administrative Division Schedule(End of 2011)

市(州) Region	县、市、区 Counties, Cities at County Level and Districts under City Administration
成都市	锦江区、青羊区、金牛区、武侯区、成华区、龙泉驿区、青白江区、新都区、温江区、都江堰市、彭州市、邛崃市、崇州市、金堂县、双流县、郫县、大邑县、蒲江县、新津县
Chengdu	Jinjiang, Qingyang, Jinniu, Wuhou, Chenghua, Longquanyi, Qingbaijiang, Xindu,Wenjiang,Dujiangyan, Pengzhou, Qionglai,Chongzhou, Jintang, Shuangliu, Pixian, Dayi, Pujiang, Xinjin
自贡市	自流井区、贡井区、大安区、沿滩区、荣县、富顺县
Zigong	Ziliujing, Gongjing, Daan, Yantan, Rongxian, Fushun
攀枝花市	东区、西区、仁和区、米易县、盐边县
Panzhihua	Dongqu, Xiqu, Renhe, Miyi, Yanbian
泸州市	江阳区、龙马潭区、纳溪区、泸县、合江县、叙永县、古蔺县
Luzhou	Jiangyang, Longmatan, Naxi, Luxian, Hejiang, Xuyong, Gulin
德阳市	旌阳区、广汉市、什邡市、绵竹市、中江县、罗江县
Deyang	Jinyang, Guanghan, Shifang, Mianzhu, Zhongjiang, Luojiang
绵阳市	涪城区 、游仙区、江油市、安县、梓潼县、平武县、北川羌族自治县、三台县、盐亭县
Mianyang	Fucheng, Youxian, Jiangyou, Anxian, Zitong, Pingwu, Beichuan, Santai, Yanting
广元市	利州区、元坝区、朝天区、剑阁县、旺苍县、青川县、苍溪县
Guangyuan	Lizhou, Yuanba, Chaotian, Jiange, Wangcang, Qingchuan, Cangxi
遂宁市	船山区、安居区、蓬溪县、射洪县、大英县
Suining	Chuanshan, Anju, Pengxi, Shehong, Daying
内江市	市中区、东兴区、资中县、威远县、隆昌县
Neijiang	Downtown, Dongxing, Zizhong, Weiyuan, Longchang
乐山市	市中区、五通桥区、沙湾区、金口河区、峨眉山市、犍为县、井研县、夹江县、沐川县、峨边彝族自治县、马边彝族自治县
Leshan	Downtown, Wutongqiao, Shawan, Jinkouhe, Emeishan, Qianwei, Jingyan, Jiajiang, Muchuan, Ebian, Mabian
南充市	顺庆区、高坪区、嘉陵区、阆中市、南部县、西充县、营山县、仪陇县、蓬安县
Nanchong	Shunqing, Gaoping, Jialing, Langzhong, Nanbu, Xichong, Yingshan, Yilong, Pengan
眉山市	东坡区、仁寿县、彭山县、洪雅县、丹棱县、青神县
Meishan	Dongpo, Renshou, Pengshan, Hongya, Danling, Qingshen
宜宾市	翠屏区、南溪区、宜宾县、江安县、长宁县、高县、筠连县、珙县、兴文县、屏山县
Yibin	Cuiping, Yibinxian, Nanxi, Jiangan, Changning, Gaoxian, Junlian, Gongxian, Xingwen, Pingshan
广安市	广安区、华蓥市、岳池县、武胜县、邻水县
Guangan	Guanganqu, Huaying, Yuechi, Wusheng, Linshui
达州市	通川区、万源市、达县、宣汉县、开江县、大竹县、渠县
Dazhou	Tongchuan, Wanyuan, Daxian, Xuanhan, Kaijiang, Dazhu, Quxian
雅安市	雨城区、名山县、荥经县、汉源县、石棉县、天全县、芦山县、宝兴县
Yaan	Yucheng, Mingshan, Yingjing, Hanyuan, Shimian, Tianquan, Lushan, Baoxing
巴中市	巴州区、平昌县、通江县、南江县
Bazhong	Bazhou, Pingchang, Tongjiang, Nanjiang
资阳市	雁江区、简阳市、安岳县、乐至县
Ziyang	Yanjiangqu, Jianyang, Anyue, Lezhi
阿坝藏族羌族自治州	汶川县、理县、茂县、松潘县、九寨沟县、金川县、小金县、黑水县、马尔康县、壤塘县、阿坝县、若尔盖县、红原县
Aba	Wenchuan, Lixian, Maoxian, Songpan, Jiuzhaigou, Jinchuan, Xiaojin, Heishui, Maerkang, Rangtang, Abaxian, Ruoergai, Hongyuan
甘孜藏族自治州	康定县、泸定县、丹巴县、九龙县、雅江县、道孚县、炉霍县、甘孜县、新龙县、德格县、白玉县、石渠县、色达县、理塘县、巴塘县、乡城县、稻城县、得荣县
Ganzi	Kangding, Luding, Danba, Jiulong, Yajiang, Daofu, Luhuo, Ganzixian, Xinlong, Dege, Baiyu, Shiqu, Seda, Litang, Batang, Xiangcheng, Daocheng, Derong
凉山彝族自治州	西昌市、木里藏族自治县、盐源县、德昌县、会理县、会东县、宁南县、普格县、布拖县、金阳县、昭觉县、喜德县、冕宁县、越西县、甘洛县、美姑县、雷波县
Liangshan	Xichang, Muli, Yanyuan, Dechang, Huili, Huidong, Ningnan, Puge, Butuo, Jinyang, Zhaojue, Xide,Mianning, Yuexi, Ganluo, Meigu, Leibo

1-4 国民经济和社会发展总量与速度指标

指　　标		Item	
人口		**Population**	
年末常住人口	(万人)	Residence Population (year-end)	(10 000 persons)
# 男性	(万人)	Male	(10 000 persons)
女性	(万人)	Female	(10 000 persons)
# 城镇	(万人)	Urban	(10 000 persons)
乡村	(万人)	Rural	(10 000 persons)
劳动力(年末数)		**Labour Force (year-end)**	
劳动力资源总数	(万人)	Total Labour Force	(10 000 persons)
就业人员数	(万人)	Employment	(10 000 persons)
# 第一产业	(万人)	Primary Industry	(10 000 persons)
第二产业	(万人)	Secondary Industry	(10 000 persons)
第三产业	(万人)	Tertiary Industry	(10 000 persons)
# 全部单位职工人数	(万人)	Staff and Workers of all Units	(10 000 persons)
# 国有经济单位	(万人)	State-owned Units	(10 000 persons)
城镇集体经济单位	(万人)	Urban Collective Owned Units	(10 000 persons)
国民经济核算		**National Accounting**	
地区生产总值	(亿元)	Gross Domestic Product	(100 million yuan)
第一产业	(亿元)	Primary Industy	(100 million yuan)
第二产业	(亿元)	Secondary Industy	(100 million yuan)
工业	(亿元)	Industry	(100 million yuan)
建筑业	(亿元)	Construction	(100 million yuan)
第三产业	(亿元)	Tertiary Industy	(100 million yuan)
人均地区生产总值	(元)	Per Capita Gross Domestic Product	(yuan)
支出法地区生产总值	(亿元)	Gross Domestic Product by Expenditure Approach	(100 million yuan)
最终消费	(亿元)	Final Consumption Expenditure	(100 million yuan)
居民消费	(亿元)	Household Consumption Expenditure	(100 million yuan)
政府消费	(亿元)	Government Consumption Expenditure	(100 million yuan)
资本形成总额	(亿元)	Gross Capital Formation	(100 million yuan)
固定资本形成	(亿元)	Gross Fixed Capital Formation	(100 million yuan)
存货增加	(亿元)	Changes in Inventories	(100 million yuan)
农业		**Agriculture**	
农林牧渔业总产值	(亿元)	Gross Output Value of Farming, Forestry, Animal Husbandry and Fishery	(100 million yuan)
# 农业	(亿元)	Agriculture	(100 million yuan)
牧业	(亿元)	Animal Husbandry	(100 million yuan)
耕地面积	(万公顷)	Cultivated Areas	(10 000 hectares)
农业机械总动力	(万千瓦)	Total Agricultural Machinery Power	(10 000 kw)
机耕面积	(万公顷)	Area Ploughed by Tractors	(10 000 hectares)
农村用电量	(亿千瓦时)	Electricity Consumed in Rural Area	(100 million kwh)
化肥施用量	(万吨)	Consumption of Chemical Fertilizers	(10 000 tons)
# 氮肥	(万吨)	Nitrogen	(10 000 tons)
造林面积	(万公顷)	Afforested Hilly Area	(10 000 hectares)
规模以上工业企业		**Industrial Enterprises above Designated Size**	
主要财务指标		Principal Financial Indicators	
资产总计	(亿元)	Total Assets	(100 million yuan)
负债合计	(亿元)	Total Liability	(100 million yuan)
所有者权益合计	(亿元)	Creditors' Equity	(100 million yuan)

Principal Aggregate Indicators on National Economy and Social Development and Their Related Growth Rates

总量指标 Aggregate Data						速度指标(%) Growth Rates		
2005	2007	2008	2009	2010	2011	2011年比以下各年增长 2011 as Percentage of the Following Years		2006-2011 年平均增长速度 Average Rate from 2006 to 2011
						2005	2010	
8212	8127	8138	8185	8042	8050	-1.97	0.10	-0.33
4213	4121	4113	4169	4083	4103	-2.61	0.49	-0.44
3999	4006	4025	4016	3959	3947	-1.30	-0.30	-0.22
2710	2893	3044	3168	3231	3367	24.24	4.21	3.68
5502	5234	5094	5017	4811	4683	-14.89	-2.66	-2.65
6058	6152	6206	6260	6301	6343	4.7	0.7	0.8
4702.00	4731.10	4740.00	4756.62	4772.53	4785.47	1.8	0.3	0.3
2421.50	2266.22	2186.18	2144.13	2083.20	2043.36	-15.6	-1.9	-2.8
926.30	1065.71	1108.32	1141.59	1188.82	1210.78	30.7	1.8	4.6
1354.20	1399.15	1445.50	1470.90	1500.51	1531.33	13.1	2.1	2.1
		787.94	804.18	856.49	887.16		3.6	
303.70	312.70	310.80	312.21	335.77	331.63	9.2	-1.2	1.5
40.90	39.23	37.10	36.87	33.69	32.12	-21.5	-4.7	-3.9
7385.10	10562.39	12601.23	14151.28	17185.48	21026.68	118.6	15.0	13.9
1481.14	2032.00	2216.15	2240.61	2482.89	2983.51	23.2	4.5	3.5
3067.23	4648.79	5823.39	6711.87	8672.18	11029.13	184.5	20.6	19.0
2527.08	3921.41	4956.13	5678.24	7431.45	9491.05	203.5	21.6	20.3
540.15	727.38	867.26	1033.63	1240.73	1538.08	96.9	14.8	12.0
2836.73	3881.60	4561.69	5198.80	6030.41	7014.04	98.4	11.2	12.1
9060	12963	15495	17339	21182	26133	121.1	15.9	14.1
7385.10	10562.39	12601.23	14151.28	17185.48	21026.68	118.6	15.0	13.9
4267.69	5671.56	6540.17	7212.50	8609.53	10424.40	92.0	14.5	11.5
3366.47	4285.21	4937.87	5601.30	6638.53	7967.50	81.1	13.5	10.4
901.22	1386.35	1602.30	1611.20	1971.00	2456.90	129.7	18.0	14.9
3326.22	5242.55	6574.63	7720.13	9219.92	11067.68	150.6	12.7	16.5
3179.92	5060.57	6352.86	7464.20	8911.05	10691.30	154.2	12.7	16.8
146.30	181.98	221.77	255.93	308.87	376.38	77.3	14.5	10.0
2457.46	3370.17	3686.20	3689.81	4081.81	4932.73	26.3	4.6	4.0
1037.20	1316.60	1710.80	1806.06	2069.33	2454.26	23.5	5.8	3.6
1230.18	1827.07	1708.42	1596.72	1705.16	2127.20	24.9	2.6	3.8
390.60	394.59	395.95	397.61	401.07	398.34	2.0	-0.7	0.3
2181.70	2523.05	2687.55	2952.66	3155.14	3426.10	57.0	8.6	7.8
107.50	121.10	182.20	196.53	219.02	275.45	156.2	25.8	17.0
112.90	123.30	128.20	133.77	141.70	148.60	31.6	4.9	4.7
220.92	238.20	242.84	247.97	248.00	251.23	13.7	1.3	2.2
121.78	127.90	128.59	130.67	129.63	128.78	5.7	-0.7	0.9
24.19	33.23	57.46	48.78	38.22	25.19	4.1	-34.1	0.7
7908.62	11690.21	15589.47	17986.99	22564.76	26113.61	230.2	15.7	22.0
4934.81	6956.94	9241.79	10832.20	13889.83	15991.15	224.0	15.1	21.6
2966.06	4733.27	6347.68	7077.73	8571.93	10049.11	238.8	17.2	22.6

1-4 续表1

指　　标		Item	
主营业务收入	(亿元)	Main Business Revenue	(100 million yuan)
主营业务成本	(亿元)	Main Business Cost	(100 million yuan)
利润总额	(亿元)	Total Profits	(100 million yuan)
全部从业人员年平均人数	(万人)	Annual Average Employed Persons	(10 000 persons)
主要产品产量		Output of Major Products	
布	(亿米)	Cloth	(100 million m)
丝织品	(万米)	Silk Products	(10 000 m)
机制纸及纸板	(万吨)	Machine-made Paper and Paperboards	(10 000 tons)
原盐	(万吨)	Salt	(10 000 tons)
卷烟	(亿支)	Cigarettes	(100 million pieces)
乳制品	(吨)	Dairy Products	(tons)
白酒(商品量)	(万吨)	Liquor	(10 000 tons)
啤酒	(万吨)	Beer	(10 000 tons)
电视机	(万台)	Television	(10 000 sets)
原煤	(万吨)	Coal	(10 000 tons)
天然气	(亿立方米)	Natural Gas	(100 million cu.m)
发电量	(亿千瓦小时)	Electricity	(100 million kwh)
# 水电	(亿千瓦小时)	Hydropower	(100 million kwh)
生铁	(万吨)	Pig Iron	(10 000 tons)
钢	(万吨)	Steel	(10 000 tons)
成品钢材	(万吨)	Steel Products	(10 000 tons)
水泥	(万吨)	Cement	(10 000 tons)
农用化肥(折纯)	(万吨)	Chemical Fertilizer	(10 000 tons)
# 氮肥	(万吨)	Nitrogen	(10 000 tons)
化学农药	(吨)	Chemical Pesticide	(ton)
硫酸	(万吨)	Sulfuric Acid	(10 000 tons)
纯碱	(万吨)	Soda Ash	(10 000 tons)
烧碱	(万吨)	Caustic Soda	(10 000 tons)
固定资产投资		**Investment in Fixed Assets**	
全社会固定资产投资总额	(亿元)	Total Investment in Fixed Assets	(100 million yuan)
# 国有经济	(亿元)	State-owned Units	(100 million yuan)
集体经济	(亿元)	Collective Owned Units	(100 million yuan)
个体及私营经济	(亿元)	Individuals and Privates Units	(100 million yuan)
其他经济	(亿元)	Others	(100 million yuan)
房地产完成投资额	(亿元)	Compeleted Investment Of Real Estate	(100 million yuan)
# 住宅	(亿元)	Residental	(100 million yuan)
消费		**Domestic Trade**	
社会消费品零售总额	(亿元)	Total Retail Sales of Consumer Goods	(100 million yuan)
对外经济贸易		**Foreign Trade and Economic Cooperation**	
进出口总额	(万美元)	Total Import and Export	(USD 10 000)
出口总额	(万美元)	Total Export	(USD 10 000)
进口总额	(万美元)	Total Import	(USD 10 000)
利用外资		**Foreign Funds**	
实际利用外资额	(万美元)	Total Amount of Foreign Capital Actually Used	(USD 10 000)
# 外商直接投资	(万美元)	Foreign Direct Investment	(USD 10 000)

continued

总量指标 Aggregate Data						速度指标(%) Growth Rates		
						2011年比以下各年增长 2011 as Percentage of the Following Years		2006-2011 年平均增长速度 Average Rate from 2006 to 2011
2005	2007	2008	2009	2010	2011	2005	2010	
6008.12	10611.52	14286.43	17486.41	23062.82	29887.91	397.5	29.6	30.7
4900.53	8572.00	11748.93	14400.22	19003.96	24721.71	404.5	30.1	31.0
326.65	700.05	844.56	1123.48	1661.85	2197.84	572.8	32.3	37.4
219.00	257.46	297.54	311.38	351.67	380.48	73.7	8.2	9.6
7.07	8.35	8.90	10.92	14.90	16.68	135.9	11.9	15.4
11330	14525	18736	22438	23042	23421	106.7	1.6	12.9
110.59	177.45	211.19	247.21	342.86	369.24	233.9	7.7	22.3
412.11	666.40	560.00	797.40	763.18	1037.65	151.8	36.0	16.6
685.05	731.50	831.00	874.00	914.24	944.16	37.8	3.3	5.5
150432	242983	350757	470554	579963	780055	418.5	34.5	31.6
57.83	86.20	112.00	156.00	229.80	309.39	435.0	34.6	32.2
126.22	193.04	236.10	159.09	158.30	192.05	52.2	21.3	7.2
781.61	710.90	799.40	743.20	1208.90	1116.35	42.8	-7.7	6.1
5219.05	7758.80	8602.40	8997.34	10836.15	12263.24	135.0	13.2	15.3
135.24	160.40	165.70	190.60	234.16	267.76	98.0	14.3	12.1
958.03	1182.60	1159.90	1468.50	1683.82	1845.06	92.6	9.6	11.5
616.99	734.80	764.10	955.70	1103.37	1245.31	101.8	12.9	12.4
1060.50	1464.73	1425.23	1532.62	1593.81	1714.99	61.7	7.6	8.3
1094.45	1411.90	1370.24	1509.14	1580.99	1728.64	57.9	9.3	7.9
1172.72	1589.45	1577.19	1830.62	1976.55	2233.29	90.4	13.0	11.3
4194.74	6214.20	6067.00	8887.00	13227.55	14501.08	245.7	9.6	23.0
428.82	375.17	367.51	464.37	510.12	470.68	9.8	-7.7	1.6
337.60	304.98	324.88	404.78	414.76	379.59	12.4	-8.5	2.0
38779	64984	73301	137435	128105	125239	223.0	-2.2	21.6
324.85	360.00	225.98	333.26	388.22	422.99	30.2	9.0	4.5
106.51	124.50	118.12	168.20	169.78	167.76	57.5	-1.2	7.9
75.49	93.85	89.56	98.89	106.93	117.91	56.2	10.3	7.7
3477.68	5855.30	7602.40	12017.28	13581.96	15124.09	334.9	11.4	27.8
1348.78	2047.76	2782.58	4809.36	5771.01	5665.58	320.1	-1.8	27.0
48.08	74.15	85.57	126.33	167.45	175.02	264.0	4.5	24.0
658.32	1182.99	1497.60	2083.82	2296.90	2774.44	321.4	20.8	27.1
1422.50	2550.40	3236.65	4997.77	5346.60	6509.05	357.6	21.7	28.8
701.45	1326.83	1451.70	1588.37	2194.63	2819.17	301.9	28.5	26.1
473.29	930.35	1035.99	1150.03	1535.28	1989.39	320.3	29.6	27.0
3003.50	4105.60	4944.80	5758.69	6810.12	8044.58	167.8	18.1	17.8
790476	1438461	2203828	2422728	3277822	4778444	504.5	45.8	35.0
470089	860826	1310789	1415167	1884504	2904567	517.9	54.1	35.5
320387	577635	893039	1007561	1393318	1873877	484.9	34.5	34.2
110206	201169	334159	412933	701299	1102733	900.6	57.2	46.8
88686	149322	308842	358980	602517	948137	969.1	57.4	48.4

1-4 续表2

指　　标		Item	
对外经济合作		**Economic Cooperation with Foreign Countries and Territories**	
完成营业额	(万美元)	Value of Business Fulfilled	(USD 10 000)
# 对外承包工程	(万美元)	Contracted Projects	(USD 10 000)
对外劳务合作	(万美元)	Labor Services	(USD 10 000)
人民生活		**People's Livelihood**	
居民人均消费水平	(元)	Per Capita Consumption of Residents	(yuan)
农村居民	(元)	Urban Residents	(yuan)
城镇居民	(元)	Rural Residents	(yuan)
城镇居民人均总收入	(元)	Per Capita Total Income	(yuan)
# 工资性收入	(元)	Wages Income	(yuan)
城镇居民人均可支配收入	(元)	Per Capita Disposable Income of Urban Residents	(yuan)
城镇居民人均消费支出	(元)	Per Capita Living Expenditures for Consumption of Urban Residents	(yuan)
# 食品支出	(元)	Food	(yuan)
衣着支出	(元)	Clothing	(yuan)
交通和通信支出	(元)	Transportation and Communications	(yuan)
教育文化娱乐服务支出	(元)	Recreation, Education and Cultural Services	(yuan)
农村居民人均纯收入	(元)	Annual per Capita Net Income of Rural Residents	(yuan)
# 工资性收入	(元)	Wages Income	(yuan)
家庭经营收入	(元)	Househol Business Income	(yuan)
农村居民人均生活消费支出	(元)	Expenditure for Consumption of Rural Residents	(yuan)
# 食品支出	(元)	Food	(yuan)
衣着支出	(元)	Clothing	(yuan)
交通和通讯	(元)	Transportation and Communications	(yuan)
文教娱乐用品及服务	(元)	Cultural, Educational and Recreational Articles and Services	(yuan)
全部单位职工工资总额	(亿元)	Total Wages of Staff and Workers in all Units	(100 million yuan)
# 国有经济单位	(亿元)	State-owned Units	(100 million yuan)
城镇集体经济单位	(亿元)	Urban Collective Owned Units	(yuan)
全部单位职工平均货币工资	(元)	Average Wages of Staff and Workers in all Units	(yuan)
# 国有经济单位	(元)	State-owned Units	(yuan)
城镇集体经济单位	(元)	Urban Collective Owned Units	(yuan)
教育和文化		**Education and Culture**	
专任教师数		Full-time Teachers	
普通高等学校	(人)	Regular Institutions of Higher Education	(person)
普通中学	(人)	Regular Secondary Schools	(person)
小学	(人)	Primary Schools	(person)
在校学生数		Number of Students Enrollment	
普通高等学校	(万人)	Regular Institutions of Higher Education	(10 000 persons)
普通中学	(万人)	Regular Secondary Schools	(10 000 persons)
小学	(万人)	Primary Schools	(10 000 persons)
图书出版总印数	(万册)	Total Printed Copies of Published Books	(10 000 copies)
杂志出版总印数	(万册)	Total Printed Copies of Published Magazines	(10 000 copies)
报纸出版总印数	(万份)	Total Printed Copies of Published Newspapers	(10 000 copies)

continued

总量指标 Aggregate Data						速度指标(%) Growth Rates		
						2011年比以下各年增长 2011 as Percentage of the Following Years		2006-2011 年平均增长速度 Average Rate from 2006 to 2011
2005	2007	2008	2009	2010	2011	2005	2010	
60079	121437	240475	337185	402137	504240	739.3	25.4	42.6
57274	118736	235191	335622	399299	498692	770.7	24.9	43.4
2805	2701	5284	1563	2838	5548	97.8	95.5	12.0
4130	5259	6072	6863	8182	9903	83.3	14.4	10.6
2432	2949	3362	3891	4748	5882	85.6	17.2	10.9
7577	9559	10608	11701	13457	15687	58.4	10.2	8.0
9004	12010	13685	15324	17129	19688	118.7	14.9	13.9
5842	8147	9117	10132	11311	12687	117.2	12.2	13.8
8386	11098	12633	13839	15461	17899	113.4	15.8	13.5
6891	8692	9679	10857	12105	13696	98.7	13.1	12.1
2710	3580	4255	4392	4780	5572	105.6	16.6	12.8
641	950	1042	1178	1259	1484	131.5	17.8	15.0
828	1075	1121	1414	1674	1758	112.4	5.0	13.4
909	1032	947	1150	1225	1369	50.6	11.8	7.1
2803	3547	4121	4462	5087	6129	118.7	20.5	13.9
955	1439	1620	1821	2248	2652	177.8	18.0	18.6
1682	1863	2062	2073	2263	2762	64.2	22.0	8.6
2274	2747	3128	4141	3898	4675	105.6	20.0	12.8
1244	1436	1628	1741	1881	2162	73.7	14.9	9.6
115	157	175	197	227	282	144.4	24.4	16.1
172	241	256	324	361	431	151.4	19.5	16.6
225	177	173	207	219	277	22.9	26.5	3.5
		1943.32	2076.47	2475.68	3095.57		25.0	
542.97	753.50	889.71	1024.36	1185.17	1410.08	159.7	19.0	17.2
44.41	58.25	67.93	76.99	75.43	91.40	105.8	21.2	12.8
		20648	23191	26952	31489		16.8	
17898	24365	28596	32799	37502	42828	139.3	14.2	15.7
11067	15176	18464	21177	23645	28752	159.8	21.6	17.2
44854	55903	59174	61772	64991	67448	50.4	3.8	7.0
258924	269967	273559	279414	284962	285755	10.4	0.3	1.7
307113	306149	307687	306528	305741	305508	-0.5	-0.1	-0.1
77.54	91.84	99.11	103.59	108.62	113.93	46.9	4.9	6.6
485.54	505.47	502.63	499.00	490.09	477.81	-1.6	-2.5	-0.3
714.51	696.53	648.82	617.05	592.11	579.80	-18.9	-2.1	-3.4
23643	19591	19490	17492	19493	24787	4.8	27.2	0.8
7502	9514	8237	8303	10593	9293	23.9	-12.3	3.6
155865	168638	164273	155286	170176	174021	11.6	2.3	1.9

1-5 国民经济和社会发展比例和效益指标

指　　标		Item	
人口		**Population**	
出生率	(‰)	Birth Rate	(‰)
死亡率	(‰)	Death Rate	(‰)
自然增长率	(‰)	Natural Growth Rate	(‰)
就业		**Employment**	
每一就业者负担户籍人口数	(人)	Dependency Ratio for each employment	(person)
三次产业从业者比例 (以全部从业人员为100)		Employment Ratio by Type of Industry (employment in all industry=100)	
第一产业	(%)	Primary Industry	(%)
第二产业	(%)	Secondary Industry	(%)
第三产业	(%)	Tertiary Industry	(%)
城镇登记失业率	(%)	Unemployment Rate in Urban Areas	(%)
国民核算		**National Accounting**	
三次产业增加值比例 (以地区生产总值为100)		Ratio of Value-added by Type of Industry (value added in primary industry=100)	
第一产业	(%)	Primary Industry	(%)
第二产业	(%)	Secondary Industry	(%)
第三产业	(%)	Tertiary Industry	(%)
人均地区生产总值	(元)	Per Capita GNP	(yuan)
全社会劳动生产率	(元/人)	Overall Labor Productivity (in terms of gross output value per employee)	(yuan/person)
第一产业	(元/人)	Primary Industry	(yuan/person)
第二产业	(元/人)	Secondary Industry	(yuan/person)
第三产业	(元/人)	Tertiary Industry	(yuan/person)
能源		**Energy**	
能源生产弹性系数		Elasticity Ratio of Energy Production	
电力生产弹性系数		Elasticity Ratio of Electricity Production	
能源消费弹性系数		Elasticity Ratio of Energy Consumption	
电力消费弹性系数		Elasticity Ratio of Electricity Consumption	
单位GDP能耗（吨标准煤/万元）		Energy Consumption per Unit of GDP (ton of SCE/ 10 000 yuan)	

注：人均指标均按年平均常住人口计算。

Indicators on Proportions and Efficiency in National Economy and Social Development

1995	2000	2005	2006	2007	2008	2009	2010	2011
17.1	12.1	9.70	9.14	9.21	9.54	9.15	8.93	9.79
7.2	7.0	6.80	6.28	6.29	7.15	6.43	6.62	6.81
9.9	5.1	2.90	2.86	2.92	2.39	2.72	2.31	2.98
1.77	1.80	1.84	1.85	1.86	1.88	1.89	1.89	1.89
64.6	56.7	51.5	48.9	47.9	46.1	45.1	43.7	42.7
16.3	18.7	19.7	20.1	22.5	23.4	24.0	24.9	25.3
19.1	24.6	28.8	31.0	29.6	30.5	30.9	31.4	32.0
3.6	4.0	4.6	4.5	4.3	4.6	4.3	4.1	4.1
27.1	24.1	20.1	18.4	19.2	17.6	15.8	14.4	14.2
40.1	36.5	41.5	43.4	44.0	46.2	47.4	50.5	52.4
32.8	39.4	38.4	38.2	36.8	36.2	36.8	35.1	33.4
3043	4956	9060	10613	12963	15495	17339	21182	26133
5307	8436	15725	18456	22363	26610	29803	36069	43998
2200	3508	6086	6748	8887	9955	10348	11747	14460
13243	17146	33298	40326	46217	53572	59663	74426	91925
9387	13770	21142	23574	27132	32072	35652	40590	46269
			0.58	0.55	0.25	0.16	0.50	0.57
			0.74	0.65	0.07	1.36	1.00	1.43
			0.72	0.62	0.65	0.54	0.64	0.67
			0.92	0.77	0.28	0.84	0.91	1.78
		1.600	1.549	1.480	1.421	1.338	1.275	

a) The data per capita is calculated by permanent residents.

1-5 续表

指　标		Item	
农业		**Agriculture**	
人均耕地面积	(公顷)	Per Capita Cultivated Land	(hectare)
第一产业就业人员人均耕地面积	(公顷)	Cultivated Land per Employed Person in Primary Industry	(hectare)
每公顷耕地农业机械总动力	(千瓦)	Total Power of Agricultural Machinery per Hectare of Cultivated Land	(kw)
每公顷耕地用电量	(千瓦小时)	Electric Power Consumption per Hectare of Cultivated Land	(kwh)
每公顷耕地化肥施用量	(公斤)	Chemical Fertilizer Consumption per Hectare of Cultivated Land	(kg)
# 氮肥	(公斤)	Nitrogen	(kg)
每公顷耕地生产的农业产值	(元)	Agricultural Output Value per Hectare of Cultivated Land	(yuan)
工业		**Industry**	
资产负债率	(%)	Assets Liability Ratio	(%)
流动资产周转次数	(次/年)	Number of Annual Times of Turnover Circulating Funds	(times/year)
固定资产投资		**Investment in Fixed Assets**	
全社会固定资产投资相当于地区生产总值比例	(%)	Proportion of Investment in fixed Assets to GDP	(%)
全社会房屋建筑面积竣工率	(%)	Rate of Total Floor Space of Buildings Completed in Construction	(%)
国内贸易		**Domestic Trade**	
人均社会消费品零售总额	(元)	Per Capita Retail Sales of Consumer Goods	(yuan)
金融保险		**Finance and Insurance**	
金融机构存款相当于地区生产总值比例	(%)	Bank Deposits as Percentage of GDP	(%)
金融机构贷款相当于地区生产总值比例	(%)	Bank Loans as Percentage of GDP	(%)
教育		**Education**	
学校每一专任教师负担学生数		Student-Teacher(full-time) Ratio	
普通高等学校	(人)	Regular Institutions of Higher Education	(person)
普通中学	(人)	Regular Secondary Schools	(person)
小学学校	(人)	Primary Schools	(person)
文化		**Culture**	
每百万人有艺术表演团体	(个)	Number of Troupes per Million Persons	(unit)
每百万人有公共图书馆	(个)	Number of Public Libraries per Million Persons	(unit)
每百万人有文化馆、文化站	(个)	Number of Cultural Centers and Stations per Million Persons	(unit)
人均年出版报纸	(份)	Annual Number of Newspaper Published per Capita	(copy)
人均年出版图书、杂志	(册)	Annual Number of Books and Magazines Published per Capita	(copy)

continued

1995	2000	2005	2006	2007	2008	2009	2010	2011
0.057	0.055	0.048	0.048	0.048	0.049	0.049	0.049	0.050
0.151	0.161	0.161	0.166	0.173	0.178	0.184	0.190	0.193
2.653	3.865	5.586	5.987	6.394	6.788	7.426	7.867	8.601
1342	1905	2890	3005	3125	3238	3364	3533	3730
401	489	566	583	604	613	624	618	631
243	283	312	318	324	325	329	323	323
14147	18071	26554	27449	33366	43207	45423	51595	61612
67.72	64.45	62.40	60.87	59.51	59.28	60.22	61.56	61.24
1.36	1.18	1.82	1.98	2.13	2.21	2.35	2.47	2.66
27.72	35.74	47.09	52.03	55.44	60.33	84.92	79.03	71.93
			47.2	37.6	37.8	28.8	32.9	28.9
1194	2109	3685	4240	5039	6080	7056	8394	9998
51.6	114.9	134.1	135.8	132.4	148.1	176.5	176.3	166.3
64.3	103.2	91.3	90.1	87.1	88.6	110.8	111.3	107.1
7.7	12.8	17.3	16.5	16.4	16.7	16.8	16.7	16.9
14.2	18.1	18.8	18.9	18.7	18.4	17.9	17.2	16.7
22.9	24.2	23.3	23.5	22.8	21.1	20.1	19.4	19.0
1.3	1.2	1.0	1.0	1.0	1.0	1.0	1.0	0.9
1.5	1.6	1.7	1.8	1.9	1.9	1.9	2.0	2.1
47.1	48.4	57.6	46.4	49.1	50.1	51.7	57.3	59.6
12.5	16.9	19.1	19.0	20.7	20.2	19.0	21.0	21.6
2.5	4.1	3.8	3.4	3.6	3.4	3.2	3.7	4.2

1-6 国民经济和社会发展结构指标
Structural Indicators on National Economy and Social Development

单位：%　　(%)

指　标	Item	1995	2000	2005	2008	2009	2010	2011
户籍人口结构	**Household Population Structure**	**100.0**	**100.0**	**100.0**	**100.0**	**100.0**	**100.0**	**100.0**
农业人口	Agricultural Population	83.7	81.4	76.7	75.3	74.6	73.8	72.8
非农业人口	Non-agricultural Population	16.3	18.6	23.3	24.7	25.4	26.2	27.2
就业结构	**Employment Structure**	**100.0**	**100.0**	**100.0**	**100.0**	**100.0**	**100.0**	**100.0**
第一产业	Primary Industy	64.6	56.7	51.5	46.1	45.1	43.7	42.7
第二产业	Secondary Industy	16.3	18.7	19.7	23.4	24.0	24.9	25.3
第三产业	Tertiary Industy	19.1	24.6	28.8	30.5	30.9	31.4	32.0
城镇居民消费结构	**Consumption Structure of Urban Residents**	**100.0**	**100.0**	**100.0**	**100.0**	**100.0**	**100.0**	**100.0**
食品	Food	51.3	41.5	39.3	44.0	40.4	39.5	40.7
衣着	Clothing	13.4	9.5	9.3	10.8	10.8	10.4	10.8
居住	Residence	6.4	11.0	10.2	8.4	9.0	9.3	9.0
家庭设备用品及服务	Household Facilities, Articles and Services	8.6	8.6	6.2	6.1	6.3	7.2	7.4
医疗保健	Medicine and Medical Service	3.1	5.5	6.4	5.8	6.0	5.5	5.4
交通和通信	Transportation and Communications	3.9	6.3	12.0	11.6	13.0	13.8	12.8
教育文化娱乐服务	Recreation, Education and Cultural Services	9.6	12.9	13.2	9.8	10.6	10.1	10.0
其它商品和服务	Miscellaneous Commodities and Services	3.7	4.7	3.4	3.5	3.9	4.2	3.9
农村居民消费结构	**Consumption Structure of Rural residents**	**100.0**	**100.0**	**100.0**	**100.0**	**100.0**	**100.0**	**100.0**
食品	Food			54.7	52.0	42.0	48.3	46.2
衣着	Clothing			5.1	5.6	4.8	5.8	6.0
居住	Residence			10.3	15.0	27.5	16.0	15.6
家庭设备用品及服务	Household Facilities, Articles and Services			4.5	5.3	5.3	6.1	6.5
医疗保健	Medicine and Medical Service			6.4	6.7	6.2	7.1	8.8
交通和通信	Transportation and Communications			7.5	8.2	7.8	9.3	9.2
教育文化娱乐服务	Recreation, Education and Cultural Services			9.9	5.5	5.0	5.6	5.9
其它商品和服务	Miscellaneous Commodities and Services			1.6	1.7	1.4	1.8	1.8
地区生产总值产业结构	**National Accounting Structure**	**100.0**	**100.0**	**100.0**	**100.0**	**100.0**	**100.0**	**100.0**
第一产业	Primary Industy	27.1	24.1	20.1	17.6	15.8	14.4	14.2
第二产业	Secondary Industy	40.1	36.5	41.5	46.2	47.4	50.5	52.4
第三产业	Tertiary Industy	32.8	39.4	38.4	36.2	36.8	35.1	33.4
全社会固定资产投资结构	**Structure of Total Investment in Fixed Assets**	**100.0**	**100.0**	**100.0**	**100.0**	**100.0**	**100.0**	**100.0**
国有经济	State-owned Units	56.7	48.3	38.8	36.6	40.0	42.5	37.5
集体经济	Collective Owned Units	19.6	12.2	1.4	1.1	1.1	1.2	1.2
个体经济	Individuals	13.0	14.0	18.9	19.7	17.3	16.9	18.3
其他经济	Other	10.7	25.5	40.9	42.6	41.6	39.4	43.0
进出口总额构成	**Composition of Total Import and Export**	**100.0**	**100.0**	**100.0**	**100.0**	**100.0**	**100.0**	**100.0**
出口	Export		54.8	59.5	59.5	58.4	57.5	60.8
进口	Import		45.2	40.5	40.5	41.6	42.5	39.2
实际利用外资构成	**Composition of Foreign Capital Actually Used**	**100.0**	**100.0**	**100.0**	**100.0**	**100.0**	**100.0**	**100.0**
对外借款	Foreign Loan			17.7	6.6	7.4	5.0	6.7
外商直接投资	Foreign Direct Investment			80.5	92.4	86.9	85.9	86.0
外商其他投资	Other Foreign Investment			1.8	1.0	0.5	1.4	0.4
港澳援建资金	Reconstruction Funds of Hongkong and Macao					5.2	7.7	6.9

1-7 平均每天主要社会经济活动
Selected Indicators on Average Daily Social and Economic Activities

指　标		Item		2010	2011
每天创造的财富		**Daily Production**			
地区生产总值	(亿元)	Gross Domestic Product	(100 million yuan)	47.08	57.61
第一产业	(亿元)	Primary Industry	(100 million yuan)	6.80	8.17
第二产业	(亿元)	Secondary Industry	(100 million yuan)	23.76	30.22
工业	(亿元)	Industry	(100 million yuan)	20.36	26.00
建筑业	(亿元)	Construction	(100 million yuan)	3.40	4.21
第三产业	(亿元)	Tertiary Industry	(100 million yuan)	16.52	19.22
布	(万米)	Cloth	(10 000 m)	408.22	456.99
原盐	(万吨)	Salt	(10 000 tons)	2.09	2.84
原煤	(万吨)	Coal	(10 000 tons)	29.69	33.60
天然气	(亿立方米)	Natural Gas	(100 million cu.m)	0.64	0.73
发电量	(亿千瓦小时)	Electricity	(100 million kwh)	4.61	5.05
生铁	(万吨)	Pig Iron	(10 000 tons)	4.37	4.70
钢	(万吨)	Steel	(10 000 tons)	4.33	4.74
成品钢材	(万吨)	Steel Products	(10 000 tons)	5.42	6.12
水泥	(万吨)	Cement	(10 000 tons)	36.24	39.73
农用化肥(折纯)	(万吨)	Chemical Fertilizer	(10 000 tons)	1.40	1.29
每天消费量		**Daily National Consumption**			
最终消费	(亿元)	Final Consumption Expenditure	(100 million yuan)	23.59	28.56
居民消费	(亿元)	Household Consumption Expenditure	(100 million yuan)	18.19	21.83
农村居民	(亿元)	Rural Household	(100 million yuan)	6.39	7.65
城镇居民	(亿元)	Urban Household	(100 million yuan)	11.80	14.18
政府消费	(亿元)	Government Consumption Expenditure	(100 million yuan)	5.40	6.73
社会消费品零售总额	(亿元)	Total Retail Sales of Consumer Goods	(100 million yuan)	18.66	22.04
每天其他经济活动		**Other Daily Economic Activities**			
资本形成总额	(亿元)	Gross Capital Formation	(100 million yuan)	25.26	30.32
固定资本形成	(亿元)	Fixed Capital Formation	(100 million yuan)	24.41	29.29
存货增加	(亿元)	Changes in Inventories	(100 million yuan)	0.85	1.03
全社会固定资产投资总额	(亿元)	Total Investment in Fixed Assets	(100 million yuan)	37.21	41.44
# 国有经济	(亿元)	State-owned Units	(100 million yuan)	15.81	15.52
每天人口和婚姻变动		**Daily Population Changes and Marriages**			
出生	(人)	Births	(person)	1961	2501
死亡	(人)	Deaths	(person)	1454	1313
内地居民在民政部门登记结婚	(对)	Registered Marriages of Mainland in the civil affairs departments	(couple)	1954	2053
内地居民在民政部门登记离婚	(对)	Registered Divorces of Mainland in the civil departments	(couple)	476	511

注：工业产品产量为规模以上工业企业产品产量。

a) Output of industrial products refers to output of products of industrial enterprises above designated size.

主要统计指标解释

行政区划 指国家对行政区域的划分。根据有关法规规定，我国的行政区域划分如下：(1)全国分为省、自治区、直辖市；(2)省、自治区分为自治州、县、自治县、市；(3)自治州分为县、自治县、市；(4)县、自治县分为乡、民族乡、镇；(5)直辖市和较大的市分为区、县；(6)国家在必要时设立的特别行政区。

平均增长速度 平均增长速度表明社会经济现象在一个较长的时期内逐期平均增长变化的程度，它不能根据各个环比增长速度直接求得，但与平均发展速度之间存在着一定的数量关系：平均增长速度＝平均发展速度－1。

平均发展速度是一种根据环比发展速度计算的序时平均数,由于各时期对比的基础不同，所以计算平均发展速度不能采用一般的序时平均数的计算方法，计算方法分为水平法和累计法。水平法，又称几何平均法，即将环比发展速度按连乘法用几何平均数公式计算。累计法，也称方程法，根据一段时期内各年发展水平总和与基期水平的关系，列出方程式计算平均发展速度。水平法着重考虑最后一年所达到的发展水平；累计法着重考虑整个时期累计发展水平的总量。

本《年鉴》内所列的增长速度，均用“水平法”计算。从某年到某年平均增长速度的年份，均不包括基期年在内。如建国四十三年以来的平均增长速度是以 1949 年为基期计算的，则写为 1950-1992 年平均增长速度，其余类推。

国民经济行业分类 新国家标准《国民经济行业分类》（GB/T4754-2011）是由国家统计局组织修订，经国家质量监督检验检疫总局和国家标准化管理委员会批准发布，于 2011 年 11 月 1 日起实施。根据统计工作的实际情况，经研究决定，新《国民经济行业分类》从 2012 年定报统一开始使用。《国民经济行业分类》（GB/T4754-2011）共有门类 20 个，大类 96 个，中类 432 个，小类 1094 个。与 2002 年 5 月 10 日发布实施的（GB/T4754-2002）比较，门类未增减，大类增加 1 个，中类增加 36 个，小类增加 181 个。

企业(单位)登记注册类型 是以在工商行政管理机关登记注册的各类企业为划分对象，以工商行政管理部门对企业登记注册的类型为依据，将企业登记注册类型分为内资企业、港澳台商投资企业和外商投资企业三大类。内资企业包括国有企业、集体企业、股份合作企业、联营企业、有限责任公司、股份有限公司、私营企业和其他企业；港澳台商投资企业和外商投资企业分别包括合资经营企业、合作经营企业、独资经营企业、股份有限公司和其他投资企业。对不在工商行政管理部门进行登记注册的行政机关、事业单位和社会团体，主要按其经费来源和管理方式进行划分。

国有企业 指企业全部资产归国家所有，并按《中华人民共和国企业法人登记管理条例》规定登记注册的非公司制的经济组织。不包括有限责任公司中的国有独资公司。

集体企业 指企业资产归集体所有，并按《中华人民共和国企业法人登记管理条例》规定登记注册的经济组织。

股份合作企业 指以合作制为基础，由企业职工共同出资入股，吸收一定比例的社会资产投资组建，实行自主经营，自负盈亏，共同劳动，民主管理，按劳分配与按股分红相结合的一种集体经济组织。

联营企业 指两个及两个以上相同或不同所有制性质的企业法人或事业单位法人，按自愿、平等、互利的原则，共同投资组成的经济组织。联营企业包括国有联营企业、集体联营企业、国有与集体联营企业和其他联营企业。

有限责任公司 指根据《中华人民共和国公司登记管理条例》规定登记注册，由两个以上、五十个以下的股东共同出资，每个股东以其所认缴的出资额对公司承担有限责任，公司以其全部资产对其债务承担责任的经济组织。有限责任公司包括国有独资公司以及其他有限责任公司。

股份有限公司 指根据《中华人民共和国公司登记管理条例》规定登记注册，其全部注册资本由等额股份构成并通过发行股票筹集资本，股东以其认购的股份对公司承担有限责任，公司以其全部资产对其债务承担责任的经济组织。

私营企业 指由自然人投资设立或由自然人控股，以雇佣劳动为基础的营利性经济组织。包括按照《公司法》、《合伙企业法》、《私营企业暂行条例》规定登记注册的私营有限责任公司、私营股份有限公司、私营合伙企业和私营独资企业。

其他企业 指上述企业之外的其他内资经济组织。

与港澳台商合资经营企业 指港澳台地区投资者与内地企业依照《中华人民共和国中外合资经营企业法》及有关法律的规定，按合同规定的比例投资设立、分享利润和分担风险的企业。

与港澳台商合作经营企业 指港澳台地区投资者与内地企业依照《中华人民共和国中外合作经营企业法》及有关法律的规定，依照合作合同的约定进行投资或提供条件设立、分配利润和分担风险的企业。

港澳台商独资经营企业 指依照《中华人民共和国外资企业法》及有关法律的规定，在内地由港澳台地区投资者全额投资设立的企业。

港澳台商投资股份有限公司 指根据国家有关规定，经原外经贸部依法批准设立，其中港、澳、台商的股本占公司注册资本的比例达 25% 以上的股份有限公司。凡其中港、澳、台商的股本占公司注册资本的比例小于 25%的，属于内资企业中的股份有限公司。

中外合资经营企业 指外国企业或外国人与中国内地企业依照《中华人民共和国中外合资经营企业法》及有关法律的规定，按合同规定的比例投资设立、分享利润和分担风险的企业。

中外合作经营企业 指外国企业或外国人与中国内地企业依照《中华人民共和国中外合作经营企业法》及有关法律的规定，依照合作合同的约定进行投资或提供条件设立、分配利润和分担风险的企业。

外资企业 指依照《中华人民共和国外资企业法》及有关法律的规定，在中国内地由外国投资者全额投资设立的企业。

外商投资股份有限公司 指根据国家有关规定，经原外经贸部依法批准设立，其中外资的股本占公司注册资本的比例达 25% 以上的股份有限公司。凡其中外资股本占公司注册资本的比例小于 25%的，属于内资企业中的股份有限公司。

行政机关、事业单位和社会团体 参照企业登记注册类型，主要按其经费来源和管理方式划分。具体规定如下：

⑴行政机关：包括国家机关和政党机关，原则上均列为“国有”。但有特殊规定的，如供销社等，则列为“集体”。

⑵事业单位：包括经国家机构编制部门和有关业务主管部门批准成立的各类事业单位，不包括实行企业化管理的事业单位。事业单位的划分办法如下：

①由国家财政预算拨款或列入财政预算外资金管理以及经费主要来源于国有主管部门或国有上级单位的事业单位，列为“国有”。

②经费主要来源于集体单位的事业单位，列为“集体”。

③公民个人(或个人合伙)开办的事业单位，列为“私营”。

④上述以外的其他事业单位，如果其经费来源不明确，按管理方式进行归类。

⑶社会团体：包括经民政部门批准成立以及未纳入社会团体管理条例范围的工会、妇联等各类社会团体。社会团体的划分办法如下：

①未纳入民政部社会团体管理条例范围的工会、妇联、共青团、青联、工商联、科协、侨联等社会团体，国家拨款设立的基金会或基金管理组织以及经费主要来源于国有业务主管部门或国有上级单位的社会团体，列为“国有”。

②经费主要来源于集体单位的社会团体，列为“集体”。

③公民个人(或个人合伙)开办的社会团体，划为“私营”。

④上述以外的其他社会团体，如果其经费来源不明确，改按管理方式进行归类。

Explanatory Notes on Main Statistical Indicators

Divisions of Administrative Areas refers to the division of administrative areas by the State. The relative laws stipulate that 1) the whole country is divided into provinces, autonomous regions and municipalities directly under the Central Government; 2) provinces and autonomous regions are further divided into autonomous prefectures, counties, autonomous counties and cities; 3) autonomous prefectures are further divided into counties, autonomous counties and cities; 4) counties and autonomous counties are further divided into townships, ethnic townships and towns; 5) municipalities directly under the Central Government and large cities are divided into districts and counties, 6) the State shall, when necessary, establish special administrative regions.

Average Annual Growth Rate shows the average growth rate of social and economic development during a longer period. It can not be directly calculated by chain based growth rate. The relation is:

Average Annual Growth Rate = Average Speed of Development – 1

Average speed of development is the time series average of speed which calculated by chain based. Because the reference bases during the different periods are not same, average speed of development can not be calculated by the general method. Level approach and accumulative approach for calculating average speed of development rate are applied. The “level approach”, or the method of calculating the geometric average, is derived by the formula of geometric average of the chain-based speeds of development, or comparing the level of the last year of the interval with that of the beginning year; the other is called the “accumulative approach” or the “algebraic average”, “equation” method, which is derived by the summation of the actual figure of each year in the interval divided by the figure in the base year. The level approach focuses on the level of the last year, while the accumulative approach emphasizes the aggregate development in the duration.

The average annual growth rates listed in the Yearbook are calculated by the level approach. The base year is not listed in the duration for which average annual growth rates are computed. For instance, the average annual growth rate of the 43 years since 1949 is shown as the average annual growth rate of 1950-1992 without showing the base year 1949.

Industrial Classification of the National Economy The new Industrial Classification of the National Economy (GB/T 4754-2011) was organized by the National Bureau of Statistics. The new Classification was promulgated by the National Administration of Quality Supervision and National Standardization Management Committee, Inspection and Quarantine on Nov.1, 2011. The Industrial Classification of the National Economy (GB/T 4754-2011) is composed of 20 major divisions, 96 divisions, 432 major groups and 1094 groups. Compared with the Industrial Classification of the National Economy (GB/T 4754-2002) promulgated on May 10, 2002, 1 divisions, 36 major groups and 181 groups are new respectively.

Registration Status of Enterprises Enterprises are classified into 3 categories, namely domestic-funded enterprises, enterprises with investment from Hong Kong, Macau and Taiwan, and enterprises with foreign investment, according to the registration status of an enterprise in industrial and commercial administration agencies. Domestic-funded enterprises include State-owned enterprises, collective-owned enterprises, cooperative enterprises, joint ownership enterprises, limited liability corporations, share-holding corporations Ltd., private enterprises and other enterprises. Included in the enterprises with investment from Hong Kong, Macau and Taiwan and enterprises with foreign investment are joint-venture enterprises, cooperative enterprises, sole investment enterprises, share-holding corporations Ltd and other Investment Enterprises. For government agencies, institutions and social organizations which are not registered in industrial and commercial administration agencies, they are classified mainly by their sources of funding and manner of management.

State-owned Enterprises refer to non-corporation economic units where the entire assets are owned by the State and which have been registered in accordance with the Regulation of the People’s Republic of China on the Management of Registration of Corporate Enterprises. Not included from this category are solely State-funded corporations in the limited liability corporations.

Collective-owned Enterprises refer to economic units where the assets are owned collectively and which have been registered in accordance with the Regulation of the People’s Republic of China on the Management of Registration of Corporate Enterprises.

Cooperative Enterprises refer to a form of collective economic units (enterprises) where capitals come mainly from employees as their shares, with certain proportion of capital from the outside, where production is organized on the basis of independent operation, independent accounting for profits and losses, joint work, democratic management, and a distribution system that integrates remuneration according to work with dividend according to capital share.

Joint Ownership Enterprises refer to economic units established by two or more corporate enterprises or corporate institutions of the same or different ownership, through joint investment on the basis of voluntary participation, equality, and mutual benefits. They include State joint ownership enterprises; collective joint ownership enterprises; joint State-collective enterprises; and other joint ownership enterprises.

Limited Liability Corporations refer to economic units established with investment from 2-50 investors and registered in accordance with the Regulation of the People's Republic of China on the Management of Registration of Corporations, each investor bearing limited liability to the corporation depending on its share of investment, and the corporation bearing liability to its debt to the maximum of its total assets. Limited liability corporations include solely State-funded limited liability corporations and other limited liability corporations.

Share-holding Corporations Ltd. refer to economic units registered in accordance with the Regulation of the People's Republic of China on the Management of Registration of Corporations, with total registered capital divided into equal shares and raised through issuing stocks. Each investor bears limited liability to the corporation depending on the holding of shares, and the corporation bears liability to its debt to the maximum of its total assets.

Private Enterprises refer to profit-making economic units invested and established by natural persons, or controlled by natural persons using employed labour. Included in this category are private limited liability corporations, private share-holding corporations Ltd., private partnership enterprises and private-funded enterprises registered in accordance with the Company Law, the Law on Partnership Business and Interim Regulations on Private Enterprises .

Other Domestic-funded Enterprises refer to domestic-funded economic units other than those mentioned above.

Joint Venture Enterprises with Funds from Hong Kong, Macau and Taiwan are enterprises established by investors from Hong Kong, Macau and Taiwan with enterprises in the mainland of China in accordance with the Law of the People's Republic of China on Sino-foreign Equity Joint Ventures and other relevant laws, where the establishment of the investment and the sharing of profits and risks are stipulated under joint venture contracts.

Cooperative Enterprises with Funds from Hong Kong, Macau and Taiwan established by investors from Hong Kong, Macau and Taiwan with enterprises in the mainland of China in accordance with the Law of the People's Republic of China on Sino-foreign Contractual Joint Venture and other relevant laws, where the investment or provision of facilities and the sharing of profits and risks are stipulated under cooperative contracts.

Enterprises with Sole (exclusive) Investment from Hong Kong, Macau and Taiwan refer to enterprises established in the mainland of China with exclusive investment from investors from Hong Kong, Macau and Taiwan in accordance with the Law of the People's Republic of China on Wholly Foreign-owned Enterprises and other relevant laws.

Share-holding Corporations Ltd. with Investment from Hong Kong, Macau and Taiwan refer to share-holding corporations Ltd. established with the approval from the former Ministry of Foreign Trade and Economic Relations in line with relevant State regulations, where the share of investment from Hong Kong, Macau or Taiwan businessmen exceeds 25% of the total registered capital of the corporation. In case the share of investment from Hong Kong, Macau or Taiwan is less than 25% of the total registered capital, the enterprise is to be classified as domestic-funded share-holding corporation Ltd.

Joint Venture Enterprises with Foreign Investment refer to enterprises jointly established by foreign enterprises or foreigners with enterprises in the mainland of China in accordance with the Law of the People's Republic of China on Sino-foreign Equity Joint Ventures and other relevant laws, where the sharing of investment, profits and risks is stipulated under contract.

Cooperative Enterprises with Foreign Investment refer to enterprises jointly established by foreign enterprises or foreigners with enterprises in the mainland of China in accordance with the Law of the People's Republic of China on Sino-foreign Contractual Joint Venture and other relevant laws, where the investment or provision of facilities and the sharing of profits and risks are stipulated under cooperative contracts.

Enterprises with Sole (exclusive) Foreign Investment refer to enterprises established in the mainland of China with exclusive investment from foreign investors in accordance with the Law of the People's Republic of China on Wholly Foreign-owned Enterprises and other relevant laws.

Share-holding Corporations Ltd. with Foreign Investment refer to share-holding corporations Ltd. established with the approval from the former Ministry of Foreign Trade and Economic Relations in line with relevant State regulations, where the share of investment from foreign investors exceeds 25% of the total registered capital of the corporation. In case the share of foreign investment is less than 25% of the total registered capital, the enterprise is to be classified as domestic-funded share-holding corporation Ltd.

Government Agencies, Institutions and Social Organizations are classified into the following categories by source of funds and manner of management taking reference of the registration status of enterprises:

(1) Government agencies: include State and party agencies, classified in principle as State-owned. There are exceptions, such as supply and marketing cooperatives which are classified as collective-owned.

(2) Institutions: include institutions of various types established with the approval by organization and staffing departments of the government, but exclude institutions where enterprise management system is introduced. Institutions are further classified as follows:

(a) Institutions for which their main budgets are from government budget appropriations or extra-budget funds, or allocated from the budget of their competent government agencies. Such institutions are classified as state-owned.

(b) Institutions for which their budget mainly come from collective units. Such institutions are classified as collective-owned.

(c) Social institutions established by individual or a group of citizens, which are classified as private.

(d) Institutions other than those mentioned above for which their sources of budget are not clear. Such institutions are classified by the manner of management.

(3) Social organizations: include social organizations established with the approval from the Ministry of Civil Affairs, and organizations that are not covered by social organization management regulations such as trade unions, women's federations etc.. Social organizations are further classified as follows:

(a) Social organizations that are not covered by social organization management regulations of the Ministry of Civil Affairs such as trade unions, women federations, communist youth leagues, youth associations, industrial and commerce associations, scientist associations, overseas Chinese associations, etc., foundations and fund management organizations established with funds from the state, and social organizations whose funds mainly come from the budget of their competent government agencies. Such institutions are classified as State-owned.

(b) Social organizations for which their budget mainly come from collective units. Such institutions are classified as collective-owned.

(c) Social organizations established by individual or a group of citizens, which are classified as private.

(d) Social organizations other than those mentioned above for which their sources of budget are not clear. Such organizations are classified by the manner of management.

2

国民经济核算

NATIONAL ACCOUNTS

2-1 按三次产业分的地区生产总值
Gross Domestic Product by Type of Industry

单位: 亿元　　(100 million yuan)

年份 Year	地区生产总值 Gross Domestic	第一产业 Primary	第二产业 Secondary	工业 Industry	建筑业 Construction	第三产业 Tertiary	交通运输、仓储和邮政业 Transport, Storage and Post
1978	184.61	82.20	65.55	59.40	6.15	36.86	6.17
1979	205.76	91.95	72.31	65.43	6.88	41.50	6.74
1980	229.31	101.68	81.05	73.18	7.87	46.58	7.39
1981	242.32	108.02	83.36	74.58	8.78	50.94	7.82
1982	275.23	125.36	92.84	82.49	10.35	57.03	8.49
1983	311.00	138.17	105.69	93.71	11.98	67.14	9.75
1984	358.06	156.11	121.68	105.97	15.71	80.27	11.32
1985	421.15	172.90	148.11	127.13	20.98	100.14	14.31
1986	458.23	181.20	160.62	138.12	22.50	116.41	17.88
1987	530.86	202.25	187.88	160.49	27.39	140.73	22.64
1988	659.69	241.95	238.32	206.44	31.88	179.42	27.80
1989	744.98	263.15	263.44	231.08	32.36	218.39	33.82
1990	890.95	321.41	312.64	276.08	36.56	256.90	40.71
1991	1016.31	339.00	376.48	331.37	45.11	300.83	48.96
1992	1177.27	372.04	441.57	378.67	62.90	363.66	56.70
1993	1486.08	449.38	580.38	495.24	85.14	456.32	70.18
1994	2001.41	597.37	782.77	667.85	114.92	621.27	85.71
1995	2443.21	662.46	980.91	833.17	147.74	799.84	113.01
1996	2871.65	770.02	1156.01	977.68	178.33	945.62	129.83
1997	3241.47	880.28	1265.32	1055.21	210.11	1095.87	145.08
1998	3474.09	912.24	1324.01	1076.35	247.66	1237.84	165.91
1999	3649.12	926.03	1349.63	1099.48	250.15	1373.46	179.25
2000	3928.20	945.58	1433.11	1154.46	278.65	1549.51	217.41
2001	4293.49	981.67	1572.01	1253.19	318.82	1739.81	248.34
2002	4725.01	1047.95	1733.38	1372.64	360.74	1943.68	271.19
2003	5333.09	1128.61	2014.80	1604.49	410.31	2189.68	302.44
2004	6379.63	1379.93	2489.40	2013.80	475.60	2510.30	334.50
2005	7385.10	1481.14	3067.23	2527.08	540.15	2836.73	380.28
2006	8690.24	1595.48	3775.14	3144.67	630.47	3319.62	451.19
2007	10562.39	2032.00	4648.79	3921.41	727.38	3881.60	511.50
2008	12601.23	2216.15	5823.39	4956.13	867.26	4561.69	567.51
2009	14151.28	2240.61	6711.87	5678.24	1033.63	5198.80	520.71
2010	17185.48	2482.89	8672.18	7431.45	1240.73	6030.41	573.75
2011	21026.68	2983.51	11029.13	9491.05	1538.08	7014.04	638.76

注：本表按当年价格计算。

a) The data in this table are calculated at current prices.

2-1 续表 continued

单位: 亿元 (100 million yuan)

年份 Year	批发和零售业 Wholesale and Retail Trades	住宿和餐饮业 Hotels and Catering Services	金融业 Financial Intermediation	房地产业 Real Estate	其他 Others	人均地区生产总值(元) Per Capita GDP (yuan)
1978	7.75	3.02	4.88	2.42	12.62	261
1979	8.71	3.39	5.77	2.63	14.26	289
1980	9.68	3.77	6.71	2.94	16.09	320
1981	10.83	4.21	7.15	3.33	17.60	337
1982	12.69	4.93	7.59	3.66	19.67	379
1983	15.39	5.98	8.36	4.14	23.52	425
1984	19.27	7.52	9.22	4.93	28.01	487
1985	24.85	9.67	11.71	5.93	33.67	570
1986	28.84	11.21	13.21	6.85	38.42	614
1987	35.09	13.65	15.98	8.11	45.26	702
1988	47.19	18.35	19.84	9.92	56.32	861
1989	56.45	22.04	23.55	11.68	70.85	960
1990	61.29	24.57	29.79	14.56	85.98	1136
1991	65.94	27.64	34.09	17.76	106.44	1283
1992	78.45	31.34	40.68	24.41	132.08	1477
1993	90.29	39.00	51.13	30.34	175.38	1854
1994	121.26	54.28	65.01	68.91	226.10	2338
1995	181.21	70.47	71.31	80.41	283.43	3043
1996	220.19	85.63	82.13	95.63	332.21	3550
1997	240.78	93.64	93.19	124.13	399.05	4032
1998	254.51	99.41	108.45	148.09	461.47	4294
1999	270.84	109.25	118.32	165.17	530.63	4540
2000	283.26	120.08	153.05	180.05	595.66	4956
2001	311.95	133.51	168.86	198.60	678.55	5376
2002	341.12	151.41	183.13	210.82	786.01	5890
2003	372.68	168.24	206.24	231.72	908.36	6623
2004	425.54	195.10	236.50	264.30	1054.36	7895
2005	475.16	221.42	262.26	286.23	1211.38	9060
2006	537.68	255.19	299.50	336.20	1439.86	10613
2007	624.74	299.75	359.11	376.84	1709.66	12963
2008	736.42	335.13	411.14	453.63	2057.86	15495
2009	868.98	405.45	524.63	548.14	2330.89	17339
2010	1016.03	478.42	654.70	558.56	2748.95	21182
2011	1186.58	562.63	868.15	620.62	3137.30	26133

2-2 按三次产业分的地区生产总值指数（上年=100）
Indices of Gross Domestic Product by Type of Industry (preceding year=100)

年份 Year	地区生产总值 Gross Domestic	第一产业 Primary	第二产业 Secondary	工业 Industry	建筑业 Construction	第三产业 Tertiary	交通运输、仓储和邮政业 Transport, Storage and Post
1978	117.4	113.8	121.2	126.0	88.4	117.4	
1979	110.1	108.0	110.5	110.5	110.7	113.0	109.6
1980	109.5	104.0	109.7	109.5	111.5	118.3	115.6
1981	104.1	104.4	101.6	100.8	109.5	107.4	104.1
1982	110.9	112.7	109.3	108.6	115.3	109.4	104.8
1983	111.0	107.5	112.3	112.0	115.0	116.8	110.5
1984	112.2	109.2	113.4	111.5	128.2	116.7	108.0
1985	111.9	104.3	118.0	117.0	125.0	117.1	129.7
1986	105.5	101.0	106.5	107.0	103.3	111.9	120.3
1987	108.7	103.0	112.2	112.0	113.2	112.5	117.7
1988	107.5	101.9	113.8	116.4	97.0	106.2	102.4
1989	103.2	102.8	101.9	103.5	89.1	105.7	106.8
1990	109.1	106.9	109.5	110.0	105.7	111.3	112.5
1991	109.1	108.5	106.3	104.4	120.6	113.4	115.3
1992	112.6	104.6	120.5	118.9	131.1	113.1	116.2
1993	113.1	105.0	120.1	120.3	118.8	113.5	114.4
1994	111.3	104.4	117.3	118.5	110.1	110.7	100.2
1995	110.7	105.5	111.5	110.7	117.0	114.7	117.4
1996	110.6	107.3	109.2	108.2	115.2	115.4	112.0
1997	110.5	106.2	111.6	111.4	112.7	112.8	109.0
1998	109.7	104.6	110.8	109.8	116.6	112.2	110.3
1999	106.6	105.0	106.0	105.8	106.8	108.6	103.7
2000	108.5	102.3	108.2	108.0	109.2	113.1	122.7
2001	109.0	105.7	110.2	110.2	110.1	109.8	109.6
2002	110.3	105.6	111.9	112.2	110.9	111.5	109.0
2003	111.3	105.1	115.2	116.3	110.6	111.2	109.1
2004	112.7	106.0	118.3	119.8	111.6	110.9	109.2
2005	112.6	105.4	118.0	120.2	108.0	110.6	110.0
2006	113.5	102.6	118.2	121.5	102.8	114.2	111.4
2007	114.5	104.8	120.4	121.5	114.3	112.5	112.6
2008	111.0	101.0	113.7	115.6	102.3	112.1	107.0
2009	114.5	104.0	119.5	119.0	122.7	112.4	93.4
2010	115.1	104.4	122.0	122.9	116.3	110.2	108.3
2011	115.0	104.5	120.6	121.6	114.8	111.2	107.8

注：本表按可比价格计算。

a) The data in this table are calculated at comparable prices.

2-2 续表 continued

(上年=100) (preceding year=100)

年份 Year	批发和零售业 Wholesale and Retail Trades	住宿和餐饮业 Hotels and Catering Services	金融业 Financial Intermediation	房地产业 Real Estate	其他 Others	人均地区生产总值（元） Per Capita GDP (yuan)
1978						116.8
1979	112.8	112.8	118.4	109.2	113.4	109.4
1980	117.2	117.2	122.9	117.6	118.8	109.0
1981	109.8	109.8	104.6	111.2	107.4	103.6
1982	114.5	114.5	105.3	107.6	109.2	109.8
1983	120.5	120.5	113.0	112.2	118.4	110.1
1984	122.4	122.8	114.1	116.5	115.7	111.8
1985	120.7	120.5	107.1	112.6	113.6	111.3
1986	111.7	111.6	108.7	111.2	108.9	104.5
1987	113.2	113.2	113.5	110.1	105.7	107.3
1988	112.1	112.0	101.8	101.9	103.8	106.1
1989	102.4	102.8	103.1	106.0	111.5	101.9
1990	104.0	106.8	120.4	113.7	108.1	107.9
1991	105.2	110.0	109.9	107.4	120.6	108.1
1992	109.9	104.7	107.6	121.2	114.0	111.9
1993	104.5	113.0	112.0	129.1	115.1	112.5
1994	107.8	111.7	109.0	169.1	100.2	110.6
1995	129.8	112.8	103.6	110.0	125.9	111.3
1996	121.5	121.5	105.3	120.0	122.2	109.8
1997	105.7	105.7	109.7	125.5	117.4	111.2
1998	109.3	109.2	113.2	116.7	112.5	109.0
1999	106.4	109.9	106.1	113.4	109.3	107.3
2000	107.0	113.1	129.5	105.5	115.7	110.0
2001	109.3	110.3	108.3	108.6	111.4	108.2
2002	110.0	114.1	108.4	105.1	116.9	109.8
2003	109.1	111.0	110.5	108.2	112.7	110.9
2004	110.1	111.8	109.2	109.6	112.7	112.3
2005	111.0	112.8	107.9	105.3	112.2	111.6
2006	110.7	113.0	111.3	112.2	116.9	113.0
2007	110.2	108.9	113.8	109.1	115.3	115.1
2008	111.9	101.5	105.5	103.4	119.6	111.2
2009	117.9	117.9	128.1	120.5	110.4	114.0
2010	111.2	111.1	108.7	98.3	112.8	115.7
2011	111.6	112.4	129.8	104.9	108.4	115.9

2-3 按三次产业分的地区生产总值指数（1978年=100）

Indices of Gross Domestic Product by Type of Industry (year of 1978=100)

年份 Year	地区生产总值 Gross Domestic	第一产业 Primary	第二产业 Secondary	工业 Industry	建筑业 Construction	第三产业 Tertiary	交通运输、仓储和邮政业 Transport, Storage and Post
1978	100.0	100.0	100.0	100.0	100.0	100.0	100.0
1979	110.1	108.0	110.5	110.5	110.7	113.0	109.6
1980	120.6	112.3	121.2	120.9	123.5	133.7	126.8
1981	125.5	117.3	123.2	121.9	135.3	143.6	131.9
1982	139.1	132.2	134.7	132.4	156.0	157.2	138.3
1983	154.5	142.2	151.2	148.2	179.4	183.5	152.8
1984	173.4	155.2	171.5	165.4	229.9	214.2	165.0
1985	194.0	162.0	202.5	193.5	287.3	250.8	214.1
1986	204.7	163.5	215.7	207.1	296.7	280.7	257.5
1987	222.6	168.4	241.9	232.0	336.0	315.9	303.1
1988	239.3	171.6	275.4	270.1	325.8	335.4	310.4
1989	246.9	176.4	280.6	279.6	290.2	354.5	331.5
1990	269.3	188.7	307.4	307.4	306.8	394.6	372.9
1991	293.9	204.6	326.6	320.9	370.0	447.4	429.8
1992	330.8	214.1	393.5	381.4	485.1	506.0	499.4
1993	374.1	224.8	472.5	458.7	576.3	574.3	571.6
1994	416.4	234.7	554.4	543.8	634.5	635.7	572.5
1995	461.1	247.7	618.2	601.8	742.3	729.1	672.1
1996	510.0	265.9	675.1	651.1	855.1	841.0	752.6
1997	563.7	282.4	753.2	725.3	963.4	948.7	820.2
1998	618.2	295.4	834.9	796.6	1123.3	1064.0	904.5
1999	659.2	310.1	884.7	842.9	1199.4	1156.0	938.2
2000	715.0	317.2	957.3	910.5	1309.9	1307.7	1151.0
2001	779.2	335.3	1054.8	1003.4	1442.5	1436.4	1261.8
2002	859.1	354.0	1180.4	1125.3	1599.8	1601.1	1375.1
2003	956.5	372.0	1359.8	1308.5	1770.1	1780.8	1500.7
2004	1078.3	394.2	1608.6	1567.8	1975.3	1975.6	1638.3
2005	1214.2	415.5	1898.1	1884.5	2133.3	2185.0	1801.3
2006	1378.1	426.3	2243.6	2289.6	2193.0	2495.3	2007.6
2007	1578.0	446.8	2701.3	2781.9	2506.6	2807.2	2260.5
2008	1751.5	451.2	3071.3	3215.9	2564.3	3146.8	2418.9
2009	2005.5	469.3	3670.3	3826.9	3146.4	3537.0	2259.3
2010	2308.3	489.9	4477.7	4703.3	3659.2	3897.8	2446.8
2011	2654.6	512.0	5400.1	5719.2	4200.8	4334.4	2637.6

注：本表按可比价格计算。

a) The data in this table are calculated at comparable prices.

2-3 续表 continued

(1978年=100) (year of 1978=100)

年份 Year	批发和零售业 Wholesale and Retail Trades	住宿和餐饮业 Hotels and Catering Services	金融业 Financial Intermediation	房地产业 Real Estate	其他 Others	人均地区生产总值(元) Per Capita GDP (yuan)
1978	100.0	100.0	100.0	100.0	100.0	100.0
1979	112.8	112.8	118.4	109.2	113.4	109.4
1980	132.1	132.1	145.6	128.4	134.8	119.2
1981	145.1	145.1	152.3	142.8	144.8	123.5
1982	166.1	166.1	160.3	153.7	158.1	135.6
1983	200.2	200.2	181.1	172.5	187.2	149.2
1984	245.1	245.8	206.7	200.9	216.6	166.8
1985	295.9	296.1	221.5	226.2	246.0	185.6
1986	330.6	330.5	240.7	251.5	267.9	193.9
1987	374.1	374.2	273.2	276.9	283.2	208.1
1988	419.3	419.3	278.1	282.1	294.0	220.8
1989	429.4	431.0	286.8	299.1	327.8	225.0
1990	446.5	460.3	345.4	340.2	354.3	242.8
1991	469.6	506.1	379.7	365.5	427.3	262.4
1992	515.9	529.9	408.4	443.0	487.1	293.5
1993	539.1	598.9	457.5	571.8	560.9	330.1
1994	581.1	669.0	498.8	967.1	562.1	365.0
1995	754.3	754.3	516.7	1063.6	707.5	406.1
1996	916.6	916.6	544.1	1276.7	864.5	445.9
1997	969.1	969.1	596.9	1602.3	1015.4	495.8
1998	1059.5	1058.1	676.0	1870.2	1142.8	540.4
1999	1127.4	1162.8	717.3	2120.3	1248.7	580.0
2000	1206.7	1315.4	929.0	2237.6	1445.1	637.9
2001	1318.4	1450.9	1006.3	2429.2	1609.6	690.0
2002	1450.4	1655.5	1091.1	2553.2	1882.2	757.4
2003	1583.0	1837.5	1205.9	2762.1	2120.9	840.1
2004	1743.0	2054.9	1316.7	3026.3	2390.2	943.8
2005	1934.8	2317.9	1420.7	3186.7	2682.4	1053.5
2006	2141.8	2619.2	1581.3	3575.5	3136.2	1190.5
2007	2360.3	2852.3	1799.5	3900.9	3617.4	1370.3
2008	2641.1	2895.1	1898.5	4033.5	4326.5	1523.7
2009	3113.9	3413.4	2431.9	4860.4	4774.4	1737.1
2010	3462.7	3792.2	2643.5	4777.8	5384.8	2009.8
2011	3864.3	4262.5	3431.3	5011.9	5836.4	2329.3

2-4 按所有制分的地区生产总值
Gross Domestic Product by Ownership

单位: 亿元 (100 million yuan)

年份 Year	地区生产总值 Gross Domestic Product	公有制经济 State-owned	民营经济 Civilian-owned	个体私营经济 Individualowned and Privatelyrunned	外商经济 Foreign-owned	港澳台经济 Hongkong,Macao and Taiwan owned
1978	184.61	178.25	6.36	6.36		
1980	229.31	207.09	22.22	22.22		
1985	421.15	361.82	59.33	59.12	0.10	0.11
1990	890.95	729.94	161.01	159.03	1.24	0.74
1991	1016.31	820.22	196.09	190.51	3.61	1.97
1992	1177.27	937.63	239.64	232.66	4.56	2.42
1993	1486.08	1160.91	325.17	315.22	6.62	3.33
1994	2001.41	1587.40	414.01	400.71	8.95	4.35
1995	2443.21	1901.10	542.11	522.74	13.23	6.14
1996	2871.65	2178.78	692.87	666.97	16.79	9.11
1997	3241.47	2415.07	826.40	792.97	22.04	11.39
1998	3474.09	2550.93	923.16	883.86	26.30	13.00
1999	3649.12	2618.76	1030.36	987.27	27.97	15.12
2000	3928.20	2760.35	1167.85	1113.55	34.07	20.23
2001	4293.50	2894.07	1399.43	1328.79	46.59	24.05
2002	4725.01	3079.89	1645.12	1551.54	64.51	29.07
2003	5333.10	3329.88	2003.22	1885.49	81.95	35.78
2004	6379.63	3784.22	2595.41	2451.93	101.29	42.19
2005	7385.10	4177.61	3207.49	3025.38	129.04	53.07
2006	8690.24	4618.44	4071.80	3827.60	169.29	74.91
2007	10562.39	5256.67	5305.72	4942.62	257.76	105.34
2008	12601.23	6037.95	6563.28	6097.16	332.33	133.79
2009	14151.28	6488.12	7663.16	7108.81	393.36	160.99
2010	17185.48	7570.00	9615.48	8867.83	533.75	213.90
2011	21026.68	8883.12	12143.56	11127.72	703.55	312.29

注：本表按当年价格计算。
a) The data in this table are calculated at current prices.

2-5 按所有制分的地区生产总值指数（上年=100）
Indices of Gross Domestic Product by Ownership (preceding year=100)

年份 Year	地区生产总值 Gross Domestic Product	公有制经济 State-owned	民营经济 Civilian-owned	个体私营经济 Individualowned and Privatelyrunned	外商经济 Foreign-owned	港澳台经济 Hongkong,Macao and Taiwan owned
1991	109.1	107.5	115.9	116.0	115.3	112.2
1992	112.6	110.6	119.9	119.6	132.0	125.0
1993	113.1	115.3	105.5	105.1	120.3	117.0
1994	111.3	109.5	118.4	117.7	139.4	133.1
1995	110.7	107.9	120.8	120.7	119.1	138.8
1996	110.6	108.6	117.0	116.5	131.1	124.9
1997	110.5	109.0	115.1	114.5	128.7	123.0
1998	109.7	107.3	116.4	116.3	113.3	124.5
1999	106.6	104.5	112.2	111.5	121.0	132.0
2000	108.5	103.9	119.4	118.8	136.9	117.8
2001	109.0	104.9	118.6	118.0	137.9	119.7
2002	110.3	106.1	118.8	117.9	141.4	123.0
2003	111.3	106.6	120.2	119.9	126.4	122.0
2004	112.7	107.0	122.2	122.6	118.4	112.8
2005	112.6	107.7	119.8	119.6	122.9	121.5
2006	113.5	108.0	120.7	120.1	128.1	137.5
2007	114.5	109.1	120.9	119.8	142.0	132.3
2008	111.0	106.2	116.0	115.5	122.9	119.4
2009	114.5	110.5	118.2	118.0	121.3	122.0
2010	115.1	111.0	118.8	118.5	123.2	122.2
2011	115.0	111.5	117.8	116.9	124.1	138.0

注：本表按可比价格计算。

a) The data in this table are calculated at comparable prices.

2-6 按所有制分的地区生产总值指数（1978年=100）
Indices of Gross Domestic Product by Ownership (year of 1978=100)

年份 Year	地区生产总值 Gross Domestic Product	公有制经济 State-owned	民营经济 Civilian-owned	个体私营经济 Individualowned and Privatelyrunned	外商经济 Foreign-owned	港澳台经济 Hongkong,Macao and Taiwan owned
1978	100.0	100.0	100.0	100.0		
1980	120.6	112.5	354.5	354.5		
1985	194.0	172.8	808.5	805.5	100.0	100.0
1990	269.3	230.3	1398.7	1378.1	907.2	490.8
1991	293.8	247.6	1621.1	1598.6	1046.0	550.7
1992	330.9	273.7	1944.2	1911.4	1381.5	687.6
1993	374.1	315.8	2051.3	2009.8	1661.2	805.5
1994	416.4	345.6	2428.0	2364.8	2318.5	1067.5
1995	461.0	372.9	2932.2	2855.4	2755.9	1485.0
1996	510.0	404.9	3432.2	3325.7	3617.4	1858.9
1997	563.5	441.2	3950.3	3808.4	4658.2	2287.6
1998	618.4	473.4	4596.4	4430.4	5277.4	2848.3
1999	659.0	494.6	5155.3	4941.3	6379.7	3754.7
2000	715.2	513.8	6153.9	5872.5	8739.4	4420.7
2001	779.4	538.9	7299.6	6932.0	12052.9	5296.6
2002	859.4	571.8	8671.8	8172.0	17039.5	6514.4
2003	956.1	609.8	10426.4	9802.3	21534.4	7947.2
2004	1078.0	652.6	12737.2	12013.9	25490.6	8964.2
2005	1214.2	702.9	15264.4	14369.0	31315.2	10895.8
2006	1378.1	758.9	18420.3	17257.9	40126.7	14981.3
2007	1578.0	828.0	22270.1	20675.0	56979.9	19820.3
2008	1751.5	879.3	25833.3	23879.6	70028.3	23665.4
2009	2005.5	971.6	30535.0	28177.9	84944.3	28871.8
2010	2308.3	1078.5	36275.6	33390.8	104651.4	35281.3
2011	2654.6	1202.5	42732.6	39033.8	129872.4	48688.2

注：本表按可比价格计算。
a) The data in this table are calculated at comparable prices.

2-7 地区生产总值构成
Composition of Gross Domestic Product

单位: % (%)

年份 Year	地区生产总值 Gross Domestic Product	第一产业 Primary Industry	第二产业 Secondary Industry	工业 Industry	建筑业 Construction	第三产业 Tertiary Industry	公有制经济 State-owned	民营经济 Civillian -owned
1978	100.0	44.5	35.5	32.2	3.3	20.0	96.6	3.4
1979	100.0	44.7	35.1	31.8	3.3	20.2		
1980	100.0	44.3	35.3	31.9	3.4	20.4	90.3	9.7
1981	100.0	44.6	34.4	30.8	3.6	21.0		
1982	100.0	45.5	33.8	30.0	3.8	20.7		
1983	100.0	44.4	34.0	30.1	3.9	21.6		
1984	100.0	43.6	34.0	29.6	4.4	22.4		
1985	100.0	41.1	35.2	30.2	5.0	23.7	85.9	14.1
1986	100.0	39.5	35.0	30.1	4.9	25.5		
1987	100.0	38.1	35.4	30.2	5.2	26.5		
1988	100.0	36.7	36.1	31.3	4.8	27.2		
1989	100.0	35.3	35.3	31.0	4.3	29.4		
1990	100.0	36.1	35.1	31.0	4.1	28.8	81.9	18.1
1991	100.0	33.4	37.0	32.6	4.4	29.6	80.7	19.3
1992	100.0	31.6	37.5	32.2	5.3	30.9	79.6	20.4
1993	100.0	30.2	39.0	33.3	5.7	30.8	78.1	21.9
1994	100.0	29.8	39.1	33.4	5.7	31.1	79.3	20.7
1995	100.0	27.1	40.1	34.1	6.0	32.8	77.8	22.2
1996	100.0	26.8	40.2	34.0	6.2	33.0	75.9	24.1
1997	100.0	27.2	39.1	32.6	6.5	33.7	74.5	25.5
1998	100.0	26.3	38.1	31.0	7.1	35.6	73.4	26.6
1999	100.0	25.4	37.0	30.1	6.9	37.6	71.8	28.2
2000	100.0	24.1	36.5	29.4	7.1	39.4	70.3	29.7
2001	100.0	22.9	36.6	29.2	7.4	40.5	67.4	32.6
2002	100.0	22.2	36.7	29.1	7.6	41.1	65.2	34.8
2003	100.0	21.2	37.8	30.1	7.7	41.0	62.4	37.6
2004	100.0	21.6	39.1	31.6	7.5	39.3	59.3	40.7
2005	100.0	20.1	41.5	34.2	7.3	38.4	56.6	43.4
2006	100.0	18.4	43.4	36.2	7.2	38.2	53.1	46.9
2007	100.0	19.2	44.0	37.1	6.9	36.8	49.8	50.2
2008	100.0	17.6	46.2	39.3	6.9	36.2	47.9	52.1
2009	100.0	15.8	47.4	40.1	7.3	36.8	45.8	54.2
2010	100.0	14.4	50.5	43.2	7.3	35.1	44.0	56.0
2011	100.0	14.2	52.4	45.1	7.3	33.4	42.2	57.8

注：本表按当年价格计算。

a) The data in this table are calculated at current prices.

2-8 各市(州)地区生产总值(2011年)
Gross Domestic Product by Region(2011)

单位：亿元 (100 million yuan)

市(州)	Region	地区生产总值 Gross Domestic Product	第一产业 Primary Industry	第二产业 Secondary Industry	#工业 Industry	第三产业 Tertiary Industry	人均地区生产总值(元) Per Capita GDP (yuan)
成都市	Chengdu	6950.58	327.34	3143.82	2610.80	3479.42	49438
自贡市	Zigong	780.36	98.99	458.63	422.28	222.74	29102
攀枝花市	Panzhihua	645.66	24.24	487.75	461.71	133.67	53054
泸州市	Luzhou	900.87	130.83	538.16	510.12	231.88	21339
德阳市	Deyang	1137.45	177.74	682.39	632.46	277.32	31562
绵阳市	Mianyang	1189.11	199.23	616.56	531.24	373.32	25755
广元市	Guangyuan	403.54	83.80	180.16	155.79	139.58	16225
遂宁市	Suining	603.36	140.95	309.43	265.64	152.98	18528
内江市	Neijiang	854.68	139.76	534.00	497.23	180.92	23062
乐山市	Leshan	918.06	114.58	567.37	534.31	236.11	28339
南充市	Nanchong	1029.48	240.02	523.85	432.74	265.61	16388
眉山市	Meishan	673.34	121.42	379.59	339.59	172.33	22791
宜宾市	Yibin	1091.18	163.27	675.69	623.26	252.22	24433
广安市	Guangan	659.90	125.26	339.07	265.07	195.57	20572
达州市	Dazhou	1011.83	232.73	532.35	481.03	246.75	18474
雅安市	Yaan	350.13	56.87	200.38	174.95	92.88	23153
巴中市	Bazhong	343.39	86.31	138.99	87.94	118.09	10438
资阳市	Ziyang	836.44	185.02	460.19	420.20	191.23	22931
阿坝藏族羌族自治州	Aba	168.48	27.86	79.67	59.09	60.95	18710
甘孜藏族自治州	Ganzi	152.22	37.70	57.72	37.22	56.80	13889
凉山彝族自治州	Liangshan	1000.13	194.56	523.57	411.86	282.00	22044

注：本表按当年价格计算；人均GDP系按年平均常住人口计算。

a) The data in this table are calculated at current prices and the per capita GDP are calculated based on the annual average date of resident population.

2-9 各市(州)地区生产总值指数(2011年)
Indices of Gross Domestic Product by Region(2011)

上年=100 (preceding year=100)

市(州)	Region	地区生产总值 Gross Domestic Product	第一产业 Primary Industry	第二产业 Secondary Industry	# 工业 Industry	第三产业 Tertiary Industry	人均地区生产总值 Per Capita GDP
成都市	Chengdu	115.2	103.7	119.8	120.5	112.4	110.3
自贡市	Zigong	115.6	103.8	120.7	121.8	110.9	118.3
攀枝花市	Panzhihua	115.3	104.5	117.5	117.9	110.2	113.0
泸州市	Luzhou	115.9	103.0	122.5	124.2	109.7	117.5
德阳市	Deyang	115.6	103.8	121.0	122.9	111.1	116.7
绵阳市	Mianyang	115.2	103.8	122.8	123.7	109.9	119.4
广元市	Guangyuan	115.6	104.4	126.2	129.4	111.6	121.5
遂宁市	Suining	115.2	103.3	122.2	123.5	111.4	120.8
内江市	Neijiang	115.3	104.2	120.5	121.9	109.3	119.2
乐山市	Leshan	116.0	104.0	120.3	120.8	112.6	118.4
南充市	Nanchong	115.3	104.1	122.5	122.2	112.6	115.0
眉山市	Meishan	115.3	104.0	120.1	121.6	113.5	116.0
宜宾市	Yibin	115.6	103.4	121.1	121.8	110.1	115.6
广安市	Guangan	115.3	104.0	122.3	124.9	111.9	123.9
达州市	Dazhou	115.2	103.5	123.5	125.0	110.0	117.8
雅安市	Yaan	115.3	103.4	121.0	123.8	111.4	115.7
巴中市	Bazhong	115.2	104.0	131.4	122.9	109.2	112.8
资阳市	Ziyang	116.1	103.6	122.7	123.2	113.5	125.8
阿坝藏族羌族自治州	Aba	115.2	105.1	122.5	130.4	111.6	115.8
甘孜藏族自治州	Ganzi	114.2	107.0	122.9	123.7	110.4	109.8
凉山彝族自治州	Liangshan	115.2	104.4	123.7	122.4	110.0	113.4

注:本表按可比价格计算。
a) The data in this table are calculated at comparable prices.

2-10 支出法地区生产总值
Gross Domestic Product by Expenditure Approach

单位：亿元 (100 million yuan)

年份 Year	地区支出总额 Gross Domestic Product by Expenditure Approach	最终消费 Final Consumption Expenditure	居民消费 Household Consumption Expenditure	农村居民 Rural Household	城镇居民 Urban Household	政府消费 Government Consumption Expenditure	资本形成总额 Gross Capital Formation	固定资本形成总额 Gross Fixed Capital Formation	存货增加 Changes in Inventories
1978	184.61	136.56	114.13	84.88	29.25	22.43	47.49	44.96	2.53
1979	205.76	146.94	122.13	91.44	30.69	24.81	58.26	54.89	3.37
1980	229.31	164.26	137.32	105.63	31.69	26.94	64.42	60.36	4.06
1981	242.32	185.47	157.70	122.56	35.14	27.77	56.56	51.70	4.86
1982	275.23	208.05	176.87	139.62	37.25	31.18	67.01	60.34	6.67
1983	311.00	232.95	198.86	155.86	43.00	34.09	77.77	69.25	8.52
1984	358.06	258.88	220.28	169.72	50.55	38.60	98.87	86.93	11.94
1985	421.15	301.07	256.39	185.65	70.74	44.68	119.50	103.58	15.92
1986	458.23	332.31	283.92	200.31	83.61	48.39	125.70	111.56	14.14
1987	530.86	384.39	329.30	232.80	96.50	55.09	146.33	128.31	18.02
1988	659.69	476.46	407.52	287.00	120.52	68.94	182.86	147.51	35.35
1989	744.98	552.17	475.73	332.76	142.97	76.44	192.48	151.19	41.29
1990	890.95	652.05	553.97	381.02	172.96	98.08	238.68	191.31	47.37
1991	1016.31	725.83	604.40	413.68	190.72	121.43	290.22	233.22	57.00
1992	1177.27	802.66	665.99	433.16	232.83	136.67	374.14	300.06	74.08
1993	1486.08	941.63	770.40	485.28	285.12	171.23	544.03	457.17	86.86
1994	2001.41	1320.35	1103.04	686.38	416.66	217.31	680.66	580.93	99.73
1995	2443.21	1593.58	1321.95	783.70	538.25	271.63	848.81	745.56	103.25
1996	2871.65	1856.98	1520.28	867.34	652.94	336.70	1013.46	881.35	132.11
1997	3241.47	2066.71	1670.50	937.75	732.75	396.21	1173.14	1015.48	157.66
1998	3474.09	2240.54	1814.92	950.51	864.41	425.62	1264.17	1175.04	89.13
1999	3649.12	2359.95	1886.74	953.48	933.26	473.21	1336.84	1218.36	118.48
2000	3928.20	2545.13	2021.66	955.84	1065.82	523.47	1521.43	1400.69	120.74
2001	4293.49	2778.76	2161.96	954.93	1207.03	616.80	1693.10	1570.89	122.21
2002	4725.01	3014.27	2337.76	995.86	1341.90	676.51	1925.31	1801.06	124.25
2003	5333.09	3330.47	2579.30	1069.96	1509.34	751.17	2248.78	2145.07	103.71
2004	6379.63	3805.64	2954.34	1197.16	1757.18	851.30	2728.10	2587.14	140.96
2005	7385.10	4267.69	3366.47	1328.28	2038.19	901.22	3326.22	3179.92	146.30
2006	8690.24	4824.88	3686.82	1397.96	2288.86	1138.06	4203.05	4040.03	163.02
2007	10562.39	5671.56	4285.21	1563.20	2722.01	1386.35	5242.55	5060.57	181.98
2008	12601.23	6540.17	4937.87	1711.33	3226.54	1602.30	6574.63	6352.86	221.77
2009	14151.28	7212.50	5601.30	1967.10	3634.20	1611.20	7720.13	7464.20	255.93
2010	17185.48	8609.53	6638.53	2333.15	4305.38	1971.00	9219.92	8911.05	308.87
2011	21026.68	10424.40	7967.50	2791.80	5175.70	2456.90	11067.68	10691.30	376.38

注：本表按当年价格计算。
a) The data in this table are calculated at current prices.

2-11 支出法地区生产总值指数（上年=100）
Indices of Gross Domestic Product by Expenditure Approach (preceding year=100)

年份 Year	地区支出总额 Gross Domestic Product by Expenditure Approach	最终消费 Final Consumption Expenditure	居民消费 Household Consumption Expenditure	农村居民 Rural Household	城镇居民 Urban Household	政府消费 Government Consumption Expenditure	资本形成总额 Gross Capital Formation	固定资本形成总额 Gross Fixed Capital Formation	存货增加 Changes in Inventories
1979	110.1	106.7	106.1	106.9	103.9	110.1	120.7	120.1	132.0
1980	109.5	109.7	110.0	112.1	103.5	108.6	108.9	108.2	119.4
1981	104.1	113.0	115.3	114.3	108.9	101.2	86.1	84.0	117.6
1982	110.9	109.4	109.4	108.2	114.0	109.0	116.3	114.6	134.0
1983	111.0	111.4	111.8	113.7	105.3	109.3	109.6	107.7	126.9
1984	112.2	107.5	107.0	105.2	113.7	110.8	127.3	126.0	137.0
1985	111.9	109.6	109.7	102.4	134.7	108.9	117.8	116.5	127.1
1986	105.5	106.8	106.8	104.4	112.8	107.2	102.7	105.3	85.9
1987	108.7	110.0	110.2	111.3	107.6	108.6	105.5	103.4	121.8
1988	107.5	106.1	106.1	106.1	106.2	106.0	111.2	102.3	171.3
1989	103.2	104.5	104.3	104.0	105.1	105.4	99.8	98.0	106.9
1990	109.1	102.6	101.5	99.2	107.2	109.1	126.9	131.7	109.1
1991	109.1	106.9	104.8	104.3	105.8	119.3	115.0	115.2	114.3
1992	112.6	108.0	107.7	102.6	118.9	109.1	124.2	123.7	126.6
1993	113.1	103.4	100.8	97.3	107.4	116.0	134.6	143.2	100.4
1994	111.3	116.4	120.1	121.1	118.4	100.4	102.8	103.7	97.8
1995	110.7	112.1	113.6	106.2	126.3	104.7	108.0	109.4	99.6
1996	110.6	110.4	108.7	105.6	113.2	119.4	111.0	110.2	116.6
1997	110.5	111.1	108.0	103.8	113.7	126.9	109.3	108.0	117.3
1998	109.7	109.6	110.0	106.8	114.0	107.7	112.9	121.6	62.9
1999	106.6	105.4	104.4	100.3	109.1	109.7	110.6	109.4	123.8
2000	108.5	109.9	109.5	102.3	117.2	111.8	112.4	113.4	102.9
2001	109.0	109.3	107.2	101.1	112.7	117.1	110.2	111.0	100.6
2002	110.3	109.4	109.2	104.7	112.9	110.2	112.8	113.5	103.3
2003	111.3	110.0	110.2	107.2	112.5	109.2	113.8	116.1	81.8
2004	112.7	107.4	106.5	103.9	108.4	110.5	115.3	114.4	133.0
2005	112.6	110.4	111.8	109.0	113.7	105.8	117.1	118.0	102.0
2006	113.5	108.2	107.0	102.8	109.7	112.4	120.2	120.8	108.8
2007	114.5	110.8	109.6	105.7	112.1	114.6	118.0	118.5	105.5
2008	111.0	107.8	107.0	101.9	109.9	110.2	114.5	114.8	106.6
2009	114.5	113.8	112.5	113.6	112.0	117.5	121.4	121.7	110.7
2010	115.1	114.0	113.0	113.3	112.9	116.7	112.8	112.8	114.3
2011	115.0	114.5	113.5	113.2	113.6	118.0	112.7	112.7	114.5

注：本表按可比价格计算。
a) The data in this table are calculated at comparable prices.

2-12 支出法地区生产总值指数（1978年=100）
Indices of Gross Domestic Product by Expenditure Approach (year of 1978=100)

年份 Year	地区支出总额 Gross Domestic Product by Expenditure Approach	最终消费 Final Consumption Expenditure	居民消费 Household Consumption Expenditure	农村居民 Rural Household	城镇居民 Urban Household	政府消费 Government Consumption Expenditure	资本形成总额 Gross Capital Formation	固定资本形成总额 Gross Fixed Capital Formation	存货增加 Changes in Inventories
1978	100.0	100.0	100.0	100.0	100.0	100.0	100.0	100.0	100.0
1979	110.1	106.7	106.1	106.9	103.9	110.1	120.7	120.1	132.0
1980	120.6	117.1	116.7	119.8	107.6	119.6	131.4	129.9	157.7
1981	125.5	132.3	134.5	137.0	117.1	121.0	113.2	109.1	185.5
1982	139.1	144.7	147.1	148.2	133.5	131.9	131.6	125.0	248.5
1983	154.5	161.2	164.5	168.5	140.5	144.2	144.2	134.6	315.3
1984	173.4	173.4	176.0	177.2	159.8	159.8	183.6	169.7	432.0
1985	194.0	190.0	193.1	181.5	215.2	173.9	216.3	197.7	549.2
1986	204.7	203.0	206.2	189.5	242.7	186.5	222.1	208.1	471.8
1987	222.6	223.3	227.2	210.9	261.1	202.5	234.2	215.2	574.7
1988	239.3	236.9	241.2	223.8	277.3	214.8	260.5	220.2	984.7
1989	246.9	247.5	251.6	232.8	291.3	226.3	259.9	215.8	1053.0
1990	269.3	253.9	255.3	230.8	312.2	246.8	329.8	284.3	1148.5
1991	293.9	271.6	267.5	240.7	330.3	294.4	379.4	327.5	1312.4
1992	330.8	293.2	288.2	247.0	392.8	321.1	471.3	405.0	1661.6
1993	374.1	303.1	290.5	240.2	421.8	372.4	634.4	579.9	1668.6
1994	416.4	352.6	348.8	290.8	499.6	374.0	652.2	601.3	1631.5
1995	461.1	395.3	396.1	309.0	630.9	391.5	704.6	658.0	1625.6
1996	510.0	436.3	430.7	326.4	714.3	467.5	782.5	725.2	1895.3
1997	563.7	484.9	465.2	338.8	812.4	593.2	855.1	783.2	2222.2
1998	618.2	531.4	511.8	361.9	925.9	639.1	965.3	952.2	1398.7
1999	659.2	559.8	534.1	363.0	1010.0	701.4	1067.2	1041.3	1732.1
2000	715.0	615.5	584.8	371.2	1184.2	784.1	1199.6	1180.6	1782.7
2001	779.2	672.4	627.0	375.3	1334.4	918.4	1322.1	1310.9	1793.7
2002	859.1	735.9	684.7	392.9	1506.0	1012.3	1491.2	1488.2	1853.2
2003	956.5	809.4	754.7	421.1	1693.9	1105.2	1696.7	1727.2	1516.1
2004	1078.3	869.2	803.9	437.5	1836.1	1220.9	1955.8	1975.6	2016.8
2005	1214.2	959.7	898.6	476.8	2087.2	1291.8	2290.0	2330.6	2056.2
2006	1378.1	1038.4	961.5	490.2	2289.6	1451.9	2752.6	2815.4	2237.1
2007	1578.0	1150.6	1053.8	518.1	2566.7	1663.9	3248.0	3336.2	2360.2
2008	1751.5	1240.3	1127.5	527.9	2820.8	1833.6	3719.0	3830.0	2516.0
2009	2005.5	1411.5	1268.5	599.7	3159.3	2154.5	4514.9	4661.1	2785.2
2010	2308.3	1609.1	1433.4	679.5	3566.8	2514.3	5092.8	5257.7	3183.4
2011	2654.6	1842.5	1626.9	769.2	4051.9	2966.9	5739.6	5925.4	3645.0

注：本表按可比价格计算。

a) The data in this table are calculated at comparable prices.

2-13 居民消费水平
Annual Per Capita Consumption of Residents

单位:元/人 (yuan)

年份 Year	居民人均消费水平 Annual per Capita Consumption of Residents	农村居民消费水平 Annual per Capita Consumption of Rural Residents	城镇居民消费水平 Annual per Capita Consumption of Urban Residents	城镇与农村对比(以农村居民消费=1) Urban / Rural Consumption Ratio (Rural Residents =1)	平均人口(百人) Average Population (100 Persons)	农村居民 Rural Residents	城镇居民 Urban Residents
1978	161.39	135.00	373.00	1：2.76	707190	628770	78420
1979	171.52	145.00	377.00	1：2.60	712050	630650	81400
1980	191.93	167.00	382.00	1：2.29		632520	82960
1981	219.47	193.27	416.28	1：2.15	718520	634105	84415
1982	243.69	218.64	427.12	1：1.95	725800	638580	87220
1983	271.71	242.68	479.78	1：1.98	731865	642245	89620
1984	299.68	264.42	542.56	1：2.05	735045	641870	93175
1985	346.87	290.06	713.69	1：2.46	739165	640050	99115
1986	380.30	310.94	816.83	1：2.63	746560	644200	102360
1987	435.43	356.55	933.88	1：2.62	756255	652920	103335
1988	531.67	434.31	1140.55	1：2.63	766480	660815	105665
1989	613.07	498.02	1326.13	1：2.66	775980	668170	107810
1990	706.14	564.24	1583.38	1：2.81	784517	675285	109232
1991	763.11	609.46	1683.92	1：2.76	792020	678761	113259
1992	835.62	642.43	1896.93	1：2.95	797000	674262	122738
1993	961.23	725.13	2156.04	1：2.97	801475	669232	132243
1994	1367.17	1027.46	3002.51	1：2.92	806805	668035	138770
1995	1646.27	1191.66	3703.32	1：3.11	802995	657653	145342
1996	1879.60	1327.15	4204.49	1：3.17	808833	653537	155296
1997	2077.74	1459.77	4534.23	1：3.11	804000	642396	161604
1998	2243.41	1512.12	4791.44	1：3.17	809000	628593	180407
1999	2347.53	1550.78	4941.22	1：3.19	803713	614840	188873
2000	2550.48	1614.28	5314.67	1：3.29	792660	592117	200543
2001	2707.15	1631.30	5660.73	1：3.47	798610	585381	213229
2002	2914.39	1729.10	5932.23	1：3.43	802145	575940	226205
2003	3203.36	1890.24	6311.53	1：3.34	805185	566045	239140
2004	3656.20	2153.44	6969.98	1：3.24	808035	555928	252107
2005	4130.08	2432.20	7577.30	1：3.12	815110	546124	268986
2006	4501.00	2572.00	8305.00	1：3.23	819050	543453	275597
2007	5259.00	2949.00	9559.00	1：3.24	814800	530041	284759
2008	6072.00	3362.00	10608.00	1：3.16	813250	509090	304160
2009	6863.00	3891.00	11701.00	1：3.01	816150	505550	310600
2010	8182.00	4748.00	13457.00	1：2.83	811341	491401	319940
2011	9903.00	5882.00	15687.00	1：2.67	804590	474664	329926

注：居民消费水平按当年价格计算。
a) Annual Per Capita Consumption of Residents in this table are calculated at current prices.

2-14 居民消费水平指数
Indices of Annual Per Capita Consumption of Residents

年份 Year	上年=100 preceding year = 100			1978年=100 (year of 1978=100)		
	居民人均消费水平 Annual Per Capita Consumption of Residents	农村居民消费水平 Annual Per Capita Consumption of Rural Residents	城镇居民消费水平 Annual Per Capita Consumption of Urban Residents	居民人均消费水平 Annual Per Capita Consumption of Residents	农村居民消费水平 Annual Per Capita Consumption of Rural Residents	城镇居民消费水平 Annual Per Capita Consumption of Urban Residents
1978				100.0	100.0	100.0
1979	105.4	106.5	100.1	105.4	106.5	100.1
1980	109.4	111.8	101.6	115.3	119.1	101.7
1981	114.8	114.1	107.0	132.3	135.8	108.8
1982	108.3	107.4	110.3	143.4	145.9	120.0
1983	110.9	113.1	102.5	158.9	164.9	123.0
1984	106.5	105.2	109.4	169.3	173.6	134.5
1985	109.1	102.7	126.6	184.8	178.3	170.2
1986	105.7	103.7	109.2	195.3	184.9	185.9
1987	108.8	109.8	106.6	212.5	203.1	198.2
1988	104.7	104.8	103.8	222.5	212.9	205.8
1989	103.1	102.9	103.0	229.3	219.1	211.9
1990	100.4	98.1	105.8	230.2	214.9	224.1
1991	103.8	103.8	102.0	238.9	223.0	228.7
1992	107.1	103.3	109.7	255.7	230.3	250.9
1993	100.2	98.0	99.7	256.3	225.7	250.1
1994	119.3	121.3	112.9	305.7	273.7	282.3
1995	114.1	107.9	120.6	348.9	295.4	340.4
1996	107.9	106.3	106.0	376.6	314.0	360.7
1997	108.7	105.6	109.3	409.2	331.6	394.2
1998	109.3	109.2	102.1	447.4	362.0	402.5
1999	105.0	102.5	104.2	469.9	371.2	419.4
2000	111.0	106.2	110.4	521.7	394.2	463.1
2001	106.4	102.3	106.0	555.2	403.1	490.8
2002	108.7	106.4	106.4	603.7	428.9	522.1
2003	109.8	109.1	106.4	662.9	467.8	555.5
2004	106.1	105.8	102.8	703.6	494.8	571.1
2005	110.8	110.9	106.5	779.6	549.0	608.5
2006	106.5	103.3	107.1	830.3	567.1	651.7
2007	110.2	108.4	108.5	914.9	614.7	707.1
2008	107.1	106.1	102.9	979.9	652.2	727.6
2009	112.1	114.4	109.7	1098.5	746.1	798.2
2010	113.7	116.5	109.6	1249.0	869.2	874.8
2011	114.4	117.2	110.2	1428.8	1018.8	964.0

注：本表按可比价格计算。
a) The data in this table are calculated at comparable prices.

2-15 各市(州)民营经济增加值(2011年)
Civillian-owned Value Added by Region(2011)

单位：亿元 (100 million yuan)

市(州)	Region	民营经济增加值 Civilian-owned Value Added	第一产业 Primary Industry	第二产业 Secondary Industry	# 工业 Industry	第三产业 Tertiary Industry	人均民营经济增加值(元) Per Capita Civilian-owned Value Added (yuan)
成都市	Chengdu	3969.45	98.85	1911.87	1572.52	1958.73	28234
自贡市	Zigong	427.14	31.40	270.68	242.52	125.06	15929
攀枝花市	Panzhihua	268.37	8.14	190.07	174.06	70.16	22052
泸州市	Luzhou	519.63	46.21	335.21	312.88	138.21	12309
德阳市	Deyang	630.26	68.35	390.72	359.89	171.19	17488
绵阳市	Mianyang	650.66	62.79	354.61	291.11	233.26	14093
广元市	Guangyuan	218.23	24.34	121.97	99.55	71.92	8775
遂宁市	Suining	344.63	55.97	209.76	185.36	78.90	10583
内江市	Neijiang	489.65	46.57	339.42	313.54	103.66	13212
乐山市	Leshan	503.50	55.05	347.66	322.02	100.79	15542
南充市	Nanchong	606.97	103.85	372.38	302.95	130.74	9662
眉山市	Meishan	402.20	46.99	262.19	247.69	93.02	13614
宜宾市	Yibin	599.29	60.98	401.26	362.03	137.05	13419
广安市	Guangan	371.66	38.44	212.38	170.49	120.84	11586
达州市	Dazhou	557.03	87.18	337.27	303.90	132.58	10170
雅安市	Yaan	197.86	16.99	132.65	116.81	48.22	13084
巴中市	Bazhong	183.72	24.26	93.94	54.48	65.52	5585
资阳市	Ziyang	473.12	73.16	317.37	299.58	82.59	12971
阿坝藏族羌族自治州	Aba	72.89	15.20	39.16	29.52	18.53	8095
甘孜藏族自治州	Ganzi	62.67	22.91	20.99	12.69	18.77	5718
凉山彝族自治州	Liangshan	551.19	66.68	343.34	287.77	141.17	12149

注：本表按当年价格计算；人均民营经济增加值年平均人口数按常住人口计算。

a) The data in this table are calculated at current prices.Per Capita Civilian Value Added are calculated on the permanent residents.

2-16 各市(州)民营经济增加值指数(2011年)
Indices of Civillian-owned Value Added by Region(2011)

上年=100 (preceding year=100)

市(州)	Region	民营经济增加值 Civilian-owned Value Added	第一产业 Primary Industry	第二产业 Secondary Industry	# 工业 Industry	第三产业 Tertiary Industry	人均民营经济增加值 Per Capita Civilian-owned Value Added
成都市	Chengdu	118.9	99.0	122.7	123.3	116.5	113.8
自贡市	Zigong	118.8	104.0	123.6	124.7	112.8	121.5
攀枝花市	Panzhihua	119.0	108.2	122.3	123.3	112.0	116.5
泸州市	Luzhou	118.6	103.7	123.4	125.5	112.8	120.2
德阳市	Deyang	119.0	103.6	124.5	126.4	114.3	120.1
绵阳市	Mianyang	119.0	104.9	125.7	126.7	113.7	123.4
广元市	Guangyuan	119.0	103.2	127.8	131.9	112.5	125.1
遂宁市	Suining	119.0	104.0	126.3	126.7	111.1	124.8
内江市	Neijiang	118.6	106.6	122.2	123.7	112.7	122.6
乐山市	Leshan	119.0	104.2	124.0	125.0	112.3	121.6
南充市	Nanchong	118.8	105.4	125.3	123.7	113.3	118.5
眉山市	Meishan	118.7	104.3	123.3	123.4	114.1	119.4
宜宾市	Yibin	118.8	102.1	124.6	125.6	112.3	118.8
广安市	Guangan	118.9	101.6	125.6	129.4	114.0	127.7
达州市	Dazhou	118.6	103.3	126.0	128.0	110.9	121.3
雅安市	Yaan	119.0	104.5	122.9	125.5	114.5	119.5
巴中市	Bazhong	118.0	103.0	132.7	123.0	108.5	115.6
资阳市	Ziyang	119.1	100.7	124.4	125.2	115.7	129.0
阿坝藏族羌族自治州	Aba	119.0	105.1	129.5	134.6	112.8	119.6
甘孜藏族自治州	Ganzi	117.1	108.4	130.6	131.4	113.5	112.6
凉山彝族自治州	Liangshan	118.5	104.4	125.1	124.4	112.2	116.6

注：本表按可比价格计算。

a) The data in this table are calculated at current prices.

主要统计指标解释

国内生产总值(GDP)　指按市场价格计算的一个国家(或地区)所有常住单位在一定时期内生产活动的最终成果。国内生产总值有三种表现形态，即价值形态、收入形态和产品形态。从价值形态看，它是所有常住单位在一定时期内生产的全部货物和服务价值超过同期投入的全部非固定资产货物和服务价值的差额，即所有常住单位的增加值之和；从收入形态看，它是所有常住单位在一定时期内创造并分配给常住单位和非常住单位的初次收入分配之和；从产品形态看，它是所有常住单位在一定时期内最终使用的货物和服务价值减去货物和服务进口价值。在实际核算中，国内生产总值有三种计算方法，即生产法、收入法和支出法。三种方法分别从不同的方面反映国内生产总值及其构成。

三次产业　我国的三次产业划分是：

第一产业：是指农业、林业、畜牧业、渔业和农林牧渔服务业。

第二产业：是指采矿业，制造业，电力、煤气及水的生产和供应业，建筑业。

第三产业：是指除第一、第二产业以外的其他行业。

支出法国内生产总值　是从最终使用的角度反映一个国家(或地区)在一定时期内生产活动最终成果的一种方法，包括最终消费支出、资本形成总额及货物和服务净出口三部分。

最终消费支出　指常住单位为满足物质、文化和精神生活的需要，从本国经济领土和国外购买的货物和服务的支出。它不包括非常住单位在本国经济领土内的消费支出。最终消费支出分为居民消费支出和政府消费支出。

居民消费支出　指常住住户在一定时期内对于货物和服务的全部最终消费支出。居民消费支出除了直接以货币形式购买的货物和服务的消费支出之外，还包括以其他方式获得的货物和服务的消费支出，即所谓的虚拟消费支出。居民虚拟消费支出包括以下几种类型：单位以实物报酬及实物转移的形式提供给劳动者的货物和服务；住户生产并由本住户消费了的货物和服务，其中的服务仅指住户的自有住房服务和付酬的家庭雇员提供的家庭和个人服务；金融机构提供的金融媒介服务。

政府消费支出　指政府部门为全社会提供的公共服务的消费支出和免费或以较的低价格向居民住户提供的货物和服务的净支出，前者等于政府服务的产出价值减去政府单位所获得的经营收入的价值，后者等于政府部门免费或以较低价格向居民住户提供的货物和服务的市场价值减去向住户收取的价值。

资本形成总额　指常住单位在一定时期内获得减去处置的固定资产和存货的净额，包括固定资本形成总额和存货增加两部分。

固定资本形成总额　指常住单位在一定时期内获得的固定资产减处置的固定资产的价值总额。固定资产是通过生产活动生产出来的，且其使用年限在一年以上、单位价值在规定标准以上的资产，不包括自然资产。可分为有形固定资本形成总额和无形固定资本形成总额。有形固定资本形成总额包括一定时期内完成的建筑工程、安装工程和设备工器具购置(减处置)价值，以及土地改良、新增役、种、奶、毛、娱乐用牲畜和新增经济林木价值。无形固定资本形成总额包括矿藏的勘探、计算机软件等获得减处置。

存货增加　指常住单位在一定时期内存货实物量变动的市场价值，即期末价值减期初价值的差额，再扣除当期由于价格变动而产生的持有收益。存货增加可以是正值，也可以是负值，正值表示存货上升，负值表示存货下降。存货包括生产单位购进的原材料、燃料和储备物资等存货，以及生产单位生产的产成品、在制品和半成品等存货。

公有经济　指资产归国家或公民集体所有的经济成分，包括国有经济和集体经济。

民营经济（即非公有经济）　指资产归我国内地公民私人所有或归港澳台商、外商所有的经济成分，包括私有经济、港澳台经济和外商经济。

Explanatory Notes on Main Statistical Indicators

Gross Domestic Product (GDP) refers to the final products at market prices produced by all resident units in a country (or a region) during a certain period of time. Gross domestic product is expressed in three different perspectives, namely value, income, and products respectively. GDP in its value perspective refers to the total value of all goods and services produced by all resident units during a certain period of time, minus the total value of input of goods and services of the nature of non-fixed assets; in other words, it is the sum of the value-added of all resident units. GDP from the perspective of income includes the primary income created by all resident units and distributed to resident and non-resident units. GDP from the perspective of products refers to the value of all goods and services for final demand by all resident units minus the imports of goods and services during a given period of time. In the practice of national accounting, gross domestic product is calculated from three approaches, namely production approach, income approach and expenditure approach, which reflect gross domestic product and its composition from different angles.

Three Strata of Industry In China economic activities into three strata of industry are categorized into the following three strata of industry:

Primary industry refers to agriculture, forestry, animal husbandry and fishery and services in support of these industries.

Secondary industry refers to mining and quarrying, manufacturing, production and supply of electricity, water and gas, and construction.

Tertiary industry refers to all other economic activities not included in the primary or secondary industries.

GDP by Expenditure Approach refers to the method of measuring the final results of production activities of a country (region) during a given period from the perspective of final uses. It includes final consumption expenditure, gross capital formation and net export of goods and services.

Final Consumption Expenditure refers to the total expenditure of resident units for purchases of goods and services from both the domestic economic territory and abroad to meet the needs of material, cultural and spiritual life. It does not include the expenditure of non-resident units on consumption in the economic territory of the country. The final consumption expenditure is broken down into household consumption expenditure and government consumption expenditure.

Household Consumption Expenditure refers to the total expenditure of resident households on the final consumption of goods and services. In addition to the consumption of goods and services bought by the households directly with money, the household consumption expenditure also includes expenditure on goods and services obtained by the households in other ways, i.e. the so-called imputed consumption expenditure, which includes the following: (a) the goods and services provided to households by employers in the form of payment in kind and transfer in kind; (b) goods and services produced and consumed by the households themselves, in which the services refer to the owner-occupied housing and services offered by payed family employees; (c) financial intermediate services provided by financial institutions.

Government Consumption Expenditure refers to the consumption expenditure spent for the provision of public services provided by the government to the whole country and the net expenditure on the goods and services provided by the government to households free of charge or at reduced prices. The former equals to the output value of the government services minus the value of operating income obtained by the government departments. The latter equals to the market value of the goods and services provided by the government free of charge or at reduced prices to the households minus the value received by the government from the households.

Gross Capital Formation refers to the fixed assets acquired less disposals and the net value of inventory, thus including gross fixed capital formation and changes in inventories.

Gross Fixed Capital Formation refers to the value of acquisitions less those disposals of fixed assets during a given period. Fixed assets are the assets produced through production activities with unit value above a specified amount and which could be used for over one year. Natural assets are not included.Gross fixed capital formation can be categorized into total tangible fixed capital formation and total intangible fixed capital formation. Total tangible fixed capital formation includes the value of the construction projects and installation projects completed and the equipment, apparatus and instruments purchased (less those disposed) as well as the value of land improved, the value of draught animals, breeding stock and animals for milk, for wool and for recreational purposes and the newly increased forest with economic value. Total intangible fixed capital formation includes the prospecting of minerals and the acquisition of computer software minus the disposal of them.

Changes in Inventories refers to the market value of the change in the physical volume of inventory of resident units during a given period, i.e. the difference between the values at the beginning and at the end of the period minus the gains due to the change in prices. The changes in inventories can have a positive or a negative value. A positive value indicates an increase in inventory while a negative value indicates a decrease in inventory. The inventory includes raw materials, fuels and reserve materials purchased by the production units as well as the inventory of finished products, semi-finished products and work-in-progress.

Public Economy refers to the economic components owned by the national or citizen of the collective economic components, including the state-owned economy and collective economy.

Private Economy (ie, non-public Economy) refers to the economic components owned by private citizens in the Mainland of China and naturalized by Hong Kong, Macao and Taiwan entrepreneurs, including the private economy, Hong Kong, Macao and Taiwan Economy and foreign economy.

3

人口

POPULATION

3-1 年末常住人口、人口出生率、死亡率和自然增长率
Resident Population(year-end),Birth Rate, Death Rate and Natural Growth Rate of Population

单位：万人，‰ (10 000 persons,‰)

年 份 Year	年末常住人口 Resident Population (year-end)	全省 Province 出生率 Birth Rate	全省 Province 死亡率 Death Rate	全省 Province 自然增长率 Natural Growth Rate	市 City 出生率 Birth Rate	市 City 死亡率 Death Rate	市 City 自然增长率 Natural Growth Rate	县 County 出生率 Birth Rate	县 County 死亡率 Death Rate	县 County 自然增长率 Natural Growth Rate
1952		41.0	18.2	22.8						
1957		29.2	12.1	17.1	30.9	10.8	20.1	28.3	12.2	16.1
1962		28.0	14.6	13.4	25.3	14.2	11.1	28.3	14.5	13.8
1965		42.4	11.4	31.0	26.3	6.7	19.6	43.8	11.9	31.9
1970		38.7	9.2	29.5	25.2	6.3	18.9	39.8	9.4	30.4
1975		31.2	8.9	22.3	26.3	6.3	20.0	29.2	9.0	20.2
1978		15.1	7.0	8.1	14.5	6.6	7.9	13.0	7.1	5.9
1980		13.0	6.8	6.2	13.2	5.8	7.4	11.8	6.9	4.9
1985		15.4	7.2	8.2	12.6	6.5	6.1	12.8	6.7	6.1
1990		19.1	7.7	11.4	13.5	6.2	7.3	16.2	6.8	9.4
1991		15.8	7.3	8.5	11.4	6.2	5.2	12.7	6.0	6.7
1992		16.3	7.0	9.3	11.9	7.0	4.9	12.4	6.9	5.5
1993		16.8	7.2	9.6	12.4	6.7	5.7	12.7	6.8	5.9
1994		16.9	7.0	9.9	12.1	6.5	5.6	13.6	6.6	7.0
1995		17.1	7.2	9.9	11.7	6.7	5.0	13.3	6.8	6.5
1996		16.6	7.3	9.3	10.9	6.4	4.5	13.7	7.2	6.5
1997		15.7	7.0	8.7	9.8	5.9	3.9	11.6	6.7	4.9
1998		14.6	7.1	7.5	9.6	6.1	3.5	10.9	6.7	4.2
1999		13.8	7.0	6.8	9.3	5.9	3.4	10.0	6.4	3.6
2000		12.1	7.0	5.1	10.1	6.5	3.6	10.2	6.8	3.4
2001		11.2	6.8	4.4	7.9	5.4	2.5	8.4	6.1	2.3
2002		10.4	6.5	3.9	7.6	5.7	1.9	8.5	5.8	2.7
2003		9.2	6.1	3.1	7.7	5.3	2.4	8.8	5.6	3.2
2004		9.1	6.3	2.8	8.5	6.4	2.1	10.1	7.1	3.0
2005	8212	9.70	6.80	2.90	8.78	5.27	3.51	10.52	5.77	4.75
2006	8169	9.14	6.28	2.86	8.21	4.53	3.68	10.99	4.82	6.17
2007	8127	9.21	6.29	2.92	10.32	6.15	4.17	12.10	5.74	6.36
2008	8138	9.54	7.15	2.39	10.48	6.10	4.38	12.73	6.40	6.33
2009	8185	9.15	6.43	2.72	9.31	5.75	3.56	11.53	5.95	5.58
2010	8042	8.93	6.62	2.31	10.03	10.77	-0.74	11.35	10.81	0.54
2011	8050	9.79	6.81	2.98	9.39	5.08	4.31	10.53	5.44	5.09

注：本表中出生率、死亡率和自然增长率在1981年以前均根据公安年报计算,1982年以后全省数按人口变动抽样调查分列,分市、县数按公安年报数计算列出。

a) Data of Birth Rate, Death Rate and Natural Growth Rate in this table before 1981 were taken from the annual reports of the Bureau of Public Security. Since 1982, the data of province have been estimated on the basis of the annual National Sample Surveys on Population Changes, the data of population by county were taken from the annual reports of the Bureau of Public Security.

3-2 各市(州)年末常住人口、出生率、死亡率、自然增长率、城镇化率和人口密度(2011年)

Resident Population(year-end), Birth rate, Death rate,Natural Growth Rate, Urbanization Rate and Population Density by Region(2011)

市(州)	Region	年末常住人口 (万人) Resident Population (year-end) (10 000 persons)	出生率 (‰) Birth Rate (‰)	死亡率 (‰) Death Rate (‰)	自然增长率 (‰) Natural Growth Rate (‰)	城镇化率 (%) Urbanization Rate (%)	人口密度 (人/平方公里) Population Density (person/sq.km)
全　省	**Sichuan**	**8050.0**	**9.79**	**6.81**	**2.98**	**41.83**	**166**
成都市	Chengdu	1407.08	7.11	5.03	2.08	67.00	1173
自贡市	Zigong	268.40	8.59	6.79	1.80	42.69	671
攀枝花市	Panzhihua	121.99	8.45	4.44	4.01	61.64	174
泸州市	Luzhou	422.50	9.80	6.48	3.32	39.92	352
德阳市	Deyang	359.19	8.79	7.16	1.63	42.99	599
绵阳市	Mianyang	462.00	7.80	6.25	1.55	41.84	231
广元市	Guangyuan	249.00	8.51	6.11	2.40	34.66	156
遂宁市	Suining	326.01	8.02	5.51	2.51	39.95	652
内江市	Neijiang	370.91	8.41	5.32	3.09	40.23	742
乐山市	Leshan	324.33	7.41	6.58	0.83	41.20	249
南充市	Nanchong	628.53	8.45	5.95	2.50	37.55	524
眉山市	Meishan	295.83	9.18	6.89	2.29	35.77	423
宜宾市	Yibin	446.00	10.35	6.57	3.78	39.35	343
广安市	Guangan	321.00	9.76	5.96	3.80	30.93	535
达州市	Dazhou	548.56	9.99	6.08	3.91	34.31	343
雅安市	Yaan	151.71	8.66	5.22	3.44	36.56	101
巴中市	Bazhong	329.63	10.04	5.45	4.59	31.26	275
资阳市	Ziyang	363.01	10.00	6.50	3.50	34.45	454
阿坝藏族羌族自治州	Aba	90.22	8.72	3.74	4.98	31.65	11
甘孜藏族自治州	Ganzi	110.00	10.60	4.31	6.29	22.39	7
凉山彝族自治州	Liangshan	454.10	13.40	4.40	9.00	28.16	76

3-3 年末户籍总人口数及构成
Total of Household Population and its Composition(year-end)

单位: 万人 (10 000 persons)

年份 Year	年末户籍总人口 Total of Household Population (year-end)	按性别分 By Sex		按农业、非农业分 By Agriculture & Non-agriculture	
		男 Male	女 Female	农业人口 Agriculture	非农业人口 Non-agriculture
1952	4628.5	2357.9	2270.6		
1957	5088.8	2601.0	2487.8	4520.8	568.0
1962	4688.3	2368.9	2319.4	4152.4	535.9
1965	5162.1	2623.3	2538.8	4555.7	606.4
1970	6052.4	3089.0	2963.4	5363.5	688.9
1975	6874.7	3508.2	3366.5	6138.1	736.6
1978	7071.9	3621.5	3450.4	6287.7	784.2
1980	7154.8	3668.3	3486.5	6325.2	829.6
1985	7419.3	3828.9	3590.4	6393.4	1025.9
1990	7892.5	4088.1	3804.4	6790.8	1101.7
1991	7947.8	4119.5	3828.3	6828.5	1119.3
1992	7992.2	4144.1	3848.1	6819.6	1172.6
1993	8037.4	4171.2	3866.2	6825.5	1211.9
1994	8098.7	4205.3	3893.4	6821.6	1277.1
1995	8161.2	4238.9	3922.3	6829.4	1331.8
1996	8215.4	4266.6	3948.8	6837.3	1378.1
1997	8264.7	4291.4	3973.3	6844.6	1420.1
1998	8315.7	4317.5	3998.2	6855.4	1460.3
1999	8358.6	4337.7	4020.9	6850.9	1507.7
2000	8407.5	4358.9	4048.6	6842.5	1565.0
2001	8436.6	4375.4	4061.2	6814.5	1622.1
2002	8474.5	4395.3	4079.2	6796.9	1677.6
2003	8529.4	4424.7	4104.7	6734.2	1795.2
2004	8595.3	4460.0	4135.3	6681.0	1914.3
2005	8642.1	4483.6	4158.5	6628.3	2013.8
2006	8722.5	4520.3	4202.2	6651.7	2070.8
2007	8815.2	4566.4	4248.8	6675.2	2140.0
2008	8907.8	4607.7	4300.1	6704.4	2203.4
2009	8984.7	4639.2	4345.5	6698.4	2286.3
2010	9001.3	4640.4	4360.9	6646.1	2355.2
2011	9058.4	4665.6	4392.8	6595.7	2462.7

注：本篇章所列户籍人口数均由四川省公安厅提供(后同)。
a)Data in this table were taken from the annual reports of the Bureau of Public Security, which were different from that of permanent residents.

3-4 各市(州)年末户籍总户数及人口数(2011年)
Number of Households and Population by Region(year-end)(2011)

市(州)	Region	年末户籍总户数(万户) Total of Household Population (year-end) (10 000 households)	# 乡村户数 Households in Rural Area	年末户籍总人口(万人) Total Population (year-end) (10 000 persons)	# 非农业人口 Non-agriculture	男性 Male	女性 Female
全　省	**Sichuan**	**3112.1**	**2063.4**	**9058.4**	**2462.7**	**4665.6**	**4392.8**
成都市	Chengdu	439.7	224.4	1163.3	705.7	582.1	581.2
自贡市	Zigong	105.4	71.9	327.1	108.3	167.1	160.0
攀枝花市	Panzhihua	35.5	15.0	111.7	60.0	57.2	54.5
泸州市	Luzhou	145.3	116.6	503.0	94.5	260.8	242.2
德阳市	Deyang	150.2	107.8	390.5	107.3	200.2	190.3
绵阳市	Mianyang	195.3	132.9	543.4	150.4	280.1	263.3
广元市	Guangyuan	112.0	69.3	311.2	70.0	159.6	151.6
遂宁市	Suining	133.7	82.3	382.7	88.4	197.4	185.3
内江市	Neijiang	154.7	107.6	426.1	92.7	220.1	206.0
乐山市	Leshan	126.6	82.9	354.4	111.3	181.0	173.4
南充市	Nanchong	260.3	177.6	756.2	169.4	393.2	363.0
眉山市	Meishan	125.3	87.7	350.8	93.9	179.3	171.5
宜宾市	Yibin	168.4	122.1	542.9	103.4	283.1	259.8
广安市	Guangan	157.0	108.9	468.5	85.4	245.6	222.9
达州市	Dazhou	245.9	161.3	690.7	133.3	361.8	328.9
雅安市	Yaan	55.3	40.2	155.8	38.6	79.8	76.0
巴中市	Bazhong	126.7	81.5	389.4	69.5	202.5	186.9
资阳市	Ziyang	176.5	130.9	503.9	84.8	262.3	241.6
阿坝藏族羌族自治州	Aba	28.1	17.8	90.7	20.4	46.3	44.4
甘孜藏族自治州	Ganzi	28.8	20.3	108.8	16.3	55.1	53.7
凉山彝族自治州	Liangshan	141.4	104.4	487.3	59.1	251.0	236.3

3-5 按人口规模分组的户籍人口数
Number of Household Population Grouped by Population Size

(年末数) (end of year)

按户籍人口数分组 Grouped by Population		县数(个) Number of Counties					户籍人口数(万人) Household Population(10 000 persons)				
		2007	2008	2009	2010	2011	2007	2008	2009	2010	2011
全　省	**Sichan**	**181**	**181**	**181**	**181**	**181**	**8815.2**	**8907.8**	**8984.7**	**9001.3**	**9058.4**
10万人以下	below 100 000 persons	30	30	30	30	29	161.7	166.2	170.2	174.7	167.7
10－20万人	100 000-200 000 persons	23	20	18	18	19	360.5	305.6	274.1	275.3	287.7
20－30万人	200 000-300 000 persons	16	17	19	19	19	393.9	400.4	449.5	451.2	455.9
30－50万人	300 000-500 000 persons	34	35	36	36	36	1329.9	1352.8	1408.4	1412.0	1422.7
50－80万人	500 000-800 000 persons	43	43	41	41	41	2730.3	2724.2	2612.3	2613.3	2629.4
80－100万人	800 000-1 million persons	13	14	15	15	15	1123.5	1212.0	1302.9	1305.3	1313.8
100万人以上	over 1 million persons	22	22	22	22	22	2715.4	2746.6	2767.3	2769.5	2781.2

3-6 100万以上的人口大县(2011年)
Counties with Population Over 1 Million(2011)

县　名	County Name	年末户籍总人口(万人) Total of Household Population (10 000persons)	# 非农业人口 Non-Agriculture Population	县　名	County Name	年末户籍总人口(万人) Total of Household Population (10 000persons)	# 非农业人口 Non-Agriculture Population
安岳县	Anyue	160.7	19.3	广安区	Guanganqu	125.6	28.5
仁寿县	Renshou	160.1	30.9	岳池县	Yuechi	118.8	17.0
渠　县	Quxian	147.9	21.4	仪陇县	Yilong	112.3	17.8
简阳市	Jianyang	147.6	25.7	大竹县	Dazhu	111.2	20.4
三台县	Santai	147.4	21.2	雁江区	Yanjiang	109.5	25.0
中江县	Zhongjiang	143.2	18.3	泸　县	Luxian	108.7	10.5
巴州区	Bazhou	138.3	28.2	富顺县	Fushun	107.7	25.1
达　县	Daxian	137.2	24.0	平昌县	Pingchang	105.4	18.2
宣汉县	Xuanhan	131.1	20.4	邻水县	Linshui	103.1	16.6
资中县	Zizhong	130.9	18.4	宜宾县	Yibin	102.2	12.1
南部县	Nanbu	130.8	23.3	射洪县	Shehong	101.5	24.7

主要统计指标解释

人口数 指一定时点、一定地区范围内的有生命的个人总和。

年度统计的年末人口数指每年12月31日24时的人口数。年度统计的全国人口总数内未包括香港、澳门特别行政区和台湾省以及海外华侨人数。

城镇人口和乡村人口的划分 城镇人口是指居住在城镇范围内的全部常住人口；乡村人口是除上述人口以外的全部人口。

出生率(又称粗出生率) 指在一定时期内(通常为一年)一定地区的出生人数与同期内平均人数(或期中人数)之比，用千分率表示。本资料中的出生率指年出生率，其计算公式为：

出生率＝(年出生人数/年平均人数)×1000‰

式中：出生人数指活产婴儿，即胎儿脱离母体时(不管怀孕月数)，有过呼吸或其他生命现象。年平均人数指年初、年底人口数的平均数，也可用年中人口数代替。

死亡率(又称粗死亡率) 指在一定时期内(通常为一年)一定地区的死亡人数与同期内平均人数(或期中人数)之比，用千分率表示。本资料中的死亡率指年死亡率，其计算公式为：

死亡率＝(年死亡人数/年平均人数)×1000‰

人口自然增长率 指在一定时期内(通常为一年)人口自然增加数(出生人数减死亡人数)与该时期内平均人数(或期中人数)之比，用千分率表示。计算公式为：

人口自然增长率＝(本年出生人数－本年死亡人数)/年平均人数 ×1000‰

＝人口出生率－人口死亡率

Explanatory Notes on Main Statistical Indicators

Total Population refers to the total number of people alive at a certain point of time within a given area.

The annual statistics on total population is taken at midnight, the 3lst of December, not including residents in Taiwan province, Hong Kong SAR and Macao SAR and Chinese national residing abroad.

Urban Population and Rural Population Urban population refer to all people residing in cities and towns, while rural population refer to population other than urban population.

Birth Rate or (Crude Birth Rate) refers to the ratio of the number of births to the average population (or mid-period population) during a certain period of time (usually a year), expressed in ‰. Birth rate in the chapter refers to annual birth rate. The following formula is used:

Birth Rate＝(Number of Births/Average Number of Population)×1000‰

Number of births in the formula refers to live births, i.e. when a baby has breathed or showed any vital phenomena regardless of the length of pregnancy.

Annual average population is the average of the number of population at the beginning of the year and that at the end of the year. Sometimes it is substituted by the mid-year population.

Death Rate (or Crude Death Rate) refers to the ratio of the number of deaths to the average population (or mid-period population) during a certain period of time (usually a year), expressed in ‰. Death rate in the chapter refers to annual death rate. The following formula is used:

Death Rate＝(Number of Deaths/Annual Average Number of Population)×1000‰

Natural Growth Rate of Population refers to the ratio of natural increase in population (number of births minus number of deaths) in a certain period of time (usually a year) to the average population (or mid-period population) of the same period, expressed in ‰. The following formula is applied:

Natural Growth Rate of Population＝(Number of Births-Number of Deaths)/Average Number of Population×1000‰

Natural Growth Rate of Population＝Birth Rate－Death Rate

4

就业人员和职工工资

EMPLOYMENT AND WAGE

4-1 按三次产业分的就业人员
Number of Employed Persons by Type of Industry

(年末数) (year-end)

年 份 Year	劳动力资源总数 (万人) Total Number of Labor Force Resources (10 000 persons)	就业人员 (万人) Number of Employed Persons (10 000 persons)				构成 Composition in Percentage (合计=100) (total = 100)		
			第一产业 Primary Industry	第二产业 Secondary Industry	第三产业 Tertiary Industry	第一产业 Primary Industry	第二产业 Secondary Industry	第三产业 Tertiary Industry
1952	2417.07	2027.92	1753.89	89.37	184.66	86.5	4.4	9.1
1957	2644.47	2258.38	1947.49	108.57	202.32	86.2	4.8	9.0
1962	2202.91	2101.58	1810.90	117.47	173.21	86.2	5.6	8.2
1965	2516.29	2267.18	1925.30	163.38	178.50	84.9	7.2	7.9
1970	3546.10	2737.59	2339.83	210.36	187.40	85.5	7.7	6.8
1975	3776.57	2998.60	2474.11	271.48	253.01	82.5	9.1	8.4
1978	3932.51	3087.02	2524.21	279.50	283.31	81.8	9.1	9.1
1980	4121.09	3259.78	2638.03	309.24	312.51	80.9	9.5	9.6
1985	4780.29	3742.97	2824.95	491.67	426.35	75.5	13.1	11.4
1990	5139.00	4265.20	3108.89	578.08	578.23	72.9	13.5	13.6
1991	5230.00	4425.10	3190.83	602.81	631.46	72.1	13.6	14.3
1992	5310.00	4521.20	3200.21	636.79	684.20	70.8	14.1	15.1
1993	5405.00	4556.80	3108.06	709.98	738.76	68.2	15.6	16.2
1994	5510.00	4587.90	3037.47	728.46	821.97	66.2	15.9	17.9
1995	5585.00	4619.10	2983.94	752.91	882.25	64.6	16.3	19.1
1996	5643.00	4627.20	2875.86	772.74	978.60	62.2	16.7	21.1
1997	5688.00	4641.20	2872.41	780.44	988.35	61.9	16.8	21.3
1998	5742.00	4651.40	2824.40	786.09	1040.91	60.7	16.9	22.4
1999	5763.00	4654.30	2747.08	800.54	1106.68	59.0	17.2	23.8
2000	5820.00	4658.40	2643.35	871.12	1143.93	56.7	18.7	24.6
2001	5881.00	4664.80	2595.84	867.65	1201.31	55.6	18.6	25.8
2002	5935.00	4667.60	2517.48	896.18	1253.94	53.9	19.2	26.9
2003	5985.00	4683.50	2482.80	906.70	1294.00	53.0	19.4	27.6
2004	6027.00	4691.00	2445.70	916.00	1329.30	52.2	19.5	28.3
2005	6058.00	4702.00	2421.50	926.30	1354.20	51.5	19.7	28.8
2006	6103.00	4715.00	2306.90	946.00	1462.10	48.9	20.1	31.0
2007	6152.00	4731.10	2266.22	1065.71	1399.15	47.9	22.5	29.6
2008	6206.00	4740.00	2186.18	1108.32	1445.50	46.1	23.4	30.5
2009	6260.00	4756.62	2144.13	1141.59	1470.90	45.1	24.0	30.9
2010	6301.00	4772.53	2083.20	1188.82	1500.51	43.7	24.9	31.4
2011	6343.00	4785.47	2043.36	1210.78	1531.33	42.7	25.3	32.0

4-2 各市(州)按三次产业分的就业人员(2011年)
Number of Employed Persons by Type of Industry and Region(2011)

(年末数) (year-end)

市(州)	Region	就业人员(万人) Number of Employed Persons (10 000 persons)	第一产业 Primary Industry	第二产业 Secondary Industry	第三产业 Tertiary Industry	构成 Composition in Percentage (合计=100) (total = 100) 第一产业 Primary Industry	第二产业 Secondary Industry	第三产业 Tertiary Industry
全　省	**Sichuan**	**4785.47**	**2043.36**	**1210.78**	**1531.33**	**42.70**	**25.30**	**32.00**
成都市	Chengdu	784.28	144.51	289.01	350.76	18.43	36.85	44.72
自贡市	Zigong	189.96	73.04	58.84	58.08	38.45	30.98	30.57
攀枝花市	Panzhihua	70.44	21.85	22.57	26.02	31.03	32.04	36.94
泸州市	Luzhou	241.05	113.31	68.67	59.07	47.01	28.49	24.50
德阳市	Deyang	211.66	87.74	59.36	64.56	41.45	28.05	30.50
绵阳市	Mianyang	287.01	115.12	84.15	87.73	40.11	29.32	30.57
广元市	Guangyuan	168.59	87.85	35.41	45.33	52.11	21.00	26.89
遂宁市	Suining	161.02	67.50	49.24	44.28	41.92	30.58	27.50
内江市	Neijiang	173.15	60.45	51.27	61.44	34.91	29.61	35.48
乐山市	Leshan	188.09	92.59	45.09	50.41	49.23	23.97	26.80
南充市	Nanchong	270.16	118.97	70.67	80.52	44.04	26.16	29.80
眉山市	Meishan	193.64	100.55	43.62	49.48	51.93	22.52	25.55
宜宾市	Yibin	315.27	154.23	81.18	79.87	48.92	25.75	25.33
广安市	Guangan	211.12	117.57	41.80	51.75	55.69	19.80	24.51
达州市	Dazhou	308.93	165.09	61.80	82.05	53.44	20.00	26.56
雅安市	Yaan	96.54	42.98	22.24	31.32	44.52	23.03	32.45
巴中市	Bazhong	171.82	98.90	32.77	40.15	57.56	19.07	23.37
资阳市	Ziyang	204.06	106.21	46.06	51.78	52.05	22.57	25.38
阿坝藏族羌族自治州	Aba	54.35	31.38	4.76	18.22	57.73	8.75	33.52
甘孜藏族自治州	Ganzi	66.62	47.20	2.88	16.54	70.85	4.32	24.83
凉山彝族自治州	Liangshan	291.59	196.32	34.34	60.93	67.33	11.78	20.90

注:全省就业人员数包括直综单位就业人员和灵活形式就业人员,地区数字中未包括(后同)。

a) The number of persons employed in directly affiliated units and comprehensive units, and persons employed in flexible forms was included in the Sichuan's number of employed persons, but was not included in regional number of employed persons.(the same as in the following tables)

4-3 按城乡分的就业人员
Number of Employed Persons by Residence in Urban and Rural Areas

(年末数)单位：万人　　　　(year-end)(10 000 persons)

年份 Year	就业人员合计 Total Number of Employed Persons	# 职工 Staff and Workers	国有经济单位 State-owned Units	城镇集体经济单位 Urban Collective Owned Units	其他各种经济单位 Others	# 城镇个体私营企业就业人员 Urban Private Enterprises and Self-employed Individuals	# 乡村就业人员 Rural Employed Persons
1952	2027.92	63.56	61.82	1.74		132.77	1831.59
1957	2258.38	208.22	132.72	75.50		18.93	2031.23
1962	2101.58	233.16	160.16	73.00		10.21	1858.21
1965	2267.18	290.53	208.91	81.62		6.05	1970.60
1970	2737.59	338.68	255.68	83.00		2.39	2396.52
1975	2998.60	394.26	302.48	91.78		1.52	2602.82
1978	3087.02	457.92	364.80	93.12		6.50	2621.50
1980	3259.78	498.31	388.64	109.67		10.10	2748.60
1981	3347.61	515.54	402.77	112.77		14.80	2813.10
1982	3467.51	533.31	416.85	116.46		19.50	2907.40
1983	3564.59	540.85	423.06	117.79		31.40	2982.60
1984	3643.11	552.90	413.28	138.98	0.64	38.40	3038.40
1985	3742.97	576.12	429.99	145.67	0.46	46.00	3103.00
1986	3885.74	593.50	444.55	148.38	0.57	50.60	3221.80
1987	3967.27	609.34	459.05	149.53	0.76	57.80	3275.00
1988	4090.08	634.03	480.46	152.69	0.88	64.40	3359.90
1989	4179.57	630.72	480.58	148.79	1.35	86.30	3423.30
1990	4265.20	644.21	496.90	145.75	1.56	107.10	3465.10
1991	4425.10	666.02	515.05	148.95	2.02	131.10	3568.50
1992	4521.20	684.31	526.04	155.71	2.56	157.80	3607.00
1993	4556.80	693.30	523.94	149.40	19.96	182.70	3595.30
1994	4587.90	692.27	515.47	144.56	32.24	210.60	3587.10
1995	4619.10	696.03	522.39	138.43	35.21	239.20	3573.30
1996	4627.20	692.78	520.38	133.41	38.99	270.10	3552.10
1997	4641.20	681.56	506.18	131.04	44.34	299.20	3538.00
1998	4651.40	662.94	467.29	111.90	83.75	348.50	3573.50
1999	4654.30	547.15	394.31	80.67	72.17	370.20	3567.00
2000	4658.40	515.45	371.68	69.73	74.04	391.70	3564.50
2001	4664.80	486.70	350.45	58.39	77.86	429.60	3556.20
2002	4667.60	481.19	326.97	52.66	101.56	446.30	3542.00
2003	4683.50	486.70	315.90	48.70	122.10	471.50	3516.60
2004	4691.00	480.70	305.60	43.70	131.40	497.30	3481.80
2005	4702.00	492.80	303.70	40.90	148.20	505.90	3473.10
2006	4715.00	500.90	304.40	40.10	156.40	514.40	3452.30
2007	4731.10	520.37	312.70	39.23	168.44	574.80	3432.70
2008	4740.00	528.94	310.80	37.10	181.04	573.32	3430.00
2009	4756.62	536.48	312.21	36.87	187.40	634.27	3410.76
2010	4772.53	570.58	335.77	33.69	201.12	662.23	3390.63
2011	4785.47	587.50	331.63	32.12	223.74	689.75	3368.00

4-4 分行业就业人员

(年末数)单位: 万人

年份 Year	合计 Total	农、林、牧、渔业 Agriculture, Forestry, Animal Husbandry and Fishery	采矿业 Mining	制造业 Manufacturing	电力、煤气及水的生产和供应业 Electricity, Gas and Water Production and Supply	建筑业 Construction	交通运输、仓储和邮政业 Transport, Storage and Post	信息传输、计算机服务和软件业 Information Transmission, Computer Services and Software	批发和零售业 Wholesale and Retail Trade	住宿和餐饮业 Hotels and Catering Services
1978	3087.02	2524.21	43.80	172.77	9.60	53.33	43.25		57.46	20.03
1979	3143.54	2537.28	46.07	183.61	8.86	58.66	45.00		66.62	21.17
1980	3259.78	2638.03	48.44	189.98	10.48	60.34	45.50		68.03	23.31
1981	3347.61	2690.70	51.74	202.72	11.40	62.26	47.76		76.75	25.05
1982	3467.51	2804.73	51.83	205.11	10.53	65.84	47.64		73.41	25.17
1983	3564.59	2876.01	50.71	205.77	10.91	72.19	50.69	0.62	80.94	28.25
1984	3643.11	2858.01	55.05	215.83	11.34	88.87	56.07	1.10	110.21	34.11
1985	3742.97	2824.95	86.18	261.63	7.73	136.13	62.26	1.73	107.82	34.96
1986	3885.74	2885.97	93.87	265.64	8.27	171.64	64.25	2.55	116.55	40.47
1987	3967.27	2926.27	98.80	275.76	8.40	191.29	66.49	3.07	114.04	40.29
1988	4090.08	2986.06	101.58	290.53	9.82	198.26	69.57	3.61	132.05	44.99
1989	4179.57	3086.83	98.14	281.25	10.18	194.01	70.21	4.13	126.23	45.67
1990	4265.20	3108.89	98.49	273.04	13.95	192.60	71.23	4.69	166.95	60.60
1991	4425.10	3190.83	101.05	287.68	10.63	203.45	73.11	5.17	197.23	71.94
1992	4521.20	3200.21	104.56	300.82	13.42	217.99	75.95	6.11	213.05	76.69
1993	4556.80	3108.06	105.79	303.60	11.90	288.69	75.70	7.29	245.60	83.11
1994	4587.90	3037.47	111.47	312.14	12.15	292.70	82.14	7.52	248.66	91.76
1995	4619.10	2983.94	114.70	319.99	13.47	304.75	87.68	8.41	264.66	92.73
1996	4627.20	2875.86	116.56	325.82	14.31	316.05	95.40	8.65	282.10	94.17
1997	4641.20	2872.41	118.95	329.85	14.97	316.67	95.70	8.78	293.73	95.72
1998	4651.40	2824.40	114.52	331.73	14.37	325.47	92.06	9.09	300.29	100.18
1999	4654.30	2747.08	116.72	337.17	14.40	332.25	84.44	9.38	312.39	113.20
2000	4658.40	2643.35	121.36	346.95	14.64	388.17	85.84	9.86	322.78	116.31
2001	4664.80	2595.84	118.56	345.95	15.29	387.85	98.33	10.25	329.83	119.90
2002	4667.60	2517.48	122.05	358.35	15.35	400.43	108.38	11.76	334.27	120.83
2003	4683.50	2482.80	123.90	360.30	16.50	405.90	104.70	12.10	339.30	122.20
2004	4691.00	2445.70	120.70	371.40	18.50	405.40	119.00	18.00	328.70	148.70
2005	4702.00	2421.50	118.50	374.90	21.20	411.70	133.70	21.60	327.90	172.90
2006	4715.00	2306.90	116.50	422.00	20.50	387.00	137.80	20.60	354.10	183.70
2007	4731.10	2266.22	119.15	482.09	21.04	443.43	141.90	24.40	381.50	196.40
2008	4740.00	2186.18	107.32	487.39	27.48	486.13	149.66	25.55	386.79	190.75
2009	4756.62	2144.13	106.39	515.37	27.45	492.38	156.77	29.25	409.26	199.31
2010	4772.53	2083.20	108.80	540.66	25.99	513.38	154.05	33.08	418.49	203.59
2011	4785.47	2043.36	111.75	554.79	27.27	516.96	152.40	33.21	424.20	210.81

Number of Employed Persons by Sector

(year-end)(10 000 persons)

金融业 Financial	房地产业 Real Estate	租赁和商务服务业 Leasing and Bussiness Services	科学研究、技术服务和地质勘查业 Scientific Research, Technic Services and Geological Prospecting	水利、环境和公共设备管理业 Water, Environment Public Facilities	居民服务和其他服务业 Services to housholds and Other Services	教育 Education	卫生、社会保障和社会福利业 Health Care, Social Security and Welfare	文化、体育和娱乐业 Culture, Sports and Entertain-ment	公共管理和社会组织 Public Management and Social Organization
4.61	0.43		6.00	3.20	35.81	57.03	18.20	1.96	35.33
5.15	0.56		8.73	3.80	39.89	58.77	19.91	2.18	37.28
5.78	1.09		8.70	4.39	36.07	58.98	19.93	2.43	38.30
6.02	1.40	0.50	8.98	4.92	33.27	61.24	20.06	2.55	40.29
6.29	1.49	1.80	9.16	5.01	29.26	63.20	21.45	2.64	42.95
6.49	1.52	2.42	9.24	5.52	32.75	61.00	23.31	2.97	43.28
7.13	1.53	3.11	9.26	5.77	38.93	70.08	24.22	3.09	49.40
7.50	1.22	4.27	12.63	6.25	37.19	71.77	25.89	3.12	49.74
7.94	1.18	5.89	12.95	6.80	48.56	72.19	26.11	3.62	51.29
8.54	1.15	6.33	13.05	7.04	51.01	73.76	26.27	3.97	51.74
9.22	1.20	8.77	13.49	7.06	55.19	71.04	26.21	4.08	57.35
9.23	1.21	10.08	13.35	7.26	57.72	74.17	27.10	4.44	58.36
10.02	1.32	12.77	13.21	6.95	63.00	76.45	27.32	4.65	59.07
10.06	1.40	16.54	13.20	7.00	63.80	78.18	28.04	4.97	60.82
11.45	1.62	18.07	13.80	7.13	80.02	81.63	30.15	5.04	63.49
13.62	1.86	21.92	13.32	8.22	83.02	83.56	31.40	5.55	64.59
14.28	1.94	22.67	16.55	8.85	133.49	91.22	31.45	5.84	65.60
14.68	2.14	23.01	15.98	9.07	164.74	90.91	32.11	6.01	70.12
15.17	2.35	23.13	15.67	9.41	215.43	98.04	34.96	6.32	77.80
14.94	2.50	25.91	15.05	9.88	218.08	100.02	35.59	6.67	65.78
15.42	2.77	26.43	14.87	10.84	258.45	100.56	36.18	6.93	66.84
16.27	2.73	27.10	13.04	10.56	331.10	86.08	28.37	7.02	65.00
16.62	3.17	27.95	12.63	9.68	349.85	88.36	28.58	7.23	66.07
16.72	2.98	28.28	10.47	9.21	382.10	90.86	28.19	7.01	67.18
16.25	3.68	29.17	10.58	9.43	387.50	93.40	33.26	6.90	88.53
16.10	5.90	30.70	11.00	7.40	389.80	95.00	41.80	7.10	111.00
16.20	14.20	26.20	12.90	9.30	395.90	90.10	43.30	22.10	84.70
17.40	18.30	35.80	11.60	10.00	365.50	91.30	47.50	22.50	78.20
16.60	28.40	45.10	11.80	13.10	386.20	98.00	57.70	22.90	86.10
17.12	27.53	52.40	12.08	13.16	274.60	106.16	44.07	23.43	84.41
18.70	28.24	47.71	13.28	13.30	294.83	104.60	59.41	23.74	88.94
21.71	29.07	49.14	16.36	14.36	277.55	97.17	52.21	25.07	93.66
23.00	29.07	53.84	17.56	16.37	285.36	98.70	56.12	21.98	89.30
23.78	29.55	52.89	18.62	19.82	265.63	100.59	60.29	33.20	106.34

4-5 各市(州)分行业就业人员(2011年)

(年末数)单位：万人

市(州)	Region	合计 Total	农、林、牧、渔业 Farming, Forestry, Animal Husbandry and Fishery	采矿业 Mining and Quarrying	制造业 Manufacturing	电力、煤气及水的生产和供应业 Electricity, Gas and Water Production and Supply	建筑业 Construction	交通运输、仓储和邮政业 Transport, Storage and Post	信息传输、计算机服务和软件业 Information Transmission, Computer Services and Software	批发和零售业 Wholesale and Retail Trade
全　省	**Sichuan**	**4785.47**	**2043.36**	**111.75**	**554.79**	**27.27**	**516.96**	**152.40**	**33.21**	**424.20**
成都市	Chengdu	784.28	144.51	1.19	155.24	2.94	129.64	27.54	10.78	114.91
自贡市	Zigong	189.96	73.04	6.85	25.53	0.50	25.97	6.76	1.43	17.45
攀枝花市	Panzhihua	70.44	21.85	5.67	11.62	0.88	4.39	4.06	0.29	6.86
泸州市	Luzhou	241.05	113.31	7.15	24.68	1.88	34.96	5.91	1.05	17.85
德阳市	Deyang	211.66	87.74	1.43	33.11	0.39	24.44	6.45	0.80	13.63
绵阳市	Mianyang	287.01	115.12	4.18	44.76	1.61	33.59	9.30	1.93	27.77
广元市	Guangyuan	168.59	87.85	4.57	11.39	0.53	18.92	5.12	0.88	15.19
遂宁市	Suining	161.02	67.50	0.17	21.21	0.61	27.26	3.73	1.00	13.71
内江市	Neijiang	173.15	60.45	7.19	18.14	1.64	24.30	5.64	2.17	13.47
乐山市	Leshan	188.09	92.59	4.86	19.52	3.91	16.80	4.87	0.95	16.96
南充市	Nanchong	270.16	118.97	2.71	32.20	0.89	34.88	9.31	1.58	20.34
眉山市	Meishan	193.64	100.55	1.50	23.81	0.69	17.62	7.12	1.52	16.00
宜宾市	Yibin	315.27	154.23	18.44	40.80	1.79	20.15	9.98	2.09	26.10
广安市	Guangan	211.12	117.57	7.51	19.34	0.76	14.19	6.24	1.07	17.51
达州市	Dazhou	308.93	165.09	14.96	21.07	1.63	24.13	10.79	1.80	23.81
雅安市	Yaan	96.54	42.98	3.90	8.78	1.23	8.32	4.09	0.87	9.76
巴中市	Bazhong	171.82	98.90	2.60	9.85	1.30	19.02	3.43	0.55	11.99
资阳市	Ziyang	204.06	106.21	0.24	23.04	0.50	22.28	5.09	1.27	19.28
阿坝藏族羌族自治州	Aba	54.35	31.38	0.91	1.42	0.62	1.82	3.00	0.24	3.24
甘孜藏族自治州	Ganzi	66.62	47.20	0.40	0.45	1.14	0.88	1.54	0.21	2.80
凉山彝族自治州	Liangshan	291.59	196.32	10.71	8.74	1.84	13.05	7.20	0.74	15.36

注：全省总计中包括了成都铁路局、川庆钻探工程有限公司、西南油气田分公司就业人数和灵活形式就业人数，地区数字中未包括(后同)。

Number of Employed Persons by Sector and Region(2011)

(year-end)(10 000 persons)

住宿和餐饮业 Hotels and Catering Services	金融业 Finance	房地产业 Real Estate	租赁和商务服务业 Leasing and Commercial Affairs Services	科学研究、技术服务和地质勘查业 Scientific Research, Technic Services and Geological Prospecting	水利、环境和公共设备管理业 Water, Environment Public Facilities Conservancy	居民服务和其他服务业 Resident Services and Other Services	教育 Education	卫生、社会保障和社会福利业 Health Care, Social Security and Welfare	文化、体育和娱乐业 Culture, Sports and Entertain-ment	公共管理和社会组织 Public Management and Social Organization
210.81	**23.78**	**29.55**	**52.89**	**18.62**	**19.82**	**265.63**	**100.59**	**60.29**	**33.20**	**106.34**
65.11	6.02	10.91	20.70	9.05	3.17	28.44	19.71	11.95	4.64	17.83
11.06	1.01	1.42	1.72	0.35	0.26	7.57	2.70	2.02	1.16	3.16
2.97	0.57	0.32	0.32	0.23	0.34	3.82	1.38	1.47	1.12	2.26
6.51	0.92	0.86	1.33	0.61	0.53	8.93	6.53	2.86	1.27	3.92
5.61	1.17	0.87	3.65	0.68	0.56	6.57	7.90	4.49	8.13	4.04
12.45	1.70	1.54	3.97	2.38	2.87	8.01	5.70	3.14	1.04	5.94
5.33	0.68	0.45	0.95	0.14	1.88	4.89	3.08	1.36	0.35	5.02
8.02	0.56	0.50	1.14	0.17	0.27	5.86	3.04	1.87	1.23	3.18
8.01	1.93	2.00	4.76	0.46	0.83	5.52	4.52	3.87	3.98	4.27
8.26	0.76	1.24	1.40	0.78	0.66	4.18	3.18	1.61	1.01	4.56
12.59	1.55	2.56	2.64	0.36	0.60	9.03	7.29	3.93	1.17	7.58
8.49	0.33	0.38	0.59	0.15	0.42	4.40	3.12	1.62	0.97	4.36
10.63	1.29	1.08	3.31	0.36	0.60	8.41	6.54	3.18	1.22	5.10
7.93	0.68	0.90	0.55	0.09	1.04	5.60	3.44	1.77	0.74	4.18
7.96	1.29	1.59	1.68	0.41	2.50	7.85	5.96	7.97	2.50	5.95
4.07	0.62	0.16	0.37	0.13	1.08	4.14	1.79	0.93	0.27	3.03
5.91	0.54	1.12	0.58	0.14	0.35	6.42	3.27	1.50	0.40	3.95
7.91	0.87	0.91	0.86	0.20	0.39	5.77	3.56	1.77	0.65	3.27
2.16	0.24	0.03	0.19	0.12	0.30	3.94	1.31	0.56	0.19	2.70
1.28	0.20	0.06	0.12	0.25	0.05	3.51	1.28	0.57	0.19	4.48
8.11	0.84	0.65	1.48	0.80	1.14	9.08	5.20	1.86	0.95	7.53

a)The provincial total number include flexible forms of employment and employment of Chengdu Railway Bureau, Chuanqing Drilling Engineering Co., Ltd., Southwest Oil and Gas Field Branch, but was not included in regional number.(the same as following)

4-6 分行业乡村劳动力人数
Rural Labor Force by Sector

(年末数)单位：万人　　　(year-end)(10 000 persons)

年份 Year	合 计 Total	# 农、林、牧、渔业 Farm Forestry, Animal Husbandry and Fishery	# 采掘业 Mining	# 制造业 Manufacturing	# 建筑业 Construction	# 交通运输、仓储和邮政业 Transport, Storage and Post	# 批发和零售业 Wholesale and Retail Trade
1978	2621.50	2508.44	12.13	18.20	7.84	4.08	5.59
1979	2650.70	2524.94	14.79	22.18	10.55	4.51	6.65
1980	2748.60	2625.70	16.98	25.47	10.57	4.66	6.88
1981	2813.10	2678.05	19.85	29.77	14.03	5.59	8.41
1982	2907.40	2791.08	17.95	26.93	16.27	4.95	7.32
1983	2982.60	2862.51	16.09	24.14	22.33	7.69	13.16
1984	3038.40	2844.69	20.02	30.04	37.93	13.53	28.62
1985	3103.00	2811.56	49.10	73.65	69.06	18.49	28.10
1986	3221.80	2872.71	56.26	84.38	86.59	20.48	35.79
1987	3275.00	2913.12	60.72	91.09	99.45	22.72	40.33
1988	3359.90	2972.82	63.80	95.70	104.65	24.13	44.68
1989	3423.30	3073.65	59.47	88.39	98.38	24.51	42.69
1990	3465.10	3102.72	57.20	85.80	97.09	25.03	44.60
1991	3568.50	3177.29	59.26	88.90	102.36	25.88	48.51
1992	3607.00	3154.64	62.97	94.46	116.00	27.79	54.33
1993	3595.30	3077.54	98.75	139.19	128.05	29.88	62.96
1994	3587.10	2825.89	82.22	268.53	150.02	45.84	126.93
1995	3573.30	2835.08	98.48	256.45	164.83	49.10	132.81
1996	3552.10	2863.84	98.27	259.94	185.71	53.59	99.93
1997	3538.00	2859.62	95.75	258.92	193.80	56.34	108.45
1998	3573.50	2811.89	89.17	242.08	203.06	58.33	113.96
1999	3567.00	2735.08	45.77	123.73	193.65	51.31	101.83
2000	3564.50	2631.07	47.38	128.11	212.46	54.05	113.62
2001	3556.20	2582.64	105.71	139.86	226.94	56.71	124.98
2002	3542.00	2503.26	78.44	117.43	246.62	60.75	134.04
2003	3516.60	2469.12	103.05	184.63	270.40	65.29	145.60
2004	3481.80	2432.00	65.00	188.90	281.50	75.40	157.90
2005	3473.10	2376.30	86.40	161.30	295.60	78.50	173.10
2006	3452.30	2293.60	85.10	202.60	261.90	80.60	178.80
2007	3432.74	2252.80	84.82	265.10	303.30	82.20	144.20
2008	3430.00	2173.28	74.50	273.50	341.60	89.78	176.71
2009	3410.76	2132.06	71.76	297.39	338.07	93.41	181.97
2010	3390.63	2069.72	74.19	308.03	352.68	92.55	184.55
2011	3368.00	2029.65	74.34	296.36	338.40	91.11	183.43

4-7 各市(州)乡村户数及分行业乡村就业人员(2011年)
Number of Rural Households and Rural Employed Persons by Sector and Region(2011)

单位：万人 (10 000 persons)

市(州)	Region	乡村户数 (万户) Number of Rural households (10 000 households)	乡村就业人员合计 Total Rural Employed Persons	农、林、牧、渔业 Farm Forestry, Animal Husbandry and Fishery	工业 Industry	建筑业 Construction	交通运输、仓储和邮政业 Transport, Storage and Post	信息传输、计算机服务和软件业 Intelligence transmission, Computer Services, Software	批发和零售业 Wholesale and Retail Trade	住宿和餐饮业 Hotel, Catering Services	其他非农行业 Other Non-agriculture Trades
全 省	**Sichuan**	**1840.71**	**3368.00**	**2029.65**	**377.72**	**338.40**	**91.11**	**16.08**	**183.43**	**129.83**	**201.78**
成都市	Chengdu	208.06	369.17	142.23	64.09	59.84	13.39	3.57	37.06	36.35	12.64
自贡市	Zigong	62.63	136.83	72.87	17.30	17.55	3.20	1.05	7.46	7.86	9.54
攀枝花市	Panzhihua	14.03	31.35	21.59	2.06	0.94	1.12	0.03	0.80	0.62	4.19
泸州市	Luzhou	112.47	178.50	111.34	20.19	23.41	3.73	0.57	6.79	4.05	8.42
德阳市	Deyang	107.79	167.38	87.56	20.97	18.31	4.91	0.27	6.70	4.31	24.35
绵阳市	Mianyang	132.92	221.91	114.35	32.10	28.84	7.01	1.06	13.97	9.64	14.94
广元市	Guangyuan	69.33	132.79	87.56	11.42	16.18	3.11	0.29	5.67	2.54	6.02
遂宁市	Suining	75.90	120.09	66.54	13.23	20.64	2.84	0.62	5.83	4.49	5.90
内江市	Neijiang	61.36	129.21	60.20	17.92	18.43	3.83	1.21	6.59	4.77	16.26
乐山市	Leshan	85.14	141.36	91.99	11.97	13.02	3.81	0.39	7.87	6.35	5.96
南充市	Nanchong	84.56	199.63	118.25	24.45	22.77	5.34	0.99	10.18	6.83	10.82
眉山市	Meishan	86.79	156.68	100.45	17.09	13.68	5.17	1.04	7.92	6.80	4.53
宜宾市	Yibin	81.44	240.91	153.98	37.67	9.92	6.00	1.31	12.67	6.76	12.60
广安市	Guangan	107.14	167.57	116.88	18.14	9.69	3.83	0.66	7.81	4.07	6.49
达州市	Dazhou	161.25	245.77	164.30	23.56	15.39	7.08	0.96	12.61	4.66	17.21
雅安市	Yaan	36.42	72.34	42.59	8.25	6.77	2.93	0.45	4.27	2.17	4.91
巴中市	Bazhong	81.17	137.27	98.42	8.42	11.00	1.80	0.32	5.20	3.93	8.18
资阳市	Ziyang	130.86	176.27	105.47	16.75	19.31	4.40	0.98	14.85	7.09	7.42
阿坝藏族羌族自治州	Aba	17.19	41.58	30.95	1.10	1.40	1.69	0.03	1.10	1.00	4.31
甘孜藏族自治州	Ganzi	19.95	54.23	46.68	0.51	0.69	1.03	0.01	0.62	0.35	4.34
凉山彝族自治州	Liangshan	104.32	247.16	195.45	10.53	10.62	4.89	0.27	7.46	5.19	12.75

4-8 各市(州)国有、集体、其他各种经济单位就业人员(2011年)

Number of Employed Persons in State-owned , Collective Owned and Other Type of Ownershhip Units by Region(2011)

(年末数)单位：万人　　　　(year-end)(10 000 persons)

市(州)	Region	合计 Total	国有经济单位 State-owned Units	城镇集体经济单位 Urban Collective Owned Units	其他各种经济单位 Units of Other Types of Ownership			
						内资 Domestic Funded	港澳台投资 Funded by Entrepreneurs from Hong Kong, Macao and Taiwan	外商投资 Foreign Funded
全　省	**Sichuan**	**614.02**	**346.47**	**33.77**	**233.79**	**208.01**	**14.84**	**10.93**
成都市	Chengdu	198.92	97.64	8.76	92.52	73.60	11.86	7.06
自贡市	Zigong	17.38	9.01	1.18	7.19	6.87	0.02	0.31
攀枝花市	Panzhihua	19.75	14.38	0.56	4.81	4.80		0.01
泸州市	Luzhou	26.50	14.23	4.84	7.43	7.15	0.02	0.25
德阳市	Deyang	26.78	14.83	0.81	11.14	10.16	0.45	0.52
绵阳市	Mianyang	38.08	17.53	1.30	19.24	18.00	0.23	1.01
广元市	Guangyuan	14.30	10.05	0.95	3.29	3.21	0.01	0.07
遂宁市	Suining	16.70	7.87	3.06	5.77	5.55	0.02	0.20
内江市	Neijiang	21.23	11.40	1.17	8.66	8.53	0.11	0.02
乐山市	Leshan	28.18	11.61	0.99	15.58	14.20	0.83	0.55
南充市	Nanchong	26.21	19.66	1.90	4.65	4.47	0.11	0.07
眉山市	Meishan	15.88	8.57	0.79	6.52	6.05	0.23	0.24
宜宾市	Yibin	36.29	15.78	0.73	19.79	18.93	0.55	0.31
广安市	Guangan	11.62	10.78	0.50	0.34	0.24	0.11	
达州市	Dazhou	25.78	16.73	2.16	6.89	6.89		
雅安市	Yaan	9.59	6.35	0.31	2.93	2.67	0.10	0.16
巴中市	Bazhong	17.17	9.82	1.95	5.39	5.39		
资阳市	Ziyang	16.51	9.63	0.88	6.00	5.83	0.15	0.01
阿坝藏族羌族自治州	Aba	7.31	6.05	0.20	1.06	1.02	0.03	0.01
甘孜藏族自治州	Ganzi	7.27	6.57	0.13	0.57	0.57		
凉山彝族自治州	Liangshan	20.16	15.55	0.59	4.01	3.88	0.00	0.13

注：全省总计中包括了成都铁路局、川庆钻探工程有限公司、西南油气田分公司就业人数。

a)The provincial total number include employed persons of Chengdu Railway Bureau, Chuanqing Drilling Engineering Co., Ltd., Southwest Oil and Gas Field Branch.

4-9 分行业国有经济单位就业人员
Number of Staff and Workers in State-owned Units by Sector

(年末数)单位：万人　　(year-end)(10 000 persons)

行　　业	Sector	2008	2009	2010	2011
总 计	**Total**	**324.8**	**328.8**	**335.8**	**346.5**
农、林、牧、渔业	Farm, Forestry, Animal Husbandry and Fishery	6.4	4.6	4.4	4.1
采掘业	Mining	12.7	11.9	11.1	10.8
制造业	Manufacturing	29.3	25.2	26.3	26.3
电力、煤气及水的生产和供应业	Electric Power, Gas and Water Production and Supply	8.1	8.0	8.2	8.6
建筑业	Construction	26.3	29.7	32.5	34.3
交通运输、仓储和邮政业	Transport, Storage and Post	16.9	17.2	16.4	16.1
信息传输、计算机服务和软件业	Information Transmission, Computer Services and Software	3.7	3.3	3.2	3.6
批发和零售业	Wholesale and Retail Trade	6.8	6.5	5.8	6.0
住宿和餐饮业	Hotels and Catering Services	1.7	1.8	1.8	2.1
金融业	Finance	9.0	9.4	8.8	9.2
房地产业	Real Estate	1.2	1.2	1.1	1.2
租赁和商务服务业	Leasing and Bisinss Services	4.4	3.8	3.7	3.9
科学研究、技术服务和地质勘查业	Scientific Research,Technic Services and Geological Prospecting	11.9	12.5	12.9	13.6
水利、环境和公共设备管理业	Water, Environment Public Facilities Conservancy	7.3	8.2	8.9	9.0
居民服务和其他服务业	Resident Services and Other Services	0.5	0.4	0.4	0.4
教育	Education	80.9	81.3	81.0	83.2
卫生、社会保障和社会福利业	Health Care, Social Security and Welfare	24.0	26.1	27.8	30.8
文化、体育和娱乐业	Culture, Sports and Entertainment	4.1	3.9	4.0	4.0
公共管理和社会组织	Public Management and Social Organization	69.6	73.9	77.4	79.3

注；全省总计中包括了成都铁路局、川庆钻探工程有限公司、西南油气田分公司就业人数。

a)The provincial total number include employed persons of Chengdu Railway Bureau,Chuanqing Drilling Engineering Co.,Ltd.,Southwest Oil and Gas Field Branch.

4-10 分行业城镇集体经济单位就业人员
Number of Staff and Workers in Urban Collective Owned Units by Sector

(年末数)单位：万人　　(year-end)(10 000 persons)

行　　业	Sector	2008	2009	2010	2011
总 计	**Total**	**38.0**	**38.2**	**33.7**	**33.8**
农、林、牧、渔业	Farm, Forestry, Animal Husbandry and Fishery	0.6	0.4	0.4	0.3
采掘业	Mining	0.3	0.5	0.4	0.5
制造业	Manufacturing	6.7	6.5	3.4	3.3
电力、煤气及水的生产和供应业	Electric Power, Gas and Water Production and Supply	0.2	0.3	0.3	0.3
建筑业	Construction	16.6	17.2	17.3	17.3
交通运输、仓储和邮政业	Transportation, Storage and Post	1.0	1.0	0.9	1.0
信息传输、计算机服务和软件业	Information Transmission, Computer Services and Software		0.2		
批发和零售业	Wholesale and Retail Trade	1.9	1.6	1.1	1.1
住宿和餐饮业	Hotels and Catering Services	0.4	0.4	0.4	0.3
金融业	Finance	3.5	3.2	2.7	2.8
房地产业	Real Estate	0.2	0.2	0.2	0.2
租赁和商务服务业	Leasing and Bisiness Services	0.7	0.7	0.7	0.8
科学研究、技术服务和地质勘查业	Scientific Research,Technic Services and Geological Prospecting		0.1	0.1	0.1
水利、环境和公共设备管理业	Water, Environment Public Facilities Conservancy	0.6	0.5	0.5	0.5
居民服务和其他服务业	Resident Services and Other Services	0.3	0.3	0.3	0.3
教育	Education		0.1	0.1	0.1
卫生、社会保障和社会福利业	Health Care, Social Security and Welfare	5.0	4.9	4.7	4.8
文化、体育和娱乐业	Culture, Sports and Entertainment		0.1	0.1	0.1
公共管理和社会组织	Public Management and Social Organization				

4-11 各市(州)分行业城镇私营单位就业人员(2011年)

(年末数)单位: 万人

市(州)	Region	户数(户) Number of Family	合计 Total	农、林、牧、渔业 Farm Forestry, Animal Husbandry and Fishery	采矿业 Mining	制造业 Manufacturing	建筑业 Construction	交通运输、仓储和邮政业 Transport, Storage and Post
全　省	**Sichuan**	**228.06**	**299.66**	**4.88**	**14.07**	**79.90**	**50.81**	**9.86**
成都市	Chengdu	54.40	109.07	1.44	0.34	24.25	17.84	3.32
自贡市	Zigong	9.68	14.22	0.07	2.09	5.71	2.65	0.52
攀枝花市	Panzhihua	6.48	6.50	0.08	2.07	1.57	0.43	0.12
泸州市	Luzhou	9.95	13.85	0.13	0.75	2.91	2.92	0.96
德阳市	Deyang	5.44	11.53	0.07	0.02	3.72	1.10	0.29
绵阳市	Mianyang	13.80	9.79	0.36	0.14	2.43	0.94	0.22
广元市	Guangyuan	10.10	7.41	0.14	0.17	1.37	1.39	0.11
遂宁市	Suining	12.58	9.91	0.34	0.04	4.57	0.95	0.25
内江市	Neijiang	9.28	9.77	0.09	0.92	2.27	0.46	0.34
乐山市	Leshan	5.37	9.20	0.12	0.09	3.69	0.56	0.19
南充市	Nanchong	6.17	23.60	0.47	0.14	6.30	7.27	0.64
眉山市	Meishan	9.45	5.06	0.03	0.02	2.01	0.53	0.09
宜宾市	Yibin	9.49	16.39	0.16	1.18	3.54	3.91	1.18
广安市	Guangan	13.11	10.06	0.21	1.21	3.27	2.89	0.32
达州市	Dazhou	21.30	14.35	0.19	1.29	3.97	3.16	0.61
雅安市	Yaan	4.67	4.76	0.19	0.31	1.82	0.57	0.08
巴中市	Bazhong	6.71	5.43	0.06	0.40	1.29	2.02	0.07
资阳市	Ziyang	3.50	6.91	0.38	0.02	2.45	0.60	0.15
阿坝藏族羌族自治州	Aba	3.24	1.24		0.09	0.48	0.09	0.05
甘孜藏族自治州	Ganzi	2.03	1.75	0.05	0.24	0.30	0.10	0.05
凉山彝族自治州	Liangshan	11.32	8.86	0.30	2.54	1.98	0.43	0.30

Number of Employed Persons in Urban Private Enterprises by Sector and Region(2011)

(year-end)(10 000 persons)

信息传输、计算机服务和软件业 Information Transmission, Computer Services and Software	批发和零售业 Wholesale and Retail Trade	住宿和餐饮业 Hotels and Catering Services	房地产业 Real Estate	租赁和商务服务业 Leasing and Business Services	居民服务和其他服务业 Resident Services and Other Services	教育 Education	卫生、社会保障和社会福利业 Health Care, Social Security and Welfare	文化、体育和娱乐业 Culture, Sports and Entertain-ment
7.15	**54.29**	**16.39**	**15.35**	**17.37**	**13.64**	**2.22**	**2.91**	**2.62**
3.98	21.24	6.62	6.93	10.14	6.97	0.94	1.01	1.05
0.10	1.46	0.33	0.42	0.19	0.14	0.11	0.15	0.05
0.07	1.19	0.26	0.26	0.11	0.12		0.05	0.07
0.18	2.22	0.82	0.59	0.56	0.74	0.15	0.11	0.16
0.27	3.30	0.39	0.63	0.87	0.45	0.01	0.02	0.06
0.36	2.99	0.23	0.50	0.77	0.65	0.01	0.03	0.08
0.11	2.26	0.30	0.34	0.41	0.51		0.02	0.10
0.12	1.50	0.70	0.24	0.41	0.54	0.03	0.04	0.06
0.45	1.65	0.44	0.36	0.96	0.94		0.36	0.37
0.20	2.78	0.20	0.48	0.38	0.12		0.01	0.01
0.20	2.42	2.18	1.86	0.56	0.53	0.51	0.32	0.18
0.16	1.20	0.11	0.21	0.17	0.41		0.02	0.01
0.32	2.77	1.06	0.82	0.47	0.48	0.10	0.26	0.03
0.08	0.77	0.42	0.22	0.10	0.25	0.02	0.07	0.03
0.13	2.15	0.85	0.59	0.24	0.16	0.11	0.25	0.12
0.12	0.66	0.14	0.13	0.15	0.10	0.02	0.03	0.03
0.03	0.30	0.54	0.18	0.12	0.02	0.17	0.09	0.02
0.11	1.63	0.15	0.43	0.45	0.21	0.02	0.04	0.08
0.02	0.11	0.17	0.02	0.05	0.03			0.01
0.03	0.20	0.13	0.05	0.08	0.08	0.01		0.03
0.11	1.49	0.35	0.09	0.18	0.19	0.01	0.03	0.07

4-12 各市(州)分行业城镇个体就业人员(2011年)

(年末数)单位：万人

市(州)	Region	户数(户) Number of Family	合计 Total	农、林、牧、渔业 Farm Forestry, Animal Husbandry and Fishery	采矿业 Mining	制造业 Manufacturing	建筑业 Construction	交通运输、仓储和邮政业 Transport, Storage and Post
全　省	**Sichuan**	**204.37**	**390.09**	**4.27**	**2.03**	**36.91**	**15.95**	**28.84**
成都市	Chengdu	46.17	107.12	0.63		9.76	2.63	5.13
自贡市	Zigong	9.10	21.54	0.04	0.30	2.22	2.98	2.21
攀枝花市	Panzhihua	6.12	12.84	0.06	0.02	0.63	1.00	2.43
泸州市	Luzhou	8.81	22.21	1.61	0.09	4.35	0.33	0.33
德阳市	Deyang	4.40	5.97	0.04		0.24	0.01	0.67
绵阳市	Mianyang	12.36	17.23	0.25	0.01	1.24	0.04	1.05
广元市	Guangyuan	9.52	14.09	0.05	0.12	0.81	0.11	1.49
遂宁市	Suining	10.48	14.32	0.61	0.03	1.38	0.10	0.46
内江市	Neijiang	8.51	12.94	0.06	0.02	0.56	0.08	0.97
乐山市	Leshan	4.58	9.35	0.11		0.36	0.02	0.05
南充市	Nanchong	5.19	20.72	0.06	0.10	1.83	0.91	2.52
眉山市	Meishan	9.18	16.02		0.09	2.11	1.38	1.44
宜宾市	Yibin	8.88	21.68	0.01	0.02	2.58	1.33	1.73
广安市	Guangan	12.69	21.87	0.35	0.15	3.00	0.48	1.77
达州市	Dazhou	19.73	23.03	0.11	0.54	2.09	2.25	2.30
雅安市	Yaan	4.32	9.85	0.08	0.07	0.92	0.14	0.83
巴中市	Bazhong	6.54	11.95	0.04	0.11	1.20	0.45	1.17
资阳市	Ziyang	2.97	4.37	0.04		0.23	0.02	0.20
阿坝藏族羌族自治州	Aba	3.17	4.22		0.08	0.12	0.03	0.87
甘孜藏族自治州	Ganzi	1.92	3.37	0.01	0.01	0.13		0.02
凉山彝族自治州	Liangshan	9.75	15.42	0.13	0.25	1.15	1.67	1.20

Number of Employed Persons in Self-employed Individuals by Sector and Region(2011)

(year-end)(10 000persons)

信息传输、计算机服务和软件业 Information Transmission, Computer Services and Software	批发和零售业 Wholesale and Retail Trade	住宿和餐饮业 Hotels and Catering Services	房地产业 Real Estate	租赁和商务服务业 Leasing and Business Services	居民服务和其他服务业 Resident Services and Other Services	教育 Education	卫生、社会保障和社会福利业 Health Care, Social Security and Welfare	文化、体育和娱乐业 Culture, Sports and Entertain-ment
3.51	**168.63**	**58.46**	**1.32**	**11.06**	**42.73**	**1.36**	**5.61**	**8.36**
1.54	47.30	18.80	0.81	6.00	11.69	0.22	0.85	1.74
0.06	8.17	2.74	0.09	0.19	1.73	0.06	0.20	0.53
0.09	4.68	2.00	0.02	0.13	1.14	0.06	0.17	0.38
0.04	7.91	1.54	0.01	0.65	4.85		0.16	0.33
0.02	3.24	0.79	0.01	0.10	0.76		0.02	0.07
0.09	9.85	2.19		0.47	1.73		0.07	0.15
0.04	6.86	2.42	0.05	0.40	1.36	0.02	0.15	0.19
0.12	6.01	2.75	0.02	0.59	1.60		0.21	0.45
0.35	4.90	2.70	0.16	0.62	1.24		0.56	0.59
0.03	5.76	1.50		0.16	1.17	0.01	0.03	0.14
0.15	7.09	3.45	0.02	0.23	3.66	0.08	0.32	0.31
0.06	6.65	1.54	0.05	0.23	1.42	0.12	0.20	0.69
0.14	10.09	2.57	0.01	0.17	2.06	0.21	0.26	0.49
0.12	8.72	3.44	0.03	0.29	1.54	0.20	0.58	0.60
0.24	8.54	2.41	0.01	0.33	1.86	0.23	1.25	0.82
0.10	4.63	1.66		0.17	1.04	0.01	0.07	0.10
0.07	6.10	1.32	0.01	0.07	1.02	0.07	0.24	0.09
0.01	2.60	0.56	0.01	0.05	0.54		0.03	0.07
0.07	1.93	0.84		0.07	0.01		0.10	0.10
0.03	1.82	0.78		0.03	0.43		0.02	0.09
0.14	5.78	2.47	0.01	0.11	1.88	0.04	0.14	0.44

4-13 分行业其他经济单位就业人员
Number of Staff and Workers in Units of Other Types of Ownership by Sector

(年末数)单位:万人 (year-end)(10 000 persons)

登记注册类型及行业	Registration Status and Sector	2008	2009	2010	2011
总　计	**Total**	**188.2**	**197.3**	**201.1**	**233.8**
按登记注册类型分组	**Grouped by Registration Status**				
内资	Domestic Funded	174.7	182.0	185.1	208.0
股份合作单位	Cooperative Unit	8.4	8.0	7.9	8.5
联营单位	Jiont-owned Units	1.4	1.2	1.1	0.7
有限责任公司	Limited Liability Corporations	112.7	119.3	122.9	135.6
股份有限公司	Share-holding Corporations	44.7	48.8	49.3	55.5
其他	Others	7.7	4.6	3.8	7.7
港澳台商投资单位	Enterrises With Funded by Entrepreneurs form Hong Kong, Macao and Taiwan	4.6	5.6	5.8	14.9
外商投资单位	Foreign Funded	8.8	9.7	10.3	10.9
按国民经济行业分组	**Grouped by Economic Sector**				
农、林、牧、渔业	Agriculture, Forestry, Animal Husbandry and Fishery	0.1	0.1	0.2	0.2
采掘业	Mining	10.2	9.6	8.9	10.0
制造业	Manufacturing	87.8	91.5	94.6	112.1
电力、煤气及水的生产和供应业	Electric Power, Gas and Water Production and Supply	7.1	7.1	6.8	7.4
建筑业	Construction	50.9	52.7	50.1	60.2
交通运输、仓储和邮政业	Transport, Storage and Post	5.3	5.5	5.7	5.5
信息传输、计算机服务和软件业	Information Transmission, Computer Services and Software	1.5	2.4	3.1	2.9
批发和零售业	Wholesale and Retail Trade	9.5	9.4	10.2	10.7
住宿和餐饮业	Hotels and Catering Services	3.0	3.0	3.3	3.7
金融业	Finance	5.4	7.8	9.8	9.4
房地产业	Real Estate	3.7	4.0	4.2	5.1
租赁和商务服务业	Leasing and Bisiness Services	1.2	1.5	1.5	1.7
科学研究、技术服务和地质勘查业	Scientific Research,Technic Services and Geological Prospecting	0.5	0.6	0.7	1.0
水利、环境和公共设备管理业	Water, Environment Public Facilities Conservancy	0.3	0.5	0.4	0.5
居民服务和其他服务业	Resident Services and Other Services	0.3	0.3	0.3	0.3
教育	Education	0.7	0.7	0.8	1.8
卫生、社会保障和社会福利业	Health Care, Social Security and Welfare	0.3	0.3	0.4	1.0
文化、体育和娱乐业	Culture, Sports and Entertainment	0.1	0.4	0.3	0.3
公共管理和社会组织	Public Management and Social Organization				

4-14 分行业国有、集体、其他各种经济单位女性就业人员

Number of Female Employed Persons in State-owned , Collective Owned and Other Type of Ownershhip Units by Sector

(年末数)单位:万人 (year-end)(10 000 persons)

行　业	Sector	2006	2007	2008	2009	2010	2011
总 计	**Total**	**176.50**	**180.17**	**187.20**	**191.63**	**192.73**	**207.25**
按经济类型分	**Grouped by Ownership**						
国有经济单位	State-owned Units	112.90	114.12	116.80	118.22	120.41	123.43
城镇集体经济单位	Urban Collective Owned Units	12.20	11.52	11.20	11.09	9.29	9.48
其他各种经济单位	Units of Other Types of Ownership	51.40	54.53	59.20	62.33	63.03	74.34
按行业分	**Grouped by Sector**						
农、林、牧、渔业	Farm, Forestry, Animal Husbandry and Fishery	2.40	2.18	1.91	1.41	1.42	1.32
采掘业	Mining	4.40	4.16	4.47	4.54	4.44	4.40
制造业	Manufacturing	44.50	44.59	45.92	44.79	44.28	50.41
电力、煤气及水的生产和供应业	Electric Power, Gas and Water Production and Supply	5.20	5.22	5.14	5.09	5.07	5.16
建筑业	Construction	10.90	11.96	14.39	15.68	15.85	15.27
交通运输、仓储和邮政业	Transport, Storage and Post	7.70	7.88	7.88	7.61	7.37	7.17
信息传输、计算机服务和软件业	Information Transmission,Computer Services and Software	1.90	1.85	1.86	2.02	2.09	2.49
批发和零售业	Wholesale and Retail Trade	7.70	7.81	8.32	8.02	7.24	8.34
住宿和餐饮业	Hotels and Catering Services	2.80	2.89	2.85	3.02	2.88	3.23
金融业	Finance	8.00	8.42	8.98	9.88	10.05	10.67
房地产业	Real Estate	1.40	1.61	1.58	1.75	1.71	2.14
租赁和商务服务业	Leasing and Commercial Affairs Services	2.00	1.89	1.96	1.73	1.69	1.85
科学研究、技术服务和地质勘查业	Scientific Research,Technic Services and Geological Prospecting	3.70	3.63	3.87	4.03	3.74	4.31
水利、环境和公共设备管理业	Water, Environment Public Facilities Conservancy	3.50	3.69	3.59	4.18	4.37	4.43
居民服务和其他服务业	Resident Services and Other Services	0.60	0.69	0.49	0.40	0.34	0.36
教育	Education	34.60	35.56	35.57	36.08	36.66	38.84
卫生、社会保障和社会福利业	Health Care, Social Security and Welfare	15.20	15.67	16.47	18.15	19.14	21.48
文化、体育和娱乐业	Culture, Sports and Entertainment	1.70	1.68	1.79	1.80	1.69	1.77
公共管理和社会组织	Public Management and Social Organization	18.30	18.80	20.22	21.47	22.68	23.61

注：不含城镇私营个体就业人员。

a) Data in this table exclude persons employed in urban private enterprises and self-employed individual.

4-15 各市(州)国有、集体、其他经济单位女性就业人员
Number of Female Employed Persons in State-owned , Collective Owned and Other Type of Ownership Units by Region

(年末数)单位:万人 (year-end)(10 000 persons)

市(州)	Region	2004	2005	2006	2007	2008	2009	2010	2011
全　省	**Sichuan**	**172.50**	**174.60**	**176.50**	**180.17**	**187.24**	**191.63**	**192.73**	**207.25**
成都市	Chengdu	46.00	46.50	48.00	47.97	53.58	56.47	58.81	67.87
自贡市	Zigong	6.30	6.60	6.90	7.25	7.36	7.03	5.79	6.16
攀枝花市	Panzhihua	7.10	6.90	6.50	6.36	6.00	6.09	6.14	6.23
泸州市	Luzhou	8.50	8.50	8.50	8.41	8.26	8.84	8.58	8.97
德阳市	Deyang	7.70	8.00	7.90	7.94	7.79	8.12	8.19	8.34
绵阳市	Mianyang	11.10	11.60	11.80	12.44	13.23	13.33	13.05	14.69
广元市	Guangyuan	4.50	4.60	4.60	4.85	4.87	4.87	4.71	4.66
遂宁市	Suining	4.70	5.10	5.40	5.37	5.34	5.43	4.39	4.78
内江市	Neijiang	8.50	8.00	7.70	7.43	9.34	7.60	7.39	7.41
乐山市	Leshan	9.60	10.30	10.20	10.18	10.32	10.00	9.74	9.16
南充市	Nanchong	6.60	6.70	6.70	6.79	6.99	7.60	7.67	7.91
眉山市	Meishan	4.80	4.50	4.50	5.03	4.43	4.47	5.50	5.23
宜宾市	Yibin	10.30	10.50	10.40	11.15	10.86	11.44	11.71	13.04
广安市	Guangan	3.40	3.30	3.40	3.51	3.87	3.78	3.51	3.76
达州市	Dazhou	7.80	7.80	7.70	7.80	7.72	7.64	7.65	8.06
雅安市	Yaan	3.00	3.10	3.10	3.31	3.27	3.48	3.43	3.51
巴中市	Bazhong	3.40	3.30	3.70	3.74	3.82	4.01	4.16	4.61
资阳市	Ziyang	5.20	5.20	5.10	5.09	4.92	5.45	5.77	5.90
阿坝藏族羌族自治州	Aba	2.80	2.90	2.90	2.97	2.75	2.84	2.82	2.99
甘孜藏族自治州	Ganzi	2.40	2.40	2.30	2.34	2.36	2.62	2.84	2.81
凉山彝族自治州	Liangshan	6.80	6.80	7.10	6.85	6.86	7.13	7.46	7.80

4-16 按经济类型分职工人数
Number of Staff and Workers by Ownership

(年末数)单位: 万人 (year-end)(10 000 persons)

年份 Year	职工人数合计 Total Number of Staff and Workers	国有经济单位 State-owned Units	城镇集体经济单位 Urban Collective Owned Units	私营经济单位 Private Units	其他各种经济单位 Units of Other Types of Ownership
1978	457.92	364.80	93.12		
1979	483.86	377.09	106.77		
1980	498.31	388.64	109.67		
1981	515.54	402.77	112.77		
1982	533.31	416.85	116.46		
1983	540.85	423.06	117.79		
1984	552.90	413.28	138.98		0.64
1985	576.12	429.99	145.67		0.46
1986	593.50	444.55	148.38		0.57
1987	609.34	459.05	149.53		0.76
1988	634.03	480.46	152.69		0.88
1989	630.72	480.58	148.79		1.35
1990	644.21	496.90	145.75		1.56
1991	666.02	515.05	148.95		2.02
1992	684.31	526.04	155.71		2.56
1993	693.30	523.94	149.40		19.96
1994	692.27	515.47	144.56		32.24
1995	696.03	522.39	138.43		35.21
1996	692.78	520.38	133.41		38.99
1997	681.56	506.18	131.04		44.34
1998	662.94	467.29	111.90		83.75
1999	547.15	394.31	80.67		72.17
2000	515.45	371.68	69.73		74.04
2001	486.70	350.45	58.39		77.86
2002	481.19	326.97	52.66		101.56
2003	486.70	315.90	48.70		122.10
2004	480.70	305.60	43.70		131.40
2005	492.80	303.70	40.90		148.20
2006	500.90	304.40	40.10		156.40
2007	520.37	312.70	39.23		168.44
2008	787.94	310.80	37.10	259.00	181.04
2009	804.18	312.21	36.87	267.70	187.40
2010	856.49	335.77	33.69	285.90	201.13
2011	887.16	331.63	32.12	299.66	223.75

]

注：2008年起，职工人数为全部单位职工人数(包括私营单位，后同)。

a) Since 2008,number of staff and workers includes staff and workers of all units .(the same as following)

4-17 分行业职工人数

(年末数)单位：万人

年份 Year	合计 Total	农、林、牧、渔业 Agriculture, Forestry, Animal Husbandry and Fishery	采矿业 Mining	制造业 Manufacturing	电力、煤气及水的生产和供应业 Electricity, Gas and Water Production and Supply	建筑业 Construction	交通运输、仓储和邮政业 Transport, Storage and Post	信息传输、计算机服务和软件业 Information Transmission, Computer Services and Software	批发和零售业 Wholesale and Retail Trade	住宿和餐饮业 Hotels and Catering Services
1978	457.92	11.83	31.67	162.80	9.60	35.49	39.16		63.00	4.85
1979	483.86	12.34	31.28	171.06	8.86	38.07	40.47		67.52	5.18
1980	498.31	12.33	31.46	174.00	10.48	39.73	40.82		67.57	5.24
1981	515.54	12.65	31.89	182.32	11.40	38.20	42.16		69.88	5.44
1982	533.31	13.65	33.88	187.42	10.53	39.55	42.68		70.10	5.29
1983	540.85	13.50	34.62	190.49	10.91	39.84	42.92		70.86	5.83
1984	552.96	13.32	35.03	194.10	11.34	40.91	42.43	0.18	71.05	6.01
1985	576.12	13.36	37.08	209.76	7.73	42.91	43.53	0.32	72.99	5.84
1986	593.50	13.25	37.61	218.63	8.27	45.00	43.59	0.41	73.03	5.78
1987	609.34	13.15	38.08	227.63	8.40	45.81	43.47	0.52	73.07	5.89
1988	634.03	13.24	37.78	237.26	9.82	48.55	44.92	1.03	76.32	6.47
1989	630.72	13.17	38.67	231.27	10.18	45.59	45.23	1.14	76.67	6.27
1990	644.21	13.04	41.29	234.33	13.95	45.48	45.58	1.30	74.97	6.34
1991	666.02	13.55	41.79	246.84	10.63	49.02	46.36	1.61	77.66	6.68
1992	684.31	13.03	41.59	250.14	13.42	51.88	47.14	1.82	79.83	6.73
1993	693.30	11.50	39.22	250.90	11.90	71.28	34.50	2.12	84.82	6.92
1994	692.27	11.33	41.35	246.41	12.07	62.67	33.14	2.31	85.24	7.18
1995	696.03	11.41	39.33	244.20	13.37	62.23	34.84	2.56	85.01	7.13
1996	692.78	11.71	39.76	238.96	14.22	59.48	34.53	2.67	84.08	7.15
1997	681.56	12.37	37.36	228.40	14.89	60.44	34.22	2.82	81.21	6.43
1998	662.94	12.38	36.65	212.39	14.93	58.90	33.50	3.01	76.19	10.31
1999	547.15	11.47	26.63	152.47	14.32	50.31	27.50	3.33	45.06	5.28
2000	515.45	11.60	24.54	138.02	14.56	47.31	25.50	3.62	37.95	5.05
2001	486.70	12.22	19.05	122.05	15.20	49.44	23.85	3.81	29.12	5.02
2002	481.19	11.58	19.42	118.20	15.18	59.89	23.57	3.90	24.30	4.30
2003	486.70	11.00	18.90	117.40	15.30	67.00	21.80	4.10	19.90	4.40
2004	480.70	10.00	18.30	113.80	14.70	68.00	21.10	4.50	19.10	4.60
2005	492.80	9.00	19.50	115.80	15.00	72.50	22.00	4.40	18.60	5.10
2006	500.90	9.00	20.50	117.10	14.70	76.10	22.20	4.60	17.40	4.80
2007	520.37	8.27	23.16	119.01	14.88	86.23	22.17	4.61	18.20	5.03
2008	787.94	10.86	31.04	187.63	17.75	131.47	22.83	12.28	63.98	18.59
2009	804.18	8.99	30.46	184.37	17.52	134.50	32.97	12.65	67.62	17.95
2010	856.49	9.61	34.99	198.83	18.22	148.75	34.77	14.85	68.83	20.37
2011	887.16	9.33	34.64	219.05	19.69	155.94	31.72	13.54	71.56	22.38

注：2008年起，职工人数为全部单位职工人数(包括私营单位，后同)。

Number of Staff and Workers by Sector

(10 000 persons) (year-end)

金融业 Financial	房地产业 Real Estate	租赁和商务服务业 Leasing and Bussiness Services	科学研究、技术服务和地质勘查业 Scientific Research, Technic Services and Geological Prospecting	水利、环境和公共设备管理业 Water, Environment Public Facilities	居民服务和其他服务业 Services to housholds and Other Services	教育 Education	卫生、社会保障和社会福利业 Health Care, Social Security and Welfare	文化、体育和娱乐业 Culture, Sports and Entertain-ment	公共管理和社会组织 Public Management and Social Organization
3.94	0.43		7.02	4.53	1.30	42.76	11.68	4.24	23.62
4.48	0.56		9.17	4.92	1.43	44.57	15.15	4.80	24.00
5.08	1.09		8.76	6.57	1.56	47.32	15.05	5.13	26.12
5.30	1.40		8.82	6.60	1.62	49.10	16.83	5.25	26.68
5.54	1.49		9.33	6.92	1.76	52.60	17.09	5.33	30.15
5.73	1.52		9.58	6.46	1.97	53.22	17.17	5.59	30.64
6.35	1.53	0.38	9.42	6.59	1.93	54.92	17.66	5.65	34.16
6.69	1.22	0.41	10.01	6.76	1.86	54.97	18.05	6.14	36.49
7.11	1.18	0.77	10.21	6.99	1.98	56.28	18.24	6.33	38.84
7.70	1.15	0.93	10.43	6.81	2.12	59.16	18.69	6.09	40.24
8.34	1.20	1.02	10.40	6.88	2.08	60.76	18.74	6.31	42.91
8.29	1.21	1.18	11.15	6.90	2.17	61.48	18.81	6.32	45.02
9.01	1.32	1.27	11.25	7.09	2.43	62.22	18.96	6.39	47.99
9.54	1.40	1.46	11.45	7.11	2.56	63.02	19.13	6.36	49.85
10.45	1.62	1.55	11.93	7.33	2.64	63.48	19.57	6.48	53.68
11.71	1.86	1.70	10.53	7.02	2.68	63.21	19.88	6.07	55.48
12.96	1.80	1.92	13.86	8.20	2.57	65.50	21.50	6.50	55.76
13.46	2.05	2.03	13.60	8.19	2.63	68.40	22.00	6.19	57.40
13.95	2.26	2.27	13.44	8.20	2.60	69.80	22.90	6.23	58.57
13.80	2.43	2.38	12.63	8.03	2.56	72.60	23.30	6.03	59.66
14.29	2.84	2.51	12.88	9.96	2.48	65.70	23.90	8.71	61.41
14.15	2.66	2.65	11.79	8.06	2.41	76.70	24.50	6.80	61.06
13.82	3.07	2.84	11.35	6.00	2.32	77.00	24.40	5.00	61.50
13.62	2.70	2.92	10.81	6.20	2.19	79.40	24.50	5.00	59.60
13.06	3.51	3.01	10.36	8.32	2.30	76.90	20.30	5.04	58.05
12.90	4.00	3.20	10.70	6.70	2.40	75.80	25.30	5.00	60.90
12.60	4.00	3.20	12.10	6.50	1.30	76.80	24.50	4.30	61.30
13.40	4.10	5.80	10.70	6.70	1.50	77.50	25.40	4.80	61.00
12.80	4.50	5.70	11.10	7.40	1.50	79.20	26.00	4.20	62.10
12.92	5.02	5.77	11.21	7.63	2.03	79.71	26.77	4.15	63.63
14.20	19.51	23.40	12.63	7.90	14.10	83.57	30.17	6.88	69.47
15.34	20.88	23.69	14.51	8.94	23.40	82.99	30.92	5.87	70.62
21.35	21.99	25.20	16.11	10.31	13.66	83.09	33.88	6.20	75.47
18.30	21.60	23.36	16.56	9.79	14.63	84.81	37.57	6.83	75.85

a) Since 2008,number of staff and workers includes staff and workers of all units .(the same as following)

4-18 各市(州)分行业职工人数(2011年)

(年末数)单位: 万人

市(州)	Region	合计 Total	农、林、牧、渔业 Farming, Forestry, Animal Husbandry and Fishery	采矿业 Mining and Quarrying	制造业 Manufacturing	电力、煤气及水的生产和供应业 Electricity, Gas and Water Production and Supply	建筑业 Construction	交通运输、仓储和邮政业 Transport, Storage and Post	信息传输、计算机服务和软件业 Information Transmission, Computer Services and Software	批发和零售业 Wholesale and Retail Trade
全　省	**Sichuan**	**887.16**	**9.33**	**34.64**	**219.05**	**19.69**	**155.94**	**31.72**	**13.54**	**71.56**
成都市	Chengdu	298.96	1.65	0.41	80.79	2.91	64.75	8.83	5.66	30.41
自贡市	Zigong	31.13	0.14	2.73	9.76	0.49	5.44	1.33	0.32	1.81
攀枝花市	Panzhihua	25.75	0.19	4.05	10.31	0.85	2.39	0.51	0.17	1.37
泸州市	Luzhou	39.43	0.36	0.94	7.20	0.89	10.86	1.85	0.44	3.11
德阳市	Deyang	37.58	0.14	0.52	12.70	0.37	6.01	0.82	0.51	3.69
绵阳市	Mianyang	45.98	0.52	0.17	15.71	1.11	4.11	1.20	0.78	3.94
广元市	Guangyuan	20.72	0.24	1.01	2.54	0.52	2.44	0.50	0.54	2.62
遂宁市	Suining	25.04	0.35	0.07	6.65	0.59	5.54	0.42	0.25	1.82
内江市	Neijiang	29.58	0.19	2.12	5.74	0.44	5.19	0.80	0.61	1.96
乐山市	Leshan	37.03	0.50	2.27	11.18	2.40	3.72	1.00	0.52	3.31
南充市	Nanchong	49.26	0.66	0.14	8.31	0.88	11.17	1.40	0.43	3.06
眉山市	Meishan	20.18	0.10	0.56	5.55	0.54	2.41	0.48	0.42	1.42
宜宾市	Yibin	51.41	0.24	3.61	15.86	1.07	8.84	2.22	0.64	3.24
广安市	Guangan	21.21	0.33	2.29	3.41	0.61	3.98	0.64	0.29	0.97
达州市	Dazhou	39.38	0.67	3.32	6.55	1.48	6.41	1.40	0.60	2.66
雅安市	Yaan	13.83	0.31	0.61	3.00	0.87	1.37	0.32	0.31	0.85
巴中市	Bazhong	21.44	0.44	0.95	2.45	0.59	6.81	0.44	0.15	0.63
资阳市	Ziyang	22.41	0.71	0.02	6.33	0.33	2.84	0.46	0.28	1.79
阿坝藏族羌族自治州	Aba	8.48	0.42	0.12	0.89	0.60	0.39	0.44	0.13	0.22
甘孜藏族自治州	Ganzi	8.35	0.44	0.39	0.32	0.62	0.17	0.41	0.17	0.36
凉山彝族自治州	Liangshan	28.27	0.73	4.05	3.71	1.53	0.74	1.11	0.31	2.10

Number of Staff and Workers by Sector and Region(2011)

(year-end)(10 000 persons)

住宿和餐饮业 Hotels and Catering Services	金融业 Finance	房地产业 Real Estate	租赁和商务服务业 Leasing and Commercial Affairs Services	科学研究、技术服务和地质勘查业 Scientific Research, Technic Services and Geological Prospecting	水利、环境和公共设备管理业 Water, Environment Public Facilities Conservancy	居民服务和其他服务业 Resident Services and Other Services	教育 Education	卫生、社会保障和社会福利业 Health Care, Social Security and Welfare	文化、体育和娱乐业 Culture, Sports and Entertain-ment	公共管理和社会组织 Public Management and Social Organization
22.38	**18.30**	**21.60**	**23.36**	**16.56**	**9.79**	**14.63**	**84.81**	**37.57**	**6.83**	**75.85**
9.87	4.44	9.82	13.06	8.64	2.98	7.51	18.74	10.51	2.80	15.19
0.46	0.89	0.72	0.26	0.34	0.23	0.17	2.42	1.47	0.16	1.99
0.35	0.46	0.30	0.19	0.18	0.33	0.13	1.32	0.71	0.19	1.75
0.92	0.75	0.84	0.68	0.57	0.35	0.83	4.15	1.59	0.27	2.85
0.51	1.10	0.71	0.98	0.50	0.55	0.48	3.29	1.59	0.16	2.95
0.61	1.15	0.97	0.91	2.11	0.71	0.70	4.75	2.05	0.24	4.23
0.36	0.57	0.39	0.52	0.14	0.32	0.53	2.98	1.15	0.16	3.16
0.77	0.53	0.43	0.55	0.16	0.14	0.55	3.00	1.07	0.14	1.99
0.54	0.68	0.45	0.99	0.16	0.18	0.96	3.45	1.68	0.53	2.92
0.40	0.73	0.69	0.78	0.73	0.61	0.15	3.05	1.30	0.19	3.49
2.30	1.52	2.23	0.87	0.36	0.56	0.61	6.98	2.59	0.37	4.81
0.15	0.32	0.31	0.18	0.11	0.25	0.42	2.56	0.96	0.12	3.30
1.30	1.00	1.06	0.58	0.34	0.31	0.50	4.67	1.87	0.21	3.85
0.43	0.56	0.26	0.19	0.09	0.27	0.26	3.05	1.04	0.09	2.45
0.89	1.03	0.81	0.50	0.40	0.58	0.17	5.29	2.23	0.30	4.09
0.24	0.43	0.16	0.21	0.13	0.20	0.12	1.62	0.69	0.08	2.33
0.66	0.47	0.63	0.25	0.11	0.26	0.03	3.05	1.12	0.11	2.28
0.26	0.60	0.61	0.47	0.18	0.23	0.23	3.27	1.37	0.25	2.19
0.32	0.24	0.03	0.12	0.12	0.29	0.03	1.31	0.46	0.09	2.26
0.15	0.20	0.06	0.09	0.25	0.05	0.08	1.17	0.52	0.10	2.81
0.45	0.61	0.12	0.46	0.31	0.38	0.20	4.66	1.60	0.26	4.93

4-19 分行业国有经济单位职工人数
Number of Staff and Workers in State-owned Units by Sector

(年末数)单位：万人 (year-end)(10 000 persons)

行　　业	Sector	2007	2008	2009	2010	2011
总　计	**Total**	**312.70**	**310.80**	**312.21**	**335.77**	**331.63**
农、林、牧、渔业	Farm, Forestry, Animal Husbandry and Fishery	7.27	6.24	4.43	4.43	4.02
采掘业	Mining	13.35	12.00	10.71	11.13	10.26
制造业	Manufacturing	30.13	28.83	24.33	26.25	25.57
电力、煤气及水的生产和供应业	Electric Power, Gas and Water Production and Supply	7.85	7.82	7.78	8.17	8.43
建筑业	Construction	25.25	24.66	27.85	32.53	32.81
交通运输、仓储和邮政业	Transport, Storage and Post	16.57	15.71	15.66	16.43	15.55
信息传输、计算机服务和软件业	Information Transmission, Computer Services and Software	3.40	3.45	3.07	3.19	3.51
批发和零售业	Wholesale and Retail Trade	7.73	6.63	6.29	5.82	5.79
住宿和餐饮业	Hotels and Catering Services	1.71	1.63	1.61	1.83	2.02
金融业	Finance	6.85	7.32	7.53	8.83	8.04
房地产业	Real Estate	1.33	1.15	1.10	1.07	1.12
租赁和商务服务业	Leasing and Commercial Affairs Services	3.97	4.27	3.65	3.67	3.67
科学研究、技术服务和地质勘查业	Scientific Research,Technic Services and Geological Prospecting	10.67	11.21	11.78	12.91	12.87
水利、环境和公共设备管理业	Water, Environment Public Facilities Conservancy	6.86	6.63	7.42	8.86	7.89
居民服务和其他服务业	Resident Services and Other Services	1.45	0.52	0.37	0.39	0.42
教育	Education	78.98	79.11	79.47	81.03	80.76
卫生、社会保障和社会福利业	Health Care, Social Security and Welfare	21.83	22.86	24.79	27.82	29.22
文化、体育和娱乐业	Culture, Sports and Entertainment	3.92	3.92	3.82	4.03	3.84
公共管理和社会组织	Public Management and Social Organization	63.61	66.82	70.55	77.37	75.84

4-20 分行业城镇集体经济单位职工人数
Number of Staff and Workers in Urban Collective Owned Units by Sector

(年末数)单位：万人 (year-end)(10 000 persons)

行　　业	Sector	2007	2008	2009	2010	2011
总　计	**Total**	**39.23**	**37.10**	**36.87**	**33.64**	**32.12**
农、林、牧、渔业	Agriculture, Forestry, Animal Husbandry and Fishery	0.87	0.59	0.40	0.42	0.28
采掘业	Mining	0.80	0.32	0.45	0.42	0.48
制造业	Manufacturing	7.37	6.54	6.30	3.38	3.10
电力、煤气及水的生产和供应业	Electric Power, Gas and Water Production and Supply	0.36	0.23	0.31	0.30	0.34
建筑业	Construction	15.93	16.14	16.81	17.27	16.51
交通运输、仓储和邮政业	Transport, Storage and Post	1.10	0.94	0.99	0.94	0.94
信息传输、计算机服务和软件业	Information Transmission, Computer Services and Software					
批发和零售业	Wholesale and Retail Trade	2.15	1.88	1.51	1.13	1.03
住宿和餐饮业	Hotels and Catering Services	0.41	0.36	0.44	0.38	0.33
金融业	Finance	3.68	3.45	3.07	2.73	2.70
房地产业	Real Estate	0.17	0.16	0.16	0.16	0.16
租赁和商务服务业	Leasing and Commercial Affairs Services	0.75	0.64	0.68	0.74	0.75
科学研究、技术服务和地质勘查业	Scientific Research,Technic Services and Geological Prospecting				0.06	0.06
水利、环境和公共设备管理业	Water, Environment Public Facilities Conservancy	0.47	0.61	0.46	0.48	0.42
居民服务和其他服务业	Resident Services and Other Services	0.26	0.28	0.34	0.30	0.31
教育	Education	0.10	0.10	0.10	0.09	0.11
卫生、社会保障和社会福利业	Health Care, Social Security and Welfare	4.63	4.71	4.46	4.74	4.49
文化、体育和娱乐业	Culture, Sports and Entertainment	0.10	0.10	0.08	0.09	0.07
公共管理和社会组织	Public Management and Social Organization					

4-21 职工工资总额及指数
Total Wages of Staff and Workers and Related Index

年份 Year	工资总额（万元） Total Wages (10 000 yuan)					指数（上年=100） Index (Preceding year=100)				
	全部单位 all Units	国有经济单位 State-owned Units	城镇集体经济单位 Urban Colletive Owned Units	私营经济单位 Private Units	其他各种经济单位 Units of Other Types of Ownership	全部单位 all Units	国有经济单位 State-owned Units	城镇集体经济单位 Urban Colletive Owned Units	私营经济单位 Private Units	其他各种经济单位 Units of Other Types of Ownership
1978	263196	219481	43715			114.3	119.6	93.6		
1979	301117	248761	52356			114.4	113.3	119.8		
1980	364892	300829	64063			121.2	120.9	122.4		
1981	377600	309573	68027			103.5	102.9	106.2		
1982	398196	325973	72223			105.5	105.3	106.2		
1983	421222	345815	75407			105.8	106.1	104.4		
1984	496013	395565	99958		490	117.8	114.4	132.6		
1985	598403	478883	119128		392	120.6	121.1	119.2		80.0
1986	719269	582177	136524		568	120.2	121.6	114.6		144.9
1987	802261	650498	150931		832	111.5	111.7	110.6		146.5
1988	987813	807670	178923		1220	123.1	124.2	118.5		146.6
1989	1135724	937712	195894		2118	115.0	116.1	109.5		173.6
1990	1294823	1071715	220375		2733	114.0	114.3	112.5		129.0
1991	1450034	1197509	248487		4038	111.8	111.7	111.4		147.7
1992	1667894	1377792	283759		6343	115.3	115.1	115.6		157.1
1993	2046047	1635013	333417		77617	122.7	118.7	117.5		1223.7
1994	2776839	2227867	386038		162934	135.7	135.7	115.8		209.9
1995	3217827	2574023	437256		206548	115.9	115.9	113.3		126.8
1996	3550444	2841447	469060		239937	110.3	110.3	107.3		116.2
1997	3806429	3020053	513532		272844	107.2	106.3	109.5		113.8
1998	3927403	3010629	438565		478209	103.2	99.7	85.4		175.3
1999	3985709	3076087	398702		510920	105.3	105.8	94.0		112.5
2000	4369495	3387240	405185		577070	109.6	110.1	101.6		112.9
2001	4902582	3824669	389753		688160	112.2	112.9	96.2		119.3
2002	5391189	4069680	388119		933390	110.0	106.4	99.6		135.6
2003	6045074	4413116	423206		1208752	112.1	108.4	109.0		129.5
2004	6739284	4839656	420266		1479362	111.5	109.7	99.3		122.4
2005	7733523	5429716	444054		1859753	114.8	112.2	105.7		125.7
2006	8853558	6126402	500639		2226517	114.5	112.8	112.8		119.7
2007	10915972	7535030	582510		2798432	123.3	123.0	116.4		125.7
2008	19433159	8897118	679304	6248979	3607758		118.1	116.6		128.9
2009	20764689	10243602	769891	5511793	4239403	106.9	115.1	113.3	88.2	117.5
2010	24756815	11851732	754298	7003940	5146845	119.2	115.7	98.0	127.1	121.4
2011	30955741	14100799	914036	8908497	7032409	125.0	119.0	121.2	127.2	136.6

注：①1999年起工资总额为在岗职工工资总额，指数按可比口径计算(后同)。

②2008年起，职工工资总额为全部单位职工工资总额(包括私营单位，后同)。

a) Data on total wages refered to wages of fully employed staff and workers since 1999,and the index was calculate at comparable coverage. (similarly in the following tables).

b) Since 2008,number of staff and workers includes staff and workers of all units.(including private units)

4-22 分行业职工工资总额

单位:万元

年份 Year	合计 Total	农、林、牧、渔业 Agriculture, Forestry, Animal Husbandry and Fishery	采矿业 Mining	制造业 Manufac-turing	电力、煤气及水的生产和供应业 Electricity, Gas and Water Production and Supply	建筑业 Construc-tion	交通运输、仓储和邮政业 Transport, Storage and Post	信息传输、计算机服务和软件业 Information Transmission, Computer Services and Software	批发和零售业 Wholesale and Retail Trade	住宿和餐饮业 Hotels and Catering Services
1978	263196	7016	22921	91621	5233	23383	25436		26693	3685
1979	301117	6896	24400	107395	5602	27225	27804		31458	4329
1980	364892	8186	28667	126922	8134	32823	30802		37726	5176
1981	377600	8405	29423	131697	8674	33324	31423		38785	5314
1982	398196	8986	31825	136944	7671	34199	32917		39729	5451
1983	421222	9710	28493	148050	8261	35700	34606	426	41091	5645
1984	496013	10383	35546	183614	10224	42613	40689	685	47313	6017
1985	598403	12035	46417	219817	8405	48027	46800	1268	28322	6512
1986	719269	14787	57236	258144	10810	58789	54971	2126	65333	8262
1987	802261	15341	59949	297304	12852	67477	60359	2501	71835	9066
1988	987813	17477	70663	371196	16092	81136	74328	3164	90556	11539
1989	1135724	19005	76612	439876	19804	88267	86963	4399	101140	12958
1990	1294823	21185	104553	476728	29408	99025	96980	5711	112974	14458
1991	1450034	23443	112731	547026	29410	115319	108156	6291	123849	16005
1992	1667894	25979	118366	615493	35459	135228	124006	7489	137426	17127
1993	2046047	29031	116455	775305	41259	221791	103846	8356	175633	21044
1994	2776839	38639	171556	956517	55749	262082	138631	18195	220732	28381
1995	3217827	44168	188235	1121615	79256	303939	171773	18645	255632	34916
1996	3550444	50134	211692	1210693	95247	320058	193317	19078	273788	38553
1997	3806429	54280	213126	1249005	119344	349282	223444	19589	279658	39983
1998	3927403	57111	207010	1185340	129699	346700	228139	20084	260947	36486
1999	3985709	63225	171492	1071310	140643	345079	249831	23999	229458	33056
2000	4369495	72727	214016	1108247	155720	360460	274101	26618	217446	29718
2001	4902582	90629	158455	1117906	181767	411914	297310	34640	195433	32305
2002	5391189	95174	195370	1180244	205600	493233	330353	45931	179869	32116
2003	6045074	100747	201894	1318002	233749	609383	290551	94155	206691	40755
2004	6739284	94960	240837	1455713	254456	676276	320830	123816	230449	47932
2005	7733523	92682	331162	1642716	291578	792292	386735	140858	262632	56678
2006	8853558	100820	391357	1905304	320008	970051	466244	156081	276754	59993
2007	10915972	111785	509275	2236650	383422	1225729	531320	164406	301581	72965
2008	19433159	129739	1475797	5121491	507753	2878686	843738	309457	798224	251353
2009	20764689	95964	1224588	5002570	561902	3088427	871875	301869	941626	280446
2010	24756815	108688	1467580	5974967	658374	3774453	1012052	377072	1146296	347156
2011	30955741	199722	1749652	8048664	838282	4531436	1180251	429337	1469614	482130

Total Wages of Staff and Workers by Sector

(10 000 yuan)

金融业 Financial	房地产业 Real Estate	租赁和商务服务业 Leasing and Bussiness Services	科学研究、技术服务和地质勘查业 Scientific Research, Technic Services and Geological Prospecting	水利、环境和公共设备管理业 Water, Environment Public Facilities	居民服务和其他服务业 Services to housholds and Other Services	教育 Education	卫生、社会保障和社会福利业 Health Care, Social Security and Welfare	文化、体育和娱乐业 Culture, Sports and Entertain-ment	公共管理和社会组织 Public Management and Social Organization
2096	197		11766	757	307	21420	6069	1042	13554
2446	315		14043	1141	342	24110	7792	1291	14528
3468	778		15088	3021	417	30902	10746	2898	19138
3815	912		15529	3031	373	32223	11519	2803	20350
4025	964	365	17699	2371	388	37056	12706	2851	22049
4106	1153	518	18220	4101	404	37868	13587	3474	25809
5841	1291	886	20800	4109	398	38779	14751	3781	28293
6905	1155	1117	26872	4817	463	51174	17595	3782	36920
9307	1450	1847	29932	5937	589	61038	23114	6009	49588
10474	1510	2185	30870	6985	698	65819	25034	6917	55085
12924	1803	2760	35675	8643	761	84250	30796	8435	65615
14102	2053	3863	39444	11762	815	89940	34583	11037	79101
17470	2437	5066	46459	15061	978	99358	39529	13358	94085
19297	2795	5765	51742	16480	996	107925	43028	13774	106002
25366	4005	6998	64707	19620	783	134970	51266	12593	131013
40457	5216	7827	69586	21830	8053	157693	63269	12508	166888
69270	8886	16756	98468	46332	9316	244518	104740	29282	258789
80619	10459	17626	120187	47932	9687	242074	122049	29689	289326
92634	12751	18124	126915	48639	9804	332534	140925	30614	324991
110358	14601	19137	134609	49533	9840	368133	158473	31191	363001
136365	20341	20515	142113	50345	10137	436783	181650	31955	425980
158688	22735	24961	125873	58322	10817	518933	214225	36587	486655
183778	27647	27311	141697	63432	13251	601173	246975	40099	565261
214232	29128	30006	203335	71987	20125	771304	294859	49890	697637
231703	41850	32574	186623	76808	17648	896710	335438	53535	761243
268392	50999	39718	212336	65626	31879	967411	374110	69582	869094
306554	55182	49076	253864	70140	16939	1071079	413934	74131	983116
368891	58835	107211	270531	78825	27733	1166899	473975	88626	1094664
404246	74219	107319	332111	97858	31477	1302879	551316	86646	1218875
490798	99304	142103	407319	121568	41931	1677038	692127	99371	1607280
662070	313268	395433	533944	140997	147340	1932677	854080	127928	2009186
772103	348988	365147	648894	176218	119938	2478258	1015045	141365	2329467
981296	419021	456531	762944	202616	167073	2852526	1244854	172874	2630442
1206206	560354	552522	956439	255482	230068	3323369	1643761	235258	3063196

4-23 分行业国有经济单位职工工资总额

单位:万元

年份 Year	合计 Total	农、林、牧、渔业 Agriculture, Forestry, Animal Husbandry and Fishery	采矿业 Mining	制造业 Manufacturing	电力、煤气及水的生产和供应业 Electricity, Gas and Water Production and Supply	建筑业 Construction	交通运输、仓储和邮政业 Transport, Storage and Post	信息传输、计算机服务和软件业 Information Transmission, Computer Services and Software	批发和零售业 Wholesale and Retail Trade	住宿和餐饮业 Hotels and Catering Services
1978	219481	6349	22831	74597	4340	18879	16845		20283	3004
1979	248761	6173	24286	85531	5007	21114	19090		23562	3490
1980	300829	7372	28477	99448	7386	25251	22265		23562	4146
1981	309573	7524	29273	101563	7826	24931	22968		23562	4241
1982	325973	7507	31669	105679	6791	24621	23888		23562	4372
1983	345815	8129	28266	115164	7359	25057	25645	426	23562	4548
1984	395565	8775	35271	143448	9144	30873	30914	685	23562	3548
1985	478883	10261	46083	171148	7091	34381	35210	1268	23562	3520
1986	582177	12437	56860	202705	9315	41875	43168	2126	23562	5016
1987	650498	12771	59515	233891	11144	48446	47836	2501	23562	5601
1988	807670	14621	70124	295218	14050	58163	59942	3164	23562	7402
1989	937712	15841	76031	354269	17519	64933	70353	4399	23562	8505
1990	1071715	17282	102004	383120	25290	71988	79263	5711	23562	9437
1991	1197509	19023	109427	435869	25167	83375	88995	6291	23562	10658
1992	1377792	20726	114231	489232	30605	94239	102479	7489	23562	11425
1993	1635013	23775	111770	583654	39022	158721	83740	8356	23562	14151
1994	2227867	30480	162306	667528	50161	186311	120653	18195	23562	19915
1995	2574023	34834	177415	775878	71687	224438	151492	18645	23562	22978
1996	2841447	39432	200710	833479	84574	230079	170865	18902	23562	24886
1997	3020053	43054	197505	834145	102870	244728	199996	19213	23562	25460
1998	3010629	46216	179302	684660	101734	239295	202615	19585	23562	22369
1999	3076087	51346	143862	593000	110565	230424	217647	22588	23562	20746
2000	3387240	59933	184541	592493	120520	225360	239453	24570	23562	16648
2001	3824669	75018	125230	571708	139577	244940	259421	31592	23562	18151
2002	4069680	82734	154215	548757	146069	240261	280217	35021	23562	15990
2003	4413116	87727	139079	582688	147690	271068	233573	78955	23562	17642
2004	4839656	82809	154588	596057	167978	268273	253542	105016	23562	18784
2005	5429716	82139	222550	631736	191447	289084	297819	111908	23562	19541
2006	6126402	90470	259659	726367	198192	346425	365977	123529	23562	21593
2007	7535030	100504	351151	749684	231666	447466	426581	119346	160449	29637
2008	8897118	98606	421849	849358	275245	545016	483433	131118	187067	31669
2009	10243602	81998	425827	825507	295391	714903	555728	129430	214249	34483
2010	11851732	88053	447306	989539	358539	896208	598193	138873	235592	43950
2011	14100799	108819	560677	1123473	421184	1037454	723168	156249	280093	63467

Total Wages of Staff and Workers in State-owned Units by Sector

(10 000 yuan)

金融业 Financial	房地产业 Real Estate	租赁和商务服务业 Leasing and Bussiness Services	科学研究、技术服务和地质勘查业 Scientific Research, Technic Services and Geological Prospecting	水利、环境和公共设备管理业 Water, Environment Public Facilities	居民服务和其他服务业 Services to housholds and Other Services	教育 Education	卫生、社会保障和社会福利业 Health Care, Social Security and Welfare	文化、体育和娱乐业 Culture, Sports and Entertain-ment	公共管理和社会组织 Public Management and Social Organization
1291	197		11766	741	276	20683	3840	626	12933
1533	315		14043	1033	312	23124	5010	739	14399
2298	722		15045	2602	403	29999	7327	1120	18975
2654	840		15494	2609	378	31320	8118	1010	20186
2805	889	365	17659	1875	313	36301	9011	835	21870
2855	1056	518	18217	3590	304	37243	9652	1450	25628
4330	1186	877	20794	3600	326	38169	10800	1301	27570
5001	1007	1099	26858	4226	338	50587	13232	1520	36035
6668	1319	1818	29913	5261	484	60431	17143	3226	48547
7415	1464	2138	30852	6189	569	65223	19036	3797	53884
9352	1768	2705	35664	7830	720	83713	23804	4802	64199
9954	2039	3760	39428	10884	1000	89338	27229	6676	77612
12916	2373	4882	46436	14132	1299	98724	31471	8668	92426
14264	2699	5378	51691	15568	1431	107248	34584	9548	104331
18787	3792	6402	64162	18531	1703	134291	41393	11366	129105
31212	4435	7126	69232	20627	1896	156780	51976	12651	160364
51439	8186	15555	98395	45024	4138	243744	86932	27615	255618
60204	9183	15940	120084	46137	4241	271087	100158	28297	286182
67827	11088	16159	126780	46772	4299	331478	115868	28686	321533
79359	12509	16425	134463	47543	4370	366933	131611	29159	358809
95639	16872	16744	141354	48464	4455	435622	152990	29724	421957
106978	17534	19311	125413	55895	5138	517475	181524	34281	483145
132984	20076	21006	139874	60801	5589	599029	211852	37290	561154
155476	19642	22846	201759	68539	6887	767319	255393	46786	692583
159284	22069	22234	184792	71540	7949	892619	291260	50919	757009
184192	20782	29236	208793	60046	10578	961288	317463	67533	867018
204567	21663	36737	249019	64250	12514	1062917	357248	71934	980829
221314	22102	91442	264558	72222	22188	1155259	412021	85899	1094413
234715	24565	88136	316312	90200	24658	1290038	479877	83626	1218576
271819	31443	115836	389580	112242	34389	1661021	600076	95150	1606988
360802	31259	144854	487230	121719	11812	1875766	725645	105860	2008810
398838	34303	128862	576077	152357	10893	2376890	849926	109625	2328315
467965	31984	141431	674174	175528	11675	2738722	1057189	127274	2629537
570439	37645	168219	832598	212531	16235	3204224	1375030	146403	3062893

4-24 分行业城镇集体经济单位职工工资总额

单位:万元

年份 Year	合计 Total	农、林、牧、渔业 Agriculture, Forestry, Animal Husbandry and Fishery	采矿业 Mining	制造业 Manufac-turing	电力、煤气及水的生产和供应业 Electricity, Gas and Water Production and Supply	建筑业 Construc-tion	交通运输、仓储和邮政业 Transport, Storage and Post	信息传输、计算机服务和软件业 Information Transmission, Computer Services and Software	批发和零售业 Wholesale and Retail Trade	住宿和餐饮业 Hotels and Catering Services
1978	43715	667	90	17024	893	4504	8591		6410	681
1979	52356	723	114	21864	595	6111	8714		7896	839
1980	64063	814	190	27474	748	7572	8537		9733	1030
1981	68027	881	150	30134	848	8393	8455		10147	1073
1982	72223	1479	156	31265	880	9578	9029		10206	1079
1983	75407	1581	227	32886	902	10643	8961		10383	1097
1984	99958	1608	275	39689	1080	11733	9775		23353	2469
1985	119128	1771	334	48288	1314	13640	11590		28302	2992
1986	136524	2350	376	54932	1495	16911	11781		31458	3246
1987	150931	2551	434	62764	1708	18982	12496		33588	3465
1988	178923	2856	519	75028	2042	22836	14376		40100	4137
1989	195894	3164	581	83936	2285	23191	16570		43160	4453
1990	220375	3903	2336	91734	3930	26934	17675		48654	5021
1991	248487	4412	3304	108281	4092	31737	19098		51829	5347
1992	283759	5245	4135	122023	4622	40688	21470		55192	5694
1993	333417	5249	1707	123261	668	62216	20016		82368	8498
1994	386038	8136	5336	152631	908	72730	15152		77060	7950
1995	437256	9278	6491	171307	1305	77318	17904		89791	9264
1996	469060	10649	6641	176610	2032	86352	19875		94694	9773
1997	513532	11088	11096	194942	4656	97367	22281		92604	9458
1998	438565	10731	8709	147082	2159	89767	16535		80893	8346
1999	398702	11185	5871	120091	1530	93697	15619		63837	5597
2000	405185	11743	5868	115103	1777	104879	14006		55143	4835
2001	389753	11871	6174	96486	2571	106128	14296		41886	4342
2002	388119	10884	4392	86753	2772	121904	12794		31071	3746
2003	423206	10028	5166	81822	4759	130306	13498	414	23484	4072
2004	420266	9491	4401	86015	4660	131665	14409	382	22034	4654
2005	444054	8744	5341	89355	5673	134227	15259	74	20245	4816
2006	500639	9090	6724	93581	5834	161259	16711	19	21900	4272
2007	582510	9864	7399	103922	7357	189552	12721	24	21518	4183
2008	679304	8037	6681	118798	5398	238489	13299	36	23541	4532
2009	769891	6854	10644	129373	5453	285838	16344	4219	22355	7252
2010	754298	8391	10906	64176	7382	319420	17028	588	17451	6940
2011	914036	8022	12107	72267	9489	398548	21812	1016	19471	7283

Total Wages of Staff and Workers in Urban Collective Owned Units by Sector

(10 000 yuan)

金融业 Financial	房地产业 Real Estate	租赁和商务服务业 Leasing and Bussiness Services	科学研究、技术服务和地质勘查业 Scientific Research, Technic Services and Geological Prospecting	水利、环境和公共设备管理业 Water, Environment Public Facilities	居民服务和其他服务业 Services to housholds and Other Services	教育 Education	卫生、社会保障和社会福利业 Health Care, Social Security and Welfare	文化、体育和娱乐业 Culture, Sports and Entertain-ment	公共管理和社会组织 Public Management and Social Organization
805				16	92	737	2229	355	621
913				108	500	986	2382	482	129
1170	56		43	419	1094	903	3419	698	163
1161	72		35	422	1142	847	3401	702	164
1220	75		40	496	1348	755	3695	743	179
1251	97		3	511	1363	625	3935	761	181
1511	105	9	6	509	1760	610	3951	792	723
1904	148	18	14	591	2172	587	4363	786	885
2639	131	29	19	676	2059	607	5971	803	1041
3059	46	47	18	796	2313	596	5998	869	1201
3572	35	55	11	813	2727	537	6992	871	1416
4148	14	63	16	858	3111	602	7354	899	1489
4754	64	84	23	889	3218	634	8058	805	1659
5033	96	87	51	852	2688	677	8444	788	1671
6579	161	96	545	989	3045	679	9873	815	1908
9239	595	101	354	1083	2575	913	11293	793	2488
17783	141	501	73	1148	3852	774	17808	909	3146
20174	344	886	103	1595	4365	987	21891	1145	3108
23561	481	967	83	1632	4977	1056	25057	1209	3411
28429	734	959	146	1677	4781	1200	26862	1218	4034
32017	744	902	138	1507	4525	1078	28660	1046	3726
35504	858	904	117	1518	4279	995	32619	1151	3330
40028	1815	893	576	1461	5761	1272	35046	1054	3925
44857	1524	831	812	1663	10642	1315	39110	832	4413
53208	1604	730	383	2628	5840	1399	43815	382	3814
60467	1920	2977	1461	3464	19916	972	55843	561	2076
69482	2218	3363	1973	3739	2518	814	55621	593	2234
85451	2197	5337	769	3956	2714	930	57810	905	251
94395	2427	7031	1044	4468	3040	797	66774	1041	232
116044	2402	9638	1230	5683	2692	1487	84721	1849	226
131806	2499	11819	1779	7009	3422	965	98778	2229	186
130072	2816	12819	2091	8062	4521	2775	116387	1675	343
128649	3119	11572	2168	7699	4656	2912	138593	1879	769
151281	4020	15126	2489	8652	5778	3159	171291	1957	267

4-25 分行业其他各种经济单位职工工资总额
Total Wages of Staff and Workers in Units of Other Types of Ownership by Sector

单位:万元 (10 000 yuan)

行　业	Sector	2007	2008	2009	2010	2011
总 计	**Total**	**2798366**	**3607758**	**4239403**	**5146845**	**7032409**
农、林、牧、渔业	Farm, Forestry,Animal Husbandry and Fishery	1417	1763	1846	3589	3323
采掘业	Mining	150725	207142	212488	240368	315465
制造业	Manufacturing	1383044	1739716	1981390	2424099	3396382
电力、煤气及水的生产和供应业	Electric Power, Gas and Water Production and Supply	144400	181617	206357	236954	310322
建筑业	Construction	588711	775810	929680	1024553	1442892
交通运输、仓储和邮政业	Transport, Storage and Post	92018	116663	142544	177994	208833
信息传输、计算机服务和软件业	Information Transmission,Computer Services and Software	45035	56563	88630	123943	139493
批发和零售业	Wholesale and Retail Trade	119614	163803	186314	229934	277492
住宿和餐饮业	Hotels and Catering Services	39145	46499	54120	65640	88461
金融业	Finance	102935	165686	235621	374219	457258
房地产业	Real Estate	65459	72740	92208	118453	174925
租赁和商务服务业	Leasing and Bsiness Services	16629	22908	31196	37433	47221
科学研究、技术服务和地质勘查业	Scientific Research,Technic Services and Geological Prospecting	16510	20070	22823	26761	48306
水利、环境和公共设备管理业	Water, Environment Public Facilities Conservancy	3643	3233	6602	5151	9330
居民服务和其他服务业	Resident Services and Other Services	4849	6061	5754	6033	7731
教育	Education	14530	16910	20536	28233	58756
卫生、社会保障和社会福利业	Health Care, Social Security and Welfare	7330	8275	10728	13921	36358
文化、体育和娱乐业	Culture, Sports and Entertainment	2372	2299	10566	9567	9824
公共管理和社会组织	Public Management and Social Organization					

4-26 各市(州)职工工资总额及指数(2011年)
Total Wages of Staff and Workers and Related Index by Region(2011)

市(州)	Region	工资总额（万元） Total Wages (10 000 yuan)					指数（上年=100） Index (Preceding year=100)				
		合计 Total	国有经济单位 State -owned Units	城镇集体经济单位 Urban Colletive Owned Units	私营经济单位 Private Units	其他各种经济单位 Units of Other Types of Ownership	合计 Total	国有经济单位 State -owned Units	城镇集体经济单位 Urban Colletive Owned Units	私营经济单位 Private Units	其他各种经济单位 Units of Other Types of Ownership
全　省	**Sichuan**	**30955741**	**14100799**	**914036**	**8908497**	**7032409**	**125.0**	**119.0**	**121.2**	**127.2**	**136.6**
成都市	Chengdu	10345260	4678254	259060	2524464	2883482	124.4	115.4	123.8	123.6	143.2
自贡市	Zigong	976205	332830	30514	389535	223325	124.8	120.4	88.4	118.9	155.3
攀枝花市	Panzhihua	1064552	600772	18763	257696	187321	130.4	123.4	100.4	136.7	153.3
泸州市	Luzhou	1282592	450875	103952	512435	215331	122.8	123.0	112.2	122.9	128.1
德阳市	Deyang	1628371	645570	27619	556380	398803	122.3	122.7	117.6	119.6	126.0
绵阳市	Mianyang	1967852	759622	51822	583479	572929	131.6	122.6	122.9	135.9	141.5
广元市	Guangyuan	746711	343000	30211	269016	104484	147.4	118.4	131.9	226.8	138.4
遂宁市	Suining	715651	250521	80201	236972	147956	128.3	112.3	163.9	125.8	151.7
内江市	Neijiang	830948	392539	30434	200456	207519	87.2	112.9	93.5	48.5	130.3
乐山市	Leshan	1255676	439975	27052	367528	421120	115.0	113.8	120.8	119.8	111.9
南充市	Nanchong	1307791	631927	46237	510482	119147	129.3	130.1	127.7	139.7	95.7
眉山市	Meishan	863643	289327	27742	351942	194632	127.7	118.3	129.4	128.4	143.0
宜宾市	Yibin	1657762	550456	16232	463491	627584	127.2	117.6	106.4	125.8	139.0
广安市	Guangan	760449	357618	18287	372866	11679	128.5	122.5	110.1	136.6	111.8
达州市	Dazhou	1243559	556977	49742	453894	182946	126.5	123.7	127.9	129.1	128.4
雅安市	Yaan	397767	196695	6208	113338	81526	123.2	118.4	101.2	132.8	124.8
巴中市	Bazhong	542075	295147	38532	104285	104111	142.4	122.5	209.6	190.5	155.9
资阳市	Ziyang	803043	339313	21323	302685	139721	140.1	120.8	74.0	191.2	133.0
阿坝藏族羌族自治州	Aba	344384	259119	7188	39711	38366	121.2	115.8	117.5	167.0	125.7
甘孜藏族自治州	Ganzi	303633	255179	2846	19867	25741	121.8	122.9	155.3	122.6	109.0
凉山彝族自治州	Liangshan	1096042	653306	20074	277976	144685	129.3	112.3	118.0	204.0	128.6

4-27 各市(州)分行业全部单位职工工资总额(2011年)

单位: 万元

市(州)	Region	合计 Total	农、林、牧、渔业 Farming, Forestry, Animal Husbandry and Fishery	采矿业 Mining and Quarrying	制造业 Manufacturing	电力、煤气及水的生产和供应业 Electricity, Gas and Water Production and Supply	建筑业 Construction	交通运输、仓储和邮政业 Transport, Storage and Post	信息传输、计算机服务和软件业 Information Transmission, Computer Services and Software	批发和零售业 Wholesale and Retail Trade
全 省	**Sichuan**	**30955741**	**199722**	**1749652**	**8048664**	**838282**	**4531436**	**1180251**	**429337**	**1469614**
成都市	Chengdu	10345260	37008	9536	2583023	152349	1830462	382549	192870	740317
自贡市	Zigong	976205	3319	70218	340730	22415	137093	39841	11926	32295
攀枝花市	Panzhihua	1064552	6366	167808	405457	55118	68831	20039	8423	45348
泸州市	Luzhou	1282592	6937	60204	301044	25642	245590	45063	12535	103878
德阳市	Deyang	1628371	5412	19238	734959	30180	260219	26822	14197	43153
绵阳市	Mianyang	1967852	12640	18075	723194	56367	208151	45552	24794	69156
广元市	Guangyuan	746711	3739	86428	102684	13471	106964	17872	19553	33515
遂宁市	Suining	715651	5422	1551	237154	25915	151057	5942	5822	13007
内江市	Neijiang	830948	3122	72349	160954	17150	162282	20819	8716	20770
乐山市	Leshan	1255676	8337	132035	369863	93466	123048	28301	15589	43140
南充市	Nanchong	1307791	9492	88628	257083	41037	272809	32765	10340	41839
眉山市	Meishan	863643	2458	55786	301301	30695	134143	16856	8562	17839
宜宾市	Yibin	1657762	4950	240155	576023	46776	192859	34690	14751	49800
广安市	Guangan	760449	5567	54859	118843	20067	173778	15733	10211	28915
达州市	Dazhou	1243559	17742	143327	193715	48417	132715	34747	20173	57734
雅安市	Yaan	397767	2908	35120	74080	29972	30856	8469	8086	9332
巴中市	Bazhong	542075	9654	71739	54850	20215	144428	10852	3981	15242
资阳市	Ziyang	803043	14751	4059	348794	12943	70939	8854	11801	17557
阿坝藏族羌族自治州	Aba	344384	13919	700	29175	31198	10111	15412	7043	5029
甘孜藏族自治州	Ganzi	303633	12451	1984	4404	15876	4063	15427	7282	7819
凉山彝族自治州	Liangshan	1096042	13528	60310	124487	49014	48146	39194	12684	59877

Total Wages of Staff and Workers in all Units by Sector and Region(2011)

(10 000 yuan)

住宿和餐饮业 Hotels and Catering Services	金融业 Finance	房地产业 Real Estate	租赁和商务服务业 Leasing and Commercial Affairs Services	科学研究、技术服务和地质勘查业 Scientific Research, Technic Services and Geological Prospecting	水利、环境和公共设备管理业 Water, Environment Public Facilities Conservancy	居民服务和其他服务业 Resident Services and Other Services	教育 Education	卫生、社会保障和社会福利业 Health Care, Social Security and Welfare	文化、体育和娱乐业 Culture, Sports and Entertain-ment	公共管理和社会组织 Public Management and Social Organization
482130	**1206206**	**560354**	**552522**	**956439**	**255482**	**230068**	**3323369**	**1643761**	**235258**	**3063196**
216863	424223	295245	339082	544130	90227	149192	907151	585095	97222	768718
7275	43067	20197	6129	11194	7939	3443	88743	52661	5006	72715
7878	32546	9063	7447	8323	11364	5115	70701	41461	5447	87821
35590	39099	17970	15095	14822	5663	21798	145129	70364	8419	107750
11992	68048	21854	26049	16070	11372	3621	136487	72202	4957	121540
26443	74695	39322	19424	176269	15914	4181	189218	88225	7682	168552
15082	36272	18369	4773	5115	13993	2223	103560	45882	2180	115037
1625	35364	7687	3623	4623	2689	612	99950	44909	3321	65379
5107	39534	5300	3837	6916	5287	1944	130548	56719	6537	103058
11722	41216	13313	13901	32020	15021	3053	116167	49945	5986	139553
16915	62612	24741	10069	11472	11200	6540	214293	84326	38138	157556
19168	20932	13352	4316	5188	6381	2234	93215	37032	3570	122011
11547	58017	18725	10303	10883	6151	3885	165009	66177	6591	137275
5515	33616	8040	6325	3395	4377	1824	114414	37489	1919	77335
16157	43823	18674	10741	14087	13900	3814	177039	80506	9463	138319
3311	24415	1658	2187	4061	2697	1147	56892	25641	1254	69450
11254	17257	10164	6034	3138	4246	602	95059	34106	3106	76886
7133	35458	6596	1710	3740	4261	936	114441	53571	5796	79703
7218	20379	602	2414	5034	12560	124	56599	19674	4117	101887
2164	11090	238	780	7560	924	71	50360	22381	2959	129121
20974	44543	9246	12530	15294	9318	13711	195418	74149	10751	219729

4-28 各市(州)分行业国有经济单位职工工资总额(2011年)

单位:万元

市(州)	Region	合计 Total	农、林、牧、渔业 Farming, Forestry, Animal Husbandry and Fishery	采矿业 Mining and Quarrying	制造业 Manufacturing	电力、煤气及水的生产和供应业 Electricity, Gas and Water Production and Supply	建筑业 Construction	交通运输、仓储和邮政业 Transport, Storage and Post	信息传输、计算机服务和软件业 Information Transmission, Computer Services and Software	批发和零售业 Wholesale and Retail Trade
全　省	**Sichuan**	**14100799**	**108819**	**560677**	**1123473**	**421184**	**1037454**	**723168**	**156249**	**280093**
成都市	Chengdu	4678254	7252	265	484956	86313	707768	164812	57451	124755
自贡市	Zigong	332830	1135		16373	17545	10680	19415	9370	3972
攀枝花市	Panzhihua	600772	2161	68871	248390	18696	15037	13226	373	4273
泸州市	Luzhou	450875	4361	2593	14791	5226	58218	14244	3399	5862
德阳市	Deyang	645570	1785	15340	184408	17094	48400	13615		7589
绵阳市	Mianyang	759622	1995		9937	31526	16207	26749	9071	8696
广元市	Guangyuan	343000	2069		12312	8229	1668	8172	7614	8644
遂宁市	Suining	250521	439	897	210	5147	7392	3928	4473	2703
内江市	Neijiang	392539	3122	14837	10784	13335	22132	6055	2874	5681
乐山市	Leshan	439975	6378	1121	16955	37043	4177	8131	338	7765
南充市	Nanchong	631927	4269		12482	28958	37760	18917	6570	10590
眉山市	Meishan	289327	1834		31	11516	3383	5964	4297	4252
宜宾市	Yibin	550456	2131	48169	41358	28531	1469	15457	8797	8022
广安市	Guangan	357618	1979	45650	510	11531	24827	9002	8557	6315
达州市	Dazhou	556977	13876	1301	5301	39157	23295	17293	7069	6964
雅安市	Yaan	196695	2225	2623	4120	6037	1105	4311	5493	3858
巴中市	Bazhong	295147	8603	600	15453	17097	17294	6929	3247	7335
资阳市	Ziyang	339313	8581		22314	5859	7651	6031	7111	6181
阿坝藏族羌族自治州	Aba	259119	13361		3081	12198	3679	9791	6831	2292
甘孜藏族自治州	Ganzi	255179	12319	230	270	5601	853	13075	1077	1716
凉山彝族自治州	Liangshan	653306	8946	23573	12590	14549	1568	23598	2239	28575

Total Wages of Staff and Workers in State-owned Units by Sector and Region(2011)

(10 000 yuan)

住宿和餐饮业 Hotels and Catering Services	金融业 Finance	房地产业 Real Estate	租赁和商务服务业 Leasing and Commercial Affairs Services	科学研究、技术服务和地质勘查业 Scientific Research, Technic Services and Geological Prospecting	水利、环境和公共设备管理业 Water, Environment Public Facilities Conservancy	居民服务和其他服务业 Resident Services and Other Services	教育 Education	卫生、社会保障和社会福利业 Health Care, Social Security and Welfare	文化、体育和娱乐业 Culture, Sports and Entertain-ment	公共管理和社会组织 Public Management and Social Organization
63467	**570439**	**37645**	**168219**	**832598**	**212531**	**16235**	**3204224**	**1375030**	**146403**	**3062893**
25726	241497	16325	92640	462476	63291	7014	846993	453074	66928	768718
	24578	1552	2487	8539	7310	1241	86451	45354	4113	72715
1754	7949		1163	5810	10666	424	69956	39979	4230	87815
	11855	1329	1953	7770	4312	487	138927	64111	3710	107728
299	23488	592	1762	11797	11050	1260	131360	50496	3695	121540
4793	39628	1168	1452	173201	13595	884	179447	66726	6046	168501
675	14621	876	2000	3806	13141	492	102547	39301	1797	115037
417	13090	1001	484	4228	2266	160	96250	39429	2629	65379
	13897	1280	738	5495	4959	565	126151	52604	4993	103040
1387	9257	282	2392	28783	14525	286	112346	45629	3629	139553
395	34546	1608	3574	10265	10967	249	212441	75443	5337	157556
8	6893	875	301	2766	5409	415	89377	26855	3141	122011
1670	14125	1945	1598	8829	5352	382	160736	58793	5819	137275
197	20337	600	1368	2609	2362	210	111732	30844	1665	77323
606	22788	4041	2633	11270	13261	367	174960	67891	6627	138278
64	10342	52	664	2094	2060	321	56225	24588	1065	69450
1435	9642	3012	1932	2655	2194	230	90604	27215	2788	76886
34	16652	523	392	2631	4149	801	114174	53177	3504	79550
769	7916		1114	4521	12024	7	56568	19674	3406	101887
361	6138	220	141	7554	921	26	50360	22239	2959	129121
1682	21203	365	1678	12388	8720	417	193646	70361	7482	219729

4-29 各市(州)分行业城镇集体经济单位职工工资总额(2011年)

单位:万元

市(州)	Region	合计 Total	农、林、牧、渔业 Farming, Forestry, Animal Husbandry and Fishery	采矿业 Mining and Quarrying	制造业 Manufacturing	电力、煤气及水的生产和供应业 Electricity, Gas and Water Production and Supply	建筑业 Construction	交通运输、仓储和邮政业 Transport, Storage and Post	信息传输、计算机服务和软件业 Information Transmission, Computer Services and Software	批发和零售业 Wholesale and Retail Trade
全 省	**Sichuan**	**914036**	**8022**	**12107**	**72267**	**9489**	**398548**	**21812**	**1016**	**19471**
成都市	Chengdu	259060	274	40	41074	3699	89396	1440		6066
自贡市	Zigong	30514	558	628	3086		14947	4009		238
攀枝花市	Panzhihua	18763		1294	1802	1047	11334	178		2
泸州市	Luzhou	103952	381	575	7691	373	75447	2138		2898
德阳市	Deyang	27619	979	19	1147		1255	1441		133
绵阳市	Mianyang	51822	1940		1128		14407			216
广元市	Guangyuan	30211	266	46	572	397	12256			1274
遂宁市	Suining	80201	22		167		66016	17		122
内江市	Neijiang	30434		634	461	408	17202	689		1141
乐山市	Leshan	27052		5354	1768	1930	2926	3723	383	313
南充市	Nanchong	46237	1635		65	670	25073	436		991
眉山市	Meishan	27742		428			1916	3385		985
宜宾市	Yibin	16232	227	2333	2703	73	1986	1762	372	247
广安市	Guangan	18287	734		302			60		274
达州市	Dazhou	49742		628	3864		19693	1487	242	1409
雅安市	Yaan	6208			26	26	3039	10	12	448
巴中市	Bazhong	38532	10		576	253	28751		8	1339
资阳市	Ziyang	21323	877		4944		9237	225		795
阿坝藏族羌族自治州	Aba	7188	18		27		2006			304
甘孜藏族自治州	Ganzi	2846			18	61	807			
凉山彝族自治州	Liangshan	20074	101	129	847	553	855	814		275

Total Wages of Staff and Workers in Urban Collective Owned Units by Sector and Region(2011)

(10 000 yuan)

住宿和餐饮业 Hotels and Catering Services	金融业 Finance	房地产业 Real Estate	租赁和商务服务业 Leasing and Commercial Affairs Services	科学研究、技术服务和地质勘查业 Scientific Research, Technic Services and Geological Prospecting	水利、环境和公共设备管理业 Water, Environment Public Facilities Conservancy	居民服务和其他服务业 Resident Services and Other Services	教育 Education	卫生、社会保障和社会福利业 Health Care, Social Security and Welfare	文化、体育和娱乐业 Culture, Sports and Entertain-ment	公共管理和社会组织 Public Management and Social Organization
7283	**151281**	**4020**	**15126**	**2489**	**8652**	**5778**	**3159**	**171291**	**1957**	**267**
4019	21137	928	1897	520	6252	2825	189	78194	1111	
2	3749	7		6	153	119		2956	57	
39	324	706	946	128	49			895	18	
488	6873	1678	287	62	564	1401	4	2883	186	23
	5902		52	160	2	54	89	16386		
250	14858	12	93		8		306	18542	12	50
51	8244	6	166	915	57	98	70	5790	5	
66	7383	127	1763	26	129			4227	138	
234	5810	22	134		280			3223	197	
26	5170	99	963		7	138	2101	2109	40	
908	10098	173	874	224	108	1081		3895	8	
244	12518		78				133	8050	5	
190	1923		285	135		40		3922	32	
	11586		245		649			4438		
	10998	208	2989	57	318		267	7452	91	41
	2160	35	30					423		
42	2301		222	38	77	22		4887	7	
48	4642		136	111				107	50	153
583	4124		126							
	1831							129		
96	9652	20	3841	108				2785		

4-30 职工平均工资及指数
Average Wage of Staff and Workers and Related Indices

年份 Year	平均货币工资（元）Average Money Wage (yuan)					指数（上年为100） Indices (preceding year=100) 货币工资 Average Money Wage					实际工资 Average Real Wage				
	全部单位 all Units	国有经济单位 State-owned Units	城镇集体经济单位 Urban Collective Owned Units	私营经济单位 Private Units	其他各种经济单位 Units of Other Types of Ownership	全部单位 all Units	国有经济单位 State-owned Units	城镇集体经济单位 Urban Collective Owned Units	私营经济单位 Private Units	其他各种经济单位 Units of Other Types of Ownership	全部单位 all Units	国有经济单位 State-owned Units	城镇集体经济单位 Urban Collective Owned Units	私营经济单位 Private Units	其他各种经济单位 Units of Other Types of Ownership
1978	590	622	475			106.0	107.6	105.6							
1979	639	673	520			108.3	108.2	109.5			102.8	102.7	103.9		
1980	743	789	590			116.3	117.2	113.5			107.6	108.5	105.0		
1981	748	788	613			100.7	99.9	103.9			98.9	98.1	102.1		
1982	761	798	633			101.7	101.3	103.3			99.5	99.0	100.9		
1983	788	827	652			103.5	103.6	103.0			102.8	102.9	102.3		
1984	912	973	737			115.7	117.7	113.0			113.1	115.0	110.5		
1985	1062	1138	845		854	116.4	117.0	114.7		110.4	109.0	109.5	107.4		
1986	1237	1338	944		993	116.5	117.6	111.7		116.7	112.1	113.2	107.5		112.3
1987	1340	1441	1040		1087	108.3	107.7	123.1		109.5	100.8	100.2	102.5		101.8
1988	1598	1726	1211		1380	119.3	119.8	116.4		127.0	99.4	99.8	97.0		105.8
1989	1796	1941	1342		1587	112.4	112.5	110.8		115.0	95.0	95.1	93.7		97.2
1990	2011	2177	1490		1737	112.0	112.2	111.0		109.5	108.6	108.8	107.7		106.2
1991	2194	2351	1693		2178	109.1	108.0	113.6		125.4	106.6	105.6	111.1		122.6
1992	2458	2643	1885		2665	112.0	112.4	111.3		122.4	105.3	105.7	104.6		115.0
1993	2984	3148	2274		3890	121.2	119.1	120.6		146.0	106.6	101.9	103.2		124.9
1994	4064	4366	2726		5198	136.2	138.7	119.9		133.6	106.5	108.4	93.7		104.5
1995	4703	5002	3242		5944	115.7	114.6	118.9		114.4	97.2	96.3	99.9		96.1
1996	5218	5527	3666		6248	111.0	110.5	113.1		105.1	101.0	100.6	103.0		95.7
1997	5626	5996	3982		6206	107.8	108.5	108.6		99.3	102.6	103.2	103.3		94.5
1998	5939	6441	3966		5741	105.6	107.4	99.6		92.5	105.8	107.6	99.8		92.7
1999	7249	7771	4927		6992	110.2	110.3	106.2		110.0	112.3	112.4	108.3		112.1
2000	8323	8909	5749		7763	114.8	114.6	116.7		110.0	115.1	114.9	117.1		110.3
2001	9934	10783	6575		8650	119.4	121.0	114.4		111.4	117.2	118.9	112.3		109.5
2002	11183	12388	7395		9233	112.6	114.9	112.5		106.8	113.0	115.3	112.8		107.2
2003	12441	13923	8723		10038	111.2	112.4	118.0		108.7	109.4	110.5	116.0		106.9
2004	14063	15818	9758		11362	113.0	113.6	111.9		113.2	107.8	108.3	106.6		107.9
2005	15826	17898	11067		12812	112.5	113.1	113.4		112.8	110.7	111.3	111.5		110.9
2006	17852	20230	12726		14480	112.8	113.0	115.0		113.0	110.2	108.9	111.4		109.8
2007	21312	24365	15176		17007	119.4	120.4	119.3		117.5	112.7	113.7	112.6		110.9
2008	20648	28596	18464	15072	20196		117.4	121.7		118.8	112.2	112.1	116.2		113.4
2009	23191	32799	21177	16085	22873	112.3	114.7	114.7	106.7	113.3	111.5	113.9	113.9	106.0	112.5
2010	26952	37502	23645	18316	27345	116.2	114.3	111.7	113.9	119.6	112.5	110.7	108.1	110.2	115.7
2011	31489	42828	28752	22175	31920	116.8	114.2	121.6	121.1	116.7	111.2	108.7	115.7	115.2	111.1

注：1999年至2007年平均工资为在岗职工平均工资，2008年起为全部单位职工(包括私营单位)平均工资(后同)。

a)average wage indicate the wage of staff and workers in all units(including private units) since 2008.

4-31 各市(州)职工平均工资及指数(2011年)
Average Wage of Staff and Workers and Related Indices by Region(2011)

市(州)	Region	平均货币工资 (元) Average Money Wage (yuan)					指数 (上年=100) Indices (preceding year=100) 平均货币工资 Arerage Money Wage				
		全部单位 all Units	国有经济单位 State-owned Units	城镇集体经济单位 Urban Collective Owned Units	私营经济单位 Private Units	其他各种经济单位 Units of Other Types of Ownership	全部单位 all Units	国有经济单位 State-owned Units	城镇集体经济单位 Urban Collective Owned Units	私营经济单位 Private Units	其他各种经济单位 Units of Other Types of Ownership
全　省	**Sichuan**	**31489**	**42828**	**28752**	**22175**	**31920**	**116.8**	**114.2**	**121.6**	**121.1**	**116.7**
成都市	Chengdu	34008	51381	31424	21527	32903	111.4	111.0	114.5	115.8	110.4
自贡市	Zigong	27975	38890	27456	21328	32088	120.5	116.9	112.3	117.7	131.3
攀枝花市	Panzhihua	35997	42471	33619	25103	40680	119.9	112.7	121.7	135.4	113.8
泸州市	Luzhou	27053	32813	22690	22928	31953	120.5	118.5	117.4	121.3	122.0
德阳市	Deyang	32325	44642	36398	22445	38468	114.0	102.3	106.9	120.5	112.3
绵阳市	Mianyang	31717	45988	35465	22896	30833	120.4	117.2	118.9	127.9	118.7
广元市	Guangyuan	30548	36451	40678	23354	32191	120.6	122.7	137.7	133.0	116.3
遂宁市	Suining	27316	33881	27036	21073	30973	120.8	108.8	146.0	120.3	130.3
内江市	Neijiang	28126	36990	28039	20135	26301	125.9	117.5	116.9	108.9	130.4
乐山市	Leshan	28001	38543	28748	21791	26958	117.3	114.8	123.6	119.9	117.5
南充市	Nanchong	27409	32960	25129	23022	26312	123.5	118.0	143.7	129.6	117.3
眉山市	Meishan	27782	36261	38611	21774	31262	121.3	116.6	130.0	120.6	132.3
宜宾市	Yibin	30068	36505	22425	21993	34377	119.0	115.7	103.7	119.0	122.6
广安市	Guangan	27819	34662	38049	23042	32824	121.4	120.3	101.0	125.9	106.5
达州市	Dazhou	27507	34052	25032	22306	28073	120.6	120.6	128.8	122.4	115.5
雅安市	Yaan	28061	32177	21705	22672	29358	121.7	117.2	105.4	128.6	126.1
巴中市	Bazhong	26389	32011	23770	19619	23743	114.8	119.8	132.4	120.6	112.3
资阳市	Ziyang	27627	37600	25900	22201	25017	114.0	119.4	132.7	122.2	108.4
阿坝藏族羌族自治州	Aba	38374	43171	32806	23292	36602	113.6	111.8	106.4	134.1	125.9
甘孜藏族自治州	Ganzi	41041	43594	29096	22467	45753	119.6	119.5	135.7	131.2	105.1
凉山彝族自治州	Liangshan	35535	44283	36989	23369	39601	108.8	112.5	114.4	126.8	114.4

4-32 分行业职工平均工资

单位:元

年份 Year	合计 Total	农、林、牧、渔业 Agriculture, Forestry, Animal Husbandry and Fishery	采矿业 Mining	制造业 Manufac-turing	电力、煤气及水的生产和供应业 Electricity, Gas and Water Production and Supply	建筑业 Construc-tion	交通运输、仓储和邮政业 Transport, Storage and Post	信息传输、计算机服务和软件业 Information Transmission, Computer Services and Software	批发和零售业 Wholesale and Retail Trade	住宿和餐饮业 Hotels and Catering Services
1978	590	575	719	577	552	658	655		509	501
1979	639	586	785	646	643	738	693		540	532
1980	743	649	914	742	795	834	756		645	637
1981	748	659	936	741	787	867	760		641	635
1982	761	656	945	744	742	881	784		637	629
1983	788	712	953	787	766	906	814		648	632
1984	912	763	1025	956	920	1066	965	1218	743	735
1985	1062	890	1264	1079	1113	1170	1080	1343	883	870
1986	1237	1119	1520	1211	1337	1364	1268	1424	998	987
1987	1340	1153	1589	1339	1461	1528	1391	1861	1093	1081
1988	1598	1320	1887	1618	1705	1732	1671	2105	1341	1328
1989	1796	1449	2247	1827	1988	1945	1928	2438	1477	1449
1990	2011	1588	2515	2033	2145	2192	2122	2771	1635	1602
1991	2194	1714	2677	2238	2574	2434	2340	2950	1774	1748
1992	2458	1981	2816	2469	2747	2705	2624	3857	1869	1838
1993	2984	2683	2955	3132	3661	3243	3032	5103	2335	2307
1994	4064	3404	4158	3941	4776	4267	4221	6946	2828	2809
1995	4703	3957	4819	4671	5961	5063	4999	7522	3326	3314
1996	5218	4310	5348	5181	6773	5485	5712	9019	3686	3669
1997	5626	4418	5631	5466	8138	5908	6614	10801	3850	3823
1998	5939	4609	5561	5539	8732	6072	6873	12347	4789	4761
1999	7249	5481	6337	6873	9760	7066	8936	14237	5060	5043
2000	8323	6140	8083	7774	10764	7693	10352	15819	5755	5726
2001	9934	7373	7753	8892	12039	8355	12340	18687	6895	6858
2002	11183	8114	9866	9853	13506	8444	13952	20763	8043	8017
2003	12441	8988	10613	11172	15303	9255	13171	23069	10055	9192
2004	14063	9401	12986	12744	17232	10250	15149	28146	11901	10349
2005	15826	10152	16826	14275	19460	11234	17672	32828	14138	11072
2006	17852	11257	19321	16442	21754	13070	21163	34048	15858	12389
2007	21312	13534	21801	18949	25825	15012	24165	36386	17466	14346
2008	20648	14677	21636	17464	28417	16727	24527	28276	16025	13725
2009	23191	17572	24000	19702	30618	18871	27813	30103	18275	16249
2010	26952	20076	26090	22873	36686	21538	31092	33922	20346	18232
2011	31489	23278	32840	27234	41545	25470	37206	36573	24124	21384

Average Wage of Staff and Workers by Sector

(yuan)

金融业 Financial	房地产业 Real Estate	租赁和商务服务业 Leasing and Bussiness Services	科学研究、技术服务和地质勘查业 Scientific Research, Technic Services and Geological Prospecting	水利、环境和公共设备管理业 Water, Environment Public Facilities	居民服务和其他服务业 Services to housholds and Other Services	教育 Education	卫生、社会保障和社会福利业 Health Care, Social Security and Welfare	文化、体育和娱乐业 Culture, Sports and Entertain-ment	公共管理和社会组织 Public Management and Social Organization
574	493		679	590	570	520	541	513	617
584	591		731	661	591	563	565	538	631
720	669		872	692	592	678	698	667	773
746	671		889	729	672	674	720	698	782
743	672		887	731	672	756	786	723	778
733	761		980	752	698	769	812	759	875
989	851	901	1105	804	779	774	851	796	877
1076	974	1005	1275	986	933	1040	998	901	1039
1356	1247	1286	1509	1178	1115	1220	1271	1213	1312
1419	1332	1359	1623	1201	1195	1246	1346	1287	1383
1624	1542	1512	1895	1289	1382	1525	1595	1501	1579
1730	1711	1983	2119	1451	1590	1662	1775	1697	1776
1970	1874	2109	2458	1698	1784	1882	1980	1884	1991
2086	2014	2507	2681	1813	1981	1962	2142	1989	2158
2513	2553	3121	3163	1994	2292	2356	2489	2276	2595
2589	3134	4003	3718	2367	2764	2716	2995	2798	3050
5483	4976	4865	6045	2944	3936	4221	4662	4573	4676
6058	5207	5405	6583	3403	4549	4580	5344	5281	5089
6703	5814	6014	7385	3863	5164	4981	6038	5834	5601
8021	6215	6682	8142	4140	5535	5363	6628	6579	6179
9540	7347	7422	8457	4564	6102	5941	7310	6918	7035
11249	8678	8242	9360	5529	7392	6860	8538	8077	8059
13274	9104	9157	11376	6111	8170	7923	9788	9193	9236
15567	10671	10174	15631	7073	9456	9998	11657	10866	11564
17603	11877	11304	17269	8693	11621	11766	13349	12376	13057
20550	12688	12559	19913	9859	13180	12825	14861	13779	14532
24090	13583	15150	21545	11044	13960	13989	16891	17117	16048
27519	14613	19399	25303	11961	18309	15149	18868	18865	18006
31503	16993	19519	30164	13433	20768	16552	21436	20567	19705
38280	20136	25165	36897	16079	22243	21125	26144	24043	25387
48070	17686	18305	40498	17676	13560	23643	29694	23801	20240
50546	20167	20523	43973	19807	14764	29161	32417	25819	33180
59167	23469	24123	48851	21472	16624	34122	38477	27232	36215
65873	27644	26536	58180	26143	21118	39217	45058	31328	40613

4-33 各市(州)分行业职工平均工资(2011年)

单位:元

市(州)	Region	合计 Total	农、林、牧、渔业 Farming, Forestry, Animal Husbandry and Fishery	采矿业 Mining and Quarrying	制造业 Manufacturing	电力、煤气及水的生产和供应业 Electricity, Gas and Water Production and Supply	建筑业 Construction	交通运输、仓储和邮政业 Transport, Storage and Post	信息传输、计算机服务和软件业 Information Transmission, Computer Services and Software	批发和零售业 Wholesale and Retail Trade
全　省	**Sichuan**	**31489**	**23278**	**32840**	**27234**	**41545**	**25470**	**37206**	**36573**	**24124**
成都市	Chengdu	34008	22051	22760	28836	52745	28594	43458	34761	24726
自贡市	Zigong	27977	26550	25809	25024	43874	24231	30858	37932	18439
攀枝花市	Panzhihua	35997	17067	30970	34695	59478	30717	31737	45675	25825
泸州市	Luzhou	27053	19692	31285	25108	29072	23207	24853	30096	21377
德阳市	Deyang	32325	24389	31766	31732	62252	26025	28314	47784	24273
绵阳市	Mianyang	31717	22587	24419	26619	44485	25141	30451	37767	24679
广元市	Guangyuan	30548	21673	31789	23209	36457	25918	25590	39247	24441
遂宁市	Suining	27316	21491	25338	24448	45140	22785	23200	35983	21153
内江市	Neijiang	28127	31159	27261	21407	38094	24054	23379	38636	19786
乐山市	Leshan	28001	18497	25814	24047	38365	21131	25848	33318	21432
南充市	Nanchong	27409	23953	33177	23017	40308	23576	28248	33801	26296
眉山市	Meishan	27782	25874	36653	25354	42054	22923	27916	28605	18153
宜宾市	Yibin	30068	19458	30134	31881	36667	23528	21010	32889	20496
广安市	Guangan	27819	20258	27853	22082	34527	23251	26270	36587	22590
达州市	Dazhou	27507	26350	24557	22703	32901	20847	24768	33604	21761
雅安市	Yaan	28061	22337	32389	21818	33214	20692	23945	36887	24057
巴中市	Bazhong	26389	22436	39023	24276	34158	22584	24708	26367	24888
资阳市	Ziyang	27627	25481	21871	23643	37811	20197	25318	66898	28758
阿坝藏族羌族自治州	Aba	38374	31179	15389	27834	52592	23645	34074	57632	24785
甘孜藏族自治州	Ganzi	41041	31182	26671	21032	32099	22119	41249	52654	38500
凉山彝族自治州	Liangshan	35535	21993	25445	27802	35336	24173	29681	55631	32992

Average Wage of Staff and Workers by Sector and Region(2011)

(yuan)

住宿和餐饮业 Hotels and Catering Services	金融业 Finance	房地产业 Real Estate	租赁和商务服务业 Leasing and Commercial Affairs Services	科学研究、技术服务和地质勘查业 Scientific Research, Technic Services and Geological Prospecting	水利、环境和公共设备管理业 Water, Environment Public Facilities Conservancy	居民服务和其他服务业 Resident Services and Other Services	教育 Education	卫生、社会保障和社会福利业 Health Care, Social Security and Welfare	文化、体育和娱乐业 Culture, Sports and Entertain-ment	公共管理和社会组织 Public Management and Social Organization
21384	**65873**	**27644**	**26536**	**58180**	**26143**	**21118**	**39217**	**45058**	**31328**	**40613**
23306	97686	30715	26044	64889	31209	20154	49295	56941	35525	51397
16170	50377	28414	22970	35014	32872	23046	36744	38009	34570	36962
20952	72227	29463	23860	46444	31895	13929	50440	61405	36780	49263
19159	52980	21829	20743	26876	16471	26419	35398	45431	32294	38284
17244	65218	29000	22687	36765	20036	23274	40433	44459	32848	41488
20828	62153	27241	26881	79969	20833	32259	39420	41874	34201	40059
18382	64243	33337	25787	34914	41192	24136	34618	40100	30399	36436
5784	68788	20029	19754	32238	21827	18311	31807	42803	30217	32946
16431	69639	21167	20854	33361	29079	22608	35867	42321	28395	35425
18743	58571	23572	24404	39905	24820	19813	38041	38146	30918	40092
22932	42010	24011	22426	28508	20469	21029	32972	34887	23333	32832
20950	56926	27858	22177	29882	22814	24545	34157	37342	27735	37090
16916	59578	22802	22311	33058	19102	18759	34958	38068	29690	35495
18944	58482	22111	19841	26499	16763	22160	36523	35575	25962	31582
18264	42985	22933	21814	35554	24003	22327	33589	36574	30815	33795
16972	53250	18865	24632	28222	15410	21556	33438	39182	25080	29785
17495	37192	21953	24233	28344	17575	23232	31285	30907	29081	33667
19528	62779	20428	21668	32579	20612	35052	35422	41104	32971	36751
19111	37579	18338	28100	40534	41179	19438	43501	43344	37568	44961
21050	39271	35493	22865	40643	19946	19135	44137	43790	40197	46528
22975	75305	20689	23552	42470	23613	26301	42364	46933	30780	44999

4-34 分行业国有经济单位职工平均工资

单位:元

年份 Year	合计 Total	农、林、牧、渔业 Agriculture, Forestry, Animal Husbandry and Fishery	采矿业 Mining	制造业 Manufacturing	电力、煤气及水的生产和供应业 Electricity, Gas and Water Production and Supply	建筑业 Construction	交通运输、仓储和邮政业 Transport, Storage and Post	信息传输、计算机服务和软件业 Information Transmission, Computer Services and Software	批发和零售业 Wholesale and Retail Trade	住宿和餐饮业 Hotels and Catering Services
1978	622	519	722	620	603	703	682		539	518
1979	673	571	787	694	669	774	738		586	571
1980	789	674	918	803	826	890	836		688	663
1981	788	677	939	787	811	922	831		685	668
1982	798	642	947	787	759	928	835		678	659
1983	827	742	834	837	782	952	861		701	697
1984	973	797	1029	1033	942	1172	1056	1309	832	815
1985	1138	941	1268	1174	1334	1157	1178	1512	978	954
1986	1338	1169	1527	1319	1438	1568	1414	1866	1115	996
1987	1441	1202	1595	1459	1563	1733	1536	1975	1225	1209
1988	1726	1389	1895	1773	1814	2012	1853	2413	1537	1506
1989	1941	1527	2259	1998	2122	2268	2126	2858	1686	1642
1990	2177	1700	2560	2232	2331	2527	2336	3177	1865	1827
1991	2351	1812	2723	2432	2622	2765	2557	3843	2011	1983
1992	2643	2120	2882	2678	2945	3056	2878	4620	2102	2085
1993	3148	2916	2956	3302	3714	3660	3402	5431	2454	2396
1994	4366	3652	4220	4135	4822	4881	4815	7872	3219	3149
1995	5002	4167	4907	4838	6057	5926	5648	8655	3701	3544
1996	5527	4479	5471	5362	6833	6356	6376	9310	4064	3971
1997	5996	4585	5791	5702	8292	6903	7499	10044	4251	4148
1998	6441	4821	5849	5832	8279	6983	7974	12786	4312	4201
1999	7771	5727	6616	7314	10469	8480	9889	13899	5924	5719
2000	8909	6353	8705	8323	11508	8907	11410	17001	6443	6222
2001	10783	7735	8302	9566	12940	10064	13557	19123	7717	7487
2002	12388	8384	10884	11137	14995	10636	15109	21247	8883	8485
2003	13923	9196	11952	13217	16523	11848	14393	23607	11521	10167
2004	15818	9589	14694	15427	19270	13621	16251	28647	14227	11697
2005	17898	10392	20832	17969	22266	14640	18563	33782	17695	12867
2006	20230	11501	24579	22548	24631	16395	22914	34590	20383	14090
2007	24365	13880	25764	24892	29454	18847	25996	35661	22843	17059
2008	28596	15670	36210	29217	35142	21715	30578	38481	28390	19462
2009	32799	18324	39095	33581	37831	25465	35573	42235	34062	21554
2010	37502	20425	45903	38127	45109	29826	40475	49048	41845	26746
2011	42828	26919	52833	43624	50212	32572	46922	44951	48826	31643

Average Wages of Staff and Workers in State-owned Units by Sector

(yuan)

金融业 Financial	房地产业 Real Estate	租赁和商务服务业 Leasing and Bussiness Services	科学研究、技术服务和地质勘查业 Scientific Research, Technic Services and Geological Prospecting	水利、环境和公共设备管理业 Water, Environment Public Facilities	居民服务和其他服务业 Services to housholds and Other Services	教育 Education	卫生、社会保障和社会福利业 Health Care, Social Security and Welfare	文化、体育和娱乐业 Culture, Sports and Entertain-ment	公共管理和社会组织 Public Management and Social Organization
623	493		676	618	593	540	575	622	623
629	591		694	635	627	565	592	641	635
751	679		725	633	624	683	754	703	775
777	650		803	761	762	682	781	795	784
771	683		886	792	759	760	582	787	779
770	783		889	813	783	772	876	801	877
1110	875	871	1150	899	875	776	928	889	877
1185	990	986	1223	1074	1058	1043	1103	1066	1037
1460	1268	1258	1482	1265	1247	1222	1358	1304	1313
1496	1353	1342	1509	1386	1328	1248	1437	1373	1382
1726	1546	1533	1783	1597	1524	1527	1699	1576	1578
1805	1712	1664	1987	1811	1724	1664	1923	1768	1773
2071	1885	1832	2146	2108	1940	1884	2152	1987	1989
2179	2030	1973	2201	2371	2121	1963	2295	2153	2156
2668	2585	2450	2889	2893	2427	2358	2679	2582	2594
3943	3060	2900	3876	3158	3027	2716	3234	3169	3052
5872	5023	4761	5751	4466	4106	4225	5144	5078	4684
6505	5254	4980	6389	4890	4749	4583	5808	5736	5091
7156	5896	5539	7098	5519	5430	4984	6549	6137	5604
8670	6374	5988	8474	5795	5712	5366	7187	6519	6182
10271	7620	7158	10193	6384	6302	5945	8012	7098	7039
11788	9076	8526	11658	7731	7583	6861	9334	8014	8062
14403	9344	8778	14064	8647	8415	7928	10721	9081	9246
17012	11334	10643	16737	9898	9751	9997	12909	11150	11568
18860	13793	12952	18009	10042	11731	11769	14656	12922	13059
23010	15014	14099	20010	9963	14618	12809	16451	13962	14535
26997	16247	17485	21630	11242	16364	13970	18467	17405	16049
29269	17607	21772	25472	12261	22148	15111	20221	19157	18008
33946	19589	22119	30330	13830	25920	16518	22940	17976	19707
39581	23999	29689	37101	16565	25923	21109	27800	24374	25390
49146	27260	28417	43781	18586	22568	23742	32122	26763	30246
52800	31136	35621	49267	20542	29392	29840	34592	28792	33204
63910	32389	40740	55962	22226	31150	34889	40897	32969	36219
71232	33693	46115	65616	27154	39007	39874	47955	38425	40613

4-35 各市(州)分行业国有经济单位职工平均工资(2011年)

单位:元

市(州)	Region	合计 Total	农、林、牧、渔业 Farming, Forestry, Animal Husbandry and Fishery	采矿业 Mining and Quarrying	制造业 Manufacturing	电力、煤气及水的生产和供应业 Electricity, Gas and Water Production and Supply	建筑业 Construction	交通运输、仓储和邮政业 Transport, Storage and Post	信息传输、计算机服务和软件业 Information Transmission, Computer Services and Software	批发和零售业 Wholesale and Retail Trade
全　省	**Sichuan**	**42828**	**26919**	**52833**	**43624**	**50212**	**32572**	**46922**	**44951**	**48826**
成都市	Chengdu	51381	39200	26530	46100	69815	37611	57979	50224	53337
自贡市	Zigong	38890	32333		32898	61865	21716	39769	50190	39482
攀枝花市	Panzhihua	42471	18707	37272	40262	67107	20372	35176	57308	50453
泸州市	Luzhou	32813	20985	23191	22366	32601	22713	24356	32218	18868
德阳市	Deyang	44642	35347	33421	65157	92749	24880	38833		53106
绵阳市	Mianyang	45988	22463		60186	53334	33253	35751	44817	31336
广元市	Guangyuan	36451	24833		25344	40218	30548	29041	37842	42985
遂宁市	Suining	33881	33015	33853	9413	34402	20093	25214	41071	35991
内江市	Neijiang	36990	31159	31341	25531	40117	32998	37284	42769	67630
乐山市	Leshan	38543	18023	30704	39706	48715	32661	29290	38793	44448
南充市	Nanchong	32960	33092		21884	46474	22511	33135	35096	43941
眉山市	Meishan	36261	26581		12000	66680	24637	30902	29654	35975
宜宾市	Yibin	36505	30881	38871	35385	46857	27250	24110	53345	75325
广安市	Guangan	34662	21604	42703	19173	35923	21734	29908	41640	38343
达州市	Dazhou	34052	28823	23743	21843	40505	27281	28725	37521	33450
雅安市	Yaan	32177	22251	28057	29159	31391	22451	26826	36767	37497
巴中市	Bazhong	32011	23008	30587	55927	34728	21720	26307	28965	44723
资阳市	Ziyang	37600	29764		36730	46540	23024	31858	79984	91161
阿坝藏族羌族自治州	Aba	43171	31957		31434	66255	24758	37399	59872	37764
甘孜藏族自治州	Ganzi	43594	31458	22311	24071	32620	36939	48230	46030	26901
凉山彝族自治州	Liangshan	44283	22522	44136	46319	41782	63242	39621	33822	65870

Average Wage of Staff and Workers in State-owned Units by Sector and Region(2011)

(yuan)

住宿和餐饮业 Hotels and Catering Services	金融业 Finance	房地产业 Real Estate	租赁和商务服务业 Leasing and Commercial Affairs Services	科学研究、技术服务和地质勘查业 Scientific Research, Technic Services and Geological Prospecting	水利、环境和公共设备管理业 Water, Environment Public Facilities Conservancy	居民服务和其他服务业 Resident Services and Other Services	教育 Education	卫生、社会保障和社会福利业 Health Care, Social Security and Welfare	文化、体育和娱乐业 Culture, Sports and Entertain-ment	公共管理和社会组织 Public Management and Social Organization
31643	**71232**	**33693**	**46115**	**65616**	**27154**	**39007**	**39874**	**47955**	**38425**	**40613**
31313	92379	41143	45098	73608	35103	42023	51801	65374	42426	51397
	60210	47914	40696	40147	35346	47712	37558	39152	41213	36962
24635	69057		37760	60969	33352	54308	50929	63289	41719	49273
	43394	26949	29326	30460	16835	37760	36010	47469	37209	38287
16617	71918	39453	19132	49340	20168	43889	41380	49068	37857	41488
26378	69291	36742	47616	83262	20954	53247	39402	45128	38585	40061
17339	70870	35885	22577	30545	42639	25345	34632	43032	32147	36436
17029	57037	29887	23975	34372	19769	30151	32335	44442	34593	32946
	64187	35740	32205	37666	28896	31199	36645	44002	35187	35427
24120	64239	24496	26972	43185	25522	19610	38171	39016	35200	40092
22707	61481	29672	28339	29185	20370	28667	33127	35731	27855	32832
25000	65837	45822	37198	28337	22296	38757	35013	37985	28841	37090
18308	57372	31165	24925	35286	19327	36400	35545	40366	32492	35495
26986	60114	31098	17340	28080	16971	38182	37072	38973	27423	31585
20599	45331	25719	31268	36916	24894	32469	33958	39635	37003	33797
11618	54601	20000	21410	31204	14118	20844	33583	39709	25544	29785
22594	46941	21283	29761	28891	20150	30224	31857	33193	30673	33667
12962	72527	36083	22814	37265	21070	41268	35493	41222	34863	36722
18540	56220		28719	42375	42026	17500	43524	43344	41187	44961
21729	48141	35452	21000	40679	19926	36857	44137	43778	40197	46528
23959	82790	36909	30504	49434	23741	42959	42561	48686	40531	44999

4-36 分行业城镇集体经济单位职工平均工资

单位:元

年份 Year	合计 Total	农、林、牧、渔业 Agriculture, Forestry, Animal Husbandry and Fishery	采矿业 Mining	制造业 Manufacturing	电力、煤气及水的生产和供应业 Electricity, Gas and Water Production and Supply	建筑业 Construction	交通运输、仓储和邮政业 Transport, Storage and Post	信息传输、计算机服务和软件业 Information Transmission, Computer Services and Software	批发和零售业 Wholesale and Retail Trade	住宿和餐饮业 Hotels and Catering Services
1978	475	412	397	447	397	580	611		422	459
1979	520	435	496	511	492	639	615		430	472
1980	590	497	586	586	586	696	611		537	611
1981	613	539	623	623	623	741	622		540	620
1982	633	560	633	632	632	784	678		536	616
1983	652	592	655	656	661	817	707		525	625
1984	737	609	741	768	768	868	765	755	633	763
1985	845	664	879	879	879	902	869	831	795	905
1986	944	901	929	940	940	1042	930	907	885	1015
1987	1040	960	1038	1038	1038	1185	1036	1222	966	1096
1988	1211	1069	1221	1221	1221	1293	1201	1477	1143	1273
1989	1342	1172	1363	1363	1363	1416	1401	1635	1241	1371
1990	1490	1254	1461	1507	1455	1639	1526	1920	1384	1517
1991	1693	1431	1772	1735	1896	1891	1723	2010	1527	1860
1992	1885	1625	1756	1903	1937	2157	1874	2744	1598	2031
1993	2274	1969	2248	2288	2552	2523	2087	3111	2168	2601
1994	2726	2712	2813	2763	3290	3194	2101	3515	2211	2644
1995	3242	3321	3169	3333	4710	3576	2559	3873	2694	3127
1996	3666	3781	3372	3735	5265	4038	3078	4218	3038	3471
1997	3982	3865	4060	4039	7328	4407	3285	4666	3156	3589
1998	3966	3875	3945	3937	6348	4657	2933	4924	2985	3674
1999	4927	4570	4016	4900	6917	5159	4459	5491	3748	4437
2000	5749	5173	4645	5549	7074	6124	4651	5867	4408	5097
2001	6575	5781	4889	6220	9685	6496	5505	6455	5086	5775
2002	7395	6568	4117	7095	13656	6641	6322	6943	5844	6533
2003	8723	7545	6597	8075	14619	7588	7331	7802	6600	7289
2004	9758	8116	6252	9448	15163	8276	8871	8134	7657	7909
2005	11067	8501	7278	10709	16559	9048	9396	11323	8013	8671
2006	12726	9297	8732	11905	15121	10994	10881	9895	8680	9791
2007	15176	10985	9205	14077	20555	12551	11287	13389	9816	10378
2008	18464	13604	19553	18026	23389	15104	14126	20056	12463	12248
2009	21177	16621	23163	20612	17569	17486	16335	21758	14631	16610
2010	23645	20212	26369	19425	24387	19495	18181	22707	16399	19931
2011	28752	28588	25781	23971	27197	24380	23163	22584	19003	21333

Average Wage of Staff and Workers in Urban Collective Owned Units by Sector

(yuan)

金融业 Financial	房地产业 Real Estate	租赁和商务服务业 Leasing and Bussiness Services	科学研究、技术服务和地质勘查业 Scientific Research, Technic Services and Geological Prospecting	水利、环境和公共设备管理业 Water, Environment Public Facilities	居民服务和其他服务业 Services to housholds and Other Services	教育 Education	卫生、社会保障和社会福利业 Health Care, Social Security and Welfare	文化、体育和娱乐业 Culture, Sports and Entertain-ment	公共管理和社会组织 Public Management and Social Organization
513				488	489	261	482	472	523
524				517	454	520	520	518	401
669	566		488	595	566	552	596	545	576
687	566		464	601	566	474	602	485	624
689	567		484	654	565	622	652	604	642
663	586		645	685	585	650	680	633	616
761	654		672	683	656	679	687	658	883
874	883	772	568	771	736	807	768	791	1095
1156	968	921	623	1095	885	1064	1071	1036	1277
1268	915	1056	653	1178	953	1111	1117	1101	1401
1415	1350	1107	938	1313	1095	1228	1322	1203	1627
1582	1622	1289	1239	1385	1281	1449	1384	1418	1919
1752	1562	1392	1933	1531	1395	1588	1513	1545	2081
1880	1666	1598	1923	1722	1518	1758	1701	1731	2295
2171	1925	1945	2435	1969	1711	1913	1918	1902	2650
2755	3510	2277	2142	2432	1625	2621	2213	2487	2849
4600	3381	2801	3596	3177	2953	3200	3164	3149	3997
5031	4195	3247	5954	3254	3450	3832	3882	3638	4875
5604	4129	3588	4577	3895	3710	4192	4406	3963	5336
6383	4597	3693	6092	4467	4288	4450	4770	4185	5903
7202	5133	3796	7704	4792	4251	4596	4944	4276	6431
8601	5865	4589	5288	5083	5399	5340	5757	5113	7424
9743	7766	5275	9254	5957	6029	6475	6383	6255	7435
11233	8747	5894	12278	6491	7853	7214	7109	7031	10658
13813	8539	6641	13812	7107	8262	8925	8388	7842	12299
15098	9983	7399	15954	8384	12941	10930	9608	8305	13601
17675	11157	7370	20157	9107	8968	10404	10939	8766	17092
21574	13363	9574	15886	9399	9071	12586	12852	10830	12761
24346	13652	11151	18036	10147	10456	11455	14696	13563	15039
31747	13925	13257	21998	12124	10958	14737	18510	18907	15354
38239	16010	18468	21103	11892	12499	16601	21077	22818	16342
41987	18144	18782	23656	18344	13874	26914	26441	20985	20896
49576	20479	16316	33881	20384	16167	31082	32112	23196	26609
55912	25755	21326	47053	21598	18614	32139	38330	28782	43016

4-37 各市(州)分行业城镇集体经济单位职工平均工资(2011年)

单位:元

市(州)	Region	合计 Total	农、林、牧、渔业 Farming, Forestry, Animal Husbandry and Fishery	采矿业 Mining and Quarrying	制造业 Manufacturing	电力、煤气及水的生产和供应业 Electricity, Gas and Water Production and Supply	建筑业 Construction	交通运输、仓储和邮政业 Transport, Storage and Post	信息传输、计算机服务和软件业 Information Transmission, Computer Services and Software	批发和零售业 Wholesale and Retail Trade
全　省	**Sichuan**	**28752**	**28588**	**25781**	**23971**	**27197**	**24380**	**23163**	**22584**	**19003**
成都市	Chengdu	31424	39696	24875	29005	35231	24400	27750		25835
自贡市	Zigong	27456	36724	37136	11362		32360	23808		10111
攀枝花市	Panzhihua	33619		27762	25891	42898	36595	21646		12000
泸州市	Luzhou	22690	21771	25100	16007	21918	23128	18988		14405
德阳市	Deyang	36398	42769	38000	25439		18839	20404		15857
绵阳市	Mianyang	35465	33564		28562		28472			12688
广元市	Guangyuan	40678	27740	30600	23232	17653	45024			21340
遂宁市	Suining	27036	36167		22863		25150	10750		15012
内江市	Neijiang	28039		22000	19033	37778	23912	25698		15018
乐山市	Leshan	28748		27729	21458	20643	23523	25258	20158	22688
南充市	Nanchong	25129	25541		22552	22556	21667	31565		19616
眉山市	Meishan	38611		8917			20554	33920		27825
宜宾市	Yibin	22425	42000	31109	18047	13309	17296	12808	19077	15758
广安市	Guangan	38049	23373		23937			17143		19275
达州市	Dazhou	25032		23011	22269		20262	21579	43982	20935
雅安市	Yaan	21705			18500	8897	17588	19200	17000	15037
巴中市	Bazhong	23770	20000		18628	19636	23615		25000	14063
资阳市	Ziyang	25900	22841		31173		20941	19197		15592
阿坝藏族羌族自治州	Aba	32806	10412		17000		19862			28185
甘孜藏族自治州	Ganzi	29096			15167	33611	21940			
凉山彝族自治州	Liangshan	36989	11621	17365	39565	24127	28510	44212		22933

Average Wage of Staff and Workers in Urban Collective Owned Units by Sector and Region(2011)

(yuan)

住宿和餐饮业 Hotels and Catering Services	金融业 Finance	房地产业 Real Estate	租赁和商务服务业 Leasing and Commercial Affairs Services	科学研究、技术服务和地质勘查业 Scientific Research, Technic Services and Geological Prospecting	水利、环境和公共设备管理业 Water, Environment Public Facilities Conservancy	居民服务和其他服务业 Resident Services and Other Services	教育 Education	卫生、社会保障和社会福利业 Health Care, Social Security and Welfare	文化、体育和娱乐业 Culture, Sports and Entertain-ment	公共管理和社会组织 Public Management and Social Organization
21333	**55912**	**25755**	**21326**	**47053**	**21598**	**18614**	**32139**	**38330**	**28782**	**43016**
24765	54602	25068	28486	36865	27528	17787	38551	46686	35730	
5000	63753	10833		20000	40289	22942		35195	70625	
18762	27244	66019	22061	25620	21261			38098	18300	
12731	50612	22802	24913	41467	13171	19464	20500	34403	25792	28500
	73133		28611	44556	12000	26900	34308	36108		
12750	51609	12889	46500		13000		28370	35892	12400	33400
18926	62501	20000	38581	138576	30105	75000	31818	28804	13000	
34632	71126	31073	18791	43333	19500			39172	25943	
18831	90926	37333	41844		37784			31473	20737	
17067	71413	23548	20670		14400	22656	32473	30389	20200	
25934	42750	23685	19513	33358	27692	18013		30547	16800	
20504	61392		39200				24200	36806	54000	
11994	51978		23975	27531		9395		31604	12840	
	62557		35522		9679			27773		
	52096	17931	17757	26091	10261		36027	31682	20659	27467
	35463	43250	27455					27987		
14033	36819		24656	27000	14055	31143		26955	22000	
10600	44933		34974	29946				38143	26105	63583
21182	57362		27304							
	33043							49577		
38200	66981	4545	20861	46783				32962		

4-38 分行业其他各种经济单位职工平均工资
Average Wage of Staff and Workers in Units of Other Types of Ownership by Sector

单位:元 (yuan)

行　业	Sector	2006	2007	2008	2009	2010	2011
总 计	**Total**	**14480**	**17007**	**20196**	**22873**	**27345**	**31920**
农、林、牧、渔业	Farm, Forestry, Animal Husbandry and Fishery	11176	11755	12412	16124	20925	23535
采掘业	Mining	14009	16884	20544	23154	27973	32175
制造业	Manufacturing	14318	17174	20015	22330	26364	31224
电力、煤气及水的生产和供应业	Electric Power, Gas and Water Production and Supply	18475	21801	26185	29506	35420	42722
建筑业	Construction	12033	13753	16793	19065	22702	26228
交通运输、仓储和邮政业	Transport, Storage and Post	18470	20674	22938	26794	32240	39606
信息传输、计算机服务和软件业	Information Transmission, Computer Services and Software	32175	38495	39513	38739	42310	50402
批发和零售业	Wholesale and Retail Trade	14116	14858	17741	20561	23550	27064
住宿和餐饮业	Hotels and Catering Services	11876	13289	15329	17951	20420	24552
金融业	Finance	36821	44784	59825	55457	60082	70530
房地产业	Real Estate	16086	18979	20770	25061	30390	36566
租赁和商务服务业	Leasing and Business Services	13765	16330	20037	22313	26417	30315
科学研究、技术服务和地质勘查业	Scientific Research,Technic Services and Geological Prospecting	28197	34189	40309	42605	40726	52166
水利、环境和公共设备管理业	Water, Environment Public Facilities Conservancy	9881	11520	11869	14482	15140	18263
居民服务和其他服务业	Resident Services and Other Services	13812	15503	17365	20068	23990	28697
教育	Education	21934	24277	27876	34713	37455	35221
卫生、社会保障和社会福利业	Health Care, Social Security and Welfare	18214	23555	27465	33736	34647	39636
文化、体育和娱乐业	Culture, Sports and Entertainment	14273	18025	17991	28989	31201	32229
公共管理和社会组织	Public Management and Social Organization						

4-39 各市(州)非私营企业职工人数和平均工资(2011年)

Average Wages and Number of Staff and Workers in Non-private Enterprises by Region(2011)

单位:人、元 (person,yuan)

市(州)	Region	职工年末人数 Number of Staff and Workers at the Year End				平均工资 Average Wage			
		合计 Total	国有单位 State-owned Units	集体单位 Urban Collective owned Units	其他单位 Units of Other Types of Ownership	合计 Total	国有单位 State-owned Units	集体单位 Urban Collective owned Units	其他单位 Units of Other Types of Ownership
全　省	**Sichuan**	**3619177**	**1150258**	**264145**	**2204774**	**35788**	**45239**	**27241**	**31845**
成都市	Chengdu	1374498	438285	63356	872857	37326	47733	27718	32835
自贡市	Zigong	104929	23796	10120	71013	33704	41545	26790	32040
攀枝花市	Panzhihua	148874	97518	5306	46050	39349	39039	33457	40684
泸州市	Luzhou	163246	48940	45020	69286	27723	26693	22552	31913
德阳市	Deyang	172502	62096	2670	107736	42541	49320	37091	38510
绵阳市	Mianyang	219688	30489	6932	182267	32842	45201	35442	30640
广元市	Guangyuan	54720	18785	5155	30780	35327	37887	46215	32170
遂宁市	Suining	86525	10921	28818	46786	29748	32688	26587	30966
内江市	Neijiang	113226	22842	9688	80696	28603	36943	27485	26300
乐山市	Leshan	185297	23459	8661	153177	28481	38760	28336	26919
南充市	Nanchong	103576	42373	16050	45153	29030	33748	24325	26312
眉山市	Meishan	65962	9342	4443	52177	32250	41902	38254	29986
宜宾市	Yibin	238909	41387	5654	191868	34991	39551	20881	34417
广安市	Guangan	40193	34568	2199	3426	36422	35533	56538	32846
达州市	Dazhou	116434	33436	16938	66060	29274	34054	24316	28096
雅安市	Yaan	40684	10409	2696	27579	30318	35057	21579	29375
巴中市	Bazhong	88056	25419	15222	47415	26260	32895	23415	23671
资阳市	Ziyang	79085	15779	7814	55492	28935	44316	25864	25017
阿坝藏族羌族自治州	Aba	22990	10555	1994	10441	39064	42717	32892	36602
甘孜藏族自治州	Ganzi	12842	6125	1031	5686	40664	37767	28672	45753
凉山彝族自治州	Liangshan	69593	26386	4378	38829	42684	47439	40060	39601

4-40 各市(州)非私营事业职工人数和平均工资(2011年)
Average Wages and Number of People Employed in Institutions of Non-private Enterprises by Region(2011)

单位:人、元 (person,yuan)

市(州)	Region	职工年末人数 Number of Staff and Workers at the Year End				平均工资 Average Wage			
		合计 Total	国有单位 State-owned Units	集体单位 Urban Collective owned Units	其他单位 Units of Other Types of Ownership	合计 Total	国有单位 State-owned Units	集体单位 Urban Collective owned Units	其他单位 Units of Other Types of Ownership
全省	**Sichuan**	**1533954**	**1456577**	**56644**	**20733**	**41684**	**41938**	**35806**	**39809**
成都市	Chengdu	382627	351336	20760	10531	54711	55830	42585	40934
自贡市	Zigong	46289	44954	1119	216	37692	37693	35424	50388
攀枝花市	Panzhihua	27984	27680	304		49597	49718	36828	
泸州市	Luzhou	65674	63224	1597	853	35183	35384	26770	35264
德阳市	Deyang	62653	56775	5003	875	39822	40200	36107	36938
绵阳市	Mianyang	100682	93808	5627	1247	48050	48780	35499	52995
广元市	Guangyuan	50119	47871	2222	26	35308	35617	28768	24346
遂宁市	Suining	46011	44762	1237	12	33768	33659	37897	32667
内江市	Neijiang	60108	58743	1361	4	37010	37131	31880	41333
乐山市	Leshan	61534	60073	1119	342	37546	37604	31958	44882
南充市	Nanchong	97165	94615	2550		32707	32775	30175	
眉山市	Meishan	45628	37051	2876	5701	34747	34007	39189	37545
宜宾市	Yibin	77984	76436	1242	306	35003	35139	29852	22083
广安市	Guangan	49032	46387	2639	6	34671	35352	22791	19833
达州市	Dazhou	94801	91611	3098	92	33989	34188	28742	12000
雅安市	Yaan	28499	28424	24	51	32557	32545	29333	40922
巴中市	Bazhong	49647	47223	1953	471	30629	30793	26740	30357
资阳市	Ziyang	55665	55218	447		35695	35787	24518	
阿坝藏族羌族自治州	Aba	27772	27741	31		41778	41795	26839	
甘孜藏族自治州	Ganzi	26199	26153	46		41795	41801	38326	
凉山彝族自治州	Liangshan	77881	76492	1389		42541	42805	27219	

4-41 各市(州)国有单位分隶属关系职工平均工资(2011年)
Average Wages of Staff and Workers in State-owned Enterprises by Region and Affiliations(2011)

单位:元 (yuan)

市(州)	Region	合计 Total	中央属单位 Enterprises Belongs To Central Government	省属单位 Enterprises Belongs to Province	市(州)属单位 Enterprises Belongs to City	县及县以下单位 Enterprises Belongs to County And Below	其他 Others
全　省	**Sichuan**	**42828**	**58752**	**44210**	**41694**	**36941**	**33779**
成都市	Chengdu	51381	60702	46250	46400	49385	38170
自贡市	Zigong	38890	50310	35849	39546	35660	37734
攀枝花市	Panzhihua	42471	41922	39479	46425	41812	40990
泸州市	Luzhou	32813	42441	48796	32468	30614	37924
德阳市	Deyang	44642	64191	31826	41960	38937	30929
绵阳市	Mianyang	45988	76376	53293	40983	37329	34868
广元市	Guangyuan	36451	49817	51258	36705	34049	18362
遂宁市	Suining	33881	44806	39312	34948	32893	
内江市	Neijiang	36990	42960	36794	42860	34795	35622
乐山市	Leshan	38543	51533	40821	38193	35977	51320
南充市	Nanchong	32960	53483	36753	30852	31146	26139
眉山市	Meishan	36261	37216	50038	39329	34715	32000
宜宾市	Yibin	36505	51443	40280	40098	32738	22591
广安市	Guangan	34662	48871	45478	33943	32227	27863
达州市	Dazhou	34052	47686	35639	39832	31656	
雅安市	Yaan	32177	40934	39258	36964	28852	23373
巴中市	Bazhong	32011	38575	41889	32608	31011	32958
资阳市	Ziyang	37600	51386	43213	41878	34809	
阿坝藏族羌族自治州	Aba	43171	63021	44366	40411	41897	36000
甘孜藏族自治州	Ganzi	43594	48712	45865	43751	43189	25375
凉山彝族自治州	Liangshan	44283	56535	60288	45981	41247	

4-42 各市(州)国有企业职工人数和平均工资(2011年)
Average Wages and the Number of Staff and Workers in State-owned Enterprises by Region(2011)

单位:人、元 (person,yuan)

市(州)	Region	职工年末人数 Number of Staff and Worker at the End of the Year			平均工资 Average Wage of Staff and Worker		
		合 计 Total	中央单位 Enterprises Belongs to Central Government	地方单位 Local Units	合 计 Total	中央单位 Enterprises Belongs to Central Government	地方单位 Local Units
全 省	**Sichuan**	**1150258**	**517938**	**632320**	**45239**	**56703**	**35546**
成都市	Chengdu	438285	191857	246428	47733	56436	40595
自贡市	Zigong	23796	11538	12258	41545	50760	32864
攀枝花市	Panzhihua	97518	62838	34680	39039	41693	33810
泸州市	Luzhou	48940	7074	41866	26693	43358	24079
德阳市	Deyang	62096	35469	26627	49320	66163	28324
绵阳市	Mianyang	30489	4486	26003	45201	61132	42671
广元市	Guangyuan	18785	2627	16158	37887	50066	35851
遂宁市	Suining	10921	1183	9738	32688	49573	30616
内江市	Neijiang	22842	7823	15019	36943	43798	33480
乐山市	Leshan	23459	8040	15419	38760	50270	32713
南充市	Nanchong	42373	9880	32493	33748	54057	27463
眉山市	Meishan	9342	2581	6761	41902	37749	43505
宜宾市	Yibin	41387	11826	29561	39551	53042	34193
广安市	Guangan	34568	4979	29589	35533	49075	33285
达州市	Dazhou	33436	10011	23425	34054	49140	27573
雅安市	Yaan	10409	4375	6034	35057	41737	29909
巴中市	Bazhong	25419	3966	21453	32895	38270	31809
资阳市	Ziyang	15779	9859	5920	44316	51949	31655
阿坝藏族羌族自治州	Aba	10555	3180	7375	42717	69823	31255
甘孜藏族自治州	Ganzi	6125	1453	4672	37767	52941	32945
凉山彝族自治州	Liangshan	26386	5545	20841	47439	58896	44389

4-43 各市(州)国有事业单位职工人数和平均工资(2011年)
Average Wages and Number of People Empoyed in State-owned Institutions(2011)

单位:人、元 (person,yuan)

市(州)	Region	职工年末人数 Number Of Staff And Worker At The End Of The Year			平均工资 Average Wage Of Staff And Worker		
		合 计 Total	中央单位 Enterprises Belongs to Central Government	地方单位 Local Units	合 计 Total	中央单位 Enterprises Belongs to Central Government	地方单位 Local Units
全 省	**Sichuan**	**1456577**	**104313**	**1352264**	**41938**	**71121**	**39696**
成都市	Chengdu	351336	72196	279140	55830	72704	51462
自贡市	Zigong	44954	222	44732	37693	44982	37656
攀枝花市	Panzhihua	27680		27680	49718		49718
泸州市	Luzhou	63224	1689	61535	35384	35567	35379
德阳市	Deyang	56775	2378	54397	40200	37744	40305
绵阳市	Mianyang	93808	18980	74828	48780	85608	39348
广元市	Guangyuan	47871	2766	45105	35617	32868	35786
遂宁市	Suining	44762	285	44477	33659	41610	33609
内江市	Neijiang	58743	295	58448	37131	34010	37146
乐山市	Leshan	60073	3362	56711	37604	53775	36667
南充市	Nanchong	94615	120	94495	32775	47252	32756
眉山市	Meishan	37051	24	37027	34007	32304	34009
宜宾市	Yibin	76436	389	76047	35139	38949	35119
广安市	Guangan	46387	59	46328	35352	33397	35354
达州市	Dazhou	91611	276	91335	34188	40131	34170
雅安市	Yaan	28424	150	28274	32545	42523	32494
巴中市	Bazhong	47223	139	47084	30793	37381	30773
资阳市	Ziyang	55218	36	55182	35787	35514	35787
阿坝藏族羌族自治州	Aba	27741	398	27343	41795	43462	41771
甘孜藏族自治州	Ganzi	26153	126	26027	41801	41392	41803
凉山彝族自治州	Liangshan	76492	423	76069	42805	45628	42789

4-44 各市(州)国有机关单位职工人数和平均工资(2011年)
Average Wages and Number of People Employed in Government by Region(2011)

单位:人、元 (person,yuan)

市(州)	Region	职工年末人数 Number of Staff and Worker at The End of the Year			平均工资 Average Wage of Staff and Worker		
		合计 Total	中央单位 Enterprises Belongs to Central Government	地方单位 Local Units	合计 Total	中央单位 Enterprises Belongs to Central Government	地方单位 Local Units
全　省	**Sichuan**	**709274**	**23438**	**685836**	**40752**	**44983**	**40606**
成都市	Chengdu	137522	5163	132359	51584	55133	51444
自贡市	Zigong	17691	347	17344	38378	38766	38370
攀枝花市	Panzhihua	15629	616	15013	50607	65849	49992
泸州市	Luzhou	26766	973	25793	37958	48199	37570
德阳市	Deyang	25222	577	24645	42877	50974	42686
绵阳市	Mianyang	41261	2652	38609	40261	36206	40551
广元市	Guangyuan	27940	2260	25680	36924	37447	36878
遂宁市	Suining	18693	405	18288	35097	33120	35141
内江市	Neijiang	24795	839	23956	36707	38244	36652
乐山市	Leshan	30778	822	29956	40208	55080	39797
南充市	Nanchong	55894	1680	54214	32680	50398	32128
眉山市	Meishan	33716	346	33370	37198	33604	37236
宜宾市	Yibin	32964	1172	31792	35843	39619	35703
广安市	Guangan	22265	631	21634	31866	48684	31371
达州市	Dazhou	38998	1289	37709	33735	37967	33590
雅安市	Yaan	21390	1045	20345	30232	37113	29879
巴中市	Bazhong	22348	403	21945	33656	41925	33504
资阳市	Ziyang	20217	402	19815	37236	38834	37203
阿坝藏族羌族自治州	Aba	21635	709	20926	45155	43220	45220
甘孜藏族自治州	Ganzi	26941	556	26385	46657	39379	46813
凉山彝族自治州	Liangshan	46609	551	46058	44923	41550	44964

4-45 城镇登记失业人数及失业率
Number of Unemployed Persons and Unemployment Rate in Urban Area

年 份 Year	城镇登记失业人数（万人） Unemployed Persons in Urban Area (10 000 persons)	# 女性 Female	女性占失业人数的百分比(%) Percentage of Unemployed Female to Unemployed Persons (%)	登记失业率(%) Unemployment Rate in Urban Area (%)
1978	52.00	30.00	57.7	10.9
1979	33.00	18.51	56.1	6.7
1980	28.00	15.60	55.7	5.0
1981	25.00	13.50	54.0	4.4
1982	16.90	9.00	53.3	3.0
1983	18.10	9.61	53.1	3.0
1984	15.84	8.40	53.0	2.7
1985	14.35	7.47	52.1	2.3
1986	14.44	7.51	52.0	2.3
1987	14.53	7.56	52.0	2.2
1988	16.75	8.65	51.6	2.4
1989	25.63	14.65	57.2	3.7
1990	26.61	14.86	55.8	3.7
1991	25.17	14.04	55.8	3.4
1992	27.16	15.24	56.1	3.6
1993	26.47	14.50	54.8	3.5
1994	27.65	15.79	57.1	3.6
1995	27.94	15.44	55.3	3.6
1996	27.16	14.55	53.6	3.5
1997	26.72	14.43	54.0	3.4
1998	30.18	16.04	53.1	3.7
1999	29.59	15.11	51.1	3.7
2000	30.79	15.11	49.1	4.0
2001	31.90	15.11	47.4	4.3
2002	33.82	16.02	47.4	4.5
2003	33.10	15.70	47.4	4.4
2004	33.30	15.30	46.0	4.4
2005	34.30	15.70	45.8	4.6
2006	36.10	16.50	45.6	4.5
2007	34.80	15.40	44.3	4.3
2008	37.86	16.04	42.4	4.6
2009	36.28	13.59	37.5	4.3
2010	34.56	14.07	40.7	4.1
2011	36.93	15.24	41.3	4.1

4-46 各市(州)城镇登记失业人数及失业率(2011年)
Number of Urban Registered Unemployed and Unemployment Rate by Region(2011)

市(州)	Region	城镇登记失业人数（万人） Unemployed Persons (10 000 persons)			登记失业率（%） Unemployment Rate (%)		
		2005	2010	2011	2005	2010	2011
全　省	**Sichuan**	**34.30**	**34.56**	**36.93**	**4.6**	**4.1**	**4.2**
成都市	Chengdu	5.90	5.62	6.65	3.1	2.5	3.0
自贡市	Zigong	1.70	1.66	1.62	4.0	4.1	4.1
攀枝花市	Panzhihua	1.30	1.13	1.24	4.4	3.5	3.6
泸州市	Luzhou	1.80	1.66	1.63	4.4	3.5	3.2
德阳市	Deyang	1.30	1.50	1.54	3.3	3.7	3.8
绵阳市	Mianyang	3.30	3.04	3.13	3.9	3.7	3.8
广元市	Guangyuan	1.00	1.22	1.21	4.3	3.9	3.9
遂宁市	Suining	1.40	1.38	1.41	4.9	4.5	4.4
内江市	Neijiang	1.70	1.57	1.48	4.5	4.0	3.8
乐山市	Leshan	1.90	2.16	2.20	4.2	4.1	3.9
南充市	Nanchong	2.00	2.29	3.03	4.8	4.5	4.3
眉山市	Meishan	1.10	1.15	1.26	4.4	4.3	4.2
宜宾市	Yibin	2.10	1.81	1.90	4.7	3.5	3.6
广安市	Guangan	1.60	1.25	1.41	4.0	3.7	3.8
达州市	Dazhou	1.30	2.01	2.06	4.1	4.0	4.0
雅安市	Yaan	0.60	0.64	0.58	4.0	4.0	3.9
巴中市	Bazhong	1.00	1.16	1.14	4.2	4.3	4.3
资阳市	Ziyang	1.20	1.36	1.43	4.5	3.9	3.9
阿坝藏族羌族自治州	Aba	0.40	0.35	0.36	4.1	3.7	3.8
甘孜藏族自治州	Ganzi	0.30	0.37	0.39	5.0	4.1	4.0
凉山彝族自治州	Liangshan	1.30	1.22	1.26	4.1	4.1	4.1

主要统计指标解释

经济活动人口 指在16岁以上，有劳动能力，参加或要求参加社会经济活动的人口。包括就业人员和失业人员。

就业人员 指在16岁以上，从事一定社会劳动并取得劳动报酬或经营收入的人员。这一指标反映了一定时期内全部劳动力资源的实际利用情况，是研究我国基本国情国力的重要指标。

单位就业人员 指在各级国家机关、政党机关、社会团体及企业、事业单位中工作，取得工资或其他形式的劳动报酬的全部人员。包括职工、再就业的离退休人员、民办教师以及在各单位中工作的外方人员和港澳台方人员、兼职人员、借用的外单位人员和第二职业者。不包括离开本单位仍保留劳动关系的职工。各单位的就业人员反映了各单位实际参加生产或工作的全部劳动力。

城镇私营和个体就业人员 城镇私营就业人员指在工商管理部门注册登记，其经营地址设在县城关镇(含县城关镇)以上的私营企业就业人员，包括私营企业投资者和雇工。城镇个体就业人员指在工商管理部门注册登记，并持有城镇户口或在城镇长期居住，经批准从事个体工商经营的就业人员，包括个体经营者和在个体工商户劳动的家庭帮工和雇工。

城镇登记失业人员 指有非农业户口，在一定的劳动年龄内(16 周岁至退休年龄)，有劳动能力，无业而要求就业，并在当地就业服务机构进行求职登记的人员。

城镇登记失业率 指城镇登记失业人员与城镇单位就业人员(扣除使用的农村劳动力、聘用的离退休人员、港澳台及外方人员)、城镇单位中的不在岗职工、城镇私营业主、个体户主、城镇私营企业和个体就业人员、城镇登记失业人员之和的比。

国有单位 指资产归国家所有的经济组织。包括按《中华人民共和国企业法人登记管理条例》规定登记注册的非公司制的经济组织，以及中央、地方各级国家机关、事业单位和社会团体。

集体单位 指生产资料归集体所有，并按《中华人民共和国企业法人登记管理条例》规定登记注册的经济组织。

其他单位 包括股份合作单位、联营单位、有限责任公司、股份有限公司、港澳台商投资单位以及外商投资单位等其他登记注册类型单位。

在岗职工 指在本单位工作并由单位支付工资的人员，以及有工作岗位，但由于学习、病伤产假等原因暂未工作，仍由单位支付工资的人员。

工资总额 指各单位在一定时期内直接支付给本单位全部就业人员的劳动报酬总额。工资总额的计算原则应以直接支付给就业人员的全部劳动报酬为根据。各单位支付给就业人员的劳动报酬以及其他根据有关规定支付的工资，不论是计入成本的还是不计入成本的，不论是按国家规定列入计征奖金税项目的，还是未列入计征奖金税项目的，不论是以货币形式支付的还是以实物形式支付的，均包括在工资总额内。

平均工资 指企业、事业、机关单位的职工在一定时期内平均每人所得的货币工资额。它表明一定时期职工工资收入的高低程度，是反映职工工资水平的主要指标。计算公式为：

平均工资＝报告期实际支付的全部就业人员工资总额/报告期全部就业人员平均人数

平均实际工资 指扣除物价变动因素后的就业人员平均工资。计算公式为：

平均实际工资＝报告期就业人员平均工资/报告期城镇居民消费价格指数

平均工资指数 指报告期就业人员平均工资与基期就业人员平均工资的比率，是反映不同时期就业人员货币工资水平变动情况的相对数。计算公式为：

平均工资指数＝(报告期就业人员平均工资 / 基期就业人员平均工资) ×100%

平均实际工资指数 是反映实际工资变动情况的相对数，表明就业人员实际工资水平提高或降低的程度。计算公式为：

平均实际工资指数＝(报告期就业人员平均工资指数 / 报告期城镇居民消费价格指数)×100%

Explanatory Notes on Main Statistical Indicators

Economically Active Population refers to the population aged 16 and over who are capable to work, are participating in or willing to participate in economic activities, including employed persons and unemployed persons.

Persons Employed refer to persons aged 16 and over who are engaged in gainful employment and thus receive remuneration payment or earn business income. This indicator reflects the actual utilization of total labour force during a certain period of time and is often used for the research on China's economic situation and national power.

Persons Employed in Various Units refer to all the persons working in government agencies of various levels, political and party organizations, social organizations, enterprises and institutions, and receiving wages or other forms of payment. They include staff and workers, re-employed retirees, teachers in the schools run by the local people, foreigners and Chinese compatriots from Hong Kong, Macao, and Taiwan working in various units, part-time employees, employees of other units working temporarily at current posts, and employees holding the second job, but do not include persons who have left their working units while keeping their labour contract (employment relation) unchanged. This indicator reflects the total number of laborers actually engaged in production or other operations in various units.

Persons Employed in Private Enterprises and Self-employed Individuals in Urban Areas Persons employed in private enterprises refer to the persons employed in the private enterprises which have been registered at the departments of industrial and commercial administration and are situated at a county town (i.e. a town where the county government is located) for business operation or at urban areas with the level higher than a county town. The self-employed individuals in urban areas refer to persons who hold the certificates of residence in urban areas or have resided in the urban areas for a long time and have been registered at the departments of industrial and commercial administration and approved to be engaged in individual industrial or commercial business, including self-employed persons as well as helpers and hired labourers who work in the individual households engaged in industrial or commercial business.

Registered Urban Unemployed Persons refer to the persons with non-agricultural household registration at certain working ages (16-50 years for male and 16-45 years for females), who are capable of work, unemployed and willing to work, and have been registered at the local employment service agencies to apply for a job.

Registered Urban Unemployment Rate refer to the persons with non-agricultural household registration at certain working ages (16-50 years for male and 16-45 years for females), who are capable of work, unemployed and willing to work, and have been registered at the local employment service agencies to apply for a job.

Staff and Workers refer to persons work in, and receive payment from units of state ownership, collective ownership, private ownership ,joint ownership, share holding ownership, foreign ownership, and ownership by entrepreneurs from Hong Kong, Macao, and Taiwan, and other types of ownership and their affiliated units. They do not include 1) urban self-employed persons, 2) retirees, 3) re-employed retirees, 4) foreigners and persons from Hong Kong, Macao and Taiwan who work in urban units, and 5) other persons not to be included by relevant regulations. (Number of staff and workers from 1999 and 2007 refer to fully employed staff and workers. data since 2008 refer to staff in all units (include private enterprises), Other related statistics such as total wage bill and average wage are adjusted in all units accordingly).

State-owned Units refer to economic units whose assets are owned by the state. Included are non-corporation units registered according to Regulation of the People's Republic of China on the Registration of Enterprises and Corporations, state organs, institutions and social organizations at the central and local levels.

Collective Units refer to economic units registered according to Regulation of the People's Republic of China on the Registration of Enterprises and Corporations where the means of production are collectively owned.

Units of Other Types of Ownership refer to units registered with other types of ownership, including cooperative units, joint ownership units, limited companies, share holding corporations, units invested by entrepreneurs from Hong Kong, Macao, and Taiwan, and foreign-invested units.

Total Wages Bill refer to the total remuneration payment to staff and workers in various units during a certain period of time. The calculation of total wages is based on the total remuneration payment to the staff and workers. Therefore, all the wages and salaries and other payments to staff and workers are included in the total wages regardless of their sources, category, and forms (in kind or cash). (Total wages of staff and workers in this yearbook include only total wages of fully employed staff and workers, excluding the living allowances distributed to those who have left their working units while keeping their labour contract/employment relation unchanged).

Average Wage refers to the average wage in money terms per person during a certain period of time for staff and workers in all units, which reflects the general level of wage income during a certain period of time and is calculated as follows:

Average Wage =Total Wage of Staff and Workers at the Report Period

/Average Number of Staff and Workers at the Report Period

Average Real Wage refers to average wage of staff and workers after removing the effects of price changes, which is calculated as follows:

Average Real Wage =Average Wage of Staff and Workers in Reference Period

/ Consumer Price Index of Urban Residents in Reference Period

Average Wage Indices refers to the ratio of average wage of staff and workers in the report period to that in the base period, which reflects the change of wage of staff and workers at the different period. It is calculated as follows:

Average Wage Indices = Average Wage of Staff and Workers at the Report Period

/ Average Wage of Staff and Workers at the Base Period × 100%

Average Real Wage Indices reflects the relative changing degree of average real wage, and indicates the degree of the rising or declining degree of real wage of staff and worker, which is calculated as following:

Average Real Wage Indices = Index of Average Wage of Staff and Worker at the Report Time

/ Urban consumer prices index at the report time × 100%

5

固定资产投资

INVESTMENT IN FIXED ASSETS

5-1 按经济类型分的全社会固定资产投资
Total Investment in Fixed Assets by Ownership

单位：亿元　　　　(100 million yuan)

年份 Year	总　计 Total	国有经济 State-owned Units	集体经济 Collective-owned Units	个体及私营经济 Individuals and Privates	其他经济 Other
1952	1.33	1.33			
1957	4.72	4.72			
1962	2.56	2.56			
1965	16.01	16.01			
1970	35.30	35.30			
1975	21.72	21.72			
1978	22.48	22.48			
1980	32.00	19.49	3.90	8.60	
1985	109.66	70.04	19.75	19.87	
1990	162.66	114.54	17.05	31.07	
1991	204.28	146.07	24.09	34.12	
1992	304.78	213.37	48.63	42.78	
1993	459.40	286.53	95.06	49.50	28.31
1994	573.43	325.23	108.63	71.21	68.36
1995	677.34	384.39	132.43	87.73	72.79
1996	803.79	419.82	128.42	131.61	123.94
1997	949.30	525.95	127.97	159.50	135.88
1998	1184.80	722.75	119.29	159.49	183.27
1999	1220.66	657.96	161.26	178.65	222.79
2000	1403.85	678.15	170.91	196.34	358.45
2001	1573.80	758.32	202.49	238.05	374.94
2002	1805.20	822.61	198.44	275.10	509.05
2003	2158.20	895.37	178.71	353.18	730.94
2004	2648.46	1025.78	127.77	466.95	1027.96
2005	3477.68	1348.78	48.08	658.32	1422.50
2006	4521.74	1694.70	67.92	857.77	1901.35
2007	5855.30	2047.76	74.15	1182.99	2550.40
2008	7602.40	2782.58	85.57	1497.60	3236.65
2009	12017.28	4809.36	126.33	2083.82	4997.77
2010	13581.96	5771.01	167.45	2296.90	5346.60
2011	15124.09	5665.58	175.02	2774.44	6509.05

注：①2005年前的非农户项目全划为集体，2005年(含2005年)按项目登记注册类型划分。
②2011年起投资项目统计起点由50万元提高到500万元(后同)。

a) 2005 the projects is in rural , but not invest by farmers,divide to collective projects, since 2005 ,grouped by register types.

b) Starting point of the investment projects from 2011 is improved from $ 500,000 to 500 million (the same as follows).

5-2 全社会固定资产投资及构成
Total Investment in Fixed Assets and its Composition

指　　标		Item		2009	2010	2011
投资总额	**(亿元)**	**Total Investment**	**(100 million yuan)**	**12017.28**	**13581.96**	**15124.09**
# 国有及国有控股		State-owned and State Holding Units		5740.23	6666.51	6592.77
# 住宅投资		Residential Buildings		546.93	487.12	521.92
按登记注册类型分		Grouped By Rgister				
内资		Domestic Funds		10419.74	12494.53	13800.21
港澳台投资		UnitsWith Funds From Hong Kong, Macao And Taiwan		159.32	221.22	302.50
外商投资		Foreign Funded Units		254.17	315.65	303.06
个体经营		Indivuduals Economy		1184.05	550.55	718.32
按建设性质分		Grouped By Chatacter				
新建		New Constrution		5848.69	7141.11	7801.59
扩建		Expansion		1156.53	1144.23	1248.10
改建		Reconstruction		1649.76	1956.94	2047.37
按构成分		Grouped By Use Of Funds				
建筑工程		Construction		7346.52	8586.36	9983.95
安装工程		Installation		369.20	626.74	807.55
设备工器具购置		Purchas Of Equipment And Instruments		2218.40	2227.77	2154.38
# 用于更新的设备		Renew Equipment		290.13	452.21	462.47
其他费用		Others		2083.16	2141.09	2178.20
本年新增固定资产	**(亿元)**	**Increased Investment**	**(100 million yuan)**	**7740.33**	**8828.66**	**9938.47**
施工项目个数	**(个)**	**Number of Projects Under Construction**	**(unit)**	**39396**	**40284**	**23201**
# 本年新开工		Number of Projects Stated This Year		30947	26725	15482
本年投产项目个数		Number of Completed Projects This Year		25024	27140	13853
本年施工房屋面积	**(万平方米)**	**Floor Space of Buildings Under Construction**	**(10 000 sq.m)**	**39176.73**	**42680.77**	**49566.28**
# 住宅		Residential Buildings		23072.18	24663.59	27760.94
本年竣工房屋面积	**(万平方米)**	**Floor Space of Buildings Completed**	**(10 000 sq.m)**	**11264.13**	**14045.17**	**14340.28**
# 住宅		Residential Buildings		6110.36	7563.81	6118.69
本年资金来源	**(亿元)**	**Grouped By Source of Funds**	**(100 million yuan)**	**12921.96**	**15395.67**	**16083.97**
国家预算内资金		State Budget		1311.09	1606.27	1288.47
国内贷款		Domestic Loans		1800.42	2532.97	2291.65
债券		debt		58.13	33.57	33.97
利用外资		Foreign Invstmeng		50.37	105.93	130.41
自筹资金		Self-raising Funds		7330.42	8580.98	9806.63
其他资金来源		Others		2371.53	2535.95	2532.90

5-3 按主要行业分的全社会固定资产投资
Total Investment in Fixed Assets by Main Industry

单位：亿元 (100 million yuan)

指　　标	Item	2009	2010	2011
投资总额	**Total Investment**	**12017.28**	**13581.96**	**15124.09**
农、林、牧、渔业	Farming,Forestry,Animal Husbandry and Fishery	523.91	500.81	280.29
采矿业	Mining	466.57	562.88	573.43
制造业	Manufacturing	3032.50	3400.73	3947.29
电力、燃气及水的生产和供应业	Production and Supply of Electricity Gas and Water	977.60	1145.85	1211.21
建筑业	Construction	111.95	59.04	51.66
交通运输、仓储和邮政业	Transport,Storage,Post&Telecommunication Services	1376.96	1772.77	2141.41
信息传输、计算机服务和软件业	Information Transmission,Computer Service and Software	141.97	110.59	79.87
批发和零售业	Wholesale and Retail Trade	115.50	155.93	225.23
住宿和餐饮业	Hotels and Catering Service	87.72	120.03	155.31
金融业	Financial	7.79	10.61	31.78
房地产业	Real Estate	2666.20	3130.70	4013.79
租赁和商务服务业	Leasing and Business Service	89.71	111.33	134.58
科学研究、技术服务和地质勘查业	Scientific Research ,Technical Service,and Geological Prospentinig	22.44	29.73	47.06
水利、环境和公共设施管理业	Management of Water Consercancy,Environment and Public Facilities	1396.18	1550.17	1377.71
居民服务和其他服务业	Services to Households and Other Services	213.20	101.21	150.27
教育	Education	366.45	264.44	208.6
卫生、社会保障和社会福利业	Helth,Social Securities and Social Welfare	154.34	150.23	123.99
文化、体育和娱乐业	Culture,Sports and Entertainment	101.45	167.41	154.07
公共管理和社会组织	Public Management and Social Organization	164.85	237.52	216.54
国际组织	International Orgnaization			

5-4 各市(州)全社会固定资产投资
Total Investment in Fixed Assets by Region

单位：亿元 (100 million yuan)

市(州)	Region	2009		2010		2011	
		投资总额 Total Investment	# 房地产 Real Estate	投资总额 Total Investment	# 房地产 Resl Estate	投资总额 Total Investment	# 房地产 Real Estate
全　省	**Sichuan**	**12017.28**	**1588.37**	**13581.96**	**2194.63**	**15124.09**	**2819.17**
成都市	Chengdu	4022.45	945.79	4255.37	1278.34	4995.65	1585.28
自贡市	Zigong	243.32	36.31	320.09	54.00	352.84	75.95
攀枝花市	Panzhihua	264.76	22.25	330.70	34.20	383.44	35.73
泸州市	Luzhou	351.17	42.19	460.40	54.52	524.36	67.78
德阳市	Deyang	747.60	39.26	601.26	46.97	650.06	72.90
绵阳市	Mianyang	802.14	68.03	820.97	105.84	880.90	132.28
广元市	Guangyuan	439.14	12.40	480.15	18.72	498.24	33.00
遂宁市	Suining	403.34	58.82	495.40	67.90	536.38	71.64
内江市	Neijiang	269.11	28.11	350.93	41.01	382.82	54.35
乐山市	Leshan	398.10	40.92	510.05	58.79	539.32	67.55
南充市	Nanchong	502.74	47.34	656.66	102.23	713.60	145.73
眉山市	Meishan	370.86	33.46	420.26	47.77	450.35	63.62
宜宾市	Yibin	407.61	43.97	534.21	60.22	607.25	105.41
广安市	Guangan	299.24	23.58	383.42	29.58	425.08	38.49
达州市	Dazhou	545.32	49.76	601.32	60.68	676.84	81.89
雅安市	Yaan	334.89	7.31	370.67	11.91	340.97	28.62
巴中市	Bazhong	186.22	22.85	252.70	27.27	320.22	38.00
资阳市	Ziyang	285.65	54.71	401.13	74.65	462.78	94.57
阿坝藏族羌族自治州	Aba	351.30	1.13	362.41	0.62	380.22	0.83
甘孜藏族自治州	Ganzi	160.06	1.92	211.11	1.92	257.43	2.90
凉山彝族自治州	Liangshan	507.15	8.26	660.51	17.48	731.64	22.66

5-5 项目固定资产投资及构成
Item Investment and Composition

指　　标	Item	2009	2010	2011
投资总额　(万元)	**Total Investment　(10 000 yuan)**	**9300.75**	**10891.87**	**11633.42**
# 国有及国有控股	State-owned and State Holding Units	5552.61	6419.65	6288.90
按产业分	Grouped By Industry			
第一产业	Primary Industry	399.81	446.30	206.43
第二产业	Secondary Industry	4520.92	5138.77	5743.29
# 工业	Industry	4476.66	5109.46	5731.93
第三产业	Tertiary Industry	4380.02	5306.79	5683.70
按建设性质分	Grouped By Character			
新建	New Construction	5848.69	7141.11	7801.59
扩建	Expansion	1156.53	1144.23	1248.10
改建	Reconstruction	1649.76	1956.94	2047.37
按构成分	Grouped by Use of the Funds			
建筑工程	Construction	5593.20	6809.60	7592.26
安装工程	Installation	312.84	527.92	635.69
设备工器具购置	Purchurse of the Equipment And Instrument	1951.47	2100.83	1982.10
# 用于更新的设备	Renew Equipment	11.19	21.46	23.67
其他费用	Others	1443.24	1453.52	1423.38
新增固定资产　(万元)	**Increased Investment　(10 000 yuan)**	**5780.41**	**7346.32**	**8132.51**
施工项目个数　(个)	**Number of Projects Under Construction　(unit)**	**39396**	**40284**	**23201**
# 新开工	Number of Projects Stated this Year	30947	26725	15482
竣工项目个数　(个)	**Number of Projects Completed　(unit)**	**25024**	**27140**	**13853**
房屋建筑面积　(万平方米)	**Floor Space of Buildings　(10 000 sq.m)**			
施工面积	Floor Space of Under Construction	21445.43	21522.30	22444.51
# 住宅	Residential Buildings	8308.45	7373.86	6323.21
竣工面积	Floor Space of Completed	6983.20	10078.40	10107.74
# 住宅	Residential Buildings	2429.55	4173.80	2663.02

5-6 分行业按构成分的项目固定资产投资(2011年)
Item Investment by Sector and Constitution(2011)

单位：亿元 (100 million yuan)

指　　标	Item	合计 Total	建筑工程 Construction	安装工程 Installation	设备工具器具购置 Purchase of Equipment and Instruments	其他费用 Others
投资总额	**Total Investment**	**11633.42**	**7592.26**	**635.69**	**1982.10**	**1423.38**
农、林、牧、渔业	Farming,Forestry,Animal Husbandry and Fishery	206.43	147.92	7.07	18.55	32.90
采矿业	Mining	573.43	352.75	28.76	134.52	57.40
制造业	Manufacturing	3947.29	1918.97	338.24	1364.06	326.03
电力、燃气及水的生产和供应业	Production and Supply Of Electricity Gas and Water	1211.21	656.26	83.62	241.98	229.35
建筑业	Construction	11.37	5.46	0.89	3.61	1.40
交通运输、仓储和邮政业	Transport,Storage,Post&Telecommunication Services	2080.98	1714.02	19.53	47.13	300.30
信息传输、计算机服务和软件业	Information Transmission,Computer Service and Software	79.87	44.13	16.12	15.46	4.17
批发和零售业	Wholesale and Retail Trade	225.23	144.15	16.78	15.45	48.86
住宿和餐饮业	Hotels and Catering Service	155.31	119.35	6.91	8.13	20.92
金融业	Financial	31.78	17.67	1.04	7.70	5.37
房地产业	Real Estate	832.01	701.44	29.35	8.54	92.69
租赁和商务服务业	Leasing and Business Service	134.58	71.28	8.01	22.13	33.16
科学研究、技术服务和地质勘查业	Scientific Research ,Technical Service, and Geological Prospentinig	47.06	36.22	3.21	3.91	3.71
水利、环境和公共设施管理业	Management Of Water Consercancy, Environment and Public Facilities	1377.71	1110.10	51.01	32.90	183.70
居民服务和其他服务业	Services To Households and Other Services	29.40	12.48	1.26	1.32	14.34
教育	Education	208.60	173.54	4.62	10.41	20.03
卫生、社会保障和社会福利业	Health,Social Securities and Social Welfare	123.99	92.02	7.35	15.79	8.83
文化、体育和娱乐业	Culture,Sports and Entertainment	140.64	104.63	5.59	15.41	15.00
公共管理和社会组织	Public Management and Social Organization	216.54	169.89	6.33	15.09	25.24
国际组织	International Organization					

5-7 各市(州)按构成分的项目固定资产投资(2011年)
Item Investment by Region and Institution(2011)

单位：亿元 (100 million yuan)

市(州)	Region	合计 Total	建筑工程 Construction	安装工程 Installation	设备工具器具购置 Purchase of Equipment and Instruments	其他费用 Others
全　省	**Sichuan**	**11633.42**	**7592.26**	**635.69**	**1982.10**	**1423.38**
成都市	Chengdu	3260.26	2101.19	241.07	602.29	315.71
自贡市	Zigong	250.72	159.00	10.62	38.51	42.60
攀枝花市	Panzhihua	334.51	219.73	9.78	72.73	32.27
泸州市	Luzhou	439.48	273.15	16.71	96.51	53.11
德阳市	Deyang	494.66	304.50	29.14	105.60	55.42
绵阳市	Mianyang	601.84	430.18	34.58	75.93	61.15
广元市	Guangyuan	369.11	268.11	10.83	48.62	41.55
遂宁市	Suining	424.89	240.38	24.82	92.07	67.63
内江市	Neijiang	289.21	171.66	17.74	66.76	33.05
乐山市	Leshan	403.56	195.43	23.14	102.86	82.12
南充市	Nanchong	502.04	371.61	19.18	53.71	57.55
眉山市	Meishan	347.24	184.22	17.29	97.81	47.92
宜宾市	Yibin	485.18	254.76	32.43	105.41	92.58
广安市	Guangan	369.13	230.45	32.59	55.87	50.22
达州市	Dazhou	563.23	398.66	15.96	101.80	46.80
雅安市	Yaan	226.46	131.33	9.88	45.82	39.43
巴中市	Bazhong	259.02	228.29	3.42	6.83	20.48
资阳市	Ziyang	324.32	213.78	14.12	64.21	32.21
阿坝藏族羌族自治州	Aba	320.91	255.96	13.44	26.09	25.43
甘孜藏族自治州	Ganzi	242.81	173.35	3.86	21.59	44.01
凉山彝族自治州	Liangshan	685.10	475.33	46.07	84.46	79.23
不分地区	Others	439.73	311.19	9.03	16.62	102.89

注：本表地区数不包括跨区投资。
a)This table excludes investment belong to many Cities.

5-8 按行业分的施工和投产项目个数(2011年)
Number of Projects Under Construction and Production by Sector(2011)

行　业	Sector	施工项目 (个) Number of Under Construction (unit)	新开工项目个数 (个) Number of Projects Stated This Year (unit)	全部建成投产项目 (个) Number of Projects Conpleted (unit)	项目建成投产率 (%) Rate of Project Comleted (%)
总　计	**total**	**23201**	**15482**	**13853**	**59.71**
农、林、牧、渔业	Farming,Forestry,Animal Husbandry and Fishery	944	667	675	71.50
采矿业	Mining	1340	965	896	66.87
制造业	Manufacturing	7071	4566	4551	64.36
电力、燃气及水的生产和供应业	Production and Supply of Electricity Gas and Water	1488	972	775	52.08
建筑业	Construction	53	46	19	35.85
交通运输、仓储和邮政业	Transport,Storage,Post&Telecommunication Services	2881	2124	1584	54.98
信息传输、计算机服务和软件业	Information Transmission,Computer Service and Software	208	163	152	73.08
批发和零售业	Wholesale and Retail Trade	451	304	243	53.88
住宿和餐饮业	Hotels and Catering Service	278	172	150	53.96
金融业	Financial	48	29	25	52.08
房地产业	Real Estate	2226	1612	1066	47.89
租赁和商务服务业	Leasing and Business Service	155	101	76	49.03
科学研究、技术服务和地质勘查业	Scientific Research ,Technical Service, and Geological Prospentinig	87	41	52	59.77
水利、环境和公共设施管理业	Management of Water Conservancy, Environment and Public Facilities	3174	2106	1888	59.48
居民服务和其他服务业	Services to Households and Other Services	68	46	40	58.82
教育	Education	884	538	583	65.95
卫生、社会保障和社会福利业	Health,Social Securities and Social Welfare	612	311	369	60.29
文化、体育和娱乐业	Culture,Sports and Entertainment	406	222	241	59.36
公共管理和社会组织	Public Management and Social Organization	827	497	468	56.59
国际组织	International Ogrnization				

5-9 各市(州)施工、投产项目个数和新增固定资产(2011年)

Number of Capital Construction Projects under Construction and Production and Newly Increased Fixed Assets by Region(2011)

市(州)	Region	施工项目(个) Number of Projects under Construction (unit)	新开工项目个数(个) Number of Projects Stated this Year (unit)	全部建成投产项目(个) Number of Projects Completed and Put into Use (unit)	新增固定资产(亿元) Newly Increased Fixed Assets (100 million yuan)
全　省	**Sichuan**	**23201**	**15482**	**13853**	**8132.51**
成都市	Chengdu	3219	1429	1861	2483.35
自贡市	Zigong	974	744	659	167.45
攀枝花市	Panzhihua	728	496	452	285.09
泸州市	Luzhou	1400	1064	829	273.17
德阳市	Deyang	1585	998	977	363.99
绵阳市	Mianyang	1746	885	1144	446.46
广元市	Guangyuan	1044	616	667	234.75
遂宁市	Suining	979	780	666	328.74
内江市	Neijiang	725	549	425	174.29
乐山市	Leshan	807	472	497	310.56
南充市	Nanchong	643	426	470	380.93
眉山市	Meishan	777	578	499	249.89
宜宾市	Yibin	1480	1137	880	301.76
广安市	Guangan	1480	1264	922	289.06
达州市	Dazhou	1366	1165	750	441.10
雅安市	Yaan	571	359	387	175.06
巴中市	Bazhong	797	715	282	145.87
资阳市	Ziyang	613	387	358	219.46
阿坝藏族羌族自治州	Aba	887	527	476	189.29
甘孜藏族自治州	Ganzi	573	381	219	42.97
凉山彝族自治州	Liangshan	762	488	432	585.44
不分地区	Others	45	22	1	43.83

注：本表地区数不包括跨区项目。
a)This table excludes investment belong to many Cities.

5-10 各市(州)建设施工和竣工房屋建筑面积(2011年)
Floor Space of Buildings under Construction and Completed through Capital Construction by Region(2011)

单位: 万平方米 (10 000 sq.m)

市(州)	Region	施工面积 Floor Space of Buildings under Construction	# 住宅 Residential Buildings	竣工面积 Floor Space of Buildings Completed	# 住宅 Residential Buildings	竣工率(%) Rate of Floor Space of Buildings Completed	# 住宅 Residential Buildings
全　省	**Sichuan**	**22444.51**	**6323.21**	**10107.74**	**2663.02**	**45.0**	**42.1**
成都市	Chengdu	9918.91	1960.09	3870.76	828.72	39.0	42.3
自贡市	Zigong	496.38	236.74	280.97	110.75	56.6	46.8
攀枝花市	Panzhihua	497.02	183.75	205.80	80.38	41.4	43.7
泸州市	Luzhou	993.18	369.19	518.49	209.26	52.2	56.7
德阳市	Deyang	1318.55	431.14	590.69	151.20	44.8	35.1
绵阳市	Mianyang	1637.01	590.00	795.09	281.89	48.6	47.8
广元市	Guangyuan	612.68	145.87	303.99	55.80	49.6	38.3
遂宁市	Suining	553.02	235.74	286.19	61.59	51.8	26.1
内江市	Neijiang	292.98	54.08	141.86	25.96	48.4	48.0
乐山市	Leshan	373.23	168.73	144.56	52.88	38.7	31.3
南充市	Nanchong	861.10	228.39	500.48	97.70	58.1	42.8
眉山市	Meishan	790.31	35.85	418.02	10.06	52.9	28.1
宜宾市	Yibin	565.01	290.01	240.02	92.93	42.5	32.0
广安市	Guangan	626.25	242.25	351.61	84.64	56.2	34.9
达州市	Dazhou	461.06	68.43	128.82	40.65	27.9	59.4
雅安市	Yaan	265.08	63.90	153.08	30.62	57.8	47.9
巴中市	Bazhong	160.53	84.74	65.50	25.10	40.8	29.6
资阳市	Ziyang	493.03	88.95	314.78	30.65	63.9	34.5
阿坝藏族羌族自治州	Aba	270.60	53.56	158.72	31.40	58.7	58.6
甘孜藏族自治州	Ganzi	480.62	356.14	162.77	135.13	33.9	37.9
凉山彝族自治州	Liangshan	754.69	435.64	469.45	225.73	62.2	51.8
不分地区	Others	23.27		6.11		26.3	

注：本表数据为项目投资，不包括房地产开发和农户投资；地区数不包括跨区项目。

a) This table is item investment ,excluding real estate investment and farmers' investment.Region data exclude multiregional.

5-11 各市(州)项目固定资产投资资金来源(2011年)
Total Investment in Item by Sources and Region(2011)

单位：亿元 (100 million yuan)

市(州)	Region	资金来源 Funds Sources	国家预算内资金 State Budget Funds	国内贷款 Domestic Loans	债券 Debt	利用外资 Foreign Funds	自筹资金 Self-raising Funds	其他资金 Others
全　省	**Sichuan**	**11252.94**	**1120.59**	**1815.20**	**33.97**	**63.99**	**7564.43**	**654.76**
成都市	Chengdu	3151.08	133.30	432.52		11.64	2416.10	157.53
自贡市	Zigong	228.33	19.26	35.99		0.06	154.52	18.51
攀枝花市	Panzhihua	329.17	25.33	62.31		1.55	228.69	11.29
泸州市	Luzhou	437.06	9.86	45.40		0.72	343.99	37.09
德阳市	Deyang	479.66	64.37	55.55		2.39	314.73	42.63
绵阳市	Mianyang	588.53	149.89	55.72		11.42	344.81	26.69
广元市	Guangyuan	358.77	108.93	55.51		5.89	163.12	25.31
遂宁市	Suining	421.20	12.56	33.22		10.00	354.50	10.92
内江市	Neijiang	266.29	19.41	45.53		0.17	186.90	14.27
乐山市	Leshan	379.59	15.10	91.93			260.53	12.03
南充市	Nanchong	497.72	95.74	56.39		1.52	329.79	14.29
眉山市	Meishan	335.52	6.99	14.66			310.66	3.20
宜宾市	Yibin	481.65	40.47	76.16		2.27	326.53	36.22
广安市	Guangan	376.61	52.33	7.68		0.07	301.48	15.05
达州市	Dazhou	572.39	57.10	63.20		3.30	385.37	63.42
雅安市	Yaan	222.29	20.37	74.39		0.39	108.65	18.50
巴中市	Bazhong	235.04	87.92	26.70		1.97	103.38	15.07
资阳市	Ziyang	313.60	10.29	73.59		0.28	224.27	5.18
阿坝藏族羌族自治州	Aba	266.76	100.31	42.20		1.57	105.09	17.59
甘孜藏族自治州	Ganzi	202.71	32.09	80.88		0.58	79.88	9.28
凉山彝族自治州	Liangshan	659.98	41.79	164.70			404.42	49.07
不分地区	Others	449.00	17.20	220.97	33.97	8.20	117.05	51.61

注：本表地区数不包括跨区投资。
a)This table excludes multiregonal investment.

5-12 分行业项目固定资产投资资金来源(2011年)

单位：亿元

行　业	Sector	资金来源 Sources of Funds
总　计	**total**	**11252.94**
农、林、牧、渔业	Farming,Forestry,Animal Husbandry and Fishery	205.52
采矿业	Mining	566.34
制造业	Manufacturing	3811.75
电力、燃气及水的生产和供应业	Production and Supply of Electricity Gas and Water	1164.69
建筑业	Construction	11.55
交通运输、仓储和邮政业	Transport,Storage,Post&Telecommunication Services	1997.78
信息传输、计算机服务和软件业	Information Transmission,Computer Service and Software	80.97
批发和零售业	Wholesale and Retail Trade	220.71
住宿和餐饮业	Hotels and Catering Service	148.94
金融业	Financial	30.60
房地产业	Real Estate	808.38
租赁和商务服务业	Leasing and Business Service	136.33
科学研究、技术服务和地质勘查业	Scientific Research ,Technical Service,and Geological Prospentinig	50.13
水利、环境和公共设施管理业	Management of Water Consercancy,Environment and Public Facilities	1311.88
居民服务和其他服务业	Services to Households and Other Services	30.46
教育	Education	197.05
卫生、社会保障和社会福利业	Helth,Social Securities and Social Welfare	119.51
文化、体育和娱乐业	Culture,Sports and Entertainment	142.68
公共管理和社会组织	Public Management and Social Organization	217.67
国际组织	International Orgnization	

Sources of Item Investment Funds by Sector(2011)

(100 million yuan)

国家预算内资金 State Buget Funds	国内贷款 Domestic Loans	债券 Debt	利用外资 Foreign Funds	自筹资金 Self-raising Funds	其他资金 Others
1120.59	**1815.20**	**33.97**	**63.99**	**7564.43**	**654.76**
28.16	7.13		1.11	132.93	36.20
0.82	97.70		0.09	449.39	18.34
18.55	294.36		20.60	3356.98	121.26
65.49	466.17		0.66	599.05	33.32
1.43	0.43			9.32	0.38
384.73	564.40	33.97	24.96	824.88	164.85
2.09	0.15		0.19	78.14	0.39
2.34	30.71		0.90	180.83	5.92
1.89	11.23			131.94	3.88
0.51	3.45			25.91	0.74
116.15	48.88		0.03	540.88	102.45
7.04	8.36		0.61	119.83	0.48
4.17	9.58			33.80	2.58
267.23	212.64		6.95	734.62	90.45
2.81	15.40		0.47	11.35	0.44
65.30	16.42		1.01	95.90	18.42
29.82	6.45		2.52	60.53	20.20
34.85	6.30		3.21	86.35	11.97
87.21	15.45		0.70	91.81	22.51

5-13 房地产开发主要指标
Major Indicator of Real Estate Development

指　标		Item		2009	2010	2011
企业个数	**(个)**	**Number of Enterprises**		**3769**	**3915**	**4308**
国有		State-owned		162	162	168
集体		Collective Owned Units		56	53	48
私营个体		Individuals		1651	1698	1856
其他		Other		1900	2002	2236
平均从业人数	**(人)**	**Average Employed Persons**	**(person)**	**105605**	**143711**	**136820**
国有		State-owned		7284	32820	13651
集体		Collective Owned Units		1027	804	914
私营个体		Individuals		45739	49670	49550
其他		Other		51555	60417	72705
本年土地购置面积	**(万平方米)**	**Land Space Purchased This Year**	**(10 000 sq.m)**	**1046.82**	**1043.05**	**1047.72**
本年完成投资额	**(亿元)**	**Investment Completed This Year**	**(100 million yuan)**	**1588.37**	**2194.63**	**2819.17**
# 住宅		Residential Buildings		1150.03	1535.28	1989.39
本年新增固定资产	**(亿元)**	**Newly Increased Fixed Assets This Year**	**(100 million yuan)**	**876.89**	**1006.70**	**1161.32**
资金来源	**(亿元)**	**Source of Funds**	**(100 million yuan)**	**2415.15**	**3146.55**	**4159.53**
国内贷款		Domestic Loans		332.38	436.83	476.45
利用外资		Foreign Investment		11.93	33.33	66.42
自筹资金		Fundraising		811.87	1206.78	1738.58
# 自有资金		Self-owned		498.57	734.38	1025.78
其他资金		Other		1258.97	1469.61	1878.14
# 定金及预收款		Earnest and Money Collected in Advance		670.85	789.99	1208.71
房屋建筑面积	**(万平方米)**	**Floor Space of Buildings**	**(10 000 sq.m)**			
施工面积		Floor Space under Construction		17731.31	21158.47	27121.77
# 住宅		Residential Buildings		14763.73	17289.74	21437.73
竣工面积		Floor Space Completed		4280.93	3966.77	4232.53
# 住宅		Residential Buildings		3680.82	3390.01	3455.67
本年新开工面积		Floor Space Started Thi Year		5246.57	7731.66	8435.82
# 住宅		Residential Buildings		4420.95	6270.79	6538.14
商品房屋销售面积	**(万平方米)**	**Floor Space of Selling House**	**(10 000 sq.m)**	**5967.69**	**6396.92**	**6543.55**
# 住宅		Residential Buildings		5553.13	5849.34	5826.52
商品房销售额	**(亿元)**	**Total Sales of Commercial Houses**	**(100 million yuan)**	**2094.27**	**2647.34**	**3218.04**
# 住宅		Residential Buildings		1906.88	2330.85	2677.36

5-14 各市(州)按经济类型分的房地产开发企业个数(2011年)
Number of Enterprises of Real Estate Development by Ownership and Region(2011)

单位：个 (unit)

市(州)	Region	合计 Total	国有经济 State-owned	集体经济 Collective-owned	私营经济 Civillian-owned	其他经济 Other
全　省	**Sichuan**	**4308**	**168**	**48**	**1856**	**2236**
成都市	Chengdu	1756	85	24	588	1059
自贡市	Zigong	98	7		53	38
攀枝花市	Panzhihua	82	5	1	63	13
泸州市	Luzhou	185	2	3	99	81
德阳市	Deyang	173	3	1	74	95
绵阳市	Mianyang	291	9	2	99	181
广元市	Guangyuan	131	8	2	78	43
遂宁市	Suining	156	2	2	59	93
内江市	Neijiang	89	10	3	34	42
乐山市	Leshan	211	3	1	113	94
南充市	Nanchong	249	6	1	143	99
眉山市	Meishan	125			69	56
宜宾市	Yibin	157	9	1	97	50
广安市	Guangan	113	1		86	26
达州市	Dazhou	147	7	1	80	59
雅安市	Yaan	72	1	2	32	37
巴中市	Bazhong	72	3		27	42
资阳市	Ziyang	137	5	4	35	93
阿坝藏族羌族自治州	Aba	14			5	9
甘孜藏族自治州	Ganzi	13			2	11
凉山彝族自治州	Liangshan	37	2		20	15

5-15 各市(州)按资质等级分的房地产开发企业个数(2011年)

Number of Enterprises of Real Estate Development by Region and Qualification Criteria(2011)

单位：个 (unit)

市(州)	Region	合 计 Total	一级 First Grade	二级 Second Grade	三级 Third Grade	四级 Fouth Grade	其他 Others
全 省	**Sichuan**	**4308**	**51**	**624**	**2468**	**303**	**862**
成都市	Chengdu	1756	20	240	833	169	494
自贡市	Zigong	98	4	13	62	8	11
攀枝花市	Panzhihua	82	2	9	41	4	26
泸州市	Luzhou	185	2	27	126	4	26
德阳市	Deyang	173		18	108	21	26
绵阳市	Mianyang	291	1	40	198	14	38
广元市	Guangyuan	131	1	17	76	7	30
遂宁市	Suining	156	3	43	90	4	16
内江市	Neijiang	89		18	56	7	8
乐山市	Leshan	211	4	31	149	1	26
南充市	Nanchong	249	2	21	179	12	35
眉山市	Meishan	125	1	29	71	3	21
宜宾市	Yibin	157	5	20	89	1	42
广安市	Guangan	113	1	21	71	2	18
达州市	Dazhou	147	4	41	84	7	11
雅安市	Yaan	72		4	49	13	6
巴中市	Bazhong	72		8	52	3	9
资阳市	Ziyang	137	1	17	99	11	9
阿坝藏族羌族自治州	Aba	14		4	6		4
甘孜藏族自治州	Ganzi	13		2	7	3	1
凉山彝族自治州	Liangshan	37		1	22	9	5

5-16 各市(州)按经济类型分的房地产开发企业从业人员数(2011年)
Number of Employees in Enterprises of Real Estate Devoelopment by Ownership and Region(2011)

单位：人 (person)

市(州)	Region	合计 Total	国有经济 State-owned	集体经济 Collective-owned	私营经济 Civillian-owned	其他经济 Other
全　省	**Sichuan**	**136820**	**13651**	**914**	**49550**	**72705**
成都市	Chengdu	64301	10530	514	14686	38571
自贡市	Zigong	3514	152		2430	932
攀枝花市	Panzhihua	2250	141	12	1597	500
泸州市	Luzhou	3645	2	91	2015	1537
德阳市	Deyang	4602	59	1	1854	2688
绵阳市	Mianyang	8709	208	13	3282	5206
广元市	Guangyuan	3614	595	22	1926	1071
遂宁市	Suining	5480	102	24	2581	2773
内江市	Neijiang	2709	182	23	855	1649
乐山市	Leshan	4793	71	120	2286	2316
南充市	Nanchong	7978	136	2	3939	3901
眉山市	Meishan	2980			1886	1094
宜宾市	Yibin	4630	541	15	2358	1716
广安市	Guangan	3957	185		2396	1376
达州市	Dazhou	4487	401	4	2394	1688
雅安市	Yaan	1312	12	10	440	850
巴中市	Bazhong	2793	173		687	1933
资阳市	Ziyang	3492	75	63	1107	2247
阿坝藏族羌族自治州	Aba	402			247	155
甘孜藏族自治州	Ganzi	316			76	240
凉山彝族自治州	Liangshan	856	86		508	262

5-17 各市(州)按资质等级分的房地产开发企业从业人员数(2011年)

Number of Employmees in Enterprises of Real Estate Development by Region and Qualification Criteria(2011)

单位：人 (person)

市(州)	Region	合计 Total	一级 First Grade	二级 Second Grade	三级 Third Grade	四级 Fouth Grade	其他 Others
全 省	**Sichuan**	**136820**	**6017**	**30492**	**69362**	**6055**	**24894**
成都市	Chengdu	64301	2766	14605	26753	3277	16900
自贡市	Zigong	3514	771	877	1483	128	255
攀枝花市	Panzhihua	2250	149	290	1174	39	598
泸州市	Luzhou	3645	123	920	2105	42	455
德阳市	Deyang	4602		948	2699	386	569
绵阳市	Mianyang	8709	85	2575	4763	144	1142
广元市	Guangyuan	3614	45	442	2373	197	557
遂宁市	Suining	5480	759	1548	2761	38	374
内江市	Neijiang	2709		690	1743	95	181
乐山市	Leshan	4793	169	1280	2937	8	399
南充市	Nanchong	7978	86	780	5839	454	819
眉山市	Meishan	2980	76	776	1636	81	411
宜宾市	Yibin	4630	584	832	2326	11	877
广安市	Guangan	3957	15	826	2810	17	289
达州市	Dazhou	4487	377	1809	1879	118	304
雅安市	Yaan	1312		82	889	279	62
巴中市	Bazhong	2793		298	1892	467	136
资阳市	Ziyang	3492	12	677	2541	110	152
阿坝藏族羌族自治州	Aba	402		117	48		237
甘孜藏族自治州	Ganzi	316		63	161	38	54
凉山彝族自治州	Liangshan	856		57	550	126	123

5-18 各市(州)按用途分的房地产开发投资完成额(2011年)

Actually Completed Investment of Enterprises for Real Estate Development by Region and Use(2011)

单位：亿元 (100 million yuan)

市(州)	Region	本年完成投资额 Investment made in Current Year	住宅 Residential Buildings	办公楼 Office Buildings	商业营业用房 Houses for Business Use	其他 Other
全 省	**Sichuan**	**2819.17**	**1989.39**	**91.21**	**316.76**	**421.80**
成都市	Chengdu	1585.28	1036.31	83.20	177.95	287.81
自贡市	Zigong	75.95	60.77	0.14	4.89	10.16
攀枝花市	Panzhihua	35.73	27.83	0.68	4.18	3.04
泸州市	Luzhou	67.78	55.71	0.16	7.09	4.84
德阳市	Deyang	72.90	54.99	0.57	6.86	10.48
绵阳市	Mianyang	132.28	106.53	0.38	13.49	11.88
广元市	Guangyuan	33.00	23.87	0.69	5.45	2.98
遂宁市	Suining	71.64	50.80	0.33	8.67	11.84
内江市	Neijiang	54.35	42.47	0.72	4.58	6.57
乐山市	Leshan	67.55	51.17	0.34	10.66	5.38
南充市	Nanchong	145.73	122.74	0.82	12.23	9.94
眉山市	Meishan	63.62	50.52	0.21	5.54	7.35
宜宾市	Yibin	105.41	71.54	0.67	15.56	17.65
广安市	Guangan	38.49	28.76	0.04	6.63	3.07
达州市	Dazhou	81.89	57.86	1.25	11.91	10.87
雅安市	Yaan	28.62	23.82		2.02	2.77
巴中市	Bazhong	38.00	29.83	0.56	4.10	3.52
资阳市	Ziyang	94.57	75.16	0.34	10.70	8.37
阿坝藏族羌族自治州	Aba	0.83	0.23	0.03	0.56	0.01
甘孜藏族自治州	Ganzi	2.90	1.35	0.01	1.51	0.03
凉山彝族自治州	Liangshan	22.66	17.12	0.07	2.20	3.27

5-19 各市(州)房地产开发建设房屋建筑面积和造价(2011年)
Floor Space of Buildings and their Cost in Real Estate Development by Region(2011)

市(州)	Region	施工房屋面积(万平方米) Floor Space of Buildings under Construction (10 000 sq.m)	竣工房屋面积(万平方米) Floor Space of Buildings Completed (10 000 sq.m)	房屋建筑面积竣工率(%) Rate of Floor Space of Buildings Completed (%)	竣工房屋价值(万元) Value of Buildings Completed (10 000 yuan)	竣工房屋造价(元/平方米) Cost of Buildings Completed (yuan / sq.m)
全　省	**Sichuan**	**27121.77**	**4232.53**	**15.6**	**9104701**	**2151**
成都市	Chengdu	12619.54	1573.20	12.5	4305344	2737
自贡市	Zigong	914.53	153.96	16.8	364433	2367
攀枝花市	Panzhihua	487.37	162.96	33.4	283438	1739
泸州市	Luzhou	875.78	184.67	21.1	293734	1591
德阳市	Deyang	933.97	132.50	14.2	250704	1892
绵阳市	Mianyang	1586.21	338.65	21.3	708837	2093
广元市	Guangyuan	394.99	74.06	18.7	115534	1560
遂宁市	Suining	632.90	128.24	20.3	198358	1547
内江市	Neijiang	703.66	155.57	22.1	293413	1886
乐山市	Leshan	749.81	177.83	23.7	392655	2208
南充市	Nanchong	1451.29	145.46	10.0	208138	1431
眉山市	Meishan	686.41	155.32	22.6	259611	1671
宜宾市	Yibin	1369.20	256.15	18.7	489256	1910
广安市	Guangan	599.63	141.70	23.6	192653	1360
达州市	Dazhou	1242.66	185.12	14.9	279408	1509
雅安市	Yaan	198.75	25.88	13.0	55432	2142
巴中市	Bazhong	486.62	80.45	16.5	129854	1614
资阳市	Ziyang	995.43	150.70	15.1	269393	1788
阿坝藏族羌族自治州	Aba	14.56	10.09	69.3	14506	1438
甘孜藏族自治州	Ganzi	53.51				
凉山彝族自治州	Liangshan	124.95				

5-20 各市(州)商品房销售情况(2011年)
Selling of Commercial Houses by Region(2011)

市(州)	Region	房屋销售面积(万平方米) Floor Space of Commercial Houses (10 000 sq.m)	# 住宅 Residential Buildings	# 办公楼 Office Buildings	# 商业营业用房 House for Business Use	房屋销售额(亿元) Total Sale of Commercial Houses (100 million yuan)	# 住宅 Residential Buildings	# 办公楼 Office Buildings	# 商业营业用房 House for Business Use
全 省	**Sichuan**	**6543.55**	**5826.52**	**85.43**	**400.93**	**3218.04**	**2677.36**	**83.07**	**363.41**
成都市	Chengdu	2704.36	2311.20	79.89	161.50	1805.70	1458.63	80.45	201.81
自贡市	Zigong	224.72	216.03		8.27	78.59	73.17		5.35
攀枝花市	Panzhihua	85.18	78.77		4.61	30.76	26.01		3.89
泸州市	Luzhou	297.57	257.04	0.77	25.26	103.02	77.30	0.31	20.82
德阳市	Deyang	213.72	193.02		13.94	83.70	72.94		8.71
绵阳市	Mianyang	415.78	394.96	0.26	15.66	167.64	151.59	0.10	14.18
广元市	Guangyuan	93.42	77.77	0.77	12.95	42.50	30.69	0.56	10.74
遂宁市	Suining	197.23	181.23	0.24	14.85	62.73	52.35	0.10	9.81
内江市	Neijiang	274.54	259.18	0.02	11.57	95.46	89.21	0.01	5.16
乐山市	Leshan	267.73	245.40		12.02	114.91	99.95		10.25
南充市	Nanchong	417.98	393.31	0.64	18.22	163.75	150.08	0.29	10.23
眉山市	Meishan	193.63	180.93	0.42	8.21	69.74	62.66	0.16	4.87
宜宾市	Yibin	279.38	238.71	1.36	30.40	100.62	78.29	0.70	19.18
广安市	Guangan	201.08	184.28		12.54	64.42	56.02		6.19
达州市	Dazhou	255.20	232.74	0.17	17.19	86.22	75.11	0.05	9.54
雅安市	Yaan	42.67	42.02	0.13	0.44	17.24	16.82	0.09	0.30
巴中市	Bazhong	98.10	91.03	0.10	5.06	30.01	26.44	0.03	3.13
资阳市	Ziyang	246.56	218.54	0.59	24.57	80.62	63.39	0.20	15.90
阿坝藏族羌族自治州	Aba	1.57	0.93	0.06	0.54	0.54	0.10	0.02	0.33
甘孜藏族自治州	Ganzi	8.33	7.48		0.66	2.95	2.33		0.56
凉山彝族自治州	Liangshan	24.78	21.96		2.47	16.90	14.30		2.47

5-21 各市(州)商品房期房销售情况(2011年)
Selling of Commercial Houses under Construction by Region(2011)

市(州)	Region	房屋销售面积(万平方米) Floor Space of Commercial Houses (10 000 sq.m)	# 住宅 Residential Buildings	# 办公楼 Office Buildings	# 商业营业用房 House for Business Use	房屋销售额(亿元) Total Sale of Commercial Houses (100 million yuan)	# 住宅 Residential Buildings	# 办公楼 Office Buildings	# 商业营业用房 House for Business Use
全　省	**Sichuan**	**5294.57**	**4814.58**	**74.03**	**277.12**	**2664.58**	**2252.93**	**72.87**	**281.86**
成都市	Chengdu	2229.59	1944.98	69.37	128.97	1511.66	1230.51	70.61	170.45
自贡市	Zigong	194.45	189.02		5.43	70.62	66.38		4.23
攀枝花市	Panzhihua	78.69	74.03		3.46	29.00	24.69		3.58
泸州市	Luzhou	221.96	202.23	0.75	13.13	77.84	63.02	0.31	12.30
德阳市	Deyang	187.16	172.66		10.60	74.45	66.33		6.84
绵阳市	Mianyang	351.93	338.94		9.14	143.93	132.38		10.06
广元市	Guangyuan	79.76	70.81	0.63	8.11	37.50	28.72	0.50	8.22
遂宁市	Suining	142.04	131.63	0.24	9.41	46.39	38.89	0.10	6.97
内江市	Neijiang	237.23	229.23		6.76	84.57	80.89		3.31
乐山市	Leshan	216.98	201.89		7.47	94.79	84.63		7.00
南充市	Nanchong	310.40	292.63	0.63	12.71	118.98	108.74	0.29	7.28
眉山市	Meishan	157.37	148.45	0.35	5.97	57.34	52.77	0.14	3.70
宜宾市	Yibin	216.99	194.45	1.36	18.51	80.61	66.57	0.70	12.70
广安市	Guangan	160.70	149.96		9.16	52.55	47.08		4.74
达州市	Dazhou	209.40	196.56	0.07	8.67	75.34	67.38	0.02	6.69
雅安市	Yaan	36.09	35.86		0.23	15.45	15.29		0.16
巴中市	Bazhong	48.37	46.69		1.55	15.17	14.00		1.13
资阳市	Ziyang	182.92	165.66	0.57	14.68	58.99	48.44	0.19	9.58
阿坝藏族羌族自治州	Aba	1.57	0.93	0.06	0.54	0.54	0.10	0.02	0.33
甘孜藏族自治州	Ganzi	6.18	5.98		0.13	1.98	1.84		0.12
凉山彝族自治州	Liangshan	24.78	21.96		2.47	16.90	14.30		2.47

5-22 各市(州)商品房现房销售情况(2011年)
Selling of Commercial Houses Completed by Region(2011)

市(州)	Region	房屋销售面积(万平方米) Floor Space of Commercial Houses (10 000 sq.m)	# 住宅 Residential Buildings	# 办公楼 Office Buildings	# 商业营业用房 House for Business Use	房屋销售额(亿元) Total Sale of Commercial Houses (100 million yuan)	# 住宅 Residential Buildings	# 办公楼 Office Buildings	# 商业营业用房 House for Business Use
全　省	**Sichuan**	**1248.98**	**1011.94**	**11.40**	**123.81**	**553.46**	**424.43**	**10.20**	**81.56**
成都市	Chengdu	474.76	366.22	10.53	32.53	294.05	228.12	9.84	31.36
自贡市	Zigong	30.27	27.01		2.83	7.98	6.79		1.12
攀枝花市	Panzhihua	6.49	4.73		1.15	1.76	1.32		0.31
泸州市	Luzhou	75.62	54.81	0.02	12.12	25.18	14.28		8.53
德阳市	Deyang	26.55	20.36		3.34	9.25	6.61		1.86
绵阳市	Mianyang	63.85	56.02	0.26	6.52	23.71	19.21	0.10	4.12
广元市	Guangyuan	13.66	6.97	0.14	4.84	5.01	1.98	0.06	2.53
遂宁市	Suining	55.19	49.60		5.44	16.34	13.46		2.84
内江市	Neijiang	37.31	29.95	0.02	4.81	10.89	8.32	0.01	1.85
乐山市	Leshan	50.75	43.51		4.55	20.12	15.32		3.25
南充市	Nanchong	107.58	100.68	0.01	5.50	44.77	41.34		2.95
眉山市	Meishan	36.26	32.48	0.08	2.24	12.40	9.88	0.03	1.17
宜宾市	Yibin	62.39	44.26		11.90	20.01	11.72		6.48
广安市	Guangan	40.38	34.31		3.39	11.87	8.94		1.45
达州市	Dazhou	45.80	36.18	0.11	8.52	10.89	7.73	0.03	2.85
雅安市	Yaan	6.58	6.16	0.13	0.20	1.80	1.53	0.09	0.13
巴中市	Bazhong	49.73	44.34	0.10	3.51	14.84	12.44	0.03	2.00
资阳市	Ziyang	63.64	52.87	0.02	9.89	21.63	14.95		6.32
阿坝藏族羌族自治州	Aba								
甘孜藏族自治州	Ganzi	2.15	1.50		0.53	0.98	0.50		0.44
凉山彝族自治州	Liangshan								

5-23 各市(州)商品房待售情况(2011年)
Selling of Commercial Houses on Sale by Region(2011)

市(州)	Region	商品房待售面积（万平方米）Space Of Commercial Houses on Sale (10 000 sq.m)	# 住宅 Residential Buildings	# 办公楼 Office Buildings	# 商业营业用房 House for Business Use	其中：待售1-3年的面积（万平方米）Space Empty on Sale During 3 Year (10 000 sq.m)	# 住宅 Residential Buildings	# 办公楼 Office Buildings	# 商业营业用房 House for Business Business
全 省	**Sichuan**	**998.73**	**576.69**	**26.19**	**186.86**	**444.49**	**240.48**	**10.03**	**91.05**
成都市	Chengdu	459.00	232.89	14.94	67.66	177.09	70.38	2.27	38.24
自贡市	Zigong	45.29	23.97	1.06	15.37	10.01	4.26	0.52	2.43
攀枝花市	Panzhihua	7.75	0.37	0.30	4.82	1.92	0.18	0.30	0.81
泸州市	Luzhou	35.02	24.19		3.66	20.02	11.01		2.63
德阳市	Deyang	50.30	25.76	0.49	19.46	31.29	12.86	0.49	14.53
绵阳市	Mianyang	16.78	5.42	0.03	3.90	11.66	4.25	0.03	1.75
广元市	Guangyuan	17.81	8.47	0.17	5.34	5.20	2.10		1.95
遂宁市	Suining	27.57	22.12	0.01	5.03	0.49	0.18		0.31
内江市	Neijiang	1.02	0.83		0.07	0.77	0.58		0.07
乐山市	Leshan	27.40	17.91	1.68	5.58	13.40	8.34	1.50	1.86
南充市	Nanchong	81.79	56.73	0.10	13.23	41.61	31.58	0.04	3.99
眉山市	Meishan	64.39	48.96		8.91	37.89	25.87		6.97
宜宾市	Yibin	72.23	43.12	1.30	18.09	40.21	31.43		6.79
广安市	Guangan	18.39	17.11		0.52	13.46	12.18		0.52
达州市	Dazhou	16.20	2.14	4.74	8.14	8.35	0.19	3.74	4.43
雅安市	Yaan	15.62	12.34	0.08	2.13	6.64	4.90	0.08	0.97
巴中市	Bazhong	13.69	10.90	1.27	0.99	5.71	3.87	1.06	0.77
资阳市	Ziyang	26.97	22.35		3.60	18.77	16.32		2.03
阿坝藏族羌族自治州	Aba								
甘孜藏族自治州	Ganzi	1.50	1.13		0.37				
凉山彝族自治州	Liangshan								

主要统计指标解释

全社会固定资产投资 以货币形式表现的在一定时期内全社会建造和购置固定资产的工作量以及与此有关的费用的总称。该指标是反映固定资产投资规模、结构和发展速度的综合性指标，又是观察工程进度和考核投资效果的重要依据。全社会固定资产投资按登记注册类型可分为国有、集体、联营、股份制、私营和个体、港澳台商、外商、其他等。

城镇固定资产投资 指城镇各种登记注册类型的企业、事业、行政单位及个体户进行的计划总投资500万元及500万元以上的建设项目投资和房地产开发投资。县城及以上区域内发生的投资，县及县以上各级政府及主管部门直接领导、管理的建设项目和企业事业单位的投资均为城镇固定资产投资。

房地产开发投资 指各种登记注册类型的房地产开发公司、商品房建设公司及其他房地产开发法人单位和附属于其他法人单位实际从事房地产开发或经营活动的单位统一开发的包括统代建、拆迁还建的住宅、厂房、仓库、饭店、宾馆、度假村、写字楼、办公楼等房屋建筑物和配套的服务设施，土地开发工程（如道路、给水、排水、供电、供热、通讯、平整场地等基础设施工程）的投资；不包括单纯的土地交易活动。

固定资产投资的资金来源 根据固定资产投资的资金来源不同，分为国家预算内资金、国内贷款、利用外资、自筹资金和其他资金。

(1)国家预算内资金：分为财政拨款和财政安排的贷款两部分。包括中央财政的基本建设基金(分经营性基金和非经营性基金两部分)、专项支出、收回再贷、贴息资金，财政安排的挖潜改造和新产品试制支出、城建支出、商业部门简易建筑支出、不发达地区发展基金等资金中用于固定资产投资的资金；地方财政中由国家统筹安排的资金等。

(2)国内贷款：指报告期固定资产投资单位向银行及非银行金融机构借入的用于固定资产投资的各种国内借款，包括银行利用自有资金及吸收的存款发放的贷款、上级主管部门拨入的国内贷款、国家专项贷款、地方财政专项资金安排的贷款、国内储备贷款、周转贷款等。

(3)利用外资：指报告期收到的用于固定资产建造和购置的境外资金(包括设备、材料、技术在内)。包括对外借款(外国政府、国际金融组织贷款、出口信贷、外国银行商业贷款、对外发行债券和股票)、外商直接投资及外商其他投资。不包括我国自有外汇资金(国家外汇、地方外汇、留成外汇、调剂外汇和中国银行自有资金发行的外汇贷款等)。计算利用外资时，需要折算成人民币，折算中所使用的外汇汇率按现汇计算，即按使用外汇时的汇率计算。

(4)自筹资金：指固定资产投资单位报告期收到的，由各地区、各部门及企、事业单位筹集用于固定资产投资的预算外资金，包括中央各部门、各级地方和企、事业单位的自筹资金。

(5)其他资金：指在报告期收到的除以上各种资金之外其他用于固定资产投资的资金，包括企业或金融机构通过发行各种债券筹集到的资金、社会集资、个人资金、无偿捐赠的资金及其他单位拨入的资金等。

固定资产投资按国民经济行业分 根据现有企业、事业、行政单位和建设项目建成投产后的主要产品种类或主要用途及社会经济活动性质来确定国民经济行业。一般情况下，一个建设项目或一个企业、事业单位只能属于一种国民经济行业。

固定资产投资按隶属关系分 是按建设单位或企业、事业、行政单位的主管上级机关确定的。

(1)中央：是指中共中央、人大常委会和国务院各部、委、局、总公司以及直属机构直接领导的建设项目和企业、事业、行政单位。这些单位的固定资产投资计划由国务院各部门直接编制和下达，建设中所需物资、主要设备以及建设中的问题都由中央有关部门安排和解决。

(2)地方：是由省（自治区、直辖市）、地区（州、盟、省辖市）、县（旗、县级市）三级政府及业务主管部门直接领导和管理的建设项目、企业、事业、行政单位。地方项目还包括不隶属以上各级政府及主管部门的建设项目和企业、事业单位，如外商投资企业和无主管部门的企业等。

固定资产投资按建设性质分 根据整个建设项目情况来确定。一般分为新建、扩建、改建和技术改造、单纯建造生活设施、迁建、恢复、单纯购置。房地产开发单位、农村投资不划分建设性质。

(1)新建：一般指从无到有开始建设的企业、事业和行政单位或建设项目。有的单位原有基础很小，经过建设后新增的固定资产价值超过该企、事业、行政单位原有固定资产价值(原值)三倍以上的也应作为新建。

(2)扩建：指在厂内或其他地点，为扩大原有产品的生产能力(或效益)或增加新的产品生产能力，而增建主要的生产车间(或主要工程)、分厂、独立的生产线。行政、事业单位在原单位增建业务用房(如学校增建教学用房、医院增建门诊部、病房等)也作为扩建。

现有企、事业单位为扩大原有主要产品生产能力或增加新的产品生产能力，增建一个或几个主要生产车间(或主要工程)、分厂，同时进行一些更新改造工程的，也应作为扩建。

(3)改建和技术改造：指现有企业、事业单位，对原有设施进行技术改造或更新(包括相应配套的辅助性生产、生活福利设施）的建设项目。现有企业、事业单位为适应市场变化的需要，而改变企业的主要产品种类(如军工企业转产民用品等）的建设项目，应作为改建。原有产品生产作业线由于各工序(车间)之间能力不平衡，为填平补齐充分发挥原有生产能力而增建不增加本企业主要产品设计能力的车间，也应作为改建。技术改造是指企业、事业单位在现有基础上，用先进的技术代替落后的技术，用先进的工艺和装备代替落后的工艺和装备，以改变企业落后的技术经济面貌，实现以内涵为主的扩大再生产，达到提高产品质量、促进产品更新换代、节约能源、降低消耗、扩大生产规模、全面提高社会经济效益的目的。技术改造具体包括以下内容：机器设备和工具的更新改造；生产工艺改革、节约能源和原材料的改造；厂房建筑和公共设施的改造；劳动条件和生产环境的改造等。

固定资产投资按构成分　固定资产投资活动按其工作内容和实现方式分为建筑安装工程，设备工具器具购置和其他费用三个部分。

(1)建筑安装工程(建筑安装工作量)：指各种房屋、建筑物的建造工程和各种设备、装置的安装工程。包括各种房屋建造工程；各种用途设备基础和各种工业窑炉的砌筑工程及金属结构工程；为施工而进行的各种准备工作和临时工程以及完工后的清理工作等；铁路、道路的铺设，矿井的开凿及石油管道的架设等；水利工程；防空地下建筑等特殊工程；列入房屋工程预算内的暖气、卫生、通风、照明、煤气等设备的价值及装设油饰工程；　列入建筑工程预算内的各种管道(蒸汽、压缩空气、石油、给排水等管道)、电力、电讯电缆导线等的敷设工程；以及各种机械设备的安装工程；为测定安装工程质量，对设备进行的试运工作；房地产开发单位进行的商品房屋开发建设工程、土地开发工程。在建筑安装工程中，不包括被安装设备本身的价值。

(2)设备工具器具购置：指建设单位或企、事业单位购置或自制的，达到固定资产标准的设备、工具、器具的价值。新建单位及扩建单位的新建车间，按照设计和计划要求购置或自制的全部设备、工具、器具，不论是否达到固定资产标准均计入“设备工具器具购置”中。

(3)其他费用：指在固定资产建造和购置过程中发生的，除上述几项内容以外的各种应分摊计入固定资产的费用。

施工项目　指报告期内所有施工的建设项目个数，包括本年新开工的项目和以前年度开工在本年继续施工的建设项目。凡是报告期内施过工的建设项目，不论施工时间长短，均作为施工项目统计。施工项目个数可以反映一定时期固定资产投资的实际规模，与同期建成投产的建设项目个数相比，可以从建设速度的角度反映固定资产投资的效果。

全部建成投产项目　指报告期内按设计文件规定的全部生产能力（或效益）建成投产，经验收合格交付使用的建设项目。

新增生产能力(或工程效益)　指通过固定资产投资活动而增加的设计能力（或工程效益）。主要指标包括建设规模、本年施工规模、自开始建设累计新增生产能力（或工程效益）、本年新增生产能力（或工程效益）等。

新增固定资产　指报告期内交付使用的固定资产价值。包括本年内建成投入生产或交付使用的工程投资和达到固定资产标准的设备、工具、器具的投资及有关应摊入的费用。该指标是表示固定资产投资成果的价值指标，也是反映建设进度，计算固定资产投资效果的重要指标。

房屋建筑面积　指从房屋外墙线算起的各层平面面积的总和，包括可供使用的有效面积和房屋结构(如柱、墙)占用的面积。多层建筑按各层（包括地下室）面积总和计算。

施工面积　指报告期内施工的全部房屋建筑面积。包括本期新开工的面积和上期开工跨入本期继续施工的房屋面积，以及上期已停建在本期恢复施工的房屋面积。本期竣工和本期施工后又停缓建的房屋，其建筑面积仍计入本期房屋施工面积中。

竣工面积　指在报告期内房屋建筑按照设计要求已全部完工，达到住人和使用条件，经验收鉴定合格(或达到竣工验收标准)，可正式移交使用单位的各栋房屋建筑面积的总和。

房屋建筑面积竣工率　指一定时期内房屋竣工面积占同期房屋施工面积的比率。它是从房屋建筑施工速度的角度反映投资效果的指标。

项目建成投产率　指一定时期内全部建成投产项目个数与同期施工项目个数的比率。该指标是从建设单位建设速度的角度反映投资效果的指标。

固定资产交付使用率 指一定时期新增固定资产与同期完成投资额的比率。它是反映固定资产动用速度，衡量建设过程中宏观投资效果的综合指标。

商品房销售面积 指报告期内出售商品房屋的合同总面积(即双方签署的正式买卖合同中所确定的建筑面积)。由现房销售建筑面积和期房销售建筑面积两部分组成。

商品房销售额 指报告期内出售商品房屋的合同总价款(即双方签署的正式买卖合同中所确定的合同总价)。该指标与商品房销售面积同口径，由现房销售额和期房销售额两部分组成。

Explanatory Notes on Main Statistical Indicators

Total Investment in Fixed Assets refers to the volume of activities in construction and purchases of fixed assets and related fees , expressed in monetary terms . It is a comprehensive indicator which shows the size, structure and growth of the investment in fixed assets, providing basis for observing the progress of construction projects and evaluating results of investment. Total investment in fixed assets in the whole country includes, by type of ownership, the investment by the state-owned units, collective-owned units, joint ownership units, share-holding units, private units individuals as well as investments by entrepreneurs from Hong Kong, Macao and Taiwan, foreign investors and others.

Urban Investment in Fixed Assets refers to construction projects involving a total planned investment of 5,000,000 yuan and over by enterprises of various types of ownership, institutions, administrative units and individuals in urban areas, investment in real estate development. In other words, all investments that take place in county towns and urban areas, investment in construction projects under the direct leadership and management of government agencies at and above county levels and investments by enterprises and institutions at and above county levels are covered in urban investment in fixed assets.

Investment in Real Estate Development It includes the investment by the real estate development companies, commercial buildings construction companies and other real estate development units of various types of ownership in the construction of house buildings, such as residential buildings, factory buildings, warehouses, hotels, guesthouses, resort, office buildings, and the complementary service facilities and land development projects, such as roads, water supply, water drainage, power supply, heating, telecommunications , land leveling and other projects of infrastructure. It excludes the activities in simple land transactions.

Sources of Funds for Investment in Fixed Assets are categorized as funds from the State budget, domestic loans, foreign investment, self-raised funds, and others, depending on the sources of investment.

(1) Fund from the State budget consists of budgetary appropriation and loans from the State budget. More specifically, it includes, from the budget of the central government, capital construction fund (operation fund and non-operational fund), special expenses, loans from repayment, discount fund, expenses on innovation and trial production of new products, expenses on urban construction, expenses on temporary construction from business departments, development fund for less developed areas, as well as local budgetary fund transferred from the central budget.

(2) Domestic loans refer to loans of various forms borrowed by investing units from banks and non-bank financial institutions during the reference period for the purpose of investment in fixed assets, including loans issued by banks from their self-owned funds and deposit, loans appropriated by higher authorities, special loans by government, loans arranged by local government from special funds, domestic reserve loan, and working loan.

(3) Foreign investment refers to foreign funds received during the reference period for the construction and purchase of investment in fixed assets (covering equipment, materials and technology), including foreign borrowings (loans from foreign governments and international financial institutions, export credit, commercial loans from foreign banks, issue of bonds and stocks overseas), foreign direct investment and other foreign investments. Excluded from this category is capital in foreign exchanges owned by China (foreign exchanges owned by the central and local governments, foreign exchanges retained by enterprises, foreign exchanges by enterprises through the regulating mechanism, loans in foreign exchanges issued by the Bank of China with its own fund, etc.). In calculating the utilization of foreign capital, foreign currencies are converted into Chinese Renminbi applying the current exchange rate when the foreign capitals are actually used.

(4) Self-raised funds refer to extra-budgetary funds for investment in fixed assets received during the reference period by investing units from central government ministries, local governments, enterprises and institutions, including their self-raised funds.

(5) Others refer to funds for investment in fixed assets received from sources other than those listed above, including capital raised through issuing bonds by enterprises or financial institutions, funds raised from individuals and through donations, and funds transferred from other units.

Investment in Fixed Assets by Sector The classification of construction projects by sector is determined by enterprises, institutions, administrative units and the major products or the purpose of the projects of existing enterprises, institutional and administrative units when they are put into production or use, and by the nature of their social economic activities. In general, one project or one enterprise or institution can only be classified into one sector.

Investment in Fixed Assets by Jurisdiction of Management refers to the classification of investment by the competent authorities under which investment is made by construction units, enterprises, institutions or administrative units.

(1) Central investment refers to the investment in projects or by enterprises, institutions or administrative units which are under the direct leadership and management of the State Council and of the national commissions, ministries, agencies and State-owned large corporations. Various ministries and departments of the State Council prepare and implement plans for investment in fixed assets by those departments, and arrange and ensure the supply of materials and key equipment required for the projects.

(2) Local investment refers to the investment in projects or by enterprises, institutions or administrative units which are under the direct leadership and management of departments under the provincial, prefecture and county governments. Also included are projects by foreign-invested enterprises and enterprises without competent managing authorities.

Investment in Fixed Assets by Type of Construction Determined according to the circumstances of the entire construction project ,construction projects in general can be classified, by the type of construction, into new construction, expansion, reconstruction and technical transformation, moving and restoration. However, investment by type of construction is not applied to investment by real-estate development units, investment in rural areas.

(1) New construction in general refers to construction projects, which start from scratch, of enterprises, institutions, administrative agencies. In case the size of the existing unit is quite small, and the value of newly added fixed assets is more than three times of the the original value, the expansion will be considered as new construction.

(2) Expansion refers to construction of new major production workshop, branch factory or independent production line within a factory or in other locations, for the purpose of increasing the production capacity (or improving efficiency) or adding new production capacity. Newly constructed accommodation for the operation of institutions and administrative organizations (such as newly constructed buildings for teaching in schools, buildings for clinics or wards in hospitals, etc.) are also classified as expansion.

Also included in expansion are investments by existing enterprises or institutions in building major production line(s) or branch factory(ies) along with some work on innovation, for the purpose of expanding the production capacity of original products or producing new products.

(3) Reconstruction and technical transformation refers to construction projects by existing enterprises or institutions in innovation or technical transformation of the old facilities (including auxiliary production equipment and welfare facilities). Also considered as reconstruction is the construction of new workshops by the existing enterprises or institutions to change the variety of products to meet the market demand (such as the production of civil products by defence industries), or to bring the designed production capacity into full play through a more balanced production process on production lines. Technical transformation refers to replacement of old technology or equipment by new technology or equipment, in order to expand the reproduction through improvement of technology contents in production, to improve product quality, to promote new products, to save energy, to reduce consumption, to expand the production scale and to improve overall social-economic efficiency. Contents of technical transformation include: updating of machinery, equipment and tools; reforming production process by using energy or materials saving technology; construction of factory workshops and transformation of public facilities; improvement of working conditions and environment, etc.

Investment in Fixed Assets by Structure By their contents and the mode of implementation, investment activities are classified into 3 categories, i.e. construction and installation, purchase of equipment and instrument, and other expenses.

(1) Construction and installation (work volume of construction and installation) refers to the construction of houses and buildings and the installation of various kinds of equipment and instruments. They include construction of houses; equipment foundations, industrial kilns and stoves, and metal structure work; preparation works and temporary works for project construction, and clearing up works post project construction; pavement of railways and roads, drilling of mines and putting up of oil pipes; construction of water conservancy; construction of underground air-raid shelters and construction of other special projects; value of equipment for heating, sanitation, ventilation, lighting, gas, painting, etc. that are covered by the budget of housing projects; laying out of various pipelines (for steam, compressed air, petroleum, tap water and sewage) and wiring and cabling for electric power and for communications; installation of various machinery and equipment; testing operation for pre-testing the quality of installation projects, and land and other development work conducted by real estate developers for commercialized housing. The value of equipment installed is itself not included in the value of installation projects.

(2) Purchase of equipment and instruments refers to the total value of equipment, tools, and instruments purchased or self-produced which come up to the cut-off point for fixed assets by the construction units or investing enterprises or institutions. Equipment, tools and instruments purchased or self-produced for new workshops by newly established or expanded units are categorized as “purchase of equipment and instruments” no matter whether they come up to the cut-off point for fixed assets.

(3) Other expenses refer to expenses arising during the construction or purchase of fixed assets other than those mentioned above.

Projects under Construction refer to number of all projects with construction activities newly started in current year or left-over from the previous year in the reference period. All projects that have construction activities undertaken during the reference period are reported as projects under construction irrespective of the length of construction work. The number of projects under construction can reflect the actual size of investment in fixed as sets during a given period, and when compared with the number of projects completed and put into use during the same period, it demonstrates the results of investment in fixed as sets.

Projects Completed and Put into Use refer to projects have been completed in accordance with the design documents, resulting in forming production capacity (efficiency) and have been checked and accepted after relevant tests, and have been formally delivered for use.

Newly Increased Production Capacity (or Project Efficiency) refers to the increase of designed capacity (or project efficiency) through investment in fixed assets. The main indicators include: construction scale, scale of projects under construction in current year, the accumulated newly increased production capacity (project efficiency) since the start of the projects and the newly increased production capacity (project efficiency) of current year.

Newly Increased Fixed Assets refer to the value of fixed that has been put into use, including investment in projects that have been completed and put into operation in current year and the investment in equipment, tools and appliance that meet the standard of fixed assets and fees that should be apportioned. This is an indicator that demonstrates the results of investment in fixed assets in monetary terms, and an important indicator to reflect the speed of construction and to calculate the efficiency of investment.

Floor Space of Buildings Under Construction refer to the total floor space of the surface area of the housing wall, including the effective area and the area occupied by the structure(including columns,walls). The area of mullti-storey building (including basement) is equal to the sum of each floor.

Floor Space Under Construction refers to total floor space of all buildings under construction during the reference period, including floor space of newly started buildings during the reference period, floor space of construction extended from the previous period to the current period, and floor space of construction suspended during the previous period and resumed in the current period. Floor space of construction completed in the current period, and floor space of construction started and then suspended in the current period are also included in the floor space under construction of the current year.

Floor Space of Buildings Completed refers to the floor space of all buildings completed in the reference period, which have been appraised and accepted (or come up to the designed standards) and have been transferred to the owners for use.

Completion Rate of Floor Space of Buildings refers to the ratio of the floor space of buildings completed in certain period of time to the floor space of buildings under construction in the same period; this indicator reflects the investment result from the perspective of the speed of construction.

Rate of Construction Projects Completed and Put into Use refers to the ratio of the number of construction projects completed and put into use in a certain period of time to the number of projects under construction in the same period. This reflects the investment efficiency from the perspective of the speed of projects construction

Rate of Construction Projects Completed and Put into Use refers to the ratio of the number of construction projects completed and put into use in certain period of time to the number of projects under construction in the same period. This reflects the investment efficiency from the angle of the speed of project construction.

Rate of Projects of Fixed Assets completed and Put into Operation refers to the ratio of the newly increased fixed assets to the total investment made in the same period. This is a comprehensive indicator reflecting the speed of the employment of fixed assets and the investment efficiency at the macro-level.

Area of Commercialized Housing Sold refers to total contracted area of commercialized housing (i.e. area of floor space as designated in the formal contracts signed by both sides) during the reference time. It constitutes floor space of completed housing and floor space of future housing.

Value of Commercialized Housing Sold refers to the total contracted value (i.e. value of sales/purchase for selling/purchase of commercialized housing as designated in the contract signed by both sides) during the reference time. This indicator has the same coverage as the area of commercialized housing sold, which constitutes floor space of completed housing and floor space of housing yet to be completed.

6

能源

ENERGY

6-1 综合能源平衡表
Overall Energy Balance Sheet

单位：万吨标准煤 (10 000 tons of SCE)

项 目	Item	2008	2009	2010	2011
可供消费的能源总量	**Total Energy Available for Consumption**	**15145**	**16322**	**17892**	**19696**
一次能源生产量	Primary Energy Output	13643	13966	15022	16296
回收能	Recovery of Energy				-1112
外省(区、市)调入量	Imports from Other Provinces	3377	4246	4465	5842
进口量	Imports				
我轮、机在外国加油量	Chinese Airplanes and Ship in Refueling Abroad	9	11	12	2
本省(区、市)调出量(-)	Exports from Sichuan(-)	1749	1939	1935	2419
出口量(-)	Exports(-)				
外轮、机在我国加油量(-)	Foreign Airplanes and Ships in Refueling in China	2	3	2	5
年初年末库存差额	Stock Changes in the Year	-132	41	-24	20
年初库存量	Stock (year-beginning)	478	613	577	602
年末库存量(-)	Stock (year-end)(-)	611	572	602	622
能源消费总量	**Total Energy Consumption**	**15145**	**16322**	**17892**	**19696**
在总量中:	Consumption by Sector				
1.农、林、牧、渔业	1.Farming, Forestry, Animal Husbandry,Fishery and Water Conservancy	301	282	270	270
2.工业	2.Industry	10986	11847	12939	14096
3.建筑业	3.Construction	200	231	314	374
4.交通运输、仓储和邮政业	4.Transport, Storage and Post	990	1144	1214	1281
5.批发、零售业和住宿、餐饮业	5.Wholesale, Retail Trade and Hotel	350	384	501	668
6.其他	6.Others	423	497	512	611
7.生活消费	7.Residential Consumption	1895	1938	2142	2395
在总量中:	Consumption by Usage				
1.终端消费	1.Final Consumption	13742	14638	16369	19381
#工业	Industry	9583	10163	11415	13781
2.加工转换损失	2.Losses in Processing and Transformation	709	933	779	-438
火力发电损失	Thermal Power Generation				
供热损失	Heating			11	59
洗选煤损失	Coal Washing and Dressing	534	599	627	423
炼焦损失	Coking	161	302	119	98
炼油损失	Petroleum Refining	14	22	16	77
制气损失	Gas Production			1	2
煤制品加工损失	Coal Products Processing		11	4	11
天然气液化损失					3
3.损失量	3.Other Losses	694	751	744	**753**
平衡差额	**Balance**				

注：本表按等价值计算。
a) This table is calculated in equal value.

6-2 能源生产量和构成
Total Production of Primary Energy Output and its Composition

单位：万吨标准煤，%　　　　(10 000 tons SCE , %)

项　　目	Item	2008	2009	2010	2011
一次能源产量	**primaty Energy Output**				
标准量（当量值）	Standard Volume(Heat Value Equivalent)	10235.34	10556.21	11691.29	12268.55
构成(按当量值计算)	Composition(Calculated on the Basic of Heat Value Equivalent)	100.00	100.00	100.00	100.00
标准量（电力等价值）	Standard Volume(Equal Electricity Value)	13643.08	13965.86	15021.61	16296.41
构成(按等价值计算)	Composition(Calculated on the Basic of Equal Electricity Value)	100.00	100.00	100.00	100.00
原煤	**Coal**				
实物量(万吨)	Physical Volume	9637.36	9505.33	9457.45	9377.47
标准量（当量值）	Standard Volume(Heat Value Equivalent)	6883.97	6776.35	7154.51	7222.32
构成(按当量值计算)	Composition(Calculated on the Basic of Heat Value Equivalent)	67.26	64.19	61.20	58.87
标准量（电力等价值）	Standard Volume(Equal Electricity Value)	6883.97	6776.35	7154.51	7222.32
构成(按等价值计算)	Composition(Calculated on the Basic of Equal Electricity Value)	50.46	48.52	47.63	44.32
原油	**Crude Oil**				
实物量(万吨)	Physical Volume	19.43	21.68	15.13	16.17
标准量（当量值）	Standard Volume(Heat Value Equivalent)	27.76	30.97	21.61	23.10
构成(按当量值计算)	Composition(Calculated on the Basic of Heat Value Equivalent)	0.27	0.29	0.18	0.19
标准量（电力等价值）	Standard Volume(Equal Electricity Value)	27.76	30.97	21.61	23.10
构成(按等价值计算)	Composition(Calculated on the Basic of Equal Electricity Value)	0.20	0.22	0.14	0.14
天然气	**Natural Gas**				
实物量(亿立方米)	Physical Volume	172.69	191.28	234.16	242.00
标准量（当量值）	Standard Volume(Heat Value Equivalent)	2296.78	2544.02	3114.33	3218.60
构成(按当量值计算)	Composition(Calculated on the Basic of Heat Value Equivalent)	22.44	24.10	26.64	26.23
标准量（电力等价值）	Standard Volume(Equal Electricity Value)	2296.78	2544.02	3114.33	3218.60
构成(按等价值计算)	Composition(Calculated on the Basic of Equal Electricity Value)	16.83	18.22	20.73	19.75
水、核电	**Hydro_power,Nuclear**				
实物量(亿千瓦小时)	Physical Volume	835.51	979.37	1139.82	1468.29
标准量（当量值）	Standard Volume(Heat Value Equivalent)	1026.84	1203.65	1400.84	1804.53
构成(按当量值计算)	Composition(Calculated on the Basic of Heat Value Equivalent)	10.03	11.40	11.98	14.71
标准量（电力等价值）	Standard Volume(Equal Electricity Value)	4434.58	4613.30	4731.16	5832.39
构成(按等价值计算)	Composition(Calculated on the Basic of Equal Electricity Value)	32.50	33.03	31.50	35.79

6-3 能源消费量和构成
Total Consumption of Energy and its Composition

单位：万吨标准煤，%　　(10 000 tons SCE , %)

项　目	Item	2008	2009	2010	2011
能源消费总量	**Total Energy Consumption**				
标准量（当量值）	Standard Volume(Heat Value Equivalent)	11829.06	13321.80	15013.97	15958.01
构成(按当量值计算)	Composition(Calculated on the Basic of Heat Value Equivalent)	100.00	100.00	100.00	100.00
标准量（电力等价值）	Standard Volume(Equal Electricity Value)	15145.07	16321.75	17891.83	19696.19
构成(按等价值计算)	Composition(Calculated on the Basic of Equal Electricity Value)	100.00	100.00	100.00	100.00
煤品燃料	**Coal Products Fuel**				
标准量（当量值）	Standard Volume(Heat Value Equivalent)	7729.72	8667.62	9266.47	8790.68
构成(按当量值计算)	Composition(Calculated on the Basic of Heat Value Equivalent)	65.35	65.06	61.72	55.09
标准量（电力等价值）	Standard Volume(Equal Electricity Value)	7729.72	8667.62	9266.47	8790.68
构成(按等价值计算)	Composition(Calculated on the Basic of Equal Electricity Value)	51.04	53.10	51.79	44.63
油品燃料	**Oil Fuel**				
标准量（当量值）	Standard Volume(Heat Value Equivalent)	1651.23	1906.19	2179.84	2635.11
构成(按当量值计算)	Composition(Calculated on the Basic of Heat Value Equivalent)	13.96	14.31	14.52	16.51
标准量（电力等价值）	Standard Volume(Equal Electricity Value)	1651.23	1906.19	2179.84	2635.11
构成(按等价值计算)	Composition(Calculated on the Basic of Equal Electricity Value)	10.90	11.68	12.18	13.38
天然气	**Natual Gas**				
标准量（当量值）	Standard Volume(Heat Value Equivalent)	1448.90	1688.97	2330.96	2061.10
构成(按当量值计算)	Composition(Calculated on the Basic of Heat Value Equivalent)	12.25	12.68	15.53	12.92
标准量（电力等价值）	Standard Volume(Equal Electricity Value)	1448.90	1688.97	2330.96	2061.10
构成(按等价值计算)	Composition(Calculated on the Basic of Equal Electricity Value)	9.57	10.35	13.03	10.46
水、核电	**Hydro_power,Nuclear**				
标准量（当量值）	Standard Volume(Heat Value Equivalent)	1026.84	1203.65	1400.84	1804.53
构成(按当量值计算)	Composition(Calculated on the Basic of Heat Value Equivalent)	8.68	9.04	9.33	11.31
标准量（电力等价值）	Standard Volume(Equal Electricity Value)	4434.58	4613.30	4731.16	5832.39
构成(按等价值计算)	Composition(Calculated on the Basic of Equal Electricity Value)	29.28	28.26	26.44	29.61
电力净调入(+)、调出(－)量	**Net Amount of Electricity Transferred in (+) and out(-)**				
标准量（当量值）	Standard Volume(Heat Value Equivalent)	-27.64	-144.63	-190.32	-129.78
构成(按当量值计算)	Composition(Calculated on the Basic of Heat Value Equivalent)	-0.23	-1.09	-1.27	-0.81
标准量（电力等价值）	Standard Volume(Equal Electricity Value)	-119.37	-554.33	-642.79	-419.47
构成(按等价值计算)	Composition(Calculated on the Basic of Equal Electricity Value)	-0.79	-3.40	-3.59	-2.13
其他能源	**Other Energy**				
标准量（当量值）	Standard Volume(Heat Value Equivalent)				796.37
构成(按当量值计算)	Composition(Calculated on the Basic of Heat Value Equivalent)				4.99
标准量（电力等价值）	Standard Volume(Equal Electricity Value)				796.37
构成(按等价值计算)	Composition(Calculated on the Basic of Equal Electricity Value)				4.04

6-4 主要能源库存量和周转天数
Stock and Revolving Days of Main Energy

单位：万吨，天 (10 000 tons,day)

项　目	Item	2008	2009	2010	2011
煤炭	**Coal**				
年末库存量	Stock (year-end)	660.60	581.26	592.27	634.80
消费量	Consumption	10727.41	12147.35	11520.40	11454.34
库存周转天数	Revolving Days of Stock	22.48	17.47	18.76	20.23
原煤	**Raw Coal**				
年末库存量	Stock (year-end)	580.00	494.00	480.20	508.68
消费量	Consumption	10904.62	12128.69	11505.96	11408.91
库存周转天数	Revolving Days of Stock	19.41	14.87	15.23	16.27
洗精煤	**Coal Washed and Dressed**				
年末库存量	Stock (year-end)	71.00	72.00	87.84	99.87
消费量	Consumption	1316.28	1538.98	1820.24	2016.44
库存周转天数	Revolving Days of Stock	19.69	17.08	17.61	18.08
其它洗煤	**Other Washed Coal**				
年末库存量	Stock (year-end)	9.60	10.50	16.52	23.08
消费量	Consumption	504.90	819.62	867.58	464.75
库存周转天数	Revolving Days of Stock	6.94	4.68	6.95	18.13
焦炭	**Coke**				
年末库存量	Stock (year-end)	18.13	23.70	29.49	21.02
消费量	Consumption	1119.10	1121.99	1353.64	1438.85
库存周转天数	Revolving Days of Stock	5.91	7.71	7.95	5.33
石油	**Petroleum**				
年末库存量	Stock (year-end)	75.20	84.65	96.04	92.48
消费量	Consumption	1134.57	1309.20	1497.38	1824.50
库存周转天数	Revolving Days of Stock	24.19	23.60	23.41	18.50
原油	**Crude Oil**				
年末库存量	Stock (year-end)	14.30	14.11	17.99	13.94
消费量	Consumption	285.49	315.68	351.76	361.75
库存周转天数	Revolving Days of Stock	18.28	16.31	18.67	14.07
汽油	**Gasoline**				
年末库存量	Stock (year-end)	35.10	35.29	40.27	43.28
消费量	Consumption	375.92	462.92	541.82	642.08
库存周转天数	Revolving Days of Stock	34.08	27.83	27.13	24.60
煤油	**Kerosene**				
年末库存量	Stock (year-end)	1.99	1.05	1.02	1.38
消费量	Consumption	126.61	155.07	173.31	206.24
库存周转天数	Revolving Days of Stock	5.74	2.47	2.15	2.44
柴油	**Diesel Oil**				
年末库存量	Stock (year-end)	23.50	33.50	33.25	29.87
消费量	Consumption	473.94	538.46	525.10	576.52
库存周转天数	Revolving Days of Stock	18.10	22.71	23.11	18.91
燃料油	**Fuel Oil**				
年末库存量	Stock (year-end)	0.31	0.70	3.50	4.01
消费量	Consumption	12.60	13.34	62.82	70.45
库存周转天数	Revolving Days of Stock	8.98	19.15	20.34	20.78

6-5 能源加工转换情况
Efficient of Energy Conversion

单位：万吨标准煤,%　　　　(10 000 tons SCE,%)

项　目	Item	2008	2009	2010	2011
合计	**Total**				
投入量	Input	5940.08	6853.27	7419.65	7459.38
产出量	Output	3579.98	4159.15	4992.52	5140.15
转换损失量	Losses in Conversion	2360.10	2694.13	2427.13	2319.22
转换效率	Conversion Efficiency	60.27	60.69	67.29	68.91
火电	**Thermal Power Generation**				
投入量	Input	2124.55	2356.08	2341.34	2382.59
产出量	Output	491.93	614.72	693.24	737.17
转换损失量	Losses in Conversion	1632.62	1741.36	1648.10	1645.42
转换效率	Conversion Efficiency	23.15	26.09	29.61	30.94
供热	**Heating**				
投入量	Input	121.13	214.27	172.00	188.05
产出量	Output	102.30	194.57	161.15	170.24
转换损失量	Losses in Conversion	18.83	19.70	10.85	11.38
转换效率	Conversion Efficiency	84.45	90.81	93.69	90.53
洗煤	**Coal Washing and Dressing**				
投入量	Input	2142.99	2495.15	2745.58	2548.08
产出量	Output	1609.27	1896.57	2118.26	2124.60
转换损失量	Losses in Conversion	533.72	598.58	627.31	423.49
转换效率	Conversion Efficiency	75.09	76.01	77.15	83.38
炼焦	**Coking**				
投入量	Input	1147.50	1304.63	1492.58	1638.21
产出量	Output	986.94	1002.48	1373.59	1539.95
转换损失量	Losses in Conversion	160.56	302.14	118.99	98.26
转换效率	Conversion Efficiency	86.01	76.84	92.03	94.00
炼油	**Refineries**				
投入量	Input	403.91	449.01	631.88	619.40
产出量	Output	389.54	427.31	615.63	542.08
转换损失量	Losses in Conversion	14.37	21.70	16.25	77.31
转换效率	Conversion Efficiency	96.44	95.17	97.43	87.52

6-6 煤炭平衡表
Coal Balance Sheet

单位：万吨 (10 000 tons)

项　目	Item	2008	2009	2010	2011
可供量	**Total Energy Available for Consumption**	**10726.99**	**12147.35**	**11520.40**	**11454.34**
生产量	Outpu	9637.36	9505.33	9247.93	9377.47
外省(区、市)调入量	Imports from Other Provinces	2061.35	3138.00	2647.83	2382.07
进口量	Imports				
本省(区、市)调出量(−)	Exports from Sichuan(-)	809.21	581.19	364.35	262.67
出口量(−)	Exports(-)				
年初年末库存差额	Stock Changes in the Year	-162.51	85.21	-11.01	-42.53
年初库存量	Stock (year-beginning)	498.09	666.47	581.26	592.27
年末库存量(−)	Stock (year-end)(-)	660.60	581.26	592.27	634.80
消费量	**Total Energy Consumption**	**10727.41**	**12147.35**	**11520.40**	**11454.34**
在总量中:	Consumption by Sector				
1.农、林、牧、渔业	1.Farming, Forestry, Animal Husbandry, Fishery and Water Conservancy	38.12	40.17	29.19	8.79
2.工业	2.Industry	9821.26	11306.31	10797.21	10844.63
3.建筑业	3.Construction	20.36	25.57	25.00	13.14
4.交通运输、仓储和邮政业	4.Transport, Storage and Post	15.75	17.04	10.00	5.00
5.批发、零售业和住宿、餐饮业	5.Wholesale, Retail Trade and Hotel	60.29	66.10	50.00	35.00
6.其他	6.Others	17.26	19.20	15.00	10.00
7.生活消费	7.Residential Consumption	754.38	672.96	594.00	537.78
在总量中:	Consumption by Usage				11454.34
1.终端消费	1.Final Consumption	5476.66	6231.25	5798.26	5336.60
# 工业	Industry	4570.50	5390.21	5075.07	4726.89
2.用于加工转换	2. Consumed in Transformation	5168.28	5828.75	5648.35	6040.93
火力发电	Thermal Power Generation	2727.60	2915.25	2784.78	2902.57
供热	Heating	163.93	279.11	144.91	192.78
洗煤损耗	Coal Washing and Dressing	1001.75	1137.00	1018.10	1046.73
炼焦	Coking	1275.00	1486.02	1696.92	1880.19
炼油及煤制油	Refining and coal liquefaction				1.32
制气	Gas Production			4.85	13.05
型煤加工损耗	Coal Products Processing		11.37	-1.21	4.29
3.损失量	3.Other Losses	82.47	87.35	73.79	76.81
平衡差额	**Balance**	**-0.42**			

6-7 石油平衡表
Petroleum Balance Sheet

单位：万吨 (10 000 tons)

项　目	Item	2008	2009	2010	2011
可供量	**Total Energy Available for Consumption**	**1134.58**	**1309.20**	**1497.38**	**1824.50**
生产量	Output	19.43	22.51	15.13	16.17
外省(区、市)调入量	Imports from Other Provinces	1136.64	1310.44	1487.26	1840.86
进口量	Imports				
我轮、机在外国加油量	Chinese Airplanes and Ship in Refueling Abroad	6.11	7.51	8.00	1.14
本省(区、市)调出量(-)	Exports from Sichuan(-)	16.17	19.87		34.00
出口量(-)	Exports(-)				
外轮、机在我国加油量(-)	Foreign Airplanes and Ships in Refueling in China	1.58	1.94	1.63	3.23
年初年末库存差额	Stock Changes in the Year	-9.85	-9.45	-11.38	3.56
年初库存量	Stock (year-beginning)	65.35	75.20	84.66	96.04
年末库存量(-)	Stock (year-end)(-)	75.20	84.65	96.04	92.48
消费量	**Total Energy Consumption**	**1134.57**	**1309.20**	**1497.38**	**1824.50**
在总量中:	Consumption by Sector				1824.50
1.农、林、牧、渔业	1.Farming, Forestry, Animal Husbandry, Fishery and Water Conservancy	135.44	127.13	131.04	140.92
2.工业	2.Industry	244.53	244.21	255.85	307.29
3.建筑业	3.Construction	32.38	34.94	60.04	83.49
4.交通运输、仓储和邮政业	4.Transport, Storage and Post	587.55	690.77	697.23	756.95
5.批发、零售业和住宿、餐饮业	5.Wholesale, Retail Trade and Hotel	56.53	68.33	140.22	173.68
6.其他	6.Others	71.11	112.25	123.37	156.72
7.生活消费	7.Residential Consumption	7.04	31.57	89.63	205.45
在总量中:	Consumption by Usage				1824.50
1.终端消费	1.Final Consumption	1120.33	1285.47	1496.09	1765.75
# 工业	Industry	230.28	220.48	254.56	248.54
2.用于加工转换	2. Consumed in Transformation	11.67	20.63	-2.06	55.20
火力发电	Thermal Power Generation	3.13	4.00	1.51	1.01
供热	Heating	2.08	1.78	0.14	0.01
炼油损耗	Losses in Petroleum Refining	6.46	14.85	-3.71	54.18
制气	Gas Production				
3.损失量	3.Other Losses	2.57	3.10	3.35	3.55
平衡差额	**Balance**	**0.01**			

6-8 天然气平衡表
Natural Gas Balance Sheet

单位：亿立方米 (100 million cu.m)

项　目	Item	2008	2009	2010	2011
可供量	**Total Energy Available for Consumption**	**108.94**	**126.99**	**175.26**	**154.97**
生产量	Output	172.69	191.28	234.16	242.00
外省(区、市)调入量	Imports from Other Provinces				
进口量	Imports				
我轮、机在外国加油量	Chinese Airplanes and Ship in Refueling Abroad				
本省(区、市)调出量(−)	Exports from Sichuan(-)	63.75	64.29	58.90	87.03
出口量(−)	Exports(-)				
外轮、机在我国加油量(−)	Foreign Airplanes and Ships in Refueling in China				
年初年末库存差额	Stock Changes in the Year				
年初库存量	Stock (year-beginning)				
年末库存量(−)	Stock (year-end)(-)				
消费量	**Total Energy Consumption**	**108.94**	**126.99**	**175.39**	**156.08**
在总量中:	Consumption by Sector				156.08
1.农、林、牧、渔业	1.Farming, Forestry, Animal Husbandry, Fishery and Water Conservancy	0.03	0.04	0.05	0.02
2.工业	2.Industry	77.66	91.99	120.52	94.97
3.建筑业	3.Construction	2.59	2.92	4.72	5.50
4.交通运输、仓储和邮政业	4.Transport, Storage and Post	0.49	0.57	6.43	5.74
5.批发、零售业和住宿、餐饮业	5.Wholesale, Retail Trade and Hotel	3.00	2.58	4.06	7.30
6.其他	6.Others				
7.生活消费	7.Residential Consumption	25.17	28.89	39.61	42.55
在总量中:	Consumption by Usage				156.08
1.终端消费	1.Final Consumption	93.36	100.09	157.48	148.38
# 工业	Industry	62.08	65.09	102.61	87.27
2.用于加工转换	2. Consumed in Transformation	13.00	22.80	12.91	2.70
火力发电	Thermal Power Generation	12.92	21.84	11.97	0.71
供热	Heating	0.08	0.96	0.79	0.74
制气	Gas Production				
天然气液化	iquefy natural gas			0.15	1.25
3.损失量	3.Other Losses	2.58	4.10	5.00	5.00
平衡差额	**Balance**				

6-9 电力平衡表
Electricity Balance Sheet

单位：亿千瓦小时 (100 million kwh)

项　　目	Item	2008	2009	2010	2011
可供量	**Total Energy Available for Consumption**	**1235.78**	**1361.87**	**1549.03**	**1962.50**
生产量	Output	1235.78	1479.55	1703.89	2068.10
火力发电	Thermal Power	400.27	500.18	564.07	599.81
水力发电、核发电、其它发电	Hydropower, Nuclear Power and Other Power	835.51	979.37	1139.82	1468.29
外省(区、市)调入量	Imports from Other Provinces	28.18	10.05	46.60	97.70
进口量	Imports				
本省(区、市)调出量(－)	Exports from Sichuan(-)	50.67	127.73	201.46	203.30
出口量(－)	Exports(-)				
消费量	**Total Energy Consumption**	**1213.29**	**1361.87**	**1549.03**	**1962.50**
在总量中:	Consumption by Sector				1962.50
1.农、林、牧、渔业	1.Farming, Forestry, Animal Husbandry, Fishery and Water Conservancy	14.31	14.24	13.64	14.51
2.工业	2.Industry	877.66	971.54	1109.63	1433.90
3.建筑业	3.Construction	18.74	25.17	34.30	42.84
4.交通运输、仓储和邮政业	4.Transport, Storage and Post	20.29	22.89	25.66	29.49
5.批发、零售业和住宿、餐饮业	5.Wholesale, Retail Trade and Hotel	34.11	42.26	47.51	72.69
6.其他	6.Others	57.69	67.63	76.78	94.07
7.生活消费	7.Residential Consumption	190.49	218.14	241.51	275.00
在总量中:	Consumption by Usage				
1.终端消费	1.Final Consumption	1101.08	1228.71	1400.70	1806.82
# 工业	Industry	765.45	838.38	961.30	1278.22
2. 输配电损失量	2.Power Transmission and Distribution	112.21	133.16	148.33	155.68
平衡差额	**Balance**				

6-10 能源生产弹性系数
Elasticity Coefficient of Energy Production

年 份	能源生产比上年增长 (%) Energy Production over the Previous Year	电力生产比上年增长 (%) Electricity Production over the Previous Year	国内生产总值比上年增长 (%) Gross Domestic Product over the Previous Year	能源生产弹性系数 Energy Production Coefficient of Elasticity	电力生产弹性系数 Electricity Production Coefficient of Elasticity
2006	7.87	9.97	13.50	0.58	0.74
2007	7.93	9.45	14.50	0.55	0.65
2008	2.73	0.77	11.00	0.25	0.07
2009	2.37	19.73	14.50	0.16	1.36
2010	7.56	15.16	15.10	0.50	1.00
2011	8.48	21.38	15.00	0.57	1.43

注：国内生产总值增长速度按不变价格计算(下表同)。
a) Gross domestic product growth rate is calculated at constant prices (the same as follows).

6-11 能源消费弹性系数
Elasticity Coefficient of Energy Consumption

年 份	能源消费比上年增长 (%) Energy Production over the Previous Year	电力消费比上年增长 (%) Electricity Production over the Previous Year	国内生产总值比上年增长 (%) Gross Domestic Product over the Previous Year	能源消费弹性系数 Energy Production Coefficient of Elasticity	电力消费弹性系数 Electricity Production Coefficient of Elasticity
2006	9.72	12.40	13.50	0.72	0.92
2007	9.04	11.14	14.50	0.62	0.77
2008	7.13	3.04	11.00	0.65	0.28
2009	7.77	12.25	14.50	0.54	0.84
2010	9.62	13.74	15.10	0.64	0.91
2011	10.08	26.69	15.00	0.67	1.78

6-12 各市(州)单位GDP能耗(等价值)
Energy Comsumption of Unit GDP by Region(Equivalent Value)

单位：吨标准煤/万元　　(tons SCE/10 000 yuan)

市(州)	Region	2005	2006	2007	2008	2009	2010	2010年比2005年降低(%) 2010 Saving as Compared with 2005 (%)
全　省	**Sichuan**	**1.600**	**1.549**	**1.480**	**1.421**	**1.338**	**1.275**	**20.3**
成都市	Chengdu	1.010	0.968	0.926	0.889	0.840	0.806	20.2
自贡市	Zigong	1.610	1.552	1.485	1.398	1.321	1.252	22.2
攀枝花市	Panzhihua	3.064	2.990	2.837	2.649	2.499	2.381	22.3
泸州市	Luzhou	1.780	1.728	1.656	1.587	1.488	1.408	20.9
德阳市	Deyang	1.590	1.533	1.471	1.454	1.372	1.272	20.0
绵阳市	Mianyang	1.750	1.685	1.612	1.566	1.476	1.399	20.0
广元市	Guangyuan	1.550	1.500	1.434	1.399	1.319	1.238	20.1
遂宁市	Suining	1.580	1.530	1.466	1.419	1.325	1.260	20.3
内江市	Neijiang	2.490	2.425	2.316	2.194	2.069	1.971	20.8
乐山市	Leshan	2.700	2.603	2.495	2.384	2.253	2.151	20.3
南充市	Nanchong	1.437	1.394	1.338	1.276	1.198	1.147	20.2
眉山市	Meishan	2.160	2.077	1.990	1.929	1.809	1.725	20.1
宜宾市	Yibin	1.660	1.605	1.533	1.456	1.376	1.321	20.4
广安市	Guangan	2.700	2.638	2.531	2.404	2.264	2.150	20.4
达州市	Dazhou	2.710	2.618	2.497	2.426	2.273	2.164	20.2
雅安市	Yaan	1.400	1.353	1.296	1.252	1.179	1.118	20.1
巴中市	Bazhong	1.350	1.302	1.249	1.205	1.135	1.078	20.2
资阳市	Ziyang	1.280	1.254	1.202	1.136	1.071	1.021	20.3
阿坝藏族羌族自治州	Aba	1.270	1.227	1.178	1.161	1.097	1.148	9.6
甘孜藏族自治州	Ganzi	1.260	1.230	1.179	1.152	1.091	1.007	20.1
凉山彝族自治州	Liangshan	1.400	1.346	1.291	1.235	1.167	1.117	20.2

注：地区生产总值按2005年价格计算。
a)Gross regional product is calculated at 2005 prices.

6-13 各市(州)单位工业增加值能耗(等价值)

Energy Comsumption of Unit Added Value of Industry by Region(Equivalent Value)

单位：吨标准煤/万元 (tons SCE/10 000 yuan)

市(州)	Region	2005	2006	2007	2008	2009	2010	2010年比2005年降低(%) 2010 Saving as Compared with 2005 (%)
全　省	**Sichuan**	**2.937**	**2.794**	**2.595**	**2.389**	**2.249**	**1.996**	**32.0**
成都市	Chengdu	1.890	1.750	1.635	1.542	1.385	1.261	33.3
自贡市	Zigong	3.330	3.180	2.925	2.642	2.370	2.138	35.8
攀枝花市	Panzhihua	5.650	5.460	4.851	4.452	4.104	3.796	32.8
泸州市	Luzhou	4.620	4.430	4.145	3.910	3.359	2.941	36.3
德阳市	Deyang	2.830	2.732	2.562	2.287	2.098	1.860	34.3
绵阳市	Mianyang	4.000	3.820	3.543	3.202	2.938	2.560	36.0
广元市	Guangyuan	4.110	3.930	3.699	3.647	3.115	2.850	30.7
遂宁市	Suining	3.990	3.850	3.588	3.486	2.958	2.582	35.3
内江市	Neijiang	6.010	5.800	5.386	4.760	4.345	3.628	39.6
乐山市	Leshan	5.160	4.970	4.563	4.207	3.806	3.275	36.5
南充市	Nanchong	2.950	2.848	2.677	2.497	2.174	1.879	36.3
眉山市	Meishan	5.200	4.950	4.579	4.444	3.850	3.384	34.9
宜宾市	Yibin	3.070	2.929	2.666	2.490	2.237	2.040	33.5
广安市	Guangan	5.890	5.610	5.251	4.873	4.305	3.797	35.5
达州市	Dazhou	7.120	6.881	6.312	6.085	5.202	4.298	39.6
雅安市	Yaan	2.690	2.541	2.371	2.206	2.002	1.849	31.3
巴中市	Bazhong	3.220	3.090	2.889	2.682	2.397	2.179	32.3
资阳市	Ziyang	2.350	2.280	2.114	1.909	1.740	1.517	35.4
阿坝藏族羌族自治州	Aba	2.740	2.748	2.581	2.263	2.073	2.332	14.9
甘孜藏族自治州	Ganzi	1.840	1.850	1.733	1.681	1.415	1.273	30.8
凉山彝族自治州	Liangshan	2.570	2.420	2.263	2.059	1.889	1.640	36.2

注：工业增加值按2005年价格计算。

a) The added value of industry is calculated at 2005 prices.

主要统计指标解释

能源生产总量 指一定时期内，全省一次能源生产量的总和。该指标是观察全省能源生产水平、规模、构成和发展速度的总量指标。一次能源生产量包括原煤、原油、天然气、水电、核能及其他动力能(如风能、地热能等)发电量，不包括低热值燃料生产量、生物质能、太阳能等的利用和由一次能源加工转换而成的二次能源产量。

能源消费总量 指一定时期内，全省各行业和居民生活消费的各种能源的总和。该指标是观察能源消费水平、构成和增长速度的总量指标。能源消费总量包括原煤和原油及其制品、天然气、电力，不包括低热值燃料、生物质能和太阳能等的利用。能源消费总量分为终端能源消费量、能源加工转换损失量和能源损失量三部分。

(1)终端能源消费量：指一定时期内，全省生产和生活消费的各种能源在扣除了用于加工转换二次能源消费量和损失量以后的数量。

(2)能源加工转换损失量：指一定时期内全省投入加工转换的各种能源数量之和与产出各种能源产品之和的差额。该指标是观察能源在加工转换过程中损失量变化的指标。

(3)能源损失量：指一定时期内能源在输送、分配、储存过程中发生的损失和由客观原因造成的各种损失量，不包括各种气体能源放空、放散量。

能源生产弹性系数 是研究能源生产增长速度与国民经济增长速度之间关系的指标。计算公式为：

能源生产弹性系数=能源生产总量年平均增长速度/国民经济年平均增长速度

国民经济年平均增长速度，可根据不同的目的或需要，用国民生产总值、国内生产总值等指标来计算，本年鉴是采用国内生产总值指标计算的。

电力生产弹性系数 是研究电力生产增长速度与国民经济增长速度之间关系的指标。一般来说，电力的发展应当快于国民经济的发展，也就是说电力应超前发展。计算公式为：

电力生产弹性系数=电力生产量年平均增长速度/国民经济年平均增长速度

能源消费弹性系数 反映能源消费增长速度与国民经济增长速度之间比例关系的指标。计算公式为：

能源消费弹性系数=能源消费量年平均增长速度/国民经济年平均增长速度

电力消费弹性系数 反映电力消费增长速度与国民经济增长速度之间比例关系的指标。计算公式为：

电力消费弹性系数=电力消费量年平均增长速度/国民经济年平均增长速度

能源加工转换效率 指一定时期内，能源经过加工、转换后，产出的各种能源产品的数量与同期内投入加工转换的各种能源数量的比率。该指标是观察能源加工转换装置和生产工艺先进与落后、管理水平高低等的重要指标。计算公式为：

能源加工转换效率=能源加工转换产出量/能源加工转换投入量×100%

单位国内生产总值能耗 指一定时期内，一个国家或地区每生产一个单位的国内生产总值所消耗的能源。计算公式为：

单位国内生产总值能耗=能源消耗总量/国内生产总值

Explanatory Notes on Main Statistical Indicators

Total Energy Production refers to the total production of primary energy by all energy producing enterprises in the province in a given period of time. It is a comprehensive indicator to show the capacity, scale, composition and development of energy production of the province. The production of primary energy includes that of coal, crude oil, natural gas, hydro-power and electricity generated by nuclear energy and other means such as wind power and geothermal power. However, it excludes the production of fuels of low calorific value, bio-energy, solar energy and the secondary energy converted from the primary energy.

Total Domestic Energy Consumption refers to the total consumption of energy of national industry and households in the province in a given period of time. It is a comprehensive indicator to show the scale, composition and development of energy consumption. The total energy consumption includes that of coal, crude oil and their products, natural gas and electricity; However, it excludes the consumption of fuel of low calorific value, bio-energy and solar energy. Total domestic energy consumption can be divided into three parts: final energy consumption, loss during the process of energy conversion, and energy loss.

(1)Final Energy Consumption: It refers to the total energy consumption by material production sectors, non material production sectors and households in the province in a given period of time, but excludes the consumption in conversion of the primary energy into the secondary energy and the loss in the process of energy conversion.

(2)Loss During the Process of Energy Conversion: It refers to the total input of various kinds of energy for conversion, minus the total output of various kinds of energy in the province in a given period of time. It is an indicator to show the loss that occurs during the process of energy conversion.

(3)Energy Loss: It refers to the total of the loss of energy during the course of energy transport, distribution and storage and the loss caused by any objective reason in a given period of time. The loss of various kinds of gas due to gas discharges and stocktaking is excluded.

Elasticity Ratio of Energy Production is an indicator to show the relationship between the growth rate of energy production and the growth rate of the national economy. The formula is:

Elasticity Ratio of Energy Production = Average Annual Growth Rate of Energy Production / Average Annual Growth Rate of National Economy

The average annual growth rate of the national economy can be shown by the gross national product, gross domestic product and other indicators, depending upon the purposes or needs. The gross domestic product is used in calculation of the ratio in this chapter.

Elasticity Ratio of Electricity Production is an indicator to show the relationship between the growth rate of electricity production and the growth rate of the national economy. Generally speaking, the growth rate of electricity production should be higher than that of the national economy. Its formula is:

Elasticity Ratio of Electricity Production = Average Annual Growth Rate of Electricity Production / Average Annual Growth Rate of National Economy

Elasticity Ratio of Energy Consumption is an indicator to show the relationship between the growth rate of energy consumption and the growth rate of the national economy. The formula is:

Elasticity Ratio of Energy Consumption = Average Annual Growth Rate of Energy Consumption Average Annual Growth Rate of National Economy

Elasticity Ratio of Electricity Consumption is an indicator to show the relationship between the growth rate of electricity consumption and the growth rate of the national economy. The formula is:

Elasticity Ratio of Electricity Consumption = Average Annual Growth Rate of Electricity Average Annual Growth Rate of National Economy

Efficiency of Energy Processing and Conversion refers to the ratio of the total output of energy products of various kinds after processing and conversion and the total input of energy of various kinds for processing and conversion in the same reference period. It is an important indicator to show the current conditions of energy processing and conversion equipment, production technique and management. The formula is:

Efficiency of Energy Processing & Conversion = (Output of Energy After Processing & Conversion / Input of Energy for Processing & Conversion)×100%

Energy Consumption per Unit of GDP refers to the energy consumption per unit of Gross Domestic Product in a country or the Gross Regional Product in a region in the same reference period. The formula is:

$$\text{Energy Consumption per Unit of GDP} = \frac{\text{Total Energy Consumption}}{\text{Gross Domestic Product}}$$

7

资源和环境

RESOUPCES AND ENVIRONMENT

7-1 主要城市平均气温(2011年)
Monthly Average Temperature of Main Cities(2011)

单位：摄氏度 (℃)

城 市	City	1月 Jan.	2月 Feb.	3月 Mar.	4月 Apr.	5月 May	6月 June	7月 July	8月 Aug.	9月 Sept.	10月 Oct.	11月 Nov.	12月 Dec.	年平均 Annual Average
成都市	Chengdu	2.4	7.6	9.4	17.6	20.7	24.2	24.6	25.9	20.8	16.8	14.2	6.9	15.9
自贡市	Zigong	4.0	9.6	11.5	19.2	22.9	26.0	27.1	29.5	23.0	18.6	16.3	8.3	18.0
攀枝花市	Panzhihua	13.1	17.7	19.1	23.9	25.7	26.3	26.1	25.5	24.6	20.7	16.0	13.7	21.0
泸州市	Luzhou	4.1	9.9	11.4	19.2	22.6	25.6	27.0	29.5	23.2	18.1	15.8	8.0	17.9
德阳市	Deyang	2.6	7.7	9.8	18.0	21.0	24.6	24.9	26.2	20.6	16.6	13.9	6.5	16.0
绵阳市	Mianyang	2.9	8.2	10.3	18.6	21.5	24.9	25.3	26.9	21.1	17.2	14.4	7.1	16.5
广元市	Guangyuan	2.9	7.7	10.1	18.7	21.2	24.8	25.7	27.0	20.7	16.9	13.6	6.9	16.4
遂宁市	Suining	3.5	8.8	10.7	18.6	21.9	25.3	26.5	28.6	21.9	17.7	14.8	7.6	17.2
内江市	Neijiang	3.8	9.5	11.2	18.6	22.2	25.4	26.5	28.3	22.2	18.0	15.3	7.8	17.4
乐山市	Leshan	4.0	9.5	11.4	19.0	22.4	25.7	26.2	27.7	22.0	18.2	15.7	8.2	17.5
南充市	Nanchong	4.1	9.2	11.3	19.3	22.5	26.0	27.6	29.6	22.5	18.4	15.0	7.9	17.8
眉山市	Meishan	3.8	8.6	10.9	18.7	22.0	25.9	25.9	27.3	22.0	18.2	15.4	8.2	17.2
宜宾市	Yibin	4.7	10.2	12.0	19.8	23.5	26.4	27.3	29.2	23.3	18.9	16.6	8.6	18.4
广安市	Guangan	3.9	9.1	11.0	18.8	22.6	25.8	27.7	29.5	23.0	18.3	15.3	7.7	17.7
达州市	Dazhou	3.7	8.9	11.3	18.8	22.6	25.8	27.7	28.1	22.1	17.8	14.9	7.4	17.4
雅安市	Yaan	2.9	8.6	9.9	17.8	20.9	24.4	24.9	26.0	20.6	16.8	14.5	7.2	16.2
巴中市	Bazhong	3.5	7.8	10.0	18.2	21.2	24.9	26.6	27.4	21.2	17.4	14.1	7.1	16.6
资阳市	Ziyang	3.3	8.7	10.7	18.9	22.2	25.7	26.1	28.1	21.8	18.0	15.1	7.9	17.2
马尔康县	Maerkang	-0.7	3.9	5.0	9.6	13.0	15.2	15.4	16.3	15.1	8.7	4.3	0.7	8.9
康定县	Kangding	-5.7	2.2	0.9	8.0	11.6	14.2	15.3	16.0	12.4	7.9	4.7	-2.2	7.1
西昌市	Xichang	7.5	14.2	13.9	19.8	21.1	22.8	23.3	23.7	21.3	17.5	13.8	9.1	17.3

注：气象资料由省气象局提供。

a) The meteorological Data are provided by the Sichuan Provincial Meteorological Bureau.

7-2 主要城市降水量(2011年)
Monthly Precipitation of Main Cities(2011)

单位：毫米 (millimeters)

城市	City	1月 Jan.	2月 Feb.	3月 Mar.	4月 Apr.	5月 May	6月 June	7月 July	8月 Aug.	9月 Sept.	10月 Oct.	11月 Nov.	12月 Dec.	全年 Annual Total
成都市	Chengdu	16.0	7.7	36.8	8.2	233.8	71.3	292.3	114.6	152.1	43.7	20.1	6.6	1003.2
自贡市	Zigong	26.5	9.2	31.6	49.3	49.3	138.0	100.9	37.2	58.5	59.0	15.3	30.4	605.2
攀枝花市	Panzhihua	5.3	0.0	7.0	10.4	40.4	162.1	98.9	85.8	118.1	6.0	2.3	1.4	537.7
泸州市	Luzhou	50.0	19.1	47.8	47.0	70.3	172.0	58.4	33.8	39.7	133.8	45.1	48.0	765.0
德阳市	Deyang	20.9	12.2	14.0	13.5	111.6	98.4	336.4	22.3	83.2	29.1	15.6	15.0	772.2
绵阳市	Mianyang	19.5	12.4	12.9	14.3	121.5	109.0	289.4	50.2	156.8	21.9	12.5	13.8	834.2
广元市	Guangyuan	7.4	10.6	5.5	23.0	198.4	173.0	320.3	117.3	247.0	23.2	91.3	5.1	1222.1
遂宁市	Suining	38.9	26.9	40.8	29.9	148.9	139.7	176.1	84.8	95.3	55.3	38.7	17.8	893.1
内江市	Neijiang	20.8	9.7	32.0	57.1	108.6	112.7	59.1	82.5	76.2	46.9	12.7	28.2	646.5
乐山市	Leshan	24.1	7.1	25.3	45.9	122.1	63.7	179.6	171.5	38.3	47.3	21.3	22.7	768.9
南充市	Nanchong	25.1	23.9	46.9	29.7	238.0	143.6	69.5	113.2	159.4	36.7	68.4	17.9	972.3
眉山市	Meishan	20.4	10.3	31.4	37.4	144.5	41.3	208.5	91.6	101.6	42.5	13.0	21.5	764.0
宜宾市	Yibin	50.4	19.2	42.1	24.0	38.0	118.9	193.9	32.6	30.3	49.6	11.5	33.7	644.2
广安市	Guangan	22.6	15.8	60.0	40.8	186.7	96.8	67.4	64.5	138.6	86.3	87.2	25.9	892.6
达州市	Dazhou	7.3	13.3	52.3	62.9	114.0	98.1	149.2	222.3	308.9	132.3	126.0	16.7	1303.3
雅安市	Yaan	40.2	21.3	52.9	33.1	126.8	88.1	289.4	514.6	183.2	85.5	80.0	32.7	1547.8
巴中市	Bazhong	7.8	19.7	28.2	23.0	182.4	294.3	120.9	129.7	431.5	66.0	152.7	8.9	1465.1
资阳市	Ziyang	28.8	22.6	25.6	29.0	123.2	84.4	179.9	80.4	197.8	25.5	17.2	20.3	834.7
马尔康县	Maerkang	0.8	5.1	33.2	62.2	121.4	138.1	161.8	34.9	168.9	55.4	16.5	3.5	801.8
康定县	Kangding	8.9	15.6	53.1	77.0	115.1	161.7	165.1	64.4	139.7	29.1	9.5	2.3	841.5
西昌市	Xichang	18.3	0.1	4.9	7.3	90.2	169.5	83.4	61.7	75.7	40.4	3.4	3.3	558.2

7-3 主要城市平均相对湿度(2011年)
Average Relative Humudity of Main Cities(2011)

单位：% (%)

城市	City	1月 Jan.	2月 Feb.	3月 Mar.	4月 Apr.	5月 May	6月 June	7月 July	8月 Aug.	9月 Sept.	10月 Oct.	11月 Nov.	12月 Dec.	年平均 Annual Average
成都市	Chengdu	76	76	71	69	70	72	77	74	76	78	78	74	74
自贡市	Zigong	82	74	67	68	62	67	70	60	71	76	75	79	71
攀枝花市	Panzhihua	50	34	35	34	43	57	62	61	65	65	60	58	52
泸州市	Luzhou	94	83	79	76	74	77	77	60	77	88	89	90	80
德阳市	Deyang	77	79	70	69	70	74	81	77	84	85	87	83	78
绵阳市	Mianyang	71	73	61	63	66	72	79	73	77	77	78	74	72
广元市	Guangyuan	62	73	58	59	65	69	76	72	79	78	78	66	70
遂宁市	Suining	77	72	65	68	66	70	73	62	76	80	81	79	72
内江市	Neijiang	89	81	76	78	75	78	80	72	82	85	87	88	81
乐山市	Leshan	85	79	72	72	71	71	79	75	81	84	85	82	78
南充市	Nanchong	80	76	68	70	69	71	70	61	77	80	85	83	74
眉山市	Meishan	83	82	72	73	72	71	81	78	82	83	85	84	79
宜宾市	Yibin	79	71	66	62	60	67	73	64	71	78	77	81	71
广安市	Guangan	80	76	71	73	70	74	70	59	76	81	88	85	75
达州市	Dazhou	70	69	63	67	63	69	66	63	74	77	82	76	70
雅安市	Yaan	84	80	76	71	73	72	81	76	84	85	87	83	79
巴中市	Bazhong	70	76	67	69	67	72	70	68	78	77	84	77	73
资阳市	Ziyang	87	81	71	70	67	71	78	70	80	81	83	82	77
马尔康县	Maerkang	43	38	52	61	61	72	77	67	75	75	60	58	62
康定县	Kangding	69	57	72	64	67	73	75	68	78	74	64	70	69
西昌市	Xichang	56	38	44	41	53	64	65	59	66	65	56	59	56

7-4 主要城市日照时数(2011年)
Monthly Sunshine Hours of Main Cities(2011)

单位：小时 (hours)

城 市	City	1月 Jan.	2月 Feb.	3月 Mar.	4月 Apr.	5月 May	6月 June	7月 July	8月 Aug.	9月 Sept.	10月 Oct.	11月 Nov.	12月 Dec.	全年 Annual Total
成都市	Chengdu	31.4	50.8	67.5	123.9	118.3	137.5	79.5	169.9	42.9	35.8	39.4	29.4	926.3
自贡市	Zigong	0.7	37.0	60.3	104.3	154.3	146.1	124.5	189.6	68.1	39.7	34.6	10.4	969.6
攀枝花市	Panzhihua	242.9	267.7	243.3	286.8	256.1	247.0	231.6	232.1	188.1	184.0	232.2	189.7	2801.5
泸州市	Luzhou	0.4	55.4	81.3	128.5	191.6	159.8	216.6	276.7	98.2	60.0	45.7	11.5	1325.7
德阳市	Deyang	44.3	64.4	67.2	107.5	115.5	132.9	74.2	154.8	44.1	41.2	44.5	42.5	933.1
绵阳市	Mianyang	39.1	63.1	80.8	141.0	147.1	148.5	98.5	211.8	54.8	54.5	56.6	32.9	1128.7
广元市	Guangyuan	49.2	54.6	100.0	141.6	172.7	177.0	112.3	201.8	65.7	67.4	63.5	69.7	1275.5
遂宁市	Suining	20.5	48.7	89.3	127.2	175.0	155.9	136.9	257.5	85.4	51.1	43.5	34.2	1225.2
内江市	Neijiang	1.1	46.0	90.2	119.9	159.3	146.2	142.8	254.1	85.5	38.9	32.7	17.0	1133.7
乐山市	Leshan	14.3	62.1	81.6	121.8	139.0	141.4	84.5	178.0	42.5	35.9	43.0	13.2	957.3
南充市	Nanchong	10.7	54.7	91.3	143.3	188.8	146.5	156.7	269.2	86.5	65.4	42.8	36.3	1292.2
眉山市	Meishan	16.2	61.1	67.6	119.1	119.2	149.4	102.0	196.4	52.8	35.7	34.6	12.0	966.1
宜宾市	Yibin	0.0	51.2	73.6	93.9	162.7	135.2	152.5	234.1	68.5	35.7	31.6	12.9	1051.9
广安市	Guangan	17.2	62.8	100.0	152.4	199.2	168.4	196.9	280.6	92.7	70.7	41.9	39.5	1422.3
达州市	Dazhou	5.9	38.3	83.7	144.3	164.6	112.5	154.8	270.7	84.5	63.1	35.1	31.4	1188.9
雅安市	Yaan	17.9	67.7	64.9	112.1	111.2	119.4	93.7	203.0	47.2	31.1	56.7	28.8	953.7
巴中市	Bazhong	39.1	67.4	92.8	169.9	183.4	171.0	167.1	274.1	88.3	103.4	50.4	54.9	1461.8
资阳市	Ziyang	36.7	81.6	97.3	156.7	183.9	172.7	148.5	258.7	88.1	63.2	60.6	33.4	1381.4
马尔康县	Maerkang	187.8	177.6	168.4	174.3	211.7	160.3	137.2	243.1	149.0	158.3	180.1	191.5	2139.3
康定县	Kangding	143.2	134.5	110.4	150.1	178.2	139.0	107.2	208.9	113.5	135.6	144.2	128.0	1692.8
西昌市	Xichang	219.5	259.0	208.6	246.6	193.1	175.0	151.0	246.6	137.5	150.2	229.3	140.9	2357.3

7-5 林业发展基本情况
Basic Conditions of Development of Forest Industry

指　标		Item		2011
森林资源覆盖率	**(%)**	**Forest Coverage Rate**	**(%)**	**35.1**
森林面积	(万公顷)	Forest Area	(10 000 hectares)	1702.40
活立木总蓄积量	(亿立方米)	Total Standing Stock Volume	(100 million cu.m)	17.50
# 森林蓄积量	(亿立方米)	Stock Volume of the Forest	(100 million cu.m)	16.66
林业生产情况		**Basic Statistics on Forest Industry Production**		
人工造林面积	(万公顷)	Manual Planting	(10 000 hectares)	25.19
年末实有封山育林面积	(万公顷)	Area of Mountain Sealed for Forest Breeding(year-end)	(10 000 hectares)	119.07
# 本年新封	(万公顷)	Newly Sealed for Forest Breeding in current year	(10 000 hectares)	12.03
育苗面积	(万公顷)	Area of Breeding	(10 000 hectares)	0.90
林产品产量		**Output of Forest Product**		
木材产量	(万立方米)	Timber	(10 000 cu.m)	239.91
竹材产量	(万根)	Bamboo	(10 000 sticks)	3752
锯材产量	(万立方米)	Sawed Lumber	(10 000 cu.m)	174.99
人造板产量	(万立方米)	Man-made Board	(10 000 cu.m)	587.46
松香类产品产量	(吨)	Rosin Products	(ton)	3190
油桐籽产量	(吨)	Tung-oil Seeds	(ton)	23923
油茶籽产量	(吨)	Tea-oil Seeds	(ton)	4649
竹笋干产量	(吨)	Dried Bamboo Shoot	(ton)	128841
核桃产量	(吨)	Walnuts	(ton)	176710
木本药材产量	(吨)	Wood Medicinal Materials	(ton)	75824
花椒产量	(吨)	Chinese Pepper	(ton)	35196
食用菌产量	(吨)	Edible Fungus	(ton)	136944
山野菜产量	(吨)	Mountain Potherb	(ton)	11324
板栗产量	(吨)	Chinese Chestnut	(ton)	26097
国有森工企业苗圃林场情况		**State-owned Forest Industry Enterprise, Forestry Nursery and Forestry Centre**		
国有森工企业汇编数	(个)	Number of State-owned Forest Industry Enterprises	(unit)	113
苗圃个数	(个)	Number of Forestry Nursery	(unit)	111
# 纳入国家天然林保护工程的苗圃	(个)	Forestry Nursery In National Preserve of Natural Forest	(unit)	111
苗圃经营面积	(公顷)	Working Area of Forestry Nursery	(hectare)	1758.49
林场个数	(个)	Number of Forestry Centre	(unit)	180
# 纳入国家天然林保护工程的林场	(个)	Forestry Centre In National Preserve of Natural Forest	(unit)	180
林场经营面积	(万公顷)	Working Area of Forestry Centre	(10 000 hectares)	337.45
林业系统就业人员和劳动报酬		**Employed Persons and Earnings in Forest System**		
单位户数	(个)	Number of Unit	(unit)	3636
# 行政事业单位个数	(个)	Administrative Institutions Unit	(unit)	3433
在册职工人数	(万人)	Staff and Workers Listed	(10 000 persons)	5.66
# 行政事业单位人数	(万人)	Administrative Institutions Unit	(10 000 persons)	33860.00
在岗职工工资总额	(万元)	Total Wages of Fully Employed Staff and Workers	(10 000 yuan)	153223
在岗职工年平均工资	(元)	Average Wages of Fully Employed Staff and Workers	(yuan)	28741

注：林业资料由省林业厅提供。
a)Forestry information provided by the Sichuan Forestry Department.

7-6 林业重点工程建设情况
Construction of Key Forestry Projects

指　标		Item		2011
天然林保护工程		**Preserve of Natural Forest**		
工程区木材产量	(立方米)	Timber Output of Project Area	(cu.m)	2390656
当年造林面积	(百公顷)	Area under Afforestation in Current Year	(100 hectares)	781.99
用材林	(百公顷)	Timber Forest	(100 hectares)	39.70
经济林	(百公顷)	By-product Forest	(100 hectares)	1.34
防护林	(百公顷)	Protection Forest	(100 hectares)	734.28
薪炭林	(百公顷)	Fuel Forest	(100 hectares)	6.67
特种用途林	(百公顷)	Forest for Special Purpose	(100 hectares)	
封山育林面积	(百公顷)	Area of Mountain Sealed for Forest Breeding	(100 hectares)	10077
年末森林管护面积	(百公顷)	Area of Forest Preserved(year-end)	(100 hectares)	192958
年末全部在册职工人数	(人)	Staff and Workers Listed(year-end)	(person)	40862
# 本年一次性安置人数	(人)	Installed one-off in the year	(person)	
年末实有离退休人数	(人)	Retirees(year-end)	(person)	73762
年末参加基本养老保险社会统筹人数	(人)	Employees and Retirees Contributed to Pension Insurance(year-end)	(person)	71261
退耕还林工程		**Grain for Green Projects**		
当年人工造林面积	(百公顷)	Manual Planting Area in Current Year	(100 hectares)	269.0
退耕地造林面积	(百公顷)	Afforestation Area of Grain for Green Project	(100 hectares)	
生态林	(百公顷)	Ecological Forest	(100 hectares)	
经济林	(百公顷)	By-product Forest	(100 hectares)	
荒山荒地造林面积	(百公顷)	Afforestation Area on Desolate Mountain and Land	(100 hectares)	169.0
本年新封	(百公顷)	Area of Mountain Newly Sealed for Forest Breeding in current year	(100 hectares)	100.0
当年粮款兑现退耕地总面积	(百公顷)	Area of Grain Encashed for Green Project in Current Year	(100 hectares)	8630.0
当年粮款兑现涉及户数	(万户)	Household of Grain Encashed for Green in Current Year	(10 000 households)	490.6
野生动植物保护		**Preserve of Wild Animals and Plants**		
年末实有野生动植物保护区数	(个)	Number of Nature Reserves(year-end)	(unit)	125
国家级	(个)	State	(unit)	18
省级	(个)	Province	(unit)	54
年末实有野生动植物保护区面积	(百公顷)	Area of Nature Reserves(year-end)	(100 hectares)	78300

7-7 森林火灾情况
Forest Fires

年份 Year	森林火灾次数 (次) Forest Fires (case)	森林火警 Fire Alarm	一般火灾 Ordinary Fires	较大火灾 Large Fires	重大火灾 Major Fires	特大火灾 Severe Fires	火场总面积 (公顷) Total Area of Fires (hectare)	受害森林面积 (公顷) Destructed Forest Area (hectare)	原始林 Wild Wood	人工林 Man-made Forest	火灾损失率 (‰) Rate of Loss (‰)
1998	371	317	54				4369.1	1272.2	758.1	514.2	0.08
1999	273	244	29				3428.0	435.0	367.0	68.0	0.04
2000	125	114	11				850.0	67.0	17.0	50.0	0.01
2001	248	226	22				3209.0	385.0	81.0	304.0	0.03
2002	185	159	26				1567.0	340.0	192.0	148.0	0.03
2003	378	302	76				5919.2	826.8	483.6	343.2	0.07
2004	169	151	18				1330.2	176.5	115.2	61.4	0.02
2005	252	202	46		4		6818.1	2256.5	2046.0	210.5	0.18
2006	511	463	48				3109.0	453.1	138.9	314.2	0.03
2007	458	414	44				2076.6	455.4	130.5	324.9	0.04
2008	233	202	31				4481.0	389.0	129.0	260.0	0.03
2009	310		247	56	7		5730.9	2577.2	2094.4	482.8	0.02
2010	361		301	58	2		4594.7	1241.5	1024.3	170.4	0.09
2011	309		245	64			3449.5	551.1	140.3	410.0	0.03

注：从2009年起，根据《森林火灾管理条例》规定，森林火灾分类为"一般森林火灾、较大森林火灾、重大森林火灾和特别重大森林火灾"，取消了原"森林火警"指标。

a)According to the "Forest Fire Regulations ",forest fires are classified as "general forest fires, large forest fires, major forest fires and major forest fires in particular," and the original "forest fire" are ablished Since 2009.

7-8 林业有害生物防治情况
Forestry Pest Management

年份 Year	发生面积 (万公顷) Area of Occurrence (10 000 hectares)	防治面积 (万公顷) Area of Prevention (10 000 hectares)	成灾面积 (公顷) Area Covered (hectare)	测报准确率 (%) Forecasting Accurate Rate (%)	无公害防治率 (%) Pollution Prevention and Control Rate (%)	种苗产地检疫率 (%) Seeding Origin Quarantine Rate (%)
1997	58.41	51.67	1270	93.8	88.5	97.8
1998	53.05	47.49	170	91.6	89.5	96.2
1999	55.71	50.00	184	92.0	89.8	85.2
2000	61.48	57.19	183	94.7	93.0	98.2
2001	62.64	58.58	199	95.2	93.5	98.3
2002	73.93	62.52	390	95.5	84.6	99.7
2003	70.93	66.87	362	95.5	94.3	98.3
2004	71.01	68.02	754	96.5	95.8	96.0
2005	69.45	57.81	1220	90.5	83.3	99.8
2006	76.17	65.62	3065	93.3	81.7	99.8
2007	79.87	58.34	9000	90.8	73.0	99.8
2008	72.81	58.89	287	94.4	68.1	99.8
2009	77.59	61.57	227	93.4	79.4	100.0
2010	71.55	57.33	340	90.7	80.1	100.0
2011	69.87	55.42	513	94.7	93.3	100.0

注：根据国家林业局规定，从2011年起，将"森林病虫害"改为"林业有害生物"、"监测率"改为"测报准确率"、"防治率"改为"无公害防治率"、"检疫率"改为"种苗产地检疫率"。

a)In accordance with the provisions of the State Forestry Administration, from 2011,change indicator "forest pests to forest pest monitoring rate" to "forecast accuracy", change the "control rate" to "pollution prevention and control rate,change the" quarantine rate" to "seed quarantine rate".

7-9 主要矿产基础储量
Major Mineral Basic Reserves

项　　目		Item		2011
煤炭	(亿吨)	Coal	(100 million tons)	51.81
铁矿	(矿石，亿吨)	Iron	(Ore, 100 million tons)	29.14
锰矿	(矿石，万吨)	Manganese	(Ore, 10 000 tons)	97.74
钛矿	(钛铁矿TiO2，万吨)	Titanium	(Ilmenite, 10 000 tons)	22536.21
钒矿	(V2O5，万吨)	Vanadium	(V2O5, 10 000 tons)	689.74
铜矿	(铜，万吨)	Copper	(Metal, 10 000 tons)	74.96
铅矿	(铅，万吨)	Lead	(Metal, 10 000 tons)	80.51
锌矿	(锌，万吨)	Zinc	(Metal, 10 000 tons)	217.29
镁矿	(炼镁白云岩)(矿石，万吨)	Magnesium	(Dolomite Ore, 10 000 tons)	1781.20
金矿	(金，吨)	Gold	(Metal, 10 000 tons)	76.55
银矿	(银，吨)	Silver	(Metal, 10 000 tons)	2380.97
锂矿	(Li2O，万吨)	Lithium	(Li2O, 10 000 tons)	42.58
石墨	(晶质石墨，万吨)	Graphite Mineral (Crystal)	(Mineral, 10 000 tons)	318.80
硫铁矿	(矿石，万吨)	Pyrite Ore	(Ore, 10 000 tons)	40988.03
石棉	(矿石，万吨)	Asbestos	(Asbestos, 10 000 tons)	1192.44
石榴子石	(矿石，万吨)	Garnet	(Ore, 10 000 tons)	550.50
芒硝	(矿石，万吨)	Mirabilite	(Ore, 10 000 tons)	772567.66
石膏	(矿石，万吨)	Gypsum	(Ore, 10 000 tons)	9616.01
菱镁矿	(矿石，万吨)	Magnesite	(Ore, 10 000 tons)	186.49
熔剂用灰岩	(矿石，亿吨)	Grey Rock Used as Flux	(Ore, 10 000 tons)	2.19
水泥用灰岩	(矿石，万吨)	Grey Rock Used as Cement	(Ore, 10 000 tons)	223104.38
冶金用白云岩	(矿石，亿吨)	Dolomite Ore for Metallurgy Use	(Ore, 10 000 tons)	0.96
冶金用石英岩	(矿石，万吨)	Quartzite for Metallurgy Use	(Ore, 10 000 tons)	654.74
玻璃用砂岩	(矿石，万吨)	Sandstone Used as Glass	(Ore, 10 000 tons)	2531.09
水泥配料用砂岩	(矿石，万吨)	Sandstone Used as Cement Burden	(Ore, 10 000 tons)	4337.17
砖瓦用砂岩	(矿石，万立方米)	Sandstone Used as Brick	(Ore, 10 000 cu.m)	151.00
铸型用砂岩	(矿石，万吨)	Sandstone Used as Casting Mould	(Ore, 10 000 tons)	36.00
玻璃用脉石英	(矿石，万吨)	Quartzite Gangue Used as Glass	(Ore, 10 000 tons)	875.90
硅藻土	(矿石，万吨)	Diatomaceous Earth	(Ore, 10 000 tons)	387.10
高岭土	(矿石，万吨)	Kaolin	(Ore, 10 000 tons)	71.87
耐火粘土	(矿石，万吨)	Refractory Clay	(Ore, 10 000 tons)	1219.49
水泥配料用粘土	(矿石，万吨)	Clay Used as Casting Mould	(Ore, 10 000 tons)	3772.29
水泥配料用泥岩	(矿石，万吨)	Mudstone Used as Casting Mould	(Ore, 10 000 tons)	2360.00
化肥用蛇纹岩	(矿石，万吨)	Serpentine Used as Chemistry Fertilizer	(Ore, 10 000 tons)	3889.70
饰面用花岗岩	(矿石，万立方米)	Granite Used for Decorations	(Ore, 10 000 cu.m)	4032.08
霞石正长岩	(矿石，万吨)	Nepheline Syenite	(Ore, 10 000 tons)	170.68
饰面用大理岩	(矿石，万立方米)	Marble Used for Decorations	(Ore, 10 000 cu.m)	2490.46
盐矿	(矿石，万吨)	Sodium Salt NaCl	(Ore, 10 000 tons)	260867.53
磷矿	(矿石，万吨)	Phosphorus Ore	(Ore, 10 000 tons)	34294.21

注：主要矿产基础储量由省国土资源厅提供。

a) Data of major mineral basic reserves are provided by the Provincial Department of Land and Resources.

7-10 农村改水情况
Basic Statistics on Rural Water Supply Improvement

年份 Year	农村改水累计受益人口(万人) Accumulative Total Population Benefited (10 000 persons)	改水受益率(%) Benefited Rate (%)	农村自来水厂、站(个) Rural Waterworks and Waterstation (unit)	自来水受益率(%) Rate of Population Benefited from Tap Water (%)	农村改水投资(万元) Investment in Rural Water Supply Improvement (10 000 yuan)	# 国家 State	# 集体 Collective Owned Unit	# 个人 Individual
2000	6286.4	91.4	77929	39.2	22135.3	5017.3	2610.8	13393.9
2001	6467.7	92.5	77784	40.3	19909.9	6934.4	4982.7	6856.8
2002	6532.8	93.4	78193	42.0	37565.4	13919.3	4603.2	18250.0
2003	6483.7	92.6	77567	42.8	24042.3	11607.0	2958.5	8417.9
2004	6531.9	93.3	78196	44.4	34986.5	16500.6	7064.0	8542.0
2005	6585.2	94.1	79082	45.9	121800.7	31902.2	4240.6	84498.4
2006	5855.0	85.8	39869	41.2	81142.4	45150.5	13167.1	19500.7
2007	6099.2	89.2	44605	42.3	114992.4	69950.9	15728.2	27347.8
2008	6202.8	90.3	42703	44.7	112079.2	73857.1	10876.1	23805.0
2009	6245.8	91.0	51563	49.1	426398.9	289323.6	11779.2	120732.2
2010	6366.7	92.6	53900	53.3	294629.8	240844.1	9649.9	34950.6
2011	6467.1	93.1	52367	56.2	210673.9	179671.9	4910.7	20530.8

7-11 农村改厕情况
Basic Statistics on Rural Latrine Improvement

年份 Year	累计卫厕数(万户) Accumulative Total Latrines (10 000 households)	# 当年新增卫厕 Newly Added in Current Year	卫厕普及率(%) Popularization Rate of Latrine (%)	农村改厕投资(万元) Investment in Rural Latrine Improvement (10 000 yuan)	# 国家 State	# 集体 Collective Owned Unit	# 个人 Individual
2000	484.5	45.3	26.8	13771.6	1217.6	1201.0	11353.0
2001	562.0	52.9	29.4	13190.6	1224.9	935.6	11030.1
2002	616.9	55.0	32.3	21490.8	4942.5	2360.2	14022.9
2003	639.5	40.6	33.5	18952.3	5525.2	2242.1	9671.1
2004	686.9	46.9	35.9	29006.5	9112.5	1835.5	17556.7
2005	732.4	44.4	38.3	37840.1	14088.4	2535.6	20832.8
2006	696.0	53.8	36.0	90924.0	32314.6	4421.1	53678.3
2007	805.0	69.6	40.9	94461.0	39007.4	2170.7	52540.8
2008	862.8	57.8	43.9	103015.5	42147.3	5267.0	53675.1
2009	1069.0	107.9	54.4	266938.2	79522.6	6799.0	177634.1
2010	1224.9	84.1	62.2	168454.7	84510.8	5567.2	74188.1
2011	1326.3	61.8	64.1	136570.0	67156.0	2023.7	66784.9

注：农村改水、改厕资料由省卫生厅提供；从2006年开始，当年新增卫厕为无害化卫厕。
a) Data of rural water and latrine improvement are provided by Provincial Health Department.New Latrine is harmless Latrine since 2006.

7-12 “三废”排放及处理利用情况(2010年)
Discharge, Treatment and Utilization of Waste Water, Waste Gas and Solid Wastes by Industry(2010)

指　标		Item		2010
废水排放总量	(万吨)	Total Waster Water Discharged	(10 000 tons)	256094.9
# 工业废水排放量	(万吨)	Industrial Waste Waster	(10 000 tons)	93444.2
生活污水排放量	(万吨)	Residential Waste Water	(10 000 tons)	162650.8
化学需氧量(COD)排放量	(吨)	Total Emission of Oxygen of Waste Water Needed by Chemistry	(ton)	740830.1
# 工业废水中COD排放量	(吨)	Industrial Waste Waster	(ton)	250817.5
生活污水中COD排放量	(吨)	Residential Waste Water	(ton)	490012.6
氨氮排放量	(吨)	Total Emission of Ammonia and Nitrogen	(ton)	60630.3
# 工业废水中氨氮排放量	(吨)	Industrial Waste Waster	(ton)	16439.9
生活污水中氨氮排放量	(吨)	Residential Waste Water	(ton)	44190.4
工业废水排放达标量	(万吨)	Volume of Industrial Waster Water Meeting Discharge Standard	(10 000 tons)	90193.5
工业废水排放达标率	(%)	Ratio of Standard Industrial Waster Water Discharged to the Total Discharge	(%)	96.5
二氧化硫(SO_2)排放量	(吨)	Total Emission of SO_2	(ton)	1130951.6
# 工业SO_2排放量	(吨)	Industrial Sector	(ton)	937631.6
生活SO_2排放量	(吨)	Residential Sector	(ton)	193320.0
烟尘排放量	(吨)	Total Emission of Smoke and Dust	(ton)	341184.6
# 工业烟尘排放量	(吨)	Industrial Sector	(ton)	259650.6
生活烟尘排放量	(吨)	Residential Sector	(ton)	81534.0
工业粉尘排放量	(吨)	Total Emission of Industrial Powder and Dust	(ton)	141409.1
工业SO_2排放达标量	(吨)	Volume of Industrial SO_2 Discharge Standard	(ton)	873792.9
工业SO_2排放达标率	(%)	Ratio of Standard Industrial SO_2 Discharged to the Total Discharge	(%)	93.2
工业烟尘排放达标量	(吨)	Volume of Industrial Smoke and Dust Discharge Standard	(ton)	226263.2
工业烟尘排放达标率	(%)	Ratio of Standard Industrial Smoke and Dust Discharged to the Total Discharge	(%)	87.1
工业粉尘排放达标量	(吨)	Volume of Industrial Powder and Dust Discharge Standard	(ton)	135311.0
工业粉尘排放达标率	(%)	Ratio of Standard Industrial Powder and Dust Discharged to the Total Discharge	(%)	95.7
工业固体废物产生量	(万吨)	Volume of industrial Solid Wastes Produced	(10 000 tons)	11239.2
# 危险废物产生量	(吨)	Dangerous Wastes	(ton)	1331488.7
工业固体废物排放量	(万吨)	Volume of industrial Solid Wastes Dischaarged	(10 000 tons)	32240.0
# 危险废物排放量	(吨)	Dangerous Wastes	(ton)	
工业固体废物综合利用量	(万吨)	Volume of Industrial Solid Wastes Treated and Utilized	(10 000 tons)	6159.2
# 危险废物综合利用量	(吨)	Dangerous Wastes	(ton)	683672.3
# 综合利用往年贮存量	(万吨)	Previous Storage	(10 000 tons)	2.7
工业固体废物综合利用率	(%)	Ratio of Industrial Wastes Treated and Utilized	(%)	54.8
工业固体废物处置量	(万吨)	Volume of Industrial Solid Wastes Disposed	(10 000 tons)	3758.5
# 危险废物处置量	(吨)	Dangerous Wastes	(ton)	397076.0
# 处置往年贮存量	(万吨)	Previous Storage	(10 000 tons)	…
工业固体废物处置率	(%)	Ratio of Industrial Solid Wastes Disposed	(%)	33.4

7-13 环境污染治理投资情况(2010年)
Investment in the Treatment of Environmental Pollution(2010)

指　标		Item		2010
突发环境事件次数	(次)	Number of environment emergencies	(times)	1
突发环境事件直接经济损失	(万元)	Direct economic losses of environment emergencies	(10 000 yuan)	200.0
环境污染治理投资总额	(万元)	Total Investment in the Treatment of Environmental	(10 000 yuan)	890043.9
#城市环境基础设施投资	(万元)	Investment in Urban Environmental Infrastructure	(10 000 yuan)	443149.0
#燃气	(万元)	Gas Supply	(10 000 yuan)	47388.0
集中供热	(万元)	Centralized Heating	(10 000 yuan)	
排水	(万元)	Drainage Works	(10 000 yuan)	121658.0
园林绿化	(万元)	Gardening and Greening	(10 000 yuan)	227904.0
市容环境卫生	(万元)	Environmental Sanitation	(10 000 yuan)	46199.0
工业污染源治理投资	(万元)	Investment in the Treatment of Industrial Pollution	(10 000 yuan)	71626.5
#治理废水	(万元)	Waste Water treatment	(10 000 yuan)	37748.9
治理废气	(万元)	Waste Gas Treatment	(10 000 yuan)	30889.4
治理固体废物	(万元)	Solid Wastes Treatment	(10 000 yuan)	1405.0
治理噪声	(万元)	Noise Treatment	(10 000 yuan)	487.5
治理其他	(万元)	others Treatment	(10 000 yuan)	1095.7
“三同时”项目环保投资	(万元)	"Three Simultaneities" Environmental Investment for	(10 000 yuan)	375268.4

主要统计指标解释

气温　指空气的温度，我国一般以摄氏度(℃)为单位表示。气象观测的温度表是放在离地面约1.5米处通风良好的百叶箱里测量的，因此，通常说的气温指的是离地面1.5米处百叶箱中的温度。其统计计算方法为：

月平均气温是将全月各日的平均气温相加，除以该月的天数而得。

年平均气温是将12个月的月平均气温累加后除以12而得。

相对湿度　指空气中实际所含水蒸气密度和同温度下饱和水蒸气密度的百分比值。其统计方法与气温相同。

降水量　指从天空降落到地面的液态或固态(经融化后)水，未经蒸发、渗透、流失而在地面上积聚的深度。其统计计算方法为：月降水量是将全月各日的降水量累加而得；年降水量是将12个月的月降水量累加而得。

日照时数　指太阳实际照射地面的时间。其统计方法与降水量相同。

森林面积　包括郁闭度0.2以上的乔木林地面积和竹林面积，国家特别规定的灌木林地面积，农田林网以及村旁、路旁、水旁、宅旁林木的覆盖面积。

森林覆盖率　以行政区域为单位，森林面积占土地总面积的百分比。计算公式为：

森林覆盖率＝(森林面积/土地总面积)×100%

活立木总蓄积量　指一定范围内土地上全部树木蓄积的总量，包括森林蓄积、疏林蓄积、散生木蓄积和四旁树蓄积。

森林蓄积量　指一定森林面积上存在着的林木树干部分的总材积。是反映一个国家或地区森林资源总规模和水平的基本指标之一，也是反映森林资源的丰富程度、衡量森林生态环境优劣的重要依据。

人工造林　指在宜林荒山荒地、宜林沙荒地、无立木林地、疏林地和退耕地等其他宜林地上通过播种、植苗和分植来提高森林植被覆被率的技术措施。

矿产资源　矿产资源指由地质作用形成的，具有利用价值的，呈固态、液态、气态的自然资源，是社会生产发展的重要物质基础。

矿产基础储量　基础储量是查明矿产资源的一部分。它能满足现行采矿和生产所需的指标要求，是控制的、探明的并通过可行性或预可行性研究认为属于经济的、边界经济的部分，用未扣除设计、采矿损失的数量表表示。

工业废水排放量　指经过企业厂区所有排放口排到企业外部的工业废水量。包括生产废水、外排的直接冷却水、超标排放的矿井地下水和与工业废水混排的厂区生活污水，不包括外排的间接冷却水(清污不分流的间接冷却水应计算在内)。

工业废水排放达标量　指报告期内废水中各项污染物指标都达到国家或地方排放标准的外排工业废水量，包括未经处理外排达标的，经废水处理设施处理后达标排放的，以及经污水处理厂处理后达标排放的。

生活污水排放量　指城镇居民每年排放的生活污水。

化学需氧量(COD)　指用化学氧化剂氧化水中有机污染物时所需的氧量。COD值越高，表示水中有机污染物污染越重。

工业废气排放量　指报告期内企业厂区内燃料燃烧和生产工艺过程中产生的各种排入大气的含有污染物的气体的总量，以标准状态(273K，101325Pa)计算。

工业烟尘排放量　指企业厂区内燃料燃烧过程中产生的烟气中夹带的颗粒物排放量。

工业粉尘排放量　指企业在生产工艺过程中排放的能在空气中悬浮一定时间的固体颗粒物排放量。如钢铁企业的耐火材料粉尘、焦化企业的筛焦系统粉尘、烧结机的粉尘、石灰窑的粉尘、建材企业的水泥粉尘等。不包括电厂排入大气的烟尘。

工业固体废物产生量　指报告期内企业在生产过程中产生的固体状、半固体状和高浓度液体状废弃物的总量，包括危险废物、冶炼废渣、粉煤灰、炉渣、煤矸石、尾矿、放射性废物和其他废物等；不包括矿山开采的剥离废石和掘进废石(煤矸石和呈酸性或碱性的废石除外)。酸性或碱性废石指采掘的废石其流经水、雨淋水的pH值小于4或pH值大于10.5者。

工业固体废物排放量　指报告期内企业将所产生的固体废物排到固体废物污染防治设施、场所以外的数量，不包括矿山开采的剥离废石和掘进废石(煤矸石和呈酸性或碱性的废石除外)。

危险废物　指列入国家危险废物名录或根据国家规定的危险废物鉴别标准和鉴别方法认定的，具有爆炸性、易燃性、易氧化性、毒性、腐蚀性、易传染疾病等危险特性之一的废物。

Explanatory Notes on Main Statistical Indicators

Temperature refers to the air temperature. China uses centigrade as the unit. The thermometry used for weather observation is put in a breezy shutter, which is 1.5 meters high from the ground. Therefore, the commonly used temperature refers to the temperature in the breezy shutter 1.5 meters away from the ground. The calculation method is as follows:

Monthly average temperature is the summation of average daily temperature of one month divided by the actual days of that particular month.

Annual average temperature is the summation of monthly average of a year divided by 12 months.

Relative Humidity refers to the ratio of actual water vapour pressure to the saturation water vapour density under the current temperature. The calculation method is the same as that of temperature.

Volume of Precipitation refers to the deepness of liquid state or solid state (thawed) water falling from the sky to the ground that has not been evaporated, infiltrated or run off. The calculation method is as follows:

Monthly precipitation is the summation of daily precipitation of a month.

Annual precipitation is the summation of 12 months precipitation of a year.

Sunshine Hours refer to the actual hours of sun irradiating the earth. The calculation method is the same as that of the precipitation.

Forest Area refers to the area of trees and bamboo grow with canopy density above 0.2, the area of shrubby tree according to regulations of the government, the area of forest land inside farm land and the area of trees planted by the side of villages, farm houses and along roads and rivers.

Forest Coverage Rate Taking the administrative jurisdiction as the unit, the percentage of area of afforested land to the area of total land. The formula for calculating forest coverage rate is as follows:

$$\text{Forest coverage rate (\%)} = \frac{\text{Area of Afforested Land}}{\text{Area of Total Land}} \times 100\%$$

Total Standing Stock Volume refers to the total stock volume of trees growing in land, including trees in forest, trees in sparse forest, scattered trees and trees planted by the side of villages, farm houses and along roads and rivers.

Stock Volume of Forest refers to total stock volume of wood growing in forest area, which shows the total size and level of forest resources of a country or a region. It is also an important indicator illustrating the richness of forest resource and the status of forest ecological environment.

Ocean is the general name for sea and ocean. Ocean refers to the main body of large salt water connected with the earth. Sea refers to the edge areas of the salt water on the earth that are compartmentalized or surrounded by land, island, reef or peninsula.

Mineral Resources refer to useful minerals, with solid state, liquid state, gaseity, due to the geological process. Minerals are important natural resources, and important material base for social development. At present, there are more than 170 types of minerals discovered in China. They can be categorized into four groups: energy producing minerals (including coal, petroleum, natural gas and terrestrial heat), metallic minerals (including iron, manganese, copper, lead and bauxite), non metallic minerals (including diamond, limestone and clay), and water/gas related minerals (including ground water, mineral water and carbon dioxide). Metallic minerals can be further classified as ferrous, non-ferrous, noble metal, rare metal, rare earth metal and dispersed metals.

Ensured Mineral Reserves refer to the actual mineral reserves, which equal to the proven mineral reserves (including industrial reserves and prospective reserves) minus extracted parts and underground losses.

Waste Water Discharged by Industry refers to the volume of waste water discharged by industrial enterprises through all their outlets, including waste water from production process, directly cooled water, groundwater from mining wells which does not meet discharge standards and sewage from households mixed with waste water produced by industrial activities, but excluding indirectly cooled water discharged (It should be included if the discharge is not separated from waste water).

Industrial Waste Water Meeting Discharge Standards refers to volume of industrial waste water discharge which, with or without treatment, reaches national or local standards with regard to all pollutants.

Urban Non-industrial Waste Water Discharge refers to annual discharge of non-industrial waste water by urban households.

Chemical Oxygen Demand (COD) refers to the amount of oxygen required when chemical oxidants are used to oxidize organic pollutants in water. A higher value of COD corresponds to more serious pollution by organic pollutants.

Industrial Waste Air Emission refers to the discharge into atmosphere of waste air containing pollutants generated from fuel burning and production processes in enterprises within a given period of time. It is calculated at standard status (273K, 101325Pa)

Industrial Soot Emission refers to the volume of soot in smoke emitted in the process of fuel burning in the premises of enterprises.

Industrial Dust Emission refers to volume of dust emitted by production process of enterprises and suspended in the air for a given period of time, including dust from refractory material of iron and steel works, dust from coke-screening systems and sintering machines of coke plants, dust from lime kilns and dust from cement production in building material enterprises, but excluding soot and dust emitted from power plants.

Industrial Solid Wastes Produced refers to total volume of solid, semi-solid and high concentration liquid residues produced by industrial enterprises from production process in a given period of time, including hazardous wastes, slag, coal ash, gangue, tailings, radioactive residues and other wastes, but excluding stones stripped or dug out in mining - gangue and acid or alkaline stones not included (a stone is acid or alkaline according to the pH value of the water being below 4 or above 10.5 when the stone is in, or soaked by water).

Industrial Solid Wastes Produced refers to total volume of solid, semi-solid and high concentration liquid residues produced by industrial enterprises from production process in a given period of time, including hazardous wastes, slag, coal ash, gangue, tailings, radioactive residues and other wastes, but excluding stones stripped or dug out in mining - gangue and acid or alkaline stones not included (a stone is acid or alkaline according to the pH value of the water being below 4 or above 10.5 when the stone is in, or soaked by water).

Hazardous Wastes refers to those included in the national hazardous wastes catalogue or specified as any one of the following properties in the national hazardous wastes identification standards: explosive, ignitable, oxidizable, toxic, corrosive or liable to cause infectious diseases or lead to other dangers.

8

财政和物价

LOCAL GOVERNMENT FINANCE AND PRICE

8-1 地方公共财政收入和支出基本情况
Local Public Financial Revenue and Expenditure

单位：万元 (10 000 yuan)

项　目	Item	2009	2010	2011
地方公共财政收入合计	**Local Public Financial Revenue**	**11745927**	**15616727**	**20447918**
税收收入	**Taxes Revenue**	**8866725**	**11805792**	**15374196**
增值税	Value-added Tax	1239474	1496452	1851212
营业税	Operation Tax	3481456	4758048	6115114
企业所得税	Enerprises Income Tax	1093060	1415043	2005850
企业所得税退税	Tax Rebate to Enterprises Income Tax	-177	-189	
个人所得税	Individual Income Tax	443835	577626	727496
资源税	Resource Tax	99986	128307	218351
固定资产投资方向调节税	Fixed Assets Investment Orientation Regulation Tax		6	36
城市维护建设税	City Maintenance Tax	538726	666095	941741
房产税	Real Estate Tax	222742	260522	339113
印花税	Stamp Tax	122830	165191	203855
城镇土地使用税	Urban Land Using Tax	317937	340793	416043
土地增值税	Value-added Tax on Land	267331	477759	765535
车船税	Travel Tax	97689	107345	134336
耕地占用税	Tax on the Use of Arable Land	259586	361706	487923
契税	Tax on Contracts	614043	979374	1094552
烟叶税	Tobacco Tax	68207	71714	73039
非税收入	**Non-Tax Revenue**	**2879202**	**3810935**	**5073722**
专项收入	Special Revenve	575575	611645	972957
行政事业性收费收入	Income from Administrative Fees	951060	1188184	1406948
罚没收入	Penalty and Confiscatory Income	321621	352457	472085
国有资本经营收入	Stat-owned Capital Operating Income	367822	416675	297265
国有资源(资产)有偿使用收入	Income from State-owned Assets Compensation	494314	906697	1185551
其他收入	Other Income	168810	335277	738916
地方公共财政支出合计	**Local Public Financial Expenditure**	**35907175**	**42579806**	**46749243**
一般公共服务支出	Expenditure for General Public Services	3531823	4073096	4851067
外交支出	Expenditure for Foreign Affairs			
国防支出	Expenditure for National Defense	86778	85290	107217
公共安全支出	Expenditure for Public Security	1827867	2183754	2460700
教育支出	Expenditure for Education	4514428	5406546	6846561
科学技术支出	Expenditure for Science and Technology	286392	347083	457451
文化体育与传媒支出	Expenditure for Culture, Sport and Media	457016	593653	873544
社会保障和就业支出	Expenditure for Social Safety Net and Employment Effort	4223635	5136524	6457933
医疗卫生支出	Expenditure for Medical and Health Care	2190978	2633417	3729635
环境保护支出	Expenditure for Environment Protection	1144732	1129947	1157995
城乡社区事务支出	Expenditure for Urban and Rural Community Affairs	1405920	1791933	2685564
农林水事务支出	Expenditure for Agriculture, Forestry and Water Conservancy	3227647	4017606	5457040
交通运输支出	Expenditure for Transportation	1706294	1929832	3648866
资源勘探电力信息等事务支出	Expenditure for Exploration and Power Information	1090336	1537299	1577673
商业服务业等事务支出	Expenditure for Commerce and Service	363172	692852	632536
金融监管等事务支出	Expenditure for Financial Regulation	20759	47941	111945
地震灾后恢复重建支出	Expenditure for Post-earthquake Recovery and Reconstruction	6843194	8088241	1324944
国土资源气象等事务支出	Expenditure for Land Resources Weather	383107	483660	572837
住房保障支出	Expenditure for Housing Security	742146	1070319	2312638
粮油物资储备管理事务支出	Expenditure for Oil Material Reserves Management	276075	268017	350307
国债还本付息支出	Interest Payments on Domestic Debts	78846	118306	238598
其他支出	Other Expenditure	1506030	944490	863892

注：地方公共财政收入和支出情况由四川省财政厅提供。
a) Local Public Financial Revenue and Expenditure are Provided by the Ministry of Finance.

8-2 各市(州)地方公共财政收入基本情况(2011年)
Local Public Financial Revenue by Region(2011)

单位: 万元 (10 000 yuan)

市(州)	Region	地方公共财政收入 Local Public Finacial Revenue	增值税 Value-added Tax	营业税 Business Tax	个人所得税 Indiviual Income Tax	企业所得税 Enterprises' Income Tax
成都市	Chengdu	6806929	446055	1615761	232585	848838
自贡市	Zigong	291382	30752	61790	5779	18842
攀枝花市	Panzhihua	494777	79337	73979	16377	43254
泸州市	Luzhou	654047	66326	107900	13914	99961
德阳市	Deyang	670907	95717	128611	14851	60869
绵阳市	Mianyang	656462	52088	193812	17183	45203
广元市	Guangyuan	227658	14807	73172	3689	11990
遂宁市	Suining	240145	13881	64153	5778	12288
内江市	Neijiang	253066	25065	53372	7057	20953
乐山市	Leshan	602039	59477	115611	14851	55834
南充市	Nanchong	432862	19179	121382	8818	38730
眉山市	Meishan	340541	25838	77630	7456	34069
宜宾市	Yibin	672298	81458	101955	14217	119823
广安市	Guangan	277767	21105	41656	4569	23768
达州市	Dazhou	411543	41529	91098	15237	36494
雅安市	Yaan	216521	44519	46990	10828	18603
巴中市	Bazhong	127430	6339	37193	4647	9688
资阳市	Ziyang	324738	15408	74237	6458	21206
阿坝藏族羌族自治州	Aba	210108	23164	74097	4791	12889
甘孜藏族自治州	Ganzi	202452	17889	55333	12364	14048
凉山彝族自治州	Liangshan	800437	82162	153282	18145	47899

8-2续表 continued

单位: 万元 (10 000 yuan)

市(州)	Region	资源税 Resouces Tax	城市维护建设税 Urban Maintenance and Development Tax	耕地占用税 Tax on the Occupancy of Cultivated Land	契　税 Tax On Contracts	烟叶税 Tobacco Tax	其他各项税收收入 Other Revenue	非税收入 Non-tax Revenue
成都市	Chengdu	7008	457528	51950	384333		827597	1935274
自贡市	Zigong	1743	19478	12143	16119		27694	97042
攀枝花市	Panzhihua	28907	34701	10019	15839	5337	51525	135502
泸州市	Luzhou	3792	48109	50018	26728	8011	57125	172163
德阳市	Deyang	9186	68182	24766	31127	173	60972	176453
绵阳市	Mianyang	3576	42815	18591	29278		69049	184867
广元市	Guangyuan	3637	11222	15347	9054	5674	19652	59414
遂宁市	Suining	1557	12511	24530	16664		30019	58764
内江市	Neijiang	2967	15087	10691	13483		21990	82401
乐山市	Leshan	10259	34792	28844	27322	112	57480	197457
南充市	Nanchong	4704	20559	3635	31019		59143	125693
眉山市	Meishan	1902	15226	21818	23154		40583	92865
宜宾市	Yibin	9331	60572	26107	20905	4629	43279	190022
广安市	Guangan	5482	11758	23939	13360		18753	113377
达州市	Dazhou	30015	18920	14258	20327	1364	34984	107317
雅安市	Yaan	2486	11117	22367	7881		16636	35094
巴中市	Bazhong	1401	5640	7590	6239		12031	36658
资阳市	Ziyang	1174	14001	24905	13962		32224	121163
阿坝藏族羌族自治州	Aba	1011	8992	8491	2169		7102	67402
甘孜藏族自治州	Ganzi	1877	3133	20101	2027		4371	71009
凉山彝族自治州	Liangshan	29216	20421	67509	8669	47739	25183	300212

8-3 各市(州)地方公共财政支出基本情况(2011年)
Local Public Financial Expenditure by Region(2011)

单位: 万元 (10 000 yuan)

市(州)	Region	地方公共财政支出 Local Public Financial Expenditure	一般公共服务 General Public Services	国防 National Denfense	公共安全 Public Safe	教育 Educa-tion	科学技术 Science Tech-nology	文化体育与传媒 Culture Sports and the Media
成都市	Chengdu	8578696	1123860	30267	542767	1178379	147010	202887
自贡市	Zigong	1060433	95094	2199	65920	140712	8289	15950
攀枝花市	Panzhihua	923018	118980	450	63469	180826	10853	13152
泸州市	Luzhou	1707430	141125	1357	78426	334610	7063	20586
德阳市	Deyang	1532332	159336	2437	89844	208903	15902	17358
绵阳市	Mianyang	2135756	208388	3061	107306	312015	26922	24567
广元市	Guangyuan	1374163	127946	973	60140	216642	7245	20513
遂宁市	Suining	1100024	111753	1322	53458	190502	4990	12624
内江市	Neijiang	1220287	114895	2343	61688	177843	4243	14217
乐山市	Leshan	1441546	153952	3496	84785	201091	12195	23914
南充市	Nanchong	2344224	232408	8185	102224	460035	10308	35480
眉山市	Meishan	1188867	142803	1332	73094	176909	4789	13074
宜宾市	Yibin	1793856	183811	2429	86784	342328	20565	30615
广安市	Guangan	1258308	124836	1171	63348	247385	3887	19001
达州市	Dazhou	2001711	189721	2349	84368	350195	9545	24675
雅安市	Yaan	810256	88418	1430	42790	91088	12372	11836
巴中市	Bazhong	1367152	114714	2451	51469	215337	4105	17006
资阳市	Ziyang	1300249	125945	1627	59535	227938	11993	16208
阿坝藏族羌族自治州	Aba	1383517	167821	4339	110331	154797	6194	20225
甘孜藏族自治州	Ganzi	1692042	185720	2771	95629	197433	4928	35039
凉山彝族自治州	Liangshan	2501155	270421	5941	120289	403946	14723	30800

8-3续表1 continued

单位: 万元 (10 000 yuan)

市(州)	Region	社会保障和就业 Social Security and Employment	医疗卫生 Medical and Healthy	环境保护 Enviro-mental Protection	城乡社区事务 Urban and Rural Community Services	农林水事务 Agriculture Forestry Water Affairs	交通运输 Tran-sport	资源勘探电力信息等事务 Exploration and Power Information	商业服务业等事务 commer-cial Service
成都市	Chengdu	498027	498709	128235	1322312	567110	242705	749165	169959
自贡市	Zigong	192776	111643	22579	80047	132579	40854	26679	16347
攀枝花市	Panzhihua	80043	64936	28269	65383	87782	92223	33658	9972
泸州市	Luzhou	249856	168636	53616	104919	252943	98163	31494	23776
德阳市	Deyang	211933	143561	18047	122590	145448	56548	27046	22821
绵阳市	Mianyang	270729	187992	65224	96059	215945	139390	58014	32452
广元市	Guangyuan	212635	120015	43632	25386	204422	111600	13372	16601
遂宁市	Suining	192175	125556	32289	49577	145763	48454	26499	17545
内江市	Neijiang	208543	146621	24285	38922	159668	114987	32033	20362
乐山市	Leshan	240996	144452	47789	55717	164403	102542	31742	21777
南充市	Nanchong	364236	271887	49119	87391	307933	159763	27230	29402
眉山市	Meishan	171173	129555	32207	84743	175263	63880	29941	20593
宜宾市	Yibin	177788	212802	50683	76761	225301	121036	30934	30850
广安市	Guangan	179789	172014	37419	24159	180640	56410	22157	17844
达州市	Dazhou	372408	228119	42128	73502	272493	128108	41319	26170
雅安市	Yaan	115660	79792	41876	45265	102922	40099	11712	10030
巴中市	Bazhong	275853	141805	39654	40125	187920	137115	8786	16953
资阳市	Ziyang	221305	161652	27424	49505	206597	47668	19949	20628
阿坝藏族羌族自治州	Aba	75609	97057	47626	42854	206721	155846	11942	57998
甘孜藏族自治州	Ganzi	167035	124989	80549	34383	245264	240941	15690	13697
凉山彝族自治州	Liangshan	301689	237907	94978	158514	388326	186450	45513	18345

8-3续表2 continued

单位: 万元 (10 000 yuan)

市(州)	Region	金融监管等事务 Financial Regulation	地震灾后恢复重建 Post-earthquake Reconstruction Spengding	国土资源气象等事务 Land Resources Weather	住房保障 Housing Security	粮油物资管理事务 Ceraels, Oils and Materials Management Affairs	储备事务支出 Reserve Affairs Expenditure	国债还本付息 Bond debt service	其他支出 Other Expenditure
成都市	Chengdu	61001	190550	107577	510217	16582	3927	102880	184570
自贡市	Zigong	1718	1299	6583	71358	2316	482	15643	9366
攀枝花市	Panzhihua	1133		12085	44809	834	818	1022	12321
泸州市	Luzhou	1330	1013	13350	98562	7043	171	1154	18237
德阳市	Deyang	3346	142239	11219	99080	6619	1046	5251	21758
绵阳市	Mianyang	4142	218549	12529	92183	6410	1898	5514	46467
广元市	Guangyuan	1829	88781	19657	60047	3542	1098	9269	8818
遂宁市	Suining	348	226	5009	71303	3251	571	88	6721
内江市	Neijiang	1766	2083	10314	69904	2706	367	2005	10492
乐山市	Leshan	2032	6020	38703	72664	2897	1336	16026	13017
南充市	Nanchong	4886	11068	21032	129574	8750	2123	2678	18512
眉山市	Meishan	2527	810	11092	35498	3672	364	2519	13029
宜宾市	Yibin	4661	230	25229	113869	4153	745	37124	15158
广安市	Guangan	2162	72	21202	60291	5890	1019	3912	13700
达州市	Dazhou	2779	374	23510	101517	6744	2315	1411	17961
雅安市	Yaan	538	20195	9262	43868	2234	178	53	38638
巴中市	Bazhong	728	1754	29167	60442	5288	1442	108	14930
资阳市	Ziyang	3041	3589	7499	72433	2839	472	5496	6906
阿坝藏族羌族自治州	Aba	2427	49906	38881	58264	3291	302	6416	64670
甘孜藏族自治州	Ganzi	1721	2329	16014	152206	939	213		74552
凉山彝族自治州	Liangshan	5601	1002	48006	122605	5724	1398	2634	36343

8-4 商品零售价格总指数(2011年)
General Retail Price Index(2011)

(上年=100) (preceding year=100)

类别	Item	商品零售价格总指数 Retail Price Index of Commodities		
		全省 Province	城市 Urban Areas	农村 Rural Areas
商品零售价格指数	**General Retail Price Index**	**104.6**	**104.4**	**105.2**
食品类	Food	112.2	111.9	112.8
饮料、烟酒类	Beverages, Tobacco and Liquor	104.2	104.6	103.1
服装、鞋帽类	Garments, Shoes and Hats	99.7	98.8	101.9
纺织品类	Textiles	101.6	102.1	101.1
家用电器及音像器材	Household Electrical Appliances and Audio-Visual Equipment	95.8	96.0	95.4
家庭设备	Household Appliances	98.8	99.1	97.3
文娱用耐用消费品	Cultural and Entertainment Durable Consumer Goods	90.8	88.9	94.4
文化办公用品	Cultural and Office Goods	96.5	95.8	98.7
电脑及配件	Computer and Fittings	100.5	99.1	103.9
日用品	Articles for Daily Use	101.7	102.0	101.0
体育娱乐用品	Sports and Entertainment Goods	101.6	102.3	100.1
体育用品	Spotrs Goods	101.5	102.3	100.1
娱乐用品	Entertainment Goods	101.7	102.3	100.1
交通、通信用品	Transportation and Telecommunication Goods	95.5	95.2	96.1
交通运输机械	Transportation Machinery	97.9	97.8	98.1
轿车	Saloon Car	95.9	95.9	96.0
通讯器材类	Telecommunication Equipment	89.3	88.6	91.1
移动电话机	Mobile Telephone	84.1	82.7	88.1
家具	Furniture	101.4	101.6	100.7
化妆品类	Cosmetics	101.2	101.3	100.9
金银珠宝类	Precious Metal and Jewellery	112.6	112.9	110.2
中西药品及医疗保健用品类	Traditional Chinese and Western Medicines, Health Care Articles	102.3	101.9	103.3
中药材及中成药	Raw and Officinal Medicinese of Traditional Chinese Pharmacology	112.6	112.2	113.3
西药	Western Medicines	96.8	96.7	96.8
书报杂志及电子出版物类	Newspapers and Magazines, Electronic Journal	99.6	98.7	101.9
燃料类	Fuels	113.2	113.6	111.9
汽油	Gasoline	113.4	113.5	113.2
柴油	Diesel Oil	113.4	113.4	113.4
建筑材料及五金电料类	Building Materials, Hardware, Electric Materials and Appliances	103.6	103.5	103.7
水泥	Cement	101.5	102.4	100.9
玻璃	Glass	98.5	98.5	98.4
农业生产资料类	**Agricultural Means of Production**	**112.4**		

8-5 城市商品零售价格指数(2011年)
Urban Retail Price Indices(2011)

(上年=100) (preceding year=100)

类　别	Item	成都市 Chengdu	泸州市 Luzhou	南充市 Nanchong	自贡市 Zigong	乐山市 Leshan	达州市 Dazhou
商品零售价格指数	**General Retail Price Index**	**104.3**	**104.7**	**106.8**	**104.7**	**105.1**	**103.6**
食品类	Food	113.1	112.2	114.2	110.8	111.2	112.7
饮料、烟酒类	Beverages, Tobacco and Liquor	106.1	101.9	108.3	110.2	104.1	101.9
服装、鞋帽类	Garments, Shoes and Hats	98.2	98.2	102.5	96.4	99.8	93.1
纺织品类	Textiles	98.2	103.6	110.1	96.9	107.6	107.5
家用电器及音像器材	Household Electrical Appliances and Audio-Visual Equipment	95.4	93.5	97.1	94.4	97.4	86.0
文化办公用品	Cultural and Office Goods	92.7	100.6	98.6	98.3	100.0	94.1
日用品	Articles for Daily Use	102.0	104.1	104.1	100.5	104.9	100.4
体育娱乐用品	Sports and Entertainment Goods	104.6	98.9	100.0	101.7	99.9	92.0
交通、通信用品	Transportation and Telecommunication Goods	94.3	97.1	98.8	96.4	97.3	97.5
家具	Furniture	105.2	104.9	100.5	107.0	99.5	92.7
化妆品类	Cosmetics	102.0	100.9	99.7	101.7	98.0	99.7
金银珠宝类	Precious Metal and Jewellery	112.3	113.0	122.0	110.7	117.0	107.4
中西药品及医疗保健用品类	Traditional Chinese and Western Medicines, Health Care Articles	100.9	103.4	100.5	97.8	102.4	102.6
书报杂志及电子出版物类	Newspapers and Magazines, Electronic Journal	95.1	100.0	102.0	103.2	100.1	100.9
燃料类	Fuels	113.8	113.2	114.1	113.5	116.2	114.4
建筑材料及五金电料类	Building Materials, Hardware, Electric Materials and Appliances	104.7	102.5	105.6	108.8	101.9	104.3

8-5续表 continued

(上年=100) (preceding year=100)

类　别	Item	广元市 Guangyuan	绵阳市 Mianyang	内江市 Neijiang	西昌市 Xichang	攀枝花市 Panzhihua	眉山市 Meishan
商品零售价格指数	**General Retail Price Index**	**104.4**	**104.2**	**104.7**	**103.9**	**105.0**	**105.3**
食品类	Food	113.1	111.3	111.0	112.4	112.3	114.8
饮料、烟酒类	Beverages, Tobacco and Liquor	103.5	103.6	105.9	102.4	102.1	108.8
服装、鞋帽类	Garments, Shoes and Hats	95.0	99.4	101.3	97.5	103.9	100.9
纺织品类	Textiles	95.8	104.9	106.3	90.0	103.7	111.4
家用电器及音像器材	Household Electrical Appliances and Audio-Visual Equipment	95.7	96.4	99.4	95.8	98.1	93.6
文化办公用品	Cultural and Office Goods	89.9	96.8	98.0	97.5	99.9	99.7
日用品	Articles for Daily Use	102.7	101.7	100.3	100.0	100.5	102.7
体育娱乐用品	Sports and Entertainment Goods	97.7	100.6	100.4	100.0	100.3	99.4
交通、通信用品	Transportation and Telecommunication Goods	96.3	94.4	97.1	92.8	97.2	97.9
家具	Furniture	100.3	99.0	97.2	95.2	98.5	98.2
化妆品类	Cosmetics	97.3	102.1	103.7	100.0	99.7	100.4
金银珠宝类	Precious Metal and Jewellery	106.2	117.0	107.3	109.6	112.1	111.0
中西药品及医疗保健用品类	Traditional Chinese and Western Medicines, Health Care Articles	100.0	100.5	98.4	102.5	101.3	96.4
书报杂志及电子出版物类	Newspapers and Magazines, Electronic Journal	101.1	102.2	100.1	100.0	100.2	100.2
燃料类	Fuels	114.7	115.9	114.3	112.2	112.2	113.0
建筑材料及五金电料类	Building Materials, Hardware, Electric Materials and Appliances	108.2	104.1	102.0	101.5	101.8	100.6

8-6 农村商品零售价格指数(2011年)
Rural Retail Price Indices(2011)

(上年=100) (preceding year=100)

类　别	Item	温江区 Wenjiang	汉源县 Hanyuan	平昌县 Pingchang	峨眉山市 Emeishan	叙永县 Xuyong
商品零售价格指数	**General Retail Price Index**	**104.7**	**107.8**	**106.0**	**104.3**	**106.6**
食品类	Food	112.4	114.8	112.7	111.3	112.6
饮料、烟酒类	Beverages, Tobacco and Liquor	105.6	104.7	101.2	104.7	101.7
服装、鞋帽类	Garments, Shoes and Hats	105.8	106.0	102.1	100.5	101.3
纺织品类	Textiles	101.0	103.4	103.5	99.9	109.3
家用电器及音像器材	Household Electrical Appliances and Audio-Visual Equipment	93.2	97.8	98.7	93.8	100.1
文化办公用品	Cultural and Office Goods	99.9	100.8	102.7	99.4	103.6
日用品	Articles for Daily Use	98.8	104.4	102.3	98.6	104.1
体育娱乐用品	Sports and Entertainment Goods	100.1	100.2	100.9	100.0	100.8
交通、通信用品	Transportation and Telecommunication Goods	95.1	99.2	97.3	97.8	97.3
家具	Furniture	100.5	102.7	99.7	92.1	102.3
化妆品类	Cosmetics	104.8	110.0	100.2	100.9	101.4
金银珠宝类	Precious Metal and Jewellery	110.6	139.9	110.8	112.5	117.0
中西药品及医疗保健用品类	Traditional Chinese and Western Medicines, Health Care Articles	102.6	106.8	103.8	107.4	101.0
书报杂志及电子出版物类	Newspapers and Magazines, Electronic Journal	100.2	100.3	109.6	100.3	101.2
燃料类	Fuels	112.0	114.9	108.7	115.2	118.3
建筑材料及五金电料类	Building Materials, Hardware, Electric Materials and Appliances	100.6	104.6	105.8	102.7	108.3
农业生产资料类	**Means of Agricultural Production**	**107.0**	**117.5**	**115.5**	**116.0**	**113.7**

8-6续表 continued

(上年=100) (preceding year=100)

类　别	Item	梓潼县 Zitong	渠　县 Quxian	仁寿县 Renshou	简阳市 Jianyang	南部县 Nanbu
商品零售价格指数	**General Retail Price Index**	**103.5**	**103.9**	**105.1**	**104.8**	**104.8**
食品类	Food	111.6	109.3	111.5	113.8	112.3
饮料、烟酒类	Beverages, Tobacco and Liquor	104.5	101.0	104.7	103.0	100.7
服装、鞋帽类	Garments, Shoes and Hats	101.7	98.0	101.6	102.2	101.7
纺织品类	Textiles	95.8	98.1	100.9	103.0	99.2
家用电器及音像器材	Household Electrical Appliances and Audio-Visual Equipment	92.2	97.1	103.4	93.5	97.7
文化办公用品	Cultural and Office Goods	91.5	100.1	98.8	99.7	99.0
日用品	Articles for Daily Use	100.9	101.2	101.5	102.5	99.7
体育娱乐用品	Sports and Entertainment Goods	100.1	100.0	100.1	100.1	100.0
交通、通信用品	Transportation and Telecommunication Goods	95.1	98.5	94.3	89.5	98.6
家具	Furniture	104.0	100.0	106.3	104.2	100.3
化妆品类	Cosmetics	91.0	99.8	100.2	101.9	100.5
金银珠宝类	Precious Metal and Jewellery	112.6	104.1	104.0	112.9	110.1
中西药品及医疗保健用品类	Traditional Chinese and Western Medicines, Health Care Articles	99.0	106.4	100.3	100.9	104.0
书报杂志及电子出版物类	Newspapers and Magazines, Electronic Journal	101.6	102.1	98.5	104.2	101.2
燃料类	Fuels	114.4	110.8	113.3	112.4	107.4
建筑材料及五金电料类	Building Materials, Hardware, Electric Materials and Appliances	101.1	104.7	103.6	102.7	101.0
农业生产资料类	**Means of Agricultural Production**	**111.8**	**108.5**	**106.1**	**109.6**	**107.5**

8-7 居民消费价格总指数(2011年)
Consumer Price Indices(2011)

(上年=100) (preceding year=100)

类 别	Item	居民消费价格指数 General Consumer Price Index 全 省 Province	城 市 Urban Areas	农 村 Rural Areas
居民消费价格指数	**General Consumer Price Index**	**105.3**	**105.1**	**105.8**
食品	Food	112.0	111.7	112.5
粮食	Grain	112.1	112.5	111.4
# 大米	Rice	112.9	112.9	113.0
油脂	Oil or Fat	112.4	112.3	112.5
肉禽及制品	Meat, Poultry and Their Products	123.7	122.8	125.2
# 猪肉	Pork	136.6	136.9	136.4
蛋	Eggs	114.3	114.7	112.8
水产品	Aquatic Products	107.7	106.9	109.4
菜	Vegetables	101.0	100.1	104.5
# 鲜菜	Fresh Vegetables	100.9	100.2	104.3
烟酒	Tobacco, Liquor	103.2	103.6	102.6
衣着	Clothing	100.0	99.2	101.9
服装	Garments	99.9	99.0	102.0
衣着材料	Clothing Material	108.0	109.5	106.7
衣着加工服务	Clothing Manufacturing Services	106.1	106.8	104.3
家庭设备及维修服务	Household Facilities, Articles and Repair Services	101.1	101.6	100.0
耐用消费品	Durable Consumer Goods	99.3	99.2	99.6
室内装饰品	Interior Decorations	100.0	99.9	100.8
家庭及加工维修服务	Other Household Service	108.7	110.0	101.8
医疗保健和个人用品	Medicine, Medical Services and Personal Articles	102.5	102.8	101.9
医疗保健	Medical Appliances and Articles	102.1	102.3	101.7
个人用品及服务	Personal Articles and Services	103.4	103.8	102.4
交通和通信	Means of Transportation and Communication	101.0	100.6	101.8
交通	Transportation	103.4	103.1	104.1
通信	Communication	97.3	97.6	96.6
娱乐教育文化及服务	Recreation, Education and Culture Articles	100.3	100.4	100.1
文娱耐用消费品及服务	Durable Consumer Goods for Recreational Use	92.2	90.6	95.2
教育	Education	101.6	101.8	101.3
文化娱乐用品	Cultural and Recreational Articles	100.5	100.5	100.6
旅游及外出	Turing and Outgoing	105.9	106.3	102.5
居住	Residence	106.0	106.3	105.7
建房及装修材料	Building and Building Decoration Material	102.5	102.3	102.5
租房	Rent	109.8	110.2	107.1
自有住房	Private House	107.5	106.6	109.3
水、电、燃料	Water, Electricity and Fuel	105.2	106.7	102.5

8-8 城市居民消费价格指数(2011年)
Consumer Price Indices in Urban Areas(2011)

(上年=100) (preceding year=100)

类 别	Item	成都市 Chengdu	泸州市 Luzhou	南充市 Nanchong	自贡市 Zigong	乐山市 Leshan	达州市 Dazhou
居民消费价格指数	**General Consumer Price Index**	**105.4**	**105.8**	**106.4**	**105.7**	**105.0**	**105.8**
食品	Food	112.6	112.3	114.2	111.0	110.7	112.5
粮食	Grain	112.5	114.9	114.6	113.3	121.1	112.5
油脂	Oil or Fat	113.9	116.2	113.4	108.0	109.7	110.3
肉禽及制品	Meat, Poultry and Their Products	123.8	124.1	127.2	113.3	125.3	123.3
# 猪肉	Pork	138.0	133.5	137.4	129.3	141.5	139.5
蛋	Eggs	117.1	123.1	112.0	117.7	109.9	116.5
水产品	Aquatic Products	109.5	99.8	103.1	105.2	110.4	106.7
菜	Vegetables	94.5	102.6	99.1	108.4	93.5	100.6
# 鲜菜	Fresh Vegetables	94.4	102.5	99.0	108.6	92.8	99.9
烟酒	Tobacco, Liquor	103.5	101.5	106.5	108.8	103.4	102.3
衣着	Clothing	98.9	98.3	102.5	96.8	99.9	93.8
家庭设备及维修服务	Household Facilities, Articles and Repair Services	104.0	101.9	102.4	100.4	101.9	95.3
医疗保健和个人用品	Medicine, Medical Services and Personal Articles	102.8	102.1	102.4	100.6	102.4	103.0
交通和通信	Means of Transportation and Communication	100.7	99.5	101.0	103.7	101.5	101.0
娱乐教育文化及服务	Recreation, Education and Culture Articles	97.3	99.7	100.8	102.9	100.4	103.3
居住	Residence	106.5	110.7	103.6	107.5	105.2	110.7

8-8续表 continued

(上年=100) (preceding year=100)

类 别	Item	广元市 Guangyuan	绵阳市 Mianyang	内江市 Neijiang	西昌市 Xichang	攀枝花市 Panzhihua	眉山市 Meishan
居民消费价格指数	**General Consumer Price Index**	**105.3**	**105.0**	**105.4**	**105.0**	**104.8**	**106.1**
食品	Food	112.7	111.0	110.7	111.8	112.1	114.5
粮食	Grain	108.1	109.9	111.7	111.4	107.0	116.4
油脂	Oil or Fat	107.7	112.2	115.7	113.5	113.6	108.8
肉禽及制品	Meat, Poultry and Their Products	123.9	125.9	120.9	125.3	124.8	125.8
# 猪肉	Pork	134.2	138.4	131.3	137.9	143.1	136.8
蛋	Eggs	101.0	111.3	108.0	109.7	113.6	123.2
水产品	Aquatic Products	106.9	106.0	103.7	109.8	110.9	112.1
菜	Vegetables	106.6	99.3	100.0	100.6	104.6	109.3
# 鲜菜	Fresh Vegetables	107.5	99.0	99.9	101.2	105.4	110.1
烟酒	Tobacco, Liquor	104.0	102.5	108.3	102.3	102.1	108.6
衣着	Clothing	95.3	99.7	101.9	97.7	104.1	101.3
家庭设备及维修服务	Household Facilities, Articles and Repair Services	99.1	101.2	101.4	98.0	101.8	101.3
医疗保健和个人用品	Medicine, Medical Services and Personal Articles	101.3	101.7	101.9	103.1	101.0	100.3
交通和通信	Means of Transportation and Communication	100.1	100.1	99.9	98.7	98.8	100.0
娱乐教育文化及服务	Recreation, Education and Culture Articles	103.4	100.2	99.3	101.1	101.8	99.4
居住	Residence	105.4	106.7	107.7	106.5	101.0	107.0

8-9 农村居民消费价格指数(2011年)
Consumer Price Indices in Rural Areas(2011)

(上年=100) (preceding year=100)

类别	Item	温江区 Wenjiang	汉源县 Hanyuan	平昌县 Pingchang	峨眉山市 Emeishan	叙永县 Xuyong
居民消费价格指数	**General Consumer Price Index**	**105.2**	**106.8**	**107.0**	**104.9**	**106.3**
食品	Food	111.9	114.7	112.9	111.0	113.2
粮食	Grain	108.2	119.9	115.9	108.7	111.0
油脂	Oil or Fat	119.1	116.2	112.6	113.4	109.7
肉禽及制品	Meat, Poultry and Their Products	128.7	129.2	124.2	122.2	125.0
# 猪肉	Pork	142.7	147.1	135.1	135.4	139.8
蛋	Eggs	119.7	108.9	113.5	117.8	120.6
水产品	Aquatic Products	110.0	108.5	100.9	110.3	107.0
菜	Vegetables	108.5	95.7	102.5	102.3	107.4
# 鲜菜	Fresh Vegetables	109.7	94.8	102.8	101.3	109.7
烟酒	Tobacco, Liquor	104.0	103.3	100.7	104.4	101.3
衣着	Clothing	105.5	106.1	102.4	100.7	101.9
家庭设备及维修服务	Household Facilities, Articles and Repair Services	99.2	103.1	100.8	98.2	102.5
医疗保健和个人用品	Medicine, Medical Services and Personal Articles	103.1	106.2	103.0	104.1	101.7
交通和通信	Means of Transportation and Communication	99.7	100.9	102.2	101.5	101.6
娱乐教育文化及服务	Recreation, Education and Culture Articles	99.7	100.9	108.4	101.5	101.2
居住	Residence	103.4	102.6	107.5	104.0	107.8

8-9续表 continued

(上年=100) (preceding year=100)

类别	Item	梓潼县 Zitong	渠　县 Quxian	仁寿县 Renshou	简阳市 Jianyang	南部县 Nanbu
居民消费价格指数	**General Consumer Price Index**	**104.5**	**104.9**	**105.2**	**106.1**	**105.8**
食品	Food	110.9	108.8	111.4	114.7	112.8
粮食	Grain	106.8	114.5	110.2	105.8	118.2
油脂	Oil or Fat	109.2	102.4	107.7	116.6	105.4
肉禽及制品	Meat, Poultry and Their Products	123.6	115.7	123.2	129.2	125.7
# 猪肉	Pork	137.3	122.7	135.4	144.9	132.3
蛋	Eggs	114.9	107.3	109.2	115.8	106.6
水产品	Aquatic Products	97.2	105.6	123.5	108.8	103.1
菜	Vegetables	103.5	110.9	96.6	107.1	103.8
# 鲜菜	Fresh Vegetables	104.4	109.2	95.2	109.2	101.9
烟酒	Tobacco, Liquor	105.7	101.5	105.2	103.0	100.5
衣着	Clothing	101.4	98.9	101.8	102.2	102.1
家庭设备及维修服务	Household Facilities, Articles and Repair Services	99.8	97.2	104.6	99.4	99.5
医疗保健和个人用品	Medicine, Medical Services and Personal Articles	99.2	105.1	100.6	101.1	103.3
交通和通信	Means of Transportation and Communication	100.5	101.2	100.6	101.7	99.4
娱乐教育文化及服务	Recreation, Education and Culture Articles	98.8	101.4	99.9	100.7	100.1
居住	Residence	105.3	111.6	104.9	105.1	107.7

8-10 工业品出厂价格指数
Ex-Factory Price Indices of Industrial Products

(上年=100) (preceding year=100)

类　别	Item	2005	2006	2007	2008	2009	2010	2011
全部工业品	**Total Industry Product**	**104.0**	**101.9**	**103.9**	**109.3**	**96.5**	**105.0**	**107.3**
按轻重工业分	**Grouped by Light & Heavy Industry**							
轻工业	Light Industry	101.3	100.9	104.6	107.9	98.8	103.3	107.7
重工业	Heavy Industry	106.2	102.6	103.4	110.2	94.8	106.3	107.2
按类别分	**Grouped by Sector**							
生产资料	Means of Production	105.5	102.8	103.3	109.6	95.7	105.7	107.9
采掘	Mining and Quarrying	114.5	109.9	106.9	118.3	96.3	112.6	116.8
原料	Raw Materials	105.9	103.1	103.7	107.9	93.4	109.0	108.5
加工	Manufacturing	104.0	101.7	102.6	109.1	96.6	103.0	106.1
生活资料	Consumer Goods	100.1	99.1	105.9	108.0	98.8	102.8	105.7
食品	Food	102.2	100.0	109.0	110.1	98.5	104.4	109.6
衣着	Clothing	101.5	100.0	101.5	105.8	103.3	101.2	102.5
一般日用品	Articles for Daily Use	102.0	101.0	101.2	106.1	101.0	102.9	102.8
耐用消费品	Durable Consumer Goods	90.1	92.4	98.5	101.4	96.8	94.2	92.3
按部门分	**Grouped by Industrial Division**							
冶金工业	Metallurgical Industry	105.7	101.9	104.2	114.9	85.7	110.6	111.3
电力工业	Power Industry	104.0	102.3	102.3	102.2	100.4	103.1	99.8
煤炭工业	Coal Industry	122.2	107.1	106.5	130.5	98.6	112.1	118.3
石油工业	Petroleum Industry	104.6	109.2	105.6	110.2	98.9	111.0	112.4
化学工业	Chemical Industry	107.5	100.9	103.4	108.7	94.6	105.5	109.6
机械工业	Machine Building Industry	99.9	100.9	101.3	103.3	99.9	100.0	101.6
建筑材料工业	Building Materials Industry	104.7	104.3	104.8	113.5	103.2	99.0	103.3
森林工业	Timber Industry	100.9	100.9	102.5	106.3	101.3	104.7	100.0
食品工业	Food Industry	102.4	99.8	109.0	111.8	98.3	104.4	109.4
纺织工业	Textile Industry	102.9	107.4	99.6	99.2	97.9	115.8	117.6
缝纫工业	Tailoring Industry	97.1	98.7	99.0	102.4	103.1	101.0	103.4
皮革工业	Leather Industry	105.6	100.8	103.8	107.1	97.4	100.7	101.5
造纸工业	Paper Industry	100.6	102.5	101.2	108.4	94.7	102.1	108.5
文教艺术用品工业	Culture, Educational and Handicrafts Articles Industry	99.9	100.5	101.9	103.2	102.1	102.1	97.9

8-11 按行业分的工业品出厂价格指数
Ex-Factory Price Indices of Industrial Products by Industrial Branch

(上年=100) (preceding year=100)

类　　别	Item	2005	2006	2007	2008	2009	2010	2011
煤炭开采和洗选业	Coal Mining and Dressing	129.4	107.2	106.4	128.8	100.6	112.1	119.4
石油和天然气开采业	Petroleum and Natural Gas Extraction	103.4	106.6	105.8	110.0	99.9	110.5	109.9
黑色金属矿采选业	Ferrous Metals Mining and Dressing	123.0	105.8	104.4	128.0	73.9	120.4	121.8
有色金属矿采选业	Nonferrous Metals Mining and Dressing	118.3	144.3	119.9	90.6	74.7	132.8	121.0
非金属矿采选业	Nonmetal Minerals Mining and Dressing	110.7	105.5	104.1	110.2	101.0	104.1	106.9
食品制造业	Food Production	102.8	100.6	101.0	106.6	101.1	103.7	107.5
饮料制造业	Beverage Production	103.1	101.1	101.8	105.9	102.6	105.5	106.1
烟草制品业	Tobacco Processing	101.4	97.4	96.1	99.9	99.2	99.7	99.8
纺织业	Textile Industry	102.9	107.2	99.7	99.2	97.9	115.6	117.4
皮革、羽毛(绒)及其制品业	Leather, Furs, Down and Related Products	104.5	101.8	103.1	103.3	98.0	101.8	105.2
木材加工及木、竹制品业	Timber Processing, Bamboo, Cane, Palm Fiber and Straw Products	100.9	101.7	103.1	106.4	101.0	105.4	101.3
家具制造业	Furniture Manufacturing	101.0	100.1	101.8	107.0	102.2	102.3	99.1
造纸及纸制品业	Papermaking and Paper Products	100.6	102.5	101.2	108.5	94.7	102.1	108.5
文教体育用品制造业	Cultural, Educational and Sports Goods	99.4	100.5	106.3	104.5	101.0	107.3	103.7
石油加工、炼焦及核燃料加工业	Petroleum Processing and Coking	108.0	112.5	106.7	132.4	89.6	113.0	113.8
化学原料及化学制品制造业	Raw Chemical Materials and Chemical Products	110.5	99.8	103.5	112.2	92.3	105.1	111.8
医药制造业	Medical and Pharmaceutical Products	101.8	101.0	103.6	102.4	102.7	106.1	105.4
化学纤维制造业	Chemical Fiber	100.7	99.6	106.9	97.6	86.2	123.7	126.5
橡胶制品业	Rubber Products	105.2	101.7	104.0	105.3	103.3	101.8	102.1
塑料制品业	Plastic Products	107.5	104.0	101.9	103.3	95.7	100.4	106.6
非金属矿物制品业	Nonmetal Mineral Products	104.6	104.0	104.3	114.0	102.8	98.7	103.4
黑色金属冶炼及压延加工业	Smelting and Pressing of Ferrous Metals	105.0	95.4	103.3	122.6	85.9	106.8	111.1
有色金属冶炼及压延加工业	Smelting and Pressing of Nonferrous Metals	107.3	115.4	105.4	94.4	86.2	118.7	111.9
金属制品业	Metal Products	104.2	102.2	102.8	105.4	92.9	104.3	104.5
通用设备制造业	Ordinary Machinery Manufacturing	104.5	101.4	100.5	105.1	102.1	99.7	104.3
专用设备制造业	For Special Purposes Equipment Manufacturing	102.3	101.5	100.8	105.1	98.8	101.2	103.3
交通运输设备制造业	Transport Equipment Manufacturing	100.1	101.4	101.3	103.8	102.7	100.8	101.4
电气机械及器材制造业	Electric Equipment and Machinery	104.6	108.5	107.3	102.9	95.8	105.3	107.5
通信设备及其他电子设备制造业	Electronic and Telecommunications Equipment	91.2	93.7	98.1	99.8	97.2	95.6	92.4
仪器仪表及文化、办公用机械制造业	Instruments, Meters, Cultural and Office Machinery	96.8	101.0	102.3	100.7	95.1	97.4	99.5
工艺品及其他制造业	Other Manufacturing	105.7	104.3	102.5	107.2	105.9	106.9	109.0
电力、热力的生产和供应业	Electric Power, Steam and Hot Water Production and Supply	104.0	102.5	102.5	102.3	100.4	103.0	99.4
燃气生产和供应业	Gas Production and Supply	102.0	109.0	104.8	106.2	101.2	108.9	118.9
水的生产和供应业	Tap Water Production and Supply	102.0	104.9	103.1	101.1	100.9	102.7	101.2

主要统计指标解释

财政收入 指国家财政参与社会产品分配所取得的收入，是实现国家职能的财力保证。主要包括：

(1)税收收入：包括国内增值税、国内消费税、进口货物增值税和消费税、出口货物退增值税和消费税、营业税、企业所得税、个人所得税、资源税、城市维护建设税、房产税、印花税、城镇土地使用税、土地增值税、车船税、船舶吨税、车辆购置税、关税、耕地占用税、契税、烟叶税等。

(2)非税收入：包括专项收入、行政事业性收费、罚没收入和其他收入。

财政支出 指国家财政将筹集起来的资金进行分配使用，以满足经济建设和各项事业的需要。主要包括：

(1)一般公共服务：指政府提供基本公共管理与服务的支出，包括人大事务、政协事务、政府办公厅（室）及相关机构事务、发展与改革事务、统计信息事务、财政事务、税收事务、审计事务、海关事务、人力资源事务、纪检监察事务、人口与计划生育事务、商贸事务、知识产权事务、工商行政管理事务、国土资源事务、海洋管理事务、测绘事务、地震事务、气象事务、民族事务、宗教事务、港澳台侨事务、档案事务、共产党事务、民主党派事务及工商联事务、群众团体事务、彩票事务等。

(2)外交：指政府外交事务支出，包括外交行政管理、驻外机构、对外援助、国际组织、对外合作与交流、边界勘界联检等方面的支出。

(3)国防：指政府用于国防方面的支出，包括用于现役部队、预备役部队、民兵、国防科研事业、专项工程、国防动员等方面的支出。

(4)公共安全：指政府维护社会公共安全方面的支出，包括武装警察、公安、国家安全、检察、法院、司法行政、监狱、劳教、国家保密、缉私警察等。

(5)教育：指政府教育事务支出，包括教育行政管理、学前教育、小学教育、初中教育、普通高中教育、普通高等教育、初等职业教育、中专教育、技校教育、职业高中教育、高等职业教育、广播电视教育、留学生教育、特殊教育、干部继续教育、教育机关服务等。

(6)科学技术：指用于科学技术方面的支出，包括科学技术管理事务、基础研究、应用研究、技术研究与开发、科技条件与服务、社会科学、科学技术普及、科技交流与合作等。

(7)文化教育与传媒：指政府在文化、文物、体育、广播影视、新闻出版等方面的支出。

(8)社会保障和就业：指政府在社会保障与就业方面的支出，包括社会保障和就业管理事务、民政管理事务、财政对社会保险基金的补助、补充全国社会保障基金、行政事业单位离退休、企业改革补助、就业补助、抚恤、退役安置、社会福利、残疾人事业、城市居民最低生活保障、其他城镇社会救济、农村社会救济、自然灾害生活救助、红十字事务等。

(9)医疗卫生：指政府医疗卫生方面的支出，包括医疗卫生管理事务支出、医疗服务支出、医疗保障支出、疾病预防控制支出、卫生监督支出、妇幼保健支出、农村卫生支出等。

(10)环境保护：指政府环境保护支出，包括环境保护管理事务支出、环境监测与监察支出、污染治理支出、自然生态保护支出、天然林保护工程支出、退耕还林支出、风沙荒漠治理支出、退牧还草支出、已垦草原退耕还草、能源节约利用、污染减排、可再生能源和资源综合利用等支出。

(11)城乡社区事务：指政府城乡社区事务支出，包括城乡社区管理事务支出、城乡社区规划与管理支出、城乡社区公共设施支出、城乡社区住宅支出、城乡社区环境卫生支出、建设市场管理与监督支出等。

(12)农林水事务：指政府农林水事务支出，包括农业支出、林业支出、水利支出、扶贫支出、农业综合开发支出等。

(13)交通运输：指政府交通运输和邮政业方面的支出，包括公路运输支出、水路运输支出、铁路运输支出、民用航空运输支出、邮政业支出等。

(14)工业商业金融等事务：指政府对工业、商业及金融等方面的支出，包括采掘业支出、制造业支出、建筑业支出、工业和信息产业监管支出、国有资产监管支出、商业流通事务支出、金融业监管支出、旅游业管理与服务支出等。

中央财政收入和地方财政收入 指按现行分税制财政体制划分的中央本级收入和地方本级收入。属于中央财政的收入包括关税，进口货物增值税和消费税，出口货物退增值税和消费税，消费税，铁道部门、各银行总行、各保险公司总公司等集中交纳的营业税和城市维护建设税，增值税75%部分，纳入共享范围的企业所得税60%部分，未纳入共享范围的中央企业所得税、中央企业上交的利润，个人所得税60%部分，车辆购置税，船舶吨税，证券交易印花税97%部分，海洋石油资源税，中央非税收入等。属于地方财政的收入包括营业税（不含铁道部门、各银行总行、各保险公司总公司集中交纳的营业税），地方企业上交利润，城市维护建设税（不含铁道部门、各银行总行、各保险公司总公司集中交纳的部分），房产税，城镇土地使用税，土地增值税，车船税，耕地占用税，契税，烟叶税，印花税，增值税25%部分，纳入共享范围的企业所得税40%部分，个人所得税40%部分，证券交易印花税3%部分，海洋石油资源税以外的其他资源税，地方非税收入等。

中央财政支出和地方财政支出 指根据政府在经济和社会活动中的不同职责，划分中央和地方政府的责权，按照政府的责权划分确定的支出。中央财政支出包括一般公共服务，外交支出，国防支出，公共安全支出，以及中央政府调整国民经济结构、协调地区发展、实施宏观调控的支出等。地方财政支出包括一般公共服务，公共安全支出，地方统筹的各项社会事业支出等。

商品零售价格指数 是反映一定时期内城乡商品零售价格变动趋势和程度的相对数。商品零售价格的变动直接影响到城乡居民的生活支出和国家的财政收入，影响居民购买力和市场供需平衡，影响到消费与积累的比例关系。因此，该指数可以从一个侧面对上述经济活动进行观察和分析。

农业生产资料价格指数 指反映一定时期内农业生产资料价格变动趋势和程度的相对数。其编制目的是了解农业生产中物质资料投入价格的变动状况，服务于国民经济核算。1994年以前，农业生产资料价格指数仅仅是商品零售价格指数的一个类别，此后，从商品零售价格指数中分离出来，单独编制。

居民消费价格指数 是反映一定时期内城乡居民所购买的生活消费品价格和服务项目价格变动趋势和程度的相对数，是对城市居民消费价格指数和农村居民消费价格指数进行综合汇总计算的结果。该指数可以观察和分析消费品的零售价格和服务项目价格变动对城乡居民实际生活费支出的影响程度。

城市居民消费价格指数 是反映一定时期内城市居民家庭所购买的生活消费品价格和服务项目价格变动趋势和程度的相对数。该指数可以观察和分析消费品的零售价格和服务项目价格变动对城镇居民收入和消费支出的影响。

农村居民消费价格指数 是反映一定时期内农村居民家庭所购买的生活消费品价格和服务项目价格变动趋势和程度的相对数。该指数可以观察农村消费品的零售价格和服务项目价格变动对农村居民收入和生活消费支出的影响。

工业品出厂价格指数 是反映一定时期内全部工业产品出厂价格总水平的变动趋势和程度的相对数，包括工业企业售给本企业以外所有单位的各种产品和直接售给居民用于生活消费的产品。该指数可以能观察出厂价格变动对工业总产值及增加值的影响。

Explanatory Notes on Main Statistical Indicators

Government Revenue refers to income for the government finance through participating in the distribution of social products. It is the financial guarantee to ensure government functioning. The contents of government revenue include the following main items:

(1) Various tax revenues, including domestic value added tax (VAT), domestic consumption tax, VAT and consumption tax from imports, VAT and consumption tax rebate for exports, business tax, corporate income tax, individual income tax, resource tax, city maintenance and construct tax, house property tax, stamp tax, urban land use tax, land appreciation tax, tax on vehicles and boat operation, ship tonnage tax, vehicle purchase tax, tariffs, farm land occupation tax, deed tax, and tobacco leaf tax, etc.

(2) Non-tax revenue, including special program receipts, charge of administrative and institutional units, penalty receipts and others non-tax receipts.

Government Expenditure refers to the distribution and use of the funds which the government finance has raised, so as to meet the needs of economic construction and various causes. It includes the following main items:

(1) Expenditure for general public services: It refers to the spending on the basic public management and services which provided by governments, including the expense on affairs of People's Congress, affairs of People's Political Consultative Conference, affairs of government general office and relative institutions, affairs of development and reform, affairs of statistics, affairs of finance, affairs of taxation, affairs of audit, affairs of customs, affairs of human resources and social security, affairs of discipline inspection and supervision, affairs of population and family planning, affairs of commerce and trade, affairs of intellectual property, affairs of administration for industry and commerce, affairs of land and resources, affairs of oceanic administration, affairs of surveying and mapping, affairs of earthquake, ethnic affairs, religious affairs, affairs of Hong Kong, Macao, Taiwan, and Overseas Chinese, affairs of archives administration, affairs of Chinese Communist Party, affairs of democratic parties and federation of industry and commerce, affairs of mass organization, and affairs of lottery, etc.

(2) Expenditure for foreign affairs: It refers to the spending of government on foreign affairs, including the expense on administration of foreign affairs, missions overseas, external assistance, international organizations, foreign cooperation and communication, surveying and joint inspection on borderline, etc.

(3) Expenditure for national defence: It refers to the spending of government on national defence, including the expense on active force, reserve force, militia, scientific research on national defence, special projects, mobilization of national defence, etc.

(4) Expenditure for public security: It refers to the spending of government on maintaining social and public security, including the expense on armed police force, public security, state security, prosecution, courts, justice, prison, labour education and rehabilitation, protection of state secrecy, anti-smuggling police, etc.

(5) Expenditure for education: It refers to the spending of government on education, including the expense on the administration of education, pre-primary education, primary education, secondary education, high school education, regular higher education, primary vocational education, secondary vocational education, technical school education, vocational high school education and higher vocational education, radio and television education, student abroad education, special education, on the job training of cadres, education authorities services, etc.

(6) Expenditure for science and technology: It refers to the spending of government on science and technology (S&T), including the expense on the administration of S&T, basic research, applied research, research and development, conditions and services of S&T, popularization of social science, science and technology, exchanges and cooperation of S&T, etc.

(7) Expenditure for culture, sport and media: It refers to the spending of government on culture, cultural heritage, sports, radio, film, television, press and publication, etc.

(8) Expenditure for social safety net and employment effort: It refers to the spending of government on social safety net and employment, including the expense on administration of social safety net and employment, civil affairs, budgetary subsidy on the social insurance funds, subsidy on National Social Security Fund, retirees of administrative units and institutions, subsidy on enterprise reform, subsidy on employment effort, pension, placement of ex-serviceman, social welfare, the handicapped undertakings,

the system of cost of living allowances for urban residents, other urban social relief, rural social relief, living relief of natural disasters, affairs of Red Cross Society, etc.

(9) Expenditure for medical and health care: It refers to the spending of government on medical and health care, including the expense on administration of medical and health care, medical services, health care, disease prevention and control, health inspection and supervision, women and children's health, rural health care, etc.

(10) Expenditure for environment protection: It refers to the spending of government on environment protection, including the expense on administration of environment protection, environment monitoring and supervision, pollution control, natural ecology protection, project of virgin forests protection, reforesting farmland, controlling the sources of dust storms, returning pastureland to grassland, returning pastureland to grassland, returning cultivated land to grassland, energy conservation, emissions reduction, comprehensive utilization of renewable energy and resources, etc.

(11) Expenditure for urban and rural community affairs: It refers to the spending of government on urban and rural community affairs, including the expense on administration of urban and rural community, planning and management of urban and rural community, public facilities of urban and rural community, housing of urban and rural community, sanitation of urban and rural community, management and supervision on the construction market, etc.

(12) Expenditure for agriculture, forestry and water conservancy: It refers to the spending of government on agriculture, forestry and water conservancy, including the expense on agriculture, forestry, water conservancy, poverty alleviation, comprehensive agricultural development, etc.

(13) Expenditure for transportation: It refers to the spending of government on transportation and postal services, including the expense on road transportation, waterway transportation, railway transportation, civil aviation transportation, and postal services.

(14) Expenditure for industry, commerce and banking: It refers to the spending of government on industry, commerce and banking, including the expense on mining, manufacturing, construction, industry and information technology supervision and administration, State-owned assets supervision and administration, commerce and circulation affairs, financial intermediation supervision and administration, tourism administration and service, etc.

Revenue of the Central Government and Revenue of the Local Governments refers to the revenue collected by the Central Government and that by the local governments as defined by the decentralized taxation system. In accordance with this system, the revenue of the Central Government includes tariff, VAT and consumption tax from imports, VAT and consumption tax rebate for exports, consumption tax, business tax and city maintenance and construct tax from the Ministry of Railways, head offices of banks, head offices of insurance company, which are handed over to the government in a centralized way, 75% of the value added tax, 60% the share part of the corporate income tax, unshared part of corporate income tax of the central enterprises, profit handed in by the central enterprises, 60% of individual income tax, vehicle purchase tax, ship tonnage tax, 97% of stamp tax on securities transactions, resource tax on the offshore petroleum resources. The revenue of the local governments includes business tax (excluding the part of the Ministry of Railways, head offices of banks, head offices of insurance company, which are handed over to the government in a centralized way), profit handed in by the local enterprises, city maintenance and construct tax (excluding the part of the Ministry of Railways, head offices of banks, head offices of insurance company, which are handed over to the government in a centralized way), house property tax, urban land use tax, land appreciation tax, tax on vehicles and boat operation, farm land occupation tax, deed tax, and tobacco leaf tax, stamp tax, 25% of the value added tax, 40% the share part of the corporate income tax, 40% of individual income tax, 3% of stamp tax on securities transactions, resource tax other than the tax on offshore petroleum resources, local non-tax revenue, etc.

Expenditure of the Central Government and Expenditure of the Local Governments according to the different functions of the Central Government and local governments in economic and social activities, the rights of affairs administration are demarcated between those of the Central Government and those of local governments; and the classification of the expenditure between the Central Government and local governments are made on the basis of the classification of the rights of affairs administration between them. The expenditure of the Central Government includes the expenditure for general public services, expenditure for foreign affairs, expenditure for public security, and the expenditure of the Central Government for adjusting the national economic structure; coordinating the development among different regions; and exercising macroeconomic regulation. The expenditure of the local governments includes mainly the expenditure for general public services, expenditure for public security, and expenditures for social development which are planed by local governments, etc.

Retail Price Index reflects the trend and degree of change in retail prices of commodities during a given period. The change in retail prices of commodities directly affect the living expenditure of urban and rural residents, government revenue, purchasing power of residents and the equilibrium of market supply and demand, and the ratio of consumption to accumulation. Therefore, the retail price indices are useful to analyze the changes of the above economic activities.

Price Indices for Means of Agricultural Production reflect the trend and degree of changes in the prices of the means of agricultural production during a given period. Compilation of these indices helps to understand the changes in prices of input into agricultural production and facilitate the compilation of national accounts statistics. Before 1994, price indices for means of agricultural production were a sub-category in the retail price indices for commodities, and it has been compiled separately since 1994.

Consumer Price Index reflects the trend and degree of changes in prices of consumer goods and services purchased by urban and rural residents, and is a composite indices derived from the urban consumer price indices and the rural consumer price indices. Consumer price indices can be used to analyze the impact of consumer price change on actual expenditure for living cost of urban and rural residents.

Urban Consumer Price Index reflect the trend and degree of changes in prices of consumer goods and services purchased by urban households during a given period. It can be used to observe and analyze the impact of price changes in consumer goods and services on urban household income and consumption expenditure.

Rural Consumer Price Index reflect the trend and degree of changes in prices of consumer goods and services purchased by rural households during a given period. It can be used to observe the impact of change in retail prices of consumer goods and service prices on rural household income and consumption expenditure on living.

Ex-factory Price Index of Industrial Products reflects the trend and degree of changes in general ex-factory prices of all industrial products during a given period, including sales of industrial products by an industrial enterprise to all units outside the enterprise, as well as sales of consumer goods to residents. It can be used to analyze the impact of ex-factory prices on gross output value and value-added of the industrial sector.

9

人民生活和社会保障

PEOPLE'SLIVELIHOOD AND SOCIAL WELFARE

9-1 人民生活基本情况
Basic Statistics on People's Living Conditions

项　　目		Item		2010	2011
城乡居民收入		**Income of Rural and Urban Residents**			
农村居民家庭人均纯收入	(元)	Annual per Capita Net Income of Rural Residents	(yuan)	5087	6129
城镇居民家庭人均可支配收入	(元)	Annual per Capita Disposable Income of Urban Residents	(yuan)	15461	17899
全部单位职工平均货币工资	(元)	Annual Average Money Wages of all Units	(yuan)	26952	31489
消费水平		**Annual per Capita Consumption**			
居民消费水平	(元/人)	Per Capita Consumption of Residents	(yuan / person)	8182	9903
农村居民	(元/人)	Rural Residents	(yuan / person)	4748	5882
城镇居民	(元/人)	Urban Residents	(yuan / person)	13457	15687
农村居民家庭人均生活消费支出	(元/人)	Per Capita Living Expenditure of Rural Households	(yuan / person)	3898	4675
# 食品	(元/人)	Food	(yuan / person)	1881	2162
衣着	(元/人)	Clothing	(yuan / person)	227	282
文教娱乐用品及服务	(元/人)	Recreation, Education and Cultural Services	(yuan / person)	219	277
城镇居民家庭人均消费性支出	(元/人)	Per Capita Annual Living Expenditure of Urban Households	(yuan / person)	12105	13696
# 食品	(元/人)	Food	(yuan / person)	4780	5572
衣着	(元/人)	Clothing	(yuan / person)	1259	1484
教育文化娱乐服务	(元/人)	Education, Cultural and Recreation Services	(yuan / person)	1225	1369
生活质量		**Life Quality**			
城镇居民人均现住房建筑面积	(平方米)	Per Capita Present Building Floor Space of Urban Re	(sq.m)	30.74	32.18
农村居民人均使用房屋面积	(平方米)	Per Capita Living Floor Space of Rural Residents	(sq.m)	36.97	38.71
城市人均拥有道路面积	(平方米)	Per Capita Paved Roads Area of Urban		11.84	12.14
城市人均公园绿地面积	(平方米)	Per Capita Public Green Area of Urban		10.19	10.73
城镇居民每百户拥有家用汽车	(辆)	Number of Automobile per 100 Households in Urban Areas		8.60	12.25
农村居民每百户拥有自行车	(辆)	Number of Bicycles per 100 Households in Rural Areas		40.15	26.18
农村居民每百户拥有摩托车	(辆)	Number of Motorcycles per 100 Households in Rural Areas		37.88	44.23
城镇居民每百户拥有彩色电视机	(部)	Number of Color TV Sets per 100 Households in Urban Areas		137.97	135.19
城镇居民每百户拥有空调器	(台)	Number of Air Conditioner per 100 Households in Urban Areas		101.47	112.59
城镇居民每百户拥有电冰箱	(台)	Number of Refrigerators per 100 Households in Urban Areas		95.36	97.49
城镇居民每百户拥有洗衣机	(台)	Number of Washing Machines per 100 Households in Urban Areas		96.09	98.13
农村居民每百户拥有彩色电视机	(部)	Number of Color TV Sets per 100 Households in Rural Areas		102.95	105.13
农村居民每百户拥有电冰箱	(台)	Number of Refrigerator per 101 Households in Rural Areas		49.38	65.80
农村居民每百户拥有洗衣机	(台)	Number of Washing Machine per 100 Households in Rural Areas		65.75	69.58
教育、文化		**Education and Culture**			
每万人口中在校大学生数	(人)	Number of University Students per 10 000 Persons	(person)	134	142
人均拥有年出版报纸	(份)	Per Capita Newspapers Published per Year	(copy)	21.0	21.6
人均拥有年出版图书、杂志	(册)	Per Capita Books and Magazines Published per Year	(volume)	3.7	4.2
社会保障		**Socail Security**			
参加城镇职工养老保险人数	(万人)	Persons of Urban Workers in Basic Pension Insurance	(10 000 persons)	1300.86	1494.24
参加城镇职工基本医疗保险人数	(万人)	Urban Workers in Medicine and Medical Insurance	(10 001 persons)	1051.94	1175.49

9-2 城镇居民家庭基本情况
Basic Conditions of Urban Households

项　目	Item	1995	2000	2005	2008	2009	2010	2011
平均每户家庭人口(人)	**Average Family Size(person)**	**3.06**	**2.96**	**2.88**	**2.90**	**2.86**	**2.86**	**2.90**
平均每户就业人口(人)	**Average Number of Employed Persons per Household (person)**	**1.81**	**1.50**	**1.42**	**1.47**	**1.48**	**1.51**	**1.51**
# 国有单位职工人数	Number of Staff and Workers in State-owned Units	1.46	1.07	0.75	0.65	0.66	0.66	0.62
集体单位职工人数	Number of Staff and Workers in Collective Owned Units	0.28	0.14	0.05	0.07	0.05	0.05	0.04
个体经营者人数	Number of Self-employed Individuals	0.03	0.19	0.17	0.15	0.14	0.14	0.15
平均每人总收入(元)	**Per Capita Total Income (yuan)**	**4005**	**5926**	**9004**	**13685**	**15324**	**17129**	**19688**
工资性收入	Wages Income	3247	4015	5842	9117	10132	11311	12687
经营净收入	Business Net Income	29	265	516	1040	1132	1199	1671
财产性收入	Property Income	131	183	211	263	305	378	523
转移性收入	Transfer Income	598	1462	2435	3265	3754	4241	4807
平均每人可支配收入(元)	**Disposable Income(yuan)**	**4003**	**5894**	**8386**	**12633**	**13839**	**15461**	**17899**
平均每人总支出(元)	**Per Capita Total Expenditures(yuan)**	**3864**	**5714**	**9211**	**12229**	**14725**	**16182**	**17825**
平均每人消费支出(元)	**Per Capita Annual Living Expenditures for Consumption (yuan)**	**3429**	**4856**	**6891**	**9679**	**10857**	**12105**	**13696**
# 食品支出	Food	1760	2014	2710	4255	4392	4780	5572
衣着支出	Clothing	459	464	641	1042	1178	1259	1484
居住支出	Residence	219	532	705	819	973	1127	1226
家庭设备用品及服务支出	Household Facilities, Articles and Services	295	419	423	591	679	876	1020
医疗保健支出	Medicine and Medical Service	105	266	443	565	648	661	735
交通和通信支出	Transportation and Communications	134	305	828	1121	1414	1674	1758
教育文化娱乐服务支出	Recreation, Education and Cultural Services	329	627	909	947	1150	1225	1369
其它商品和服务支出	Miscellaneous Commodities and Services	128	229	233	338	423	503	533
城镇居民恩格尔系数(%)	**Engle Coefficient of Urban Households**	**51.34**	**41.48**	**39.32**	**43.96**	**40.45**	**39.50**	**40.68**

9-3 城镇居民家庭平均每户家庭人口、就业人口和收支情况
Average Household Size, Number of Employed Persons, Income and Expenditures of Urban Households

年份 Year	户平家庭人口(人) Average Household Size (person)	户平就业人口(人) Number of Employed Persons per Household (person)	人均可支配收入(元) Per Capita Disposable Income (yuan)	人均消费性支出(元) Per Capita Living Expenditures for Consumption (yuan)	人均食品支出(元) Per Capita Expenditures for Food (yuan)
1952	5.34	1.84	130	129	77
1957	5.42	1.99	197	191	102
1962	4.80	1.88	211	207	160
1965	4.84	1.97	255	245	155
1970	4.92	1.96	260	254	158
1975	4.90	1.99	260	246	154
1978	4.56	2.05	338	314	186
1980	4.29	2.15	391	364	213
1985	3.70	2.03	695	680	350
1990	3.34	1.89	1490	1281	690
1991	3.27	1.88	1691	1488	772
1992	3.20	1.88	1989	1651	893
1993	3.15	1.82	2408	2034	1059
1994	3.07	1.77	3297	2806	1451
1995	3.06	1.81	4003	3429	1760
1996	3.05	1.80	4406	3733	1917
1997	3.09	1.85	4723	4093	2009
1998	3.07	1.79	5127	4383	1969
1999	3.04	1.75	5478	4499	1974
2000	2.96	1.50	5894	4856	2014
2001	2.97	1.48	6360	5176	2082
2002	2.94	1.45	6611	5413	2156
2003	2.91	1.43	7042	5759	2241
2004	2.90	1.44	7710	6371	2560
2005	2.88	1.42	8386	6891	2710
2006	2.89	1.49	9350	7525	2838
2007	2.85	1.54	11098	8692	3580
2008	2.90	1.47	12633	9679	4255
2009	2.86	1.48	13839	10857	4392
2010	2.86	1.51	15461	12105	4780
2011	2.90	1.51	17899	13696	5572

9-4 按收入等级分城镇居民家庭平均每人全年收入(2011年)
Per Capita Annual Income of Urban Households Grouped by Level of Income(2011)

单位：人、元 (person，yuan)

项　目	Item	总平均 Average	低收入户 Low Income Households	较低收入户 Lower Middle Income Households	中间收入户 Middle Income Households	较高收入户 Upper Middle Income Households	高收入户 High Income Households
平均每户就业人口	Average Number of Employeed Persons per Household	1.51	1.49	1.55	1.51	1.54	1.46
平均每人总收入	Per Capital Total Income	19688	9312	14436	18916	24518	40724
平均每人可支配收入	Disposable Income	17899	8263	13048	17226	22262	37485
工资性收入	Wages Income	12687	5932	9295	12362	16312	25566
# 工资及补贴收入	Wage and Allowance	12326	5624	8991	12077	16032	24836
其他劳动收入	Part-time Income	362	308	303	285	279	730
经营净收入	Business Net Income	1671	1090	1083	1158	1689	4142
财产性收入	Property Income	523	141	242	367	532	1780
# 利息收入	Interest	66	23	38	44	65	212
股息与红利收入	Bonus Stock Income	43	10	8	24	51	166
保险收益	Insurance Income (saving)	1	1			2	3
其他投资收入	Income from Other Investment	52	1		4	33	299
出租房屋收入	Rent	355	102	194	290	367	1093
转移性收入	Transfer Income	4807	2150	3816	5029	5984	9236
# 养老金或离退休金	Endowment and Pensions	3803	1401	3098	4295	4958	7066
社会救济收入	Social Relief Income	52	134	43	12	24	2
保险收入(理赔性)	Insurance Income (indemnity)	8	5	9	11	4	11
赡养收入	Income of Supporting	281	220	211	223	241	607
捐赠收入	Income of Presenting	286	127	174	168	337	814
出售财物收入	Income from Selling Property	75	4	12	4	32	431
# 出售住房收入	Income from Selling House	69				30	420

9-5 按收入等级分城镇居民家庭平均每人全年消费支出(2011年)
Per Capita Annual Living Expenditures Grouped by Level of Income(2011)

单位：元 (yuan)

项目	Item	总平均 Average	低收入户 Low Income Households	较低收入户 Lower Middle Income Households	中间收入户 Middle Income Households	较高收入户 Upper Middle Income Households	高收入户 High Income Households
平均每人总支出	**Per Capita Total Expenditures**	**17825**	**9353**	**13265**	**16567**	**21754**	**36183**
平均每人全年消费支出	**Total Living Expenditures**	**13696**	**7548**	**10441**	**13056**	**16897**	**26196**
# 服务性消费支出	Services	3380	1504	2309	3035	4246	7620
食品	Food	5572	3748	4914	5796	6230	8432
# 粮食	Grain	391	300	372	415	427	507
淀粉及薯类	Starches and Tubers	67	57	69	71	69	75
干豆类及豆制品	Beans and Bean Products	69	60	70	74	69	75
油脂类	Oil and Fats	179	152	181	193	181	202
肉类	Meat, Poultry and Related Products	1146	908	1119	1224	1217	1422
禽类	Poultry	328	242	329	345	358	418
蛋类	Eggs	113	82	109	120	129	149
水产品类	Aquatic Products	162	117	153	173	185	213
蔬菜类	Vegetables	609	484	599	659	646	737
糖类	Sugar	56	38	50	55	64	86
酒类	Liquor	154	122	124	142	162	258
饮料类	Beverages	74	43	64	76	86	128
干鲜瓜果类	Dried and Fresh Melons and Fruits	379	252	344	392	449	553
糕点	Cake	72	45	64	74	85	110
奶及奶制品	Milk and Dairy Products	239	147	228	245	286	352
在外饮食	Dining Out	1095	403	656	1081	1533	2442
衣着	Clothing	1484	731	1092	1457	1899	2911
# 服装	Garments	1100	521	790	1058	1421	2236
居住	Residence	1226	695	969	1090	1294	2615
家庭设备用品及服务	Household Facilities, Articles and Services	1020	458	659	1017	1313	2188
# 家庭日用耐用消费品	Durable Consumer Goods	421	97	223	419	582	1087
床上用品	Bed Articles	95	48	63	104	123	181
家庭服务	Household Services	51	10	26	32	85	145
医疗保健	Medicine and Medical Services	735	429	636	661	836	1388
交通和通信	Transportation and Communications	1758	625	974	1395	2645	4277
# 交通	Transportation	993	208	328	608	1682	2993
通信	Communication	765	417	646	787	963	1284
教育文化娱乐服务	Recreation, Education and Cultural Services	1369	623	868	1150	1856	3101
# 教育	Education	534	349	380	507	783	825
家庭文娱耐用消费品	Durable Consumer Goods for Recreational Use	318	122	205	281	402	772
文化娱乐服务	Recreation	517	152	283	363	672	1503
其它商品和服务	Miscellaneous Commodities	533	240	329	488	624	1285

9-6 各市(州)城镇居民平均每人可支配收入和消费性支出
Per Capita Annual Disposable Income and Living Expenditures of Urban Household by Region

单位：元 (yuan)

市(州)	Region	人均可支配收入 Per Capita Disposable Income		人均消费性支出 Per Capita Expenditures for Consumption		# 食品支出 Food	
		2010	2011	2010	2011	2010	2011
全　省	**Sichuan**	**15461**	**17899**	**12105**	**13696**	**4780**	**5572**
成都市	Chengdu	19920	23048	14430	16717	5560	6283
自贡市	Zigong	14538	16852	10724	12022	4588	5048
攀枝花市	Panzhihua	16882	19735	12695	14179	5081	6110
泸州市	Luzhou	15505	17884	11293	12852	4691	5436
德阳市	Deyang	16202	19371	12706	14213	5064	5917
绵阳市	Mianyang	15516	17998	12268	14070	4749	5505
广元市	Guangyuan	12509	14635	9107	10796	3932	4649
遂宁市	Suining	13778	16093	11111	12851	5035	5765
内江市	Neijiang	14324	16602	11238	12395	4771	5203
乐山市	Leshan	15237	17644	11053	12708	4664	5513
南充市	Nanchong	12638	14798	9634	10550	4378	4940
眉山市	Meishan	14644	17038	10386	11818	4352	4742
宜宾市	Yibin	15261	17753	11677	13240	4725	5448
广安市	Guangan	14754	17203	9585	10627	4571	5015
达州市	Dazhou	12624	14662	9976	11181	4356	4902
雅安市	Yaan	14906	17326	10903	11862	4084	4669
巴中市	Bazhong	12413	14609	9694	11226	4024	4721
资阳市	Ziyang	15298	17853	12560	13847	4950	5457
阿坝藏族羌族自治州	Aba	15939	18403	11104	12022	4453	4945
甘孜藏族自治州	Ganzi	14880	17038	10019	11575	4565	5181
凉山彝族自治州	Liangshan	14879	17218	10737	12250	4665	5420

9-7 城镇居民家庭生活设施情况(2011年)
Living Facilities of Urban Residents(2011)

项　目		Item		总平均 Average	低收入户 Low Income Households	较低收入户 Lower Middle Income Households	中间收入户 Middle Income Households	较高收入户 Upper Middle Income Households	高收入户 High Income Households
饮水情况		**Drinking Water**							
自来水	(%)	Tap Water	(%)	86.40	91.50	87.17	87.14	83.33	81.67
矿泉水	(%)	Mineral Water	(%)	8.08	4.65	7.05	7.86	9.57	12.11
纯净水	(%)	Purity Water	(%)	5.13	2.98	4.87	5.00	7.10	6.22
用水情况		**Water for Use**							
独用自来水	(%)	Independent Tap Water	(%)	98.69	96.72	97.97	99.70	99.53	100.00
公用自来水	(%)	Public Tap Water	(%)	0.92	2.49	1.03	0.30	0.47	
井、河水	(%)	Well and River Water	(%)	0.38	0.79	1.00			
其他	(%)	Others	(%)						
卫生设备		**Sanitary Equipment**							
无卫生设备	(%)	Without Sanitary Equipment	(%)	0.90	2.59	0.68	0.87	0.05	
有厕所浴室	(%)	With Washroom and Bathroom	(%)	90.92	77.62	91.87	92.60	96.79	98.46
有厕所无浴室	(%)	With Washroom but without Bathroom	(%)	6.06	14.97	5.86	3.86	2.19	1.54
公用	(%)	Communal	(%)	2.12	4.82	1.59	2.67	0.97	
取暖设备		**Heating Facilities**							
无取暖设备	(%)	Without Heating Facilities	(%)	46.81	62.79	51.26	46.52	36.17	33.41
空调设备	(%)	Air Conditioner	(%)	43.93	27.31	39.21	42.01	56.05	59.18
暖气	(%)	Central Heating	(%)	0.10		0.19			0.33
其他	(%)	Others	(%)	9.16	9.90	9.34	11.47	7.78	7.08
炊用燃料使用情况		**Fuel for Cooking**							
管道天燃气	(%)	Duct Coal Gas	(%)	82.78	76.86	84.85	84.78	83.61	84.80
液化石油气	(%)	Liquefied Petroleum Gas	(%)	8.26	11.24	5.61	8.70	8.30	7.04
煤	(%)	Coal	(%)	1.05	1.96	1.70	0.82	0.55	
其他	(%)	Others	(%)	6.00	8.93	6.04	3.63	5.70	5.15
通信设备使用情况		**Telecommunication Appliance**							
固定电话	(线/百户)	Local Telephone	(set/100 houshold)	68.09	57.41	66.68	69.60	75.19	73.98
移动电话	(部/百户)	Mobile Telephone	(set/100 houshold)	203.29	174.29	205.35	206.53	221.72	214.70
使用互联网	(条/百户)	The World Wide Web	(line/100 houshold)	54.97	27.49	46.84	52.18	68.28	86.70

9-8 城镇居民家庭住房情况(2011年)
Housing Conditions of Urban Residents(2011)

项　目	Item	总平均 Average	低收入户 Low Income Households	较低收入户 Lower Middle Income Households	中间收入户 Middle Income Households	较高收入户 Upper Middle Income Households	高收入户 High Income Households
人均现住房建筑面积 (平方米)	**Per Capita Floor Space of Buildings (sq.m)**	**32.18**	**26.69**	**30.17**	**32.79**	**33.40**	**41.97**
按房屋产权划分	**Grouped by Property Right**						
租赁公房 (%)	Public Dwelling House Leased (%)	4.73	10.31	5.35	2.59	2.91	1.32
租赁私房 (%)	Private Dwelling House Leased (%)	5.59	5.70	5.69	4.87	3.52	8.11
原有私房 (%)	Inherent Private Dwelling House (%)	12.20	21.38	14.08	11.70	7.40	4.30
房改私房 (%)	Private Dwelling House of Reform (%)	34.86	27.76	30.23	40.31	41.33	36.52
商品房 (%)	Commercial Dwelling House (%)	40.63	33.01	42.61	38.15	43.48	47.44
其他 (%)	Others (%)	1.99	1.84	2.04	2.38	1.37	2.31
按住宅建筑式样划分	**Grouped by House Pattern**						
单栋住宅 (%)	Independent Dwelling House (%)	0.20	0.21		0.31	0.49	
四居室 (%)	With 4 Living Rooms (%)	5.61	4.12	5.70	4.32	5.98	8.26
三居室 (%)	With 3 Living Rooms (%)	39.63	32.50	41.35	40.65	39.50	45.46
二居室 (%)	With 2 Living Rooms (%)	38.78	34.28	38.52	38.96	46.38	36.91
一居室 (%)	With 1 Living Room (%)	3.80	3.76	3.53	4.46	2.41	4.80
普通楼房 (%)	Ordinary Storied Building (%)	9.26	18.18	9.19	8.68	3.96	4.32
平房及其他 (%)	Bungalow and Others (%)	2.72	6.94	1.70	2.63	1.28	0.25

9-9 城镇居民家庭平均每百户年末耐用消费品拥有量
Number of Major Durable Consumer Goods Owned per 100 Urban Households (year-end)

项　目		Item		2000	2005	2008	2009	2010	2011
摩托车	(辆)	Motorcycle	(unit)		1.94	7.19	8.39	9.78	9.58
洗衣机	(台)	Washing Machine	(unit)	91.31	97.88	94.61	94.90	96.09	98.13
电冰箱	(台)	Refrigerator	(unit)	80.72	92.85	90.86	93.09	95.36	97.49
彩色电视机	(台)	Color Television Set	(set)	118.61	138.87	129.38	134.12	137.97	135.19
助力车	(辆)	Hand Car	(unit)		5.71	11.04	11.34	13.56	12.09
组合音响	(套)	Hi-Fi Stereo Component System	(set)	24.86	30.05	25.96	26.18	26.03	22.70
家用电脑	(台)	Private Computer	(set)	7.69	32.26	49.14	54.13	61.35	68.86
照相机	(架)	Camera	(set)	39.01	40.20	27.46	30.99	33.05	34.58
摄像机	(架)	Vidicon	(set)	0.84	2.74	4.69	5.39	5.82	7.10
空调器	(台)	Air Conditioner	(unit)	17.74	77.14	86.52	98.38	101.47	112.59
微波炉	(台)	Microwave Oven	(unit)	14.67	42.72	47.67	51.79	54.50	55.69
淋浴热水器	(台)	Shower	(unit)	67.21	88.15	85.56	87.21	88.66	93.20
中高档乐器	(件)	Medium and High GradeMusical Instrument	(unit)		4.66	3.21	3.90	3.95	2.64
钢琴	(架)	Piano	(set)		2.17	1.87	1.84	1.84	1.40
消毒碗柜	(台)	Disinfection Cupboard	(unit)		9.64	12.76	12.93	13.99	13.63
洗碗机	(台)	Dishwasher	(unit)		0.13	0.79	0.88	0.91	0.46
健身器材	(套)	Health Equipment	(unit)		3.64	3.13	3.00	2.88	2.82
家用汽车	(辆)	Automobile	(unit)	0.47	2.37	6.08	6.83	8.60	12.25
固定电话	(部)	Local Telephone	(unit)	72.96	89.96	77.24	76.59	73.92	68.09
移动电话	(部)	Mobile Telephone	(unit)	17.10	127.91	161.18	177.51	191.82	203.29

9-10 农村居民家庭基本情况
Basic Conditions of Rural Households

项目		Item		2008	2009	2010	2011
平均每户常住人口	(人)	Average Number of Permanent Residents per Household		3.87	3.86	3.86	3.88
平均每户整、半劳力	(人)	Average Number of Ablebodied and Semi-ablebodied Laborers per Household		2.82	2.85	2.87	2.79
平均每个劳动力负担人口(含本人)	(人)	Average Number of Persons Supported by a Laborer (including the laborer himself or herself)		1.37	1.35	1.34	1.39
全年人均总收入	**(元)**	**Average Annual Revenue**	**(yuan)**	**5903.28**	**6238.49**	**7031.01**	**8656.51**
工资性收入	(元)	Wages Income	(yuan)	1620.40	1821.37	2258.44	2652.46
家庭经营收入	(元)	Househol Business Income	(yuan)	3760.04	3763.02	4081.66	5126.61
转移性收入	(元)	Transfer Income	(yuan)	451.46	559.35	544.46	737.06
财产性收入	(元)	Property Income	(yuan)	71.37	94.75	146.46	140.38
全年人均纯收入	**(元)**	**Average Annual Net Income**	**(yuan)**	**4121.21**	**4462.05**	**5086.89**	**6128.55**
工资性收入	(元)	Wages Income	(yuan)	1620.40	1821.37	2248.18	2652.46
家庭经营收入	(元)	Househol Business Income	(yuan)	2061.70	2072.88	2263.34	2761.69
转移性收入	(元)	Transfer Income	(yuan)	367.74	473.05	431.36	574.02
财产性收入	(元)	Property Income	(yuan)	71.37	94.75	144.01	140.38
全年人均总支出	**(元)**	**Average Annual Expenditure**	**(yuan)**	**5154.82**	**6330.46**	**6162.97**	**7641.80**
家庭经营费用支出	(元)	Expenditure for Household Business	(yuan)	1578.71	1555.07	1651.60	2109.63
购置生产性固定资产支出	(元)	Expenditure on Purchasing Productive Fixed Assets	(yuan)	107.77	186.18	114.89	128.92
缴纳税金	(元)	Expenditure for Taxes	(yuan)	13.11	13.75	9.84	23.99
生活消费支出	(元)	Expenditure for Consumption	(yuan)	3127.94	4141.40	3897.53	4675.47
食品	(元)	Food	(yuan)	1627.58	1740.59	1881.18	2161.65
衣着	(元)	Clothing	(yuan)	174.59	197.06	226.62	281.87
居住	(元)	Residence	(yuan)	469.73	1138.72	625.28	727.39
家庭设备、用品及服务	(元)	Household Facilities,Articles and Services	(yuan)	163.99	219.63	239.48	300.95
医疗保健	(元)	Medicine and Medical Services	(yuan)	209.22	258.13	276.06	413.12
交通和通讯	(元)	Transportation and Communications	(yuan)	256.08	324.05	360.70	431.14
文教娱乐用品及服务	(元)	Cultural, Educational and Recreational Articles and Services	(yuan)	173.26	206.67	218.62	276.64
其他商品和服务	(元)	Other Commodities and Services	(yuan)	53.49	56.55	69.59	82.71
恩格尔系数	(%)	Engel's Coefficient	(%)	52.00	42.00	48.27	46.24
平均每户年末生产性固定资产原值	(元)	Original Value of Productive Fixed Assets per Household	(yuan)	6183.73	7022.83	7508.30	13463.50
平均每人经营耕地面积	(亩)	Per Capita Area of Cultivated Land under Management	(mu)	1.03	1.02	1.08	1.15
平均每人经营山地面积	(亩)	Per Capita Hilly Area under Management	(mu)	0.27	0.28	0.26	0.46
平均每人经营水面面积	(亩)	Per Capita Water Area under Management	(mu)	0.03	0.02		0.02
平均每人年内新建房屋面积	(平方米)	Per Capita Floor Space Newly Built in the Year	(sq.m)	1.00	2.43	0.93	0.89
平均每人年末使用房屋面积	(平方米)	Per Capita Floor Space Used (year-end)	(sq.m)	34.94	36.71	36.97	38.71
年末平均每平方米使用房屋价值	(元)	Value of Floor Space Used per Square Meter (year-end)	(yuan)	215.72	254.54	278.16	489.89

9-11 农村居民家庭人均主要指标
Main Per Capita Indicator of Rural Households

单位：元 (yuan)

年份 Year	总收入 Total Revenue	纯收入 Net Income	现金收入 Cash Income	总支出 Total Expenditure	# 生活消费支出 Expenditure for Consumption	# 生产费用支出 Expenditure for Production	现金支出 Cash Expenditure	年末手存现金 Cash in Hand (year-end)	年末存款余额 Deposit Balance (year-end)
1962	138.50	120.60	56.50	130.20	109.00	17.40	58.10	4.70	1.00
1965	121.67	105.77	54.30	116.45	95.65	15.20	55.51	4.50	1.30
1978	154.10	127.10	65.36	149.25	120.30	26.50	65.36	5.50	1.70
1980	224.30	187.90	103.08	202.44	159.50	35.65	100.57	8.84	4.25
1985	460.24	315.07	274.89	421.51	276.25	125.06	258.02	31.65	14.10
1986	499.76	337.94	309.77	475.03	310.92	141.04	300.42	41.31	19.61
1987	552.99	369.46	360.25	535.75	348.32	159.96	351.24	54.36	28.90
1988	680.75	448.85	455.39	661.94	426.47	204.41	441.23	73.35	34.12
1989	760.90	494.07	516.28	748.28	473.59	233.13	517.17	79.52	42.47
1990	846.69	557.76	520.54	801.75	509.16	248.36	502.30	98.44	52.77
1991	915.75	590.21	584.46	884.06	552.39	281.58	574.90	78.40	47.34
1992	974.98	634.31	626.06	921.33	569.46	298.93	613.45	103.96	60.45
1993	1094.32	698.27	693.17	1049.79	647.43	328.82	665.76	165.46	80.38
1994	1518.65	946.33	931.91	1496.27	904.28	482.24	869.99	216.25	127.33
1995	1864.92	1158.29	1129.08	1796.40	1061.15	599.75	1111.88	254.83	184.18
1996	2322.15	1453.42	1371.29	2244.48	1349.88	733.98	1383.27	280.80	198.41
1997	2636.08	1680.69	1654.53	2381.13	1440.48	794.53	1568.64	398.70	266.20
1998	2738.39	1789.17	1731.76	2382.31	1440.77	783.67	1610.03	498.95	341.48
1999	2696.94	1843.47	1733.91	2258.34	1426.06	688.59	1565.06	609.64	406.15
2000	2829.78	1903.60	1831.77	2436.74	1489.55	708.83	1709.35	488.11	428.51
2001	2946.30	1986.99	1983.26	2494.07	1497.52	760.10	1762.92	677.45	549.87
2002	3107.49	2107.66	2111.20	2653.33	1591.35	811.54	1910.47	824.30	720.38
2003	3255.78	2229.86	2327.84	2828.43	1747.02	860.29	1985.92	684.89	906.70
2004	3805.02	2580.28	2733.91	3299.11	2010.88	1073.85	2324.22	792.30	1126.47
2005	4158.19	2802.78	3086.53	3742.75	2274.17	1255.73	2746.53	505.32	1273.27
2006	4342.82	3002.38	3367.02	3882.55	2395.04	1244.73	2941.58	638.79	1632.10
2007	5096.98	3546.69	3939.84	4498.90	2747.27	1455.74	3462.61	726.78	2113.47
2008	5903.28	4121.21	4534.18	5154.82	3127.94	1686.48	4098.94	856.81	2680.92
2009	6238.49	4462.05	4978.59	6330.46	4141.40	1741.25	5217.92	991.77	3319.75
2010	7031.01	5086.89	5684.41	6162.97	3897.53	1774.15	5003.39	1305.59	4073.31
2011	8656.51	6128.55	7248.74	7641.80	4675.47	2243.53	6574.72	1642.17	4103.92

9-12 农村居民家庭人均现金收、支、存情况
Per Capita Annual Cash Income and Expenditure, Savings Deposit of Rural Households

单位:元 (yuan)

项　目	Item	2005	2006	2007	2008	2009	2010	2011
期内现金收入(不含储蓄借贷，下同)	**Cash Income during the Term (without Saving and Credit)**	**3086.53**	**3367.02**	**3939.84**	**4534.18**	**4978.59**	**5684.41**	**7248.74**
工资性收入	Wages Income	954.39	1218.57	1438.39	1611.83	1814.68	2257.43	2649.36
家庭经营收入	Househol Business Income	1901.94	1890.41	2195.68	2417.06	2518.69	2745.63	3733.75
财产性收入	Property Income	40.80	51.19	57.84	68.95	92.02	142.84	136.87
转移性收入	Transfer Income	189.41	206.86	247.94	436.34	553.20	538.52	728.76
期内现金支出(不含储蓄借贷，下同)	**Cash Expenditure during the Term (without Saving and Credit)**	**225.16**	**2941.58**	**3462.61**	**4098.94**	**5217.92**	**5003.39**	**6574.72**
生产费用支出	Expenditure on Production	913.29	886.64	1083.37	1348.85	1388.31	1392.22	1930.69
家庭经营费用支出	Expenditure for Household Business	845.07	806.86	995.87	1241.08	1202.13	1269.68	1796.80
购置生产性固定资产支出	Expenditure on Perchasing Productive Fixed Assets	67.53	76.80	87.20	107.77	186.18	124.73	133.90
缴纳税金	Taxes	4.77	12.04	16.24	13.10	13.34	9.84	23.73
生活消费支出	Living Expenditure	1623.02	1816.09	2083.99	2418.69	3384.59	3121.72	3924.27
食品	Food	623.61	675.71	800.10	946.30	997.88	1122.70	1424.49
衣着	Clothing	116.01	132.85	156.59	174.57	196.95	226.62	281.87
居住	Residence	208.05	292.49	339.26	442.93	1126.01	608.42	713.44
家庭设备、用品及服务	Household Facilities, Articles and Services	98.25	112.21	142.09	162.84	218.34	239.02	300.87
医疗保健	Medicines and Medical Services	144.45	160.31	174.75	209.22	258.13	276.06	413.12
交通和通讯	Transportation and Communications	171.50	203.63	241.49	256.08	324.05	360.70	431.34
文教娱乐用品及服务	Cultural, Educational and Recreational Articles and Services	225.16	196.64	177.19	173.26	206.67	218.62	276.64
其他商品和服务	Other Commodities and Services	35.99	42.25	52.51	53.48	56.55	69.59	82.71
期末手存现金	**Cash in Hand at end of Term**	**505.32**	**638.79**	**726.78**	**856.81**	**991.77**	**1305.59**	**1642.17**
期末存款余额	**Deposit Balance at end of Term**	**1273.27**	**1632.10**	**2113.47**	**2680.92**	**3319.75**	**4073.31**	**4103.92**

9-13 按收入五等份分农村居民家庭平均每人全年收入和支出情况(2011年)
Per Capita Annual Income and Expenditure of Rural Households Grouped by Level of Income(2011)

单位：元 (yuan)

项　目	Item	总平均 Average	低收入户 Low Income Households	中低收入户 Lower Middle Income Households	中等收入户 Middle Income Households	中高收入户 Upper Middle Income Households	高收入户 High Income Households
平均每人全年总收入	**Total Annual Revenue**	**8656.50**	**5010.30**	**6672.90**	**8226.00**	**10552.40**	**18069.70**
平均每人全年纯收入	**Per Capita Net Income**	**6128.50**	**3094.50**	**4837.20**	**6226.00**	**7983.00**	**12591.50**
工资性收入	Wages Income	2652.50	1409.00	2350.10	3227.20	3710.60	4861.60
家庭经营纯收入	Househol Business Income	2761.70	1212.80	1931.10	2392.30	3324.60	5979.80
农业纯收入	Agriculture Income	1465.60	865.90	1165.60	1403.30	1773.20	2453.80
非农业纯收入	Non-agriculture Income	506.00	16.00	283.10	383.80	756.20	1576.30
财产性纯收入	Property Income	140.40	112.80	105.30	118.70	184.00	510.40
转移性纯收入	Transfer Income	574.00	359.90	450.60	487.80	763.80	1239.70
平均每人现金收入	**Cash Income**	**7248.70**	**4000.40**	**5503.50**	**6981.20**	**9118.00**	**16380.10**
工资性现金收入	Wages Income	2649.40	1407.70	2349.00	3218.80	3708.30	4851.80
家庭经营现金收入	Househol Business Income	3733.80	1960.40	2463.20	3007.20	4316.10	9513.10
财产性现金收入	Property Income	136.90	108.70	101.10	113.80	176.70	506.70
转移性现金收入	Transfer Income	728.80	523.70	590.20	641.40	917.00	1508.40
平均每人全年总支出	**Total Annual Expenditure**	**7641.80**	**5696.70**	**6453.60**	**7125.70**	**9002.10**	**14320.90**
家庭经营费用支出	Expenditure for Household Business	2109.60	1545.90	1508.70	1641.70	2183.10	4841.90
生活消费支出	Expenditure for Consumption	4675.50	3494.80	4296.20	4665.30	5624.60	7795.80
平均每人现金支出	**Expenditure in Cash**	**6574.70**	**4887.70**	**5536.70**	**6179.30**	**7915.00**	**13134.30**
生产费用现金支出	Expenditure for Production	1930.70	1479.10	1357.10	1479.90	2078.20	4737.60
生活消费现金支出	Expenditure for Consumption in Cash	3924.30	2894.50	3623.50	3977.20	4841.80	6948.80
年末手存现金	**Cash in Hand (year-end)**	**1642.20**	**1140.50**	**1377.60**	**1680.30**	**2104.20**	**3479.90**
年末存款余额	**Deposit Balance (year-end)**	**4103.90**	**2683.90**	**3259.90**	**3849.90**	**5107.40**	**7905.80**

9-14 各市(州)农村居民家庭人均纯收入及生活消费支出
Per Capita Net Income and Living Expenditure of Rural Households by Region

单位：元 (yuan)

市(州)	Region	农村居民人均纯收入 Per Capita Net Income of Rural Households		农村居民人均生活消费支出 Per Capita Living Expenditure of Rural Households		# 食品支出 Food	
		2010	2011	2010	2011	2010	2011
全　省	**Sichuan**	**5086.9**	**6128.6**	**3897.5**	**4675.5**	**1881.2**	**2161.6**
成都市	Chengdu	8205.0	9895.5	5796.3	7032.6	2429.2	2952.2
自贡市	Zigong	5762.2	6951.3	4300.1	4856.8	2401.5	2501.2
攀枝花市	Panzhihua	6292.5	7627.0	5438.7	5607.9	2437.8	2692.9
泸州市	Luzhou	5388.5	6509.3	4173.6	4554.4	2070.6	2395.9
德阳市	Deyang	6485.8	7830.7	5241.1	5472.1	2326.9	2635.9
绵阳市	Mianyang	5940.0	7182.6	4606.5	5513.4	2012.4	2471.0
广元市	Guangyuan	4035.5	4895.0	3416.2	3961.0	1453.5	1922.8
遂宁市	Suining	5389.9	6528.2	4049.2	3968.4	1777.6	1935.2
内江市	Neijiang	5503.8	6637.8	3997.1	4520.0	2077.4	2205.9
乐山市	Leshan	5613.0	6769.6	4393.5	4631.4	2066.2	2184.5
南充市	Nanchong	4814.3	5837.1	3375.8	3967.0	1806.3	1996.2
眉山市	Meishan	5942.5	7184.4	3933.3	4501.3	1860.5	1953.5
宜宾市	Yibin	5609.7	6778.7	4339.8	4363.7	1940.6	2226.2
广安市	Guangan	5377.2	6512.7	3138.2	3931.1	1848.6	2248.1
达州市	Dazhou	5084.0	6148.3	3551.7	4158.6	1865.5	2186.7
雅安市	Yaan	5180.8	6268.7	4506.5	5041.3	2067.5	2394.6
巴中市	Bazhong	3847.2	4666.5	3910.2	4298.3	2010.2	2114.4
资阳市	Ziyang	5552.1	6718.1	2923.8	4295.1	1699.0	2221.4
阿坝藏族羌族自治州	Aba	3741.2	4662.7	2972.2	3224.5	1632.4	1695.6
甘孜藏族自治州	Ganzi	2743.8	3569.9	2206.4	2633.4	1437.8	1687.0
凉山彝族自治州	Liangshan	4565.4	5538.3	3155.4	3639.9	1776.2	2070.9

9-15 农村居民家庭消费品消费量、耐用消费品拥有量和生产性固定资产原值

Consumption of Major Consumer Goods, Durable Consumer Goods Owned and Original Value of Productive Fixed Assets in Rural Households

项　目		Item		2007	2008	2009	2010	2011
人均主要消费品消费量		**Per Capita Consumption of Major Consumer Goods**						
粮食(原粮)	(公斤)	Grain (Unprocessed)	(kg)	205.22	183.80	194.12	178.21	168.40
蔬菜	(公斤)	Fresh Vegetables	(kg)	132.33	115.09	121.85	122.76	114.30
食油	(公斤)	Edible Oil	(kg)	4.56	4.31	3.87	4.05	6.27
肉类	(公斤)	Pork, Beef and Mutton	(kg)	33.13	32.29	34.07	34.62	34.58
# 猪肉	(公斤)	Pork	(kg)	26.51	24.70	26.54	27.50	25.94
家禽	(公斤)	Poultry	(kg)	4.73	5.68	5.54	5.18	5.94
蛋及制品	(公斤)	Eggs and Related Products	(kg)	4.82	4.57	4.55	4.20	4.69
水产品	(公斤)	Aquatic Products	(kg)	2.63	2.73	2.68	2.62	2.57
食糖	(公斤)	Sugar	(kg)	1.34	1.29	1.16	1.16	1.14
酒	(公斤)	Liquor	(kg)	9.24	9.13	9.24	9.24	9.38
# 白酒	(公斤)	Distilled Spirit	(kg)	4.47	4.34	4.25	4.12	4.10
每百户年末耐用消费品拥有量		**Durable Consumer Goods Owned per 100 Households(year-end)**						
自行车	(辆)	Bicycle	(unit)	41.88	42.18	40.85	40.15	26.18
洗衣机	(台)	Washing Machine	(set)	50.50	56.03	61.25	65.75	69.58
家用电冰箱	(台)	Refrigerator	(set)	21.38	29.20	40.45	49.38	65.80
摩托车	(辆)	Motorcycle	(unit)	30.73	33.90	36.53	37.88	44.23
彩色电视机	(台)	Color TV Set	(set)	93.48	96.73	101.78	102.95	105.13
黑白电视机	(台)	Black and White TV Set	(set)	17.05	14.80	12.00	10.75	2.30
移动电话	(部)	Mobile Telephone	(unit)	87.23	103.48	118.18	128.93	168.75
电话机	(部)	Telephone	(set)	61.60	62.70	59.23	59.18	33.35
平均每户生产性固定资产原值		**Original Value of Productive Fixed Assets per Household**						
合计	(元)	Total	(yuan)	5820.32	6183.73	7022.83	7508.30	13463.50
农业	(元)	Agriculture	(yuan)	4799.54	5127.53	5617.55	5852.41	9832.90
工业	(元)	Industry	(yuan)	51.38	39.86	55.43	50.98	266.50
建筑业	(元)	Construction	(yuan)	23.45	14.38	34.00	60.55	101.70
交通运输业	(元)	Transport	(yuan)	474.30	601.51	857.32	1089.13	1634.30
批发和零售贸易餐饮业	(元)	Wholesale and Retail Trade & Catering Service	(yuan)	314.08	255.70	299.45	190.23	1271.60
社会服务业	(元)	Social Services	(yuan)	35.01	61.13	65.62	58.00	183.50
文教卫生业	(元)	Culture, Education and Health Care	(yuan)	44.04	16.49	28.86	51.48	72.10
其他	(元)	Other	(yuan)	78.52	67.16	64.60	74.86	101.10

9-16 社会保险主要指标
Major Social Insurance Indicators

单位：万人，亿元 (10 000 persons, 100 million yuan)

指　标	Item	2008	2009	2010	2011
参加城镇职工养老保险人数	Persons of Urban Workers in Basic Pension Insurance	1017.86	1176.18	1300.86	1494.24
#参加养老保险职工人数	Staff and Workers in Basic Pension Insurance	711.13	782.67	861.90	998.81
#参加企业保险人数	Persons in Enterprise Insurance	608.23	680.94	761.04	897.51
#参加养老保险离退休人数	Retired and Resigned Persons in Basic Pension Insurance	306.73	393.51	438.96	495.44
#参加企业保险人数	Persons in Enterprise Insurance	275.63	361.77	406.55	462.54
纳入社区管理的人数	Community Management	264.87	356.19	387.11	446.99
企业退休人员社区管理服务率(%)	Rate of Enterprise Retirees in Socialized Management	96.7	96.1	95.5	96.9
养老保险费征缴收入总额	Total Reventure Of Pension Insurance	426.63	606.21	670.89	870.29
参加失业保险职工人数	Staff and Workers in Unemployment Insurance	434.48	466.26	469.81	544.58
城镇失业人员领取失业保险金人数	Number Of Persons Drawing Unemployment Insurance	28.33	19.79	18.18	17.20
失业保险费征缴收入总额	Total Reventure Of Unemployment Insurance	21.39	24.67	39.98	59.24
参加城镇职工基本医疗保险人数	Urban Workers in Medicine and Medical Insurance	961.07	1038.97	1051.94	1175.49
#退休人员	Retired and Resigned Persons	296.68	317.34	348.31	366.05
参加补充医疗保险人数	Persons in Supplementary Medical Insurance	564.86	662.47	1148.11	1081.84
列入公务员医疗补助范围人数	Persons in Civil Servant Medical Benefits Coverage	111.02	111.75	123.06	127.31
城镇职工基本医疗保险费征缴收入总额	Total Reventurre Of Medical Insurance	115.90	127.33	182.46	223.35
参加城镇居民医疗保险人数	Urban Workers in Medicine and Medical Insurance	520.37	954.18	1011.16	1079.28
参加工伤保险人数	Persons in Work Injury Insurance	464.58	515.78	583.80	650.76
享受工伤保险待遇人数	Persons Enjoyed Work Injury Insurance Treatment	4.60	6.11	5.98	6.54
工伤保险费征缴收入总额	Total Reventurre Of Work Injury Insurance	7.94	9.26	12.05	16.58
参加生育保险职工人数	Staff and Workers in Maternity Insurance	373.04	426.41	484.23	601.70
享受生育保险待遇人(次)数	Persons(times) Enjoyed Maternity Insurance Treatment	4.43	5.82	7.51	7.29
生育保险费征缴收入总额	Total Reventurre Of MatenityInsurance	4.31	4.22	4.90	8.51

注：社会保险和离退休资料由省人力资源和社会保障厅提供。

a)Data of provincial social insurance and retirement are provided by Human Resources and Social Security Department.

9-17 各类社会保险参保人数
Number of Contributors to Social Insurance

(年末数)单位：万人　　　　(year-end)(10 000 persons)

年　份	职工养老保险(未包括离退休人员) Basic Pension Insurance (excluding Retired and Resigned Persons)	职工失业保险 Unemployment Insurance	城镇基本医疗保险 Medical Insurance of Urban Workers (including Retirees)	#城镇居民医疗保险 Medical Insuranc of Urban Households	职工工伤保险 Work Injury Insurance	职工生育保险 Maternity Insurance
1995	294.5	365.0			196.5	99.8
2000	508.5	470.2			201.1	188.2
2001	509.4	412.2	437.6		179.3	178.1
2002	528.9	402.9	480.6		167.4	166.4
2003	514.1	367.2	531.2		161.4	165.1
2004	532.8	398.6	587.6		195.6	187.4
2005	556.0	358.3	649.6		285.3	215.7
2006	597.8	400.0	775.9	1.8	304.9	274.1
2007	648.0	415.2	1078.7	205.0	397.4	323.3
2008	711.1	434.5	1481.4	520.4	464.6	373.0
2009	782.7	466.3	1993.2	954.2	515.8	426.4
2010	861.9	469.8	2063.1	1011.2	583.8	484.2
2011	998.8	544.6	2254.8	1079.3	650.8	601.7

9-18 各类社会保险基金征缴情况
Collection of Social Insurance Funds

单位：亿元，%　　　　(100 million yuan, %)

年份	城镇职工基本养老保险 Basic Pension Insurance in Urban Area		失业保险 Unemployment Insurance		城镇职工基本医疗保险 Medical Insurance of Urban Workers		工伤 保险 Work Injury Insurance		生育保险 Maternity Insurance	
	保险费收入 Revenue of Insurance	征缴率 Rate of Collection	保险费收入 Revenue of Insurance	征缴率 Rate of Collection	保险费收入 Revenue of Insurance	征缴率 Rate of Collection	保险费收入 Revenue of Insurance	征缴率 Rate of Collection	保险费收入 Revenue of Insurance	征缴率 Rate of Collection
1995	27.3	85.3	1.1					96.2		97.2
2000	61.5	92.8	5.5	98.0			1.8	56.7	1.0	66.7
2001	65.8	94.0	6.3	92.6	16.0	94.7	1.0	80.4	0.7	87.2
2002	78.2	94.9	7.0	93.3	24.9	95.8	1.1	80.5	0.8	85.1
2003	95.3	94.7	7.9	93.5	30.8	96.9	1.3	85.5	0.9	90.5
2004	150.5	94.9	8.7	92.7	38.5	96.4	2.3	87.5	1.1	93.4
2005	189.9	96.8	11.0	93.4	49.0	98.4	4.1	93.1	1.5	94.2
2006	235.8	97.2	13.1	90.1	71.9	99.0	5.4	96.4	2.0	95.5
2007	315.8	98.0	17.5	94.5	90.5	99.1	6.7	96.5	3.4	96.8
2008	426.6	97.8	21.4	95.0	115.9	98.1	7.9	92.5	4.3	95.4
2009	606.2	96.0	24.7		127.3	98.4	9.3	95.7	4.2	97.4
2010	670.9	97.9	40.0		182.5	97.4	12.1	96.2	4.9	97.8
2011	870.3	97.9	59.2		223.4	98.6	16.6	96.0	8.5	97.0

注：养老保险参保人数，2003年及以前年份未包括机关事业单位数据。

a) The contributor of basic pension insurance excludes contributors of government angencies and institutions in 2003 and before.

9-19 各市(州)社会保险参保人数(2011年)
Contributors of Social Insurance Funds by Region(2011)

(年末数)单位：万人 (year-end)(10 000 persons)

市(州)	Region	城镇职工基本养老保险 Basic Pension Insurance in Urban Area	职工失业保险 Unemployment Insurance	城镇基本医疗保险 Medical Insurance of Urban Workers	职工工伤保险 Work Injury Insurance	职工生育保险 Maternity Insurance
全 省	**Sichuan**	**1494.24**	**544.58**	**2254.77**	**650.76**	**601.70**
成都市	Chengdu	442.47	252.00	728.02	314.87	361.04
自贡市	Zigong	55.95	12.58	79.82	15.97	12.10
攀枝花市	Panzhihua	44.34	21.71	65.11	21.43	22.74
泸州市	Luzhou	53.51	16.59	81.84	17.04	12.54
德阳市	Deyang	82.52	27.19	107.10	34.13	31.08
绵阳市	Mianyang	80.87	21.92	115.95	33.16	24.14
广元市	Guangyuan	37.11	13.62	67.04	15.39	7.83
遂宁市	Suining	45.19	8.01	65.51	8.84	5.98
内江市	Neijiang	56.90	12.63	81.20	16.70	14.39
乐山市	Leshan	84.95	17.57	101.68	29.24	18.80
南充市	Nanchong	71.95	18.64	148.56	8.95	6.03
眉山市	Meishan	42.41	7.78	60.63	12.22	12.15
宜宾市	Yibin	59.74	22.28	93.28	24.93	22.10
广安市	Guangan	39.94	10.19	76.08	9.01	4.36
达州市	Dazhou	65.38	15.63	102.13	16.02	11.02
雅安市	Yaan	23.19	5.77	30.92	8.12	4.43
巴中市	Bazhong	23.87	6.49	53.17	7.11	8.79
资阳市	Ziyang	55.13	9.69	72.97	12.20	10.16
阿坝藏族羌族自治州	Aba	8.00	5.03	20.25	6.13	2.15
甘孜藏族自治州	Ganzi	6.26	4.28	18.64	4.07	1.60
凉山彝族自治州	Liangshan	22.50	11.20	53.37	10.24	8.25

9-20 各市(州)社会保险基金征缴情况(2011年)
Collection of Social Insurance Funds by Region(2011)

单位：亿元、% (100 million yuan, %)

市(州)	Region	城镇职工养老保险 Basic Pension Insurance in Urban Area		失业保险 Unemployment Insurance	城镇职工基本医疗保险 Medical Insurance of Urban Workers		工伤保险 Work Injury Insurance		生育保险 Maternity Insurance	
		保险费收入 Revenue of Insurance	征缴率 Rate of Collection	保险费收入 Revenue of Insurance	保险费收入 Revenue of Insurance	征缴率 Rate of Collection	保险费收入 Revenue of Insurance	征缴率 Rate of Collection	保险费收入 Revenue of Insurance	征缴率 Rate of Collection
全　省	**Sichuan**	**870.29**	**97.7**	**59.24**	**223.35**	**98.6**	**16.58**	**96.0**	**8.51**	**97.0**
成都市	Chengdu	288.34	98.5	32.00	105.47	98.8	4.92	97.9	5.32	98.7
自贡市	Zigong	34.40	95.8	1.25	5.65	99.9	0.48	90.3	0.13	81.9
攀枝花市	Panzhihua	24.64	92.2	1.86	7.71	94.2	0.95	90.9	0.37	91.0
泸州市	Luzhou	20.21	97.9	2.60	5.88	100.0	0.60	100.0	0.18	100.0
德阳市	Deyang	37.87	96.1	1.97	10.27	99.7	1.16	88.1	0.41	90.6
绵阳市	Mianyang	49.28	99.3	1.22	11.33	98.3	0.78	99.8	0.38	99.1
广元市	Guangyuan	18.13	96.2	1.39	4.63	91.1	0.50	97.1	0.07	84.2
遂宁市	Suining	17.04	99.0	0.47	3.31	98.6	0.14	88.3	0.07	92.1
内江市	Neijiang	40.47	98.8	1.15	4.57	99.8	0.64	95.9	0.10	89.1
乐山市	Leshan	29.12	92.7	1.07	6.91	100.0	0.93	98.4	0.27	98.3
南充市	Nanchong	36.42	99.4	1.12	5.54	100.0	0.07	92.2	0.04	98.4
眉山市	Meishan	23.74	99.9	0.49	3.55	100.0	0.47	100.0	0.13	98.2
宜宾市	Yibin	28.48	97.0	2.10	8.81	98.4	1.16	99.3	0.32	99.5
广安市	Guangan	17.21	100.0	1.58	2.77	100.0	0.41	98.7	0.09	99.1
达州市	Dazhou	31.60	98.8	1.09	6.46	100.0	0.92	94.6	0.14	94.3
雅安市	Yaan	18.63	99.2	0.42	3.57	100.0	0.33	97.7	0.11	97.9
巴中市	Bazhong	14.34	95.7	0.25	2.33	94.4	0.16	84.6	0.05	96.7
资阳市	Ziyang	34.28	95.6	2.08	6.00	93.8	0.26	86.4	0.12	88.2
阿坝藏族羌族自治州	Aba	4.55	97.2	0.42	3.02	100.0	0.19	98.0	0.04	96.3
甘孜藏族自治州	Ganzi	3.98	97.4	0.36	2.57	99.5	0.12	99.5	0.05	100.0
凉山彝族自治州	Liangshan	14.58	99.0	0.89	5.77	99.4	0.42	100.0	0.13	99.8

9-21 离休、退休、退职人员人数和保险福利费

Number of Retired and Resigned Staff and Workers and Labour Insurance and Welfare Funds for Retired and Resigned Staff and Workers

年份 Year	离休、退休、退职人员合计(万人) Number of Retired and Resigned Staff and Workers (10 000 persons)	# 由民政部门支付 Paid by Civil Administration Organs	离退休、退职人员与全部城镇就业人员之比(以离退休、退职人数为1) the Ratio of Retired , Resigned Staff and Workers to Urban Employment (RRSW=1)	保险福利费用总额(万元) Total Labour Insurance and Welfare Funds (10 000 yuan)	# 由民政部门支付 Paid by Civil Administration Organs	平均每人保险福利费(元) Per Capita Labour Insurance and Welfare Funds (yuan)
1978	28.08	2.92	16.6	10519	1190	375
1979	41.57	2.88	11.9	18240	1426	439
1980	53.52	2.86	9.6	27612	1716	516
1981	59.12	2.98	9.0	29325	1820	541
1982	80.40	3.06	7.0	41218	1926	530
1983	91.35	3.16	6.4	54844	2108	600
1984	100.27	3.20	6.0	69450	2447	693
1985	103.84	3.23	6.2	84318	2552	812
1986	112.94	2.61	5.9	102991	2944	912
1987	115.26	2.51	6.0	121252	3100	1092
1988	120.30	1.10	6.1	154152	2887	1382
1989	116.71	0.99	6.5	188685	2484	1627
1990	121.24	0.94	6.6	222119	2675	1872
1991	132.32	0.94	6.5	279070	2419	2109
1992	137.00	0.93	6.7	316010	3395	2347
1993	145.22	0.90	6.6	405446	3853	2806
1994	152.34	0.84	6.6	600329	4402	4035
1995	161.65	0.85	6.5	702028	4708	4472
1996	171.25	0.80	6.3	810244	4824	4868
1997	176.90	0.75	6.2	934269	4726	5367
1998	190.28	0.71	5.7	1069393	4698	5825
1999	194.13	0.70	5.6	1243493	4842	6468
2000	202.40	1.02	5.4	1389271	9225	6865
2001	214.37	0.97	5.2	1519083	15688	7225
2002	227.92	0.95	4.9	1824883	22523	8229
2003	237.70	0.70	4.9	1935548	25000	8272
2004	249.80	0.98	4.8	2179324	21317	8871
2005	274.86	1.07	4.5	2440594	22258	9303
2006	290.10	1.10	4.4	2927512	25152	10365
2007	317.40	1.20	4.1	3740000	29176	11733
2008	382.40	1.10	3.4	4681044	33188	12273
2009	441.03	1.40	3.1	6236666	63803	15196
2010	485.50	1.38	2.8	7499570	75128	16902
2011	559.00	0.87	2.5	7624606	82137	19183

9-22 城市居民最低生活保障情况

Basic Statistics on Residents under Basic Provision Protection in Urban Area

单位：户、人、万元 (household,person,10 000 yuan)

年份 Year	最低生活保障家庭数 Households under Basic Provision Protection	最低生活保障人数 Persons Receiving Lowest Cost-of-living in Urban Area	# 在职人员 Employed	# 老年人 Elderly	临时救济人次数 Poor Persons Receiving Temporary Almsgiving in Urban Area	城市低保资金 Funds for Urban Residents under Basic Provision Protection (10 000 yuan)
2005	806737	1586126	11426	14744	15678	112183.3
2006	848969	1652718	10110	13119	25878	132089.9
2007	911724	1732899	26841	211336	37734	179036.0
2008	974494	1857374	21394	186323	66803	263931.7
2009	998369	1891548	28713	231127	33361	346267.6
2010	1014429	1869694	25472	255385	50547	403600.7
2011	1033800	1893114	13334	285339	132453	455812.4

9-23 各市(州)城市居民最低生活保障和救济情况(2011年)

Basic Statistics on Residents under Basic Provision Protection and Receiving Almsgiving in Urban Area by Region(2011)

单位：户、人、万元 (household，person, 10 000 yuan)

市(州)	Region	最低生活保障家庭数 Households under Basic Provision Protection	最低生活保障人数 Persons Receiving Lowest Cost-of-living in Urban Area	# 在职人员 Employed	# 老年人 Elderly	# 登记失业 Registered Unemployed	# 未登记失业 Unregistered Unemployed	临时救济人次数 Poor Persons Receiving Temporary Almsgiving in Urban Area	城市低保资金 Funds for Urban Residents under Basic Provision Protection
全　省	**Sichuan**	**1033800**	**1893114**	**13334**	**285339**	**275903**	**428124**	**132453**	**455812**
成都市	Chengdu	39599	65787	1023	12033	12112	10650	2110	19371
自贡市	Zigong	54251	92362	641	4066	10367	40219	1181	23283
攀枝花市	Panzhihua	12165	24136	305	1090	4079	4112	641	7381
泸州市	Luzhou	41304	65927	143	16580	6043	20847	769	16389
德阳市	Deyang	66856	111864	465	13041	24033	27960	3232	24332
绵阳市	Mianyang	65200	124392	338	22679	10313	29419	131	27266
广元市	Guangyuan	59235	117171	867	5009	24370	31019	5509	27666
遂宁市	Suining	46627	93037	455	19229	14069	12745	818	21252
内江市	Neijiang	47246	84535	1970	19855	18765	22507	4941	21203
乐山市	Leshan	59173	87106	492	16507	13095	15832	445	19597
南充市	Nanchong	117290	226588	198	44419	37580	41860	62168	51477
眉山市	Meishan	47320	63226	51	8851	9736	10542	2171	14519
宜宾市	Yibin	48304	83189	1689	21429	12291	19102	8133	27604
广安市	Guangan	50590	96223	1514	10369	7816	39137	3086	22298
达州市	Dazhou	84733	154633	1257	20137	15687	28800	6194	36998
雅安市	Yaan	20496	33396	152	3976	3364	3461	167	8016
巴中市	Bazhong	53581	136267	217	8869	22122	29378	410	29558
资阳市	Ziyang	34567	70683	92	10815	7410	8034	20359	17390
阿坝藏族羌族自治州	Aba	25002	52900	304	14074	5932	12354	9583	11074
甘孜藏族自治州	Ganzi	16823	28174	242	5489	3014	5598	285	6833
凉山彝族自治州	Liangshan	43438	81518	919	6822	13705	14548	120	22306

注：城乡居民低保和救济资料由省民政厅提供；城市低保资金全省合计中含省本级数据。

a) Data of funds for urban and rural residents under basic provision protection and relief materials are provided by the provincial Civil Affairs Department. Data of funds for urban and rural residents under basic provision protection include provincial data.

9-24 农村居民最低生活保障和救济情况
Basic Statistics on Residents under Basic Provision Protection and Receiving Almsgiving in Rural Area

单位: 户、人、万元 (household, person, 10 000 yuan)

年份 Year	最低生活保障家庭数 Number of Households Receiving Lowest Cost-of-living in Rural Area	最低生活保障人数 persons Receiving Lowest Cost-of-living in Rural Area	老年人 Elderly	未成年人 Minors	残疾人 Disabled	五保供养人数 Livelihood Guaranteed in Five Aspects	农村低保资金 Funds for Rural Residents under Basic Provision Protection
2005	296176	647007					8035.0
2006	717990	1580278	357390	121614	112009	420479	20928.8
2007	1090706	2227180	524831	188574	189501	107666	50290.5
2008	1662376	3480471	1066143	381232	281579	135071	131517.4
2009	1931727	3965356	1471447	444696	333549	175075	249586.0
2010	2005227	3944748	1609275	434813	339357	211323	310207.3
2011	2221734	4251001	1737689	464960	356790	234494	437368.1

9-25 各市(州)农村居民最低生活保障和救济情况(2011年)
Basic Statistics on Residents under Basic Provision Protection and Receiving Almsgiving in Rural Area by Region(2011)

单位: 户、人、万元 (household, person, 10 000 yuan)

市(州)	Region	最低生活保障家庭数 Number of Households Receiving Lowest Cost-of-living in Rural Area	最低生活保障人数 Persons Receiving Lowest Cost-of-living in Rural Area	# 老年人 Elderly	# 未成年人 Minors	# 残疾人 Disabled	五保供养人数 Livelihood Guaranteed in Five Aspects	农村低保资金 Funds for Rural Residents under Basic Provision Protection
全　省	**Sichuan**	**2221734**	**4251001**	**1737689**	**464960**	**356790**	**234494**	**437368**
成都市	Chengdu	66314	137773	43941	10149	14165	15845	19405
自贡市	Zigong	59003	84710	19861	2092	7761	8965	8883
攀枝花市	Panzhihua	13414	28321	8653	6699	2933	2212	3408
泸州市	Luzhou	100123	159969	90143	23328	26491	13259	15871
德阳市	Deyang	86460	116124	66504	6689	18380	5678	13460
绵阳市	Mianyang	98081	183072	95219	13072	21510	12779	17545
广元市	Guangyuan	72881	171949	50991	28463	10875	7301	18441
遂宁市	Suining	90530	154455	44593	3788	16281	11765	15336
内江市	Neijiang	78937	114520	43937	8403	7990	14314	12697
乐山市	Leshan	74501	127032	62761	14321	17370	9264	12839
南充市	Nanchong	273463	520276	351066	30418	29087	25607	52317
眉山市	Meishan	102553	149595	65881	19720	15305	19725	15874
宜宾市	Yibin	91538	154069	67047	14736	14382	15587	17297
广安市	Guangan	128567	183328	134270	12398	14103	10002	18616
达州市	Dazhou	204812	353788	152758	32180	41563	23856	36731
雅安市	Yaan	58645	85673	37854	6068	9548	2708	8651
巴中市	Bazhong	112482	345824	77091	62971	18856	7964	32740
资阳市	Ziyang	117790	206363	83019	26860	22315	15251	21130
阿坝藏族羌族自治州	Aba	82476	167540	46631	17091	9014	3751	16200
甘孜藏族自治州	Ganzi	124845	246265	64273	25512	9517	2138	25858
凉山彝族自治州	Liangshan	184319	560355	131196	100002	29344	6523	54070

注：农村低保资金全省合计中含省本级数据。

a) Funds for rural residents under Basic Provision Protection include provicial funds.

主要统计指标解释

一、城镇住户

城镇家庭人口 指居住在一起，经济上合在一起共同生活的家庭成员。凡计算为家庭人口的成员其全部收支都包括在本家庭中。

城镇家庭总收入 指家庭成员得到的工薪收入、经营净收入、财产性收入、转移性收入之和，不包括出售财物收入和借贷收入。

城镇家庭可支配收入 指家庭成员得到可用于最终消费支出和其它非义务性支出以及储蓄的总和，即居民家庭可以用来自由支配的收入。它是家庭总收入扣除交纳的个人所得税、个人交纳的社会保障费以及记账补贴后的收入。

城镇家庭总支出 指除借贷支出以外的全部家庭支出。包括消费性支出、购房建房支出、转移性支出、财产性支出、社会保障支出。

城镇家庭消费性支出 指家庭用于日常生活的支出，包括食品、衣着、居住、家庭设备用品及服务、医疗保健、交通和通信、娱乐教育文化服务、其他商品和服务等八大类支出。

二、农村住户

常住人口 指全年经常在家或在家居住 6 个月以上，而且经济和生活与本户连成一体的人口。外出从业人员在外居住时间虽然在 6 个月以上，但收入主要带回家中，经济与本户连为一体，仍视为家庭常住人口；在家居住，生活和本户连成一体的国家职工、退休人员也为家庭常住人口。但是现役军人、中专及以上(走读生除外)的在校学生、以及常年在外(不包括探亲、看病等)且已有稳定的职业与居住场所的外出从业人员，不算家庭常住人口。家庭常住人口主要作为计算农村住户平均每人收入、消费和积累水平及分析家庭人口状况的依据。

整、半劳动力 整劳动力指男子 18 周岁到 50 周岁，女子 18 周岁到 45 周岁；半劳动力指男子 16 周岁到 17 周岁，51 周岁到 60 周岁；女子 16 周岁到 17 周岁，46 周岁到 55 周岁，同时具有劳动能力的人。虽然在劳动年龄之内，但已丧失劳动能力的人，不应算为劳动力；超过劳动年龄，但能经常参加劳动，计入半劳动力数内。常住人口中的职工，若这些职工为劳动力，就包括在本户的整半劳动力中。

农村居民家庭总收入 指调查期内农村住户和住户成员从各种来源渠道得到的收入总和。按收入的性质划分为工资性收入、家庭经营收入、财产性收入和转移性收入。

农村居民家庭纯收入 指农村住户当年从各个来源得到的总收入相应地扣除所发生的费用后的收入总和。计算方法:

纯收入＝总收入—家庭经营费用支出—税费支出—生产性固定资产折旧—赠送农村内部亲友支出

纯收入主要用于再生产投入和当年生活消费支出，也可用于储蓄和各种非义务性支出。“农民人均纯收入”按人口平均的纯收入水平，反映的是一个地区或一个农户农村居民的平均收入水平。

农村居民家庭总支出 指农村住户用于生产、生活和再分配的全部支出。包括家庭经营费用支出、购置生产性固定资产支出、生产性固定资产折旧、税费支出、生活消费支出、财产性支出和转移性支出。

恩格尔系数 指食物支出金额在生活消费总支出金额中所占的比例。

恩格尔系数＝(食品支出金额/生活消费总支出金额)×100%

城镇职工基本养老保险

1.（参保）职工人数：指报告期末按照国家法律、法规和有关政策规定参加基本养老保险并在社保经办机构已建立缴费记录档案的职工人数，包括中断缴费但未终止养老保险关系的职工人数，不包括只登记未建立缴费记录档案的人数。

2.（参保）离退休人员人数：指报告期末参加基本养老保险的离休、退休和退职人员的人数。

3.基本养老保险基金收入：指根据国家有关规定，由纳入基本养老保险范围的缴费单位和个人按国家规定的缴费基数和缴费比例缴纳的养老保险基金，以及通过其他方式取得的形成基金来源的收入。包括单位和职工个人缴纳的基本养老保险费、基本养老保险基金利息收入、上级补助收入、下级上解收入、转移收入、财政补贴和其他收入。

基本医疗保险

1.参保人数：指报告期末按国家有关规定参加相应基本医疗保险的人数。

2.基金收入：指由用人单位和个人按照国家规定的缴费基数、缴费比例或缴费标准缴纳的基本医疗保险基金，财政补助资金以及通过其他方式取得的形成基金来源的款项，包括：单位缴纳收入、个人缴纳收入、财政补助收入（含医疗救助补助个人收入）、财政补贴收入、利息收入和其他收入。

失业保险

1.参保人数：指报告期末按照国家法律、法规和有关政策规定参加了失业保险的城镇企业、事业单位的职工及地方政府规定参加失业保险的其他人员的人数。

2.失业保险基金收入：指报告期内筹集的失业保险基金的总额，包括失业保险费收入、利息收入、财政补贴收入、其他收入、转移收入、上级补助收入、下级上解收入。

工伤保险

1.参加保险人数：指报告期末依据国家有关规定参加工伤保险的职工人数和有雇工的个体工商户的雇工数。

2.基金收入：指根据国家有关规定，由参加工伤保险的单位按国家规定的缴费基数和缴费比例缴纳的工伤保险基金，以及通过其他形式取得的形成基金来源的款项。包括：单位缴纳的社会统筹基金收入、财政补贴收入、利息收入、其他收入。

生育保险

1.参保人数：指报告期末依据有关规定参加生育保险的职工人数。

2.基金收入：指根据国家有关规定，由参加生育保险的单位按照国家规定的缴费基数和缴费比例缴纳的生育保险基金，以及通过其他方式取得的形成基金来源的款项，包括：单位缴纳的基金收入、利息收入和其他收入。

离休、退休、退职人员保险福利费用　指离休、退休、退职人员实际得到的生活费用总额，包括从社会保险经办机构和单位得到的费用。

城市居民最低生活保障人数　指在报告期末家庭平均收入在当地规定的最低生活保障线以下的城市居民数。包括“三无”对象，失业人员和在职、下岗、退休人员等。

农村居民最低生活保障人数　指报告期末在建立农村最低生活保障制度的地区，得到当地政府或集体给予最低生活保障的农业人口数。

五保户　指无法定抚养义务人，或者虽有法定抚养义务人，但是抚养人无抚养能力的；无劳动能力的；无生活来源的老年人、残疾人和未成年人。

Explanatory Notes on Main Statistical Indicators

I. Urban Households

Population of urban households refer to members of the household living and sharing economically together. All income and expenditure of the population of the household are included in the income and expenditure of the household.

Total Income of Urban Households refers to the sum of wage and salary, net business income, income from properties, and income from transfers of members of the households, excluding income from selling of properties and income from borrowings.

Disposable Income of Urban Households refers to the actual income at the disposal of members of the households which can be used for final consumption, other non-compulsory expenditure and savings. This equals to total income minus income tax, personal contribution to social security and sample household subsidy for keeping dairies.

Total Expenditure of Urban Households refer to all expenditure of the households except expenditure on leading. It includes expenditure on consumption, on purchasing or building houses, on transfers, on properties and on social security.

Consumption Expenditure of Urban Households refers to total expenditure of the sample households for consumption in daily life, including expenditure on eight categories such as food, clothing,,building houses, household appliances and services, health care and medical services, transport and communications, recreation, education and cultural services, housing, miscellaneous goods and services.

II. Rural Households

Usual Resident Population refers to persons staying at home regularly or for over 6 months during a year and integrated with the household economically and in terms of living.. Members of the household staying away from the household for over 6 months but keeping a close economic relation with the household by sending the majority of income to the household are regarded as usual resident of the household. Government staff and workers or retirees living as close members of the household are also considered as usual resident. However, servicemen, students of secondary technical schools or schools of higher education and persons with stable jobs and residence outside the household (excluding those visiting relatives or seeking medical service) are not included as resident population of the household. Resident population is used in calculating income, consumption, accumulation on per capita basis of rural households and in analyzing composition of rural households.

Full/Semi Labour Force Full labour force refers to persons capable of work, aged 18-50 for males and 18-45 for females. Semi labour force refers to persons capable of work, aged 16-17 and 51-60 for males and 16-17 and 46-55 for females. Persons at their working ages but not capable of work are not to be included as labour force. Persons not at working ages but participating regularly in work are included in semi labour force. For staff and workers as resident population of the household, they are included as full or semi labour force of the household if they are in the labour force.

Total Income of Rural Households refers to the sum of income earned from various sources by the rural households and their members during the reference period, and is classified as income from wages and salaries, income from household operations, income from properties and income from transfers.

Net Income of Rural Households Net Income refers to the total income of rural households from all sources minus all corresponding expenses. The formula for calculation is as follows:

Net income = total income - household operation expenses - taxes and fees - taxes and fees depreciation of fixed assets for production - gifts to non-rural relatives

Net income is mainly used as input for reproduction and as consumption expenditure of the year, and also used for savings and non-compulsory expenses of various forms. "Per capita net income of farmers" is the level of net income averaged by population which reflects the average income level of rural households in a given area.

Total Expenditure of Rural Households refers to total expenses of rural households on production, consumption and redistribution, including expenditure on household operations, on purchase of productive fixed assets, depreciation of productive fixed assets, taxes and fees, expenses on household consumption, expenses on properties and expenses on transfers.

Expenditure on Household Consumption of Rural Households refers to expenditure by rural households on their material and cultural life, including expenditure on food; clothing; housing; household appliances, articles and services; health and medical service; transportation and communications; articles and services on culture, education and recreation; and other goods and services, expenses on properties; and expenses on transfers.

Engel Coefficient refers to the percentage of expenditure on food in the total consumption expenditure.

Engel Coefficient = (expenditure on food / total consumption expenditure) x 100%

Basic Pension Insurance of Urban Workers

1.Number of people participated in the insurance programme: by the end of reference period, number of staff and workers participated in the insurance programme in line with national laws, regulations and related policies, who have already had payment records in social security management agencies, including those who interrupt payment but not terminate the insurance programme. Those who have no records are not included.

2.Number of retired and resigned people participated in the insurance programme: by the end of reference period, number of retired and resigned staff and workers participated in the insurance programme.

3. Revenue of pension insurance refer to payments made by units and individuals covered in pension insurance programs, and income from other resources according to national provision, including the premium paid by units and staff and works, interest income, subsidies from higher level agencies, income as transfer from subordinate agencies, transferred income, financial subsidies and other income.

Basic Medical Care Insurance:

1.Number of people participated in the insurance program: refer to number of people participated in the basic medical care insurance program according to related regulation by the end of reference period.

2.Revenue of basic medical care insurance: refers to payments made by employers and individuals participating in the medical care insurance programme in accordance with the basis and proportion stipulated in State regulations, and income from other sources that become source of medical insurance fund, including income paid by units, individual paid income, financial assistance's income (including individual income from medicaid), financial subsidies' income, interest income and other income.

Unemployment Insurance

1.Number of people participated in unemployment insurance program: number of staff and workers in urban enterprises or institutions and other people according to local government regulations participated in unemployment insurance program in line with national laws, regulations and related policies by the end of the reference period.

2.Revenue of unemployment insurance: refers to the total unemployment insurance funds raised in the reference period, including unemployment insurance premium, interest income, financial subsidies, other income, transferred income, subsidies from higher level agencies and income as transfer from subordinate agencies.

Work Injury Insurance

1.Number of people participated in work injury insurance: refers to staff and workers who have participated in the work injury insurance programme and number of employees in private business according to relevant national regulations at the end of the reference period.

2. Revenue of unemployment insurance: refer to payments made by units and individuals covered in unemployment insurance program, interest income, subsidies income from higher level agencies, income as transfer from subordinate agencies, transferred income, financial subsidies and other income.

Maternity Insurance

1.Number of people participated in maternity insurance program according to related regulation at the end of the reporting period.

2.Revenue of maternity insurance: refers to payments made by units covered in maternity insurance program according to national provisions, and income from other resources, including: income of funds paid by units, interest income and other income.

Insurance and Welfare Funds for Retired and Resigned Staff and workers refer to the total living expenses actually received by those retirees, including those from social insurance management agencies and units.

Number of Urban Residents Entitled to Minimum Living Allowances refers to the number of those whose average family income is below a minimum local standard by the end of the reporting period, including both the employed and unemployed, laid off and retired, and those jobless people without stable residence or valid IDs.

Number of Rural Residents Entitled to Minimum Living Allowances refers to the number of those receiving the minimum living allowances from the local government or community in the rural areas where this allowances system is in place as of the end of the reporting period.

Households Enjoying Five Guarantees refers to those senior citizens, handicapped or under-aged who, without labour ability, can not make a living by themselves and whose statutory providers are unable to support them or who have no statutory providers at all.

10

城市概况

CITY

10-1 城市基本情况(2011年)
Basic Statistics on Cities(2011)

城　市	City	年末就业人员(万人) Number of Employed Persons (10 000 persons)	第一产业 Primary Industry	第二产业 Secondary Industry	第三产业 Tertiary Industry	市区面积(平方公里) Total Urban Area (sq.km)	# 建成区面积 Developed Area
全　省	**Sichuan**	**4785.47**	**2043.36**	**1210.78**	**1531.33**	**57001.45**	**1788.13**
地级市	**at Prefecture Level**						
成都市	Chengdu	784.28	144.51	289.01	350.76	2130.00	483.35
自贡市	Zigong	189.96	73.04	58.84	58.08	1438.00	90.13
攀枝花市	Panzhihua	70.44	21.85	22.57	26.02	2018.25	59.56
泸州市	Luzhou	241.05	113.31	68.67	59.07	2132.00	93.60
德阳市	Deyang	211.66	87.74	59.36	64.56	648.00	61.33
绵阳市	Mianyang	287.01	115.12	84.15	87.73	1570.00	103.00
广元市	Guangyuan	168.59	87.85	35.41	45.33	4535.00	41.44
遂宁市	Suining	161.02	67.50	49.24	44.28	1875.00	66.87
内江市	Neijiang	173.15	60.45	51.27	61.44	1569.00	42.00
乐山市	Leshan	188.09	92.59	45.09	50.41	2514.00	55.82
南充市	Nanchong	270.16	118.97	70.67	80.52	2527.00	90.60
眉山市	Meishan	193.64	100.55	43.62	49.48	1331.00	44.80
宜宾市	Yibin	315.27	154.23	81.18	79.87	2531.00	66.37
广安市	Guangan	211.12	117.57	41.80	51.75	1536.00	31.00
达州市	Dazhou	308.93	165.09	61.80	82.05	451.00	64.20
雅安市	Yaan	96.54	42.98	22.24	31.32	1070.00	21.00
巴中市	Bazhong	171.82	98.90	32.77	40.15	2566.00	18.00
资阳市	Ziyang	204.06	106.21	46.06	51.78	1633.00	38.00
县级市	**at County Level**						
都江堰市	Dujiangyan	42.70	7.30	14.70	20.70	1208.00	35.30
彭州市	Pengzhou	51.23	20.45	16.35	14.43	1420.00	20.46
邛崃市	Qionglai	39.49	14.29	11.25	13.95	1384.00	19.24
崇州市	Chongzhou	51.50	13.70	24.40	13.40	1090.00	24.80
广汉市	Guanghan	35.20	15.30	11.50	8.40	551.00	43.03
什邡市	Shifang	24.50	9.40	8.90	6.20	863.00	13.20
绵竹市	Mianzhu	28.90	11.40	8.60	8.90	1245.00	14.00
江油市	Jiangyou	61.41	16.57	20.78	24.06	2720.00	30.00
峨眉山市	Emeishan	24.20	9.90	5.80	8.50	1168.00	16.60
阆中市	Langzhong	41.91	16.11	8.24	17.56	1877.00	22.00
华蓥市	Huaying	17.80	7.50	5.40	4.90	466.00	8.70
万源市	Wanyuan	29.00	13.00	4.00	12.00	4065.00	13.00
简阳市	Jianyang	47.30	22.20	11.30	13.80	2215.00	21.50
西昌市	Xichang	41.57	18.83	5.24	17.50	2655.20	35.23

注：本篇章除“年末就业人员”外，其余资料均由四川省住房和城乡建设厅提供。

a) Data of this talble are provided by Sichuan Provincial Department of Housing and Urban and Rural Construction except indicator "number of employed persons".

10-2 城市设施水平(2011年)
Level of Public Facilities in Cities(2011)

城　市	City	用水普及率(%) Percentage of Population with Access to Tap Water (%)	燃气普及率(%) Percentage of Population with Access to Gas (%)	人均城市道路面积(平方米) Per Capita Area of Roads (sq.m)	人均公园绿地面积(平方米) Per Capita Public Green Area (sq.m)	建成区绿化覆盖率(%) Percentage of Green Area in Developed Areas (%)	污水处理率(%) Rate Of Pollution Water (%)	生活垃圾处理率(%) Rate Of House Rabbish Treatment (%)
全　省	**Sichuan**	**91.83**	**87.09**	**12.14**	**10.73**	**38.21**	**78.32**	**92.66**
地级市	**at Prefecture Level**							
成都市区	Chengdu	98.17	95.58	14.98	13.45	39.15	90.02	100.00
自贡市区	Zigong	84.65	82.00	9.49	8.62	38.50	89.80	89.49
攀枝花市区	Panzhihua	91.28	85.42	9.05	8.61	38.16	24.17	95.29
泸州市区	Luzhou	89.78	81.48	9.90	9.10	40.26	80.08	100.00
德阳市区	Deyang	100.00	87.68	13.63	9.65	39.80	87.12	100.00
绵阳市区	Mianyang	99.02	99.18	16.83	10.38	38.30	89.16	100.00
广元市区	Guangyuan	92.59	83.16	11.93	11.73	37.81	77.60	76.17
遂宁市区	Suining	80.91	79.33	11.40	7.11	41.62	83.15	76.13
内江市区	Neijiang	80.10	77.62	6.19	8.01	38.05	81.00	71.73
乐山市区	Leshan	91.69	90.99	13.65	7.06	36.69	63.77	96.69
南充市区	Nanchong	96.99	95.65	11.96	8.86	38.63	67.67	83.33
眉山市区	Meishan	97.69	96.51	15.33	10.86	35.56	74.49	100.00
宜宾市区	Yibin	95.34	96.51	8.71	14.77	39.10	64.21	98.03
广安市区	Guangan	78.22	79.19	9.42	14.80	44.26	93.94	100.00
达州市区	Dazhou	85.15	84.61	4.50	14.55	29.91	55.07	84.63
雅安市区	Yaan	99.23	73.91	10.03	8.92	41.00	77.43	87.55
巴中市区	Bazhong	88.39	85.42	2.41	7.68	28.89	76.01	59.62
资阳市区	Ziyang	90.81	82.60	13.30	9.67	38.32	87.05	95.29
县级市	**at County Level**							
都江堰市	Dujiangyan	85.76	68.42	18.98	11.24	42.63	52.98	96.97
彭州市	Pengzhou	66.83	66.15	9.06	6.66	30.21	86.51	96.78
邛崃市	Qionglai	82.57	65.83	10.16	9.92	37.58	76.00	89.86
崇州市	Chongzhou	96.18	95.02	22.41	12.21	38.91	61.71	98.12
广汉市	Guanghan	84.04	76.70	13.13	6.51	33.23	70.31	98.41
什邡市	Shifang	77.88	76.23	12.71	9.72	30.23	78.53	99.86
绵竹市	Mianzhu	95.83	97.92	17.81	9.58	38.36	85.76	100.00
江油市	Jiangyou	89.33	71.17	12.24	9.37	39.27	81.02	100.00
峨眉山市	Emeishan	84.60	66.25	11.84	10.94	42.35	89.96	98.67
阆中市	Langzhong	96.52	96.30	11.52	8.65	38.41	65.03	83.29
华蓥市	Huaying	100.00	64.47	11.72	8.84	29.77	78.48	88.24
万源市	Wanyuan	65.37	45.65	5.14	17.50	26.15		
简阳市	Jianyang	94.07	81.37	7.25	6.47	39.07	52.59	76.53
西昌市	Xichang	82.05	74.28	9.70	15.14	38.52	71.43	99.33

10-3 城市供水情况(2011年)
Basic Statistics on Water Supply in Cities(2011)

城　市	City	供水综合生产能力(万立方米/日) Comprehensive Production Capacity of Water Supply (10 000 cu.m / day)	供水管道长度(公里) Length of Water Supply Pipes (km)	供水总量(万立方米) Total Volume of Water Supply (10 000 cu.m)	# 生产营运用水 Water for Productive Use	# 居民家庭用水 Water for Residential Use	用水人口(万人) Residents with Access to Tap Water (10 000 persons)	人均日生活用水量(升) Per Capita Daily Consumption of Tap Water for Residential Use (liter)
全　省	**Sichuan**	**812.64**	**21649.23**	**182238.64**	**42780.57**	**80729.28**	**1532.39**	**192**
地级市	**at Prefecture Level**							
成都市区	Chengdu	226.01	5498.00	70735.79	11406.98	32548.16	439.94	289
自贡市区	Zigong	37.00	1978.73	6234.00	1883.00	2428.00	81.19	100
攀枝花市区	Panzhihua	58.26	1079.96	12347.33	6997.89	3150.49	61.62	194
泸州市区	Luzhou	77.67	847.49	9769.58	5106.00	3080.00	84.12	128
德阳市区	Deyang	23.50	497.00	5667.00	1971.00	2603.00	44.25	169
绵阳市区	Mianyang	40.62	1792.73	8386.70	1651.06	3928.72	87.29	164
广元市区	Guangyuan	13.10	325.38	3067.30	107.00	1575.00	30.63	170
遂宁市区	Suining	17.25	369.45	3343.80	600.80	1467.10	48.49	117
内江市区	Neijiang	20.09	396.78	3865.09	1629.54	1498.83	41.01	118
乐山市区	Leshan	32.52	1071.77	4279.48	498.19	2291.95	49.64	153
南充市区	Nanchong	25.00	610.00	7200.00	1210.00	3550.00	89.23	159
眉山市区	Meishan	11.00	747.00	3303.00	630.00	1864.00	33.00	182
宜宾市区	Yibin	18.50	511.69	4452.00	284.00	2328.00	46.42	184
广安市区	Guangan	6.50	272.00	1474.49	105.61	810.13	25.00	113
达州市区	Dazhou	19.60	545.50	3176.00	288.00	2068.00	36.46	166
雅安市区	Yaan	10.00	140.05	1872.00	200.00	983.00	21.91	150
巴中市区	Bazhong	5.00	193.86	1652.40	25.40	937.30	29.70	89
资阳市区	Ziyang	28.80	452.65	2336.00	375.00	1067.00	27.98	150
县级市	**at County Level**							
都江堰市	Dujiangyan	16.70	708.66	2424.50	449.00	1395.00	28.30	152
彭州市	Pengzhou	9.31	561.00	2603.00	271.00	938.00	17.65	191
邛崃市	Qionglai	9.45	659.50	1745.50	439.00	947.00	14.40	208
崇州市	Chongzhou	7.00	238.90	1689.10	756.40	486.70	14.10	113
广汉市	Guanghan	17.06	197.40	3649.60	1454.40	1424.20	24.38	189
什邡市	Shifang	6.10	394.00	1873.00	585.00	516.00	10.42	178
绵竹市	Mianzhu	6.30	210.00	1175.00	431.00	384.00	9.20	178
江油市	Jiangyou	25.00	289.00	2763.00	899.00	1138.00	26.80	150
峨眉山市	Emeishan	8.70	199.00	1731.00	476.00	730.00	12.91	205
阆中市	Langzhong	10.60	147.00	1940.00	420.00	861.00	22.20	160
华蓥市	Huaying	5.40	160.00	1362.00	629.00	465.00	11.09	137
万源市	Wanyuan	2.50	105.00	454.00	72.30	247.60	7.06	110
简阳市	Jianyang	5.50	183.19	1683.98	120.00	1238.10	31.40	128
西昌市	Xichang	12.60	266.54	3983.00	809.00	1780.00	24.60	252

10-4 城市天然气供气情况(2011年)
Basic Statistics on Natural Gas Supply in Cities(2011)

城 市	City	天然气用气人口(万人) Population with Access to Natural Gas (10 000 persons)	天然气供气总量(万立方米) Total Volume of Natural Gas Supply (10 000cu.m)	# 家庭用量 Residential Use	天然气供气管道长度(公里) Length of Natural Gas Pipelines (km)	天然气汽车加气站CNG(座) Number of Natural Gas Filling Station for Vehicles
全 省	**Sichuan**	**1284.40**	**564557**	**163634**	**24020**	**157**
地级市	**at Prefecture Level**					
成都市区	Chengdu	405.67	226637	71791	8980	64
自贡市区	Zigong	78.65	21155	6044	659	8
攀枝花市区	Panzhihua	0.16	4	3	5	
泸州市区	Luzhou	74.11	74563	9299	704	4
德阳市区	Deyang	37.00	48642	8002	834	6
绵阳市区	Mianyang	83.93	38323	8062	1333	9
广元市区	Guangyuan	23.60	7259	2947	505	4
遂宁市区	Suining	47.54	9030	4041	551	6
内江市区	Neijiang	36.54	7592	2591	659	5
乐山市区	Leshan	49.21	15780	4231	541	7
南充市区	Nanchong	83.30	10300	6120	610	7
眉山市区	Meishan	28.00	8530	3800	377	3
宜宾市区	Yibin	46.79	9646	3280	622	1
广安市区	Guangan	25.31	4514	2195	644	
达州市区	Dazhou	36.23	7087	3560	600	2
雅安市区	Yaan	16.32	3188	2229	462	
巴中市区	Bazhong	26.00	4654	2261	402	2
资阳市区	Ziyang	19.10	6569	1426	620	2
县级市	**at County Level**					
都江堰市	Dujiangyan	18.00	6558	2449	810	3
彭州市	Pengzhou	14.80	10220	3000	840	3
邛崃市	Qionglai	8.51	2525	1860	373	1
崇州市	Chongzhou	10.63	6200	2814	375	2
广汉市	Guanghan	15.46	5931	2733	303	2
什邡市	Shifang	9.90	6257	1076	210	2
绵竹市	Mianzhu	9.00	8645	1700	386	2
江油市	Jiangyou	21.35	4233	1506	210	4
峨眉山市	Emeishan	10.11	2313	1100	256	2
阆中市	Langzhong	21.15	2712	1555	337	3
华蓥市	Huaying	6.40	760	545	340	1
万源市	Wanyuan	1.60	132	105	15	
简阳市	Jianyang	19.26	3472	1247	435	1
西昌市	Xichang	0.77	1127	61	23	1

10-5 城市液化石油气供气及道路桥梁设施情况(2011年)
Basic Statistics on Liquefied Petroleum Gas , Paved Road, Bridge and Facilities in Cities(2011)

城 市	City	液化石油气用气人口(万人) Population with Access to Liquefied Petroleum Gas (10 000 persons)	液化石油气供气总量(吨) Total Volume of Liquefied Petroleum Gas Supply (ton)	# 家庭用量 Residential Use	道路长度(公里) Length of Paved Roads (km)	道路面积(万平方米) Area of Paved Roads (10 000 sq.m)	桥梁数(座) Number of Bridges (unit)	路灯盏数(千盏) Number of Street Lights (1000 units)
全 省	**Sichuan**	**126.36**	**206627.50**	**99777.80**	**10192**	**20258**	**1615**	**751**
地级市	**at Prefecture Level**							
成都市区	Chengdu	22.66	134790	49259	2704	6715	609	170
自贡市区	Zigong				726	910	97	32
攀枝花市区	Panzhihua	14.96	5740	5279	543	611	112	33
泸州市区	Luzhou	2.24	2225	1680	469	928	23	37
德阳市区	Deyang	1.80	3683	2421	254	603	17	25
绵阳市区	Mianyang	3.50	4298	3912	742	1484	102	40
广元市区	Guangyuan	3.91	2059	1931	268	395	76	25
遂宁市区	Suining				343	683	29	19
内江市区	Neijiang	3.20	13660	4781	166	317	34	13
乐山市区	Leshan	0.05	120	13	553	739	41	33
南充市区	Nanchong	4.70	5467	4455	420	1100	48	27
眉山市区	Meishan	4.60	2760	2500	334	518	16	14
宜宾市区	Yibin	0.20	500	500	235	424	17	15
广安市区	Guangan				108	301	13	13
达州市区	Dazhou				120	193	6	9
雅安市区	Yaan				132	221	20	24
巴中市区	Bazhong	2.70	650	490	72	81	10	3
资阳市区	Ziyang	6.35	3625	2563	180	410		9
县级市	**at County Level**							
都江堰市	Dujiangyan	4.58	3962	2376	339	626	72	43
彭州市	Pengzhou	2.67	1105	883	101	239	9	5
邛崃市	Qionglai	2.97	995	805	90	177	4	13
崇州市	Chongzhou	3.30	1909	1384	113	329	5	21
广汉市	Guanghan	6.79	4941	4586	201	381	21	17
什邡市	Shifang	0.30	695	320	110	170	33	8
绵竹市	Mianzhu	0.40	1135	985	125	171	22	13
江油市	Jiangyou				132	367	18	13
峨眉山市	Emeishan		2235		68	181	20	25
阆中市	Langzhong	1.00	1337	767	151	265	22	10
华蓥市	Huaying	0.75	250	240	85	130	19	7
万源市	Wanyuan	3.33	1242	1084	45	56	58	2
简阳市	Jianyang	7.90	2500	2198	91	242	11	5
西昌市	Xichang	21.50	4745	4366	172	291	31	29

10-6 城市园林绿化情况(2011年)
Basic Statistics on Landscape in Cities(2011)

城市	City	绿化覆盖面积(公顷) Green Areas (hectare)	#建成区 Developed Areas	园林绿地面积(公顷) Total Area of Parks, Gardens and Green Areas (hectare)	#建成区 Developed Areas	公园绿地面积(公顷) Public Green Areas (hectare)	公园个数(个) Number of Parks and Zoos	公园面积(公顷) Area of Park and Zoos (hectare)
全省	**Sichuan**	**85991**	**68330**	**77406**	**61137**	**17902**	**377**	**9423**
地级市	**at Prefecture Level**							
成都市区	Chengdu	19353	18921	17314	17114	6029	107	2589
自贡市区	Zigong	3470	3470	3085	3070	827	12	262
攀枝花市区	Panzhihua	2273	2273	2106	2106	581	14	372
泸州市区	Luzhou	4432	3768	3923	3291	853	14	460
德阳市区	Deyang	2441	2441	2081	2081	427	10	265
绵阳市区	Mianyang	3951	3945	3696	3690	915	10	468
广元市区	Guangyuan	1582	1567	1522	1522	388	9	153
遂宁市区	Suining	5881	2783	5591	2566	426	22	357
内江市区	Neijiang	1931	1598	1650	1387	410	4	80
乐山市区	Leshan	2174	2048	2043	1891	382	27	279
南充市区	Nanchong	3800	3500	3165	3040	815	15	805
眉山市区	Meishan	1603	1593	1246	1241	367	4	45
宜宾市区	Yibin	2763	2595	2498	2344	719	11	495
广安市区	Guangan	1376	1372	1186	1174	473	10	171
达州市区	Dazhou	1920	1920	1643	1643	623	11	461
雅安市区	Yaan	1689	861	756	752	197	18	190
巴中市区	Bazhong	520	520	520	520	258	4	80
资阳市区	Ziyang	1466	1456	1349	1349	298	5	126
县级市	**at County Level**							
都江堰市	Dujiangyan	13033	1505	12911	1333	371	5	179
彭州市	Pengzhou	618	618	461	461	176	1	13
邛崃市	Qionglai	723	723	651	651	173	2	3
崇州市	Chongzhou	965	965	870	870	179	1	3
广汉市	Guanghan	1430	1430	1337	1337	189	8	116
什邡市	Shifang	399	399	396	396	130	2	7
绵竹市	Mianzhu	600	537	465	465	92	3	18
江油市	Jiangyou	1178	1178	1067	1067	281	4	131
峨眉山市	Emeishan	703	703	635	635	167	6	78
阆中市	Langzhong	865	845	753	733	199	4	172
华蓥市	Huaying	268	259	210	157	98	2	97
万源市	Wanyuan	384	340	347	322	189	5	80
简阳市	Jianyang	840	840	717	717	216	8	408
西昌市	Xichang	1360	1357	1212	1212	454	19	460

10-7 城市排污及市容环境卫生情况(2011年)
Basic Statistics on Sewage ,Urban Sanitation in Cities(2011)

城　市	City	排水管道长度 (公里) Length of Sewer Pipelines (km)	污水排放量 (万立方米) Volume of Sewage Discharged (10 000 cu.m)	道路清扫保洁面积 (万平方米) Area under Cleaning Program (10 000 sq.m)	生活垃圾清运量 (万吨) Volume of Garbage Disposal (10 000 tons)	公厕数 (座) Number of Public Lavatories (unit)	市容环卫专用车辆设备总数 (辆) Number of Vehicles for Environmental Sanitation (unit)
全　省	**Sichuan**	**15742**	**146690**	**17247**	**669**	**4710**	**3425**
地级市	**at Prefecture Level**						
成都市区	Chengdu	5430	61618	4301	221.9	1957	1310
自贡市区	Zigong	459	4804	529	24.5	294	135
攀枝花市区	Panzhihua	584	9893	513	23.3	161	165
泸州市区	Luzhou	477	7230	739	29.1	135	92
德阳市区	Deyang	422	4100	560	13.3	92	70
绵阳市区	Mianyang	1079	7119	1404	26.0	193	122
广元市区	Guangyuan	353	2438	391	13.9	78	119
遂宁市区	Suining	527	2409	1105	34.2	140	62
内江市区	Neijiang	257	2710	315	15.0	136	39
乐山市区	Leshan	529	3108	677	18.2	143	132
南充市区	Nanchong	870	5750	980	30.6	270	67
眉山市区	Meishan	260	2485	510	14.2	43	66
宜宾市区	Yibin	118	3118	512	18.8	84	94
广安市区	Guangan	238	1106	360	9.6	28	88
达州市区	Dazhou	416	2377	260	13.1	180	85
雅安市区	Yaan	181	1356	211	12.1	35	74
巴中市区	Bazhong	185	1484	256	20.8	23	50
资阳市区	Ziyang	254	1637	300	11.7	27	23
县级市	**at County Level**						
都江堰市	Dujiangyan	628	2148	520	12.2	24	102
彭州市	Pengzhou	321	1216	227	10.6	24	34
邛崃市	Qionglai	172	1396	106	7.4	34	80
崇州市	Chongzhou	236	961	243	7.4	57	24
广汉市	Guanghan	306	2560	379	10.7	72	47
什邡市	Shifang	117	1309	170	6.9	25	45
绵竹市	Mianzhu	162	990	150	6.7	18	42
江油市	Jiangyou	252	1934	285	7.2	79	36
峨眉山市	Emeishan	65	1385	170	5.3	45	31
阆中市	Langzhong	216	1550	215	8.2	107	21
华蓥市	Huaying	170	990	116	3.4	20	19
万源市	Wanyuan	65	830	60	5.2	48	22
简阳市	Jianyang	96	1179	179	9.8	27	46
西昌市	Xichang	296	3500	504	18.0	111	83

11

民族自治地方概况

SURVEY OF MINORITY NATIONALITY AUTONOMOUSAREAS

11-1 民族自治地方地区生产总值和指数
Gross Domestic Products and Related Indices of Minority Nationality Autonomous Areas

年份 Year	地区生产总值 Gross Domestic Product	第一产业 Primary Industry	第二产业 Secondary Industry	第三产业 Tertiary Industry	人均地区生产总值(元) Per Capita GDP(yuan)
绝对数(万元) Value (10 000 yuan)					
1978	131704	64822	41898	24984	281
1980	161174	77607	50795	32772	335
1985	288753	139637	85338	63778	564
1990	553373	244670	156295	152408	1016
1991	618681	264356	174666	179659	1122
1992	727000	306212	201593	219195	1308
1993	902405	349903	278134	274368	1610
1994	1106914	447210	323175	336529	1958
1995	1376900	532939	418246	425715	2414
1996	1601462	651025	460169	490268	2782
1997	1777776	721218	511002	545556	3057
1998	1933351	737185	602697	583469	3277
1999	2003858	747169	601918	654771	3368
2000	2130973	770155	646407	714411	3549
2001	2375921	809826	736564	829531	3904
2002	2651192	850257	873176	927759	4319
2003	3080139	934641	1078705	1066793	4841
2004	3737275	1114736	1390089	1232450	5799
2005	4535559	1262989	1674882	1597688	6962
2006	5395397	1384618	2177795	1832984	8190
2007	6757679	1813034	2238237	2706408	10045
2008	7761605	2130922	3263123	2367560	11244
2009	8928955	2189214	3578870	3160871	12556
2010	11025890	2403285	5040764	3581841	15129
2011	13972041	2768473	6982815	4220753	19818
指数(1978年=100) Index (1978=100)					
1978	100.0	100.0	100.0	100.0	100.0
1980	108.8	107.0	110.8	110.6	105.9
1985	163.5	167.8	138.0	196.3	149.7
1990	209.1	187.4	192.5	309.9	179.4
1991	224.2	195.7	206.7	348.3	191.5
1992	241.9	202.9	223.5	402.1	204.9
1993	262.7	210.3	254.7	447.0	220.7
1994	279.7	217.9	280.7	477.9	233.1
1995	310.2	228.4	338.2	523.4	256.2
1996	337.2	250.1	365.8	566.7	275.9
1997	368.9	270.1	408.1	616.8	298.9
1998	401.4	282.2	465.5	669.4	322.1
1999	418.4	290.0	471.4	736.6	332.9
2000	444.3	297.3	503.5	811.7	348.8
2001	487.7	309.6	573.2	910.3	377.8
2002	542.3	321.7	679.9	1016.6	416.4
2003	609.5	337.7	818.4	1134.4	457.4
2004	694.8	358.0	991.1	1288.7	508.6
2005	792.1	381.3	1246.8	1408.5	563.0
2006	903.8	399.6	1534.8	1577.5	619.3
2007	1034.9	425.2	1867.9	1770.0	675.0
2008	1091.8	432.4	2011.7	1863.8	693.9
2009	1276.3	452.7	2583.0	2091.2	777.2
2010	1434.6	468.1	3115.1	2250.1	831.6
2011	1651.2	490.1	3844.0	2486.4	903.1

11-2 民族自治地方主要统计指标(2011年)

指　　标		Item	
耕地面积	(万公顷)	Cultivated Land Area (year-end)	(10 000 hectare)
年末户籍总人口	(万人)	Household Population (year-end)	(10 000 persons)
农业人口	(万人)	Agriculture Population	(10 000 persons)
非农业人口	(万人)	Non-agriculture Population	(10 000 persons)
社会从业人员	(万人)	Employed Persons	(10 000 persons)
第一产业	(万人)	Primary Industy	(10 000 persons)
第二产业	(万人)	Secondary Industy	(10 000 persons)
第三产业	(万人)	Tertiary Industy	(10 000 persons)
地区生产总值(当年价)	(万元)	Gross Domestic Product (at current prices)	(10 000 yuan)
第一产业增加值	(万元)	Value-added of Primary Industy	(10 000 yuan)
第二产业增加值	(万元)	Value-added of Secondary Industy	(10 000 yuan)
第三产业增加值	(万元)	Value-added of Tertiary Industy	(10 000 yuan)
人均地区生产总值(当年价)	(元)	Per Capita GDP (at current prices)	(yuan)
灌溉面积	(万公顷)	Irrigated Land Area	(10 000 hectare)
农用机械总动力	(万千瓦)	Total Agricultural Machinery Power	(10 000 kw)
农村用电量	(万千瓦时)	Electricity Consumed in Rural Areas	(10 000 kwh)
农林牧渔业总产值(当年价)	(万元)	Gross Output Value of Farming, Forestry, Animal Husbandry and Fishery (at current prices)	(10 000 yuan)
规模以上工业企业主要财务指标		Main Financial Indicators of All State-owned Industrial Enterprises and Non-state-Owned Industrial Enterprises above Designated Size	
工业总产值(当年价)	(万元)	Gross Output Value of Industry (at current prices)	(10 000 yuan)
资产总计	(万元)	Total Assets	(10 000 yuan)
主营业务收入	(万元)	Sales Revenue	(10 000 yuan)
利税总额	(万元)	Total Profits and Taxes	(10 000 yuan)
公路客运周转量	(万人公里)	Passenger-Kilometers of Highways	(10 000 passenger-km)
公路货运周转量	(万吨公里)	Freight Ton-Kilometers of Highways	(10 000 ton-km)
境内公路总里程	(公里)	Total Length of Highway	(km)
# 等级公路	(公里)	Expreeway and Class I to IV Highway	(km)
邮电主营业务收入	(万元)	Main Services Revenue of Post and Telecommunication	(10 000 yuan)
年末本地固定电话用户	(万户)	Local Telephone Subscribers (year-end)	(10 000 subscriber)
年末移动电话用户数	(万户)	Mobile Telephone Subscribers (year-end)	(10 000 subscriber)
互联网拨号上网用户	(万户)	Subscribers of Internet Services	(10 000 subscriber)

Principal Statistical Indicators of Minority Nationality Autonomous Areas(2011)

合计 Total	阿坝州 Aba	甘孜州 Ganzi	凉山州 Liangshan	北川县 Bichuan County	峨边县 Ebian County	马边县 Mabian County
53.35	5.92	9.00	35.24	1.15	0.63	1.42
746.67	90.70	108.80	487.25	24.07	14.91	20.94
637.47	70.31	92.50	428.13	16.69	12.29	17.55
109.20	20.39	16.30	59.12	7.38	2.62	3.39
444.08	54.08	64.70	292.05	14.25	8.60	10.40
280.01	31.57	49.00	183.74	4.90	4.80	6.00
47.47	4.48	2.90	33.97	4.12	1.30	0.70
116.60	18.03	12.80	74.34	5.23	2.50	3.70
13972041	1684801	1522247	10001275	281962	257540	224216
2768473	278594	377018	1945596	72389	35306	59570
6982815	796656	577177	5235658	117137	156463	99724
4220753	609551	568052	2820021	92436	65771	64922
19818	18672	13882	22044	14233	18475	12689
19.33	1.90	2.80	13.45	0.25	0.42	0.50
415.95	71.40	81.15	242.27	8.17	8.93	4.03
96409	18400	9100	60000	2710	2657	3542
4401487	404000	484000	3237000	118617	52330	105540
13358665	1206732	497778	10953000	155351	392149	153655
16140713	3896726	2783461	8081500	283943	602947	492136
11896161	1045396	499406	9710600	131182	369598	139979
2385116	226122	229706	1852400	16049	38738	22101
686216	246518	69095	319013	31241	10979	9370
1187389	502057	75518	553987	26384	15546	13897
64157	12296	25650	22246	2353	945	667
50592	11249	21096	15898	835	847	667
302272	57119	59735	163102	9555	5448	7313
64.86	10.38	8.68	41.15	1.57	1.55	1.53
431.82	70.19	64.08	261.31	14.95	9.47	11.83
31.42	5.47	5.22	18.32	1.07	0.72	0.62

11-2 续表

指　　标		Item	
全社会固定资产投资完成额	(万元)	Total Investment in Fixed Assets	(10 000 yuan)
房地产开发投资	(万元)	Real Estate Development Investment	(10 000 yuan)
# 住宅	(万元)	Residential Houses	(10 000 yuan)
建筑业总产值	(万元)	Gross Output Value of Construction	(10 000 yuan)
社会消费品零售总额	(万元)	Total Retail Sales of Consumer Goods	(10 000 yuan)
出口总额	(万美元)	Total Export	(USD 10 000)
旅游人数	(万人次)	Tourist	(10 000 person-times)
旅游收入总额	(万元)	Income of Tourism	(10 000 yuan)
旅游外汇收入	(万美元)	Foreign Exchange Earning	(10 000 USD)
农村居民人均纯收入	(元)	Per Capita Net Income of Rural Households	(yuan)
社会福利院数(含敬老院)	(个)	Social Welfare Homes	(unit)
社会福利院床位数(含敬老院)	(床)	Beds in Social Welfare Homes	(unit)
参加基本养老保险的职工数	(人)	Employees and Retirees Contributed to Pension Insurance	(person)
参加基本医疗保险的职工数	(人)	Contributors of Basic Medical Insurance	(person)
地方公共财政收入	(万元)	Local Government Intra-budgetary Ordinary Revenue	(10 000 yuan)
地方公共财政支出	(万元)	Local Government Intra-budgetary Ordinary Expenditures	(10 000 yuan)
年末金融机构各项存款余额	(万元)	Deposits of Financial Instituition	(10 000 yuan)
城乡居民储蓄存款余额	(万元)	Balance of Saving Deposits of Urban and Rural Residents	(10 000 yuan)
年末金融机构各项贷款余额	(万元)	Loans of Financial Instituition	(10 000 yuan)
在校学生总数	(人)	Students Enrollment	(person)
# 小学	(人)	Primary Schools	(person)
# 普通中学	(人)	Regular Secondary Schools	(person)
医院、卫生院数	(个)	Hospital	(unit)
医院、卫生院床位数	(张)	Beds in Hospital	(unit)
医院、卫生院技术人员	(人)	Medical Technical Personnel in Hospital	(person)
# 医生	(人)	Doctors	(person)

continued

合计 Total	阿坝州 Aba	甘孜州 Ganzi	凉山州 Liangshan	北川县 Bichuan County	峨边县 Ebian County	马边县 Mabian County
14420738	3802200	2574321	7316398	409332	132097	186390
263864	8267	28979	226618			
184743	2283	13541	168919			
444147	61822	41068	315522	12134	8580	5021
3963613	390316	440088	2879371	108064	82768	63006
8807	2521	646	5559		81	
4410.04	1464.00	440.00	2201.74	175.24	75.06	54.00
2468173	1239252	300000	804600	71000	32266	21055
5648	4535	1076	37			
5030	4663	3570	5538	4932	3185	3526
193	36	65	73	6	7	6
19099	4834	3750	8930	490	530	565
370803	52918	62612	196538	43138	9520	6077
915971	130117	186357	533730	40253	15006	10508
1293245	210108	202452	800437	20804	23471	35973
5989513	1383517	1692042	2501155	245307	71886	95606
17627079	4196955	3126223	8696682	1059956	270030	277233
7127801	1139378	957097	4349755	383980	166969	130622
8053289	1516982	1313259	4097433	747001	217731	160883
1218622	139831	167710	843518	22078	15569	29916
772207	78097	107077	545522	10837	8912	21762
380705	51939	48959	253755	11241	6657	8154
1366	251	372	677	24	21	21
20577	3121	3044	12946	731	346	389
18634	2811	3999	10791	468	302	263
9433	1565	1777	5578	265	131	117

11-3 民族自治地方年末总人口和就业人员
Population and Employment in Minority Nationality Autonomous Areas

单位:万人 (10 000 persons)

年份 Year	年末户籍总人口 Household Population (year-end)	# 非农业人口 Non-agriculture	就业人员 Number of Employed Persons	第一产业 Primary Industry	第二产业 Secondary Industry	第三产业 Tertiary Industry
1978	471.36	60.71	216.92			
1980	484.10	62.60	229.08			
1985	514.65	66.34	261.61			
1990	549.03	68.01	296.09			
1995	573.91	73.58	346.98	258.93	33.48	54.57
1996	578.54	75.10	345.07	257.30	32.25	55.52
1997	584.60	76.60	342.22	270.79	20.91	50.79
1998	589.96	78.19	354.23	271.25	20.25	42.73
1999	594.89	79.67	345.32	273.52	19.75	51.95
2000	606.11	81.44	351.99	278.93	18.65	54.44
2001	610.93	82.93	354.43	279.69	16.49	58.25
2002	616.81	84.41	356.25	280.90	16.77	58.17
2003	639.71	93.36	373.91	284.69	22.62	66.60
2004	649.17	97.17	387.38	281.85	22.98	82.55
2005	653.76	93.90	378.56	280.80	24.96	72.80
2006	663.73	94.67	385.37	279.63	25.98	79.76
2007	681.72	96.97	397.43	283.94	30.96	82.53
2008	698.87	98.26	409.69	285.42	33.37	91.00
2009	723.42	103.95	448.49	287.57	49.53	111.39
2010	734.16	106.76	439.29	289.21	46.12	103.86
2011	746.67	109.20	444.08	280.01	47.47	116.60

11-4 民族自治地方耕地面积和农业生产条件
Cultivated Land and Production Condition of Agriculture in Minority Nationality Autonomous Areas

年份 Year	耕地面积 (万公顷) Cultivated Land Area (10 000 hectares)	灌溉面积 (万公顷) Irrigated Land Area (10 000 hectares)	化肥施用量 (折纯，万吨) Consumption of Chemical Fertilizers (10 000 tons)	农村用电量 (万千瓦时) Electricity Consumed in Rural Areas (10 000 kwh)	农业机械总动力 (万千瓦) Total Agricultural Machinery Power (10 000 kw)
1978	51.52	15.47	3.44	8691	27.11
1980	51.84	16.17	3.12	9001	37.21
1985	50.32	15.96	3.34	14139	53.88
1990	50.00	15.32	4.75	22770	78.58
1995	50.97	15.90	6.83	28394	109.30
1996	51.45	16.06	7.53	32542	112.00
1997	51.56	15.21	9.77	35458	119.00
1998	51.12	15.73	10.64	35448	134.00
1999	50.74	15.24	11.12	41828	135.00
2000	48.39	16.13	11.82	44996	137.00
2001	49.47	16.36	11.63	48137	142.00
2002	46.14	16.28	10.41	49790	154.00
2003	45.32	16.24	11.14	55645	162.00
2004	47.91	16.19	11.70	61174	173.00
2005	49.47	16.63	12.59	63417	201.00
2006	49.97	16.62	13.43	64103	173.00
2007	51.25	17.31	14.38	72184	250.00
2008	52.06	17.59	15.25	79387	287.00
2009	52.96	18.34	16.52	86799	333.00
2010	53.37	18.60	16.72	91006	370.00
2011	53.35	19.33	17.29	96409	415.95

11-5 民族自治地方邮电和卫生情况
Postal and Telecommunication, Public Health in Minority Nationality Autonomouse Areas

年份 Year	邮电主营业务收入（万元） Main Services Revenue of Post and Telecommunication (10 000 yuan)	本地固定电话用户（户） Local Telephone Subscribers (subscriber)	卫生机构数（个） Health Institutions (unit)	卫生机构床位数（张） Beds in Health Institutions (unit)	卫生技术人员数（人） Medical Technical Personnel (person)	# 医生 Doctor
1978	1248	12984	2058	14225	15058	7303
1980	1290	12720	2192	14471	17699	9102
1985	1719	16715	2364	14938	19438	10203
1990	3108	25797	2304	15588	18481	10155
1995	8807	68918	2219	15688	18957	10037
1996	12028	86393	2208	14923	18189	9768
1997	16285	108065	2306	15348	19066	10414
1998	23483	136102	1994	15113	18441	10080
1999	29025	180819	2151	15313	18554	10841
2000	41608	260259	4979	16475	14807	7889
2001	56484	318431	2615	14263	22337	8867
2002	67374	381751	1566	13901	16180	8159
2003	90594	507494	1931	15097	16345	8450
2004	111646	611173	2123	16538	15005	7860
2005	130946	701281	1628	14647	19535	8686
2006	154313	781645	1635	15635	14384	8124
2007	176723	795721	1859	15898	16127	10045
2008	202155	745976	2075	16737	15516	8518
2009	234607	710371	2072	18363	17615	8807
2010	265913	659985	2090	19791	24848	7485
2011	302272	648593	5027	21448	29648	9433

11-6 民族自治地方社会消费品零售总额、城乡居民储蓄存款余额和各类普通学校在校学生人数

Total Retail Sales of Consumer Goods, Balance of Savings Deposit of Residents and Number of Student Enrollment by Type of School in Minority Nationality Autonomous Areas

年份 Year	社会消费品零售总额（万元） Total Retail Sales of Consumer Goods (10 000 yuan)	城乡居民储蓄存款余额（万元） Balance of Savings Deposit of Residents (10 000 yuan)	各类普通学校在校学生人数（人） Number of Student Enrollment in all Kind of Schools (person)	普通高等院校 Regular Institutions of Higher Education	中等专业学校 Specialized Secondary Schools	普通中学 Regular Secondary Schools	小学 Primary Schools
1978	47619	7244	871105	970	11756	184900	673479
1980	60043	12464	779729	1231	10343	162751	605404
1985	106994	43931	658444	2826	7570	126389	521659
1990	199569	176786	641506	4225	10173	133208	493900
1995	391322	517119	720078	6144	14497	121232	578205
1996	438877	651941	754756	6467	15381	126736	605960
1997	485241	731520	786069	7355	16954	129029	632731
1998	516783	842290	811320	7805	18232	128916	656367
1999	554646	957542	820190	9688	19573	133369	657565
2000	598106	1072602	811219	10725	14731	145534	640229
2001	679155	1269799	852449	15229	13825	164038	659357
2002	769925	1479126	914472	17350	11203	186065	692423
2003	908537	1756836	995125	20829	15942	221096	731794
2004	1106522	2023855	1039960	24488	11486	243812	756318
2005	1429586	2323707	1093585	27857	13963	283307	780372
2006	1669986	2689149	1180671	27025	19998	323742	829904
2007	1973612	2990333	1213878	25132	25977	337781	824988
2008	2247180	3810356	1216362	25092	33575	345560	811499
2009	2736735	4816676	1216657	26371	35221	360138	794927
2010	3370366	5848298	1221698	27494	39672	373524	781008
2011	3963613	7127801	1218622	28546	36839	380705	772207

12

县（市、区）概况

SURVEY OF COUNTY(CITY,DISTRICT)

12-1 各县(市、区)年末户籍总人口及构成(2011年)
Total of Household Population and its Composition by County(year-end)(2011)

单位：万人 (10 000 persons)

县(市、区)	County (Municipalities, District)	年末户籍总人口 Total of Household Population (year-end)	男 Male	女 Female	农业人口 Agriculture		非农业人口 Non-agriculture	
			人口数 Population	人口数 Population	人口数 Population	比重(%) Proportion	人口数 Population	比重(%) Proportion
成都市	**Chengdu**							
锦江区	Jinjiang	43.9	21.6	22.3			43.9	100.0
青羊区	Qingyang	58.6	28.9	29.7			58.6	100.0
金牛区	Jinniu	72.3	36.3	36.0			72.3	100.0
武侯区	Wuhou	95.9	47.7	48.2			95.9	100.0
成华区	Chenghua	66.0	33.5	32.5			66.0	100.0
龙泉驿区	Longquanyi	59.9	29.7	30.2	29.8	49.7	30.1	50.3
青白江区	Qingbaijiang	41.4	20.9	20.5	26.1	63.0	15.3	37.0
新都区	Xindu	69.0	34.2	34.8	29.5	42.8	39.5	57.2
温江区	Wenjiang	37.8	18.5	19.3	7.8	20.6	30.0	79.4
金堂县	Jintang	88.9	45.9	43.0	65.7	73.9	23.2	26.1
双流县	Shuangliu	94.2	46.8	47.4	34.3	36.4	59.9	63.6
郫县	Pixian	51.3	25.3	26.0	29.9	58.3	21.4	41.7
大邑县	Dayi	51.9	26.4	25.5	31.3	60.3	20.6	39.7
蒲江县	Pujiang	26.4	13.2	13.2	19.1	72.3	7.3	27.7
新津县	Xinjin	30.9	15.3	15.6	20.0	64.7	10.9	35.3
都江堰市	Dujiangyan	61.2	30.5	30.7	21.5	35.1	39.7	64.9
彭州市	Pengzhou	80.5	40.3	40.2	54.0	67.1	26.5	32.9
邛崃市	Qionglai	66.0	33.4	32.6	41.4	62.7	24.6	37.3
崇州市	Chongzhou	67.2	33.7	33.5	47.2	70.2	20.0	29.8
自贡市	**Zigong**							
自流井区	Ziliujing	35.3	17.5	17.8	7.0	19.8	28.3	80.2
贡井区	Gongjing	29.6	15.1	14.5	19.2	64.9	10.4	35.1
大安区	Daan	45.8	23.3	22.5	28.7	62.7	17.1	37.3
沿滩区	Yantan	39.1	20.0	19.1	30.2	77.2	8.9	22.8
荣县	Rongxian	69.6	35.7	33.9	51.1	73.4	18.5	26.6
富顺县	Fushun	107.7	55.5	52.2	82.6	76.7	25.1	23.3
攀枝花市	**Panzhihua**							
东区	East District	31.6	16.4	15.2	1.0	3.2	30.6	96.8
西区	West District	15.1	7.8	7.3	1.0	6.6	14.1	93.4
仁和区	Renhe	22.3	11.3	11.0	13.2	59.2	9.1	40.8
米易县	Miyi	21.8	11.0	10.8	18.6	85.3	3.2	14.7
盐边县	Yanbian	20.9	10.7	10.2	17.9	85.6	3.0	14.4
泸州市	**Luzhou**							
江阳区	Jiangyang	64.1	32.3	31.8	36.4	56.8	27.7	43.2
纳溪区	Nanqi	48.2	25.2	23.0	38.7	80.3	9.5	19.7
龙马潭区	Longmatan	34.9	17.4	17.5	20.3	58.2	14.6	41.8
泸县	Luxian	108.7	56.3	52.4	98.2	90.3	10.5	9.7
合江县	Hejiang	90.4	47.3	43.1	77.9	86.2	12.5	13.8
叙永县	Xuyong	71.8	37.7	34.1	60.7	84.5	11.1	15.5
古蔺县	Gulin	84.9	44.6	40.3	76.3	89.9	8.6	10.1

12-1 续表1 continued

单位：万人 (10 000 persons)

县(市、区)	County (Municipalities, District)	年末户籍总人口 Total of Household Population (year-end)	男 Male	女 Female	农业人口 Agriculture		非农业人口 Non-agriculture	
			人口数 Population	人口数 Population	人口数 Population	比重(%) Proportion	人口数 Population	比重(%) Proportion
德阳市	**Deyang**							
旌阳区	Jinyang	67.6	34.4	33.2	28.1	41.6	39.5	58.4
中江县	Zhongjiang	143.2	75.7	67.5	124.9	87.2	18.3	12.8
罗江县	Luojiang	24.9	12.8	12.1	19.8	79.5	5.1	20.5
广汉市	Guanghan	60.5	30.1	30.4	39.1	64.6	21.4	35.4
什邡市	Shifang	43.7	21.8	21.9	34.0	77.8	9.7	22.2
绵竹市	Mianzhu	50.6	25.4	25.2	37.3	73.7	13.3	26.3
绵阳市	**Mianyang**							
涪城区	Hucheng	68.5	34.5	34.0	19.7	28.8	48.8	71.2
游仙区	Youxian	54.5	27.9	26.6	34.9	64.0	19.6	36.0
三台县	Santai	147.4	77.5	69.9	126.2	85.6	21.2	14.4
盐亭县	Yanting	59.7	30.9	28.8	49.1	82.2	10.6	17.8
安县	Anxian	44.0	22.4	21.6	37.2	84.5	6.8	15.5
梓潼县	Zitong	38.4	19.8	18.6	31.9	83.1	6.5	16.9
北川县	Beichuan	24.1	12.4	11.7	16.7	69.3	7.4	30.7
平武县	Pingwu	18.5	9.6	8.9	15.5	83.8	3.0	16.2
江油市	Jiangyou	88.3	45.1	43.2	61.8	70.0	26.5	30.0
广元市	**Guangyuan**							
利州区	Lizhou	48.1	24.2	23.9	18.6	38.7	29.5	61.3
元坝区	Yuanba	24.0	12.3	11.7	21.6	90.0	2.4	10.0
朝天区	Chaotian	20.7	10.7	10.0	19.1	92.3	1.6	7.7
旺苍县	Wangcang	45.9	23.7	22.2	34.6	75.4	11.3	24.6
青川县	Qingchuan	24.3	12.6	11.7	20.1	82.7	4.2	17.3
剑阁县	Jiange	68.9	35.6	33.3	60.5	87.8	8.4	12.2
苍溪县	Cangqi	79.3	40.5	38.8	66.7	84.1	12.6	15.9
遂宁市	**Suining**							
船山区	Chuanshan	69.9	35.2	34.7	33.2	47.5	36.7	52.5
安居区	Anju	81.8	42.8	39.0	76.0	92.9	5.8	7.1
蓬溪县	Pengqi	74.0	38.6	35.4	63.1	85.3	10.9	14.7
射洪县	Shehong	101.5	52.2	49.3	76.8	75.7	24.7	24.3
大英县	Daying	55.5	28.6	26.9	45.2	81.4	10.3	18.6
内江市	**Neijiang**							
内江市中区	Neijiang Downtown	53.3	27.0	26.3	30.6	57.4	22.7	42.6
东兴区	Dongxing	88.6	45.7	42.9	74.3	83.9	14.3	16.1
威远县	Weiyuan	74.8	38.5	36.3	56.8	75.9	18.0	24.1
资中县	Zizhong	130.9	68.7	62.2	112.5	85.9	18.4	14.1
隆昌县	Longchang	78.5	40.2	38.3	59.2	75.4	19.3	24.6
乐山市	**Leshan**							
乐山市中区	Leshan Downtown	59.4	29.4	30.0	29.4	49.5	30.0	50.5
沙湾区	Shawan	19.1	10.0	9.1	12.0	62.8	7.1	37.2
五通桥区	Wutongqiao	31.8	16.0	15.8	18.3	57.5	13.5	42.5

12-1 续表2 continued

单位：万人 (10 000 persons)

县(市、区)	County (Municipalities, District)	年末户籍总人口 Total of Household Population (year-end)	男 Male 人口数 Population	女 Female 人口数 Population	农业人口 Agriculture 人口数 Population	农业人口 Agriculture 比重(%) Proportion	非农业人口 Non-agriculture 人口数 Population	非农业人口 Non-agriculture 比重(%) Proportion
金口河区	Jinkouhe	5.3	2.8	2.5	3.8	71.7	1.5	28.3
犍为县	Qianwei	57.0	29.5	27.5	43.1	75.6	13.9	24.4
井研县	Jingyan	41.6	21.4	20.2	32.4	77.9	9.2	22.1
夹江县	Jiajiang	35.2	17.8	17.4	27.7	78.7	7.5	21.3
沐川县	Muchuan	25.8	13.7	12.1	21.5	83.3	4.3	16.7
峨边县	Ebian	14.9	7.7	7.2	12.3	82.6	2.6	17.4
马边县	Mabian	20.9	10.8	10.1	17.5	83.7	3.4	16.3
峨眉山市	Emeishan	43.4	21.9	21.5	25.1	57.8	18.3	42.2
南充市	**Nanchong**							
顺庆区	Shunqing	64.8	32.9	31.9	26.9	41.5	37.9	58.5
高坪区	Gaoping	59.9	31.1	28.8	44.5	74.3	15.4	25.7
嘉陵区	Jialing	69.7	36.6	33.1	58.3	83.6	11.4	16.4
南部县	Nanbu	130.8	67.8	63.0	107.5	82.2	23.3	17.8
营山县	Yingshan	94.4	49.4	45.0	78.4	83.1	16.0	16.9
蓬安县	Pengan	71.1	37.3	33.8	59.1	83.1	12.0	16.9
仪陇县	Yilong	112.3	59.1	53.2	94.5	84.1	17.8	15.9
西充县	Xichong	65.8	34.3	31.5	52.7	80.1	13.1	19.9
阆中市	Langzhong	87.4	44.7	42.7	64.9	74.3	22.5	25.7
眉山市	**Meishan**							
东坡区	Dongpo	86.2	43.4	42.8	52.5	60.9	33.7	39.1
仁寿县	Renshou	160.1	83.0	77.1	129.2	80.7	30.9	19.3
彭山县	Pengshan	33.6	17.0	16.6	20.9	62.2	12.7	37.8
洪雅县	Hongya	34.9	17.7	17.2	25.4	72.8	9.5	27.2
丹棱县	Danling	16.3	8.2	8.1	12.8	78.5	3.5	21.5
青神县	Qingshen	19.7	10.0	9.7	16.1	81.7	3.6	18.3
宜宾市	**Yibin**							
翠屏区	Cuiping	81.4	41.3	40.1	43.4	53.3	38.0	46.7
宜宾县	Yibin	102.2	53.6	48.6	90.1	88.2	12.1	11.8
南溪区	Nanxi	42.8	22.2	20.6	34.1	79.7	8.7	20.3
江安县	Jiangan	55.4	29.0	26.4	47.3	85.4	8.1	14.6
长宁县	Changning	45.3	24.0	21.3	39.7	87.6	5.6	12.4
高县	Gaoxian	53.4	27.8	25.6	46.7	87.5	6.7	12.5
珙县	Gongxian	42.5	22.3	20.2	33.3	78.4	9.2	21.6
筠连县	Junlian	42.2	22.1	20.1	36.7	87.0	5.5	13.0
兴文县	Xingwen	46.9	24.8	22.1	41.3	88.1	5.6	11.9
屏山县	Pingshan	30.8	16.0	14.8	26.9	87.3	3.9	12.7
广安市	**Guangan**							
广安区	Guanganqu	125.6	85.6	60.0	97.1	77.3	28.5	22.7
岳池县	Yuechi	118.8	62.6	56.2	101.8	85.7	17.0	14.3
武胜县	Wusheng	84.8	44.2	40.6	72.2	85.1	12.6	14.9

12-1 续表3 continued

单位：万人 (10 000 persons)

县(市、区)	County (Municipalities, District)	年末户籍总人口 Total of Household Population (year-end)	男 Male 人口数 Population	女 Female 人口数 Population	农业人口 Agriculture 人口数 Population	农业人口 Agriculture 比重(%) Proportion	非农业人口 Non-agriculture 人口数 Population	非农业人口 Non-agriculture 比重(%) Proportion
邻水县	Linshui	103.1	54.3	48.8	86.5	83.9	16.6	16.1
华蓥市	Huaying	36.2	18.9	17.3	25.5	70.4	10.7	29.6
达州市	**Dazhou**							
通川区	Tongchuan	43.2	21.8	21.4	15.8	36.6	27.4	63.4
达县	Daxian	137.2	71.6	65.6	113.2	82.5	24.0	17.5
宣汉县	Xuanhan	131.1	69.1	62.0	110.7	84.4	20.4	15.6
开江县	Kaijiang	60.3	32.1	28.2	50.4	83.6	9.9	16.4
大竹县	Dazhu	111.2	59.4	51.8	90.8	81.7	20.4	18.3
渠县	Quxian	147.9	76.5	71.4	126.5	85.5	21.4	14.5
万源市	Wanyuan	59.8	31.3	28.5	50.0	83.6	9.8	16.4
雅安市	**Yaan**							
雨城区	Yucheng	34.7	17.7	17.0	18.1	52.2	16.6	47.8
名山县	Mingshan	27.6	14.2	13.4	23.9	86.6	3.7	13.4
荥经县	Yingjing	15.1	7.7	7.4	11.1	73.5	4.0	26.5
汉源县	Hanyuan	32.8	16.7	16.1	29.6	90.2	3.2	9.8
石棉县	Shimian	12.3	6.3	6.0	8.3	67.5	4.0	32.5
天全县	Tianquan	15.4	8.0	7.4	12.6	81.8	2.8	18.2
芦山县	Lushan	12.0	6.2	5.8	8.9	74.2	3.1	25.8
宝兴县	Baoxing	5.9	3.0	2.9	4.7	79.7	1.2	20.3
巴中市	**Bazhong**							
巴州区	Bazhou	138.3	71.9	66.4	110.1	79.6	28.2	20.4
通江县	Tongjiang	77.1	39.9	37.2	64.6	83.8	12.5	16.2
南江县	Nanjiang	68.6	35.9	32.7	58.0	84.5	10.6	15.5
平昌县	Pingchang	105.4	54.8	50.6	87.2	82.7	18.2	17.3
资阳市	**Ziyang**							
雁江区	Yanjiang	109.5	56.9	52.6	84.5	77.2	25.0	22.8
安岳县	Anyue	160.7	84.2	76.5	141.4	88.0	19.3	12.0
乐至县	Lezhi	86.1	44.9	41.2	71.3	82.8	14.8	17.2
简阳市	Jianyang	147.6	76.3	71.3	121.9	82.6	25.7	17.4
阿坝州	**Aba**							
汶川县	Wenchuan	10.1	5.2	4.9	6.5	64.4	3.6	35.6
理县	Lixian	4.6	2.3	2.3	3.5	76.1	1.1	23.9
茂县	Maoxian	11.1	5.7	5.4	8.3	74.8	2.8	25.2
松潘县	Songpan	7.5	3.8	3.7	5.7	76.0	1.8	24.0
九寨沟县	Jiuzhaigou	6.6	3.4	3.2	4.6	69.7	2.0	30.3
金川县	Jinchuan	7.3	3.7	3.6	6.1	83.6	1.2	16.4
小金县	Xiaojin	8.1	4.2	3.9	6.9	85.2	1.2	14.8
黑水县	Heishui	6.1	3.1	3.0	5.2	85.2	0.9	14.8
马尔康县	Maerkang	5.6	2.9	2.7	3.2	57.1	2.4	42.9
壤塘县	Rangtang	4.1	2.1	2.0	3.5	85.4	0.6	14.6

12-1 续表4 continued

单位：万人 (10 000 persons)

县(市、区)	County (Municipalities, District)	年末户籍总人口 Total of Household Population (year-end)	男 Male 人口数 Population	女 Female 人口数 Population	农业人口 Agriculture 人口数 Population	农业人口 Agriculture 比重(%) Proportion	非农业人口 Non-agriculture 人口数 Population	非农业人口 Non-agriculture 比重(%) Proportion
阿坝县	Abaxian	7.5	3.9	3.6	6.7	89.3	0.8	10.7
若尔盖县	Ruoergai	7.6	3.8	3.8	6.6	86.8	1.0	13.2
红原县	Hongyuan	4.5	2.2	2.3	3.5	77.8	1.0	22.2
甘孜州	**Ganzi**							
康定县	Kangding	11.2	5.8	5.4	7.2	64.3	4.0	35.7
泸定县	Luding	8.6	4.4	4.2	6.7	77.9	1.9	22.1
丹巴县	Danba	6.0	3.1	2.9	5.0	83.3	1.0	16.7
九龙县	Jiulong	6.5	3.3	3.2	5.6	86.2	0.9	13.8
雅江县	Yajiang	4.9	2.5	2.4	4.2	85.7	0.7	14.3
道孚县	Daofu	5.5	2.8	2.7	4.7	85.5	0.8	14.5
炉霍县	Luhuo	4.6	2.3	2.3	4.0	87.0	0.6	13.0
甘孜县	Ganzixian	6.7	3.3	3.4	6.0	89.6	0.7	10.4
新龙县	Xinlong	5.0	2.5	2.5	4.1	82.0	0.9	18.0
德格县	Dege	8.3	4.2	4.1	7.7	92.8	0.6	7.2
白玉县	Baiyu	5.4	2.7	2.7	4.9	90.7	0.5	9.3
石渠县	Shiqu	10.6	5.4	5.2	10.1	95.3	0.5	4.7
色达县	Seda	5.0	2.5	2.5	4.5	90.0	0.5	10.0
理塘县	Litang	6.5	3.3	3.2	5.8	89.2	0.7	10.8
巴塘县	Batang	5.2	2.6	2.6	4.5	86.5	0.7	13.5
乡城县	Xiangcheng	3.0	1.5	1.5	2.5	83.3	0.5	16.7
稻城县	Daocheng	3.2	1.6	1.6	2.8	87.5	0.4	12.5
得荣县	Derong	2.6	1.3	1.3	2.2	84.6	0.4	15.4
凉山州	**Liangshan**							
西昌市	Xichang	62.6	31.9	30.7	42.8	68.4	19.8	31.6
木里县	Muli	13.7	7.0	6.7	12.1	88.3	1.6	11.7
盐源县	Yanyuan	38.1	19.7	18.4	35.4	92.9	2.7	7.1
德昌县	Dechang	20.5	10.5	10.0	17.9	87.3	2.6	12.7
会理县	Huili	45.9	23.7	22.2	38.2	83.2	7.7	16.8
会东县	Huidong	41.2	22.0	19.2	38.2	92.7	3.0	7.3
宁南县	Ningnan	18.7	9.7	9.0	16.8	89.8	1.9	10.2
普格县	Puge	17.6	9.2	8.4	16.0	90.9	1.6	9.1
布拖县	Buto	17.7	9.1	8.6	16.4	92.7	1.3	7.3
金阳县	Jinyang	18.6	9.5	9.1	17.3	93.0	1.3	7.0
昭觉县	Zhaojue	29.2	14.9	14.3	27.1	92.8	2.1	7.2
喜德县	Xide	21.2	10.7	10.5	19.3	91.0	1.9	9.0
冕宁县	Mianning	37.8	19.4	18.4	34.1	90.2	3.7	9.8
越西县	Yuexi	32.8	16.7	16.1	30.0	91.5	2.8	8.5
甘洛县	Ganluo	21.5	11.2	10.3	19.8	92.1	1.7	7.9
美姑县	Meigu	24.6	12.5	12.1	23.2	94.3	1.4	5.7
雷波县	Leibo	25.6	13.3	12.3	23.6	92.2	2.0	7.8

12-2 各县(市、区)就业人员和平均工资
Employed Persons and Average Wages of Counties (Municipalities, District)

县(市、区)	Counties (Municipalities, Districts)	就业人员(万人) Number of Employed Persons (10 000 persons)	第一产业 Primary Industry	第二产业 Secondary Industry	第三产业 Tertiary Industry	非私营单位职工平均工资（元）Average Wages of non-private sector employees（yuan)
成都市	**Chengdu**					
锦江区	Jinjiang	41.10	0.62	9.23	31.25	43902
青羊区	Qingyang	57.30	0.40	17.11	39.79	46861
金牛区	Jinniu	62.84	0.53	21.64	40.67	43264
武侯区	Wuhou	75.05	0.08	21.83	53.14	49586
成华区	Chenghua	38.59	1.04	19.83	17.72	41376
龙泉驿区	Longquanyi	38.98	7.07	14.33	17.58	47497
青白江区	Qingbaijiang	24.96	6.11	9.79	9.06	33695
新都区	Xindu	53.74	9.67	27.99	16.08	37244
温江区	Wenjiang	23.10	3.85	7.35	11.90	41687
金堂县	Jintang	52.65	20.39	10.86	21.40	32426
双流县	Shuangliu	52.80	14.20	20.50	18.10	46114
郫县	Pixian	39.08	6.95	20.73	11.40	39284
大邑县	Dayi	32.10	8.75	13.99	9.36	29232
蒲江县	Pujiang	16.92	5.82	5.97	5.13	29619
新津县	Xinjin	20.21	5.36	7.11	7.74	29170
都江堰市	Dujiangyan	42.70	7.30	14.70	20.70	36355
彭州市	Pengzhou	51.23	20.45	16.35	14.43	34500
邛崃市	Qionglai	39.49	14.29	11.25	13.95	32711
崇州市	Chongzhou	51.50	13.70	24.40	13.40	34236
自贡市	**Zigong**					
自流井区	Ziliujing	25.00	1.80	6.40	16.80	36068
贡井区	Gongjing	13.50	6.00	2.30	5.20	34831
大安区	Daan	20.30	8.80	5.20	6.20	33088
沿滩区	Yantan	15.30	6.50	4.10	4.80	33446
荣县	Rongxian	32.40	16.60	6.00	9.80	38273
富顺县	Fushun	44.80	23.00	8.40	13.30	32320
攀枝花市	**Panzhihua**					
东区	East District	23.00		11.00	11.00	42208
西区	West District	4.00		2.00	2.00	37343
仁和区	Renhe	13.00	6.00	3.00	4.00	38384
米易县	Miyi	15.00	9.00	2.00	4.00	34724
盐边县	Yanbian	13.00	7.00	2.00	4.00	51251
泸州市	**Luzhou**					
江阳区	Jiangyang	33.13	7.28	15.90	9.95	33860
纳溪区	Naxi	28.80	12.70	5.21	10.89	28255
龙马潭区	Longmatan	19.90	6.82	5.29	7.79	32138
泸县	Luxian	60.46	27.61	20.82	12.03	29305
合江县	Hejiang	52.65	25.98	17.41	9.26	25818
叙永县	Xuyong	35.46	16.62	10.23	8.61	27030
古蔺县	Gulin	36.26	17.08	11.02	8.16	30631

12-2 续表1 continued

县(市、区)	Counties (Municipalities, Districts)	就业人员(万人) Number of Employed Persons (10 000 persons)	第一产业 Primary Industry	第二产业 Secondary Industry	第三产业 Tertiary Industry	非私营单位职工平均工资（元） Average Wages of non-private sector employees (yuan)
德阳市	**Deyang**					
旌阳区	Jinyang	38.80	9.00	14.20	15.60	38962
中江县	Zhongjiang	89.80	49.50	9.60	30.70	32457
罗江县	Luojiang	15.80	9.20	2.80	3.80	33119
广汉市	Guanghan	35.20	15.30	11.50	8.40	39599
什邡市	Shifang	24.50	9.40	8.90	6.20	34601
绵竹市	Mianzhu	28.90	11.40	8.60	8.90	38587
绵阳市	**Mianyang**					
涪城区	Fucheng	45.58	3.88	16.06	25.64	36735
游仙区	Youxian	33.17	9.25	10.18	13.74	52056
三台县	Santai	91.47	36.56	33.82	21.09	30691
盐亭县	Yanting	20.30	16.40	0.90	3.00	31597
安县	Anxian	29.20	11.93	5.15	12.12	30799
梓潼县	Zitong	21.13	8.37	5.21	7.55	30194
北川县	Beichuan	14.25	4.90	4.12	5.23	29239
平武县	Pingwu	12.83	9.59	1.42	1.82	30872
江油市	Jiangyou	61.41	16.57	20.78	24.06	33293
广元市	**Guangyuan**					
利州区	Lizhou	26.65	12.03	7.19	7.43	35375
元坝区	Yuanba	12.76	6.83	2.57	3.36	35346
朝天区	Chaotian	12.40	7.12	2.29	2.99	28899
旺苍县	Wangcang	24.72	9.42	7.46	7.84	36254
青川县	Qingchuan	13.33	8.10	1.74	3.49	31186
剑阁县	Jiange	26.29	21.55	1.09	3.65	30829
苍溪县	Cangxi	41.90	26.50	6.70	8.70	32846
遂宁市	**Suining**					
船山区	Chuanshan	35.85	9.00	10.39	16.46	29601
安居区	Anju	42.11	16.78	12.14	13.19	32885
蓬溪县	Pengxi	40.10	14.21	10.83	15.06	28302
射洪县	Shehong	51.12	18.43	17.17	15.51	32987
大英县	Daying	26.90	11.56	6.73	8.61	27660
内江市	**Neijiang**					
内江市中区	Neijiang Downtown	24.72	8.06	5.19	11.47	33437
东兴区	Dongxing	48.35	19.63	13.20	15.52	33521
威远县	Weiyuan	36.02	12.14	11.71	12.17	31033
资中县	Zizhong	62.41	26.15	18.78	17.47	30642
隆昌县	Longchang	44.05	21.97	13.84	8.24	28517
乐山市	**Leshan**					
乐山市中区	Leshan Downtown	43.10	15.20	13.40	14.50	32665
沙湾区	Shawan	14.15	5.21	4.58	4.36	30703
五通桥区	Wutongqiao	19.10	7.10	6.50	5.50	30690

12-2 续表2 continued

县(市、区)	Counties (Municipalities, Districts)	就业人员(万人) Number of Employed Persons (10 000 persons)	第一产业 Primary Industry	第二产业 Secondary Industry	第三产业 Tertiary Industry	非私营单位职工平均工资（元）Average Wages of non-private sector employees (yuan)
金口河区	Jinkouhe	3.00	1.30	0.90	0.80	41588
犍为县	Qianwei	34.70	12.90	9.80	12.00	28786
井研县	Jinyan	25.60	11.20	5.20	9.20	28598
夹江县	Jiajiang	22.80	9.50	6.90	6.40	32484
沐川县	Muchuan	15.37	9.05	2.31	4.01	28898
峨边县	Ebian	8.60	4.80	1.30	2.50	30392
马边县	Mabian	10.40	6.00	0.70	3.70	30884
峨眉山市	Emeishan	24.20	9.90	5.80	8.50	32260
南充市	**Nanchong**					
顺庆区	Shunqing	37.80	11.10	8.40	18.30	33047
高坪区	Gaoping	37.31	13.59	5.12	18.60	29116
嘉陵区	Jialing	37.31	13.59	5.12	18.60	30892
南部县	Nanbu	76.50	32.60	19.80	24.10	30784
营山县	Yingshan	51.40	25.70	10.30	15.40	30594
蓬安县	Pengan	29.13	16.92	2.85	9.36	30701
仪陇县	Yilong	57.32	27.91	15.38	14.03	31546
西充县	Xichong	36.90	14.80	11.10	11.00	28511
阆中市	Langzhong	41.91	16.11	8.24	17.56	29107
眉山市	**Meishan**					
东坡区	Dongpo	50.00	24.20	11.60	14.20	37851
仁寿县	Renshou	70.80	42.60	13.90	14.30	29687
彭山县	Pengshan	20.71	5.89	6.16	8.66	31973
洪雅县	Hongya	20.20	11.70	2.90	5.60	32956
丹棱县	Danling	10.34	5.64	2.50	2.20	36349
青神县	Qingshen	14.20	6.90	4.70	2.60	31704
宜宾市	**Yibin**					
翠屏区	Cuiping	55.00	17.11	17.57	20.32	42695
宜宾县	Yibinxian	65.17	27.16	12.83	25.18	31653
南溪区	Nanxi	29.70	14.60	6.20	8.90	
江安县	Jiangan	33.80	15.20	9.40	9.20	27118
长宁县	Changning	26.90	13.20	5.50	8.20	26678
高县	Gaoxian	29.50	16.40	4.50	8.60	27934
珙县	Gongxian	34.71	12.98	9.74	11.99	32858
筠连县	Junlian	28.80	14.70	6.00	8.10	29922
兴文县	Xingwen	26.00	16.90	5.30	3.80	25312
屏山县	Pingshan	19.50	11.60	3.20	4.70	28390
广安市	**Guangan**					
广安区	Guanganqu	57.01	27.41	13.70	15.90	32915
岳池县	Yuechi	47.90	25.80	7.50	14.60	31980
武胜县	Wusheng	37.50	18.60	8.80	10.10	36657

12-2 续表3 continued

县(市、区)	Counties (Municipalities, Districts)	就业人员(万人) Number of Employed Persons (10 000 persons)				非私营单位职工平均工资（元） Average Wages of non-private sector employees (yuan)
			第一产业 Primary Industry	第二产业 Secondary Industry	第三产业 Tertiary Industry	
邻水县	Linshui	45.11	22.80	10.01	12.30	30641
华蓥市	Huaying	17.80	7.50	5.40	4.90	41643
达州市	**Dazhou**					
通川区	Tongchuan	37.85	4.86	12.72	20.27	37828
达县	Daxian	66.00	35.00	17.00	14.00	27042
宣汉县	Xuanhan	62.30	28.80	6.50	27.00	26454
开江县	Kaijiang	30.10	14.30	5.50	10.30	29991
大竹县	Dazhu	54.40	20.30	18.10	16.00	31874
渠县	Quxian	62.28	23.15	14.30	24.83	31872
万源市	Wanyuan	29.00	13.00	4.00	12.00	27816
雅安市	**Yaan**					
雨城区	Yucheng	16.66	6.50	4.30	5.86	34585
名山县	Mingshan	16.83	8.96	2.75	5.12	32289
荥经县	Yingjing	10.50	3.20	3.60	3.70	25078
汉源县	Hanyuan	23.10	11.48	4.18	7.44	28012
石棉县	Shimian	6.58	3.26	1.51	1.81	27313
天全县	Tianquan	9.15	3.69	2.38	3.08	22569
芦山县	Lushan	6.74	3.58	1.73	1.43	29799
宝兴县	Baoxing	3.65	1.79	1.02	0.84	31023
巴中市	**Bazhong**					
巴州区	Bazhou	70.80	36.50	7.10	27.20	29948
通江县	Tongjiang	44.35	21.53	5.16	17.66	26586
南江县	Nanjiang	36.19	18.17	4.64	13.38	25678
平昌县	Pingchang	50.76	28.17	4.07	18.52	28272
资阳市	**Ziyang**					
雁江区	Yanjiang	53.30	15.80	21.10	16.40	36517
安岳县	Anyue	73.20	43.30	14.30	15.60	29975
乐至县	Lezhi	28.90	14.80	5.20	8.90	28640
简阳市	Jianyang	47.30	22.20	11.30	13.80	29340
阿坝州	**Aba**					
汶川县	Wenchuan	6.22	2.25	1.48	2.49	41032
理县	Lixian	3.17	2.02	0.33	0.82	39701
茂县	Maoxian	6.73	3.50	0.64	2.59	39115
松潘县	Songpan	4.36	2.74	0.27	1.35	41966
九寨沟县	Jiuzhaigou	4.41	2.17	0.22	2.02	37376
金川县	Jinchuan	4.07	2.35	0.34	1.38	40605
小金县	Xiaojin	5.14	3.06	0.60	1.48	36434
黑水县	Heishui	3.48	2.00	0.10	1.38	42304
马尔康县	Maerkang	3.49	1.33	0.21	1.95	46508
壤塘县	Rangtang	2.54	1.86	0.12	0.56	46313

12-2 续表4 continued

县(市、区)	Counties (Municipalities, Districts)	就业人员（万人）Number of Employed Persons (10 000 persons)	第一产业 Primary Industry	第二产业 Secondary Industry	第三产业 Tertiary Industry	非私营单位职工平均工资（元）Average Wages of non-private sector employees (yuan)
阿坝县	Abaxian	3.43	2.61	0.07	0.75	42515
若尔盖县	Ruoergai	4.78	3.90	0.05	0.83	42816
红原县	Hongyuan	2.26	1.78	0.05	0.43	46389
甘孜州	**Ganzi**					
康定县	Kangding	8.51	3.66	0.93	3.92	45788
泸定县	Luding	3.97	2.64	0.36	0.97	36824
丹巴县	Danba	4.44	3.45	0.23	0.76	35157
九龙县	Jiulong	4.23	3.30	0.13	0.80	43595
雅江县	Yajiang	3.00	2.40	0.10	0.50	42250
道孚县	Daofu	3.34	2.62	0.10	0.62	39520
炉霍县	Luhuo	2.28	2.05	0.05	0.18	36512
甘孜县	Ganzixian	3.94	3.20	0.04	0.70	39897
新龙县	Xinlong	2.20	1.60	0.10	0.50	37635
德格县	Dege	5.10	4.50	0.10	0.50	36871
白玉县	Baiyu	3.40	3.00	0.10	0.30	39618
石渠县	Shiqu	4.53	4.05	0.03	0.45	38251
色达县	Seda	3.17	2.70	0.07	0.40	49073
理塘县	Litang	3.88	2.94	0.21	0.73	46862
巴塘县	Batang	3.69	2.80	0.18	0.71	37638
乡城县	Xiangcheng	1.70	1.30	0.10	0.30	32032
稻城县	Daocheng	1.81	1.47	0.03	0.31	35322
得荣县	Derong	1.49	1.30	0.05	0.14	40130
凉山州	**Liangshan**					
西昌市	Xichang	41.57	18.83	5.24	17.50	42557
木里县	Muli	8.80	7.27	0.26	1.27	40969
盐源县	Yanyuan	23.50	19.39	1.24	2.87	40367
德昌县	Dechang	11.66	7.16	1.56	2.94	37940
会理县	Huili	32.66	6.79	9.43	16.44	46732
会东县	Huidong	25.54	16.68	3.23	5.63	35351
宁南县	Ningnan	11.94	8.38	1.26	2.30	37564
普格县	Puge	9.25	6.81	0.79	1.65	38014
布拖县	Butuo	10.13	8.33	0.65	1.15	41258
金阳县	Jinyang	10.07	7.49	1.00	1.58	41931
昭觉县	Zhaojue	15.40	12.82	0.68	1.90	40215
喜德县	Xide	10.32	7.39	0.99	1.94	36327
冕宁县	Mianning	23.67	15.76	2.26	5.65	38721
越西县	Yuexi	17.59	11.02	2.21	4.36	40876
甘洛县	Ganluo	11.46	8.29	1.29	1.88	38661
美姑县	Meigu	12.27	10.26	0.41	1.60	37659
雷波县	Leibo	16.22	11.07	1.47	3.68	32603

12-3 各县(市、区)地区生产总值(2011年)
Gross Domestic Product of Counties (Municipalities, District)(2011)

县(市、区)	Counties (Municipalities, Districts)	地区生产总值(万元) Gross Domestic Product (10 000 yuan)	第一产业 Primary Industry	第二产业 Secondary Industry	# 工业 Industry	第三产业 Tertiary Industry	人均地区生产总值(元) Per Capita GDP (yuan)
成都市	**Chengdu**						
锦江区	Jinjiang	5098038	7515	953353	569032	4137170	73735
青羊区	Qingyang	5845369	790	1294081	719537	4550498	70503
金牛区	Jinniu	5928057	2565	1717006	1028311	4208486	49347
武侯区	Wuhou	5539334	1189	1547231	1208455	3990914	45024
成华区	Chenghua	4767928	2517	1417952	960791	3347459	50733
龙泉驿区	Longquanyi	4603247	277454	3312462	3075764	1013331	59923
青白江区	Qingbaijiang	2427049	128396	1820681	1696406	477972	63403
新都区	Xindu	3946809	211744	2550032	2299845	1185033	50841
温江区	Wenjiang	2605176	144574	1409674	1340581	1050928	56931
金堂县	Jintang	1641869	349963	695295	414790	596611	22883
双流县	Shuangliu	5834214	314619	3111788	2651285	2407807	47845
郫县	Pixian	2817399	180962	1732919	1567151	903518	34072
大邑县	Dayi	1139195	254092	469243	378191	415860	22675
蒲江县	Pujiang	687260	144627	331844	294682	210789	28672
新津县	Xinjin	1459951	135109	842009	754881	482833	48295
都江堰市	Dujiangyan	1766517	207553	640890	415994	918074	26839
彭州市	Pengzhou	1848750	372060	929640	877871	547050	24224
邛崃市	Qionglai	1289910	269778	576647	481111	443485	21043
崇州市	Chongzhou	1406607	262362	658542	482681	485703	21274
自贡市	**Zigong**						
自流井区	Ziliujing	2238355	34081	1313010	1201763	891264	64599
贡井区	Gongjing	791791	117533	494297	482293	179961	30337
大安区	Daan	1346059	106897	965521	943854	273641	35182
沿滩区	Yantan	718026	115245	452080	420870	150701	26292
荣县	Rongxian	1261734	310059	630227	566112	321448	21346
富顺县	Fushun	1491725	306116	763574	637386	422035	18033
攀枝花市	**Panzhihua**						
东区	Dongqu	2746802	5220	1989301	1863746	752281	74845
西区	Xiqu	820892	7269	703315	683983	110308	50392
仁和区	Renhe	1255705	67834	998894	957153	188977	48111
米易县	Miyi	764464	90202	492365	452328	181897	35196
盐边县	Yanbian	893085	71837	693256	656839	127992	42731
泸州市	**Luzhou**						
江阳区	Jiangyang	2504079	150613	1613059	1509812	740407	43376
纳溪区	Naxi	874390	146348	538285	512481	189757	19294
龙马潭区	Longmatan	1247801	76567	888764	846419	282470	36095
泸县	Luxian	1709400	356092	990527	947837	362781	20355
合江县	Hejiang	1087408	263359	475031	430116	349018	15335
叙永县	Xuyong	666825	158695	308872	289572	199258	11418
古蔺县	Gulin	904506	156584	550514	536966	197408	12689

12-3 续表1 continued

县(市、区)	Counties (Municipalities, Districts)	地区生产总值(万元) Gross Domestic Product (10 000 yuan)	第一产业 Primary Industry	第二产业 Secondary Industry	# 工业 Industry	第三产业 Tertiary Industry	人均地区生产总值(元) Per Capita GDP (yuan)
德阳市	**Deyang**						
旌阳区	Jinyang	3479352	279552	2283876	2093000	915924	47267
中江县	Zhongjiang	1996915	619250	824956	716559	552709	16924
罗江县	Luojiang	601420	148221	344085	299665	109114	28209
广汉市	Guanghan	2235533	305470	1333437	1254985	596626	37813
什邡市	Shifang	1674373	207174	1043012	1002153	424187	40552
绵竹市	Mianzhu	1462866	217737	915061	880014	330068	31079
绵阳市	**Mianyang**						
涪城区	Fucheng	4476923	165156	2836777	2612793	1474990	52356
游仙区	Youxian	1177443	207453	619114	525998	350876	24054
三台县	Santai	1660038	513584	629454	473030	517000	15907
盐亭县	Yanting	709093	282242	240245	155128	186606	16795
安县	Anxian	719374	205563	344476	287854	169335	19511
梓潼县	Zitong	601615	187105	272214	248069	142296	19803
北川县	Beichuan	281962	72389	117137	68596	92436	14233
平武县	Pingwu	240337	57109	124979	78743	58249	14055
江油市	Jiangyou	2141088	301687	1076021	947009	763380	27853
广元市	**Guangyuan**						
利州区	Lizhou	1385634	79231	758449	664978	547954	26585
元坝区	Yuanba	296069	87651	133193	118458	75225	17436
朝天区	Chaotian	254797	58363	130544	118808	65890	14420
旺苍县	Wangcang	589926	124464	301629	281213	163833	15248
青川县	Qingchuan	200974	54350	76611	62161	70013	9427
剑阁县	Jiange	607676	202179	197625	157873	207872	13242
苍溪县	Cangxi	724420	231774	258810	151123	233836	12922
遂宁市	**Suining**						
船山区	Chuanshan	1665442	161840	971586	872585	532016	25303
安居区	Anju	743878	380557	179076	114416	184245	11610
蓬溪县	Pengxi	766893	292074	279003	173372	195816	13850
射洪县	Shehong	1979726	377673	1192134	1107621	409919	21419
大英县	Daying	867327	197392	497432	448753	172503	18088
内江市	**Neijiang**						
内江市中区	Neijiang Downtown	1558277	109234	1091437	1006168	357606	31041
东兴区	Dongxing	1574429	328504	873212	771117	372713	20964
威远县	Weiyuan	2148874	279794	1535538	1499678	333542	34349
资中县	Zizhong	1729761	465111	866424	815550	398226	14488
隆昌县	Longchang	1557122	214909	993925	900386	348288	24576
乐山市	**Leshan**						
乐山市中区	Leshan Downtown	1934800	147004	1004513	886134	783283	29143
沙湾区	Shawan	1205112	71842	998018	947478	135252	64273
五通桥区	Wutongqiao	1077427	96996	806089	782589	174342	34357

12-3 续表2 continued

县(市、区)	Counties (Municipalities, Districts)	地区生产总值(万元) Gross Domestic Product (10 000 yuan)	第一产业 Primary Industry	第二产业 Secondary Industry	# 工业 Industry	第三产业 Tertiary Industry	人均地区生产总值(元) Per Capita GDP (yuan)
金口河区	Jinkouhe	238743	13890	192053	185999	32800	48525
犍为县	Qianwei	916020	177876	527339	508961	210805	21053
井研县	Jinyan	575978	161608	286040	274306	128330	20295
夹江县	Jiajiang	881092	150208	501230	475531	229654	26114
沐川县	Muchuan	404219	94635	216174	201119	93410	18714
峨边县	Ebian	257540	35306	156463	152279	65771	18475
马边县	Mabian	224216	59570	99724	82904	64922	12689
峨眉山市	Emeishan	1465449	136818	886100	845772	442531	33527
南充市	**Nanchong**						
顺庆区	Shunqing	2003015	153635	1075792	960326	773588	28484
高坪区	Gaoping	868403	178238	509554	452998	180611	15246
嘉陵区	Jialing	858296	239667	441372	379471	177257	14105
南部县	Nanbu	1805948	401365	1030960	844947	373623	19494
营山县	Yingshan	961064	275589	465860	388104	219615	12958
蓬安县	Pengan	930676	272925	454529	395132	203222	16475
仪陇县	Yilong	1007817	377962	391602	243567	238253	10893
西充县	Xichong	649912	200476	269295	203300	180141	12556
阆中市	Langzhong	1209671	300310	599575	469563	309786	16687
眉山市	**Meishan**						
东坡区	Dongpo	2296610	323718	1334010	1201407	638882	27922
仁寿县	Renshou	2240405	528601	1174793	991148	537011	18135
彭山县	Pengshan	804910	103480	489421	446033	212009	28095
洪雅县	Hongya	679088	118240	407346	384282	153502	22629
丹棱县	Danling	320787	75015	169969	144068	75803	22591
青神县	Qingshen	428263	65189	256171	235986	106903	25477
宜宾市	**Yibin**						
翠屏区	Cuiping	3786866	179376	2622340	2455409	985150	45173
宜宾县	Yibinxian	1388966	320723	724521	594820	343722	17246
南溪区	Nanxi	728547	157214	401584	364506	169749	21845
江安县	Jiangan	833156	171206	483776	453064	178174	20751
长宁县	Changning	786282	173186	417034	383081	196062	23106
高县	Gaoxian	796201	157936	489490	450851	148775	19363
珙县	Gongxian	863967	117392	595859	573805	150716	22772
筠连县	Junlian	923512	122204	671183	650634	130125	28019
兴文县	Xingwen	540900	132452	253412	230385	155036	14367
屏山县	Pingshan	267639	100997	97946	75848	68696	10684
广安市	**Guangan**						
广安区	Guanganqu	1928591	294413	1013888	786026	620290	22449
岳池县	Yuechi	1243492	300129	559468	399029	383895	15961
武胜县	Wusheng	1242899	281758	620237	505625	340904	21214

12-3 续表3 continued

县(市、区)	Counties (Municipalities, Districts)	地区生产总值(万元) Gross Domestic Product (10 000 yuan)	第一产业 Primary Industry	第二产业 Secondary Industry	# 工业 Industry	第三产业 Tertiary Industry	人均地区生产总值(元) Per Capita GDP (yuan)
邻水县	Linshui	1296274	287445	613239	466985	395590	18384
华蓥市	Huaying	887721	88816	583886	493021	215019	31852
达州市	**Dazhou**						
通川区	Tongchuan	1485549	106361	927335	848181	451853	30968
达县	Daxian	1877704	438363	1033822	952407	405519	16878
宣汉县	Xuanhan	1639926	440247	805181	702282	394498	16255
开江县	Kaijiang	753605	238681	329916	282364	185008	17441
大竹县	Dazhu	1973831	436105	1090790	989664	446936	22491
渠县	Quxian	1606136	449246	759774	682689	397116	13865
万源市	Wanyuan	787175	218278	380574	356509	188323	19294
雅安市	**Yaan**						
雨城区	Yucheng	1003865	122170	495560	443253	386135	28230
名山县	Mingshan	428305	130934	194088	172006	103283	16640
荥经县	Yingjing	433544	52276	277788	246718	103480	29294
汉源县	Hanyuan	414966	96202	207598	132574	111166	12764
石棉县	Shimian	478853	43125	364522	343325	71206	38370
天全县	Tianquan	333316	52626	205987	184459	74703	24617
芦山县	Lushan	224703	41817	138218	125952	44668	20558
宝兴县	Baoxing	178850	26076	124054	105547	28720	31488
巴中市	**Bazhong**						
巴州区	Bazhou	1268513	286820	452721	222020	528972	11242
通江县	Tongjiang	656514	183798	250509	141259	222207	9531
南江县	Nanjiang	698501	168790	351392	257495	178319	11477
平昌县	Pingchang	810412	223695	335276	258576	251441	9379
资阳市	**Ziyang**						
雁江区	Yanjiang	2706573	395010	1751104	1633320	560459	30143
安岳县	Anyue	1856499	625546	777336	637016	453617	16247
乐至县	Lezhi	1170761	305653	584491	531882	280617	21729
简阳市	Jianyang	2629647	523980	1488061	1398767	617606	24618
阿坝州	**Aba**						
汶川县	Wenchuan	408865	19136	290705	251560	99024	40602
理县	Lixian	131198	12876	91591	78322	26731	28094
茂县	Maoxian	214348	29354	142002	111023	42992	20434
松潘县	Songpan	110776	22243	33677	10103	54856	15279
九寨沟县	Jiuzhaigou	150119	13559	46800	30125	89760	18533
金川县	Jinchuan	62132	17264	17568	3894	27300	9343
小金县	Xiaojin	77054	17835	24852	16006	34367	9930
黑水县	Heishui	104908	13600	67410	50572	23898	17255
马尔康县	Maerkang	139829	16155	20241	8734	103433	23902
壤塘县	Rangtang	46673	18127	7549	698	20997	11846

12-3 续表4 continued

县(市、区)	Counties (Municipalities, Districts)	地区生产总值(万元) Gross Domestic Product (10 000 yuan)	第一产业 Primary Industry	第二产业 Secondary Industry	# 工业 Industry	第三产业 Tertiary Industry	人均地区生产总值(元) Per Capita GDP (yuan)
阿坝县	Abaxian	59113	24558	7153	1752	27402	8098
若尔盖县	Ruoergai	99942	48769	15260	6837	35913	13326
红原县	Hongyuan	66347	25123	15419	9163	25805	15045
甘孜州	**Ganzi**						
康定县	Kangding	390225	34728	186520	114971	168977	29879
泸定县	Luding	114638	21923	45370	36280	47345	13696
丹巴县	Danba	85161	23691	32021	17809	29449	14194
九龙县	Jiulong	205428	18617	153641	137644	33170	32921
雅江县	Yajiang	56224	18084	16452	812	21688	11156
道孚县	Daofu	48251	15516	6025	3635	26710	8678
炉霍县	Luhuo	35944	16765	3804	1793	15375	7680
甘孜县	Ganzixian	53995	28651	4045	1085	21299	7860
新龙县	Xinlong	48338	21855	5116	992	21367	9553
德格县	Dege	46438	21823	6295	652	18320	5670
白玉县	Baiyu	86906	21011	51320	47676	14575	15382
石渠县	Shiqu	52505	30219	2994	560	19292	6466
色达县	Seda	38171	19732	3345	671	15094	6481
理塘县	Litang	64305	25064	10419	2926	28822	9279
巴塘县	Batang	68791	18476	30275	10671	20040	14097
乡城县	Xiangcheng	51464	14410	17960	4950	19094	15455
稻城县	Daocheng	38996	13737	7064	1096	18195	12459
得荣县	Derong	36969	12716	9748	1221	14505	14057
凉山州	**Liangshan**						
西昌市	Xichang	2967921	303278	1520453	1231447	1144190	41039
木里县	Muli	196948	39981	98779	38723	58188	15103
盐源县	Yanyuan	663324	127801	419088	335333	116435	18893
德昌县	Dechang	455051	117186	204338	145146	133527	21244
会理县	Huili	1677084	292247	1019795	913896	365042	38857
会东县	Huidong	971836	282148	503933	451567	185755	26743
宁南县	Ningnan	339313	100866	139174	100647	99273	19693
普格县	Puge	176520	58886	58784	36172	58850	11279
布拖县	Butuo	194388	50077	101610	81054	42701	12066
金阳县	Jinyang	217841	52314	115428	94921	50099	13155
昭觉县	Zhaojue	172928	68670	43840	22718	60418	6962
喜德县	Xide	172240	48287	73306	61500	50647	10407
冕宁县	Mianning	665196	139140	354782	214899	171274	19027
越西县	Yuexi	286791	83192	120925	89401	82674	10681
甘洛县	Ganluo	312854	44553	198836	169295	69465	16077
美姑县	Meigu	154931	58599	45667	26027	50665	7081
雷波县	Leibo	376109	78371	216920	105826	80818	16904

12-4 各县(市、区)地区生产总值指数(2011年)
Indices of Gross Domestic Product of Counties (Municipalities, District)(2011)

上年=100 (preceding year=100)

县(市、区)	Counties (Municipalities, Districts)	地区生产总值 Gross Domestic Product	第一产业 Primary Industry	第二产业 Secondary Industry	# 工业 Industry	第三产业 Tertiary Industry	人均地区生产总值 Per Capita GDP
成都市	**Chengdu**						
锦江区	Jinjiang	113.3	81.0	112.7	112.9	113.5	112.6
青羊区	Qingyang	113.1	74.6	113.1	113.1	113.2	110.6
金牛区	Jinniu	113.1	82.9	113.3	112.9	113.0	107.7
武侯区	Wuhou	113.1	83.2	112.9	113.1	113.1	109.2
成华区	Chenghua	113.0	77.5	113.0	111.6	113.0	109.9
龙泉驿区	Longquanyi	118.1	103.3	121.7	121.6	111.3	106.6
青白江区	Qingbaijiang	115.1	103.1	117.0	118.2	111.1	119.0
新都区	Xindu	118.1	103.2	120.3	120.4	116.3	110.0
温江区	Wenjiang	116.5	103.5	119.1	120.1	114.9	109.0
金堂县	Jintang	118.5	104.7	129.9	124.7	115.6	121.9
双流县	Shuangliu	116.4	103.6	120.8	121.3	113.1	108.1
郫县	Pixian	116.5	103.4	118.9	120.5	115.1	100.6
大邑县	Dayi	113.0	104.2	120.1	123.0	110.4	113.1
蒲江县	Pujiang	115.1	104.3	122.7	123.1	112.2	117.5
新津县	Xinjin	115.8	104.1	121.4	122.6	110.1	116.8
都江堰市	Dujiangyan	116.0	104.5	121.6	123.0	115.1	114.8
彭州市	Pengzhou	115.8	104.6	122.3	124.7	112.8	117.0
邛崃市	Qionglai	114.8	104.4	122.7	124.1	111.5	114.6
崇州市	Chongzhou	115.8	104.5	123.3	124.6	113.4	113.6
自贡市	**Zigong**						
自流井区	Ziliujing	114.4	105.0	116.6	117.0	111.7	126.6
贡井区	Gongjing	117.8	103.4	124.0	124.1	111.5	118.6
大安区	Daan	116.5	102.9	120.0	120.8	110.5	116.2
沿滩区	Yantan	117.4	103.1	123.5	125.3	111.5	130.8
荣县	Rongxian	115.8	103.6	125.6	127.5	110.2	115.5
富顺县	Fushun	116.1	104.5	124.3	127.0	111.0	115.4
攀枝花市	**Panzhihua**						
东区	Dongqu	111.8	102.1	112.3	112.2	110.4	107.9
西区	Xiqu	118.0	104.0	119.5	120.0	110.3	117.6
仁和区	Renhe	119.9	104.3	123.5	124.4	109.0	114.1
米易县	Miyi	118.2	104.8	124.7	127.4	110.2	119.9
盐边县	Yanbian	116.0	104.6	118.9	119.8	109.2	114.7
泸州市	**Luzhou**						
江阳区	Jiangyang	116.8	103.0	122.4	124.1	108.9	119.7
纳溪区	Naxi	109.2	103.0	112.0	113.1	106.6	109.5
龙马潭区	Longmatan	118.4	103.3	123.4	125.3	109.2	115.7
泸县	Luxian	116.2	103.3	125.1	126.6	108.0	119.0
合江县	Hejiang	114.5	103.3	123.4	125.7	111.9	116.5
叙永县	Xuyong	114.0	102.3	124.0	125.5	110.0	117.2
古蔺县	Gulin	117.8	102.6	125.6	126.8	110.9	118.1

12-4 续表1 continued

上年=100 (preceding year=100)

县(市、区)	Counties (Municipalities, Districts)	地区生产总值 Gross Domestic Product	第一产业 Primary Industry	第二产业 Secondary Industry	# 工业 Industry	第三产业 Tertiary Industry	人均地区生产总值 Per Capita GDP
德阳市	**Deyang**						
旌阳区	Jinyang	115.1	103.2	117.3	118.2	113.6	110.8
中江县	Zhongjiang	114.4	103.1	124.5	126.1	113.5	115.1
罗江县	Luojiang	115.6	104.0	122.7	125.5	111.1	122.0
广汉市	Guanghan	116.1	103.4	122.3	123.2	110.3	116.9
什邡市	Shifang	116.2	105.8	120.9	123.5	111.0	119.9
绵竹市	Mianzhu	116.0	104.9	120.9	121.4	111.1	118.7
绵阳市	**Mianyang**						
涪城区	Fucheng	116.3	103.7	120.9	121.8	110.0	109.2
游仙区	Youxian	115.3	103.8	123.2	124.4	109.0	115.0
三台县	Santai	114.5	103.9	126.7	126.4	112.5	119.5
盐亭县	Yanting	114.0	103.9	129.3	128.6	112.3	131.3
安县	Anxian	115.3	103.8	126.8	126.5	110.0	122.2
梓潼县	Zitong	114.3	103.9	126.2	127.0	109.0	122.7
北川县	Beichuan	114.5	103.8	120.7	126.1	115.0	119.7
平武县	Pingwu	114.7	103.8	123.0	126.2	109.8	112.7
江油市	Jiangyou	115.7	104.0	123.6	124.9	109.8	121.5
广元市	**Guangyuan**						
利州区	Lizhou	116.0	104.2	121.3	122.8	111.7	111.3
元坝区	Yuanba	115.1	104.7	129.8	133.1	109.6	129.4
朝天区	Chaotian	119.5	104.4	139.2	145.3	109.1	130.0
旺苍县	Wangcang	116.3	104.4	127.5	129.2	109.2	118.9
青川县	Qingchuan	114.9	105.6	129.0	135.5	110.8	119.2
剑阁县	Jiange	114.4	104.3	130.7	132.2	112.3	130.0
苍溪县	Cangxi	114.3	104.2	128.6	130.9	111.6	120.9
遂宁市	**Suining**						
船山区	Chuanshan	117.5	103.2	124.6	130.3	110.3	121.4
安居区	Anju	113.1	103.5	132.9	140.9	110.9	122.2
蓬溪县	Pengxi	113.1	103.3	124.1	127.2	109.8	128.5
射洪县	Shehong	115.6	103.2	120.6	121.5	111.5	115.0
大英县	Daying	114.5	103.5	120.2	121.1	109.7	118.3
内江市	**Neijiang**						
内江市中区	Neijiang Downtown	115.4	104.2	118.7	120.1	109.2	117.6
东兴区	Dongxing	114.9	104.1	121.7	124.5	109.7	121.9
威远县	Weiyuan	116.0	104.1	119.9	120.3	109.0	122.5
资中县	Zizhong	114.7	104.2	123.4	124.8	109.2	115.1
隆昌县	Longchang	115.4	104.3	120.2	122.0	109.4	120.7
乐山市	**Leshan**						
乐山市中区	Leshan Downtown	116.2	104.3	120.9	121.9	112.9	111.4
沙湾区	Shawan	117.2	103.8	119.0	119.7	112.3	121.8
五通桥区	Wutongqiao	117.0	103.5	119.9	120.1	112.4	116.7

12-4 续表2 continued

上年=100 (preceding year=100)

县(市、区)	Counties (Municipalities, Districts)	地区生产总值 Gross Domestic Product	第一产业 Primary Industry	第二产业 Secondary Industry	# 工业 Industry	第三产业 Tertiary Industry	人均地区生产总值 Per Capita GDP
金口河区	Jinkouhe	116.1	103.4	117.8	117.9	112.3	121.2
犍为县	Qianwei	116.0	104.1	122.1	122.5	112.3	123.3
井研县	Jinyan	115.0	104.4	122.9	123.2	112.6	129.1
夹江县	Jiajiang	115.0	103.3	120.4	120.9	112.1	118.8
沐川县	Muchuan	115.0	104.5	121.3	121.8	112.5	119.7
峨边县	Ebian	115.9	103.2	120.9	121.2	112.0	116.7
马边县	Mabian	114.2	103.9	122.6	124.3	112.1	117.1
峨眉山市	Emeishan	115.8	104.0	119.4	119.8	112.6	115.5
南充市	**Nanchong**						
顺庆区	Shunqing	115.3	105.1	119.0	119.2	112.6	120.4
高坪区	Gaoping	115.8	103.6	121.6	121.4	113.5	115.0
嘉陵区	Jialing	114.9	103.4	123.1	123.8	112.0	113.6
南部县	Nanbu	115.6	104.4	120.8	120.1	113.4	116.2
营山县	Yingshan	115.5	103.8	124.9	124.5	112.5	113.9
蓬安县	Pengan	115.0	103.9	124.3	127.8	111.8	113.9
仪陇县	Yilong	115.4	105.3	129.0	125.8	112.6	114.2
西充县	Xichong	115.1	104.1	125.4	126.2	112.5	113.5
阆中市	Langzhong	115.2	104.1	123.4	123.9	112.5	113.7
眉山市	**Meishan**						
东坡区	Dongpo	115.4	104.2	119.3	121.2	113.6	112.0
仁寿县	Renshou	115.4	103.8	122.0	126.0	113.3	118.8
彭山县	Pengshan	115.5	104.0	119.1	120.3	113.4	115.5
洪雅县	Hongya	115.1	104.0	119.4	120.1	113.4	115.2
丹棱县	Danling	115.2	104.1	121.7	125.2	113.1	116.8
青神县	Qingshen	115.0	104.6	118.7	119.8	113.2	116.3
宜宾市	**Yibin**						
翠屏区	Cuiping	112.5	103.5	113.9	114.8	110.3	111.3
宜宾县	Yibinxian	117.2	103.0	128.5	130.2	110.1	118.4
南溪区	Nanxi	117.9	103.6	128.4	130.2	110.8	118.6
江安县	Jiangan	118.4	105.0	128.4	130.6	110.0	116.6
长宁县	Changning	115.6	103.3	124.2	126.5	110.4	115.4
高县	Gaoxian	117.5	103.3	125.3	125.8	110.0	118.1
珙县	Gongxian	117.9	103.5	123.6	124.7	110.0	118.4
筠连县	Junlian	123.0	102.9	130.8	131.9	110.0	121.1
兴文县	Xingwen	115.6	102.0	126.9	128.7	111.0	115.5
屏山县	Pingshan	117.1	104.2	141.0	130.6	110.5	120.6
广安市	**Guangan**						
广安区	Guanganqu	115.4	104.1	121.5	125.1	111.9	127.5
岳池县	Yuechi	115.2	104.0	124.8	127.2	111.9	118.5
武胜县	Wusheng	115.2	104.0	123.3	125.1	111.8	125.8

12-4 续表3 continued

上年=100 (preceding year=100)

县(市、区)	Counties (Municipalities, Districts)	地区生产总值 Gross Domestic Product	第一产业 Primary Industry	第二产业 Secondary Industry	# 工业 Industry	第三产业 Tertiary Industry	人均地区生产总值 Per Capita GDP
邻水县	Linshui	115.2	103.9	123.8	125.6	111.9	124.7
华蓥市	Huaying	115.4	103.9	118.8	119.8	111.8	121.2
达州市	**Dazhou**						
通川区	Tongchuan	115.2	101.7	119.3	121.1	110.6	111.9
达县	Daxian	115.4	103.6	123.3	124.5	109.9	116.5
宣汉县	Xuanhan	115.6	103.7	126.8	130.0	110.6	117.5
开江县	Kaijiang	115.2	103.5	127.7	129.3	110.0	119.9
大竹县	Dazhu	115.6	103.5	123.5	125.1	109.8	119.7
渠县	Quxian	115.4	103.6	125.9	126.7	109.7	118.7
万源市	Wanyuan	115.2	103.6	125.2	126.5	109.8	123.6
雅安市	**Yaan**						
雨城区	Yucheng	115.0	104.3	119.1	119.3	113.4	114.2
名山县	Mingshan	115.5	104.0	126.1	128.0	112.4	117.8
荥经县	Yingjing	115.5	103.4	119.0	121.1	112.6	115.9
汉源县	Hanyuan	123.7	101.8	151.4	237.6	106.8	123.2
石棉县	Shimian	114.5	103.4	116.8	117.2	110.6	114.0
天全县	Tianquan	108.1	103.3	109.4	109.0	107.8	111.7
芦山县	Lushan	115.6	103.0	121.5	123.1	111.0	115.1
宝兴县	Baoxing	115.7	103.1	120.1	122.9	110.4	115.7
巴中市	**Bazhong**						
巴州区	Bazhou	115.0	103.9	133.2	118.8	109.3	114.5
通江县	Tongjiang	115.2	104.1	134.0	122.7	109.2	112.5
南江县	Nanjiang	115.2	103.8	126.8	121.7	109.1	114.6
平昌县	Pingchang	115.4	104.2	131.8	127.9	109.0	109.7
资阳市	**Ziyang**						
雁江区	Yanjiang	117.1	103.4	121.6	122.0	113.9	120.0
安岳县	Anyue	114.9	104.1	125.4	126.1	113.3	126.0
乐至县	Lezhi	115.8	103.3	124.5	124.1	112.8	133.0
简阳市	Jianyang	117.1	103.2	123.9	123.7	113.9	127.4
阿坝州	**Aba**						
汶川县	Wenchuan	110.7	105.9	110.8	115.1	111.4	116.7
理县	Lixian	132.1	106.1	145.8	171.7	109.8	133.2
茂县	Maoxian	136.2	105.7	156.0	157.0	111.6	138.5
松潘县	Songpan	117.4	105.9	135.3	146.0	113.4	117.1
九寨沟县	Jiuzhaigou	112.3	104.0	103.4	111.5	119.2	108.9
金川县	Jinchuan	114.7	105.4	134.8	121.0	110.6	118.8
小金县	Xiaojin	109.8	105.6	114.4	159.4	108.9	112.5
黑水县	Heishui	109.3	104.4	110.7	129.1	108.5	108.9
马尔康县	Maerkang	111.8	105.1	119.3	106.5	111.7	110.5
壤塘县	Rangtang	112.1	105.0	129.6	115.1	113.8	108.2

12-4 续表4 continued

上年=100 (preceding year=100)

县(市、区)	Counties (Municipalities, Districts)	地区生产总值 Gross Domestic Product	第一产业 Primary Industry	第二产业 Secondary Industry	# 工业 Industry	第三产业 Tertiary Industry	人均地区生产总值 Per Capita GDP
阿坝县	Abaxian	106.6	105.9	89.6	113.0	112.9	104.7
若尔盖县	Ruoergai	108.3	103.9	114.3	133.4	112.4	108.7
红原县	Hongyuan	110.8	104.1	121.4	127.3	112.5	108.6
甘孜州	**Ganzi**						
康定县	Kangding	117.4	105.7	120.7	113.6	115.9	112.3
泸定县	Luding	119.5	111.5	133.9	143.3	111.3	121.5
丹巴县	Danba	115.8	106.6	120.4	113.3	118.2	114.0
九龙县	Jiulong	111.5	106.4	112.7	119.9	109.3	110.8
雅江县	Yajiang	112.8	107.1	118.2	118.7	113.3	113.7
道孚县	Daofu	113.0	103.4	119.1	112.0	116.9	109.9
炉霍县	Luhuo	109.2	117.1	109.6	120.8	102.7	107.5
甘孜县	Ganzixian	110.1	105.3	123.8	124.2	113.3	104.4
新龙县	Xinlong	112.3	106.8	124.0	125.2	114.7	106.1
德格县	Dege	110.7	107.9	119.3	119.1	110.8	104.1
白玉县	Baiyu	109.7	107.8	112.7	112.5	103.7	101.5
石渠县	Shiqu	112.9	105.8	110.4	137.2	124.1	105.1
色达县	Seda	113.0	106.9	114.6	119.0	119.3	96.3
理塘县	Litang	111.3	101.4	112.4	135.0	118.3	100.8
巴塘县	Batang	114.3	113.1	118.0	126.1	110.2	117.5
乡城县	Xiangcheng	113.8	105.6	120.2	122.2	114.2	110.4
稻城县	Daocheng	113.7	102.8	124.7	129.8	117.6	114.8
得荣县	Derong	112.4	108.6	117.8	120.0	112.0	114.5
凉山州	**Liangshan**						
西昌市	Xichang	119.5	104.4	132.0	130.8	110.5	113.9
木里县	Muli	116.1	104.4	129.6	123.0	106.1	117.0
盐源县	Yanyuan	119.1	104.4	129.2	132.8	107.3	116.3
德昌县	Dechang	113.0	104.4	122.0	121.2	109.0	109.5
会理县	Huili	112.6	104.4	117.1	115.9	109.0	114.2
会东县	Huidong	107.2	104.4	108.3	108.3	108.8	107.0
宁南县	Ningnan	116.6	104.4	132.6	134.3	112.0	116.4
普格县	Puge	112.4	104.3	119.1	117.5	114.4	108.5
布拖县	Butuo	116.9	104.2	128.3	130.8	111.0	114.1
金阳县	Jinyang	109.0	104.4	111.5	107.8	109.1	102.0
昭觉县	Zhaojue	111.5	104.4	124.4	120.6	111.4	109.3
喜德县	Xide	112.5	104.3	121.8	122.0	109.4	110.6
冕宁县	Mianning	115.7	104.4	125.5	122.8	109.3	115.3
越西县	Yuexi	115.2	104.3	129.3	125.2	109.9	113.4
甘洛县	Ganluo	115.4	104.4	120.5	120.0	110.9	118.0
美姑县	Meigu	110.1	104.4	114.4	107.7	113.0	106.9
雷波县	Leibo	120.0	104.3	130.4	133.2	113.0	123.2

12-5 各县(市、区)民营经济增加值(2011年)
Civillian-owned Value Added of Counties (Municipalities, District)(2011)

县(市、区)	Counties (Municipalities, Districts)	民营经济增加值(万元) Civilian-owned Value Added (10 000 yuan)	第一产业 Primary Industry	第二产业 Secondary Industry	# 工业 Industry	第三产业 Tertiary Industry	人均民营经济增加值(元) Per Capita Civilian-owned Value Added (yuan)
成都市	**Chengdu**						
锦江区	Jinjiang	2813652	26	528535	294788	2285091	40695
青羊区	Qingyang	2688209	27	645268	304623	2042914	32423
金牛区	Jinniu	3230416	334	1115663	708885	2114419	26891
武侯区	Wuhou	3736752	129	1280716	979534	2455907	30373
成华区	Chenghua	2219837	824	606804	350935	1612209	23620
龙泉驿区	Longquanyi	1959947	59983	1362482	1220463	537482	25513
青白江区	Qingbaijiang	1004822	29960	686887	644634	287975	26249
新都区	Xindu	2580946	82416	1854425	1654275	644105	33247
温江区	Wenjiang	1441036	21921	925067	884993	494048	31491
金堂县	Jintang	960201	72213	535150	352823	352838	13383
双流县	Shuangliu	3623528	73822	2464694	2070965	1085012	29716
郫县	Pixian	1721184	21883	1131850	1048634	567451	20815
大邑县	Dayi	705330	130264	357749	295834	217317	14039
蒲江县	Pujiang	384694	58879	221881	205157	103934	16049
新津县	Xinjin	1066270	52628	723926	662936	289716	35272
都江堰市	Dujiangyan	1076736	77511	482553	338620	516672	16359
彭州市	Pengzhou	945256	110314	537916	501259	297026	12385
邛崃市	Qionglai	810133	96631	452324	371214	261178	13216
崇州市	Chongzhou	897234	97484	548624	426577	251126	13570
自贡市	**Zigong**						
自流井区	Ziliujing	993696	11559	559976	506989	422161	28678
贡井区	Gongjing	487300	34746	343406	334106	109148	18670
大安区	Daan	781215	38635	574168	554013	168412	20419
沿滩区	Yantan	440694	39556	317286	286444	83852	16137
荣县	Rongxian	777387	92541	485086	421871	199760	13152
富顺县	Fushun	796378	103632	429907	329751	262839	9627
攀枝花市	**Panzhihua**						
东区	Dongqu	890810	2536	548314	487668	339960	24273
西区	Xiqu	368687	4129	294321	286273	70237	22633
仁和区	Renhe	686723	21759	572368	549382	92596	26311
米易县	Miyi	393112	21876	273035	249080	98201	18099
盐边县	Yanbian	356304	27839	256497	231544	71968	17048
泸州市	**Luzhou**						
江阳区	Jiangyang	1294180	36469	857631	780800	400080	22418
纳溪区	Naxi	497641	46972	347211	326734	103458	10981
龙马潭区	Longmatan	744977	31404	531474	496173	182099	21550
泸县	Luxian	1079433	138950	738531	704696	201952	12853
合江县	Hejiang	677985	93926	367938	332615	216121	9561
叙永县	Xuyong	385849	54183	226720	212952	104946	6607
古蔺县	Gulin	473332	60191	304743	294922	108398	6640

12-5 续表1 continued

县(市、区)	Counties (Municipalities, Districts)	民营经济增加值(万元) Civilian-owned Value Added (10 000 yuan)	第一产业 Primary Industry	第二产业 Secondary Industry	#工业 Industry	第三产业 Tertiary Industry	人均民营经济增加值(元) Per Capita Civilian-owned Value Added (yuan)
德阳市	**Deyang**						
旌阳区	Jinyang	1503043	104060	902783	777759	496200	20419
中江县	Zhongjiang	1162507	256734	563675	507121	342098	9853
罗江县	Luojiang	374639	48748	281066	254926	44825	17572
广汉市	Guanghan	1575538	97023	1166327	1112475	312188	26650
什邡市	Shifang	778491	68255	445878	408369	264358	18854
绵竹市	Mianzhu	918853	66088	685263	650638	167502	19521
绵阳市	**Mianyang**						
涪城区	Fucheng	2684424	52229	1580396	1361931	1051799	31393
游仙区	Youxian	591417	68300	411675	369455	111442	12082
三台县	Santai	929793	162159	403288	333676	364346	8909
盐亭县	Yanting	364880	89514	177190	122425	98176	8642
安县	Anxian	402852	64914	242994	198320	94944	10926
梓潼县	Zitong	301062	58290	175583	152605	67189	9910
北川县	Beichuan	157255	24577	104355	59079	28323	7938
平武县	Pingwu	129709	17174	84256	47822	28279	7585
江油市	Jiangyou	1075275	96879	481825	408680	496571	13988
广元市	**Guangyuan**						
利州区	Lizhou	749334	15490	425923	341799	307921	14377
元坝区	Yuanba	156785	28144	95605	85290	33036	9234
朝天区	Chaotian	126090	12823	81018	70810	32249	7136
旺苍县	Wangcang	321692	34575	207426	189256	79691	8315
青川县	Qingchuan	110878	10211	68821	54515	31846	5201
剑阁县	Jiange	324515	71536	145053	106096	107926	7072
苍溪县	Cangxi	391145	72719	204379	147271	114047	6977
遂宁市	**Suining**						
船山区	Chuanshan	1010767	70442	701511	627852	238814	15357
安居区	Anju	438444	155075	170429	113666	112940	6843
蓬溪县	Pengxi	411785	103453	207315	173065	101017	7437
射洪县	Shehong	1111801	184060	697668	641213	230073	12029
大英县	Daying	490907	68236	325471	292580	97200	10238
内江市	**Neijiang**						
内江市中区	Neijiang Downtown	833057	41853	609588	547323	181616	16595
东兴区	Dongxing	881829	96385	619287	565845	166157	11742
威远县	Weiyuan	1214673	87110	911924	884670	215639	19416
资中县	Zizhong	1038793	153453	614497	572345	270843	8701
隆昌县	Longchang	926728	89313	637010	549549	200405	14626
乐山市	**Leshan**						
乐山市中区	Leshan Downtown	1053836	81055	706672	616122	266109	15873
沙湾区	Shawan	397512	48684	292459	254168	56369	21201
五通桥区	Wutongqiao	772324	50626	625798	607152	95900	24628

12-5 续表2 continued

县(市、区)	Counties (Municipalities, Districts)	民营经济增加值(万元) Civilian-owned Value Added (10 000 yuan)	第一产业 Primary Industry	第二产业 Secondary Industry	# 工业 Industry	第三产业 Tertiary Industry	人均民营经济增加值(元) Per Capita Civilian-owned Value Added (yuan)
金口河区	Jinkouhe	138656	4748	121314	116639	12594	28182
犍为县	Qianwei	517322	96248	314350	299789	106724	11890
井研县	Jinyan	387339	82738	239811	230359	64790	13648
夹江县	Jiajiang	568098	54939	385827	365105	127332	16838
沐川县	Muchuan	201846	31169	133916	122117	36761	9345
峨边县	Ebian	137661	17402	98222	94862	22037	9875
马边县	Mabian	113645	22476	69909	56869	21260	6432
峨眉山市	Emeishan	746781	60405	488313	457034	198063	17085
南充市	**Nanchong**						
顺庆区	Shunqing	1179140	67885	797326	708219	313929	16768
高坪区	Gaoping	489888	69668	325613	279467	94607	8601
嘉陵区	Jialing	481913	82331	315066	284266	84516	7920
南部县	Nanbu	1125165	166511	760478	627362	198176	12146
营山县	Yingshan	536302	137236	288648	234636	110418	7231
蓬安县	Pengan	548358	94981	363533	314318	89844	9707
仪陇县	Yilong	586509	175234	299234	187103	112041	6339
西充县	Xichong	371961	97744	197932	150416	76285	7186
阆中市	Langzhong	750493	131639	447324	351701	171530	10353
眉山市	**Meishan**						
东坡区	Dongpo	1375378	100931	954961	873795	319486	16722
仁寿县	Renshou	1258805	173352	822801	679619	262652	10189
彭山县	Pengshan	467709	48887	296156	260043	122666	16325
洪雅县	Hongya	422631	62124	281650	269297	78857	14083
丹棱县	Danling	196193	30828	124999	114735	40366	13816
青神县	Qingshen	274094	51459	149506	136116	73129	16305
宜宾市	**Yibin**						
翠屏区	Cuiping	1630280	69142	1073186	941467	487952	19447
宜宾县	Yibinxian	881491	122191	582300	499300	177000	10945
南溪区	Nanxi	434048	49006	297599	260521	87443	13015
江安县	Jiangan	489895	58934	333697	319635	97264	12202
长宁县	Changning	487495	66027	292003	260779	129465	14325
高县	Gaoxian	513739	63372	368523	329884	81844	12494
珙县	Gongxian	481230	49698	355625	335005	75907	12684
筠连县	Junlian	584093	47908	462275	441726	73910	17721
兴文县	Xingwen	367780	48671	230282	207255	88827	9768
屏山县	Pingshan	152657	34597	76040	60544	42020	6094
广安市	**Guangan**						
广安区	Guanganqu	1095727	93415	637021	508252	365291	12754
岳池县	Yuechi	667741	92588	333172	245733	241981	8571
武胜县	Wusheng	725588	83857	420022	350682	221709	12384

12-5 续表3 continued

县(市、区)	Counties (Municipalities, Districts)	民营经济增加值(万元) Civilian-owned Value Added (10 000 yuan)	第一产业 Primary Industry	第二产业 Secondary Industry	# 工业 Industry	第三产业 Tertiary Industry	人均民营经济增加值(元) Per Capita Civilian-owned Value Added (yuan)
邻水县	Linshui	712628	86659	378980	296493	246989	10107
华蓥市	Huaying	519365	27845	354650	303766	136870	18635
达州市	**Dazhou**						
通川区	Tongchuan	799433	39120	529224	481290	231089	16665
达县	Daxian	1036957	167216	653942	594756	215799	9321
宣汉县	Xuanhan	825458	161876	448307	381406	215275	8182
开江县	Kaijiang	455434	88695	267384	227797	99355	10540
大竹县	Dazhu	1121967	166533	704598	638307	250836	12784
渠县	Quxian	874376	163760	496045	452437	214571	7548
万源市	Wanyuan	452976	84650	269111	258895	99215	11102
雅安市	**Yaan**						
雨城区	Yucheng	484221	39137	255341	219325	189743	13617
名山县	Mingshan	249707	31047	162490	149479	56170	9701
荥经县	Yingjing	318561	16235	239215	220601	63111	21524
汉源县	Hanyuan	222897	26937	132540	90037	63420	6856
石棉县	Shimian	237704	16156	186480	168830	35068	19047
天全县	Tianquan	214173	16642	154875	141955	42656	15818
芦山县	Lushan	143364	13735	110462	104792	19167	13117
宝兴县	Baoxing	115420	10420	89354	78074	15646	20320
巴中市	**Bazhong**						
巴州区	Bazhou	685729	81090	328968	134694	275671	6077
通江县	Tongjiang	357263	53312	174952	111338	128999	5187
南江县	Nanjiang	345871	48147	195212	135144	102512	5683
平昌县	Pingchang	448294	60047	240288	163658	147959	5188
资阳市	**Ziyang**						
雁江区	Yanjiang	1532578	150831	1141609	1084071	240138	17068
安岳县	Anyue	810192	173180	448101	395849	188911	7090
乐至县	Lezhi	705306	155016	411910	387049	138380	13090
简阳市	Jianyang	1677772	252538	1177859	1133718	247375	15707
阿坝州	**Aba**						
汶川县	Wenchuan	192801	4397	163177	134415	25227	19146
理县	Lixian	52294	3434	41479	37128	7381	11198
茂县	Maoxian	67367	9328	41956	36082	16083	6422
松潘县	Songpan	39967	8882	14223	5295	16862	5513
九寨沟县	Jiuzhaigou	79799	4841	34035	26353	40923	9852
金川县	Jinchuan	25666	8515	8791	3568	8360	3860
小金县	Xiaojin	37511	7607	15253	10025	14651	4834
黑水县	Heishui	52472	4967	39232	29416	8273	8630
马尔康县	Maerkang	37094	9362	8727	5173	19005	6341
壤塘县	Rangtang	19099	12291	2972	551	3836	4847

12-5 续表4 continued

县(市、区)	Counties (Municipalities, Districts)	民营经济增加值(万元) Civilian-owned Value Added (10 000 yuan)	第一产业 Primary Industry	第二产业 Secondary Industry	# 工业 Industry	第三产业 Tertiary Industry	人均民营经济增加值(元) Per Capita Civilian-owned Value Added (yuan)
阿坝县	Abaxian	29711	19133	3819	863	6759	4070
若尔盖县	Ruoergai	55009	41118	4720	251	9171	7335
红原县	Hongyuan	35502	19713	7169	4796	8620	8050
甘孜州	**Ganzi**						
康定县	Kangding	162913	19487	75447	44609	67979	12474
泸定县	Luding	41756	7754	13331	10013	20671	4989
丹巴县	Danba	33157	11768	10189	5058	11200	5526
九龙县	Jiulong	67227	11932	47372	41293	7923	10774
雅江县	Yajiang	25506	12181	6813	244	6512	5061
道孚县	Daofu	21067	11509	2115	1207	7443	3789
炉霍县	Luhuo	13873	8584	1439	631	3850	2964
甘孜县	Ganzixian	28226	18412	1719	381	8095	4109
新龙县	Xinlong	22579	15324	2030	339	5225	4462
德格县	Dege	25020	18092	2623	230	4305	3055
白玉县	Baiyu	21960	15536	2802	667	3622	3887
石渠县	Shiqu	29945	23131	1260	162	5554	3688
色达县	Seda	21201	15840	1305	203	4056	3599
理塘县	Litang	35601	23725	4060	1048	7816	5137
巴塘县	Batang	26831	10089	9871	2892	6871	5498
乡城县	Xiangcheng	18194	6776	6151	1584	5267	5464
稻城县	Daocheng	16176	8107	2511	351	5558	5168
得荣县	Derong	12088	5376	3652	369	3060	4596
凉山州	**Liangshan**						
西昌市	Xichang	1499372	94703	844890	724953	559779	20732
木里县	Muli	87326	11812	52731	25027	22783	6697
盐源县	Yanyuan	283496	41824	194388	162268	47284	8075
德昌县	Dechang	285762	38988	152160	99686	94614	13341
会理县	Huili	996548	97288	719252	655903	180008	23090
会东县	Huidong	602732	81041	395638	343597	126053	16586
宁南县	Ningnan	206996	39008	117023	92897	50965	12014
普格县	Puge	82708	17449	43206	33578	22053	5285
布拖县	Butuo	104902	16962	73536	64576	14404	6512
金阳县	Jinyang	91567	18544	53590	44651	19433	5529
昭觉县	Zhaojue	90396	34212	31857	22225	24327	3639
喜德县	Xide	102819	18770	58472	53327	25577	6213
冕宁县	Mianning	415816	51985	259870	202994	103961	11894
越西县	Yuexi	174137	32830	102391	88650	38916	6486
甘洛县	Ganluo	207697	18489	162657	149928	26551	10673
美姑县	Meigu	85530	27128	39402	25939	19000	3909
雷波县	Leibo	194051	25802	132379	87497	35870	8721

12-6 各县(市、区)民营经济增加值指数(2011年)
Indices of Civillian-owned Value Added of Counties (Municipalities, District)(2011)

上年=100 (preceding year=100)

县(市、区)	Counties (Municipalities, Districts)	民营经济增加值 Civilian-owned Value Added	第一产业 Primary Industry	第二产业 Secondary Industry	# 工业 Industry	第三产业 Tertiary Industry	人均民营经济增加值 Per Capita Civilian-owned Value Added
成都市	**Chengdu**						
锦江区	Jinjiang	117.1	72.2	116.1	116.0	117.3	116.4
青羊区	Qingyang	116.5	33.8	112.9	112.4	117.6	113.9
金牛区	Jinniu	116.3	91.4	115.1	114.7	116.9	110.7
武侯区	Wuhou	116.7	62.6	117.1	117.6	116.5	112.7
成华区	Chenghua	116.2	154.7	115.6	115.2	116.4	113.0
龙泉驿区	Longquanyi	123.4	99.5	129.6	129.9	112.6	111.4
青白江区	Qingbaijiang	116.9	92.7	119.2	120.4	114.0	120.9
新都区	Xindu	121.7	95.6	122.6	122.9	123.3	113.3
温江区	Wenjiang	118.7	85.7	119.7	120.3	118.7	111.0
金堂县	Jintang	122.6	104.0	129.0	124.7	118.1	126.1
双流县	Shuangliu	119.5	84.1	123.0	121.3	115.4	111.0
郫县	Pixian	119.4	70.6	121.1	122.4	118.7	103.1
大邑县	Dayi	115.8	106.4	120.4	123.0	113.3	116.0
蒲江县	Pujiang	119.3	107.4	124.5	124.9	115.9	121.8
新津县	Xinjin	119.0	102.9	123.4	124.5	111.8	120.0
都江堰市	Dujiangyan	118.0	102.6	121.8	123.0	116.7	116.7
彭州市	Pengzhou	117.4	102.0	123.0	126.0	112.8	118.7
邛崃市	Qionglai	116.3	102.8	123.2	124.9	110.3	116.2
崇州市	Chongzhou	119.6	102.3	127.0	121.8	112.5	117.4
自贡市	**Zigong**						
自流井区	Ziliujing	116.7	104.1	119.0	119.1	114.0	129.1
贡井区	Gongjing	120.5	104.6	124.5	124.5	113.9	121.4
大安区	Daan	118.6	104.3	121.8	123.3	111.6	118.3
沿滩区	Yantan	120.1	104.3	124.2	126.6	112.9	133.7
荣县	Rongxian	118.8	104.5	124.6	126.2	112.4	118.5
富顺县	Fushun	118.8	104.9	126.1	129.0	113.5	118.1
攀枝花市	**Panzhihua**						
东区	Dongqu	115.8	103.6	116.4	116.6	115.0	111.8
西区	Xiqu	120.1	105.4	122.1	122.7	113.7	119.7
仁和区	Renhe	121.6	106.4	123.8	124.7	112.3	115.7
米易县	Miyi	120.3	108.6	123.7	125.9	114.9	122.1
盐边县	Yanbian	119.0	108.3	122.4	124.6	112.5	117.7
泸州市	**Luzhou**						
江阳区	Jiangyang	119.6	99.9	124.4	127.1	112.2	122.5
纳溪区	Naxi	111.2	104.5	113.1	114.4	108.3	111.6
龙马潭区	Longmatan	120.4	99.1	124.6	127.3	113.6	117.7
泸县	Luxian	117.8	105.4	122.6	124.1	110.5	120.7
合江县	Hejiang	117.6	104.2	123.0	125.4	114.3	119.6
叙永县	Xuyong	117.6	104.9	122.1	123.3	115.1	120.9
古蔺县	Gulin	118.1	101.1	123.6	125.0	113.3	118.4

12-6 续表1 continued

上年=100 (preceding year=100)

县(市、区)	Counties (Municipalities, Districts)	民营经济增加值 Civilian-owned Value Added	第一产业 Primary Industry	第二产业 Secondary Industry	# 工业 Industry	第三产业 Tertiary Industry	人均民营经济增加值 Per Capita Civilian-owned Value Added
德阳市	**Deyang**						
旌阳区	Jinyang	118.0	101.6	121.9	123.9	115.1	113.5
中江县	Zhongjiang	117.9	101.9	123.3	124.3	122.5	118.6
罗江县	Luojiang	118.1	102.5	120.4	121.1	122.5	124.7
广汉市	Guanghan	119.1	100.2	123.3	124.1	111.4	119.8
什邡市	Shifang	119.0	96.5	122.4	129.1	121.0	122.8
绵竹市	Mianzhu	119.0	104.2	120.0	120.6	121.6	121.8
绵阳市	**Mianyang**						
涪城区	Fucheng	120.1	106.3	124.8	126.3	114.5	112.7
游仙区	Youxian	119.6	105.1	125.3	126.3	110.9	119.3
三台县	Santai	118.3	106.0	128.9	128.6	113.4	123.4
盐亭县	Yanting	118.2	105.2	128.3	129.1	114.0	136.2
安县	Anxian	118.7	105.0	126.3	125.9	111.1	125.8
梓潼县	Zitong	117.8	105.2	126.1	127.1	110.6	126.4
北川县	Beichuan	118.1	105.0	123.3	128.9	112.0	123.5
平武县	Pingwu	119.1	105.1	123.5	127.2	115.4	117.0
江油市	Jiangyou	118.9	107.3	125.7	127.4	115.6	124.8
广元市	**Guangyuan**						
利州区	Lizhou	118.1	103.8	123.7	127.1	112.2	113.2
元坝区	Yuanba	119.1	103.4	130.2	133.7	111.2	133.9
朝天区	Chaotian	123.7	105.6	136.9	145.1	109.7	134.5
旺苍县	Wangcang	118.9	101.0	126.9	128.9	110.4	121.6
青川县	Qingchuan	118.3	108.0	124.3	129.4	111.4	122.8
剑阁县	Jiange	118.5	107.3	131.4	134.0	112.5	134.7
苍溪县	Cangxi	119.4	101.4	135.9	137.7	108.7	126.3
遂宁市	**Suining**						
船山区	Chuanshan	121.2	105.9	126.6	130.9	111.4	125.2
安居区	Anju	116.8	102.5	131.8	138.6	110.5	126.2
蓬溪县	Pengxi	117.0	104.9	125.8	127.5	108.4	132.9
射洪县	Shehong	119.3	103.4	124.6	125.6	115.3	118.6
大英县	Daying	118.3	104.1	123.0	124.1	112.6	122.3
内江市	**Neijiang**						
内江市中区	Neijiang Downtown	118.3	106.2	120.8	122.8	112.7	120.5
东兴区	Dongxing	118.0	93.8	121.2	122.8	122.0	125.2
威远县	Weiyuan	120.0	106.8	123.6	124.2	111.2	126.9
资中县	Zizhong	118.9	106.9	124.8	126.5	113.0	119.3
隆昌县	Longchang	117.3	105.7	121.2	124.3	110.8	122.7
乐山市	**Leshan**						
乐山市中区	Leshan Downtown	119.1	104.5	124.2	125.9	111.8	114.2
沙湾区	Shawan	121.1	104.0	126.4	129.7	112.7	125.8
五通桥区	Wutongqiao	119.6	103.7	122.3	122.6	112.2	119.3

12-6 续表2 continued

上年=100 (preceding year=100)

县(市、区)	Counties (Municipalities, Districts)	民营经济增加值 Civilian-owned Value Added	第一产业 Primary Industry	第二产业 Secondary Industry	# 工业 Industry	第三产业 Tertiary Industry	人均民营经济增加值 Per Capita Civilian-owned Value Added
金口河区	Jinkouhe	118.6	103.7	119.9	120.1	112.8	123.9
犍为县	Qianwei	119.1	104.3	127.4	128.2	111.8	126.7
井研县	Jinyan	118.2	104.6	125.5	125.9	112.0	132.7
夹江县	Jiajiang	118.5	103.6	123.1	123.7	112.7	122.4
沐川县	Muchuan	118.4	104.8	124.2	125.1	111.6	123.3
峨边县	Ebian	118.5	103.4	123.0	123.5	112.8	119.4
马边县	Mabian	117.1	104.2	123.8	125.9	111.5	120.1
峨眉山市	Emeishan	118.8	104.2	123.5	124.3	113.1	118.6
南充市	**Nanchong**						
顺庆区	Shunqing	119.0	106.3	122.7	122.8	113.3	124.3
高坪区	Gaoping	119.2	109.1	123.5	123.3	113.8	118.4
嘉陵区	Jialing	118.4	104.3	125.3	124.8	110.3	117.1
南部县	Nanbu	118.9	103.0	124.2	122.1	114.3	119.6
营山县	Yingshan	119.1	104.9	131.2	130.2	110.9	117.5
蓬安县	Pengan	118.5	106.4	124.4	128.5	110.5	117.3
仪陇县	Yilong	118.8	106.6	130.4	129.4	112.6	117.6
西充县	Xichong	118.6	104.4	130.1	129.2	112.3	117.0
阆中市	Langzhong	119.9	106.5	126.2	124.6	115.9	118.4
眉山市	**Meishan**						
东坡区	Dongpo	118.8	104.5	122.1	118.6	113.9	115.3
仁寿县	Renshou	118.8	104.2	123.8	108.7	114.3	122.4
彭山县	Pengshan	118.9	104.3	124.1	115.1	113.4	118.9
洪雅县	Hongya	118.5	104.3	123.9	123.1	112.1	118.6
丹棱县	Danling	118.6	104.4	124.2	124.9	113.7	120.2
青神县	Qingshen	118.2	104.2	125.8	126.6	114.1	119.6
宜宾市	**Yibin**						
翠屏区	Cuiping	114.0	103.6	115.0	116.2	113.0	112.7
宜宾县	Yibinxian	118.9	102.5	124.9	123.7	112.4	120.1
南溪区	Nanxi	119.0	101.7	124.4	126.2	113.5	119.8
江安县	Jiangan	119.1	70.0	136.8	137.2	112.2	117.3
长宁县	Changning	118.7	103.5	126.6	129.6	111.7	118.5
高县	Gaoxian	119.0	102.0	122.5	122.7	117.4	119.6
珙县	Gongxian	119.7	103.2	124.8	126.3	110.4	120.2
筠连县	Junlian	125.0	102.4	129.9	131.5	113.8	123.1
兴文县	Xingwen	118.1	104.0	123.5	125.0	111.4	118.0
屏山县	Pingshan	120.5	105.0	135.0	130.1	111.1	124.1
广安市	**Guangan**						
广安区	Guanganqu	118.7	101.5	124.2	129.2	114.5	131.1
岳池县	Yuechi	118.8	101.3	129.8	134.6	112.6	122.2
武胜县	Wusheng	118.8	101.3	127.7	131.0	111.0	129.7

12-6 续表3 continued

上年=100 (preceding year=100)

县(市、区)	Counties (Municipalities, Districts)	民营经济增加值 Civilian-owned Value Added	第一产业 Primary Industry	第二产业 Secondary Industry	# 工业 Industry	第三产业 Tertiary Industry	人均民营经济增加值 Per Capita Civilian-owned Value Added
邻水县	Linshui	118.8	101.5	125.9	129.3	115.3	128.6
华蓥市	Huaying	118.9	101.4	123.1	126.6	112.7	124.9
达州市	**Dazhou**						
通川区	Tongchuan	118.4	102.0	122.5	125.1	112.2	114.9
达县	Daxian	118.4	103.5	124.9	126.6	110.7	119.4
宣汉县	Xuanhan	118.5	103.7	128.2	131.8	110.7	120.5
开江县	Kaijiang	118.7	103.0	127.1	129.2	110.9	123.5
大竹县	Dazhu	118.8	102.5	126.1	128.0	110.5	123.1
渠县	Quxian	118.5	103.0	127.6	128.8	110.7	122.0
万源市	Wanyuan	118.8	105.3	125.9	126.8	111.5	127.4
雅安市	**Yaan**						
雨城区	Yucheng	118.9	106.5	121.9	122.5	117.6	118.0
名山县	Mingshan	119.3	103.5	126.4	127.6	109.9	121.7
荥经县	Yingjing	119.3	106.1	121.9	123.4	113.7	119.7
汉源县	Hanyuan	126.1	101.9	145.0	194.1	107.5	125.5
石棉县	Shimian	118.0	101.6	119.8	121.5	116.7	117.4
天全县	Tianquan	113.0	120.1	112.7	113.2	111.6	116.8
芦山县	Lushan	119.4	103.3	123.4	124.5	111.3	118.8
宝兴县	Baoxing	119.4	101.5	123.3	125.5	112.5	119.4
巴中市	**Bazhong**						
巴州区	Bazhou	117.6	95.3	135.6	118.8	108.7	117.1
通江县	Tongjiang	118.0	107.7	132.0	122.7	108.6	115.1
南江县	Nanjiang	118.5	111.0	127.6	121.7	109.1	117.9
平昌县	Pingchang	118.2	102.4	133.4	127.9	107.6	112.4
资阳市	**Ziyang**						
雁江区	Yanjiang	121.6	100.5	125.3	125.7	119.2	124.6
安岳县	Anyue	118.6	100.7	130.1	129.9	113.5	130.0
乐至县	Lezhi	118.0	100.7	125.6	125.1	115.5	135.5
简阳市	Jianyang	117.8	100.9	120.7	121.3	117.5	128.1
阿坝州	**Aba**						
汶川县	Wenchuan	119.1	107.7	121.1	126.3	109.5	125.6
理县	Lixian	139.7	107.5	151.2	164.7	109.4	140.9
茂县	Maoxian	138.4	110.3	161.9	163.6	112.5	140.8
松潘县	Songpan	119.1	105.1	136.2	135.0	115.5	118.8
九寨沟县	Jiuzhaigou	119.3	106.3	125.2	125.3	116.5	115.6
金川县	Jinchuan	110.8	106.0	117.3	125.5	109.9	114.8
小金县	Xiaojin	116.4	105.0	133.2	159.5	108.7	119.3
黑水县	Heishui	123.0	104.7	129.3	137.9	109.8	122.6
马尔康县	Maerkang	113.1	104.6	130.1	126.9	111.3	111.8
壤塘县	Rangtang	108.7	104.8	128.3	106.9	109.5	104.8

12-6 续表4 continued

上年=100 (preceding year=100)

县(市、区)	Counties (Municipalities, Districts)	民营经济增加值 Civilian-owned Value Added	第一产业 Primary Industry	第二产业 Secondary Industry	# 工业 Industry	第三产业 Tertiary Industry	人均民营经济增加值 Per Capita Civilian-owned Value Added
阿坝县	Abaxian	104.8	105.3	90.5	113.0	111.5	103.0
若尔盖县	Ruoergai	108.2	103.8	165.8	129.4	110.0	108.7
红原县	Hongyuan	110.0	104.5	128.9	136.3	110.4	107.7
甘孜州	**Ganzi**						
康定县	Kangding	120.8	109.0	130.1	123.1	114.1	115.5
泸定县	Luding	121.0	110.0	141.7	158.2	114.1	123.0
丹巴县	Danba	118.2	111.3	133.7	128.7	112.9	116.4
九龙县	Jiulong	118.3	109.3	121.4	128.5	114.2	117.6
雅江县	Yajiang	114.3	108.1	127.3	127.6	113.2	115.2
道孚县	Daofu	113.6	109.4	132.8	128.2	114.3	110.5
炉霍县	Luhuo	114.7	115.5	126.2	141.8	109.5	112.9
甘孜县	Ganzixian	111.7	107.4	141.3	135.2	115.9	106.0
新龙县	Xinlong	113.2	108.1	150.5	137.9	115.7	106.9
德格县	Dege	110.8	108.0	131.1	131.0	110.5	104.2
白玉县	Baiyu	110.0	106.0	127.7	131.4	113.9	101.8
石渠县	Shiqu	116.3	116.9	121.5	141.7	112.8	108.2
色达县	Seda	113.6	113.4	130.4	132.7	109.6	96.8
理塘县	Litang	107.1	102.1	127.7	151.0	111.2	97.1
巴塘县	Batang	118.1	114.3	125.4	131.4	113.7	121.4
乡城县	Xiangcheng	116.0	107.6	130.3	139.6	111.9	112.5
稻城县	Daocheng	115.6	110.7	133.9	148.5	115.2	116.7
得荣县	Derong	117.0	112.2	126.0	129.6	114.7	119.2
凉山州	**Liangshan**						
西昌市	Xichang	124.0	104.4	133.6	132.8	115.5	118.1
木里县	Muli	120.2	104.4	131.1	126.2	108.7	121.2
盐源县	Yanyuan	123.6	104.4	132.4	135.6	112.6	120.6
德昌县	Dechang	116.3	104.4	124.3	124.1	110.6	112.8
会理县	Huili	115.3	103.8	119.5	118.6	108.3	117.0
会东县	Huidong	109.8	104.4	110.4	110.7	111.6	109.6
宁南县	Ningnan	121.5	104.4	133.1	134.3	114.5	121.4
普格县	Puge	114.8	104.3	120.5	119.6	112.9	110.9
布拖县	Butuo	121.7	104.2	131.9	133.5	104.9	118.8
金阳县	Jinyang	110.8	104.4	114.9	111.7	108.0	103.7
昭觉县	Zhaojue	112.1	104.4	124.9	122.6	108.2	109.8
喜德县	Xide	115.7	104.3	124.1	124.3	109.0	113.8
冕宁县	Mianning	118.4	104.4	126.4	125.0	110.5	118.1
越西县	Yuexi	119.4	104.3	129.4	127.3	111.0	117.5
甘洛县	Ganluo	118.3	104.4	122.4	122.3	108.1	120.9
美姑县	Meigu	109.4	104.4	114.7	108.5	105.9	106.2
雷波县	Leibo	124.3	104.3	135.3	137.7	108.4	127.7

12-7 各县(市、区)固定资产投资和建筑业情况(2011年)
Investment in Fixed Assets and Construction of Counties (Municipalities, District)(2011)

县(市、区)	Counties (Municipalities, Districts)	全社会固定资产投资额(万元) Total Investment (10 000 yuan)	房地产开发投资额(万元) Real Estate Investment (10 000 yuan)	建筑企业单位数(个) Number of Construction Enterprises	建筑业从业人员(人) Persons Engaged in Construction Enterprises (person)	建筑业总产值(万元) Gross Output Value of Construction Enterprises (10 000 yuan)	商品房销售额(万元) Total Sales of Commercial Houses (10 000 yuan)
成都市	**Chengdu**						
锦江区	Jinjiang	317 6015	2351795	134	592351	3220000	1269796
青羊区	Qingyang	3162267	1370226	170	107067	2880375	1318948
金牛区	Jinniu	2826263	1300825	315	153305	5460107	1607964
武侯区	Wuhou	3146360	1457908	121	52157	1377900	1380000
成华区	Chenghua	3179308	1333587	124	62369	1923059	1068087
龙泉驿区	Longquanyi	3282315	571108	62	45269	1036330	1023287
青白江区	Qingbaijiang	1902354	181595	31	22533	696083	222802
新都区	Xindu	3084442	1311130	75	68586	1279032	1381117
温江区	Wenjiang	2391078	973907	35	27806	557148	1112077
金堂县	Jintang	1666679	358436	22	14546	281486	390015
双流县	Shuangliu	4884088	1193465	103	62212	1224754	2477629
郫县	Pixian	3900481	1005419	33	23329	995542	1666696
大邑县	Dayi	1196119	284251	26	15210	208108	189529
蒲江县	Pujiang	696378	137907	15	4517	67531	125124
新津县	Xinjin	1609464	176019	26	21190	262040	231238
都江堰市	Dujiangyan	1616959	459500	65	32321	1117785	426600
彭州市	Pengzhou	1713123	75355	36	11165	122343	94885
邛崃市	Qionglai	1496640	163437	22	36644	552878	194900
崇州市	Chongzhou	1404222	123977	33	23057	481200	203790
自贡市	**Zigong**						
自流井区	Ziliujing	1013184	478185	53	27323	457462	602818
贡井区	Gongjing	322689	76030	6	670	9405	20829
大安区	Daan	462481	20729	20	5943	69132	24860
沿滩区	Yantan	504945	29408	13	9895	102211	34657
荣县	Rongxian	563904	79506	13	14492	137219	76931
富顺县	Fushun	661397	565239	19	24750	253514	27101
攀枝花市	**Panzhihua**						
东区	East District	1150030	174882	68	46536	1627350	233599
西区	West District	463685	35010	5	1668	8408	6422
仁和区	Renhe	1156498	47418	9	1841	20795	35204
米易县	Miyi	657090	12525	4	1757	16389	21049
盐边县	Yanbian	407098	87505	3	255	7888	11288
泸州市	**Luzhou**						
江阳区	Jiangyang	1490226	287113	70	115504	469423	390802
纳溪区	Naxi	577951	19581	14	10655	143547	24199
龙马潭区	Longmatan	696142	159661	22	31692	378157	229095
泸县	Luxian	920302	61578	31	118338	696553	49757
合江县	Hejiang	77 0301	69027	16	22661	308196	268425
叙永县	Xuyong	257424	41099	4	466	8310	33451
古蔺县	Gulin	54 0409	4 8911	3	1471	35556	34457

12-7 续表1 continued

县(市、区)	Counties (Municipalities, Districts)	全社会固定资产投资额 (万元) Total Investment (10 000 yuan)	房地产开发投资额 (万元) Real Estate Investment (10 000 yuan)	建筑企业单位数 (个) Number of Construction Enterprises	建筑业从业人员 (人) Persons Engaged in Construction Enterprises (person)	建筑业总产值 (万元) Gross Output Value of Construction Enterprises (10 000 yuan)	商品房销售额 (万元) Total Sales of Commercial Houses (10 000 yuan)
德阳市	**Deyang**						
旌阳区	Jinyang	174 2723	33 3364	116	65669	1467953	404413
中江县	Zhongjiang	82 0208	7 5392	18	13149	117312	65321
罗江县	Luojiang	82 0248	4 8005	6	577	10077	41735
广汉市	Guanghan	103 0694	9 9886	52	33240	891055	144643
什邡市	Shifang	106 0064	10 8754	19	8550	127568	76618
绵竹市	Mianzhu	103 0145	6 3585	34	11953	136112	104256
绵阳市	**Mianyang**						
涪城区	Fucheng	288 1834	83 4268	121	30907	590930	1040859
游仙区	Youxian	123 3826	8 9554	22	14047	423660	138451
三台县	Santai	72 0807	13 2222	23	20412	338549	163057
盐亭县	Yanting	53 0334	6 2653	7	12341	234608	67625
安县	Anxian	71 4668	4 0285	6	1429	51681	73259
梓潼县	Zitong	52 6450	2 1814	5	1102	16000	37403
北川县	Beichuan	40 9332		4	687	12134	
平武县	Pingwu	59 0701	3108	3	1246	15058	10571
江油市	Jiangyou	120 1077	13 8867	44	21655	381887	145209
广元市	**Guangyuan**						
利州区	Lizhou	131 9951	28 3963	143	37023	469807	356099
元坝区	Yuanba	24 0522		6	2762	47422	
朝天区	Chaotian	26 1709		4	2409	38864	
旺苍县	Wangcang	45 7662	1 9307	11	2050	31585	16851
青川县	Qingchuan	35 5859		3	71	870	
剑阁县	Jiange	48 0411	2 4508	5	1338	23441	33000
苍溪县	Cangxi	86 1070	2 3496	22	8399	91610	33017
遂宁市	**Suining**						
船山区	Chuanshan	225 6608	51 4123	116	30998	451021	235430
安居区	Anju	56 4525	3 2321	6	5277	54528	76136
蓬溪县	Pengxi	62 9022	10 6997	13	25587	301955	72998
射洪县	Shehong	99 4237	15 5464	13	11224	200786	107972
大英县	Daying	93 5640	11 6232	16	13750	1457493	43830
内江市	**Neijiang**						
内江市中区	Neijiang Downtown	80 5819	5 6612	41	17688	360662	111929
东兴区	Dongxing	86 5172	12 4610	24	29715	280685	199132
威远县	Weiyuan	81 7095	11 7910	20	8447	110618	244354
资中县	Zizhong	73 5365	14 1773	19	5762	104005	266101
隆昌县	Longchang	60 4770	10 2557	24	30922	309077	133117
乐山市	**Leshan**						
乐山市中区	Leshan Downtown	121 4767	31 8860	78	31478	586647	680157
沙湾区	Shawan	81 4499	1 0798	3	840	9797	22550
五通桥区	Wutongqiao	819743	64967	10	5784	122748	89614

12-7 续表2 continued

县(市、区)	Counties (Municipalities, Districts)	全社会固定资产投资额(万元) Total Investment (10 000 yuan)	房地产开发投资额(万元) Real Estate Investment (10 000 yuan)	建筑企业单位数(个) Number of Construction Enterprises	建筑业从业人员(人) Persons Engaged in Construction Enterprises (person)	建筑业总产值(万元) Gross Output Value of Construction Enterprises (10 000 yuan)	商品房销售额(万元) Total Sales of Commercial Houses (10 000 yuan)
金口河区	Jinkouhe	135483		1			
犍为县	Qianwei	369418	57484	8	2407	39080	70690
井研县	Jinyan	192465	20260	8	2749	34814	24474
夹江县	Jiajiang	483608	48106	7	2421	27406	64813
沐川县	Muchuan	204606	18336	3	1007	14479	25586
峨边县	Ebian	132097		5	1830	8580	
马边县	Mabian	186390		3	484	5021	
峨眉山市	Emeishan	840123	136664	22	7151	90692	177346
南充市	**Nanchong**						
顺庆区	Shunqing	1397013	578419	53	70013	772566	670650
高坪区	Gaoping	675937	144598	12	8054	109249	108308
嘉陵区	Jialing	694697	157435	14	6135	98690	178094
南部县	Nanbu	1143667	198395	23	24869	644593	270182
营山县	Yingshan	294896	58701	15	8784	128944	72931
蓬安县	Pengan	662723	47550	14	9121	80692	29260
仪陇县	Yilong	850057	145025	11	25103	408913	113423
西充县	Xichong	391930	8302	7	4048	101045	23175
阆中市	Langzhong	1025085	118878	27	16278	304002	171487
眉山市	**Meishan**						
东坡区	Dongpo	1455025	259706	55	16757	326867	298013
仁寿县	Renshou	1183592	104583	20	23230	324439	201891
彭山县	Pengshan	849000	230562	12	9695	114112	153913
洪雅县	Hongya	472064	29985	6	1817	30713	28328
丹棱县	Danling	276000		4	2898	44050	8180
青神县	Qingshen	276500	20020	6	5916	43525	17248
宜宾市	**Yibin**						
翠屏区	Cuiping	851818	315566	106	11397	146092	353484
宜宾县	Yibinxian	1185642	224170	33	25275	296301	154086
南溪区	Nanxi	604851	121449	9	7196	131321	182563
江安县	Jiangan	686505	85267	12	5171	126181	97895
长宁县	Changning	549926	111848	14	9688	98999	42440
高县	Gaoxian	582976	89039	7	4576	99225	96981
珙县	Gongxian	514214	27863	13	8654	154637	26627
筠连县	Junlian	309864	19274	7	2043	37308	7656
兴文县	Xingwen	370132	44615	12	2263	28510	24473
屏山县	Pingshan	416581	15025	3	748	38200	20017
广安市	**Guangan**						
广安区	Guanganqu	1490119	138571	44	19502	411936	354183
岳池县	Yuechi	665457	18962	16	23022	437498	24780
武胜县	Wusheng	625090	91835	24	15863	250416	68826

12-7 续表3 continued

县(市、区)	Counties (Municipalities, Districts)	全社会固定资产投资额(万元) Total Investment (10 000 yuan)	房地产开发投资额(万元) Real Estate Investment (10 000 yuan)	建筑企业单位数(个) Number of Construction Enterprises	建筑业从业人员(人) Persons Engaged in Construction Enterprises (person)	建筑业总产值(万元) Gross Output Value of Construction Enterprises (10 000 yuan)	商品房销售额(万元) Total Sales of Commercial Houses (10 000 yuan)
邻水县	Linshui	825069	109185	10	11985	172209	151413
华蓥市	Huaying	645109	26368	17	39327	615824	44989
达州市	**Dazhou**						
通川区	Tongchuan	855341	206282	27	31198	362035	291463
达县	Daxian	1246567	190981	19	19425	338349	195569
宣汉县	Xuanhan	1150914	79618	17	18968	343471	96389
开江县	Kaijiang	525646	13250	7	10575	173642	5284
大竹县	Dazhu	1206395	214445	12	9780	239031	254007
渠县	Quxian	1147534	101925	18	9861	256190	41636
万源市	Wanyuan	643306	18600	3	1118	20916	37984
雅安市	**Yaan**						
雨城区	Yucheng	528556	195620	23	2541	50491	124704
名山县	Mingshan	412036	57679	4	1660	17055	28305
荥经县	Yingjing	300343	17128	4	4667	38148	9110
汉源县	Hanyuan	471700	164	8	1022	13401	
石棉县	Shimian	465082		3	799	8692	
天全县	Tianquan	236404	4550	2			
芦山县	Lushan	276362	13714	2	532	4783	9714
宝兴县	Baoxing	271708					
巴中市	**Bazhong**						
巴州区	Bazhou	895000	145789	60	29326	681681	171769
通江县	Tongjiang	612083	18822	11	10121	333611	15503
南江县	Nanjiang	850000	25253	12	14049	319382	28872
平昌县	Pingchang	845004	190181	12	12485	353331	83907
资阳市	**Ziyang**						
雁江区	Yanjiang	1551516	358618	46	26460	347627	277604
安岳县	Anyue	802273	193895	22	28127	174947	143949
乐至县	Lezhi	721496	99850	16	5065	105238	103310
简阳市	Jianyang	1552485	293317	38	14655	258499	281308
阿坝州	**Aba**						
汶川县	Wenchuan	590154	5400	9	1989	26276	3160
理县	Lixian	270085		1			
茂县	Maoxian	700030		1	30	1200	
松潘县	Songpan	465132		2	41	11621	
九寨沟县	Jiuzhaigou	270020		1	245	2439	
金川县	Jinchuan	180203		2	100	2873	
小金县	Xiaojin	166280		3	884	11568	
黑水县	Heishui	289001		1	60	580	
马尔康县	Maerkang	190120	1867	5	1003	5265	2248
壤塘县	Rangtang	90391		1			

12-7 续表4 continued

县(市、区)	Counties (Municipalities, Districts)	全社会固定资产投资额(万元) Total Investment (10 000 yuan)	房地产开发投资额(万元) Real Estate Investment (10 000 yuan)	建筑企业单位数(个) Number of Construction Enterprises	建筑业从业人员(人) Persons Engaged in Construction Enterprises (person)	建筑业总产值(万元) Gross Output Value of Construction Enterprises (10 000 yuan)	商品房销售额(万元) Total Sales of Commercial Houses (10 000 yuan)
阿坝县	Abaxian	80193					
若尔盖县	Ruoergai	150368	1000				
红原县	Hongyuan	150123		1			
甘孜州	**Ganzi**						
康定县	Kangding	630067	28799	9	1520	18503	28450
泸定县	Luding	416447		5	311	3051	
丹巴县	Danba	186598					
九龙县	Jiulong	156301		3	434	9272	
雅江县	Yajiang	234975		2	243	2992	
道孚县	Daofu	32663					
炉霍县	Luhuo	27665					
甘孜县	Ganzixian	36401					
新龙县	Xinlong	20028					
德格县	Dege	46052					
白玉县	Baiyu	41722		1	1		
石渠县	Shiqu	77026					
色达县	Seda	33108					
理塘县	Litang	55902					
巴塘县	Batang	112130	180	1	772	7250	1078
乡城县	Xiangcheng	156752					
稻城县	Daocheng	85059					
得荣县	Derong	56448		1			
凉山州	**Liangshan**						
西昌市	Xichang	2632284	226618	30	11273	315522	169025
木里县	Muli	550146					
盐源县	Yanyuan	312066					
德昌县	Dechang	234144					
会理县	Huili	520736					
会东县	Huidong	162535					
宁南县	Ningnan	280117					
普格县	Puge	80943					
布拖县	Butuo	86108					
金阳县	Jinyang	100024					
昭觉县	Zhaojue	86066					
喜德县	Xide	50368					
冕宁县	Mianning	271154					
越西县	Yuexi	140822					
甘洛县	Ganluo	200185					
美姑县	Meigu	90676					
雷波县	Leibo	531500					

12-8 各县(市、区)农村经济情况(2011年)
Basic Statistics on Agriculture of Counties (Municipalities, District)(2011)

县(市、区)	Counties (Municipalities, Districts)	乡村从业人员(万人) Rural Employed Persons (10 000 persons)	年末实有耕地面积(公顷) Cultivated Land Area (year-end) (hectare)	有效灌溉面积(公顷) Irrigated Land Area (hectare)	农林牧渔业总产值(万元) Gross Output Value of Farming, Forestry, Animal Husbandry and Fishery (10 000 yuan)	农业机械总动力(万千瓦) Total Agricultural Machinery Power (10 000 kw)	化肥施用量(折纯量)(吨) Consumption of Chemical Fertilizers (ton)	农村用电量(万千瓦小时) Electricity Consumed in Rural Areas (10 000 kwh)
成都市	**Chengdu**							
锦江区	Jinjiang	1.9	770	1380	12602		240	6513
青羊区	Qingyang	1.8	115	730	1090		38	4692
金牛区	Jinniu	4.7	912	1120	4179		128	20451
武侯区	Wuhou	2.6	197	280	1782		36	6124
成华区	Chenghua	4.0	449	930	5701		392	8258
龙泉驿区	Longquanyi	18.1	7713	9020	497872	16	4563	20547
青白江区	Qingbaijiang	18.5	14289	12120	213339	12	5593	15413
新都区	Xindu	31.8	21167	20440	331308	25	11590	32736
温江区	Wenjiang	9.7	11178	12600	223007	14	3577	5494
金堂县	Jintang	41.9	43166	33680	530001	21	21426	8974
双流县	Shuangliu	44.0	36437	43730	568479	32	7830	56689
郫县	Pixian	23.3	20140	24360	313369	20	11687	21339
大邑县	Dayi	26.3	21586	19030	444926	21	7322	12953
蒲江县	Pujiang	13.4	16128	13220	243498	13	6423	4217
新津县	Xinjin	16.2	11853	15260	248962	16	6231	8430
都江堰市	Dujiangyan	25.6	16373	20010	303330	21	12068	22524
彭州市	Pengzhou	30.1	34550	32610	583564	33	38926	23769
邛崃市	Qionglai	34.4	35022	26170	499191	30	17263	11460
崇州市	Chongzhou	36.7	32666	32900	434266	36	18030	24013
自贡市	**Zigong**							
自流井区	Ziliujing	4.9	3750	2630	57608	3	3534	1749
贡井区	Gongjing	12.7	14668	8680	193301	9	11433	4658
大安区	Daan	18.6	14308	9250	179380	10	9077	9396
沿滩区	Yantan	19.1	17250	10600	191013	10	15426	6325
荣县	Rongxian	32.5	39359	29350	514483	34	23141	9622
富顺县	Fushun	55.9	46377	20540	513795	24	24298	7071
攀枝花市	**Panzhihua**							
东区	East District	0.6	193	200	10035	1	220	2934
西区	West District	0.7	398	600	13544	1	189	439
仁和区	Renhe	8.0	9451	8990	115101	24	8046	4519
米易县	Miyi	10.9	16539	11630	141993	20	8359	5418
盐边县	Yanbian	10.6	14106	7470	136804	15	11423	4270
泸州市	**Luzhou**							
江阳区	Jiangyang	23.7	16499	13200	242208	21	14212	10538
纳溪区	Naxi	25.4	22546	12170	240238	14	9665	4562
龙马潭区	Longmatan	12.0	9873	7350	128515	12	6128	3685
泸县	Luxian	61.7	44423	31560	594732	45	30058	16763
合江县	Hejiang	46.7	38065	23550	440404	27	11580	6050
叙永县	Xuyong	35.3	36368	18170	262770	28	17701	10816
古蔺县	Gulin	44.4	41884	17280	262628	12	14425	4827

12-8 续表1 continued

县(市、区)	Counties (Municipalities, Districts)	乡村从业人员(万人) Rural Employed Persons (10 000 persons)	年末实有耕地面积(公顷) Cultivated Land Area (year-end) (hectare)	有效灌溉面积(公顷) Irrigated Land Area (hectare)	农林牧渔业总产值(万元) Gross Output Value of Farming, Forestry, Animal Husbandry and Fishery (10 000 yuan)	农业机械总动力(万千瓦) Total Agricultural Machinery Power (10 000 kw)	化肥施用量(折纯量)(吨) Consumption of Chemical Fertilizers (ton)	农村用电量(万千瓦小时) Electricity Consumed in Rural Areas (10 000 kwh)
德阳市	**Deyang**							
旌阳区	Jinyang	23.5	23643	20660	485239	30	17498	50639
中江县	Zhongjiang	81.9	68935	42290	1004400	52	85275	28959
罗江县	Luojiang	13.3	16855	14660	252142	20	20099	8765
广汉市	Guanghan	28.6	28264	27380	514503	22	25536	48401
什邡市	Shifang	22.2	20423	18150	340705	23	25508	22002
绵竹市	Mianzhu	24.8	26964	24970	354442	25	26176	28475
绵阳市	**Mianyang**							
涪城区	Fucheng	13.8	11994	9730	272902	21	18603	16688
游仙区	Youxian	23.6	25054	21740	342614	27	25848	10192
三台县	Santai	78.4	79395	58810	847261	47	53310	19131
盐亭县	Yanting	28.4	36729	22140	466405	27	42000	7752
安县	Anxian	24.4	30001	24830	338516	30	15856	9138
梓潼县	Zitong	15.8	28384	29910	307062	28	15231	7884
北川县	Beichuan	11.5	11456	2490	118617	8	7778	2710
平武县	Pingwu	9.4	20324	3500	94627	10	6569	4900
江油市	Jiangyou	39.0	38161	36980	501422	50	28649	17799
广元市	**Guangyuan**							
利州区	Lizhou	12.8	7883	6250	141760	22	10495	4180
元坝区	Yuanba	12.3	15997	14130	145634	28	16409	2571
朝天区	Chaotian	11.2	15082	2460	102037	15	8755	1963
旺苍县	Wangcang	20.6	18526	8850	207283	24	10695	3695
青川县	Qingchuan	10.5	20453	3380	110369	8	4825	2425
剑阁县	Jiange	32.1	52885	26150	343854	62	39724	6503
苍溪县	Cangxi	36.3	36814	27220	379004	67	25133	5522
遂宁市	**Suining**							
船山区	Chuanshan	18.6	15389	12570	262844	13	11879	3166
安居区	Anju	37.0	43136	34400	629615	29	38554	4297
蓬溪县	Pengxi	30.6	33586	23060	505000	19	41783	6886
射洪县	Shehong	45.1	40953	31960	613002	25	31242	13466
大英县	Daying	23.5	20930	19760	370542	19	20145	4491
内江市	**Neijiang**							
内江市中区	Neijiang Downtown	19.0	12820	10880	186549	13	8938	8993
东兴区	Dongxing	44.8	37128	22520	543318	20	39971	9980
威远县	Weiyuan	30.4	29512	30390	469235	31	16569	22768
资中县	Zizhong	56.5	58467	32680	779596	37	42568	22708
隆昌县	Longchang	37.7	26496	22210	368211	25	11720	16035
乐山市	**Leshan**							
乐山市中区	Leshan Downtown	20.3	14508	15590	261350	27	9279	12559
沙湾区	Shawan	7.9	5088	4630	113822	15	18005	7240
五通桥区	Wutongqiao	12.3	10458	8050	169688	9	4000	5690

12-8 续表2 continued

县(市、区)	Counties (Municipalities, Districts)	乡村从业人员(万人) Rural Employed Persons (10 000 persons)	年末实有耕地面积(公顷) Cultivated Land Area (year-end) (hectare)	有效灌溉面积(公顷) Irrigated Land Area (hectare)	农林牧渔业总产值(万元) Gross Output Value of Farming, Forestry, Animal Husbandry and Fishery (10 000 yuan)	农业机械总动力(万千瓦) Total Agricultural Machinery Power (10 000 kw)	化肥施用量(折纯量)(吨) Consumption of Chemical Fertilizers (ton)	农村用电量(万千瓦小时) Electricity Consumed in Rural Areas (10 000 kwh)
金口河区	Jinkouhe	2.3	2503	498	23090	3	613	846
犍为县	Qianwei	23.7	26758	16990	306578	26	11438	11578
井研县	Jinyan	22.3	28202	17240	274819	21	14800	8300
夹江县	Jiajiang	18.8	13957	13380	244688	34	13218	11370
沐川县	Muchuan	14.3	14031	5370	170269	10	6023	5610
峨边县	Ebian	7.4	6270	4230	52330	9	2684	2657
马边县	Mabian	9.4	14152	4990	105540	4	6804	3542
峨眉山市	Emeishan	17.7	13780	10950	238198	22	6375	16395
南充市	**Nanchong**							
顺庆区	Shunqing	15.0	12763	12320	275730	8	12935	4210
高坪区	Gaoping	24.9	20618	11800	302689	15	14420	3368
嘉陵区	Jialing	33.0	33603	12250	403129	22	26932	7701
南部县	Nanbu	73.4	54464	44210	688553	32	21600	16241
营山县	Yingshan	39.8	37030	25920	451297	26	34760	6285
蓬安县	Pengan	29.8	29855	20730	439714	25	31030	5596
仪陇县	Yilong	54.1	42830	29610	618948	26	44268	5181
西充县	Xichong	33.3	35386	25380	328726	18	15580	5519
阆中市	Langzhong	36.1	35123	29660	498767	31	35528	5101
眉山市	**Meishan**							
东坡区	Dongpo	41.5	43691	39370	528635	47	47304	26702
仁寿县	Renshou	74.5	79601	90980	887148	67	68115	20272
彭山县	Pengshan	16.0	14896	17790	175544	24	11520	3775
洪雅县	Hongya	18.3	12908	11690	198648	25	9458	6264
丹棱县	Danling	7.7	10228	9350	125396	17	5159	4459
青神县	Qingshen	11.2	9555	10720	109433	17	7872	3424
宜宾市	**Yibin**							
翠屏区	Cuiping	28.3	21306	16200	298007	21	12408	10723
宜宾县	Yibinxian	49.0	54939	21170	552735	43	19787	28872
南溪区	Nanxi	21.3	18024	12780	265678	18	9473	5716
江安县	Jiangan	31.3	24383	13190	276969	16	13264	4229
长宁县	Changning	23.9	21944	12420	287296	18	9838	9384
高县	Gaoxian	29.6	25587	13240	273386	12	12680	7560
珙县	Gongxian	22.0	16104	10553	212757	18	7690	3962
筠连县	Junlian	19.3	22335	7210	202339	12	3969	10350
兴文县	Xingwen	26.1	21316	11520	217807	14	8345	5640
屏山县	Pingshan	17.1	17205	11820	170882	12	5116	4092
广安市	**Guangan**							
广安区	Guanganqu	51.0	43039	25510	497532	47	33013	12567
岳池县	Yuechi	56.1	48154	22870	493326	36	22685	12446
武胜县	Wusheng	38.3	31820	23450	477124	20	16138	9548

12-8 续表3 continued

县(市、区)	Counties (Municipalities, Districts)	乡村从业人员(万人) Rural Employed Persons (10 000 persons)	年末实有耕地面积(公顷) Cultivated Land Area (year-end) (hectare)	有效灌溉面积(公顷) Irrigated Land Area (hectare)	农林牧渔业总产值(万元) Gross Output Value of Farming, Forestry, Animal Husbandry and Fishery (10 000 yuan)	农业机械总动力(万千瓦) Total Agricultural Machinery Power (10 000 kw)	化肥施用量(折纯量)(吨) Consumption of Chemical Fertilizers (ton)	农村用电量(万千瓦小时) Electricity Consumed in Rural Areas (10 000 kwh)
邻水县	Linshui	42.7	41318	18910	496778	36	27173	5632
华蓥市	Huaying	14.4	8806	6400	145826	14	9480	3657
达州市	**Dazhou**							
通川区	Tongchuan	9.7	6573	4390	177253	10	7078	4215
达县	Daxian	67.2	57103	32630	735432	41	31750	25800
宣汉县	Xuanhan	51.2	59595	35050	740988	31	39536	9128
开江县	Kaijiang	27.3	24123	14430	406602	25	15997	10985
大竹县	Dazhu	47.7	58327	35390	717236	28	43550	7700
渠县	Quxian	56.1	65075	30130	770752	30	42064	9089
万源市	Wanyuan	25.7	31264	11070	367706	20	23470	6010
雅安市	**Yaan**							
雨城区	Yucheng	13.2	6435	6790	199086	33	4402	10671
名山县	Mingshan	14.3	9077	11860	225608	22	12271	3037
荥经县	Yingjing	7.1	6285	3430	90517	16	4122	4241
汉源县	Hanyuan	17.7	17380	8610	164953	22	13400	6387
石棉县	Shimian	5.2	3488	3300	66514	12	3343	4962
天全县	Tianquan	7.5	6416	3910	88190	11	5359	4536
芦山县	Lushan	5.8	4242	3730	73829	14	4338	2957
宝兴县	Baoxing	2.8	2494	1100	46518	9	2832	4981
巴中市	**Bazhong**							
巴州区	Bazhou	58.3	45325	29720	471913	41	61491	11051
通江县	Tongjiang	34.0	37276	19970	308240	25	24102	3768
南江县	Nanjiang	29.4	28160	11150	281198	27	20343	4821
平昌县	Pingchang	43.9	41764	16910	367194	40	31069	6030
资阳市	**Ziyang**							
雁江区	Yanjiang	47.0	64594	34260	680222	38	22758	11683
安岳县	Anyue	79.4	74480	43980	1026070	50	15760	17812
乐至县	Lezhi	37.8	43856	18230	558629	28	14800	7600
简阳市	Jianyang	60.0	85665	27760	879985	47	36274	23560
阿坝州	**Aba**							
汶川县	Wenchuan	3.8	2976	2170	27951	6	1306	2953
理县	Lixian	2.5	2386	1189	20097	4	641	879
茂县	Maoxian	5.4	6125	3890	44617	4	2556	2975
松潘县	Songpan	3.5	8411	1400	33444	5	705	2179
九寨沟县	Jiuzhaigou	2.9	3758	2120	20580	8	545	1215
金川县	Jinchuan	3.5	3702	2460	25907	6	1363	1198
小金县	Xiaojin	4.3	8504	2490	25895	11	753	1805
黑水县	Heishui	2.9	6521	1190	19404	6	1698	2568
马尔康县	Maerkang	1.8	3808	1290	23902	8	314	1712
壤塘县	Rangtang	2.2	1887	290	25649	4	1	273

12-8 续表4 continued

县(市、区)	Counties (Municipalities, Districts)	乡村从业人员(万人) Rural Employed Persons (10 000 persons)	年末实有耕地面积(公顷) Cultivated Land Area (year-end) (hectare)	有效灌溉面积(公顷) Irrigated Land Area (hectare)	农林牧渔业总产值(万元) Gross Output Value of Farming, Forestry, Animal Husbandry and Fishery (10 000 yuan)	农业机械总动力(万千瓦) Total Agricultural Machinery Power (10 000 kw)	化肥施用量(折纯量)(吨) Consumption of Chemical Fertilizers (ton)	农村用电量(万千瓦小时) Electricity Consumed in Rural Areas (10 000 kwh)
阿坝县	Abaxian	2.8	6752	30	34068	3	25	155
若尔盖县	Ruoergai	4.2	4228	460	67764	6	97	352
红原县	Hongyuan	1.8	137		35160	1	328	138
甘孜州	**Ganzi**							
康定县	Kangding	4.5	9340	1170	45113	8	129	880
泸定县	Luding	3.1	4887	1940	32077	5	955	2326
丹巴县	Danba	3.5	2632	2620	29947	6	307	1410
九龙县	Jiulong	3.3	3792	1260	23861	6	428	700
雅江县	Yajiang	2.4	3037	1050	22683	7	37	66
道孚县	Daofu	2.7	7698	2120	21487	6	117	777
炉霍县	Luhuo	2.3	4564	940	21436	3	30	324
甘孜县	Ganzixian	3.4	13400	1480	35434	5	87	55
新龙县	Xinlong	1.8	4342	1090	28248	6	22	265
德格县	Dege	4.8	4999	950	28325	1	63	225
白玉县	Baiyu	2.9	5586	1400	26633	4	35	353
石渠县	Shiqu	3.5	5806	1540	37511	1	50	71
色达县	Seda	2.7	1187	90	25356	1	28	20
理塘县	Litang	3.4	4287	2080	30943	7	80	391
巴塘县	Batang	2.8	4906	2370	22814	2	269	342
乡城县	Xiangcheng	1.4	2317	2290	18172	4	175	621
稻城县	Daocheng	1.5	3438	2140	17314	6	58	200
得荣县	Derong	1.4	3780	1490	16834	3	91	43
凉山州	**Liangshan**							
西昌市	Xichang	25.6	34906	25240	510607	50	15530	7969
木里县	Muli	7.8	14919	5410	68003	9	984	418
盐源县	Yanyuan	20.6	37160	15080	207833	29	6525	7820
德昌县	Dechang	9.9	15807	8060	193794	18	11929	3096
会理县	Huili	25.8	33328	15310	485463	34	19413	5038
会东县	Huidong	22.1	31976	14250	464644	23	20995	4611
宁南县	Ningnan	10.4	13469	9970	169098	8	18691	11404
普格县	Puge	7.9	13668	4160	97132	5	3781	1554
布拖县	Butuo	9.0	14736	1620	82696	3	1900	460
金阳县	Jinyang	8.4	15939	2660	89623	5	2194	1413
昭觉县	Zhaojue	13.9	21164	2800	113811	10	3335	2630
喜德县	Xide	9.3	15240	2390	80707	7	3280	827
冕宁县	Mianning	21.1	25293	11290	232328	15	7551	4685
越西县	Yuexi	15.5	16615	6460	139489	7	7675	3554
甘洛县	Ganluo	9.9	13893	4070	75487	5	10713	1765
美姑县	Meigu	10.8	18051	2070	97866	3	5270	693
雷波县	Leibo	14.3	16262	3700	128835	12	2516	2110

12-9 各县(市、区)规模以上工业经济情况(2011年)

Basic Statistics on Industrial Enterprises above Designated Size of Counties (Municipalities, District)(2011)

单位：万元 (10 000 yuan)

县(市、区)	Counties (Municipalities, Districts)	工业总产值 Gross Industrial Output Value	内资企业 Domestic Funded Enterprises	港澳台商投资企业 Enterprises Funded by Hongkong, Macao and Taiwan	外商投资企业 Foreign-funded Enterprises	资产合计 Total Assets	负债合计 Total Liabilities	主营业务收入 Sales Revenue	利税总额 Total Profits and Taxes
成都市	**Chengdu**								
锦江区	Jinjiang	329972	329972			503644	258800	352400	73200
青羊区	Qingyang	1765317	1688665	74051	2601	2811400	1759700	1689800	139900
金牛区	Jinniu	2859001	2780653	33030	35430	1606931	735137	2277330	241128
武侯区	Wuhou	2904470				1766274	993561	2581376	441607
成华区	Chenghua	1505973	1411233	5495	89245	1395867	933695	1644304	75820
龙泉驿区	Longquanyi	8484700	4443300	230200	3811100	10434500	6527700	9113700	2665400
青白江区	Qingbaijiang	4333900	3973600	350222	10078	4531900	2572700	4279900	109600
新都区	Xindu	7153049	6405069	305240	442740	6449893	3097209	6845473	836463
温江区	Wenjiang	4276705	3218355	518930	539420	2726596	1239530	3937119	439763
金堂县	Jintang	990004	884771	13390	91843	1159209	805711	900826	103305
双流县	Shuangliu	8779500				5389251	3024413	7919472	1315800
郫县	Pixian	17250275	15721711	274828	1253736	9633160	5767322	16272218	1545714
大邑县	Dayi	1227662	1173609	2308	51745	1102092	645803	1094490	116781
蒲江县	Pujiang	690927	625773	42562	22592	466348	211302	594386	47006
新津县	Xinjin	3001900	2723600	156400	121900	2510700	1724000	2477800	231100
都江堰市	Dujiangyan	1068837	740792	208032	120013	2128810	1264890	1069379	145671
彭州市	Pengzhou	2471396	2155358	107357	208681	2514990	1523795	2091960	153400
邛崃市	Qionglai	1743575	1702064		41511	886904	415061	1620605	166863
崇州市	Chongzhou	1858248	1851066		7182	1073657	647186	1701863	101266
自贡市	**Zigong**								
自流井区	Ziliujing	2519281	2331643		187635	3106177	2296238	2330753	218969
贡井区	Gongjing	2138309	2071071		67238	390377	271097	2167526	156574
大安区	Daan	3586298	3338208	68886	179205	1986107	1138951	3527589	411845
沿滩区	Yantan	1889310	1726166		163144	814121	506426	1817686	207838
荣县	Rongxian	1600119	1596089		4030	688424	488736	1565165	92395
富顺县	Fushun	1695931	1695931			639787	344304	1540240	196001
攀枝花市	**Panzhihua**								
东区	East District	6182391	6101335	29771	51285	8748030	6325139	6546214	367095
西区	West District	1783547	1783547			1785358	1433283	1830095	297445
仁和区	Renhe	2031520	1818902		212619	1520387	947785	2039861	226938
米易县	Miyi	667787	667787			1060970	813949	617134	145462
盐边县	Yanbian	1392663	1392663			8948528	7299070	1253871	250337
泸州市	**Luzhou**								
江阳区	Jiangyang	3532557	3502166		30391	2718996	1595372	3376936	830303
纳溪区	Naxi	1560061	1511516	43800	4745	1303010	759514	1665703	150826
龙马潭区	Longmatan	2898165	2831605		66560	1137513	596106	2904350	506739
泸县	Luxian	2290031	2273466		16565	635313	271268	2295726	274276
合江县	Hejiang	713262	705839	7423		248966	105277	728986	73199
叙永县	Xuyong	673830	673830			190981	96224	672320	52678
古蔺县	Gulin	1506553	1491242		15311	833879	414596	1417734	477457

12-9 续表1 continued

单位：万元 (10 000 yuan)

县(市、区)	Counties (Municipalities, Districts)	工业总产值 Gross Industrial Output Value	内资企业 Domestic Funded Enterprises	港澳台商投资企业 Enterprises Funded by Hongkong, Macao and Taiwan	外商投资企业 Foreign-funded Enterprises	资产合计 Total Assets	负债合计 Total Liabilities	主营业务收入 Sales Revenue	利税总额 Total Profits and Taxes
德阳市	**Deyang**								
旌阳区	Jinyang	6891272	6133896	576172	181204	9951415	7181234	6328195	609877
中江县	Zhongjiang	1641033	1571909	58280	10844	490009	272533	1614488	99897
罗江县	Luojiang	1010648	914003	20901	75744	733604	289999	1016383	65891
广汉市	Guanghan	4935119	4031057	409602	494460	2499774	1557192	5047972	800187
什邡市	Shifang	3047101	2817197	76002	153902	2660297	1695839	2967807	653340
绵竹市	Mianzhu	3563798	3540314	15598	7887	5032182	3804865	3438099	455446
绵阳市	**Mianyang**								
涪城区	Fucheng	8751537	7913125	176664	661748	9977700	6544981	9489245	1184169
游仙区	Youxian	1644851	1499010	70066	75776	1646303	831950	1464238	254259
三台县	Santai	1308727	1191144	16914	100668	631976	322451	1323666	226494
盐亭县	Yanting	472209	469437	2772		116513	56312	455220	24432
安县	Anxian	1055444	1012983	28587	13874	868310	553839	978754	98085
梓潼县	Zitong	724181	724181			361703	226726	701834	60633
北川县	Beichuan	155351	150012	5340		283943	219521	131182	16049
平武县	Pingwu	183000	183000			599592	483620	161887	33682
江油市	Jiangyou	2823732	2792962	22002	8769	2236609	1482735	2623443	291870
广元市	**Guangyuan**								
利州区	Lizhou	2159994	1934464	6759	218771	1844882	1182852	2146276	187937
元坝区	Yuanba	428189	428189			120397	55542	421524	27619
朝天区	Chaotian	290049	280970		9079	197607	113473	290403	49505
旺苍县	Wangcang	723953	723953			447023	294516	726407	63753
青川县	Qingchuan	124196	118887		5309	98088	35122	119389	6880
剑阁县	Jiange	476393	476393			175018	102800	468730	25628
苍溪县	Cangxi	418288	414975	3313		129047	63381	416783	22905
遂宁市	**Suining**								
船山区	Chuanshan	4245700	4066900		178800	1378000	326200	4328300	592000
安居区	Anju	391310	391310			108393	27825	387515	55952
蓬溪县	Pengxi	712725	676453	4127	32145	395501	107960	665466	93357
射洪县	Shehong	2561295	2475692		85603	1875583	871366	2921492	392523
大英县	Daying	2136859	2136859			806972	408872	2132278	455350
内江市	**Neijiang**								
内江市中区	Neijiang Downtown	3345404	3263283		82121	1260725	541155	3341348	389471
东兴区	Dongxing	2024725	1719493	302685	2547	581130	198427	2026089	326500
威远县	Weiyuan	5645357	5641846		3511	2815492	1653477	5629694	521346
资中县	Zizhong	2389745	2271656	115770	2319	1168387	529331	2360784	389136
隆昌县	Longchang	3030867	2989132		41735	667765	267514	3018865	396588
乐山市	**Leshan**								
乐山市中区	Leshan Downtown	1896990	1814579	32668	49743	1590269	910175	1352967	98128
沙湾区	Shawan	2937366	2915434		21932	2950135	2370340	2731420	207857
五通桥区	Wutongqiao	2347228	2320863		26365	2270326	1409512	1791983	288484

12-9 续表2 continued

单位：万元 (10 000 yuan)

县(市、区)	Counties (Municipalities, Districts)	工业总产值 Gross Industrial Output Value	内资企业 Domestic Funded Enterprises	港澳台商投资企业 Enterprises Funded by Hongkong, Macao and Taiwan	外商投资企业 Foreign-funded Enterprises	资产合计 Total Assets	负债合计 Total Liabilities	主营业务收入 Sales Revenue	利税总额 Total Profits and Taxes
金口河区	Jinkouhe	635866	635866			818140	685330	591680	64814
犍为县	Qianwei	1594978	1594978			526425	262851	1462584	201882
井研县	Jinyan	1079950	1079950			609188	377507	1038501	40859
夹江县	Jiajiang	1426992	1270731	51010	105251	660682	444290	1108293	71407
沐川县	Muchuan	562958	562958			662736	434008	539482	46601
峨边县	Ebian	392149	392149			602947	409444	369598	38738
马边县	Mabian	153655	150435	3220		492136	374058	139979	22101
峨眉山市	Emeishan	2753695	2575143	173272	5280	2290110	1378342	2560004	230399
南充市	**Nanchong**								
顺庆区	Shunqing	3046690	3046690			2688730	1390080	3059118	486640
高坪区	Gaoping	1635056	1587768	20946	26342	1101449	447780	1421981	195958
嘉陵区	Jialing	1952794	1688727	144043	120024	1199941	498346	1960146	329287
南部县	Nanbu	1758959	1706561		52398	1244496	551512	1756561	207143
营山县	Yingshan	1027883	1027883			846784	495911	1023634	152920
蓬安县	Pengan	1691128	1625500	65628		611806	346017	1712781	175875
仪陇县	Yilong	863504	842875	20629		670167	427344	866719	103323
西充县	Xichong	796373	796373			268090	96832	793965	85195
阆中市	Langzhong	679766	679766			419235	190520	715873	72615
眉山市	**Meishan**								
东坡区	Dongpo	4042500	3560115	145018	337367	2430909	1548403	3876725	272747
仁寿县	Renshou	2767400	2767400			1097200	414800	2728300	568200
彭山县	Pengshan	1976178	1689226	73736	213216	879247	479817	1900985	353459
洪雅县	Hongya	554725	554725			696569	508879	545496	47755
丹棱县	Danling	505903	505903			254652	145833	461909	26917
青神县	Qingshen	712367	655705	3553	53109	351469	168555	671289	44708
宜宾市	**Yibin**								
翠屏区	Cuiping	6585178	6413046	172132		9383014	4690857	7794667	1556241
宜宾县	Yibinxian	1656375	1645889	10485		845016	499003	1631154	245072
南溪区	Nanxi	1278597	1278597			654819	350927	1174862	191558
江安县	Jiangan	1715506	1715506			1402308	610461	1472432	202453
长宁县	Changning	1290721	1130252		160469	466642	322236	1211649	106847
高县	Gaoxian	1271001	1271001			473443	254296	1225081	170799
珙县	Gongxian	1149520	1149520			1223757	912318	1051860	296564
筠连县	Junlian	1632043	1632043			562778	304602	1604274	380532
兴文县	Xingwen	517163	517163			333658	197884	510381	93251
屏山县	Pingshan	224544	224544			176810	132005	216497	13323
广安市	**Guangan**								
广安区	Guanganqu	2709021	2576596	30812	101613	1824773	1225820	2683893	223753
岳池县	Yuechi	1318862	1282569	28716	7577	333909	209388	1282208	126079
武胜县	Wusheng	1884722	1865517		19205	405361	233585	1869466	94990

12-9 续表3 continued

单位：万元 (10 000 yuan)

县(市、区)	Counties (Municipalities, Districts)	工业总产值 Gross Industrial Output Value	内资企业 Domestic Funded Enterprises	港澳台商投资企业 Enterprises Funded by Hongkong, Macao and Taiwan	外商投资企业 Foreign-funded Enterprises	资产合计 Total Assets	负债合计 Total Liabilities	主营业务收入 Sales Revenue	利税总额 Total Profits and Taxes
邻水县	Linshui	1428710	1428710			416205	220202	1411691	149543
华蓥市	Huaying	1647499	1572911	74588		875780	490655	1617763	151318
达州市	**Dazhou**								
通川区	Tongchuan	2690774	2677252	13522		2048187	1464700	3082205	147044
达县	Daxian	1885022	1808028	76994		710477	372342	1885384	105417
宣汉县	Xuanhan	1554764	1554764			3358105	3089657	1529193	388369
开江县	Kaijiang	443489	443489			174907	73681	44163	33427
大竹县	Dazhu	1868350	1824785	43565		660061	395223	1816676	176184
渠县	Quxian	1370744	1370744			672249	433990	1270779	56298
万源市	Wanyuan	660096	660096			184141	96379	600054	34400
雅安市	**Yaan**								
雨城区	Yucheng	1011196	950678	38830	21688	1640671	1076316	865909	159142
名山县	Mingshan	577639	543053	34586		298501	155196	523842	62586
荥经县	Yingjing	770188	770188			324058	215366	720152	56097
汉源县	Hanyuan	479968	456204	23764		3020172	2350356	490320	141431
石棉县	Shimian	748933	748933			1683388	1271325	531575	120294
天全县	Tianquan	308309	308309			401123	284823	215028	6660
芦山县	Lushan	325012	310830		14182	160488	83286	313285	12228
宝兴县	Baoxing	228339	217247			307084	179193	156447	34688
巴中市	**Bazhong**								
巴州区	Bazhou	803732	803732			198848	116926	803824	32765
通江县	Tongjiang	379520	379520			113749	77971	362462	9649
南江县	Nanjiang	725001	725001			259795	138150	630371	56125
平昌县	Pingchang	1179468	1179468			209965	151551	1075850	60163
资阳市	**Ziyang**								
雁江区	Yanjiang	6274769	6195535	2103	77131	2616831	1367884	6246673	684396
安岳县	Anyue	2454067	2450252	3815		750880	289428	2442192	375800
乐至县	Lezhi	2069178	2059394		9784	897442	359104	2051314	303691
简阳市	Jianyang	5065835	5019814	14050	31971	1784442	1009463	4897987	507269
阿坝州	**Aba**								
汶川县	Wenchuan	669055	647096	21959		1135449	736394	615076	146733
理县	Lixian	113959	113959			958402	789999	105673	22515
茂县	Maoxian	231280	231280			591650	450679	162841	7567
松潘县	Songpan	19567	19567			45666	32891	18476	1254
九寨沟县	Jiuzhaigou	34743	34743			466158	355688	28985	8308
金川县	Jinchuan								
小金县	Xiaojin	30906	30906			97284	72144	20879	1989
黑水县	Heishui	55885	55885			557711	431596	49609	35919
马尔康县	Maerkang	9332	9332			21352	11497	8782	933
壤塘县	Rangtang								

12-9 续表4 continued

单位：万元　　(10 000 yuan)

县(市、区)	Counties (Municipalities, Districts)	工业总产值 Gross Industrial Output Value	内资企业 Domestic Funded Enterprises	港澳台商投资企业 Enterprises Funded by Hongkong, Macao and Taiwan	外商投资企业 Foreign-funded Enterprises	资产合计 Total Assets	负债合计 Total Liabilities	主营业务收入 Sales Revenue	利税总额 Total Profits and Taxes
阿坝县	Abaxian								
若尔盖县	Ruoergai	16004	16004			9775	6746	15204	185
红原县	Hongyuan	26001	26001			13278	16639	19871	719
甘孜州	**Ganzi**								
康定县	Kangding	114922	114922			884072	672667	177133	64879
泸定县	Luding	53325	53325			794292	600587	53057	22580
丹巴县	Danba	12904	12904			17995	8308	12337	827
九龙县	Jiulong	169093	143713		25380	934719	643885	164496	85930
雅江县	Yajiang								
道孚县	Daofu								
炉霍县	Luhuo								
甘孜县	Ganzixian								
新龙县	Xinlong								
德格县	Dege								
白玉县	Baiyu	69037	69037			112728	17695	70248	50434
石渠县	Shiqu								
色达县	Seda								
理塘县	Litang								
巴塘县	Batang	13827	13827			33510	20355	13615	3508
乡城县	Xiangcheng	8471	8471			6147	2176	8521	1549
稻城县	Daocheng								
得荣县	Derong								
凉山州	**Liangshan**								
西昌市	Xichang	3445500				2326800	1581800	2675400	607100
木里县	Muli	67200				24100	8900	67200	5300
盐源县	Yanyuan	1055600				530800	210400	1040900	172200
德昌县	Dechang	542800				244800	146600	471800	83500
会理县	Huili	2210500				2291700	1505300	1967100	276700
会东县	Huidong	1080100				427200	291500	1054600	150300
宁南县	Ningnan	298400				211500	125200	299800	55200
普格县	Puge	71800				96200	54700	68500	10000
布拖县	Butuo	136000				82400	22800	135800	72500
金阳县	Jinyang	133800				25700	11600	133800	24700
昭觉县	Zhaojue	71800				96200	54700	68500	4300
喜德县	Xide	151900				79700	50500	162100	22500
冕宁县	Mianning	561700				760100	420000	512600	148000
越西县	Yuexi	343900				148300	74500	337000	57500
甘洛县	Ganluo	272300				205600	121000	274000	82300
美姑县	Meigu	93500				294100	221100	68100	10000
雷波县	Leibo	314400				119600	63100	281000	70200

12-10 各县(市、区)财政、金融、贸易和利用外资情况(2011年)
Finance and Banking,Trade and Foreign Funds Ulilization Conditions of Counties (Municipalities, District)(2011)

单位：万元　　(10 000 yuan)

县(市、区)	Counties (Municipalities, Districts)	地方公共财政收入 Local Government Public-budgetary Revenue	地方公共财政支出 Local Government Public-budgetary Expenditure	年末金融机构各项存款余额 Total Deposits Balances of Financial Institutions	年末金融机构各项贷款余额 Total Loans Balances of Financial Institutions	社会消费品零售总额 Total Retail Sales of Consumer Goods	出口总额(万美元) Total Export (USD 10 000)	实际利用外资金额(万美元) Foreign Capital Actually Used (USD 10 000)
成都市	**Chengdu**							
锦江区	Jinjiang	345232	366499			4554397	109465	110089
青羊区	Qingyang	380871	371161			4097499	117804	77087
金牛区	Jinniu	364019	434315			4054586	128090	52389
武侯区	Wuhou	410532	476269			4058697	166900	67738
成华区	Chenghua	348874	385557			1952100	55100	70057
龙泉驿区	Longquanyi	315782	384471	4614600	3607400	738700	45026	40144
青白江区	Qingbaijiang	130592	167510	1914369	1217897	417063	31476	16300
新都区	Xindu	312672	341244	4070610	1874527	912431	25717	13440
温江区	Wenjiang	234653	276446	2754542	1809738	580700	19733	9662
金堂县	Jintang	95832	235395	1678686	861843	433456	4879	7050
双流县	Shuangliu	441687	585232	8423293	4638411	1485832	152044	18600
郫县	Pixian	229697	290599	3901410	2296350	688922	38452	13306
大邑县	Dayi	72889	148388	1611634	590526	333830	8808	2358
蒲江县	Pujiang	31961	110393	857460	315891	169414	4583	4361
新津县	Xinjin	110358	163098	1453471	1013701	408318	11393	12702
都江堰市	Dujiangyan	182227	356779	3755520	2450739	718208	10422	2841
彭州市	Pengzhou	102632	261733	2897196	1308093	478098	11844	4801
邛崃市	Qionglai	70168	187684	1764237	912977	438885	3102	2206
崇州市	Chongzhou	88039	190901	2266510	1038924	469692	8301	8694
自贡市	**Zigong**							
自流井区	Ziliujing	5037	65390			1025063	3966	132
贡井区	Gongjing	7348	70364			243639	4119	
大安区	Daan	13506	94368			337387	19676	1930
沿滩区	Yantan	8103	75114			289012	313	
荣县	Rongxian	38266	187445	1084509	357090	410681	80	
富顺县	Fushun	45568	231968	1477138	490613	570966	6270	
攀枝花市	**Panzhihua**							
东区	East District	62610	104029	4204170	3181519	1008272	4310	15175
西区	West District	21237	61414	648982	301390	192763		
仁和区	Renhe	61474	122486	721679	309559	195605	9594	
米易县	Miyi	62557	132968	518698	343134	171807	3579	
盐边县	Yanbian	61165	125494	519033	321551	88331	65	
泸州市	**Luzhou**							
江阳区	Jiangyang	87916	198721	4115504	2183955	902430	1583	827
纳溪区	Naxi	43088	154456	825973	646978	357012	1081	817
龙马潭区	Longmatan	54201	123880	1206067	601197	282973	6137	505
泸县	Luxian	61314	244950	1424566	501147	519575	1187	265
合江县	Hejiang	48390	214215	1232865	457431	423089	166	153
叙永县	Xuyong	31008	178066	566436	262165	293198	51	1195
古蔺县	Gulin	100108	261380	646021	435595	296594	130	100

12-10 续表1 continued

单位：万元 (10 000 yuan)

县(市、区)	Counties (Municipalities, Districts)	地方公共财政收入 Local Government Public-budgetary Revenue	地方公共财政支出 Local Government Public-budgetary Expenditure	年末金融机构各项存款余额 Total Deposits Balances of Financial Institutions	年末金融机构各项贷款余额 Total Loans Balances of Financial Institutions	社会消费品零售总额 Total Retail Sales of Consumer Goods	出口总额(万美元) Total Export (USD 10 000)	实际利用外资金额(万美元) Foreign Capital Actually Used (USD 10 000)
德阳市	**Deyang**							
旌阳区	Jinyang	154280	243364	6303563	3140252	874113	27648	7369
中江县	Zhongjiang	36468	297516	1849094	645267	871253	6490	1200
罗江县	Luojiang	21096	93971	519063	291010	133526	566	1200
广汉市	Guanghan	102059	207113	2424669	1141175	780722	51707	3700
什邡市	Shifang	114610	202888	1749864	998957	414537	23398	3700
绵竹市	Mianzhu	113667	212966	2253052	963114	441572	29539	2000
绵阳市	**Mianyang**							
涪城区	Fucheng	70119	156647	9746981	5476109	1415906	83270	16117
游仙区	Youxian	30544	121713	1047018	588243	481262	6867	3870
三台县	Santai	46024	292962	1837235	747453	935917	2299	2203
盐亭县	Yanting	14508	161477	766946	229117	424539	170	682
安县	Anxian	32002	137797	1147780	562134	322592	2934	3086
梓潼县	Zitong	14500	104826	529608	246359	388392	197	1549
北川县	Beichuan	20804	245307	1059956	747001	108064		560
平武县	Pingwu	18001	84826	676416	456800	67538	281	415
江油市	Jiangyou	90761	259601	2588881	926361	875793	1357	3300
广元市	**Guangyuan**							
利州区	Lizhou	32199	140908	3007383	1398223	714634	1588	638
元坝区	Yuanba	8162	103355	394659	140821	84735		
朝天区	Chaotian	10818	93280	259328	103607	70440	201	90
旺苍县	Wangcang	23349	175503	826398	200848	211087	465	183
青川县	Qingchuan	10408	111978	775884	240215	93507	49	200
剑阁县	Jiange	26714	195593	922070	288458	237278	677	100
苍溪县	Cangxi	23525	256986	1314624	434279	254371	914	200
遂宁市	**Suining**							
船山区	Chuanshan	62538	181612	2528049	1653768	773364	18447	
安居区	Anju	18061	165752	741163	214634	232943	2605	
蓬溪县	Pengxi	17275	191673	801243	298721	434396	1900	50
射洪县	Shehong	56127	246221	1538615	786850	516488	9825	825
大英县	Daying	26010	150319	718936	365526	346848	4743	
内江市	**Neijiang**							
内江市中区	Neijiang Downtown	18602	116245			677895	8504	404
东兴区	Dongxing	23930	170390			342907	3474	4312
威远县	Weiyuan	60307	200619	1160950	666914	425505	1835	5900
资中县	Zizhong	44359	275336	1504563	560845	481769	2351	600
隆昌县	Longchang	37168	182506	1263239	460879	456862	7124	1180
乐山市	**Leshan**							
乐山市中区	Leshan Downtown	58353	145600	4307702	2900219	894186	29899	3449
沙湾区	Shawan	45868	93200	423204	575926	148920	175	1625
五通桥区	Wutongqiao	34524	90733	720309	585280	291631	11540	1206

12-10 续表2 continued

单位：万元 (10 000 yuan)

县(市、区)	Counties (Municipalities, Districts)	地方公共财政收入 Local Government Public-budgetary Revenue	地方公共财政支出 Local Government Public-budgetary Expenditure	年末金融机构各项存款余额 Total Deposits Balances of Financial Institutions	年末金融机构各项贷款余额 Total Loans Balances of Financial Institutions	社会消费品零售总额 Total Retail Sales of Consumer Goods	出口总额(万美元) Total Export (USD 10 000)	实际利用外资金额(万美元) Foreign Capital Actually Used (USD 10 000)
金口河区	Jinkouhe	345232	36481	116434	20389	44119	446	
犍为县	Qianwei	34047	149612	840821	401805	300683	65	1108
井研县	Jinyan	15522	115340	649764	403564	186384	771	301
夹江县	Jiajiang	34119	98009	867618	400082	275181	872	1005
沐川县	Muchuan	21703	87260	291904	211166	116750	138	402
峨边县	Ebian	23471	71886	270030	217731	82768	81	201
马边县	Mabian	35973	95606	277233	160883	63006		1003
峨眉山市	Emeishan	103559	162465	1567003	1073388	529375	5875	1819
南充市	**Nanchong**							
顺庆区	Shunqing	65330	193886	4310471	1822610	1046058	14607	7798
高坪区	Gaoping	23200	175454	936952	328481	416720	5307	
嘉陵区	Jialing	27780	175297	934639	380542	221920	6173	91
南部县	Nanbu	47071	319458	1533110	523107	511725	7587	
营山县	Yingshan	22957	245961	1338009	382473	418491	2896	
蓬安县	Pengan	23970	194238	1018172	382501	262350	3368	400
仪陇县	Yilong	28699	271764	1225048	467955	302713	2300	
西充县	Xichong	21630	180953	789295	253771	290745	3927	112
阆中市	Langzhong	42993	279544	1537888	654830	450147	10036	
眉山市	**Meishan**							
东坡区	Dongpo	75009	231668	2556588	1445769	771662	3909	12128
仁寿县	Renshou	67500	363900	2277623	803599	758186	800	
彭山县	Pengshan	50003	126943	949694	329743	224009	1045	1319
洪雅县	Hongya	37418	128603	743854	441084	187407	1159	415
丹棱县	Danling	11796	72135	302125	115135	102168	594	
青神县	Qingshen	16601	81780	448290	158704	111129	1826	470
宜宾市	**Yibin**							
翠屏区	Cuiping	109815	214484	6385257	2361560	1312914	49622	1674
宜宾县	Yibinxian	47518	221398	1270809	771120	452251	366	182
南溪区	Nanxi	25202	129965	562012	371917	299487	848	403
江安县	Jiangan	27531	140658	670898	317473	318918	27	
长宁县	Changning	21659	124431	468513	254944	357788	3524	
高县	Gaoxian	26088	123014	586794	233152	247968	116	2201
珙县	Gongxian	34071	120773	581871	368119	275962	78	
筠连县	Junlian	39484	126115	464279	185575	169760	12	551
兴文县	Xingwen	28027	130069	391192	208564	220800	21	
屏山县	Pingshan	18298	95771	616599	158420	85705	12	
广安市	**Guangan**							
广安区	Guanganqu	48341	278779	2792897	1296356	659002	20487	2947
岳池县	Yuechi	44129	250098	1598790	462414	501738	4113	
武胜县	Wusheng	42847	202526	1275869	409674	377631	3100	

12-10 续表3 continued

单位：万元 (10 000 yuan)

县(市、区)	Counties (Municipalities, Districts)	地方公共财政收入 Local Government Public-budgetary Revenue	地方公共财政支出 Local Government Public-budgetary Expenditure	年末金融机构各项存款余额 Total Deposits Balances of Financial Institutions	年末金融机构各项贷款余额 Total Loans Balances of Financial Institutions	社会消费品零售总额 Total Retail Sales of Consumer Goods	出口总额(万美元) Total Export (USD 10 000)	实际利用外资金额(万美元) Foreign Capital Actually Used (USD 10 000)
邻水县	Linshui	345232	233933	1153275	388594	481433	3552	110
华蓥市	Huaying	27140	131043	876098	312848	173652	10766	359
达州市	**Dazhou**							
通川区	Tongchuan	37737	125294	3577829	1692157	769845	651	200
达县	Daxian	57756	285771	1132216	647006	604644	1793	180
宣汉县	Xuanhan	61567	335818	1444135	510083	564185	562	
开江县	Kaijiang	25724	160973	754169	215697	296504	360	
大竹县	Dazhu	61686	276288	1656065	541342	552041	1562	280
渠县	Quxian	41992	333316	1693803	515561	633602	898	
万源市	Wanyuan	21634	198389	724328	276076	268326	502	
雅安市	**Yaan**							
雨城区	Yucheng	15203	90193	2243536	1317159	396341	617	590
名山县	Mingshan	11041	79056	455718	241769	144169	990	30
荥经县	Yingjing	15302	64411	393265	192372	119407	42	
汉源县	Hanyuan	37059	108956	871094	239434	161647		428
石棉县	Shimian	37213	92667	437949	319819	102799		2638
天全县	Tianquan	10611	61382	314346	310659	108777	28	
芦山县	Lushan	6019	55662	262920	93734	61316	120	
宝兴县	Baoxing	10011	47253	189307	81912	45218	87	
巴中市	**Bazhong**							
巴州区	Bazhou	28757	334180	2047315	636922	550352	1194	200
通江县	Tongjiang	14172	277589	833245	268575	258424		
南江县	Nanjiang	26368	249800	936339	290447	242332		
平昌县	Pingchang	23018	328358	864736	363549	302936	993	
资阳市	**Ziyang**							
雁江区	Yanjiang	61237	239600	2606932	1291203	647776	6149	2539
安岳县	Anyue	60240	348267	1770105	682536	687895	1025	202
乐至县	Lezhi	40096	194886	1135860	403031	444820	357	100
简阳市	Jianyang	100013	350000	2362417	961439	739734	10003	1010
阿坝州	**Aba**							
汶川县	Wenchuan	30118	121989	748424	222565	47068	2521	850
理县	Lixian	8291	59059	272514	112065	17128		
茂县	Maoxian	14166	85932	503012	146722	40872		
松潘县	Songpan	8396	77255	274679	103192	31965		
九寨沟县	Jiuzhaigou	13580	71703	325874	323558	64211		
金川县	Jinchuan	2824	71339	144016	24389	22115		
小金县	Xiaojin	4107	63152	249990	104078	26000		
黑水县	Heishui	7817	59921	223638	150884	19163		
马尔康县	Maerkang	7512	71812	967839	176004	46747		
壤塘县	Rangtang	1203	81360	104231	13005	10810		

12-10 续表4 continued

单位：万元 (10 000 yuan)

县(市、区)	Counties (Municipalities, Districts)	地方公共财政收入 Local Government Public-budgetary Revenue	地方公共财政支出 Local Government Public-budgetary Expenditure	年末金融机构各项存款余额 Total Deposits Balances of Financial Institutions	年末金融机构各项贷款余额 Total Loans Balances of Financial Institutions	社会消费品零售总额 Total Retail Sales of Consumer Goods	出口总额(万美元) Total Export (USD 10 000)	实际利用外资金额(万美元) Foreign Capital Actually Used (USD 10 000)
阿坝县	Abaxian	345232	94966	147847	23590	23464		
若尔盖县	Ruoergai	2782	89956	132832	50005	24686		
红原县	Hongyuan	1803	73911	102059	66925	16087		
甘孜州	**Ganzi**							
康定县	Kangding	42677	102192	1184972	565632	86305	55	3984
泸定县	Luding	18478	74104	264498	245606	140368	217	2011
丹巴县	Danba	10618	63687	149865	73570	21593		
九龙县	Jiulong	24335	68855	137326	178151	11295		
雅江县	Yajiang	8276	63483	119244	68865	12691	149	
道孚县	Daofu	4100	68131	83488	13877	9862		
炉霍县	Luhuo	1340	71728	94371	8835	13189		
甘孜县	Ganzixian	2351	78805	124107	5040	25387		
新龙县	Xinlong	2199	53163	75201	3590	6036		
德格县	Dege	1716	68644	92741	5590	9584		
白玉县	Baiyu	8171	63699	119334	8161	11300		
石渠县	Shiqu	1497	98468	128991	11744	15214		
色达县	Seda	3242	67722	101951	9610	9160		
理塘县	Litang	3048	87161	120579	11795	23042	15	
巴塘县	Batang	4830	54207	106228	12229	19732		
乡城县	Xiangcheng	5602	57698	70252	63042	10062	96	
稻城县	Daocheng	2756	74159	92596	21442	9539	114	
得荣县	Derong	2504	50468	60479	6479	5730		
凉山州	**Liangshan**							
西昌市	Xichang	182071	336873	2395226	1717289	1262762		1527
木里县	Muli	25290	112102	330594	306881	40972		372
盐源县	Yanyuan	53837	161432	379492	128034	110342		753
德昌县	Dechang	34068	102306	368560	128034	143824		
会理县	Huili	115100	222817	830176	414291	295440		2288
会东县	Huidong	70218	152523	421360	134910	243326		
宁南县	Ningnan	26319	111260	283142	41054	103576		
普格县	Puge	10800	93918	194013	35116	54537		
布拖县	Butuo	8325	73947	144656	13859	26188		
金阳县	Jinyang	13573	101637	169215	22631	41562		
昭觉县	Zhaojue	7824	120587	201929	20540	38614		64
喜德县	Xide	9252	82142	166180	23379	41904		
冕宁县	Mianning	37653	138822	488274	124810	226695		
越西县	Yuexi	17416	106031	261460	57995	97002		
甘洛县	Ganluo	22316	96888	246411	56357	54781		
美姑县	Meigu	10290	92988	169564	37926			
雷波县	Leibo	26967	102788	291838	65234	64645		

12-11 各县(市、区)交通运输和邮电业情况(2011年)
Basic Statistics on Transportation, Postal and Telecommunication of Counties (Municipalities, District)(2011)

县(市、区)	Counties (Municipalities, Districts)	公路里程 (公里) Length of Highway (km)	# 等级公路 Express-way and Class I to IV Highway	公路客运周转量 (万人公里) Total Passenger-Kilometers (10 000 passenger-km)	公路货运周转量 (万吨公里) Total Freight Ton-Kilometers (10 000 ton-km)	邮电主营业务收入 (万元) Main Services Revenue of Post and Telecomm-unication (10 000 yuan)	固定电话用户 (户) Local Tele-phone Subsc-ribers (year-end) (subscribers)	移动电话用户 (户) Number of Mobile Telephones Subscribers
成都市	**Chengdu**							
锦江区	Jinjiang	191	191		62448			
青羊区	Qingyang	211	207					
金牛区	Jinniu							
武侯区	Wuhou		212		141175			
成华区	Chenghua	173	165	194	75666			
龙泉驿区	Longquanyi	1584	1041	474858	129944	71580	107928	541600
青白江区	Qingbaijiang	763	655	83859	58679	8318	66300	332124
新都区	Xindu	1024	1014	62953	311195	78454	137000	1031000
温江区	Wenjiang	855	760	79437	13501	24863	125536	629654
金堂县	Jintang	1896	1694	27631	18857	17893	100090	40000
双流县	Shuangliu	2354	2133	109986	78261	32329	218000	1000000
郫县	Pixian	1214	1178	54227	27041	27214	186502	536640
大邑县	Dayi	1457	1301	54167	111409	22455	64470	451542
蒲江县	Pujiang	1350	1057	12960	14620	26061	120955	159957
新津县	Xinjin	676	654	43168	124300		47130	194861
都江堰市	Dujiangyan	1463	1431	132582	24499	41503	95101	521504
彭州市	Pengzhou	1816	1709	27909	14765	10549	76800	591000
邛崃市	Qionglai	2127	1741	36909	57274	4312	58780	247409
崇州市	Chongzhou	1666	1470				132812	
自贡市	**Zigong**							
自流井区	Ziliujing	238	201	45162	75180	20546		
贡井区	Gongjing	550	413	39985	73423	6496		
大安区	Daan	776	674	38165	68239	9479		
沿滩区	Yantan	602	458	22973	78665	7057		
荣县	Rongxian	1636	1464	43731	73227	23703	125595	347000
富顺县	Fushun	2211	1316	49887	71814	29734	173862	412000
攀枝花市	**Panzhihua**							
东区	East District	205	186	54709	149011	63814	205462	807939
西区	West District	138	132	4147	65023	13527	38238	165297
仁和区	Renhe	1010	646	20674	126933	7036	18424	101321
米易县	Miyi	1465	552	20871	69023	9382	29125	116754
盐边县	Yanbian	1781	1208	7061	85342	7129	18342	81171
泸州市	**Luzhou**							
江阳区	Jiangyang	864	597	171867	81415	52159	148212	528130
纳溪区	Naxi	1158	885	62404	99875	15987	43689	352726
龙马潭区	Longmatan	686	238	108839	101258	31091	74392	281500
泸县	Luxian	2585	1369	137892	172742	30662	84843	624228
合江县	Hejiang	2112	1551	135891	34656	29252	79501	447739
叙永县	Xuyong	2882	1831	78397	31575	23063	69719	348275
古蔺县	Gulin	2609	1160	67438	24517	22806	66430	357398

12-11 续表1 continued

县(市、区)	Counties (Municipalities, Districts)	公路里程 (公里) Length of Highway (km)	# 等级公路 Express-way and Class I to IV Highway	公路客运周转量 (万人公里) Total Passenger-Kilometers (10 000 passenger-km)	公路货运周转量 (万吨公里) Total Freight Ton-Kilometers (10 000 ton-km)	邮电主营业务收入 (万元) Main Services Revenue of Post and Telecommunication (10 000 yuan)	固定电话用户 (户) Local Telephone Subscribers (year-end) (subscribers)	移动电话用户 (户) Number of Mobile Telephones Subscribers
德阳市	**Deyang**							
旌阳区	Jinyang	785	760			80152	175423	1085722
中江县	Zhongjiang	2673	2318			34075	77581	550871
罗江县	Luojiang	569	499			10328	24130	142826
广汉市	Guanghan	1017	929			32246	111849	428882
什邡市	Shifang	1217	918			25109	64509	353269
绵竹市	Mianzhu	1497	1465			26139	59039	388049
绵阳市	**Mianyang**							
涪城区	Fucheng	1098	937	122947	200173	123507	363451	1536901
游仙区	Youxian	1797	1797	34052	35905	19939	23199	292089
三台县	Santai	3076	1089	73108	64412	36873	91486	663333
盐亭县	Yanting	2152	1161	58686	13390	16493	27421	270885
安县	Anxian	1583	1521	21060	35810	19386	37904	304692
梓潼县	Zitong	2002	1132	28404	14986	13265	32250	250223
北川县	Beichuan	2353	835	31241	26384	9555	15685	149455
平武县	Pingwu	1399	857	18122	25561	8638	12173	135756
江油市	Jiangyou	2511	1696	75537	105824	47046	133675	730861
广元市	**Guangyuan**							
利州区	Lizhou	1747	977	116898	283185	53145	170337	649254
元坝区	Yuanba	2022	1102	22658	66049	7905	15272	123867
朝天区	Chaotian	2042	974	7619	23546	6906	16719	119936
旺苍县	Wangcang	2143	1342	43611	48982	18107	63804	286288
青川县	Qingchuan	1838	1332	17545	23516	11004	22331	152915
剑阁县	Jiange	2844	2135	49627	35064	20461	60347	330039
苍溪县	Cangxi	3029	2083	44113	51052	26834	102521	405519
遂宁市	**Suining**							
船山区	Chuanshan	1102	982	55881	186795	52693	146213	613760
安居区	Anju	2202	1604	26174	79359	11708	25392	225275
蓬溪县	Pengxi	1901	1901	37620	30314	14648	46709	262289
射洪县	Shehong	2699	1892	25048	31679	27902	107508	442566
大英县	Daying	1589	1555	13783	13532	11711	37163	220305
内江市	**Neijiang**							
内江市中区	Neijiang Downtown	915	498	96554	44162	22881	58300	350809
东兴区	Dongxing	1580	1134	36571	55752	28980	151974	432276
威远县	Weiyuan	2260	1418	313132	230297	24590	92319	396116
资中县	Zizhong	3582	2051	3377	75390	30400	89859	497031
隆昌县	Longchang	1470	843	285808	112117	22077	95978	349311
乐山市	**Leshan**							
乐山市中区	Leshan Downtown	746	612	64097	237870	59257	218626	866401
沙湾区	Shawan	578	578	11790	59044	10273	36521	168792
五通桥区	Wutongqiao	597	397	18627	70898	14313	65831	251693

12-11 续表2 continued

县(市、区)	Counties (Municipalities, Districts)	公路里程 (公里) Length of Highway (km)	# 等级公路 Express-way and Class I to IV Highway	公路客运周转量 (万人公里) Total Passenger-Kilometers (10 000 passenger-km)	公路货运周转量 (万吨公里) Total Freight Ton-Kilometers (10 000 ton-km)	邮电主营业务收入 (万元) Main Services Revenue of Post and Telecommunication (10 000 yuan)	固定电话用户 (户) Local Telephone Subscribers (year-end) (subscribers)	移动电话用户 (户) Number of Mobile Telephones Subscribers
金口河区	Jinkouhe	316	308	3855	4689	2919	7596	46548
犍为县	Qianwei	1489	940	30829	51586	18874	74728	358394
井研县	Jinyan	912	724	29750	25793	11720	59731	226149
夹江县	Jiajiang	912	837	16506	56602	18503	79715	303661
沐川县	Muchuan	1052	1006	10998	18628	7883	26075	163583
峨边县	Ebian	945	847	10979	15546	5448	15489	94680
马边县	Mabian	667	667	9370	13897	7313	15307	118289
峨眉山市	Emeishan	769	731	77783	162567	27387	123680	425626
南充市	**Nanchong**							
顺庆区	Shunqing	912	911			92475	315125	841079
高坪区	Gaoping	1221	1024			19619	72533	313295
嘉陵区	Jialing	2021	1663			19219	55552	268528
南部县	Nanbu	3946	3310			31070	110838	480950
营山县	Yingshan	2016	1573			17341	84924	315294
蓬安县	Pengan	1829	1802			13990	65032	264795
仪陇县	Yilong	2911	2911			23261	81454	384725
西充县	Xichong	1909	901			18236	41593	178121
阆中市	Langzhong	3477	2058			26549	121872	394915
眉山市	**Meishan**							
东坡区	Dongpo	1315	1250	75941	78455	45309	146631	636541
仁寿县	Renshou	2992	1556	140283	67967	39788	172750	699531
彭山县	Pengshan	573	407	19563	20746	14765	92768	212922
洪雅县	Hongya	1422	1114	47099	17377	14900	50600	100800
丹棱县	Danling	493	402	10512	7604	7281	24588	91810
青神县	Qingshen	483	483	9579	10515	8284	19800	136165
宜宾市	**Yibin**							
翠屏区	Cuiping	1394	1292	136401	68196	74244	238433	925951
宜宾县	Yibinxian	3717	2577	19795	20260	24961	76592	459910
南溪区	Nanxi	1208	1198	38164	8960	13006	43644	203815
江安县	Jiangan	1683	1424	13373	10070	15892	40909	232958
长宁县	Changning	1920	856	79153	38642	15126	40207	213147
高县	Gaoxian	1324	1241	9786	31706	14122	43807	249657
珙县	Gongxian	1672	1530	62942	49799	16944	50753	262203
筠连县	Junlian	1415	887	15300	21886	14393	34194	221510
兴文县	Xingwen	1268	1268	38681	64041	13268	41005	220012
屏山县	Pingshan	1158	982	6306	13939	9183	20742	144301
广安市	**Guangan**							
广安区	Guanganqu	2701	2027	71201	82996	17973	131587	567837
岳池县	Yuechi	2372	1904	49717	49368	10147	67760	408418
武胜县	Wusheng	1557	1393	31180	24203	6867	56861	297792

12-11 续表3 continued

县(市、区)	Counties (Municipalities, Districts)	公路里程 (公里) Length of Highway (km)	# 等级公路 Expressway and Class I to IV Highway	公路客运周转量 (万人公里) Total Passenger-Kilometers (10 000 passenger-km)	公路货运周转量 (万吨公里) Total Freight Ton-Kilometers (10 000 ton-km)	邮电主营业务收入 (万元) Main Services Revenue of Post and Telecommunication (10 000 yuan)	固定电话用户 (户) Local Telephone Subscribers (year-end) (subscribers)	移动电话用户 (户) Number of Mobile Telephones Subscribers
邻水县	Linshui	2323	2177	33176	18006	8300	74103	391960
华蓥市	Huaying	703	670	24146	106242	5947	45546	240262
达州市	**Dazhou**							
通川区	Tongchuan	906	555	39362	83467	43741	152336	465692
达县	Daxian	3355	3286	52705	174747	43196	137661	681254
宣汉县	Xuanhan	4046	3570	24656	68465	34670	102121	492607
开江县	Kaijiang	1704	1369	17312	42539	15162	48333	206876
大竹县	Dazhu	2934	2417	39291	50985	27139	95911	431207
渠县	Quxian	2933	2549	24748	18756	31757	126783	446040
万源市	Wanyuan	3095	2396	17841	30779	21626	60100	261839
雅安市	**Yaan**							
雨城区	Yucheng	859	744	33735	171272	28609	97802	364699
名山县	Mingshan	735	623	9305	48166	9340	27974	14334
荥经县	Yingjing	506	424	7088	51184	6869	111401	16972
汉源县	Hanyuan	1457	1336	12893	89515	13330	32808	217246
石棉县	Shimian	679	656	12487	23761	8551	19105	106220
天全县	Tianquan	604	530	8447	32092	6105	16153	98167
芦山县	Lushan	446	374	4509	13442	4153	17557	7610
宝兴县	Baoxing	571	430	5258	16998	2805	7656	47278
巴中市	**Bazhong**							
巴州区	Bazhou	5216	1703	192491	110614	33643	212148	871987
通江县	Tongjiang	3562	2929	49790	16304	17126	74300	197400
南江县	Nanjiang	3706	3578	45870	123800	21884	70165	320457
平昌县	Pingchang	3173		165532	82066	9208	52477	376936
资阳市	**Ziyang**							
雁江区	Yanjiang	3867	2436	76526	185401	39709	144700	603406
安岳县	Anyue	5924	4313	91362	91209	35444	98187	552593
乐至县	Lezhi	2064	1641	50181	67187	18668	50280	302884
简阳市	Jianyang	2575	2173	93235	135189	39629	132282	669176
阿坝州	**Aba**							
汶川县	Wenchuan	628	619	144146	332555	7685	10444	106995
理县	Lixian	655	617	3379	33135	2863	5959	35450
茂县	Maoxian	939	668	4952	29172	5840	10443	85904
松潘县	Songpan	737	720	12978	10986	5571	10245	60703
九寨沟县	Jiuzhaigou	856	805	57954	8537	6452	23224	69018
金川县	Jinchuan	1269	1252	4741	7186	3028	5181	46220
小金县	Xiaojin	1290	1290	2383	14542	3692	5510	54912
黑水县	Heishui	1279	1100	7382	6517	2821	4861	31302
马尔康县	Maerkang	1088	1017	3901	15848	8642	14361	70973
壤塘县	Rangtang	659	591	2465	2703	1304	2138	15875

12-11 续表4 continued

县(市、区)	Counties (Municipalities, Districts)	公路里程 (公里) Length of Highway (km)	# 等级公路 Expressway and Class I to IV Highway	公路客运周转量 (万人公里) Total Passenger-Kilometers (10 000 passenger-km)	公路货运周转量 (万吨公里) Total Freight Ton-Kilometers (10 000 ton-km)	邮电主营业务收入 (万元) Main Services Revenue of Post and Telecommunication (10 000 yuan)	固定电话用户 (户) Local Telephone Subscribers (year-end) (subscribers)	移动电话用户 (户) Number of Mobile Telephones Subscribers
阿坝县	Abaxian	866	712	1852	9691	3496	3867	51714
若尔盖县	Ruoergai	1154	1143		23652	3200	3982	38082
红原县	Hongyuan	876	715	385	7533	2525	3628	34735
甘孜州	**Ganzi**							
康定县	Kangding	1522	1368	31143	37139	23586	30102	146523
泸定县	Luding	783	671	1255	3240	10274	11343	62268
丹巴县	Danba	1273	1107	3914	3098	3246	3823	38482
九龙县	Jiulong	1337	1217	3845	9877	1954	4693	37242
雅江县	Yajiang	1584	1151	201	4649	1411	3208	28252
道孚县	Daofu	1434	1289	1055	5914	1416	3110	24785
炉霍县	Luhuo	1424	1185	687	660	1235	3083	24156
甘孜县	Ganzixian	1421	1387	844	1690	885	3508	33323
新龙县	Xinlong	1142	1140	1479	671	742	1530	17368
德格县	Dege	1161	976	835	447	1176	2317	30497
白玉县	Baiyu	1925	1865	25	343	2852	1987	26173
石渠县	Shiqu	1709	384	23	233	702	1418	29944
色达县	Seda	1201	835			3386	3350	31782
理塘县	Litang	1569	1492	710	1007	1414	3244	31076
巴塘县	Batang	1640	1226	180	212	1043	3273	26660
乡城县	Xiangcheng	591	170	551	369	2955	2546	19569
稻城县	Daocheng	2740	2654	87	844	747	2411	18938
得荣县	Derong	1194	978	4	5	711	1892	13774
凉山州	**Liangshan**							
西昌市	Xichang	1541	1233	193693	271471	64291	171792	912013
木里县	Muli	1936	584	1099	7855	3611	4738	50774
盐源县	Yanyuan	2169	1505	9908	35405	9800	14309	167563
德昌县	Dechang	850	652	6618	72506	7935	24747	129483
会理县	Huili	2077	1455	25982	41805	14331	47538	257427
会东县	Huidong	1622	1322	10251	28050	8948	24541	164581
宁南县	Ningnan	895	493	7206	11605	6288	15253	122727
普格县	Puge	827	716	5244	1025	3169	5736	58313
布拖县	Butuo	753	373	2500	7212	2137	3363	39504
金阳县	Jinyang	1436	1048	5240	4559	2953	5944	48655
昭觉县	Zhaojue	1150	783	9184	9759	3765	6874	65832
喜德县	Xide	1083	923	5684	14980	2751	8498	44830
冕宁县	Mianning	1121	1099	12993	22189	12580	29169	214501
越西县	Yuexi	952	780	9921	6905	5583	19307	99957
甘洛县	Ganluo	812	610	1814	1199	5054	11787	72344
美姑县	Meigu	1522	1178	914	4949	3553	4945	57402
雷波县	Leibo	1500	1144	5452	8614	6353	12971	107178

12-12 各县(市、区)教育情况(2011年)
Basic Statistics on Education of Counties (Municipalities, District)(2011)

县(市、区)	Counties (Municipalities, Districts)	学龄儿童入学率(%) Percentage of School-age Children Enrolled (%)	学龄女童入学率(%) Percentage of School-age Girls Enrolled (%)	小学学校数(个) Number of Primary Schools (unit)	小学在校学生(人) Student Enrollment of Primary Schools (person)	小学专任教师(人) Full-time Teachers in Primary Schools (person)	普通中学学校数(个) Number of Regular Secondary Schools (unit)	普通中学在校学生(人) Student Enrollment of Regular Secondary Schools (person)	普通中学专任教师(人) Full-time Teachers in Regular Secondary Schools (person)
成都市	**Chengdu**								
锦江区	Jinjiang	100.0	100.0	32	27273	1523	12	24944	2157
青羊区	Qingyang	100.0	100.0	34	35569	1760	16	22446	1740
金牛区	Jinniu	100.0	100.0	50	64175	2905	27	41806	2638
武侯区	Wuhou	100.0	100.0	38	61272	2242	29	32624	2644
成华区	Chenghua	100.0	100.0	34	44459	1939	21	27828	1891
龙泉驿区	Longquanyi	100.0	100.0	33	39033	2348	18	32574	2232
青白江区	Qingbaijiang	100.0	100.0	10	19588	1271	16	23066	1469
新都区	Xindu	100.0	100.0	29	47360	2329	36	40001	2581
温江区	Wenjiang	100.0	100.0	9	21879	1178	15	20848	1602
金堂县	Jintang	99.9	100.0	47	47807	2759	26	38067	2416
双流县	Shuangliu	100.0	100.0	33	57163	3172	40	60291	4300
郫县	Pixian	100.0	100.0	14	34867	1970	42	29944	2350
大邑县	Dayi	100.0	100.0	15	20204	1417	23	23732	1810
蒲江县	Pujiang	100.0	100.0	8	9366	736	18	8537	1033
新津县	Xinjin	100.0	100.0	16	13935	942	16	16423	1186
都江堰市	Dujiangyan	100.0	100.0	23	27647	1977	28	31280	2381
彭州市	Pengzhou	99.9	99.9	22	31367	1993	31	35359	2322
邛崃市	Qionglai	100.0	100.0	28	24159	1759	33	32780	2041
崇州市	Chongzhou	99.9	99.9	31	26056	1678	18	26186	2454
自贡市	**Zigong**								
自流井区	Ziliujing	100.0	100.0	18	19995	1140	17	21280	1515
贡井区	Gongjing	100.0	100.0	14	11767	677	17	10014	829
大安区	Daan	100.0	100.0	75	21545	1205	23	14108	880
沿滩区	Yantan	99.8	99.8	67	22397	905	16	11792	818
荣县	Rongxian	99.9	100.0	55	26444	1734	32	28821	2428
富顺县	Fushun	100.0	100.0	196	68119	2573	49	51976	3223
攀枝花市	**Panzhihua**								
东区	East District	100.0	100.0	13	24204	1126	20	20517	1580
西区	West District	100.0	100.0	8	11949	610	9	10926	733
仁和区	Renhe	100.0	100.0	14	17383	1100	12	14421	897
米易县	Miyi	100.0	100.0	11	18226	1133	12	12905	938
盐边县	Yanbian	100.0	100.0	16	18466	1106	7	11865	662
泸州市	**Luzhou**								
江阳区	Jiangyang	100.0	100.0	17	49759	1830	29	41245	2312
纳溪区	Naxi	99.5	99.6	13	30608	1529	14	20360	1340
龙马潭区	Longmatan	100.0	100.0	10	24636	1102	17	17391	1095
泸县	Luxian	100.0	100.0	18	71758	2795	55	66569	3617
合江县	Hejiang	100.0	100.0	89	70126	2363	28	44212	1967
叙永县	Xuyong	100.0	100.0	66	63781	2764	38	37261	1699
古蔺县	Gulin	98.9	98.9	69	86547	3349	41	53557	2555

12-12 续表1 continued

县(市、区)	Counties (Municipalities, Districts)	学龄儿童入学率(%) Percentage of School-age Children Enrolled (%)	学龄女童入学率(%) Percentage of School-age Girls Enrolled (%)	小学学校数(个) Number of Primary Schools (unit)	小学在校学生(人) Student Enrollment of Primary Schools (person)	小学专任教师(人) Full-time Teachers in Primary Schools (person)	普通中学学校数(个) Number of Regular Secondary Schools (unit)	普通中学在校学生(人) Student Enrollment of Regular Secondary Schools (person)	普通中学专任教师(人) Full-time Teachers in Regular Secondary Schools (person)
德阳市	**Deyang**								
旌阳区	Jinyang	100.0	100.0	32	35297	2260	29	36752	2266
中江县	Zhongjiang	100.0	100.0	107	64656	3526	66	57731	3613
罗江县	Luojiang	100.0	100.0	13	9064	730	12	9433	733
广汉市	Guanghan	100.0	100.0	21	24491	1729	27	24370	1931
什邡市	Shifang	100.0	100.0	29	16350	1511	16	17566	1442
绵竹市	Mianzhu	100.0	100.0	24	18737	1394	13	17771	1267
绵阳市	**Mianyang**								
涪城区	Fucheng	100.0	100.0	41	52684	2768	38	82823	4887
游仙区	Youxian	100.0	100.0	32	23011	1832	20	25203	1702
三台县	Santai	100.0	100.0	108	68053	3613	85	71677	4389
盐亭县	Yanting	100.0	100.0	44	31715	1747	37	26321	1700
安县	Anxian	100.0	100.0	27	19254	1275	20	18978	1283
梓潼县	Zitong	100.0	100.0	34	13016	1222	9	14998	951
北川县	Beichuan	100.0	100.0	25	10837	973	11	11241	815
平武县	Pingwu	100.0	100.0	44	8524	910	8	8321	576
江油市	Jiangyou	100.0	100.0	73	34531	2668	30	39104	2498
广元市	**Guangyuan**								
利州区	Lizhou	100.0	100.0	38	32258	2247	38	40219	2330
元坝区	Yuanba	99.5	98.4	25	6786	1056	14	9304	658
朝天区	Chaotian	100.0	100.0	23	12125	916	13	11449	651
旺苍县	Wangcang	100.0	100.0	38	28780	2476	22	26512	1770
青川县	Qingchuan	99.7	99.6	26	12926	1268	23	14471	1053
剑阁县	Jiange	100.0	100.0	53	25697	2065	41	35515	2217
苍溪县	Cangxi	100.0	100.0	45	48266	3540	55	56373	2883
遂宁市	**Suining**								
船山区	Chuanshan	100.0	100.0	35	45091	2219	28	49129	3307
安居区	Anju	100.0	100.0	49	35374	1802	29	32711	2537
蓬溪县	Pengxi	100.0	100.0	38	34858	2431	36	24074	2376
射洪县	Shehong	100.0	100.0	69	47203	3447	43	46744	3562
大英县	Daying	100.0	100.0	30	28501	1457	27	28148	1618
内江市	**Neijiang**								
内江市中区	Neijiang Downtown	100.0	100.0	71	31583	1708	26	35170	2140
东兴区	Dongxing	100.0	100.0	58	56343	2192	33	29481	2258
威远县	Weiyuan	100.0	100.0	54	34662	2255	37	33716	2828
资中县	Zizhong	100.0	100.0	74	67124	2441	64	55054	4712
隆昌县	Longchang	100.0	100.0	56	41404	2412	28	32762	2173
乐山市	**Leshan**								
乐山市中区	Leshan Downtown	100.0	100.0	35	29010	1881	38	34704	2234
沙湾区	Shawan	100.0	100.0	17	8357	611	16	9292	596
五通桥区	Wutongqiao	97.4	97.2	22	10137	865	15	10898	763

12-12 续表2 continued

县(市、区)	Counties (Municipalities, Districts)	学龄儿童入学率(%) Percentage of School-age Children Enrolled (%)	学龄女童入学率(%) Percentage of School-age Girls Enrolled (%)	小学学校数(个) Number of Primary Schools (unit)	小学在校学生(人) Student Enrollment of Primary Schools (person)	小学专任教师(人) Full-time Teachers in Primary Schools (person)	普通中学学校数(个) Number of Regular Secondary Schools (unit)	普通中学在校学生(人) Student Enrollment of Regular Secondary Schools (person)	普通中学专任教师(人) Full-time Teachers in Regular Secondary Schools (person)
金口河区	Jinkouhe	100.0	100.0	10	2790	234	6	2665	212
犍为县	Qianwei	100.0	100.0	84	22547	1682	31	23495	1727
井研县	Jinyan	100.0	100.0	38	16521	1370	29	15300	1208
夹江县	Jiajiang	100.0	100.0	25	13628	1125	22	13453	1013
沐川县	Muchuan	100.0	100.0	18	14867	896	16	11479	670
峨边县	Ebian	88.0	88.0	58	8912	682	14	6657	550
马边县	Mabian	99.8	99.9	138	21762	1039	14	8154	506
峨眉山市	Emeishan	100.0	100.0	39	18675	1349	20	20132	1156
南充市	**Nanchong**								
顺庆区	Shunqing	99.7	99.8	85	52003	1490	39	52919	3106
高坪区	Gaoping	99.4	99.4	127	44718	2375	37	42556	3406
嘉陵区	Jialing	100.0	100.0	67	48743	1810	45	39430	4185
南部县	Nanbu	99.9	99.9	217	94274	1988	89	79846	5758
营山县	Yingshan	99.3	99.4	312	62923	1472	71	52349	3807
蓬安县	Pengan	99.7	99.8	88	42357	1716	39	36304	2510
仪陇县	Yilong	100.0	100.0	402	90346	2649	65	70970	4737
西充县	Xichong	99.8	99.9	21	37183	1241	54	36812	3849
阆中市	Langzhong	99.8	99.8	17	35534	1135	77	43533	4729
眉山市	**Meishan**								
东坡区	Dongpo	100.0	100.0	50	35131	2462	48	42609	2589
仁寿县	Renshou			84	89650		128		
彭山县	Pengshan	100.0	100.0	16	12439	999	15	11712	895
洪雅县	Hongya	109.4	100.0	22	13450	938	21	15707	998
丹棱县	Danling	100.0	100.0	12	5821	427	10	6287	425
青神县	Qingshen	100.0	100.0	10	6420	627	18	8204	669
宜宾市	**Yibin**								
翠屏区	Cuiping	100.0	100.0	130	55239	3107	40	59052	3693
宜宾县	Yibinxian	100.0	100.0	271	63633	3371	51	51527	3367
南溪区	Nanxi	100.0	100.0	89	23270	1554	24	23388	1448
江安县	Jiangan	100.0	100.0	129	32212	1595	30	26358	1591
长宁县	Changning	100.0	100.0	134	28130	1450	22	20926	1276
高县	Gaoxian	100.0	100.0	106	31609	1606	22	22871	1457
珙县	Gongxian	100.0	100.0	160	30175	1550	31	19677	1228
筠连县	Junlian	100.0	100.0	163	36779	1846	34	23389	1529
兴文县	Xingwen	100.0	100.0	30	42932	1929	31	26791	1552
屏山县	Pingshan	100.0	100.0	133	20727	1194	23	13826	888
广安市	**Guangan**								
广安区	Guanganqu	98.8	98.9	54	80883	3558	78	88438	4308
岳池县	Yuechi	99.7	99.7	90	77729	3364	70	57675	2950
武胜县	Wusheng	97.8	97.8	62	51956	2217	50	47712	2421

12-12 续表3 continued

县(市、区)	Counties (Municipalities, Districts)	学龄儿童入学率(%) Percentage of School-age Children Enrolled (%)	学龄女童入学率(%) Percentage of School-age Girls Enrolled (%)	小学学校数(个) Number of Primary Schools (unit)	小学在校学生(人) Student Enrollment of Primary Schools (person)	小学专任教师(人) Full-time Teachers in Primary Schools (person)	普通中学学校数(个) Number of Regular Secondary Schools (unit)	普通中学在校学生(人) Student Enrollment of Regular Secondary Schools (person)	普通中学专任教师(人) Full-time Teachers in Regular Secondary Schools (person)
邻水县	Linshui	98.7	98.4	35	68251	2859	58	64495	3443
华蓥市	Huaying	99.7	99.6	13	22953	1251	21	20617	1327
达州市	**Dazhou**								
通川区	Tongchuan	100.0	100.0	31	42825	1838	23	39780	1800
达县	Daxian	100.0	100.0	69	98096	4324	79	62496	3575
宣汉县	Xuanhan	100.0	100.0	62	106943	4566	67	70154	3453
开江县	Kaijiang	100.0	100.0	26	51233	2074	29	36277	1703
大竹县	Dazhu	100.0	100.0	44	76916	3233	51	53525	2699
渠县	Quxian	100.0	100.0	62	118179	5326	99	86511	4380
万源市	Wanyuan	100.0	100.0	36	39902	2066	34	35484	1699
雅安市	**Yaan**								
雨城区	Yucheng	100.0	100.0	45	20211	1490	10	13127	950
名山县	Mingshan	97.7	98.3	38	13018	856	19	7466	782
荥经县	Yingjing	99.4	99.7	32	9580	576	6	5115	433
汉源县	Hanyuan	100.0	100.0	54	18582	1148	13	16104	933
石棉县	Shimian	100.0	100.0	23	9236	610	6	5942	346
天全县	Tianquan	100.0	100.0	43	9132	661	7	8362	578
芦山县	Lushan	100.0	100.0	24	8536	708	6	5099	338
宝兴县	Baoxing	100.0	100.0	17	3943	429	4	2391	228
巴中市	**Bazhong**								
巴州区	Bazhou	100.0	100.0	70	89425	4288	86	76916	3479
通江县	Tongjiang	100.0	100.0	80	67922	2672	27	56489	2550
南江县	Nanjiang	100.0	100.0	59	60492	2427	36	48511	2018
平昌县	Pingchang	99.9	99.9	36	94423	3144	44	66395	3473
资阳市	**Ziyang**								
雁江区	Yanjiang	99.9	99.9	125	57781	3030	71	44852	3535
安岳县	Anyue	99.8	99.8	55	89504	2863	94	57633	4781
乐至县	Lezhi	99.9	99.9	55	37749	1981	47	30313	2595
简阳市	Jianyang	99.9	99.9	30	77395	2247	104	68914	5650
阿坝州	**Aba**								
汶川县	Wenchuan	99.9	95.7	15	4959	671	6	7101	592
理县	Lixian	99.6	99.0	11	2691	385	4	1975	218
茂县	Maoxian	99.5	95.8	23	8413	702	4	6731	517
松潘县	Songpan	99.6	100.0	22	5653	449	8	4016	286
九寨沟县	Jiuzhaigou	99.6	100.0	18	5445	420	3	4757	349
金川县	Jinchuan	99.5	95.9	34	4732	453	7	3473	308
小金县	Xiaojin	99.6	100.0	25	5757	471	5	4745	285
黑水县	Heishui	99.5	99.0	34	6079	348	2	2434	159
马尔康县	Maerkang	99.8	99.9	20	4137	431	6	4802	381
壤塘县	Rangtang	99.5	99.5	11	3986	295	3	1589	91

12-12 续表4 continued

县(市、区)	Counties (Municipalities, Districts)	学龄儿童入学率(%) Percentage of School-age Children Enrolled (%)	学龄女童入学率(%) Percentage of School-age Girls Enrolled (%)	小学学校数(个) Number of Primary Schools (unit)	小学在校学生(人) Student Enrollment of Primary Schools (person)	小学专任教师(人) Full-time Teachers in Primary Schools (person)	普通中学学校数(个) Number of Regular Secondary Schools (unit)	普通中学在校学生(人) Student Enrollment of Regular Secondary Schools (person)	普通中学专任教师(人) Full-time Teachers in Regular Secondary Schools (person)
阿坝县	Abaxian	99.5	99.5	29	10258	461	2	2459	120
若尔盖县	Ruoergai	99.8	99.8	31	10420	550	6	5691	268
红原县	Hongyuan	99.7	99.8	14	5567	339	2	2166	148
甘孜州	**Ganzi**								
康定县	Kangding	99.8	101.4	58	28479	598	5	8000	520
泸定县	Luding	99.6	100.1	52	14843	485	6	5947	439
丹巴县	Danba	99.5	99.6	49	9069	434	4	3222	199
九龙县	Jiulong	99.7	99.7	36	12285	398	3	3774	117
雅江县	Yajiang	99.5	99.6	42	7953	284	1	2029	107
道孚县	Daofu	99.8	99.7	42	6548	293	2	1300	96
炉霍县	Luhuo	99.9	99.8	26	7303	309	2	1919	134
甘孜县	Ganzixian	99.9	99.9	42	10703	321	3	3771	204
新龙县	Xinlong	99.8	99.7	24	6394	233	4	1786	144
德格县	Dege	99.6	99.6	40	11222	408	2	3255	89
白玉县	Baiyu	99.6	99.7	20	6263	270	2	1576	79
石渠县	Shiqu	99.6	99.4	41	10237	354	2	2189	80
色达县	Seda	99.6	99.5	18	6190	212	1	2075	67
理塘县	Litang	99.2	99.1	25	8644	363	2	1652	89
巴塘县	Batang	99.6	103.8	39	8232	322	6	2693	241
乡城县	Xiangcheng	99.9	99.9	16	5066	259	1	1270	119
稻城县	Daocheng	99.5	99.2	24	4540	246	2	1290	82
得荣县	Derong	99.6	99.5	21	3739	244	1	1211	93
凉山州	**Liangshan**								
西昌市	Xichang	98.3	97.8	162	67710	2990	34	54809	3108
木里县	Muli	98.2	93.0	23	16012	659	12	5171	528
盐源县	Yanyuan	99.0	99.0	69	44607	1690	13	25124	1252
德昌县	Dechang	99.3	99.4	83	20805	765	12	12755	898
会理县	Huili	95.4	95.2	142	36047	1702	18	27315	1341
会东县	Huidong	99.0	98.8	164	39668	1357	20	22989	1143
宁南县	Ningnan	94.1	93.3	94	17468	878	8	10123	611
普格县	Puge	100.0	100.0	54	24865	827	6	5392	350
布拖县	Butuo	99.4	99.5	28	21826	792	5	7193	351
金阳县	Jinyang	92.6	90.4	39	23945	945	7	5879	340
昭觉县	Zhaojue	99.3	98.6	62	35543	1490	9	10340	488
喜德县	Xide	99.3	99.2	126	28262	1071	9	7698	404
冕宁县	Mianning	97.4	98.3	102	42277	1790	16	22416	1048
越西县	Yuexi	99.4	99.4	99	43012	1466	11	10507	718
甘洛县	Ganluo	89.4	89.6	99	25989	1113	10	9190	478
美姑县	Meigu	93.1	89.7	164	27646	1119	6	6657	461
雷波县	Leibo	94.0	94.0	65	29840	952	11	10197	665

12-13 各县(市、区)卫生和社会福利情况(2011年)
Basic Statistics on Public Health and Social Welfare of Counties (Municipalities, District)(2011)

县(市、区)	Counties (Municipalities, Districts)	医院、卫生院(个) Number of Hospitals (unit)	医院、卫生院床位数(张) Number of Hospital Beds (unit)	医院、卫生院技术人员(人) Number of Medical Technical Personnel (person)	# 医生 Doctors	卫生防疫人员(人) Total Number of Epidemic Prevention Persons (person)	社会福利院(个) Number of Social Welfare Homes (unit)	社会福利院床位数(张) Number of Social Welfare Homes Beds (unit)
成都市	**Chengdu**							
锦江区	Jinjiang	51	3743	6010	2345	44	2	468
青羊区	Qingyang	43	8458	13162	4777	649	3	669
金牛区	Jinniu	43	6980	6788	3773	98	6	2093
武侯区	Wuhou	61	12467	14517	5077	16326	9	1279
成华区	Chenghua	29	4568	5211	1995	183	3	960
龙泉驿区	Longquanyi	33	3315	3562	1266	195	11	1812
青白江区	Qingbaijiang	22	1829	1695	522	50	9	1418
新都区	Xindu	28	3064	3106	1167	91	4	1290
温江区	Wenjiang	20	3278	2875	971	69	5	707
金堂县	Jintang	37	2683	2782	1243	50	23	1040
双流县	Shuangliu	57	4043	5704	2757	168	21	2938
郫县	Pixian	33	2797	3042	2153	113	10	1720
大邑县	Dayi	53	2833	2470	1095	65	9	1979
蒲江县	Pujiang	17	916	365	370	1315	5	556
新津县	Xinjin	20	1633	1653	548	80	5	990
都江堰市	Dujiangyan	52	4308	3691	1216	217	14	1950
彭州市	Pengzhou	46	3484	3039	1153	466	17	2212
邛崃市	Qionglai	39	2503	1926	875	272	9	1820
崇州市	Chongzhou	52	3636	3023	1049	240	17	3894
自贡市	**Zigong**							
自流井区	Ziliujing	44	3198	3323	1191	174	13	1225
贡井区	Gongjing	24	2378	1581	549	27	14	1543
大安区	Daan	26	1541	1572	562	23	17	1000
沿滩区	Yantan	18	730	549	227	97	15	2241
荣县	Rongxian	34	1659	1381	560	62	30	3375
富顺县	Fushun	39	2062	1764	787	45	37	2330
攀枝花市	**Panzhihua**							
东区	East District	11	3569	3522	1211	172	2	380
西区	West District	5	930	884	348	19	1	24
仁和区	Renhe	18	1462	907	287	24	13	530
米易县	Miyi	14	637	581	243	42	9	884
盐边县	Yanbian	20	651	424	211	36	11	1182
泸州市	**Luzhou**							
江阳区	Jiangyang	28	4463	3408	1389	33	16	1565
纳溪区	Naxi	15	1159	864	327	30	13	930
龙马潭区	Longmatan	18	783	664	278	92	12	776
泸县	Luxian	40	2033	1408	592	41	38	4167
合江县	Hejiang	41	2560	1568	642	42	29	3153
叙永县	Xuyong	27	1331	1116	377	36	21	1476
古蔺县	Gulin	35	1420	1313	423	35	29	2200

12-13 续表1 continued

县(市、区)	Counties (Municipalities, Districts)	医院、卫生院(个) Number of Hospitals (unit)	医院、卫生院床位数(张) Number of Hospital Beds (unit)	医院、卫生院技术人员(人) Number of Medical Technical Personnel (person)	#医生 Doctors	卫生防疫人员(人) Total Number of Epidemic Prevention Persons (person)	社会福利院(个) Number of Social Welfare Homes (unit)	社会福利院床位数(张) Number of Social Welfare Homes Beds (unit)
德阳市	**Deyang**							
旌阳区	Jinyang	38	4356	4928	2341	90	14	852
中江县	Zhongjiang	63	2909	2375	1471	34	43	323
罗江县	Luojiang	13	730	690	395	37	11	1375
广汉市	Guanghan	31	2257	2652	1170	85	19	1963
什邡市	Shifang	26	2248	2263	1044	53	21	1285
绵竹市	Mianzhu	33	2565	1979	931	58	21	2963
绵阳市	**Mianyang**							
涪城区	Fucheng	64	5662	6365	2747	113	12	1545
游仙区	Youxian	32	2646	2432	990	25	25	1851
三台县	Santai	71	3356	3077	1457	36	66	6272
盐亭县	Yanting	41	1358	1262	602	23	49	3646
安县	Anxian	23	1381	1332	746	86	22	2274
梓潼县	Zitong	36	788	924	519	25	17	1682
北川县	Beichuan	24	731	468	265	21	6	490
平武县	Pingwu	27	546	453	198	14	6	290
江油市	Jiangyou	77	4915	4683	1940	52	25	2891
广元市	**Guangyuan**							
利州区	Lizhou	23	4935	4361	1477	136	12	998
元坝区	Yuanba	30	730	413	232	22	12	876
朝天区	Chaotian	27	539	463	305	37	13	1118
旺苍县	Wangcang	44	1581	1241	716	45	14	1319
青川县	Qingchuan	38	650	504	364	26	12	1230
剑阁县	Jiange	59	1593	1336	807	56	31	1930
苍溪县	Cangxi	71	2003	1667	1010	50	21	1882
遂宁市	**Suining**							
船山区	Chuanshan	35	4398	3683	1315	86	43	1019
安居区	Anju	26	1312	885	365	81	26	2966
蓬溪县	Pengxi	37	1571	1212	499	197	26	3185
射洪县	Shehong	38	2206	3676	2150	219	23	3265
大英县	Daying	18	878	1030	536	89	17	1479
内江市	**Neijiang**							
内江市中区	Neijiang Downtown	30	3410	2849	1035	57	20	1559
东兴区	Dongxing	34	3076	2341	902	113	36	3171
威远县	Weiyuan	34	2248	1610	758	55	22	2406
资中县	Zizhong	38	2563	1681	719	69	62	5540
隆昌县	Longchang	21	1945	1508	572	45	33	2503
乐山市	**Leshan**							
乐山市中区	Leshan Downtown	49	4180	3415	1246	101	17	2347
沙湾区	Shawan	20	926	626	217	27	12	710
五通桥区	Wutongqiao	24	1622	1069	426	32	14	1279

12-13 续表2 continued

县(市、区)	Counties (Municipalities, Districts)	医院、卫生院(个) Number of Hospitals (unit)	医院、卫生院床位数(张) Number of Hospital Beds (unit)	医院、卫生院技术人员(人) Number of Medical Technical Personnel (person)	#医生 Doctors	卫生防疫人员(人) Total Number of Epidemic Prevention Persons (person)	社会福利院(个) Number of Social Welfare Homes (unit)	社会福利院床位数(张) Number of Social Welfare Homes Beds (unit)
金口河区	Jinkouhe	7	115	111	43	10	4	191
犍为县	Qianwei	36	1659	1231	512	32	28	1895
井研县	Jinyan	31	1042	915	366	35	16	2464
夹江县	Jiajiang	30	1161	835	345	49	11	573
沐川县	Muchuan	20	472	376	170	11	21	1170
峨边县	Ebian	21	346	302	131	28	7	530
马边县	Mabian	21	389	263	117	17	6	565
峨眉山市	Emeishan	33	1830	1799	702	40	4	1848
南充市	**Nanchong**							
顺庆区	Shunqing	49	5248	4892	1492	98	81	1495
高坪区	Gaoping	37	1473	909	362	28	34	1409
嘉陵区	Jialing	49	938	505	243	36	85	4070
南部县	Nanbu	85	2161	1610	720	71	47	4600
营山县	Yingshan	81	2984	1547	538	55	96	3602
蓬安县	Pengan	46	1653	1007	458	26	80	3139
仪陇县	Yilong	77	2501	1556	593	34	63	3572
西充县	Xichong	49	1246	992	484	62	47	4818
阆中市	Langzhong	57	2373	1857	710	73	64	2980
眉山市	**Meishan**							
东坡区	Dongpo	49	3976	3563	1466	117	23	1623
仁寿县	Renshou						118	1 5320
彭山县	Pengshan	20	891	745	305	45	11	1374
洪雅县	Hongya	18	955	836	340	42	13	1370
丹棱县	Danling	9	390	419	156	44	16	2009
青神县	Qingshen	13	619	588	207	32	11	1308
宜宾市	**Yibin**							
翠屏区	Cuiping	41	5958	5137	1763	124	22	2428
宜宾县	Yibinxian	32	2410	1517	669	53	35	2964
南溪区	Nanxi	21	1028	838	377	25	16	1698
江安县	Jiangan	19	1038	731	294	21	31	2600
长宁县	Changning	22	1380	852	358	23	19	1999
高县	Gaoxian	23	1253	913	315	18	22	1048
珙县	Gongxian	25	1728	1197	484	22	17	1184
筠连县	Junlian	21	811	679	224	24	18	1465
兴文县	Xingwen	20	1080	659	286	28	10	5041
屏山县	Pingshan	18	508	387	155	25	16	794
广安市	**Guangan**							
广安区	Guanganqu	60	2722	2829	1223	129	66	4522
岳池县	Yuechi	51	2132	1832	867	94	44	2702
武胜县	Wusheng	48	1685	1579	788	86	32	2046

12-13 续表3 continued

县(市、区)	Counties (Municipalities, Districts)	医院、卫生院(个) Number of Hospitals (unit)	医院、卫生院床位数(张) Number of Hospital Beds (unit)	医院、卫生院技术人员(人) Number of Medical Technical Personnel (person)	# 医生 Doctors	卫生防疫人员(人) Total Number of Epidemic Prevention Persons (person)	社会福利院(个) Number of Social Welfare Homes (unit)	社会福利院床位数(张) Number of Social Welfare Homes Beds (unit)
邻水县	Linshui	52	2093	2129	847	58	38	2085
华蓥市	Huaying	19	984	1011	466	31	1	100
达州市	**Dazhou**							
通川区	Tongchuan	20	3097	2815	962	117	3	290
达县	Daxian	70	2804	2533	1287	74	25	490
宣汉县	Xuanhan	57	2417	2498	1164	80	40	3950
开江县	Kaijiang	26	969	1086	854	66	23	1850
大竹县	Dazhu	54	2297	1966	843	102	47	4472
渠县	Quxian	64	3187	2190	1186	72	1	587
万源市	Wanyuan	57	1588	1492	423	52	37	2540
雅安市	**Yaan**							
雨城区	Yucheng	37	3198	2216	866	70	1	358
名山县	Mingshan	22	537	557	309	38	7	434
荥经县	Yingjing	30	674	503	357	55	4	312
汉源县	Hanyuan	40	881	568	440	91	4	613
石棉县	Shimian	19	990	631	237	43	4	527
天全县	Tianquan	20	938	419	315	32	6	300
芦山县	Lushan	12	363	305	122	21	4	250
宝兴县	Baoxing	11	174	201	168	14	2	120
巴中市	**Bazhong**							
巴州区	Bazhou	91	3391	2265	1273	182	35	2899
通江县	Tongjiang	58	1620	1321	494	183	2	94
南江县	Nanjiang	58	1458	1523		278	22	1851
平昌县	Pingchang	63	2791	1585	507	209	7	186
资阳市	**Ziyang**							
雁江区	Yanjiang	54	4338	2895	1024	151	51	4821
安岳县	Anyue	73	4050	3051	1239	77	70	4765
乐至县	Lezhi	32	1607	1310	559	53	54	2189
简阳市	Jianyang	70	4179	3353	1339	70	71	4620
阿坝州	**Aba**							
汶川县	Wenchuan	16	394	320	174	24	2	420
理县	Lixian	15	171	149	81	19	2	304
茂县	Maoxian	25	304	296	156	31	2	430
松潘县	Songpan	25	232	184	122	23	2	300
九寨沟县	Jiuzhaigou	20	300	272	133	28	2	300
金川县	Jinchuan	25	230	201	104	21	5	378
小金县	Xiaojin	23	276	151	78	23	3	320
黑水县	Heishui	19	161	109	68	25	1	190
马尔康县	Maerkang	17	406	437	298	116	3	341
壤塘县	Rangtang	14	121	172	75	26	5	761

12-13 续表4 continued

县(市、区)	Counties (Municipalities, Districts)	医院、卫生院(个) Number of Hospitals (unit)	医院、卫生院床位数(张) Number of Hospital Beds (unit)	医院、卫生院技术人员(人) Number of Medical Technical Personnel (person)	# 医生 Doctors	卫生防疫人员(人) Total Number of Epidemic Prevention Persons (person)	社会福利院(个) Number of Social Welfare Homes (unit)	社会福利院床位数(张) Number of Social Welfare Homes Beds (unit)
阿坝县	Abaxian	20	204	161	73	27	3	340
若尔盖县	Ruoergai	19	168	183	109	16	2	400
红原县	Hongyuan	13	154	176	94	18	4	350
甘孜州	**Ganzi**							
康定县	Kangding	28	832	788	422	81	4	230
泸定县	Luding	15	256	319	177	24	2	140
丹巴县	Danba	18	184	215	112	19	4	150
九龙县	Jiulong	18	167	191	86	17	1	104
雅江县	Yajiang	19	113	164	61	17	4	127
道孚县	Daofu	24	113	169	71	18	3	150
炉霍县	Luhuo	20	112	191	93	22	8	165
甘孜县	Ganzixian	25	169	217	72	15	3	130
新龙县	Xinlong	25	109	189	48	17	10	188
德格县	Dege	27	122	174	54	16	2	115
白玉县	Baiyu	18	141	216	63	16	3	80
石渠县	Shiqu	25	86	207	65	28	6	98
色达县	Seda	19	85	128	53	16		
理塘县	Litang	25	120	220	68	23	3	35
巴塘县	Batang	21	142	202	168	22	1	80
乡城县	Xiangcheng	14	102	138	59	25	1	35
稻城县	Daocheng	18	103	149	52	17	1	80
得荣县	Derong	13	88	122	53	13	1	60
凉山州	**Liangshan**							
西昌市	Xichang	61	3973	3973	1953	185	14	1227
木里县	Muli	31	356	264	170	22	1	226
盐源县	Yanyuan	36	728	511	290	36	2	745
德昌县	Dechang	25	933	468	309	36	9	393
会理县	Huili	53	1135	883	461	51	13	869
会东县	Huidong	55	759	551	292	22	8	1270
宁南县	Ningnan	27	447	482	221	22	2	257
普格县	Puge	35	268	261	159	28	6	200
布拖县	Butuo	31	293	253	89	29	2	425
金阳县	Jinyang	35	539	336	181	31	1	384
昭觉县	Zhaojue	48	374	361	170	43	2	563
喜德县	Xide	27	326	293	161	44	2	371
冕宁县	Mianning	43	883	506	327	46	4	493
越西县	Yuexi	43	585	595	269	49	1	200
甘洛县	Ganluo	29	491	356	212	23	2	497
美姑县	Meigu	46	380	301	85	28	2	580
雷波县	Leibo	52	476	397	229	27	2	230

13

农业

AGRICULTURE

13-1 农村基本情况
Basic Conditions of Rural Grassroots Units and Agriculture

指　标		Item		2009	2010	2011
农村基层组织	(个)	**Rural Grassroots Units**				
乡镇数	(个)	Number of Township and Town Governments		4427	4442	4427
# 镇数	(个)	Number of Town Governments		1820	1829	1824
村民委员会	(个)	Number of Villagers' Committees		48367	48121	47919
乡村户数、人口、从业人员		**Number of Households, Population and Number of Employed Persons in Rural Areas**				
乡村户数	(万户)	Number of Rural Households	(10 000 units)	2030.88	2056.23	2063.41
乡村人口数	(万人)	Rural Population	(10 000 persons)	6964.52	6997.46	6987.80
乡村从业人员数	(万人)	Number of Rural Employed Persons	(10 000 persons)	3936.68	3968.12	3947.71
按性别分		By Sex				
男	(万人)	Male	(10 000 persons)	2093.83	2109.58	2098.18
女	(万人)	Female	(10 000 persons)	1842.85	1858.55	1849.54
农业基本情况		**Basic Conditions of Agriculture**				
年末实有耕地面积	(千公顷)	Cultivated Areas (year-end)	(1 000 hectares)	3976.09	4010.71	3983.38
水田	(千公顷)	Paddy Fields	(1 000 hectares)	2077.38	2095.82	2069.28
旱地	(千公顷)	Dry Fields	(1 000 hectares)	1898.71	1914.89	1914.09
年内减少耕地面积	(千公顷)	Decrease in Cultivated Land Area in the Year by Cause	(1 000 hectares)	31.48	35.50	23.20
# 国家基建占地	(千公顷)	Capital Construction of the Government	(1 000 hectares)	19.23	20.36	13.45
农业机械总动力	(万千瓦)	Total Agricultural Machinery Power	(10 000 kw)	2952.66	3155.14	3426.10
有效灌溉面积	(千公顷)	Irrigated Land Area	(1 000 hectares)	2523.66	2553.11	2600.75
化肥施用量	(万吨)	Consumption of Chemical Fertilizers	(10 000 tons)	247.97	248.00	251.23
农村用电量	(亿千瓦小时)	Electricity Consumed in Rural Areas	(100 million kwh)	133.77	141.66	148.57

13-2 农林牧渔业总产值
Gross Output Value of Farming, Forestry, Animal Husbandry and Fishery

单位：亿元 (100 million yuan)

年 份 Year	农林牧渔业总产值 Total	农 业 Farming	林 业 Forestry	牧 业 Animal Husbandry	渔 业 Fishery	农林牧渔业服务业 Services
1980	136.92	98.07	4.21	34.07	0.57	
1981	147.02	105.41	5.34	35.63	0.64	
1982	177.53	133.84	5.81	37.07	0.81	
1983	193.77	142.76	7.02	42.83	1.16	
1984	211.93	151.54	12.21	46.79	1.39	
1985	234.82	161.14	13.09	58.74	1.85	
1986	254.33	168.46	13.18	69.74	2.95	
1987	294.59	187.84	13.66	89.18	3.91	
1988	361.11	213.69	15.99	126.02	5.41	
1989	400.40	238.04	16.75	139.24	6.37	
1990	484.31	301.46	18.51	157.04	7.30	
1991	513.43	317.43	19.43	168.41	8.16	
1992	565.62	344.52	22.23	189.41	9.46	
1993	660.69	389.21	24.90	234.30	12.28	
1994	930.80	521.00	28.48	365.33	15.99	
1995	1113.96	645.17	34.32	413.84	20.63	
1996	1274.32	750.07	38.58	461.32	24.35	
1997	1395.43	798.22	41.31	527.60	28.30	
1998	1455.19	823.72	45.87	554.15	31.45	
1999	1444.86	792.80	45.34	572.63	34.09	
2000	1483.52	785.37	49.13	611.76	37.26	
2001	1534.89	769.95	50.85	673.10	41.00	
2002	1651.53	807.43	54.60	743.91	45.59	
2003	1784.49	804.70	59.26	832.34	53.34	34.85
2004	2252.28	987.70	62.65	1097.62	65.75	38.56
2005	2457.46	1037.20	69.94	1230.18	78.49	41.64
2006	2602.10	1075.08	76.75	1317.41	87.16	45.70
2007	3370.17	1316.60	87.20	1827.07	85.80	53.50
2008	3686.20	1710.80	105.32	1708.42	103.68	57.98
2009	3689.81	1806.06	112.52	1596.72	119.05	55.46
2010	4081.81	2069.33	112.90	1705.16	129.83	64.60
2011	4932.73	2454.26	130.10	2127.20	147.16	74.01

注：本表按当年价格计算；2003年起执行新国民经济行业分类标准，总产值包括农林牧渔服务业产值。

a) Data in this table are calculated at current prices.The new classification for national standard of industry classification has been implemented since 2003 and the gross output value includes the serivces in support of agriculture,forestry, animal husbandry and fishery.

13-3 农林牧渔业总产值指数
Indices of Gross Output Value of Farming, Forestry, Animal Husbandry and Fishery

(1952年=100) (1952=100)

年 份 Year	农林牧渔业 总产值 Total	农 业 Farming	林 业 Forestry	牧 业 Animal Husbandry	渔 业 Fishery	农林牧渔业服务业 Services
1952	100.0	100.0	100.0	100.0		
1957	143.2	139.6	172.7	160.7	100.0	
1962	117.0	113.7	389.4	91.3	210.3	
1965	142.6	126.0	462.4	196.1	286.2	
1970	160.8	151.5	422.0	176.1	258.6	
1978	206.0	186.8	330.9	306.7	372.4	
1980	242.2	201.9	373.4	482.9	400.0	
1985	332.7	251.1	933.0	756.5	1272.4	
1990	409.4	290.8	742.2	1104.3	2386.2	
1991	427.6	300.5	742.9	1179.3	2589.7	
1992	445.7	308.2	800.4	1255.7	2831.0	
1993	450.2	299.4	812.4	1341.1	3210.3	
1994	465.3	297.1	859.6	1461.1	3586.2	
1995	504.9	321.2	932.6	1584.8	4369.0	
1996	533.3	338.0	1004.6	1674.3	4893.1	
1997	559.4	351.8	1031.2	1772.2	5481.2	
1998	584.5	361.4	1061.6	1889.9	6126.0	
1999	605.8	368.7	1048.3	1997.8	6855.0	
2000	636.0	379.2	1080.7	2144.1	7717.7	
2001	651.3	369.0	1083.2	2318.2	8521.1	
2002	695.3	387.3	1145.4	2512.5	9551.7	100.0
2003	738.5	394.6	1257.0	2744.7	11309.2	108.0
2004	790.9	410.8	1303.5	3019.2	12756.8	113.9
2005	842.4	421.6	1422.0	3304.8	14382.0	122.1
2006	873.7	416.7	1525.5	3540.1	15689.3	132.2
2007	904.1	436.3	1604.8	3610.9	16944.4	141.7
2008	933.9	447.6	1652.9	3744.5	17961.1	147.7
2009	973.5	468.3	1743.8	3886.8	18889.8	149.7
2010	1017.3	492.2	1841.5	4022.8	19807.8	167.6
2011	1064.1	520.7	2020.1	4127.4	21134.9	183.7

注：本表按可比价格计算；2003年起按新口径计算；2004年起指数按可比价格缩减法计算。

a) Data in this table are calculated at comparable prices, the data are calculated at the new range since 2003.The data are calculated at comparable prices by deflation approach since 2004.

13-4 各市(州)农林牧渔业总产值(2011年)
Gross Output Value of Farming, Forestry, Animal Husbandry and Fishery by Region(2011)

单位：亿元 (100 million yuan)

市(州)	Region	农林牧渔业总产值 Total	农业 Farming	林业 Forestry	牧业 Animal Husbandry	渔业 Fishery	农林牧渔业服务业 Services
全　省	**Sichuan**	**4932.7**	**2454.3**	**130.1**	**2127.2**	**147.2**	**74.0**
成都市	Chengdu	547.0	268.5	8.8	242.4	13.8	13.6
自贡市	Zigong	165.0	75.8	4.4	76.4	5.9	2.4
攀枝花市	Panzhihua	41.7	21.6	0.7	15.5	3.4	0.6
泸州市	Luzhou	217.1	99.1	6.8	101.9	6.3	3.0
德阳市	Deyang	295.1	132.8	7.3	143.7	7.1	4.2
绵阳市	Mianyang	328.9	152.4	8.8	152.8	10.3	4.6
广元市	Guangyuan	143.0	66.9	4.9	61.7	6.5	3.0
遂宁市	Suining	238.1	93.5	6.7	127.7	7.0	3.2
内江市	Neijiang	234.7	106.8	6.3	110.4	8.0	3.2
乐山市	Leshan	195.3	81.9	9.1	94.7	7.2	2.4
南充市	Nanchong	400.8	172.0	10.4	203.0	11.8	3.7
眉山市	Meishan	202.5	87.8	4.3	99.7	8.1	2.5
宜宾市	Yibin	275.8	116.6	10.0	136.4	8.7	4.1
广安市	Guangan	211.1	97.2	5.8	98.3	6.6	3.0
达州市	Dazhou	391.7	169.0	10.7	195.7	11.1	5.2
雅安市	Yaan	94.6	44.3	6.3	42.1	0.8	1.2
巴中市	Bazhong	142.9	69.1	3.6	63.0	5.0	2.2
资阳市	Ziyang	314.5	126.0	7.8	166.7	10.1	3.8
阿坝藏族羌族自治州	Aba	40.4	11.7	3.0	23.8		2.0
甘孜藏族自治州	Ganzi	48.4	15.1	2.7	30.1		0.5
凉山彝族自治州	Liangshan	323.7	153.4	13.2	148.6	4.0	4.7

注：本表按当年价格及新口径计算。

a) Data in this table are calculated at current prices and new range.

13-5 各市(州)农林牧渔业总产值指数（2011年）
Indices of Gross Output Value of Farming, Forestry, Animal Husbandry and Fishery by Region(2011)

(上年=100) (preceding year=100)

市(州)	Region	农林牧渔业总产值 Total	农 业 Farming	林 业 Forestry	牧 业 Animal Husbandry	渔 业 Fishery	农林牧渔业服务业 Services
全 省	**Sichuan**	**104.6**	**105.8**	**109.7**	**102.6**	**106.7**	**109.6**
成都市	Chengdu	103.8	106.9	128.3	98.4	111.2	113.3
自贡市	Zigong	105.0	104.2	109.6	104.2	117.6	114.2
攀枝花市	Panzhihua	104.5	105.9	102.6	101.5	108.9	102.5
泸州市	Luzhou	103.4	102.0	110.5	104.2	103.8	107.4
德阳市	Deyang	103.9	106.1	90.6	102.7	96.6	113.1
绵阳市	Mianyang	104.0	105.7	107.8	101.5	104.4	108.4
广元市	Guangyuan	106.7	106.4	105.9	106.4	112.9	106.7
遂宁市	Suining	103.4	102.4	115.2	102.5	113.9	112.0
内江市	Neijiang	104.2	107.9	108.6	98.9	110.6	109.3
乐山市	Leshan	104.0	105.5	109.2	101.2	109.9	112.7
南充市	Nanchong	104.3	105.1	104.4	103.4	107.7	104.1
眉山市	Meishan	103.7	105.4	103.3	101.2	113.1	103.3
宜宾市	Yibin	103.5	104.0	108.1	102.0	107.6	107.5
广安市	Guangan	104.4	106.3	103.0	102.2	107.0	108.5
达州市	Dazhou	103.5	102.9	106.2	103.7	105.5	105.5
雅安市	Yaan	103.4	105.0	114.5	99.8	104.5	109.2
巴中市	Bazhong	104.0	103.9	105.2	103.7	107.5	105.5
资阳市	Ziyang	103.7	106.6	105.5	100.6	104.7	109.7
阿坝藏族羌族自治州	Aba	105.1	105.4	104.0	105.1		104.5
甘孜藏族自治州	Ganzi	106.2	110.1	108.3	103.9		104.7
凉山彝族自治州	Liangshan	104.4	107.2	102.7	101.6	102.5	105.3

注：全省指数按可比价格缩减法计算,各市州指数按1990年不变价格计算。
The index of Sichuan is calculated at comparable prices by deflation approach and the index by region is calculated at 1990 current prices in this table.

13-6 主要农业机械和农产品加工机械拥有量
Main Agricultural Machinery and Main Machinery for Processing Farm Products

(年底数) (year-end)

年 份 Year	农业机械总动力(万千瓦) Total Power of Agricultural Machinery (10 000 kw)	农用运输车 Transport Machinery for Agricultural Use		农用大中型拖拉机 Large and Medium Agricultural Tractors		农用小型及手扶拖拉机 Mini & Walking Agricultural Tractors	
		数量(辆) Number (unit)	动力(万千瓦) Capacity (10 000 kw)	数量(台) Number (unit)	动力(万千瓦) Capacity (10 000 kw)	数量(万台) Number (10 000 units)	动力(万千瓦) Capacity (10 000 kw)
1978	350.21	1175	7.90	14571	42.52	5.22	45.91
1979	434.74	2256	15.17	17790	48.18	6.99	61.47
1980	500.34	3911	25.34	19233	52.59	8.37	74.19
1981	548.37	5080	32.75	20076	55.29	9.00	80.70
1982	575.65	5542	35.67	20034	55.24	9.35	84.66
1983	609.82	7408	47.84	19932	55.15	9.97	91.78
1984	649.40	12781	84.97	19099	53.34	10.70	100.31
1985	700.42	18807	126.52	18496	51.67	11.53	109.74
1986	772.77	22654	154.24	18469	51.55	13.10	127.54
1987	828.98	25395	171.77	17939	50.57	14.56	145.39
1988	887.72	28336	190.77	16900	48.36	15.69	160.88
1989	918.92	30568	202.99	15064	43.51	15.90	163.74
1990	956.00	29707	209.45	12788	37.64	15.51	161.06
1991	1007.23	32288	236.01	10553	31.62	15.17	159.81
1992	1035.60	33063	247.08	8662	25.81	14.75	156.59
1993	1066.35	34571	263.71	7545	23.28	14.47	154.38
1994	1165.11	39253	304.55	6625	21.17	14.16	152.45
1995	1209.73	42563	330.07	5632	18.05	13.78	149.09
1996	1263.26	42878	343.77	4997	16.13	13.81	149.98
1997	1348.21	44970	361.96	6644	18.16	13.84	151.56
1998	1468.33	47137	374.06	10144	23.48	13.98	155.43
1999	1606.90	49950	386.98	14833	37.58	14.26	159.14
2000	1679.65	87401	296.44	29645	74.59	13.29	149.22
2001	1735.10	90226	302.04	33606	86.87	13.06	148.74
2002	1803.68	92175	306.31	42156	108.21	13.09	150.99
2003	1891.06	94049	298.20	46882	128.02	12.25	141.09
2004	2006.78	96479	299.35	51585	143.82	12.59	151.29
2005	2181.70	97859	297.13	12728	35.18	12.48	155.94
2006	2344.87	97622	294.84	15936	40.74	12.83	161.15
2007	2523.05	100610	298.93	20151	49.81	13.35	171.61
2008	2687.55	109171	288.78	55488	122.75	11.43	143.11
2009	2952.66	104123	312.40	77809	179.10	11.84	147.96
2010	3155.14	105112	308.03	91112	206.02	12.03	147.37
2011	3426.10	117801	371.08	107484	246.51	12.47	147.99

注：1999年及以前年份"农用运输车"统计口径为"农用载重汽车"。

a) Data on transportation machinery for agriculture use refer to agricultural camion before 1999.

13-6 续表 continued

(年底数) (year-end)

年 份 Year	农用排灌动力机械 Drainage and Irrigation Machinery 数量 Number (万台) (10 000 units)	动力 Capacity (万千瓦) (10 000 kw)	大中型机引农具 (万部) Number of Large and Medium Tractor Towing Farm Machinery (10 000 units)	联合收割机 (台) Combine Harvester (unit)	机动脱粒机 (万台) Motorized Threshing Machines (10000 units)
1978	14.18	144.27	2.71	21	6.69
1979	17.67	179.07	3.17	39	7.99
1980	19.58	197.15	3.29	51	9.04
1981	20.78	209.30	3.40	50	9.77
1982	20.99	213.02	3.28	51	8.14
1983	20.18	207.50	2.96	49	6.80
1984	18.62	195.82	2.40	46	5.37
1985	17.60	193.99	2.08	32	4.47
1986	18.97	198.19	1.90	36	4.04
1987	20.05	205.03	1.79	31	3.80
1988	20.52	209.75	1.60	38	3.78
1989	20.37	211.46	1.36	52	4.09
1990	20.18	215.61	1.16	127	5.05
1991	20.85	220.83	0.99	147	5.86
1992	21.86	222.39	0.88	210	6.72
1993	21.13	221.63	0.70	321	7.76
1994	24.62	238.58	0.65	368	11.80
1995	23.47	233.12	0.57	428	12.81
1996	22.11	228.91	0.54	738	13.67
1997	23.93	237.21	0.63	1450	19.19
1998	28.67	268.37	0.59	2150	27.62
1999	32.96	296.15	0.64	2681	33.31
2000	35.35	313.49	0.79	3258	38.25
2001	37.55	320.25	0.89	3587	40.44
2002	39.80	330.06	0.72	4100	45.82
2003	39.97	328.37	0.88	4719	45.60
2004	42.14	348.07	0.83	5400	55.70
2005	46.04	372.18	1.26	5830	69.87
2006	46.92	381.64	0.98	6831	72.61
2007	50.30	400.12	1.29	7621	80.00
2008	52.00	414.09	2.02	8501	96.14
2009	56.05	424.13	2.60	9958	103.28
2010	57.14	440.45	3.19	11996	107.62
2011	64.29	463.20	3.90	14086	115.85

13-7 各市(州)主要农业机械和农产品加工机械拥有量(2011年)
Agricultural Machinery and Machinery for Processing Farm Products by Region(2011)

(年底数) (year-end)

市(州)	Region	农业机械总动力(万千瓦) Total Power of Agricultural Machinery (10 000 kw)	农用运输车 Transportation Machinery for Agricultural Use		农用大中型拖拉机(含变型拖拉机) Large and Medium Agricultural Tractors		农用小型及手扶拖拉机 Mini & Walking Agricultural Tractors	
			数量(辆) Number (unit)	动力(万千瓦) Capacity (10 000 kw)	数量(台) Number (unit)	动力(万千瓦) Capacity (10 000 kw)	数量(台) Number (unit)	动力(万千瓦) Capacity (10 000 kw)
全 省	**Sichuan**	**3426.10**	**117801**	**371.08**	**107484**	**246.51**	**124683**	**147.99**
成都市	Chengdu	310.65	9075	28.55	7289	23.10	26776	31.49
自贡市	Zigong	89.23	4404	18.08	81	0.15	50	0.07
攀枝花市	Panzhihua	60.75	856	2.48	3325	6.45	3906	3.81
泸州市	Luzhou	159.07	9090	26.05	679	1.70	198	0.28
德阳市	Deyang	172.29	5693	10.73	11004	24.20	9049	10.78
绵阳市	Mianyang	248.44	7077	20.77	10138	20.75	12813	13.95
广元市	Guangyuan	225.90	4926	17.68	7756	17.58	6168	5.56
遂宁市	Suining	104.23	5977	15.23	2858	8.14	1630	1.92
内江市	Neijiang	125.42	10418	41.83	65	0.15	528	0.58
乐山市	Leshan	180.09	5912	14.31	3496	13.52	2430	2.77
南充市	Nanchong	202.73	3961	13.94	872	1.71	1259	1.50
眉山市	Meishan	198.59	9523	41.31	2547	6.61	4118	5.38
宜宾市	Yibin	183.69			135	0.30	910	1.09
广安市	Guangan	151.97	7630	20.57	241	0.77	951	1.34
达州市	Dazhou	184.59	9162	31.58	1330	4.86	544	0.66
雅安市	Yaan	138.62	6174	17.01	754	1.93	4013	5.20
巴中市	Bazhong	133.06	2820	8.89	2742	11.96	1163	1.52
资阳市	Ziyang	161.96	7685	20.03	431	1.26	2127	2.10
阿坝藏族羌族自治州	Aba	71.40	1180	4.55	11719	19.28	14134	19.10
甘孜藏族自治州	Ganzi	81.15	2583	5.44	18119	32.19	13530	17.32
凉山彝族自治州	Liangshan	242.27	3655	12.05	21903	49.90	18386	21.57

13-7 续表1 continued

(年底数) (year-end)

市(州)	Region	农用排灌动力机械 Drainage and Irrigation Machinery 数量(万台) Number (10 000 units)	农用排灌动力机械 动力(万千瓦) Capacity (10 000 kw)	# 柴油机 Diesel Engines 数量(万台) Number (10 000 units)	# 柴油机 动力(万千瓦) Capacity (10 000 kw)	大中型拖拉机配套农具(部) Large and Medium Tractor Towing Farm Machinery (unit)	小型拖拉机配套农具(部) Mini & Walking Agricultural Tractor Towing Farm Machinery (unit)	机引犁(台) Tractor Towing Plough (unit)
全 省	**Sichuan**	**64.29**	**463.20**	**47.02**	**283.34**	**39020**	**122877**	**72434**
成都市	Chengdu	3.97	25.86	1.25	11.68	6446	28781	7049
自贡市	Zigong	2.41	15.09	2.24	10.47			
攀枝花市	Panzhihua	0.39	3.34	0.14	1.10	941	1745	
泸州市	Luzhou	4.90	24.11	4.71	20.08	216	18	1229
德阳市	Deyang	2.43	27.59	0.60	5.95	4574	12327	2791
绵阳市	Mianyang	2.23	31.75	1.23	8.96	6450	12108	1034
广元市	Guangyuan	2.49	21.39	2.16	13.20	1321	10684	19802
遂宁市	Suining	1.97	20.78	1.27	8.53	2995	2463	2771
内江市	Neijiang	3.91	26.77	3.15	16.92	44	148	
乐山市	Leshan	3.83	24.79	2.30	13.19	342	4835	1739
南充市	Nanchong	6.24	48.19	5.90	39.11	713	635	7191
眉山市	Meishan	6.18	26.87	2.18	17.58	2836	9349	5897
宜宾市	Yibin	4.18	27.46	3.81	21.46	8	236	62
广安市	Guangan	3.88	22.51	3.03	15.58	73	3806	3703
达州市	Dazhou	3.59	23.72	2.74	13.49	348	564	207
雅安市	Yaan	0.86	9.86	0.56	4.66	305	2188	508
巴中市	Bazhong	4.67	29.59	4.42	26.36	106	744	431
资阳市	Ziyang	3.91	35.18	3.59	24.04	161	1555	267
阿坝藏族羌族自治州	Aba	0.06	1.07	0.04	0.22	518	2822	1342
甘孜藏族自治州	Ganzi	0.11	0.80	0.07	0.35	1780	14638	9841
凉山彝族自治州	Liangshan	2.11	16.49	1.62	10.44	8843	13231	6570

13-7 续表2 continued

(年底数) (year-end)

市(州)	Region	机引耙 (台) Tractor Towing Harrow (unit)	播种机 (台) Tractor Towing Planter (unit)	粮食加工机械 (万台) Flour and Rice Mill (10 000 units)	机动脱粒机 (万台) Motorized Threshing Machines (10 000 units)	油料加工机械 (台) Oil Press Machines (unit)	饲草料加工机械 (台) Forage Press Machines (unit)
全　省	**Sichuan**	**22982**	**20006**	**158.12**	**115.85**	**60933**	**577608**
成都市	Chengdu	1314	4671	4.65	7.26	1739	8927
自贡市	Zigong		10	7.77	8.21	903	11465
攀枝花市	Panzhihua		4325	2.34	0.29	3	22688
泸州市	Luzhou	398	1071	7.94	3.71	8138	39028
德阳市	Deyang	2252	1493	2.10	2.30	1159	4505
绵阳市	Mianyang	461	500	9.00	6.88	3224	10310
广元市	Guangyuan	6256	95	15.18	8.35	3082	34557
遂宁市	Suining	968	27	2.48	5.02	5038	10762
内江市	Neijiang			3.83	1.46	1254	14262
乐山市	Leshan	1738	150	5.19	4.34	1190	21122
南充市	Nanchong	2826	646	9.77	7.21	11691	24918
眉山市	Meishan	4473	280	5.06	9.87	2923	18999
宜宾市	Yibin	13	2	26.39	8.33	2663	84780
广安市	Guangan	1150	5	10.79	12.63	1520	16967
达州市	Dazhou	164	3	20.62	7.54	4975	29133
雅安市	Yaan	148		2.84	1.41	734	3974
巴中市	Bazhong	230	241	8.53	4.69	4911	134764
资阳市	Ziyang	227	1786	4.67	11.08	3674	14751
阿坝藏族羌族自治州	Aba	61	35	0.55	0.55	221	433
甘孜藏族自治州	Ganzi	37	1108	0.29	1.32	82	7858
凉山彝族自治州	Liangshan	266	3558	8.11	3.40	1809	63405

13-8 机耕面积、灌溉面积、化肥施用量和农村用电量情况
Area Ploughed by Tractors and Irrigated, Consumption of Chemical Fertilizers, Electricity Consumption in Rural Areas

年份 Year	机耕面积 (万公顷) Area Ploughed by Tractors (10 000 hectares)	有效灌溉面积 (万公顷) Irrigated Area (10 000 hectares)	化肥施用量 (万吨) Consumption of Chemical Fertilizers (10 000 tons)	氮 肥 Nitrogenous Fertilizer	磷 肥 Phosphate Fertilizer	钾 肥 Potash Fertilizer	复合肥 Compound Fertilizer	农村用电量 (亿千瓦时) Electricity Consumed in Rural Area (100 million kwh)
1952		53.7	0.4	0.4				
1957	0.4	86.4	1.0	0.7	0.3			
1962	2.6	106.9	4.0	3.0	1.0			
1965	2.6	120.9	11.3	8.4	2.8	0.1		
1970	4.6	139.3	11.5	8.5	2.8	0.2		
1975	45.3	175.0	23.0	17.1	5.6	0.3		
1978	86.5	198.9	62.5	46.4	15.7	0.4		7.7
1980	67.9	211.4	80.4	52.6	24.0	1.0	1.1	9.4
1985	51.7	215.4	103.1	82.6	16.4	1.7	2.1	19.3
1990	59.2	222.6	143.9	101.4	28.2	2.6	11.7	33.0
1991	64.3	224.1	154.3	103.0	32.0	3.5	15.7	37.4
1992	66.3	225.3	154.0	100.2	32.2	4.3	17.2	40.6
1993	65.4	226.5	158.1	99.5	33.2	5.4	20.0	46.2
1994	70.8	227.9	170.0	104.9	35.1	6.2	23.7	53.8
1995	71.6	230.1	182.9	111.0	37.4	7.0	27.3	61.2
1996	70.1	232.5	192.8	117.8	38.4	7.4	29.2	64.1
1997	84.4	239.1	201.3	121.3	40.0	8.4	31.6	68.4
1998	85.6	239.1	205.3	123.7	40.3	8.8	32.5	73.5
1999	98.3	242.8	210.3	124.2	40.4	9.3	36.4	78.8
2000	93.7	246.9	212.6	123.0	42.0	10.0	37.5	82.8
2001	95.1	248.7	212.0	121.8	41.9	10.4	37.9	89.5
2002	95.4	250.1	209.6	118.5	42.3	11.0	37.8	93.0
2003	98.1	250.3	208.4	117.5	41.9	11.6	37.4	99.9
2004	98.8	250.3	214.7	120.2	42.9	12.2	39.3	107.8
2005	107.5	249.5	220.9	121.8	45.1	12.9	40.6	112.9
2006	115.0	248.7	228.2	124.7	46.6	13.7	43.0	117.7
2007	121.1	250.0	238.2	127.9	48.0	14.8	46.6	123.3
2008	182.2	250.7	242.8	128.6	48.9	15.8	48.0	128.2
2009	196.5	252.4	248.0	130.7	49.7	16.4	50.3	133.8
2010	219.0	255.3	248.0	129.6	49.2	16.4	51.1	141.7
2011	275.5	260.1	251.2	128.8	50.6	17.3	53.2	148.6

13-9 各市(州)农业机械化、农村用电量和化肥施用量情况(2011年)
Basic Conditions of Mechanization, Electrification of Agriculture and Consumption of Chemical Fertilizers by Region(2011)

市(州)	Region	农业机械化情况 Mechanization of Agriculture			农村用电量(亿千瓦时) Electricity Consumed in Rural Area (100 million kwh)	化肥施用量(万吨) Consumption of Chemical Fertilizers (100 million tons)				
		机耕面积(万公顷) Area Ploughed by Tractors (10 000 hectares)	机播面积(万公顷) Area Sown by Machines (10 000 hectares)	机收面积(万公顷) Area Harvested by Machines (10 000 hectares)			氮肥 Nitrogenous Fertilizer	磷肥 Phosphate Fertilizer	钾肥 Potash Fertilizer	复合肥 Compound Fertilizer
全　省	**Sichuan**	**275.45**	**21.30**	**105.45**	**148.57**	**251.23**	**128.78**	**50.64**	**17.26**	**53.16**
成都市	Chengdu	40.45	5.10	24.83	31.61	17.36	6.84	3.77	2.03	4.71
自贡市	Zigong	14.62	0.05	0.35	3.88	8.69	4.13	2.47	0.73	1.36
攀枝花市	Panzhihua	3.35	0.06	0.31	1.76	2.82	1.11	0.30	0.31	1.11
泸州市	Luzhou	10.45	0.43	2.19	5.72	10.38	5.20	1.99	0.60	2.39
德阳市	Deyang	24.93	3.50	16.05	18.72	20.01	10.94	3.70	0.93	4.41
绵阳市	Mianyang	22.27	2.07	13.11	9.62	21.38	10.53	5.69	0.99	4.16
广元市	Guangyuan	14.80	0.21	5.03	2.69	11.60	5.52	2.48	0.94	1.84
遂宁市	Suining	15.47	0.28	4.34	3.23	14.36	7.42	2.98	1.01	2.95
内江市	Neijiang	6.91	0.26	0.11	8.05	11.98	7.69	2.67	0.29	1.31
乐山市	Leshan	19.77	0.30	2.09	8.58	9.32	5.16	1.55	0.37	2.13
南充市	Nanchong	13.76	1.54	2.40	5.92	23.71	12.37	5.37	1.07	4.80
眉山市	Meishan	13.63	1.61	8.46	6.49	14.94	6.23	2.16	2.35	4.17
宜宾市	Yibin	10.01	0.28	0.38	9.05	10.26	4.76	1.83	0.82	2.84
广安市	Guangan	8.39	0.67	6.25	4.39	10.85	6.96	2.35	0.72	0.82
达州市	Dazhou	7.10	0.06	6.35	7.29	20.34	11.78	3.42	1.51	3.63
雅安市	Yaan	3.42	0.22	0.54	4.18	5.01	2.50	0.70	0.50	1.31
巴中市	Bazhong	10.22	0.55	2.77	2.57	13.70	6.58	2.32	1.07	3.73
资阳市	Ziyang	11.72	0.31	1.98	6.07	8.96	5.72	2.18	0.06	1.00
阿坝藏族羌族自治州	Aba	2.40	0.55	0.38	1.84	1.03	0.55	0.26	0.05	0.16
甘孜藏族自治州	Ganzi	3.83	2.02	1.39	0.91	0.30	0.22	0.04	0.01	0.04
凉山彝族自治州	Liangshan	17.95	1.23	6.14	6.00	14.23	6.59	2.44	0.91	4.28

13-10 耕地面积和农作物总播种面积
Area under Cultivation and Total Sown Area of Farm Crops

单位：万公顷 (10 000 hectares)

年 份 Year	年末实有耕地面积 Cultivated Area (year-end)	水 田 Paddy Fields	旱 地 Dry Fields	农作物总播种面积 Total Sown Area	# 粮食作物 Sown Area of Grain Crops	# 油料 Oil bearing Crops
1952	547.85	272.31	275.54	827.66	686.3	34.3
1957	569.13	276.06	293.07	968.20	784.9	40.3
1962	510.07	246.92	263.15	805.65	676.7	27.5
1965	518.96	249.05	269.91	789.59	622.5	38.8
1970	510.66	247.74	262.92	819.65	674.8	32.0
1975	497.21	245.45	251.76	903.94	728.9	36.2
1978	490.91	242.20	248.71	885.91	744.1	38.6
1980	487.16	241.16	246.00	861.90	746.1	47.0
1985	474.12	238.25	235.87	855.80	663.6	84.2
1990	464.71	236.89	227.82	905.00	698.5	79.7
1991	463.23	236.44	226.79	920.70	704.8	83.9
1992	461.19	235.44	225.75	921.90	702.9	81.9
1993	459.38	234.04	225.34	915.20	705.0	70.8
1994	457.96	233.20	224.76	916.40	701.5	75.2
1995	456.04	232.06	223.98	930.24	705.49	84.60
1996	454.31	231.66	222.65	940.08	713.77	82.17
1997	451.99	229.97	222.02	949.75	721.14	79.94
1998	449.49	228.37	221.12	971.44	733.81	83.56
1999	445.47	227.28	218.19	971.77	729.67	89.11
2000	434.61	225.00	209.61	960.91	685.44	102.61
2001	428.44	222.47	205.97	949.17	662.69	104.92
2002	405.99	214.00	191.99	934.41	642.55	104.88
2003	390.37	208.83	181.54	908.50	608.78	108.69
2004	390.44	207.86	182.58	924.44	633.33	108.88
2005	390.60	208.07	182.54	941.69	650.16	109.36
2006	391.66	207.94	183.72	996.94	688.77	106.95
2007	394.59	208.58	186.01	975.73	680.39	106.61
2008	395.95	208.17	187.79	983.49	682.72	115.51
2009	397.61	207.74	189.87	991.61	685.90	120.53
2010	401.07	209.58	191.49	997.93	690.75	121.89
2011	398.34	206.93	191.41	1002.65	690.34	123.28

13-11 各市(州)耕地面积和有效灌溉面积(2011年)
Area under Cultivation and Effective Irrigation by Region(2011)

单位：千公顷 (1000 hectares)

市(州)	Region	年末实有耕地面积 Cultivated Area (year-end)	水田 Paddy Fields	旱地 Dry Fields	年内减少耕地面积 Decrease in Cultivated Area	# 国家基建占地 Capital Construction	有效灌溉面积 Effective Irrigated Areas
全省	**Sichuan**	**3983.38**	**2069.28**	**1914.09**	**23.20**	**13.45**	**2600.75**
成都市	Chengdu	325.53	245.45	80.08	8.80	6.15	319.59
自贡市	Zigong	135.71	85.06	50.66	0.09	0.07	81.05
攀枝花市	Panzhihua	40.69	16.34	24.35	0.33	0.26	28.89
泸州市	Luzhou	209.66	149.05	60.61	0.59	0.34	123.28
德阳市	Deyang	185.08	121.86	63.23	1.02	0.50	148.11
绵阳市	Mianyang	281.50	128.21	153.29	1.37	0.95	214.05
广元市	Guangyuan	167.64	71.80	95.85	0.25	0.19	88.44
遂宁市	Suining	153.99	57.22	96.78	0.67	0.56	121.75
内江市	Neijiang	164.42	86.62	77.80	0.39	0.24	118.68
乐山市	Leshan	149.71	88.06	61.65	0.65	0.40	101.92
南充市	Nanchong	301.67	146.14	155.53	1.18	0.53	211.88
眉山市	Meishan	170.88	117.40	53.48	0.50	0.43	179.90
宜宾市	Yibin	243.14	149.70	93.45	0.56	0.30	130.10
广安市	Guangan	173.14	123.66	49.48	0.51	0.24	97.14
达州市	Dazhou	302.06	176.11	125.95	0.69	0.51	163.09
雅安市	Yaan	55.82	27.38	28.44	1.30	0.15	42.73
巴中市	Bazhong	152.53	95.46	57.06	0.37	0.13	77.75
资阳市	Ziyang	268.60	103.98	164.61	1.79	0.87	170.86
阿坝藏族羌族自治州	Aba	59.20	0.01	59.18	0.99	0.11	18.98
甘孜藏族自治州	Ganzi	90.00	0.69	89.30	0.90	0.35	28.02
凉山彝族自治州	Liangshan	352.43	79.09	273.33	0.26	0.17	134.54

13-12 经济作物播种面积和产量
Economic Crops Sown Area and Output

面积单位：万公顷 (area: 10 000 hectares)
产量单位：万吨 (yield and output: 10 000 tons)

年份 Year	油料 Oil bearing Crops		#花生 Peanut		#油菜籽 Rapeseeds		棉花 Cotton	
	播种面积 Sown Area	产量 Yield	播种面积 Sown Area	产量 Yield	播种面积 Sown Area	产量 Yield	播种面积 Sown Area	产量 Yield
1952	34.3	25.2	7.6	8.4	25.8	16.5	22.50	4.00
1957	40.3	35.1	9.8	11.4	29.5	23.4	30.70	6.60
1962	27.5	14.8	7.3	6.2	19.0	8.3	21.00	2.60
1965	38.8	35.4	10.2	10.7	27.1	24.3	26.50	10.60
1970	32.0	34.5	6.9	9.1	23.9	24.5	25.70	12.70
1975	36.2	39.9	7.3	10.8	28.2	28.7	25.70	12.30
1978	38.6	52.8	7.4	12.4	30.3	38.1	25.60	14.40
1980	47.0	68.4	8.4	11.8	39.5	56.4	24.60	9.40
1985	84.2	133.1	13.5	23.6	70.1	109.0	12.60	11.30
1990	79.7	133.5	12.6	23.7	66.9	109.5	12.30	11.50
1991	83.9	148.7	12.5	24.6	71.0	123.7	14.60	14.60
1992	81.9	136.6	12.8	25.1	68.6	111.1	15.90	15.00
1993	70.8	112.0	13.9	26.4	56.4	84.9	13.10	8.20
1994	75.2	119.6	15.2	20.8	59.8	98.4	13.00	6.70
1995	84.6	145.1	15.3	25.9	68.8	118.7	13.97	11.18
1996	82.2	133.2	15.2	28.1	66.4	104.6	15.31	12.29
1997	79.9	134.2	15.4	28.8	64.0	104.8	13.92	10.73
1998	83.6	146.4	16.6	33.3	66.4	112.6	13.96	10.16
1999	89.1	151.6	19.3	41.2	69.0	109.5	9.41	7.59
2000	102.6	193.0	24.0	54.3	77.7	137.5	7.01	5.89
2001	104.9	181.0	25.8	45.8	78.0	133.7	6.64	2.98
2002	104.9	201.5	26.4	55.4	77.3	144.8	3.30	2.36
2003	108.7	217.1	27.0	59.9	80.6	155.9	3.12	2.54
2004	108.9	226.3	26.3	59.8	81.4	165.0	3.58	3.31
2005	109.4	232.3	26.4	62.0	81.7	168.7	2.78	2.47
2006	107.0	217.3	26.1	47.1	79.7	169.0	2.45	1.57
2007	106.6	228.5	25.8	55.1	79.7	172.1	2.16	1.67
2008	115.5	249.9	25.6	59.0	88.6	189.4	1.85	1.55
2009	120.5	261.8	25.6	60.1	93.7	199.9	1.62	1.49
2010	121.9	268.5	25.9	61.5	94.7	205.2	1.62	1.42
2011	123.3	278.4	25.9	62.7	96.4	214.4	1.60	1.46

13-12续表1 continued

面积单位：万公顷 (area: 10 000 hectares)

产量单位：万吨 (yield and output: 10 000 tons)

年份 Year	甘蔗 Sugarcane		麻类 Fiber Crops		烟叶 Tobacco		#烤烟 Fluecured Tobacco	
	播种面积 Sown Area	产量 Yield	播种面积 Sown Area	产量 Yield	播种面积 Sown Area	产量 Yield	播种面积 Sown Area	产量 Yield
1952	3.00	115.30	0.10		4.17	4.25	2.08	2.04
1957	3.84	164.40		0.10	4.00	4.38	1.97	2.12
1962	1.41	28.30			1.63	1.14	0.38	0.41
1965	3.61	133.25	0.20	0.10	3.25	3.45	0.75	1.29
1970	3.35	107.61	0.60	0.20	2.13	2.32	0.47	0.48
1975	4.50	139.63	0.80	0.80	3.65	3.98	1.07	1.49
1978	4.65	154.11	1.90	5.90	5.20	6.94	1.83	2.58
1980	3.70	141.77	2.40	10.30	4.19	5.73	1.35	1.81
1985	4.62	233.98	6.80	12.40	6.83	10.68	2.90	3.87
1990	4.24	218.15	4.20	8.20	8.35	13.26	4.91	4.32
1991	4.60	244.96	4.10	8.30	8.04	12.68	5.16	6.08
1992	4.11	211.67	3.70	7.70	9.52	15.83	5.19	8.00
1993	3.21	167.80	3.70	7.30	9.88	15.33	5.46	7.24
1994	3.19	155.55	3.20	4.30	6.31	8.67	3.15	3.57
1995	3.25	170.73	4.53	6.57	5.87	7.77	3.11	3.50
1996	3.11	164.16	4.38	6.49	6.97	12.93	3.90	7.48
1997	3.09	155.66	3.97	5.39	10.02	18.56	6.88	12.33
1998	2.96	161.48	3.11	4.28	7.24	10.67	4.62	5.89
1999	2.92	161.04	2.71	3.94	7.38	11.86	4.89	6.94
2000	3.06	166.68	2.56	4.02	8.22	15.61	5.46	9.37
2001	3.06	155.67	2.48	3.94	7.03	12.17	4.23	6.55
2002	3.19	171.21	2.99	4.47	7.01	14.09	4.68	8.85
2003	3.19	170.53	3.18	5.02.	6.66	13.42	4.43	8.23
2004	2.88	146.10	3.50	6.09	6.64	14.41	4.59	9.38
2005	2.67	132.89	3.70	6.85	7.95	18.17	5.88	13.23
2006	2.64	124.61	4.00	6.58	8.88	20.01	6.86	15.39
2007	2.56	126.98	3.98	6.90	7.75	16.91	5.72	12.13
2008	2.30	116.28	3.89	6.80	11.02	22.84	9.10	18.20
2009	1.99	93.92	3.78	6.58	12.15	25.96	10.23	21.04
2010	1.95	93.40	3.56	6.41	10.81	24.53	8.82	19.42
2011	1.67	76.67	3.38	6.10	11.71	24.93	9.84	20.04

注：1994年及以前年份"麻类"统计口径为"黄红麻"。

a) Fiber crops included only jute and ambary hemp before 1994.

13-12续表2 continued

产量单位：万吨 (10 000 tons)

年份 Year	蚕茧产量 Yield of Silkworm Cocoons	茶叶产量 Yield of Tea	园林水果 Garden Fruits	苹 果 Yield of Apples	柑 桔 Yield of Citrus	梨 Yield of Pears	其 他 Yield of Other Fruits	水产品产量 Output of Aquatic Products
1952	0.98	0.79	10.30		0.40			0.81
1957	0.94	1.21	10.80		3.60			1.11
1962	0.77	0.70	8.60		1.80			1.10
1965	0.97	0.90	11.70		3.40			1.56
1970	1.84	1.01	7.90		2.40			1.66
1975	2.55	1.31	15.20		4.50			3.01
1978	3.66	1.90	17.80		5.90			3.06
1980	6.60	1.98	27.50	4.00	9.90	5.10	8.50	3.69
1985	7.39	3.71	57.00	4.60	37.70	6.30	8.40	9.27
1990	10.00	4.00	92.00	6.10	62.40	9.10	14.40	16.83
1991	11.70	4.20	106.50	6.50	71.90	10.20	17.90	18.31
1992	13.50	4.30	109.20	7.60	73.64	10.60	17.36	20.02
1993	15.00	4.40	131.90	7.80	89.00	11.40	23.70	22.40
1994	15.66	4.35	132.94	8.45	83.50	13.16	27.83	25.78
1995	15.16	4.35	155.76	12.26	93.33	17.26	32.91	29.86
1996	9.46	4.39	168.48	13.47	101.01	18.17	35.83	33.26
1997	8.53	4.52	185.13	16.12	106.89	20.04	42.08	37.20
1998	9.28	5.09	212.92	17.74	117.84	24.97	52.37	42.29
1999	8.10	5.29	234.53	18.68	116.22	27.27	72.36	46.57
2000	8.73	5.45	252.57	20.23	132.75	34.45	65.14	51.31
2001	9.22	5.84	272.90	19.40	149.77	39.48	64.25	57.13
2002	9.30	6.28	306.69	20.69	166.18	46.97	72.85	64.84
2003	9.29	7.21	348.21	22.54	186.16	54.77	84.74	76.40
2004	9.74	8.65	385.45	24.05	198.78	62.03	100.59	86.15
2005	9.80	9.79	415.76	24.29	213.74	68.46	109.26	98.25
2006	9.83	11.29	423.81	24.80	205.78	74.60	118.63	81.30
2007	10.58	13.03	474.45	29.70	232.48	81.98	130.30	91.05
2008	10.55	13.93	517.02	38.90	257.57	82.13	138.41	95.20
2009	10.70	15.47	568.33	40.89	277.35	84.52	165.57	100.13
2010	11.08	16.93	599.57	42.93	292.94	87.34	176.36	105.06
2011	11.22	18.62	642.95	44.68	316.40	90.34	191.54	112.15

13-13 各市(州)经济作物播种面积和产量(2011年)
Economic Crops Sown Area and Output By Region(2011)

面积单位：万公顷 (10 000 hectares)

产量单位：万吨 (10 000 tons)

市(州)	Region	棉花 Cotton		油料 Oil bearing Crops		#花生 Peanut		#油菜籽 Rapeseeds		麻类 Fiber Crops	
		播种面积 Sown Area	产量 Yield	播种面积 Sown Area	产量 Yield	播种面积 Sown Area	产量 Yield	播种面积 Sown Area	产量 Yield	播种面积 Sown Area	产量 Yield
全　省	**Sichuan**	**1.60**	**1.46**	**123.28**	**278.45**	**25.86**	**62.75**	**96.42**	**214.37**	**3.38**	**6.10**
成都市	Chengdu			11.07	26.83	0.86	2.63	10.21	24.20		
自贡市	Zigong			2.54	5.03	0.92	1.91	1.62	3.11	0.03	0.09
攀枝花市	Panzhihua			0.23	0.33	0.07	0.09	0.15	0.23		
泸州市	Luzhou			2.32	4.08	0.32	0.72	1.97	3.33		
德阳市	Deyang	0.02	0.02	7.03	18.38	1.03	2.93	6.00	15.45		
绵阳市	Mianyang	0.07	0.07	13.50	32.36	2.80	8.44	10.66	23.89	0.04	0.05
广元市	Guangyuan			7.51	19.06	1.97	7.16	5.52	11.87		
遂宁市	Suining	1.04	0.99	5.48	14.36	1.50	3.64	3.95	10.67		
内江市	Neijiang			4.77	9.50	1.50	2.79	3.27	6.71	0.01	0.01
乐山市	Leshan			4.16	6.85	0.36	0.78	3.79	6.07		
南充市	Nanchong	0.26	0.18	14.38	35.49	5.88	12.69	8.39	22.65	0.04	0.06
眉山市	Meishan	0.10	0.09	5.64	10.89	0.63	1.48	4.99	9.39		
宜宾市	Yibin			4.29	8.20	1.53	3.54	2.72	4.61	0.01	0.01
广安市	Guangan			6.32	12.77	1.27	3.03	5.04	9.73	0.03	0.05
达州市	Dazhou			12.35	29.98	2.03	4.22	10.18	25.55	3.20	5.79
雅安市	Yaan			2.00	3.42	0.05	0.13	1.92	3.25		
巴中市	Bazhong			6.70	12.90	0.67	1.42	5.93	11.37	0.03	0.02
资阳市	Ziyang	0.11	0.11	9.82	22.17	2.29	4.78	7.53	17.38		0.01
阿坝藏族羌族自治州	Aba			0.36	0.50			0.10	0.15		
甘孜藏族自治州	Ganzi			0.45	0.96	0.01	0.01	0.45	0.94		
凉山彝族自治州	Liangshan			2.35	4.39	0.17	0.34	2.02	3.82	0.01	0.01

13-13续表1 continued

面积单位：万公顷 (10 000 hectares)
产量单位：万吨 (10 000 tons)

市(州)	Region	糖 料 Sugar Crops		#甘 蔗 Sugarcane		烟 叶 Tobacco		药 材 Medicinal Herbs	
		播种面积 Sown Area	产量 Yield	播种面积 Sown Area	产量 Yield	播种面积 Sown Area	产量 Yield	播种面积 Sown Area	产量 Yield
全 省	**Sichuan**	**1.68**	**76.93**	**1.67**	**76.67**	**11.71**	**24.93**	**9.88**	**38.74**
成都市	Chengdu	0.03	1.06	0.03	1.06	0.05	0.13	1.06	5.15
自贡市	Zigong	0.11	3.12	0.11	3.12			0.11	0.56
攀枝花市	Panzhihua	0.10	12.24	0.10	12.24	0.90	1.82	0.05	0.13
泸州市	Luzhou	0.19	8.28	0.19	8.28	1.44	1.71	0.31	2.02
德阳市	Deyang	0.03	1.23	0.03	1.23	0.36	1.29	0.99	3.35
绵阳市	Mianyang	0.03	1.21	0.03	1.21			0.59	2.09
广元市	Guangyuan	0.01	0.11	0.01	0.11	0.71	1.02	0.73	3.77
遂宁市	Suining	0.01	0.26	0.01	0.26		0.01	0.25	1.17
内江市	Neijiang	0.11	4.28	0.11	4.28			0.05	0.09
乐山市	Leshan	0.08	2.99	0.08	2.99	0.09	0.15	1.04	4.33
南充市	Nanchong	0.14	2.79	0.14	2.79	0.07	0.30	1.13	4.31
眉山市	Meishan	0.08	3.58	0.08	3.58	0.07	0.14	0.27	1.20
宜宾市	Yibin	0.17	4.78	0.17	4.78	1.10	1.78	0.28	0.58
广安市	Guangan	0.11	2.68	0.11	2.68	0.11	0.28	0.24	0.70
达州市	Dazhou	0.08	1.91	0.08	1.91	0.54	1.16	1.10	3.25
雅安市	Yaan		0.05		0.05	0.05	0.13	0.48	2.19
巴中市	Bazhong	0.09	2.21	0.09	2.21	0.18	0.47	0.57	1.65
资阳市	Ziyang	0.06	1.90	0.06	1.90	0.02	0.03	0.30	1.20
阿坝藏族羌族自治州	Aba	0.02	0.26					0.23	0.15
甘孜藏族自治州	Ganzi							0.01	0.02
凉山彝族自治州	Liangshan	0.24	22.00	0.24	22.00	6.02	14.52	0.11	0.80

13-13续表2 continued

产量单位：万吨 (10 000 tons)

市(州)	Region	蚕茧产量 Yield of Silkworm Cocoons	茶叶产量 Yield of Tea	园林水果产量 Yield of Graden Fruits	苹果 Yield of Apples	柑桔 Yield of Citrus	梨 Yield of Pears	其他 Yield of Other Fruits	水产品产量 Output of Aquatic Products
全　省	**Sichuan**	**11.22**	**18.62**	**642.95**	**44.68**	**316.40**	**90.34**	**191.54**	**112.15**
成都市	Chengdu	0.41	1.49	99.78	0.55	42.35	15.01	41.87	10.40
自贡市	Zigong	0.25	0.91	19.84		16.88	1.66	1.29	5.18
攀枝花市	Panzhihua	0.33	0.01	14.35	0.03	0.65	1.61	12.06	1.50
泸州市	Luzhou	0.24	0.60	10.40	0.18	5.41	1.11	3.70	6.22
德阳市	Deyang	0.69	0.04	17.14	0.64	6.14	5.01	5.34	4.79
绵阳市	Mianyang	1.18	0.30	19.82	0.34	10.15	2.79	6.55	8.86
广元市	Guangyuan	0.39	0.45	31.05	1.58	7.41	14.17	7.90	4.75
遂宁市	Suining	0.10	0.02	5.84	0.08	3.80	1.29	0.66	3.71
内江市	Neijiang	0.30	0.16	30.30	0.01	22.80	2.68	4.81	7.45
乐山市	Leshan	0.21	2.58	13.81		8.37	0.95	4.49	5.84
南充市	Nanchong	2.01		49.80	0.22	38.03	3.98	7.56	9.00
眉山市	Meishan	0.47	1.74	72.78	0.02	46.79	6.08	19.89	8.14
宜宾市	Yibin	1.25	3.34	41.41	0.03	25.92	7.78	7.68	7.34
广安市	Guangan	0.35	0.07	17.07	0.01	14.25	1.31	1.51	6.35
达州市	Dazhou	0.06	0.67	28.37	0.31	20.50	2.51	5.05	7.82
雅安市	Yaan	0.13	5.95	21.96	3.41	2.22	10.79	5.55	0.93
巴中市	Bazhong	0.10	0.20	4.85	0.47	2.33	0.97	1.09	4.90
资阳市	Ziyang	0.51		49.40	0.02	40.34	1.69	7.36	6.67
阿坝藏族羌族自治州	Aba			7.32	4.22		0.81	2.30	0.01
甘孜藏族自治州	Ganzi	0.01		1.16	0.76	0.05	0.12	0.23	0.05
凉山彝族自治州	Liangshan	2.22	0.07	86.48	31.81	2.02	8.02	44.64	2.22

13-14 各市(州)主要农作物单位面积产量(2011年)
Yield of Major Farm Crops Per Hectare by Region(2011)

单位：公斤/公顷 (kg / hectare)

市(州)	Region	粮食 Grain	# 稻谷 Rice	# 小麦 Wheat	# 玉米 Corn	棉花 Cotton	花生 Peanut	油菜籽 Rape seeds	甘蔗 Sugarcane
全 省	**Sichuan**	**5302**	**7771**	**4224**	**5617**	**913**	**2426**	**2223**	**45968**
成都市	Chengdu	6219	8086	4839	5346		3059	2369	42224
自贡市	Zigong	5738	8485	3427	5172		2082	1922	28988
攀枝花市	Panzhihua	5488	8283	3823	5167		1396	1504	116946
泸州市	Luzhou	5351	8121	2822	4376		2243	1688	43267
德阳市	Deyang	6552	8335	5565	6689	758	2834	2575	42888
绵阳市	Mianyang	5440	8231	4712	4904	961	3010	2240	42537
广元市	Guangyuan	5345	7923	4638	5386		3633	2150	13667
遂宁市	Suining	5349	8326	4856	5316	952	2436	2704	43814
内江市	Neijiang	4959	7294	3323	5604		1861	2052	38828
乐山市	Leshan	4836	7367	3103	4192	1000	2126	1603	37225
南充市	Nanchong	5603	7656	5059	5512	686	2159	2701	19472
眉山市	Meishan	5711	7852	4207	5549	931	2366	1880	42615
宜宾市	Yibin	5550	8112	2894	5212		2310	1694	27501
广安市	Guangan	5609	8634	3843	7256		2382	1930	23764
达州市	Dazhou	5281	7028	3769	7267		2078	2510	24860
雅安市	Yaan	4295	7182	3571	5258		2752	1688	28158
巴中市	Bazhong	5472	5887	4758	7719	1600	2111	1917	23764
资阳市	Ziyang	4398	7090	3662	5750	1068	2091	2308	34032
阿坝藏族羌族自治州	Aba	3159	5111	3420	4289			1470	
甘孜藏族自治州	Ganzi	3039	7094	3146	4161	333	2074	2100	
凉山彝族自治州	Liangshan	4422	7300	3155	4881		1970	1893	93173

13-15 畜产品产量
Output of Livestock Products

年 份 Year	禽蛋产量 (万吨) Output of Poultry Eggs (10 000 tons)	奶类产量 (万吨) Output of Milk (10 000 tons)	# 牛奶 Milk	蜂蜜产量 (吨) Output of Honey (ton)	绵羊毛产量 (吨) Output of Sheep Wool (ton)
1980		11.00	11.00		2602
1985		19.00	19.00	11584	2392
1986	21.00	22.00	22.00	12075	2402
1987	30.00	22.00	22.00	14281	2551
1988	32.00	22.00	22.00	12561	2481
1989	33.00	22.00	22.00	15926	2530
1990	35.00	22.00	22.00	14763	2729
1991	38.00	23.00	23.00	16044	2779
1992	43.00	23.00	23.00	15514	2866
1993	48.00	23.00	23.00	14702	3021
1994	54.00	23.00	23.00	15535	3008
1995	60.00	24.00	24.00	17922	3265
1996	67.00	24.00	24.00	18541	3269
1997	74.00	26.00	25.00	19403	3434
1998	80.00	27.00	27.00	21414	3760
1999	89.00	27.00	27.00	22829	3963
2000	99.70	28.92	28.49	22681	4108
2001	108.76	33.34	32.96	26567	4288
2002	121.11	39.32	38.93	29396	4800
2003	133.61	45.84	45.44	32944	5059
2004	145.21	53.00	52.61	32613	5375
2005	157.17	59.03	58.56	34704	5801
2006	171.68	62.52	62.04	38863	6047
2007	144.98	62.98	62.45	41687	6446
2008	145.33	66.00	65.47	41923	6627
2009	158.45	69.55	69.06	45044	6949
2010	168.48	70.54	70.04	43048	7060
2011	174.60	71.19	70.74	43344	7152

13-16 各市(州)畜产品产量(2011年)
Output of Livestock Products by Region(2011)

市(州)	Region	奶类 (万吨) Milk (10 000 tons)	# 牛奶 Cow Milk	绵羊毛 (吨) Sheep Wool (ton)	# 细羊毛 Fine Wool	禽蛋 (吨) Poultry Eggs (ton)	蜂蜜 (吨) Honey (ton)	蚕茧 (吨) Silkworm Cocoons (ton)
全 省	**Sichuan**	**71.19**	**70.74**	**7152**	**967**	**1746000**	**43344**	**112164**
成都市	Chengdu	11.42	11.42			204764	5946	4127
自贡市	Zigong	1.50	1.50			58460	601	2456
攀枝花市	Panzhihua	0.23	0.23	51		13698	183	3267
泸州市	Luzhou	1.11	1.11			48461	2536	2438
德阳市	Deyang	0.77	0.77			127116	2084	6935
绵阳市	Mianyang	2.44	2.44			153101	3000	11792
广元市	Guangyuan			13	4	39168	715	3888
遂宁市	Suining	0.41	0.41			111928	1884	969
内江市	Neijiang	0.80	0.80			55834	866	2985
乐山市	Leshan	0.32	0.32	64		149239	576	2120
南充市	Nanchong	3.09	3.09			227355	1696	20088
眉山市	Meishan	14.54	14.54			62588	15471	4686
宜宾市	Yibin	0.73	0.73			46236	1155	12531
广安市	Guangan	0.28	0.28			81219	663	3524
达州市	Dazhou	1.91	1.91			110435	989	615
雅安市	Yaan	3.20	2.80	78	52	20768	553	1327
巴中市	Bazhong					74301	556	1025
资阳市	Ziyang	1.21	1.21			126692	1181	5110
阿坝藏族羌族自治州	Aba	11.24	11.24	1027	150	925	187	
甘孜藏族自治州	Ganzi	11.86	11.82	563		392	72	89
凉山彝族自治州	Liangshan	4.11	4.10	5356	761	33320	2430	22192

13-17 林产品产量及造林面积
Output of Major Forest Products and Area under Afforestation

年 份 Year	林产品产量（吨） Output of Major Forest Products (ton)					造林面积（万公顷） Area under Afforestation (10 000 hectares)	# 退耕造林面积 Woodland Restored from Cultivated Land
	生 漆 Lacquer	油桐籽 Tung-oil Seeds	油茶籽 Tea-oil Seeds	核 桃 Walnuts	竹笋干 Bamboo Shoots		
1952	85	94011	5643	2933	279	2.13	
1957	128	80337	15276	8703	604	10.18	
1962	43	36729	2793	3075	2046	12.72	
1965	114	47777	2223	1750	604	11.57	
1970	175	57101	1141	4162	976	15.41	
1975	132	63946	3288	5474	1022	21.59	
1978	160	114035	8439	9060	906	20.05	
1980	313	61994	5282	9468	1119	20.29	
1985	127	53921	2242	7222	1437	47.44	
1990	507	49580	1878	15655	2946	26.50	
1991	301	53539	1800	12736	3574	27.00	
1992	300	61264	1960	13740	3236	27.40	
1993	327	67628	1854	16284	3591	26.30	
1994	565	70442	3049	21928	4563	25.10	
1995	302	60726	4047	22928	5378	25.00	
1996	377	54743	2922	24819	6146	25.60	
1997	472	41498	3903	22059	5593	28.15	
1998	549	40544	6479	28711	6100	38.51	
1999	1274	39626	4273	23842	7886	40.46	14.01
2000	826	46534	4372	32095	8914	48.91	8.04
2001	611	37149	4278	32744	9925	51.66	11.32
2002	1091	53152	10228	70534	23722	69.46	21.81
2003	1319	50299	11854	77004	28250	72.32	27.93
2004	1091	39276	4037	56731	40696	37.01	3.06
2005	725	30314	2464	59272	62190	24.19	7.33
2006	1335	36748	3578	61112	48895	10.49	1.23
2007	909	31352	10272	76721	40434	33.23	0.43
2008	841	28277	3358	91170	62826	57.46	
2009	819	24236	3426	123683	51349	48.78	
2010	675	22041	4360	126109	78952	38.22	
2011	663	23923	4649	176710	128841	25.19	

13-18 受灾面积和成灾面积
Area Covered and Affected by Natural Disaster

单位:万公顷 (10 000 hectares)

年 份 Year	受灾面积 Area Covered by Natural Disaster	成灾面积 Area Affected by Natural Disaster	水 灾 Flood		旱 灾 Drought	
			受灾面积 Area Covered	成灾面积 Area Affected	受灾面积 Area Covered	成灾面积 Area Affected
1952	53.8	30.1	7.6	4.2	46.2	25.9
1957	28.8	16.3	2.6	1.5	25.0	14.2
1962	193.6	109.9	22.0	10.2	157.1	94.2
1965	80.6	45.5	11.1	6.3	55.9	37.9
1975	110.0	62.1	13.8	7.5	92.7	51.4
1978	302.7	273.5	7.0	4.0	273.4	185.8
1980	201.5	112.9	51.8	26.9	83.0	42.3
1985	299.3	168.2	30.5	18.4	137.5	83.3
1990	322.8	169.4	63.7	33.0	181.5	93.2
1991	320.2	166.5	90.1	50.3	124.8	65.7
1992	343.2	185.5	73.3	39.9	131.8	84.4
1993	412.6	247.2	82.0	42.7	224.3	142.9
1994	437.4	302.6	19.2	11.8	336.7	243.5
1995	288.1	185.7	89.3	51.7	163.0	92.8
1996	393.2	221.9	56.3	31.8	174.3	103.5
1997	311.5	174.9	47.2	22.3	194.9	117.5
1998	316.3	172.7	141.6	81.9	141.6	71.2
1999	297.3	163.3	81.6	45.3	117.2	63.7
2000	432.0	251.3	82.3	42.2	309.3	186.0
2001	444.9	299.9	93.5	59.0	325.4	224.5
2002	241.9	135.3	92.8	59.8	90.3	44.7
2003	259.2	203.2	94.2	78.6	124.1	95.8
2004	149.0	22.9	70.1	70.0	30.4	4.0
2005	294.3	119.8	87.6	46.4	31.7	15.7
2006	156.6	21.6	79.2	10.1	40.2	2.6
2007	260.1	22.0	89.8	11.0	138.1	8.2
2008	141.2	6.7	20.6	1.6	10.7	0.3
2009	245.9	46.9	110.5	20.3	128.8	26.4
2010	232.4	85.1	150.8	42.3	62.8	38.4
2011	206.3	112.1	72.4	37.8	98.7	56.3

注:2004年以后成灾面积实际为绝收面积.

a) The data of area affected is actually the date of area affected absolutely in 2004.

13-19 农垦系统国营农场基本情况
Basic Statistics on State Farms of Land Reclamation

指 标		Item		2006	2007	2008	2009	2010	2011
农垦企业个数	(个)	Number of State Farms of Land Reclamation	(unit)	55	53	50	49	48	47
# 农场		Number of Agricultural Farms		49	49	44	40	40	39
年末职工人数	(人)	Number of Staff and Workers (year-end)	(person)	5936	5890	4068	3558	3496	7372
年末耕地面积	(亩)	Cultivated Area(year-end)	(mu)	13071	24238	32775	37597	12735	12881
# 当年开荒面积	(亩)	Newly Reclaimed Wasteland in the Year	(mu)		12060				
工农业总产值(当年价)	(万元)	Gross Industrial and Agricultural Output Value (current price)	(10 000 yuan)	23858	36220	34856	37218	43561	40576
粮食产量	(吨)	Yield of Grain	(ton)	937	1252	835	1817	7640	3957
猪出栏头数	(头)	Number of Slaughtered Fattened Hogs	(head)	1232	7210	6896	4952	7300	6259
猪年末头数	(头)	Number of Hogs (year-end)	(head)	3425	5515	7287	6621	5700	5512
猪肉产量	(吨)	Output of Pork	(ton)	97	599	609	452	605	644
牛年末头数	(万头)	Number of Cattle and Buffalos (year-end)	(10 000 heads)	13	12	11	11	7	7
羊年末只数	(万只)	Number of Sheep and Goats (year-end)	(10 000 heads)	3	90	3	3	2	3
牛奶产量	(吨)	Output of Milk	(ton)	16583	12157	6934	7344	8425	10271
羊毛产量	(吨)	Output of Wool	(ton)	4	36	13	13	14	14
茶叶产量	(吨)	Output of Tea	(ton)	1949	2178	671	640	785	852
水果产量	(吨)	Output of Fruits	(ton)	2161	2058	2742	4017	3094	1765
大中型拖拉机拥有量	(台)	Large and Medium Agricultural Tractors	(set)		16	15	10		
手扶拖拉机拥有量	(台)	Mini and Walking Agricultural Tractors	(set)	2	2	4	2	6	6

13-20 乡镇企业基本情况
Basic Statistics on Township and Village Enterprises

指 标		Item		2011
企业个数	**(万个)**	**Number of Enterprises**	**(10 000 Units)**	**22.05**
按登记注册类型分		Grouped by Registration		
内资企业	(万个)	Domestic Funded Enterprises	(10 000 units)	22.01
#集体企业	(万个)	Collective Owned Enterprises	(10 000 units)	0.51
私营企业	(万个)	Private Enterprises	(10 000 units)	17.06
港、澳、台商投资企业	(万个)	Enterprises Funded by Hongkong, Macao and Taiwan	(10 000 units)	0.02
外商投资企业	(万个)	Foreign-funded Enterprises	(10 000 units)	0.02
按国民经济部门分		Grouped by Sector		
农林牧渔业	(万个)	Farming, Forestry, Animal Husbandry and Fishery	(10 000 units)	0.75
采矿业	(万个)	Mining and Quarrying	(10 000 units)	0.72
制造业	(万个)	Manufacturing	(10 000 units)	6.93
建筑业	(万个)	Construction	(10 000 units)	0.60
交通运输仓储业	(万个)	Transportation,Storage, Postal and Telecommunications Services	(10 000 units)	1.72
批发零售业	(万个)	Wholesale, Retail Trade and Catering Service	(10 000 units)	5.79
其他	(万个)	Other	(10 000 units)	5.54
年末从业人数	**(万人)**	**Employed Persons(year-end)**	**(10 000 persons)**	**500.02**
按登记注册类型分		Grouped by Registration		
内资企业	(万人)	Domestic Funded Enterprises	(10 000 persons)	496.41
#集体企业	(万人)	Collective Owned Enterprises	(10 000 persons)	8.90
私营企业	(万人)	Private Enterprises	(10 000 persons)	286.66
港、澳、台商投资企业	(万人)	Enterprises Funded by Hongkong, Macao and Taiwan	(10 000 persons)	2.03
外商投资企业	(万人)	Foreign-funded Enterprises	(10 000 persons)	1.58
按国民经济部门分		Grouped by Sector		
农林牧渔业	(万人)	Farming, Forestry, Animal Husbandry and Fishery	(10 000 persons)	15.91
采矿业	(万人)	Mining and Quarrying	(10 000 persons)	46.39
制造业	(万人)	Manufacturing	(10 000 persons)	267.26
建筑业	(万人)	Construction	(10 000 persons)	49.07
交通运输仓储业	(万人)	Transportation,Storage, Postal and Telecommunications Services	(10 000 persons)	17.10
批发零售业	(万人)	Wholesale, Retail Trade and Catering Service	(10 000 persons)	35.59
其他	(万人)	Other	(10 000 persons)	68.70
主要财务指标		**Main Financial Indicators**		
营业收入	(亿元)	Business Income	(100 million yuan)	15603.66
利润总额	(亿元)	Total Profits	(100 million yuan)	1011.60
应交税金	(亿元)	Taxes	(100 million yuan)	527.28
劳动者报酬	(亿元)	Labour Reward	(100 million yuan)	887.24
出口产品交货值	**(亿元)**	**Total Value of Exports Delivered**	**(100 million yuan)**	**143.30**
当年固定资产投资情况		**Total Investment in Fixed Assets**		
本年施工项目个数	(个)	Number of Projects under Construction	(unit)	8798
本年新开工项目数	(个)	Number of Projects Started (at current year)	(unit)	6858
本年投产项目个数	(个)	Number of Projects Put into Use	(unit)	6110
本年完成投资	(亿元)	Total Investment Completed	(100 million yuan)	2564.27

13-21 扶贫重点县基本情况(2011年)
Basic Conditions of Poverty Focused Counties(2011)

县(市、区)	County (Municipalities, District)	年末乡村人口 (人) Rural Population (person)	村委会个数 (个) Number of Village Committees (unit)	贫困村个数 (个) Number of Poverty Village (unit)	贫困村人口 (人) Poverty Population (person)	当年尚未解决饮水困难人数 (人) Population Unsolved Water Difficulty in Current Year (person)	当年尚未解决饮水困难牲畜头数 (头) Livestock Unsolved Water Difficulty in Current Year (head)
合 计	**Total**	**13655044**	**11945**	**4556**	**3451457**	**1546908**	**2247652**
叙永县	Xuyong	617983	231	89	159900	36385	48968
古蔺县	Gulin	761397	269	157	202900	324300	40530
朝天区	Chaotian	189396	214	214	52275	78200	81600
旺苍县	Wangcang	367465	352	45	29701	213530	235520
苍溪县	Cangxi	648792	718	552	174527	74521	79653
马边县	Mabian	190047	203	116	140553	30500	45000
嘉陵区	Jialing	589937	541	118	92300	9273	4826
南部县	Nanbu	1122127	1042	158	45630	10482	10634
仪陇县	Yilong	958000	880	172	103500	21450	26780
阆中市	Langzhong	632936	440	41	63775	47000	35000
屏山县	Pingshan	269830	261	58	62055	1210	5600
广安区	Guanganqu	979300	840	310	200948	83680	179850
宣汉县	Xuanhan	1094118	492	58	145280	4250	4823
万源市	Wanyuan	549328	371	260	146039	11253	37654
通江县	Tongjiang	667942	524	237	306220	282000	491400
南江县	Nanjiang	512000	522	356	229800	32500	12800
平昌县	Pingchang	853474	528	142	240103	14364	58965
小金县	Xiaojin	71910	134	52	26943	12854	25746
黑水县	Heishui	51971	124	54	18669		
壤塘县	Rangtang	35142	60	39	19487	22335	96295
雅江县	Yajiang	42586	128	52	15353	9787	5220
新龙县	Xinlong	43454	149	51	17328	6101	35035
石渠县	Shiqu	79837	165	52	36155	3487	11351
色达县	Seda	39563	134	134	39563	8363	68123
理塘县	Litang	57197	214	60	11916	8496	105476
木里县	Muli	123474	113	65	64223	8300	17290
盐源县	Yanyuan	331338	247	90	78235	5400	6100
普格县	Puge	140122	153	75	63445	15719	15811
布拖县	Butuo	165786	190	92	29937	3256	5962
金阳县	Jinyang	172716	177	90	75619	19200	28000
昭觉县	Zhaojue	229871	270	120	99164	12807	41330
喜德县	Xide	156897	170	75	60132	29437	38193
越西县	Yuexi	269759	289	101	181215	7000	80300
甘洛县	Ganluo	186524	227	70	73092	68000	137000
美姑县	Meigu	222542	292	110	37475	16940	109300
雷波县	Leibo	230283	281	91	108000	14528	21517

13-22 扶贫重点县按资金来源分的扶贫投资(2011年)
Supporting Investment in Poverty Focused Counties by Funding Sources(2011)

单位：万元 (10 000 yuan)

县 (市、区)	County (Municipa-lities, District)	合计 Total	中央扶贫贴息贷款累计发放额 Accumulated Discount Loans from Central Government	中央财政扶贫资金 Supporting Funds from Central Government	以工代赈 Work for the Dole	中央专项退耕还林还草工程补助 Special Subsidy of Grain for Green Project form Central Government	中央拨付的低保资金 Central As-sociation of Funds for Minimal Needs	省级财政安排的扶贫资金 Supporting Funds from Provincial Government	利用外资(实际投资额) Foreign Capital Actually Utilized	其他资金 Other Funds
合 计	**Total**	**305068**	**31830**	**91653**	**28993**	**29272**	**55774**	**31470**	**1176**	**34901**
叙永县	Xuyong	3249		500	857			1839		53
古蔺县	Gulin	20520	6480	1842	1560	3762	4010	2367		499
朝天区	Chaotian	12893	143	3007	1550	1800	2073			4320
旺苍县	Wangcang	9745	6580	1722						1443
苍溪县	Cangxi	6298	1330	3248	1420					300
马边县	Mabian	12537		1100	1350			9820		267
嘉陵区	Jialing	16618	1147	1962	875	2890	8324			1420
南部县	Nanbu	7154	1480	4155	480			610		429
仪陇县	Yilong	6272	43	2386	1206	150			1150	1337
阆中市	Langzhong	20930	1147	4332	777	1050	11800	467		1357
屏山县	Pingshan	3985	1146	1687	400					752
广安区	Guanganqu	16148	1146	1520	1180	2250	8749	210	26	1068
宣汉县	Xuanhan	3002		1984	1018					
万源市	Wanyuan	3605		2647	958					
通江县	Tongjiang	7063		4342	1760					962
南江县	Nanjiang	5788	1146	2676	1680			200		86
平昌县	Pingchang	5661	1146	2461	1850					204
小金县	Xiaojin	1965		1900				65		
黑水县	Heishui	6612	30	2497	300	1981	1804			
壤塘县	Rangtang	4592		1958	300	794				1540
雅江县	Yajiang	6477		993	800	2711	1515			458
新龙县	Xinlong	1100		300	800					
石渠县	Shiqu	6057		683	1039	2051	2284			
色达县	Seda	1076	60	721	48					247
理塘县	Litang	3133		1344	1300					489
木里县	Muli	5253	2511	891	1350					501
盐源县	Yanyuan	5455	1000	2455				2000		
普格县	Puge	21156	1000	10023	1005	2418	2699			4011
布拖县	Butuo	3992	1000	1050	102					1840
金阳县	Jinyang	13361	420	3841	103	1376	3946	3675		
昭觉县	Zhaojue	3156	21	2687						448
喜德县	Xide	10873	1120	2585	750					6418
越西县	Yuexi	16308		2307	1150	3672	5323	1936		1920
甘洛县	Ganluo	5311	480	2865						1966
美姑县	Meigu	13668	1000	6487		2366	3247			568
雷波县	Leibo	14055	254	4495	1025			8281		

13-23 扶贫重点县按资金投向分的扶贫投资(2011年)
Supporting Investment in Poverty Focused Counties by Orientation(2011)

单位：万元 (10 000 yuan)

县(市、区)	County (Municipa-lities, District)	合计 Total	种植业 Farming	林业 Forestry	养殖业 Aquacul-ture	农产品加工 Processing of agricultural Products	其他生产行业 Others Production Industry	基本农田建设 Construction of Basic Farmland
合　计	**Total**	**305068**	**33387**	**13042**	**20002**	**5266**	**4708**	**5096**
叙永县	Xuyong	3249	210	70	30		43	
古蔺县	Gulin	20520	6723		230			675
朝天区	Chaotian	12893		2810	1143			550
旺苍县	Wangcang	9745	955	1052	315			
苍溪县	Cangxi	6298	2145		1000			
马边县	Mabian	12537	600		1450		620	430
嘉陵区	Jialing	16618	2536	2890	1638			
南部县	Nanbu	7154	700	326	518	365		
仪陇县	Yilong	6272	612		379	225	350	430
阆中市	Langzhong	20930	2489	20	1200			200
屏山县	Pingshan	3985	582	130	563	430		172
广安区	Guanganqu	16148	683	2250	625		716	1280
宣汉县	Xuanhan	3002	680	112	930			222
万源市	Wanyuan	3605	450	300	650	120	140	260
通江县	Tongjiang	7063	2825		1118			80
南江县	Nanjiang	5788	1516		868	550		46
平昌县	Pingchang	5661	2218		1118	383		
小金县	Xiaojin	1965	575		200			9
黑水县	Heishui	6612	681	247	391			
壤塘县	Rangtang	4592	30		467			
雅江县	Yajiang	6477	100		90			165
新龙县	Xinlong	1100						
石渠县	Shiqu	6057						203
色达县	Seda	1076			34			
理塘县	Litang	3133			90			35
木里县	Muli	5253	480	270	606			
盐源县	Yanyuan	5455	606					
普格县	Puge	21156	2445		602	2343	2839	82
布拖县	Butuo	3992	920		280			
金阳县	Jinyang	13361	280	160	290	150		120
昭觉县	Zhaojue	3156	68		412			
喜德县	Xide	10873	516	39	145	700		
越西县	Yuexi	16308	63		1825			20
甘洛县	Ganluo	5311			295			
美姑县	Meigu	13668	700	2366	500			117
雷波县	Leibo	14055						

13-23续表1 continued

单位：万元 (10 000 yuan)

县（市、区）	County (Municipa-lities, District)	人畜饮水工程 Drinking Water Project	道路修建及改扩建 Road Construction and Expandition	电力设施 Power Facilities	电视接收设施 Television Reception Facilities	学校及设备 School and Equipment	卫生室及设施 Health Room anf Facilities
合　计	**Total**	**14009**	**39841**	**1546**	**96**	**2716**	**1102**
叙永县	Xuyong	287	2267				
古蔺县	Gulin	181	1827				
朝天区	Chaotian	2743	3409				
旺苍县	Wangcang	755	1443	355			
苍溪县	Cangxi	800	912				
马边县	Mabian	335	2850	350			110
嘉陵区	Jialing		850			380	
南部县	Nanbu	1960	2360				
仪陇县	Yilong	550	2200			118	200
阆中市	Langzhong	580	1200	450	96	98	106
屏山县	Pingshan	130	876			265	99
广安区	Guanganqu	638	640			150	116
宣汉县	Xuanhan	590	451				
万源市	Wanyuan	1620					
通江县	Tongjiang	565	847			211	141
南江县	Nanjiang	452	1305			325	
平昌县	Pingchang		1285			450	50
小金县	Xiaojin		204				
黑水县	Heishui		300				90
壤塘县	Rangtang	240					190
雅江县	Yajiang	10	600				
新龙县	Xinlong	22	300				
石渠县	Shiqu		1126				
色达县	Seda	48	157				
理塘县	Litang	40	1140				
木里县	Muli	258	785	52			
盐源县	Yanyuan	200	800				
普格县	Puge	50	814	86			
布拖县	Butuo	276	340	115			
金阳县	Jinyang	45	60				
昭觉县	Zhaojue	166	769	57		70	
喜德县	Xide	148	1945				
越西县	Yuexi	67	5483	81		519	
甘洛县	Ganluo	20					
美姑县	Meigu	130	150			65	
雷波县	Leibo	103	146			65	

13-23续表2 continued

单位：万元 (10 000 yuan)

县（市、区）	County (Municipa-lities, District)	技术培训、技术推广 Technique Training and Spreading	资助儿童入学、扫盲 Funding Children to School and Being Literacy	退耕还林还草 Reforestation	沼气、太阳能等新能源建设 Biogas, solar etc. New Energy construction	农户危房改造 Farmers Renovation of Dilapidated Buildings	其他 Others
合　计	**Total**	**2296**	**5070**	**22065**	**1970**	**28537**	**104319**
叙永县	Xuyong	130			2	136	74
古蔺县	Gulin	80		3762		385	6658
朝天区	Chaotian	104	61				2073
旺苍县	Wangcang	105			109	1352	3304
苍溪县	Cangxi	160					1281
马边县	Mabian	350	730				4712
嘉陵区	Jialing						8324
南部县	Nanbu	205				720	
仪陇县	Yilong	110	150				948
阆中市	Langzhong	144	56	1050	984	140	12117
屏山县	Pingshan					584	154
广安区	Guanganqu	120		2250		181	6499
宣汉县	Xuanhan						17
万源市	Wanyuan	65					
通江县	Tongjiang	50				1226	
南江县	Nanjiang	46				680	
平昌县	Pingchang		104				53
小金县	Xiaojin	3			191		783
黑水县	Heishui			1981			2922
壤塘县	Rangtang	4		794			2867
雅江县	Yajiang		58	2711	85	150	2508
新龙县	Xinlong	4				162	612
石渠县	Shiqu			2051	100		2577
色达县	Seda	28					809
理塘县	Litang		57		100	170	1501
木里县	Muli	3	60		79		2660
盐源县	Yanyuan	9				3200	640
普格县	Puge	38	3659	2418			5780
布拖县	Butuo	220	65				1776
金阳县	Jinyang	30	70	1376		5120	5660
昭觉县	Zhaojue	55			80	828	651
喜德县	Xide				80	4033	3267
越西县	Yuexi	179		3672			4399
甘洛县	Ganluo	30					4966
美姑县	Meigu				80	3575	5985
雷波县	Leibo	24			80	5895	7742

13-24 扶贫重点县扶贫成果(2011年)
Supporting Results in Poverty Focused Counties(2011)

县(市、区)	County (Municipa-lities, District)	当年实施了扶贫项目的村数(个) Number of Villages Actualized Poverty Supporting Projects in Current Year (unit)	当年项目覆盖的农户数量(户) Number of Farmers Covered by Supporting Projects in Current Year (household)	当年项目扶持人口数(人) Population Supported by Poverty Projects in Current Year (person)	当年项目吸收劳动力(人) Labour Absorbed by Poverty Projects in Current Year (person)	当年得到扶贫贷款的农户数(户) Number of Farmers Received Poverty Supporting Loans in Current Year (household)	新增基本农田(公顷) Newly Added Basic Farmland (hectare)	新增及改扩建公路里程(公里) Length of Newly Built or Expanded Road (km)	新增经济林面积(公顷) Newly Added Area of Production Forests Production (hectare)
合　计	**Total**	**3161**	**461289**	**1743769**	**344286**	**19599**	**5655**	**3700**	**18851**
叙永县	Xuyong	42	21040	19900		2047		52	660
古蔺县	Gulin	126	9476	38000	17014		1500	191	5687
朝天区	Chaotian	132	20841	70859	41510	1144	440	171	2341
旺苍县	Wangcang	15	3045	10049	3145	216		46	196
苍溪县	Cangxi	453	14586	48952	15852	998		37	
马边县	Mabian	51	3700	140553			64	104	2687
嘉陵区	Jialing	64	3900	30400		400		85	333
南部县	Nanbu	68	7485	26196	3200	3215		63	
仪陇县	Yilong	65	16250	54000	8700	220	1667	420	334
阆中市	Langzhong	70	22000	66700	4300	220		30	53
屏山县	Pingshan	67	14000	53200	1500	495	87	42	86
广安区	Guanganqu	157	43578	163450	31459	615	1700	82	0
宣汉县	Xuanhan	36	90215	268956	82511	28		978	857
万源市	Wanyuan	66	3350	8900	2650	950		350	1620
通江县	Tongjiang	86	26000	105000	31500	230		165	376
南江县	Nanjiang	40	8300	29000	325	449	2	58	
平昌县	Pingchang	136	20400	77500	15630		110	135	2800
小金县	Xiaojin	52	1451	6530	2145			10	
黑水县	Heishui	14	818	3272	1210	65		20	208
壤塘县	Rangtang	42	2731	10232	3628				
雅江县	Yajiang	113	3243	17836	3567	200		25	
新龙县	Xinlong	14	1237	8146	550			20	
石渠县	Shiqu	165	12345	54398	4552			10	
色达县	Seda	9	881	4442	1367			28	
理塘县	Litang	214	3505	17525	1402		20	46	
木里县	Muli	26	4153	16628	4200	1240		33	
盐源县	Yanyuan	30	2100	10500	2300	800		60	
普格县	Puge	53	10388	37293	6750	840	33	5	80
布拖县	Butuo	38	6837	27350	7860	3405		15	
金阳县	Jinyang	48	3840	21300	8159	420		5	
昭觉县	Zhaojue	86	10061	41322	5238	210		79	
喜德县	Xide	71	7180	28720	7641	387		118	
越西县	Yuexi	271	48213	168740	8121		17	177	
甘洛县	Ganluo	34	5262	22100	3200	155			
美姑县	Meigu	49	2628	11300	3600		15	30	533
雷波县	Leibo	158	6250	24520	9500	650		10	

13-24续表 continued

县（市、区）	County (Municipa-lities, District)	新增草场面积（公顷）Newly Added Area of Pasture (hectare)	新增教育、卫生用房面积（平方米）Newly Added Floor Space of Houses for Teaching and Health (sq.m)	当年解决饮水困难人数（人）Population Solved Water Difficulty in Current Year (person)	当年解决饮水困难牲畜头数（头）Livestocks Solved Water Difficulty in Current Year (head)	当年退耕还林还草面积（公顷）Area of Grain for Green Projects (hectare)	当年组织培训参加人次（人次）Number of Persons Participated in Organized Training (person-time)	向其他地区输出劳动力人数（人）Number of Labour Exporting to Other Regions (person)	#向外省输出劳动力人数 Number of Labour Exporting to Other Provinces
合 计	**Total**	**73796**	**37539**	**278226**	**401186**	**11340**	**345744**	**2751180**	**1992849**
叙永县	Xuyong			3900	4500		22000	95300	59850
古蔺县	Gulin			6121	7651	10533	11500	1425	1083
朝天区	Chaotian			11450	12595		1300	954	784
旺苍县	Wangcang			23520	51880		5790	91112	44644
苍溪县	Cangxi			3142	9453		7700	246500	184500
马边县	Mabian			12000	23000		8036	4300	2100
嘉陵区	Jialing		800	8950	7250		2000	119275	108211
南部县	Nanbu			12806	13000		3640	430350	312805
仪陇县	Yilong		15250	50000	12000	334	2400	245000	220000
阆中市	Langzhong			4200	9600		30000	235679	175611
屏山县	Pingshan		2300	11000	10000		52500	51000	35000
广安区	Guanganqu		720	32462	47000		23000	412000	256000
宣汉县	Xuanhan	57		4300	4950		4255	306968	281287
万源市	Wanyuan			8350	18242		2950	165221	131215
通江县	Tongjiang		3750	15000	46600		51600	42000	21200
南江县	Nanjiang		350	8800	5800		25800	2020	1980
平昌县	Pingchang		1400	7600	12000		6580	98367	63782
小金县	Xiaojin			4410	7425		150	2804	1500
黑水县	Heishui		350					16172	6710
壤塘县	Rangtang			2460	13480		1250	145	
雅江县	Yajiang	53		80	156		150	80	
新龙县	Xinlong			623	2180		36		
石渠县	Shiqu	73333					50		
色达县	Seda			1788	9672		200		
理塘县	Litang			300	600		100		
木里县	Muli			900	2100		237	3039	826
盐源县	Yanyuan			3700	4900		160	900	190
普格县	Puge	333	730	4150	5000	413	3500	10500	5300
布拖县	Butuo			15000	31000		4250	7320	3780
金阳县	Jinyang			1300	4600		85	26500	11167
昭觉县	Zhaojue		2150	3695	13710		29713	9863	7734
喜德县	Xide			5363			3100	25127	11890
越西县	Yuexi	20	7739	5054	7710		26500	41000	24000
甘洛县	Ganluo			677	1100		5650	24900	6900
美姑县	Meigu		2000	3000		60		15494	4590
雷波县	Leibo			2125	2032		9562	19865	8210

主要统计指标解释

农林牧渔业总产值 指以货币表现的农、林、牧、渔业全部产品和对农林牧渔业生产活动进行的各种支持性服务活动的价值总量，它反映一定时期内农林牧渔业生产总规模和总成果。农林牧渔业总产值的计算方法通常是按农、林、牧、渔业产品及其副产品的产量分别乘以各自单位产品价格求得；少数生产周期较长，当年没有产品或产品产量不易统计的，则采用间接方法匡算其产值；然后将四业产品产值及农林牧渔服务业产值相加即为农林牧渔业总产值。

粮食产量 指全社会的产量。包括国有经济经营的、集体统一经营的和农民家庭经营的粮食产量，还包括工矿企业办的农场和其他生产单位的产量。粮食除包括稻谷、小麦、玉米、高粱、谷子及其他杂粮外，还包括薯类和豆类。其产量计算方法，豆类按去豆荚后的干豆计算；薯类(包括甘薯和马铃薯，不包括芋头和木薯)1963 年以前按每 4 公斤鲜薯折 1 公斤粮食计算，从 1964 年开始改为按每 5 公斤鲜薯折 1 公斤粮食计算。城市郊区作为蔬菜的薯类(如马铃薯等)按鲜品计算，并且不作粮食统计。其他粮食一律按脱粒后的原粮计算。

棉花产量 指全社会的产量。包括春播棉和夏播棉。产量按皮棉计算。不包括木棉。

油料产量 指全部油料作物的生产量。包括花生、油菜籽、芝麻、向日葵籽、胡麻籽(亚麻籽)和其他油料。不包括大豆、木本油料和野生油料。花生以带壳干花生计算。

水产品产量 指人工养殖的水产品和天然生长的水产品的捕捞量。包括海水的鱼类、虾蟹类、贝类和藻类以及内陆水域的鱼类、虾蟹类和贝类，不包括淡水生植物。

猪、牛、羊肉产量 指当年出栏并已屠宰、除去头蹄下水后带骨肉(即胴体重)的重量。

期初(末)畜禽存栏头(只)数 指报告期初(末)农村各种合作经济组织和国营农场、农民个人、机关、团体、学校、工矿企业、部队等单位以及城镇居民饲养的大牲畜、猪、羊、家禽等畜禽的存栏数。

耕地面积 指经过开垦用以种植农作物并经常进行耕耘的土地面积。包括种有作物的土地面积、休闲地、新开荒地和抛荒未满三年的土地面积。

农作物播种面积 指实际播种或移植有农作物的面积。凡是实际种植有农作物的面积，不论种植在耕地上还是种植在非耕地上，均包括在农作物播种面积中。在播种季节基本结束后，因遭灾而重新改种和补种的农作物面积，也包括在内。目前，农作物播种面积主要包括粮食、油料、棉花、麻类、糖料、烟叶、药材、蔬菜、瓜类和其它农作物十大类。

有效灌溉面积 指具有一定的水源，地块比较平整，灌溉工程或设备已经配套，在一般年景下，当年能够进行正常灌溉的耕地面积。

农用化肥施用量 指本年内实际用于农业生产的化肥数量，包括氮肥、磷肥、钾肥和复合肥。化肥施用量要求按折纯量计算数量。折纯量是指把氮肥、磷肥、钾肥分别按含氮、含五氧化二磷、含氧化钾的百分之百成份进行折算后的数量。复合肥按其所含主要成分折算。

农业机械总动力 指主要用于农、林、牧、渔业的各种动力机械的动力总和。包括耕作机械、排灌机械、收获机械、农用运输机械、植物保护机械、牧业机械、林业机械、渔业机械和其他农业机械 [内燃机按引擎马力折成瓦(特)计算、电动机按功率折成瓦(特)计算]。不包括专门用于乡、镇、村、组办工业、基本建设、非农业运输、科学试验和教学等非农业生产方面用的动力机械与作业机械。

Explanatory Notes on Main Statistical Indicators

Gross Output Value of Farming, Forestry, Animal Husbandry and Fishery refers to the total value of products of agriculture, forestry, animal husbandry and fishery, and total value of services in support of agriculture, forestry, animal husbandry and fishery activities. It reflects the total scale and total result of agricultural production during a given period. Gross output value of agriculture is obtained by first multiplying the output of each product or by product by its price, resulting in the output value of each single item. For a small number of products, annual output of which is not available or difficult to get due to the long production or growing process involved, the output value is estimated through an indirect approach. The sum of output values of all products of agriculture, forestry, animal husbandry and fishery and services in support to those industries is then equal to the gross output value of agriculture.

Grain Yield refers to the yield in the whole country including grains produced by state farms, collective units, industrial enterprises and mines. Grain includes rice, wheat, corn, sorghum, millet and other miscellaneous grains as well as tubers and beans. Output of beans refers to dry beans without pods. The output of tubers (sweet potatoes and potatoes, not including taros and cassava) was converted into that of grain at the ratio 4:1, i.e. 4 kilograms of fresh tubers was equivalent to 1 kilogram of grain up to 1963.Since 1964 the ratio for conversion has been 5:1. Tubers supplied as vegetables (such as potatoes) in cities and suburbs are calculated as fresh vegetables and their output is not included in the output of grain. Output of all other grains refers to husked grain.

Cotton Output refers to the cotton production in the whole country including cotton sown in spring and in autumn. Output is measured as the weight of ginned cotton, excluding ceiba.

Yield of Oil-bearing Crops refers to the total yield of oil bearing crops of various kinds, including peanuts, (dry, in shell) rape seeds, sesame, sunflower seeds, flax seeds, and other oil bearing crops. Soybeans, oil-bearing woody plants, and wild oil-bearing crops are not included.

Output of Aquatic Products refers to catches of both artificially cultured and naturally grown aquatic products, including fish, shrimps, crabs and shellfish in sea and inland water as well as seaweed. Freshwater plants are not included. Data on output of aquatic products are reported by aquatic product and statistical agencies level by level. Before 1995, among the shellfish, the oyster was counted as fresh meat ; 5 kilograms of ark shell, clams and frogs are equivalent to 1 kilogram of fresh aquatic products; they are all counted as fresh aquatic products since 1996.

Output of Pork, Beef, and Mutton refers to the meat of slaughtered hogs, cattle, sheep and goats with head, feet, and offal taken away.

Number of Livestock or Poultry in Stock at Beginning (or End) refers to the total number of large animals, pigs, sheep, fowls, etc. raised by rural cooperative organizations, state farms, rural individuals, government agencies, schools, industrial and mining enterprises, army, and urban residents at the beginning (or end) of the reference period.

Arable Land refer to often cultivated area of land reclaimed for the cultivation of crops.,including crop area of land, fallow, newly reclaimed land and abandoned land area of less than three years.

Sown Area of Crops refers to area of land sown or transplanted with crops regardless of being in cultivated area or non-cultivated area. Area of land re-sown due to natural disasters is also included. At present, the sown area of crops mainly include the following 10 categories of crops: grain, oil-bearing crops, cotton, hemp, sugar crops, tobacco, medicinal materials, vegetables, melons and other farm crops.

Irrigated Area refers to areas that are effectively irrigated, i.e. level land, which has water source and complete sets of irrigation facilities to lift and move adequate water for irrigation purpose under normal conditions.

Consumption of Chemical Fertilizers in Agriculture refers to the quantity of chemical fertilizers applied in agriculture in the year, including nitrogenous fertilizer, phosphate fertilizer, potash fertilizer, and compound fertilizer. The consumption of chemical fertilizers is required in calculation to convert the gross weight into weight containing 100% effective component (e.g. 100% nitrogen content in nitrogenous fertilizer, 100% phosphorous pent oxide contents in phosphate fertilizer, 100% potassium oxide contents in potash fertilizer). Compound fertilizer is converted with its major component.

Total Power of Farm Machinery refers to total mechanical power of machinery used in farming, forestry, animal husbandry, and fishery, including ploughing, irrigation and drainage, harvesting, transport, plant protection, stock breeding, forestry and fishery. The power of internal combustion engines is required to convert horsepower into watts and the power of electric motors is required to convert into watts. Machinery employed for non-agricultural purposes, such as the machines used in township run and village-run industry, construction, non-agricultural transport, scientific experiments and teaching, is excluded.

14

工业

INDUSTRY

14-1 规模以上工业企业主要指标(2011年)
Main Indicators of Industrial Enterprises above Designated Size(2011)

分 类	Item	企业单位数(个) Number of Enterprises	总产值(当年价)(亿元) Gross Output Value (at current prices) (100 million yuan)	资产总计(亿元) Total Assets (100 million yuan)	主营业务收入(亿元) Revenue From Principal Business (100 million yuan)	利润总额(亿元) Total Profits (100 million yuan)	全部从业人员年平均人数(万人) Annual Average Number of Employed Persons (10 000 persons)
总 计	**Total**	**12085**	**30485.09**	**26113.61**	**29887.91**	**2197.84**	**380.48**
按轻重工业分	**Grouped by Light &Heavy Industries**						
轻工业	Light Industry	4283	10106.94	5937.46	9939.82	797.43	131.87
重工业	Heavy Industry	7802	20378.15	20176.14	19948.09	1400.41	248.62
按企业规模分	**Grouped by Size of Enterprises**						
大型企业	Large-sized Enterprises	377	11077.63	13257.58	11309.11	737.75	138.12
中型企业	Medium-sized Enterprises	2413	8876.47	6437.53	8553.00	772.72	133.41
小型企业	Small-sized Enterprises	9295	10531.00	6418.50	10025.80	687.37	108.96
按登记注册类型分	**Grouped by Status of Registration**						
内资企业	Domestic Funded Enterprises	11550	27567.72	23739.58	26979.37	1976.57	346.79
国有企业	State-owned Enterprises	321	2814.61	4593.73	2878.30	157.54	30.73
集体企业	Collective Owned Enterprises	189	202.92	74.61	198.13	16.15	3.88
股份合作企业	Cooperative Share-holding Enterprises	133	203.00	105.62	194.83	14.58	2.84
联营企业	Joint-owned Enterprises	22	45.42	15.88	42.67	3.92	0.89
有限责任公司	Companies Limited with Liabilities	3106	9540.12	10344.79	9460.82	663.99	123.26
国有独资企业	Exclusively State-owned Enterprises	65	1200.69	2153.16	1352.74	117.44	21.00
其他有限责任公司	Other limited-liability Companies	3041	8339.43	8191.62	8108.08	546.56	102.26
股份有限公司	Shares Holding limited Companies	577	2643.25	3203.05	2561.95	233.62	31.12
私营企业	Private Enterprises	7123	11950.24	5224.16	11484.94	869.19	152.13
私营独资企业	Exclusively Private Enterprises	1423	1888.14	632.00	1800.51	135.40	26.81
私营合伙企业	Private Partnership Enterprises	364	429.04	124.60	425.32	34.01	7.21
私营有限责任公司	Private Limited Enterprises	4923	8667.08	3919.84	8344.32	615.43	104.95
私营股份有限公司	Private Share Holding Limited	413	965.98	547.72	914.78	84.35	13.16
其他企业	Other Enterprises	79	168.16	177.74	157.73	17.57	1.93
港、澳、台商投资企业	Enterprises Funded by Hongkong, Macao and Taiwan	186	1220.01	853.67	1181.59	81.44	18.56
合资经营企业(港或澳、台资)	Joint-ventures Enterprises	88	302.07	274.43	293.76	33.99	3.29
合作经营企业(港或澳、台资)	Cooperative Enterprises	2	8.69	12.26	8.52	0.91	0.09
港、澳、台商独资企业	Sole Funded Corporations	86	881.11	516.73	852.40	42.96	14.83
港、澳、台商股份有限公司	Shares Holding limited Companies	10	28.14	50.26	26.90	3.57	0.35
外商投资企业	Foreign-funded Enterprises	349	1697.36	1520.36	1726.96	139.83	15.14
中外合资经营企业	Sino-foreign Joint Ventures	198	949.72	965.74	996.78	83.37	7.12
中外合作经营企业	Sino-foreign Cooperative Enterprises	7	11.40	10.91	10.82	1.06	0.15
外资企业	Exclusively Foreign-funded Enterprises	131	384.57	420.47	382.12	39.56	6.69
外商投资股份有限公司	Foreign-funded Shares Holding limited Companies	13	351.66	123.24	337.24	15.84	1.17

14-2 按行业分规模以上工业企业主要指标(2011年)

单位：亿元

行　业	Sector	企业单位数(个) Number of Enterprise (unit)
总　计	**Total**	**12085**
煤炭开采和洗选业	Coal Mining and Dressing	930
石油和天然气开采业	Petroleum and Natural Gas Extraction	11
黑色金属矿采选业	Ferrous Metals Mining and Dressing	120
有色金属矿采选业	Nonferrous Metals Mining and Dressing	112
非金属矿采选业	Nonmetal Minerals Mining and Dressing	168
开采辅助活动	Mining Support Activities	7
其他采矿业	Other Mining and Dressing	
农副食品加工业	Farm Byproducts Processing	1025
食品制造业	Food Production	369
酒、饮料和精制茶制造业	Wine,Beverage and Refined Tea Production	496
烟草制品业	Tobacco Processing	4
纺织业	Textile Industry	364
纺织服装、服饰业	Garments, Apparel Production	111
皮革、毛皮、羽毛及其制品和制鞋业	Leather, Furs, Down and RelatedProducts,Shoes Production	157
木材加工和木、竹、藤、棕、草制品业	Timber Processing, Bamboo, Cane, Palm Fiber and Straw Products	207
家具制造业	Furniture Manufacturing	199
造纸和纸制品业	Papermaking and Paper Products	305
印刷和记录媒介复制业	Printing and Record Medium Reproduction	155
文教、工美、体育和娱乐用品制造业	Cultural and Educational, Industrial Arts,Sports,Entertainment Products	27
石油加工、炼焦和核燃料加工业	Petroleum Processing, Coking and Nuclear Fuel Processing	65
化学原料和化学制品制造业	Raw Chemical Materials and Chemical Products	847
医药制造业	Medical and Pharmaceutical Products	361
化学纤维制造业	Chemical Fiber	24
橡胶和塑料制品业	Rubber and Plactics Products	466
非金属矿物制品业	Nonmetal Mineral Products	1372
黑色金属冶炼和压延加工业	Smelting and Pressing of Ferrous Metals	429
有色金属冶炼和压延加工业	Smelting and Pressing of Nonferrous Metals	184
金属制品业	Metal Products	484
通用设备制造业	Ordinary Machinery Manufacturing	746
专用设备制造业	For Special Purposes Equipment Manufacturing	478
汽车制造业	Automobile Manufacturing	331
铁路、船舶、航空航天和其他运输设备制造业	Railways, Shipbuilding, Aerospace and other Transportation Equipment Manufacturing Industry	115
电气机械和器材制造业	Electric Equipment and Machinery	441
计算机、通信和其他电子设备制造业	Telecommunication Equipment, Computer and Other Electronic Equipment	274
仪器仪表制造业	Instruments Machinery	65
其他制造业	Other Manufacture	35
废弃资源综合利用业	Reclaiming and Processing of Abandoned Resource and Waste Material	27
金属制品、机械和设备修理业	Metal Products,Machinery and Equipment Repair Industry	12
电力、热力生产和供应业	Production and Supply of Electric Power and Heat	356
燃气生产和供应业	Production and Supply of Gas	136
水的生产和供应业	Production and Supply of Tap Water	70

Main Indicators of Industrial Enterprises above Designated Size by Industrial Sector(2011)

(100 million yuan)

工业总产值 Gross Industrial Output Value	资产总计 Total Assets	流动资产合计 Circulating Funds	固定资产原价 Original Value of Fixed Assets	负债合计 Total Liabilities	流动负债合计 Liquid Liabilities
30485.09	**26113.61**	**11248.78**	**15442.86**	**15991.15**	**11119.10**
1349.26	717.94	309.71	544.39	443.28	306.49
405.61	1315.90	120.70	576.64	746.72	428.27
403.79	318.29	153.70	96.20	198.29	158.35
286.68	265.15	141.82	94.13	153.77	134.02
337.90	161.20	66.61	198.64	87.89	65.41
209.44	404.55	268.74	169.56	213.27	197.85
2429.49	736.85	343.22	567.73	374.18	276.63
563.88	291.38	123.89	148.50	141.96	110.64
1881.56	1491.74	873.10	601.42	680.28	552.26
203.66	117.60	61.29	72.18	54.01	40.54
798.71	326.36	144.07	213.37	152.59	101.55
162.96	72.95	33.49	39.60	31.50	22.16
326.31	101.34	57.63	51.87	56.43	44.91
275.26	141.54	58.73	99.18	73.22	47.07
383.00	206.39	80.70	100.32	95.70	68.94
494.96	241.40	101.68	136.59	141.82	103.85
184.29	107.43	52.65	74.70	46.88	39.42
79.62	21.32	11.10	15.24	9.74	7.75
497.65	202.76	97.14	107.79	116.84	85.87
2115.65	1904.36	795.05	1215.60	1054.11	750.70
897.08	635.51	351.19	265.10	280.22	217.16
161.01	125.68	57.19	113.04	98.98	71.01
656.40	355.15	185.39	185.15	188.64	154.80
2202.26	1570.69	599.50	1129.19	856.28	586.46
2359.93	1866.68	768.74	1605.81	1322.38	1060.07
822.35	537.80	297.18	226.85	372.22	287.31
757.26	465.52	272.04	205.01	259.69	212.56
1544.82	1354.96	940.89	495.62	973.87	909.05
1049.85	1033.54	663.73	386.70	664.98	513.45
1132.67	815.61	466.83	336.23	488.24	387.85
376.39	444.70	262.99	173.47	253.80	233.62
958.35	795.75	498.77	298.04	501.69	380.61
2043.86	1642.74	1067.78	688.03	1022.02	851.64
77.31	77.89	55.11	19.70	37.80	33.35
81.93	108.93	81.17	33.58	86.45	79.98
38.49	17.21	7.45	6.78	8.83	6.77
48.16	68.97	44.25	29.34	38.99	31.87
1645.58	4594.64	566.89	3888.48	3420.24	1396.86
165.56	192.54	90.85	88.28	110.24	77.59
76.15	262.65	75.83	144.80	133.09	84.42

14-2 续表

单位：亿元

行　业	Sector	所有者权益 Creditors' Equity
总　计	**Total**	**10049.11**
煤炭开采和洗选业	Coal Mining and Dressing	273.54
石油和天然气开采业	Petroleum and Natural Gas Extraction	568.51
黑色金属矿采选业	Ferrous Metals Mining and Dressing	120.00
有色金属矿采选业	Nonferrous Metals Mining and Dressing	110.38
非金属矿采选业	Nonmetal Minerals Mining and Dressing	70.14
开采辅助活动	Mining Support Activities	191.29
其他采矿业	Other Mining and Dressing	
农副食品加工业	Farm Byproducts Processing	357.07
食品制造业	Food Production	148.24
酒、饮料和精制茶制造业	Wine,Beverage and Refined Tea Production	811.14
烟草制品业	Tobacco Processing	63.58
纺织业	Textile Industry	173.25
纺织服装、服饰业	Garments, Apparel Production	41.14
皮革、毛皮、羽毛及其制品和制鞋业	Leather, Furs, Down and RelatedProducts,Shoes Production	44.05
木材加工和木、竹、藤、棕、草制品业	Timber Processing, Bamboo, Cane, Palm Fiber and Straw Products	67.79
家具制造业	Furniture Manufacturing	108.73
造纸和纸制品业	Papermaking and Paper Products	98.84
印刷和记录媒介复制业	Printing and Record Medium Reproduction	60.44
文教、工美、体育和娱乐用品制造业	Cultural and Educational, Industrial Arts,Sports,Entertainment Products	11.55
石油加工、炼焦和核燃料加工业	Petroleum Processing, Coking and Nuclear Fuel Processing	81.73
化学原料和化学制品制造业	Raw Chemical Materials and Chemical Products	838.37
医药制造业	Medical and Pharmaceutical Products	353.52
化学纤维制造业	Chemical Fiber	26.70
橡胶和塑料制品业	Rubber and Plactics Products	165.10
非金属矿物制品业	Nonmetal Mineral Products	710.62
黑色金属冶炼和压延加工业	Smelting and Pressing of Ferrous Metals	543.60
有色金属冶炼和压延加工业	Smelting and Pressing of Nonferrous Metals	156.45
金属制品业	Metal Products	204.83
通用设备制造业	Ordinary Machinery Manufacturing	379.31
专用设备制造业	For Special Purposes Equipment Manufacturing	367.73
汽车制造业	Automobile Manufacturing	326.45
铁路、船舶、航空航天和其他运输设备制造业	Railways, Shipbuilding, Aerospace and other Transportation Equipment Manufacturing Industry	190.70
电气机械和器材制造业	Electric Equipment and Machinery	293.27
计算机、通信和其他电子设备制造业	Telecommunication Equipment, Computer and Other Electronic Equipment	607.15
仪器仪表制造业	Instruments Machinery	40.03
其他制造业	Other Manufacture	22.47
废弃资源综合利用业	Reclaiming and Processing of Abandoned Resource and Waste Material	8.12
金属制品、机械和设备修理业	Metal Products,Machinery and Equipment Repair Industry	29.98
电力、热力生产和供应业	Production and Supply of Electric Power and Heat	1172.14
燃气生产和供应业	Production and Supply of Gas	81.66
水的生产和供应业	Production and Supply of Tap Water	129.51

continued

(100 million yuan)

主营业务收入 Main Business Revenue	主营业务成本 Main Business Cost	主营业务税金及附加 Main Business Tax and Charges	利润总额 Total Profits	本年应交增值税 Value-added Tax Payable	全部从业人员年平均人数（万人） Annual Average Employed Persons (10 000 persons)
29887.91	**24721.71**	**450.44**	**2197.84**	**1189.55**	**380.48**
1341.31	1066.64	17.55	126.56	79.89	35.14
414.74	262.04	13.46	24.38	4.97	3.65
366.69	283.38	3.07	40.09	17.90	3.32
266.02	185.95	2.89	47.11	19.39	3.50
313.22	237.41	7.66	36.39	16.10	4.58
337.92	325.29	4.02	5.07	17.57	3.85
2382.00	2091.07	14.31	143.37	64.32	24.46
537.63	445.96	3.12	38.30	19.05	8.58
1942.78	1383.18	81.65	253.91	101.63	20.85
199.33	69.97	102.77	15.23	21.48	0.55
770.13	675.08	6.89	50.22	29.08	14.00
157.89	131.86	1.56	11.84	6.70	3.17
300.08	256.13	1.99	22.28	15.25	6.71
266.86	227.92	2.69	16.46	8.26	4.03
356.88	281.60	2.93	26.45	14.33	8.49
473.68	413.23	2.66	32.77	14.95	6.80
178.10	142.38	1.36	20.04	7.07	2.88
75.00	59.48	0.32	2.07	2.60	0.64
499.89	413.26	18.84	40.69	19.31	2.00
2021.09	1669.64	11.30	176.18	68.17	23.29
838.62	637.45	7.46	89.09	40.54	11.92
180.85	164.58	0.78	7.50	5.14	1.97
643.37	549.54	4.22	43.31	23.30	9.53
2103.72	1788.50	16.33	147.97	79.88	31.79
2348.74	2134.60	11.38	64.82	70.75	22.92
810.02	750.39	1.80	34.62	17.79	5.55
736.83	625.18	4.73	50.70	23.21	9.83
1469.70	1211.04	9.45	102.17	48.51	16.29
1043.49	864.19	6.12	87.04	36.31	13.34
1066.95	875.61	56.08	73.07	44.49	12.55
381.39	326.94	2.98	18.59	8.98	6.36
877.95	730.56	5.29	63.31	43.52	11.10
2080.10	1727.37	8.49	99.70	90.88	26.28
72.24	54.99	0.36	8.29	2.10	1.21
70.01	60.73	0.43	3.25	1.60	1.20
39.90	33.40	0.39	4.35	1.93	0.31
47.76	39.36	0.24	2.70	1.52	0.82
1622.49	1343.30	9.85	128.04	89.36	13.56
176.44	137.31	2.25	21.90	8.67	1.91
76.10	45.23	0.79	18.00	3.04	1.57

14-3 按行业分国有控股工业企业主要指标(2011年)

单位：亿元

行　业	Sector	企业单位数(个) Number of Enterprise (unit)
总　计	**Total**	**851**
煤炭开采和洗选业	Coal Mining and Dressing	20
石油和天然气开采业	Petroleum and Natural Gas Extraction	9
黑色金属矿采选业	Ferrous Metals Mining and Dressing	13
有色金属矿采选业	Nonferrous Metals Mining and Dressing	16
非金属矿采选业	Nonmetal Minerals Mining and Dressing	7
开采辅助活动	Mining Support Activities	3
其他采矿业	Other Mining and Dressing	
农副食品加工业	Farm Byproducts Processing	22
食品制造业	Food Production	7
酒、饮料和精制茶制造业	Wine,Beverage and Refined Tea Production	17
烟草制品业	Tobacco Processing	3
纺织业	Textile Industry	11
纺织服装、服饰业	Garments, Apparel Production	4
皮革、毛皮、羽毛及其制品和制鞋业	Leather, Furs, Down and RelatedProducts,Shoes Production	
木材加工和木、竹、藤、棕、草制品业	Timber Processing, Bamboo, Cane, Palm Fiber and Straw Products	4
家具制造业	Furniture Manufacturing	
造纸和纸制品业	Papermaking and Paper Products	5
印刷和记录媒介复制业	Printing and Record Medium Reproduction	10
文教、工美、体育和娱乐用品制造业	Cultural and Educational, Industrial Arts,Sports,Entertainment Products	1
石油加工、炼焦和核燃料加工业	Petroleum Processing, Coking and Nuclear Fuel Processing	7
化学原料和化学制品制造业	Raw Chemical Materials and Chemical Products	60
医药制造业	Medical and Pharmaceutical Products	18
化学纤维制造业	Chemical Fiber	3
橡胶和塑料制品业	Rubber and Plactics Products	8
非金属矿物制品业	Nonmetal Mineral Products	62
黑色金属冶炼和压延加工业	Smelting and Pressing of Ferrous Metals	12
有色金属冶炼和压延加工业	Smelting and Pressing of Nonferrous Metals	16
金属制品业	Metal Products	19
通用设备制造业	Ordinary Machinery Manufacturing	28
专用设备制造业	For Special Purposes Equipment Manufacturing	24
汽车制造业	Automobile Manufacturing	36
铁路、船舶、航空航天和其他运输设备制造业	Railways, Shipbuilding, Aerospace and other Transportation Equipment Manufacturing Industry	20
电气机械和器材制造业	Electric Equipment and Machinery	24
计算机、通信和其他电子设备制造业	Telecommunication Equipment, Computer and Other Electronic Equipment	46
仪器仪表制造业	Instruments Machinery	6
其他制造业	Other Manufacture	3
废弃资源综合利用业	Reclaiming and Processing of Abandoned Resource and Waste Material	1
金属制品、机械和设备修理业	Metal Products,Machinery and Equipment Repair Industry	3
电力、热力生产和供应业	Production and Supply of Electric Power and Heat	203
燃气生产和供应业	Production and Supply of Gas	52
水的生产和供应业	Production and Supply of Tap Water	48

Main Indicators of State-holding Industrial Enterprises by Industrial Sector(2011)

(100 million yuan)

工业总产值 Gross Industrial Output Value	资产总计 Total Assets	流动资产合计 Circulating Funds	固定资产原价 Original Value of Fixed Assets	负债合计 Total Liabilities	流动负债合计 Liquid Liabilities
7759.56	**13189.13**	**4918.31**	**7338.88**	**8752.85**	**5711.90**
116.79	267.79	119.61	133.06	202.99	131.57
402.77	1310.00	118.24	575.70	744.07	426.57
137.70	80.82	30.47	23.89	38.14	21.25
92.31	139.21	73.34	46.56	75.41	67.45
90.96	37.50	20.75	11.34	15.14	10.22
206.85	403.09	267.78	168.94	212.70	197.32
60.86	15.48	8.73	7.41	8.74	7.95
14.97	5.75	2.69	3.49	2.95	2.58
662.70	839.26	550.33	259.99	337.37	301.12
203.05	117.32	61.08	72.10	53.90	40.43
27.77	25.77	13.95	8.28	13.16	6.32
5.11	9.19	4.67	3.65	6.02	2.66
6.36	2.83	0.87	1.52	1.68	0.44
11.77	8.45	2.81	2.95	4.42	4.14
34.82	35.02	13.53	39.67	12.28	11.83
48.13	8.86	4.44	9.31	3.96	3.14
163.50	64.93	28.93	27.54	47.97	33.53
436.04	716.62	245.41	472.40	420.52	288.55
43.17	92.29	43.31	24.59	32.08	17.03
71.25	74.04	39.57	55.11	60.14	50.93
24.70	36.70	16.03	17.09	24.52	21.14
190.96	227.20	83.77	159.95	156.08	115.41
606.18	935.28	279.99	603.98	700.50	569.92
189.89	134.23	74.60	76.57	96.29	77.71
75.66	93.21	61.90	33.45	58.43	55.09
390.20	742.61	562.90	137.77	626.37	607.66
133.00	342.28	206.51	115.59	250.15	156.30
424.98	379.45	231.53	136.46	235.21	195.04
212.87	332.93	203.95	125.30	201.73	195.19
195.12	321.14	211.01	72.45	253.10	184.82
739.46	960.18	653.18	321.31	608.88	474.71
16.30	20.47	17.23	2.47	10.98	10.68
41.30	92.95	75.01	20.83	80.14	75.56
1.12	0.47	0.12	0.36	0.11	0.11
35.61	60.05	38.11	25.25	35.60	29.51
1510.25	3979.46	453.76	3377.50	2992.17	1235.28
76.20	92.22	49.60	42.01	49.11	41.28
58.92	184.11	48.59	123.03	79.83	41.46

14-3 续表

单位：亿元

行 业	Sector	所有者权益 Creditors' Equity
总 计	**Total**	**4414.98**
煤炭开采和洗选业	Coal Mining and Dressing	64.80
石油和天然气开采业	Petroleum and Natural Gas Extraction	565.26
黑色金属矿采选业	Ferrous Metals Mining and Dressing	42.68
有色金属矿采选业	Nonferrous Metals Mining and Dressing	63.80
非金属矿采选业	Nonmetal Minerals Mining and Dressing	22.36
开采辅助活动	Mining Support Activities	190.39
其他采矿业	Other Mining and Dressing	
农副食品加工业	Farm Byproducts Processing	6.74
食品制造业	Food Production	2.80
酒、饮料和精制茶制造业	Wine,Beverage and Refined Tea Production	501.89
烟草制品业	Tobacco Processing	63.42
纺织业	Textile Industry	12.61
纺织服装、服饰业	Garments, Apparel Production	3.17
皮革、毛皮、羽毛及其制品和制鞋业	Leather, Furs, Down and RelatedProducts,Shoes Production	
木材加工和木、竹、藤、棕、草制品业	Timber Processing, Bamboo, Cane, Palm Fiber and Straw Products	1.15
家具制造业	Furniture Manufacturing	
造纸和纸制品业	Papermaking and Paper Products	4.03
印刷和记录媒介复制业	Printing and Record Medium Reproduction	22.63
文教、工美、体育和娱乐用品制造业	Cultural and Educational, Industrial Arts,Sports,Entertainment Products	4.90
石油加工、炼焦和核燃料加工业	Petroleum Processing, Coking and Nuclear Fuel Processing	15.12
化学原料和化学制品制造业	Raw Chemical Materials and Chemical Products	285.40
医药制造业	Medical and Pharmaceutical Products	60.13
化学纤维制造业	Chemical Fiber	13.90
橡胶和塑料制品业	Rubber and Plactics Products	12.18
非金属矿物制品业	Nonmetal Mineral Products	71.12
黑色金属冶炼和压延加工业	Smelting and Pressing of Ferrous Metals	234.77
有色金属冶炼和压延加工业	Smelting and Pressing of Nonferrous Metals	30.95
金属制品业	Metal Products	34.78
通用设备制造业	Ordinary Machinery Manufacturing	116.14
专用设备制造业	For Special Purposes Equipment Manufacturing	92.13
汽车制造业	Automobile Manufacturing	144.24
铁路、船舶、航空航天和其他运输设备制造业	Railways, Shipbuilding, Aerospace and other Transportation Equipment Manufacturing Industry	131.20
电气机械和器材制造业	Electric Equipment and Machinery	68.03
计算机、通信和其他电子设备制造业	Telecommunication Equipment, Computer and Other Electronic Equipment	351.25
仪器仪表制造业	Instruments Machinery	9.48
其他制造业	Other Manufacture	12.81
废弃资源综合利用业	Reclaiming and Processing of Abandoned Resource and Waste Material	0.36
金属制品、机械和设备修理业	Metal Products,Machinery and Equipment Repair Industry	24.45
电力、热力生产和供应业	Production and Supply of Electric Power and Heat	987.00
燃气生产和供应业	Production and Supply of Gas	42.66
水的生产和供应业	Production and Supply of Tap Water	104.23

continued

(100 million yuan)

主营业务收入 Main Business Revenue	主营业务成本 Main Business Cost	主营业务税金及附加 Main Business Tax and Charges	利润总额 Total Profits	本年应交增值税 Value-added Tax Payable	全部从业人员年平均人数（万人） Annual Average Employed Persons (10 000 persons)
7895.50	**6308.18**	**245.71**	**538.74**	**359.19**	**93.40**
115.13	97.19	1.40	6.32	8.82	7.14
411.90	260.72	13.29	23.65	4.71	3.62
125.60	93.27	1.20	11.60	7.66	0.99
82.46	56.24	0.55	16.60	5.75	0.85
89.43	64.02	2.78	15.79	4.74	0.78
336.09	323.87	3.99	5.00	17.54	3.83
57.97	51.45	0.24	3.39	0.87	0.35
14.71	12.79	0.06	0.35	0.17	0.31
777.34	515.97	32.91	143.44	44.92	8.32
198.71	69.43	102.77	15.25	21.44	0.52
26.02	23.64	0.33	2.49	1.32	0.93
4.93	4.20	0.01	0.11	0.13	0.39
5.70	4.92	0.12	0.26	0.19	0.10
10.45	10.15	0.02	0.20	0.21	0.18
35.78	23.26	0.25	8.65	1.62	0.52
44.99	33.43	0.18	0.35	1.82	0.05
162.64	140.78	3.97	7.54	5.69	0.42
430.97	361.63	1.93	23.97	15.62	6.24
43.12	21.68	0.46	8.64	2.09	0.89
95.10	88.35	0.44	2.25	1.53	1.19
25.02	22.27	0.17	-0.43	1.13	0.49
182.51	153.22	0.88	10.11	5.77	3.31
601.20	545.68	4.97	-12.91	15.52	10.30
160.03	148.92	0.39	4.19	4.61	1.23
73.44	63.84	0.27	1.92	1.82	1.45
365.83	299.42	2.89	21.92	12.82	2.80
115.60	98.52	0.72	1.19	3.72	2.38
386.65	289.32	50.96	28.45	21.46	3.83
221.75	191.89	1.72	7.66	2.97	4.00
154.57	129.84	0.54	2.05	17.93	2.12
817.02	673.60	5.00	40.44	36.16	7.87
15.90	12.52	0.04	1.55	0.30	0.20
32.48	28.95	0.03	0.71	0.19	0.67
0.83	0.57	0.04	0.19	0.05	0.03
35.45	28.96	0.17	1.92	1.30	0.72
1495.53	1261.56	8.79	111.36	78.72	12.05
84.33	65.02	0.72	11.62	5.41	1.05
58.28	37.10	0.54	10.99	2.47	1.30

14-4 按行业分大中型工业企业主要指标(2011年)

单位：亿元

行　业	Sector	企业单位数(个) Number of Enterprise (unit)
总　计	**Total**	**2790**
煤炭开采和洗选业	Coal Mining and Dressing	358
石油和天然气开采业	Petroleum and Natural Gas Extraction	7
黑色金属矿采选业	Ferrous Metals Mining and Dressing	27
有色金属矿采选业	Nonferrous Metals Mining and Dressing	45
非金属矿采选业	Nonmetal Minerals Mining and Dressing	27
开采辅助活动	Mining Support Activities	2
其他采矿业	Other Mining and Dressing	
农副食品加工业	Farm Byproducts Processing	179
食品制造业	Food Production	85
酒、饮料和精制茶制造业	Wine,Beverage and Refined Tea Production	99
烟草制品业	Tobacco Processing	2
纺织业	Textile Industry	142
纺织服装、服饰业	Garments, Apparel Production	30
皮革、毛皮、羽毛及其制品和制鞋业	Leather, Furs, Down and RelatedProducts,Shoes Production	54
木材加工和木、竹、藤、棕、草制品业	Timber Processing, Bamboo, Cane, Palm Fiber and Straw Products	30
家具制造业	Furniture Manufacturing	73
造纸和纸制品业	Papermaking and Paper Products	66
印刷和记录媒介复制业	Printing and Record Medium Reproduction	22
文教、工美、体育和娱乐用品制造业	Cultural and Educational, Industrial Arts,Sports,Entertainment Products	6
石油加工、炼焦和核燃料加工业	Petroleum Processing, Coking and Nuclear Fuel Processing	19
化学原料和化学制品制造业	Raw Chemical Materials and Chemical Products	172
医药制造业	Medical and Pharmaceutical Products	108
化学纤维制造业	Chemical Fiber	13
橡胶和塑料制品业	Rubber and Plactics Products	69
非金属矿物制品业	Nonmetal Mineral Products	256
黑色金属冶炼和压延加工业	Smelting and Pressing of Ferrous Metals	78
有色金属冶炼和压延加工业	Smelting and Pressing of Nonferrous Metals	36
金属制品业	Metal Products	64
通用设备制造业	Ordinary Machinery Manufacturing	125
专用设备制造业	For Special Purposes Equipment Manufacturing	105
汽车制造业	Automobile Manufacturing	119
铁路、船舶、航空航天和其他运输设备制造业	Railways, Shipbuilding, Aerospace and other Transportation Equipment Manufacturing Industry	36
电气机械和器材制造业	Electric Equipment and Machinery	79
计算机、通信和其他电子设备制造业	Telecommunication Equipment, Computer and Other Electronic Equipment	89
仪器仪表制造业	Instruments Machinery	10
其他制造业	Other Manufacture	6
废弃资源综合利用业	Reclaiming and Processing of Abandoned Resource and Waste Material	3
金属制品、机械和设备修理业	Metal Products,Machinery and Equipment Repair Industry	3
电力、热力生产和供应业	Production and Supply of Electric Power and Heat	116
燃气生产和供应业	Production and Supply of Gas	14
水的生产和供应业	Production and Supply of Tap Water	16

Main Indicators of Large-scale and Medium-scale Industrial Enterprises by Industrial Sector(2011)

(100 million yuan)

工业总产值 Gross Industrial Output Value	资产总计 Total Assets	流动资产合计 Circulating Funds	固定资产原价 Original Value of Fixed Assets	负债合计 Total Liabilities	流动负债合计 Liquid Liabilities
19954.10	**19695.11**	**8621.32**	**11471.96**	**12187.05**	**8752.14**
754.83	529.14	218.50	348.09	340.81	234.81
393.67	1305.53	114.79	571.08	742.87	425.64
272.65	239.77	109.70	73.44	145.49	113.63
192.19	203.44	105.27	70.14	114.00	98.50
201.64	102.39	45.16	167.73	58.33	44.92
206.06	402.75	267.71	168.94	212.57	197.32
1275.01	405.73	175.33	355.46	209.37	153.84
308.23	171.77	70.17	90.35	85.74	68.60
1352.52	1292.81	772.20	505.87	594.02	485.58
198.42	114.53	59.18	70.41	53.25	39.78
579.02	245.88	105.51	161.58	111.43	71.80
90.44	44.25	22.75	21.78	19.72	13.18
206.60	69.62	41.65	36.14	39.69	33.38
104.84	60.29	20.74	57.28	31.40	14.74
272.34	163.15	60.39	84.61	75.60	52.58
240.31	146.11	57.68	87.64	92.85	70.37
79.37	57.48	28.66	48.61	20.67	18.26
62.13	12.99	7.37	11.73	5.37	4.35
368.34	162.76	77.31	88.46	96.66	69.38
1292.12	1494.73	584.79	997.92	848.19	592.52
581.71	447.57	244.88	182.10	184.12	137.80
150.24	121.30	55.52	110.71	96.82	69.60
290.27	163.18	74.97	98.02	83.30	65.08
1053.02	995.70	349.00	772.25	543.31	360.42
1830.01	1674.46	672.09	1497.61	1206.23	977.61
485.04	394.20	206.92	183.03	264.70	193.00
313.26	258.81	160.22	107.41	147.71	124.33
909.08	1086.92	798.05	344.11	827.02	785.83
668.98	814.94	541.47	293.21	539.13	412.82
899.19	696.58	401.05	285.10	425.59	340.25
295.04	382.32	228.99	153.76	223.77	213.03
572.39	593.62	374.96	223.10	386.78	284.70
1841.72	1474.80	967.11	638.20	927.13	767.48
37.48	49.98	37.01	11.59	23.44	20.90
52.76	96.24	75.50	27.98	81.29	76.31
16.13	9.44	4.60	1.42	5.43	3.53
35.61	60.05	38.11	25.25	35.60	29.51
1362.34	2919.16	364.20	2360.94	2162.83	990.97
57.21	67.04	33.03	39.54	41.99	30.28
51.88	163.70	48.77	99.37	82.82	65.51

14-4 续表

单位：亿元

行 业	Sector	所有者权益 Creditors' Equity
总 计	**Total**	**7446.71**
煤炭开采和洗选业	Coal Mining and Dressing	187.22
石油和天然气开采业	Petroleum and Natural Gas Extraction	561.99
黑色金属矿采选业	Ferrous Metals Mining and Dressing	94.28
有色金属矿采选业	Nonferrous Metals Mining and Dressing	88.44
非金属矿采选业	Nonmetal Minerals Mining and Dressing	40.88
开采辅助活动	Mining Support Activities	190.18
其他采矿业	Other Mining and Dressing	
农副食品加工业	Farm Byproducts Processing	193.30
食品制造业	Food Production	85.65
酒、饮料和精制茶制造业	Wine,Beverage and Refined Tea Production	698.54
烟草制品业	Tobacco Processing	61.27
纺织业	Textile Industry	133.94
纺织服装、服饰业	Garments, Apparel Production	24.52
皮革、毛皮、羽毛及其制品和制鞋业	Leather, Furs, Down and RelatedProducts,Shoes Production	29.18
木材加工和木、竹、藤、棕、草制品业	Timber Processing, Bamboo, Cane, Palm Fiber and Straw Products	28.74
家具制造业	Furniture Manufacturing	85.72
造纸和纸制品业	Papermaking and Paper Products	52.98
印刷和记录媒介复制业	Printing and Record Medium Reproduction	36.81
文教、工美、体育和娱乐用品制造业	Cultural and Educational, Industrial Arts,Sports,Entertainment Products	7.62
石油加工、炼焦和核燃料加工业	Petroleum Processing, Coking and Nuclear Fuel Processing	61.91
化学原料和化学制品制造业	Raw Chemical Materials and Chemical Products	635.01
医药制造业	Medical and Pharmaceutical Products	262.11
化学纤维制造业	Chemical Fiber	24.48
橡胶和塑料制品业	Rubber and Plactics Products	79.43
非金属矿物制品业	Nonmetal Mineral Products	449.68
黑色金属冶炼和压延加工业	Smelting and Pressing of Ferrous Metals	467.92
有色金属冶炼和压延加工业	Smelting and Pressing of Nonferrous Metals	120.51
金属制品业	Metal Products	110.88
通用设备制造业	Ordinary Machinery Manufacturing	259.27
专用设备制造业	For Special Purposes Equipment Manufacturing	275.17
汽车制造业	Automobile Manufacturing	270.32
铁路、船舶、航空航天和其他运输设备制造业	Railways, Shipbuilding, Aerospace and other Transportation Equipment Manufacturing Industry	158.42
电气机械和器材制造业	Electric Equipment and Machinery	206.25
计算机、通信和其他电子设备制造业	Telecommunication Equipment, Computer and Other Electronic Equipment	534.15
仪器仪表制造业	Instruments Machinery	26.54
其他制造业	Other Manufacture	14.94
废弃资源综合利用业	Reclaiming and Processing of Abandoned Resource and Waste Material	4.00
金属制品、机械和设备修理业	Metal Products,Machinery and Equipment Repair Industry	24.45
电力、热力生产和供应业	Production and Supply of Electric Power and Heat	754.07
燃气生产和供应业	Production and Supply of Gas	25.06
水的生产和供应业	Production and Supply of Tap Water	80.88

continued

(100 million yuan)

主营业务收入 Main Business Revenue	主营业务成本 Main Business Cost	主营业务税金及附加 Main Business Tax and Charges	利润总额 Total Profits	本年应交增值税 Value-added Tax Payable	全部从业人员年平均人数（万人） Annual Average Employed Persons (10 000 persons)
19862.11	**16271.38**	**358.56**	**1510.47**	**846.44**	**271.53**
743.47	570.45	11.23	76.00	53.33	26.63
408.83	259.62	13.16	22.41	4.45	3.59
248.06	185.99	1.99	30.98	11.74	2.26
179.68	124.21	1.83	35.19	14.05	2.69
191.29	141.11	5.12	27.13	9.58	3.21
335.32	323.23	3.97	4.92	17.51	3.83
1265.69	1116.70	8.48	81.15	37.02	15.44
296.79	241.68	1.60	22.94	12.53	5.35
1437.03	975.22	59.77	216.97	83.41	16.11
193.36	64.85	102.77	14.78	21.29	0.50
561.78	488.29	5.68	39.39	24.04	10.85
87.95	72.33	0.39	6.59	4.49	1.85
186.55	157.22	1.35	14.97	11.12	5.17
100.05	83.47	1.08	6.11	4.04	1.76
255.34	197.73	2.15	20.16	12.40	6.82
234.00	206.01	1.30	17.64	9.37	3.76
78.20	57.82	0.54	14.41	3.54	1.34
58.45	45.62	0.20	0.77	1.98	0.43
371.00	300.44	15.11	34.59	13.30	1.54
1257.89	1025.55	6.64	120.58	43.00	16.04
544.93	399.74	5.41	66.47	29.91	8.75
170.31	154.80	0.75	6.46	4.71	1.86
288.20	245.56	2.10	22.42	12.58	5.08
1002.25	843.37	7.46	85.52	40.96	17.76
1840.32	1681.82	8.85	36.15	54.52	18.87
497.99	462.26	1.20	23.71	12.09	3.95
322.49	272.88	1.89	23.73	11.28	5.44
861.29	698.38	5.88	62.26	29.50	9.69
682.57	561.27	3.76	61.73	24.72	9.13
853.13	693.34	54.87	61.33	38.32	9.79
301.70	258.13	2.54	14.18	6.44	5.40
506.29	411.91	3.37	38.92	32.52	7.41
1896.73	1577.31	7.43	87.19	86.33	23.93
34.73	25.60	0.19	4.79	1.02	0.62
43.44	38.74	0.13	1.71	0.70	0.89
18.63	15.47	0.21	2.66	1.20	0.11
35.45	28.96	0.17	1.92	1.30	0.72
1355.72	1187.75	6.92	80.41	59.68	11.32
63.48	48.65	0.53	6.96	4.28	0.77
51.73	27.90	0.54	14.31	2.17	0.88

14-5 按行业分规模以上工业企业主要经济效益指标(2011)
Main Indicators on Economic Benefit of Industrial Enterprises above Designated Size by Industrial Sector(2011)

单位：% (%)

行业	Sector	总资产贡献率 Ratio of Total Assets to Industrial Output Value	资产负债率 Assets-Liability Ratio	工业成本费用利润率 Ratio of Profits to Industrial Cost	产品销售率 Proportion of Products Sold
总计	**Total**	**16.08**	**61.24**	**7.94**	**97.69**
煤炭开采和洗选业	Coal Mining and Dressing	32.98	61.74	10.34	99.44
石油和天然气开采业	Petroleum and Natural Gas Extraction	4.30	56.75	6.85	99.34
黑色金属矿采选业	Ferrous Metals Mining and Dressing	20.41	62.30	11.93	96.43
有色金属矿采选业	Nonferrous Metals Mining and Dressing	27.49	57.99	21.49	94.62
非金属矿采选业	Nonmetal Minerals Mining and Dressing	38.93	54.52	13.70	98.22
开采辅助活动	Mining Support Activities	6.31	52.72	1.51	99.43
其他采矿业	Other Mining and Dressing				
农副食品加工业	Farm Byproducts Processing	31.97	50.78	6.37	98.67
食品制造业	Food Production	21.86	48.72	7.62	97.79
酒、饮料和精制茶制造业	Wine,Beverage and Refined Tea Production	29.83	45.60	15.73	95.85
烟草制品业	Tobacco Processing	118.94	45.93	18.17	97.79
纺织业	Textile Industry	28.17	46.76	6.94	98.57
纺织服装、服饰业	Garments, Apparel Production	28.59	43.18	7.87	98.14
皮革、毛皮、羽毛及其制品和制鞋业	Leather, Furs, Down and RelatedProducts,Shoes Production	42.30	55.68	7.95	97.74
木材加工和木、竹、藤、棕、草制品业	Timber Processing, Bamboo, Cane, Palm Fiber and Straw Products	20.73	51.73	6.69	96.96
家具制造业	Furniture Manufacturing	22.49	46.37	8.31	96.90
造纸和纸制品业	Papermaking and Paper Products	22.65	58.75	7.35	97.89
印刷和记录媒介复制业	Printing and Record Medium Reproduction	27.72	43.63	12.56	97.97
文教、工美、体育和娱乐用品制造业	Cultural and Educational, Industrial Arts, Sports,Entertainment Products	24.62	45.70	3.34	94.22
石油加工、炼焦和核燃料加工业	Petroleum Processing, Coking and Nuclear Fuel Processing	40.57	57.62	9.38	99.46
化学原料和化学制品制造业	Raw Chemical Materials and Chemical Products	14.94	55.35	9.32	96.76
医药制造业	Medical and Pharmaceutical Products	22.65	44.09	11.68	96.26
化学纤维制造业	Chemical Fiber	13.06	78.75	4.17	98.76
橡胶和塑料制品业	Rubber and Plactics Products	21.41	53.12	7.18	97.71
非金属矿物制品业	Nonmetal Mineral Products	17.19	54.52	7.45	97.45
黑色金属冶炼和压延加工业	Smelting and Pressing of Ferrous Metals	9.69	70.84	2.76	97.84
有色金属冶炼和压延加工业	Smelting and Pressing of Nonferrous Metals	12.04	69.21	4.30	97.80
金属制品业	Metal Products	18.48	55.78	7.39	97.71
通用设备制造业	Ordinary Machinery Manufacturing	12.59	71.87	7.48	97.65
专用设备制造业	For Special Purposes Equipment Manufacturing	13.66	64.34	8.93	95.72
汽车制造业	Automobile Manufacturing	22.24	59.86	7.04	99.22
铁路、船舶、航空航天和其他运输设备制造业	Railways, Shipbuilding, Aerospace and other Transportation Equipment Manufacturing Industry	7.40	57.07	4.97	97.29
电气机械和器材制造业	Electric Equipment and Machinery	15.04	63.05	7.64	97.63
计算机、通信和其他电子设备制造业	Telecommunication Equipment, Computer and Other Electronic Equipment	12.80	62.21	5.27	96.43
仪器仪表制造业	Instruments Machinery	14.34	48.54	12.50	93.29
其他制造业	Other Manufacture	5.39	79.37	4.91	100.29
废弃资源综合利用业	Reclaiming and Processing of Abandoned Resource and Waste Material	40.02	51.33	12.21	96.97
金属制品、机械和设备修理业	Metal Products,Machinery and Equipment Repair Industry	7.02	56.53	5.44	101.13
电力、热力生产和供应业	Production and Supply of Electric Power and Heat	7.10	74.44	8.48	99.88
燃气生产和供应业	Production and Supply of Gas	17.62	57.26	13.49	99.06
水的生产和供应业	Production and Supply of Tap Water	9.06	50.67	28.61	98.78

14-6 按行业分国有控股工业企业主要经济效益指标(2011年)
Main Indicators on Economic Benefit of State-holding Industrial Enterprises by Industrial Sector(2011)

单位：% (%)

行 业	Sector	总资产贡献率 Ratio of Total Assets to Industrial Output Value	资产负债率 Assets-Liability Ratio	工业成本费用利润率 Ratio of Profits to Industrial Cost	产品销售率 Proportion of Products Sold
总 计	**Total**	**9.89**	**66.36**	**7.29**	**97.79**
煤炭开采和洗选业	Coal Mining and Dressing	8.12	75.80	4.76	99.26
石油和天然气开采业	Petroleum and Natural Gas Extraction	4.22	56.80	6.70	99.33
黑色金属矿采选业	Ferrous Metals Mining and Dressing	25.61	47.19	9.60	97.60
有色金属矿采选业	Nonferrous Metals Mining and Dressing	17.60	54.17	24.71	92.55
非金属矿采选业	Nonmetal Minerals Mining and Dressing	62.61	40.36	23.28	99.39
开采辅助活动	Mining Support Activities	6.29	52.77	1.50	99.66
其他采矿业	Other Mining and Dressing				
农副食品加工业	Farm Byproducts Processing	31.31	56.45	6.19	99.29
食品制造业	Food Production	11.81	51.36	2.47	96.89
酒、饮料和精制茶制造业	Wine,Beverage and Refined Tea Production	26.25	40.20	23.49	92.31
烟草制品业	Tobacco Processing	119.20	45.94	18.37	97.81
纺织业	Textile Industry	16.93	51.07	9.88	98.28
纺织服装、服饰业	Garments, Apparel Production	2.73	65.49	1.46	93.76
皮革、毛皮、羽毛及其制品和制鞋业	Leather, Furs, Down and RelatedProducts,Shoes Production				
木材加工和木、竹、藤、棕、草制品业	Timber Processing, Bamboo, Cane, Palm Fiber and Straw Products	21.12	59.34	4.84	89.54
家具制造业	Furniture Manufacturing				
造纸和纸制品业	Papermaking and Paper Products	5.10	52.33	1.90	98.89
印刷和记录媒介复制业	Printing and Record Medium Reproduction	30.28	35.06	30.78	102.56
文教、工美、体育和娱乐用品制造业	Cultural and Educational, Industrial Arts, Sports,Entertainment Products	27.76	44.73	1.03	92.02
石油加工、炼焦和核燃料加工业	Petroleum Processing, Coking and Nuclear Fuel Processing	28.29	73.89	5.14	100.16
化学原料和化学制品制造业	Raw Chemical Materials and Chemical Products	7.24	58.68	5.50	97.37
医药制造业	Medical and Pharmaceutical Products	12.50	34.76	23.82	98.26
化学纤维制造业	Chemical Fiber	8.20	81.23	2.32	100.63
橡胶和塑料制品业	Rubber and Plactics Products	4.40	66.81	-1.62	94.97
非金属矿物制品业	Nonmetal Mineral Products	9.30	68.70	5.67	97.84
黑色金属冶炼和压延加工业	Smelting and Pressing of Ferrous Metals	2.18	74.90	-1.95	99.25
有色金属冶炼和压延加工业	Smelting and Pressing of Nonferrous Metals	8.88	71.73	2.56	98.09
金属制品业	Metal Products	5.46	62.69	2.56	103.94
通用设备制造业	Ordinary Machinery Manufacturing	5.29	84.35	6.42	99.15
专用设备制造业	For Special Purposes Equipment Manufacturing	2.96	73.08	0.99	88.03
汽车制造业	Automobile Manufacturing	27.06	61.99	7.34	99.94
铁路、船舶、航空航天和其他运输设备制造业	Railways, Shipbuilding, Aerospace and other Transportation Equipment Manufacturing Industry	4.20	60.59	3.41	96.48
电气机械和器材制造业	Electric Equipment and Machinery	7.11	78.81	1.28	99.78
计算机、通信和其他电子设备制造业	Telecommunication Equipment, Computer and Other Electronic Equipment	9.43	63.41	5.21	93.89
仪器仪表制造业	Instruments Machinery	9.23	53.67	10.00	98.65
其他制造业	Other Manufacture	1.32	86.22	2.16	103.06
废弃资源综合利用业	Reclaiming and Processing of Abandoned Resource and Waste Material	58.79	23.94	28.42	100.00
金属制品、机械和设备修理业	Metal Products,Machinery and Equipment Repair Industry	6.23	59.29	4.99	101.46
电力、热力生产和供应业	Production and Supply of Electric Power and Heat	7.05	75.19	7.96	99.94
燃气生产和供应业	Production and Supply of Gas	19.93	53.26	14.77	99.04
水的生产和供应业	Production and Supply of Tap Water	8.09	43.36	21.35	98.74

14-7 按行业分大中型工业企业主要经济效益指标(2011年)
Main Indicators on Economic Benefit of Large-scale and Medium-scale Industrial Enterprises by Industrial Sector(2011)

单位：% (%)

行　业	Sector	总资产贡献率 Ratio of Total Assets to Industrial Output Value	资产负债率 Assets-Liability Ratio	工业成本费用利润率 Ratio of Profits to Industrial Cost	产品销售率 Proportion of Products Sold
总　计	**Total**	**15.02**	**61.88**	**8.20**	**97.77**
煤炭开采和洗选业	Coal Mining and Dressing	28.37	64.41	11.07	99.54
石油和天然气开采业	Petroleum and Natural Gas Extraction	4.11	56.90	6.39	99.24
黑色金属矿采选业	Ferrous Metals Mining and Dressing	19.77	60.68	13.73	97.26
有色金属矿采选业	Nonferrous Metals Mining and Dressing	26.42	56.04	24.15	94.08
非金属矿采选业	Nonmetal Minerals Mining and Dressing	42.47	56.97	17.08	99.21
开采辅助活动	Mining Support Activities	6.26	52.78	1.48	99.67
其他采矿业	Other Mining and Dressing				
农副食品加工业	Farm Byproducts Processing	33.12	51.60	6.75	99.34
食品制造业	Food Production	22.50	49.92	8.28	97.82
酒、饮料和精制茶制造业	Wine,Beverage and Refined Tea Production	28.23	45.95	18.54	95.00
烟草制品业	Tobacco Processing	121.58	46.50	18.91	97.77
纺织业	Textile Industry	29.98	45.32	7.47	99.21
纺织服装、服饰业	Garments, Apparel Production	27.07	44.58	7.72	97.09
皮革、毛皮、羽毛及其制品和制鞋业	Leather, Furs, Down and RelatedProducts,Shoes Production	43.52	57.02	8.53	97.65
木材加工和木、竹、藤、棕、草制品业	Timber Processing, Bamboo, Cane, Palm Fiber and Straw Products	20.01	52.08	6.69	97.32
家具制造业	Furniture Manufacturing	22.57	46.34	8.89	97.36
造纸和纸制品业	Papermaking and Paper Products	21.40	63.55	7.80	98.64
印刷和记录媒介复制业	Printing and Record Medium Reproduction	32.89	35.97	21.95	99.14
文教、工美、体育和娱乐用品制造业	Cultural and Educational, Industrial Arts, Sports,Entertainment Products	24.27	41.35	1.65	93.62
石油加工、炼焦和核燃料加工业	Petroleum Processing, Coking and Nuclear Fuel Processing	40.37	59.39	11.01	99.03
化学原料和化学制品制造业	Raw Chemical Materials and Chemical Products	12.96	56.75	10.16	96.83
医药制造业	Medical and Pharmaceutical Products	23.83	41.14	13.48	95.81
化学纤维制造业	Chemical Fiber	12.25	79.82	3.81	98.79
橡胶和塑料制品业	Rubber and Plactics Products	24.36	51.05	8.23	98.38
非金属矿物制品业	Nonmetal Mineral Products	15.18	54.57	8.97	96.70
黑色金属冶炼和压延加工业	Smelting and Pressing of Ferrous Metals	7.76	72.04	1.93	97.97
有色金属冶炼和压延加工业	Smelting and Pressing of Nonferrous Metals	11.58	67.15	4.72	98.27
金属制品业	Metal Products	15.71	57.07	7.76	99.13
通用设备制造业	Ordinary Machinery Manufacturing	9.59	76.09	7.81	98.24
专用设备制造业	For Special Purposes Equipment Manufacturing	12.21	66.16	9.71	94.64
汽车制造业	Automobile Manufacturing	23.07	61.10	7.33	99.75
铁路、船舶、航空航天和其他运输设备制造业	Railways, Shipbuilding, Aerospace and other Transportation Equipment Manufacturing Industry	6.57	58.53	4.74	96.97
电气机械和器材制造业	Electric Equipment and Machinery	13.45	65.16	8.10	97.46
计算机、通信和其他电子设备制造业	Telecommunication Equipment, Computer and Other Electronic Equipment	12.92	62.86	5.08	96.75
仪器仪表制造业	Instruments Machinery	12.45	46.90	15.15	89.89
其他制造业	Other Manufacture	2.95	84.47	3.98	102.34
废弃资源综合利用业	Reclaiming and Processing of Abandoned Resource and Waste Material	44.18	57.56	16.28	95.61
金属制品、机械和设备修理业	Metal Products,Machinery and Equipment Repair Industry	6.23	59.29	4.99	101.46
电力、热力生产和供应业	Production and Supply of Electric Power and Heat	6.63	74.09	6.26	99.94
燃气生产和供应业	Production and Supply of Gas	18.70	62.63	11.80	99.95
水的生产和供应业	Production and Supply of Tap Water	11.04	50.59	37.38	99.7

14-8 各市(州)规模以上工业企业主要指标
Main Indicators of Industrial Enterprises above Designated Size by Region

单位：亿元 (100 million yuan)

年 份 市(州)	Year Region	企业单位数(个) Number of Enterprise (unit)	工业总产值 Gross Industrial Output Value	资产总计 Total Assets	流动资产合计 Circulating Funds	固定资产原价 Original Value of Fixed Assets	负债合计 Total Liabilities	流动负债合计 Liquid Liabilities
1998		4980	1918.37	3901.41	1697.45	2333.82	2533.99	1674.19
1999		4538	1895.82	4468.41	1753.12	2915.58	2845.91	1701.77
2000		4394	2076.96	4586.11	1845.51	2917.04	2955.77	1773.71
2001		4572	2304.51	4862.54	1980.49	3115.87	3054.15	1919.52
2002		4908	2737.35	5245.63	2130.16	3204.04	3239.96	2054.99
2003		5448	3404.28	6024.49	2476.34	3658.81	3696.53	2418.37
2004		7413	4711.77	6817.78	2874.36	4346.45	4306.81	2970.85
2005		7959	6178.03	7908.62	3309.89	4845.07	4934.81	3354.28
2006		8995	7934.41	9182.08	3890.88	5289.43	5588.76	3766.54
2007		10709	11047.04	11690.21	4971.06	6769.68	6956.94	4792.47
2008		13725	14761.00	15589.47	6458.42	8042.60	9241.79	6228.80
2009		13267	18107.65	17986.99	7447.84	10073.14	10832.20	7126.69
2010		13706	23147.38	22564.76	9321.70	13695.10	13889.83	9502.58
2011		12085	30485.09	26113.61	11248.78	15442.86	15991.15	11119.10
成都市	Chengdu	3130	7568.26	6597.29	3423.88	3102.05	3803.25	3091.32
自贡市	Zigong	485	1330.92	786.14	409.27	482.71	513.47	446.00
攀枝花市	Panzhihua	336	1205.79	2206.33	629.44	944.81	1681.92	978.85
泸州市	Luzhou	598	1317.45	706.87	348.57	328.48	383.84	250.63
德阳市	Deyang	1023	2037.58	2103.38	1351.19	655.14	1455.06	1161.95
绵阳市	Mianyang	765	1676.38	1659.14	961.96	654.47	1067.64	803.71
广元市	Guangyuan	309	462.11	301.21	122.36	214.13	184.77	104.28
遂宁市	Suining	419	1002.55	460.07	154.67	302.63	175.28	129.80
内江市	Neijiang	527	1643.61	660.35	242.54	1017.54	329.99	226.93
乐山市	Leshan	625	1507.64	1397.40	564.97	1286.69	893.63	617.23
南充市	Nanchong	481	1345.22	905.07	361.00	489.90	444.43	161.64
眉山市	Meishan	543	1053.68	576.04	239.63	391.82	330.79	249.04
宜宾市	Yibin	503	1732.06	1552.22	791.87	1117.86	827.46	604.61
广安市	Guangan	370	898.88	385.60	129.35	346.32	237.96	118.81
达州市	Dazhou	452	1047.32	780.81	183.78	871.29	589.00	442.47
雅安市	Yaan	326	432.24	773.22	171.58	651.71	553.32	247.72
巴中市	Bazhong	131	305.51	87.74	27.53	66.88	48.23	31.72
资阳市	Ziyang	580	1586.38	604.96	283.33	313.71	302.59	244.29
阿坝藏族羌族自治州	Aba	73	120.67	389.67	85.84	286.44	290.43	101.37
甘孜藏族自治州	Ganzi	36	49.78	278.35	41.76	189.34	196.57	84.60
凉山彝族自治州	Liangshan	369	1044.08	778.15	320.08	396.15	476.05	327.24

14-8 续表 continued

单位：亿元　(100 million yuan)

年 份 市(州)	Year Region	所有者权益合计 Creditors' Equity	主营业务收入 Main Business Revenue	主营业务成本 Main Business Cost	主营业务税金及附加 Main Business Tax and Charges	利润总额 Total Profits	本年应交增值税 Value-added Tax Payable	全部从业人员年平均人数(万人) Annual Average Employed Persons (10 000 persons)
1998		1367.42				39.70	91.88	252.79
1999		1622.50				26.42	108.03	230.03
2000		1630.26				71.32	112.69	208.00
2001		1808.39				84.77	117.01	195.97
2002		2005.67				122.60	131.10	191.62
2003		2326.96				153.08	164.61	201.62
2004		2510.36	4633.36	3766.65	72.58	188.51	200.82	209.77
2005		2966.06	6008.12	4900.53	89.36	326.65	241.67	219.00
2006		3589.27	7711.35	6296.60	111.29	448.07	314.03	233.53
2007		4733.27	10611.52	8572.00	164.12	700.05	419.08	257.46
2008		6347.68	14286.43	11748.93	215.29	844.56	642.49	297.54
2009		7077.73	17486.41	14400.22	319.94	1123.48	644.24	311.38
2010		8571.93	23062.82	19003.96	385.73	1661.85	945.28	351.67
2011		10049.11	29887.91	24721.71	450.44	2197.84	1189.55	380.48
成都市	Chengdu	2769.02	7214.33	5817.52	187.06	501.64	311.43	93.18
自贡市	Zigong	249.97	1288.07	1041.49	8.97	86.54	51.98	13.92
攀枝花市	Panzhihua	524.40	1228.72	1033.44	8.96	74.58	43.72	16.41
泸州市	Luzhou	323.02	1306.18	1013.19	42.47	135.05	58.94	13.52
德阳市	Deyang	646.68	1970.55	1658.50	14.79	154.79	50.45	23.23
绵阳市	Mianyang	590.45	1705.12	1416.46	13.28	122.22	71.12	24.14
广元市	Guangyuan	115.86	458.95	397.99	3.50	25.01	9.93	5.96
遂宁市	Suining	284.08	1045.47	875.72	28.10	84.81	45.81	12.10
内江市	Neijiang	326.19	1637.68	1440.77	13.38	106.97	81.95	18.42
乐山市	Leshan	501.34	1362.28	1158.04	8.46	96.35	52.67	18.69
南充市	Nanchong	455.58	1331.08	1093.25	18.86	102.32	59.57	18.54
眉山市	Meishan	242.83	1022.45	873.25	3.84	91.48	40.99	13.63
宜宾市	Yibin	723.95	1789.29	1401.51	34.92	209.36	80.82	24.97
广安市	Guangan	147.64	886.50	766.33	7.75	42.56	24.00	12.60
达州市	Dazhou	191.44	1062.59	904.08	8.25	63.01	22.76	15.84
雅安市	Yaan	218.72	381.35	295.58	2.76	34.38	22.30	5.50
巴中市	Bazhong	39.51	285.35	239.84	4.16	10.76	8.70	4.48
资阳市	Ziyang	297.19	1563.82	1311.54	13.39	120.24	53.37	24.85
阿坝藏族羌族自治州	Aba	99.25	104.54	76.86	0.61	14.90	7.09	1.23
甘孜藏族自治州	Ganzi	81.78	49.94	23.21	0.43	16.68	5.95	0.57
凉山彝族自治州	Liangshan	302.10	934.29	734.83	10.79	100.23	49.50	9.83

14-9 各市(州)国有控股工业企业主要指标
Main Indicators of State-holding Industrial Enterprises by Region

单位：亿元 (100 million yuan)

年 份 市(州)	Year Region	企业单位数(个) Number of Enterprise (unit)	工业总产值 Gross Industrial Output Value	资产总计 Total Assets	流动资产合计 Circulating Funds	固定资产原价 Original Value of Fixed Assets	负债合计 Total Liabilities	流动负债合计 Liquid Liabilities
1998		2372	1255.86	3080.34	1314.34	1923.21	1994.47	1252.47
1999		2065	1200.66	3548.38	1328.96	2442.68	2258.93	1244.29
2000		1699	1249.62	3522.23	1347.30	2383.24	2299.29	1260.77
2001		1485	1337.99	3616.84	1392.49	2506.88	2315.25	1348.07
2002		1324	1466.77	3709.04	1409.16	2442.48	2347.13	1358.96
2003		1065	1609.79	3846.39	1455.26	2627.61	2450.16	1470.03
2004		1057	1915.87	3801.84	1405.99	2896.33	2529.36	1566.75
2005		928	2488.53	4473.03	1683.30	3260.59	2877.77	1795.29
2006		933	3126.31	5109.55	1943.60	3428.41	3232.76	1952.59
2007		878	3849.12	6325.71	2448.14	4366.82	4019.44	2453.22
2008		1006	4712.85	8515.93	3098.43	4606.00	5401.06	3214.03
2009		971	5212.04	9499.46	3572.94	5401.57	6137.14	3674.12
2010		921	6201.13	11429.22	4134.86	6655.41	7641.93	4772.31
2011		851	7759.56	13189.13	4918.31	7338.88	8752.85	5711.90
成都市	Chengdu	247	1816.71	2442.28	1028.85	1313.67	1467.22	1112.88
自贡市	Zigong	23	253.49	354.45	181.36	143.31	240.75	211.70
攀枝花市	Panzhihua	16	493.57	1649.55	298.45	771.45	1300.36	652.84
泸州市	Luzhou	33	353.16	422.12	199.97	202.74	249.74	151.64
德阳市	Deyang	42	466.37	1002.83	748.01	230.86	808.68	694.01
绵阳市	Mianyang	56	753.38	1031.88	637.56	404.29	732.72	540.60
广元市	Guangyuan	35	106.21	170.23	66.66	128.17	121.88	61.67
遂宁市	Suining	16	76.64	138.04	53.43	87.83	70.88	49.07
内江市	Neijiang	12	60.33	78.05	21.10	87.06	51.76	25.67
乐山市	Leshan	45	136.59	335.64	94.41	299.89	212.76	126.29
南充市	Nanchong	48	251.48	218.68	68.54	133.61	126.15	48.40
眉山市	Meishan	16	72.50	53.83	22.58	48.37	40.09	31.61
宜宾市	Yibin	51	681.99	1106.16	625.98	504.19	581.04	459.62
广安市	Guangan	13	76.13	171.85	43.63	168.64	116.61	46.71
达州市	Dazhou	30	176.69	462.02	76.36	395.62	398.95	326.82
雅安市	Yaan	26	120.42	474.03	77.81	461.55	370.72	146.71
巴中市	Bazhong	23	131.08	38.64	10.21	32.37	21.73	13.53
资阳市	Ziyang	14	84.47	83.37	48.78	32.87	56.65	50.48
阿坝藏族羌族自治州	Aba	19	44.12	240.93	26.58	208.27	184.58	42.17
甘孜藏族自治州	Ganzi	12	31.32	183.07	22.58	136.92	130.97	62.83
凉山彝族自治州	Liangshan	70	455.91	407.88	161.26	214.42	263.13	161.75

14-9 续表 continued

单位：亿元 (100 million yuan)

年 份 市(州)	Year Region	所有者权益合计 Creditors' Equity	主营业务收入 Main Business Revenue	主营业务成本 Main Business Cost	主营业务税金及附加 Main Business Tax and Charges	利润总额 Total Profits	本年应交增值税 Value-added Tax Payable	全部从业人员年平均人数(万人) Annual Average Employed Persons (10 000 persons)
1998		1085.87				23.27	68.38	179.70
1999		1289.45				6.76	81.29	159.84
2000		1222.86				37.79	78.87	132.09
2001		1301.58				45.04	80.01	117.57
2002		1361.91				63.32	84.50	101.76
2003		1396.23				67.58	101.21	93.67
2004		1271.88	1925.02	1507.99	48.93	97.70	108.71	79.11
2005		1587.51	2506.44	1969.58	59.28	166.71	127.49	80.00
2006		1872.75	3135.60	2471.32	70.29	216.68	159.88	82.44
2007		2306.27	3926.09	3096.90	97.13	305.85	184.51	83.86
2008		3114.87	4765.38	3874.58	110.67	198.13	218.32	87.08
2009		3347.13	5296.72	4221.47	180.53	295.09	227.59	88.01
2010		3777.87	6424.93	5132.85	202.92	478.18	327.43	90.16
2011		4414.98	7895.50	6308.18	245.71	538.74	359.19	93.40
成都市	Chengdu	974.82	1709.34	1253.34	161.26	110.11	97.63	20.11
自贡市	Zigong	96.02	231.17	185.40	2.12	21.89	8.52	2.66
攀枝花市	Panzhihua	349.19	509.60	436.62	5.13	10.91	18.32	8.89
泸州市	Luzhou	172.39	347.80	246.01	14.77	48.89	19.15	4.16
德阳市	Deyang	194.10	423.47	342.91	2.54	23.53	13.88	4.83
绵阳市	Mianyang	299.05	836.96	705.71	4.84	35.23	39.78	9.92
广元市	Guangyuan	48.35	103.48	82.34	0.57	9.55	2.89	1.87
遂宁市	Suining	66.75	117.40	99.60	1.76	8.30	3.21	1.85
内江市	Neijiang	26.29	60.30	57.12	0.23	-0.08	2.55	1.33
乐山市	Leshan	122.81	125.31	93.95	0.99	15.14	10.34	2.87
南充市	Nanchong	90.03	251.13	198.87	3.50	19.82	11.55	2.58
眉山市	Meishan	13.74	75.28	70.38	0.25	-0.24	2.61	1.11
宜宾市	Yibin	525.05	795.31	608.11	18.57	106.80	36.79	10.50
广安市	Guangan	55.23	77.71	63.51	0.76	5.11	4.95	1.36
达州市	Dazhou	63.07	175.80	115.58	3.12	32.21	3.02	2.91
雅安市	Yaan	103.13	118.05	80.32	1.08	17.67	10.59	1.04
巴中市	Bazhong	16.91	116.21	86.83	2.94	5.93	4.91	1.32
资阳市	Ziyang	26.72	90.79	84.21	0.23	0.53	1.69	1.28
阿坝藏族羌族自治州	Aba	56.35	38.91	21.97	0.40	11.29	4.85	0.42
甘孜藏族自治州	Ganzi	52.10	30.95	12.22	0.32	12.31	4.53	0.27
凉山彝族自治州	Liangshan	144.75	401.14	314.88	4.62	39.89	20.95	3.22

14-10 各市(州)大中型工业企业主要指标
Main Indicators of Large-scale and Medium-scale Industrial Enterprises by Region

单位：亿元 (100 million yuan)

年 份 市(州)	Year Region	企业单位数(个) Number of Enterprise (unit)	工业总产值 Gross Industrial Output Value	资产总计 Total Assets	流动资产合计 Circulating Funds	固定资产原价 Original Value of Fixed Assets	负债合计 Total Liabilities	流动负债合计 Liquid Liabilities
1998		870	1302.83	2938.50	1300.17	1778.60	1854.56	1179.64
1999		836	1330.50	3574.60	1379.53	2398.73	2225.70	1241.21
2000		783	1401.66	3607.02	1421.73	2374.75	2305.85	1285.79
2001		884	1622.00	3918.90	1572.97	2574.24	2438.89	1466.63
2002		972	1948.88	4231.06	1690.32	2641.97	2593.73	1585.30
2003		843	2395.92	4707.48	1943.03	2910.60	2886.08	1874.30
2004		909	3075.00	4879.50	2088.53	3314.60	3112.58	958.57
2005		984	3960.28	5689.02	2452.25	3700.42	3565.22	2464.06
2006		1050	4975.58	6557.26	2823.62	3821.43	3986.70	2762.09
2007		1228	6591.38	8427.97	3666.10	4949.00	5031.63	3496.33
2008		1423	8432.09	10881.79	4556.76	5376.74	6566.77	4462.80
2009		1603	10174.12	12490.71	5346.84	6630.78	7638.68	5156.30
2010		1989	13696.65	15940.79	6874.81	9124.91	9956.92	6872.76
2011		2790	19954.10	19695.11	8621.32	11471.96	12187.05	8752.14
成都市	Chengdu	648	5004.84	4803.51	2435.22	2388.38	2800.50	2297.71
自贡市	Zigong	111	746.01	638.26	328.07	368.28	433.40	379.61
攀枝花市	Panzhihua	64	845.76	2011.28	510.09	882.38	1547.22	871.11
泸州市	Luzhou	82	638.46	533.80	265.29	239.55	305.59	188.40
德阳市	Deyang	126	1205.11	1674.10	1124.86	476.71	1214.42	977.60
绵阳市	Mianyang	135	1192.40	1340.44	818.92	489.85	873.42	690.79
广元市	Guangyuan	47	183.63	192.71	75.78	146.75	131.84	73.14
遂宁市	Suining	93	619.86	304.26	103.14	210.20	126.17	89.83
内江市	Neijiang	151	1151.59	527.85	197.43	835.89	278.84	199.11
乐山市	Leshan	174	1023.52	1005.62	414.05	1040.98	639.33	473.05
南充市	Nanchong	247	1009.77	637.36	266.97	330.56	314.05	112.88
眉山市	Meishan	100	434.40	317.38	130.92	201.58	175.44	132.74
宜宾市	Yibin	201	1423.55	1415.72	742.07	1028.11	754.97	549.71
广安市	Guangan	100	488.29	274.51	89.35	226.74	179.15	83.67
达州市	Dazhou	172	674.27	668.88	150.38	668.64	535.50	417.53
雅安市	Yaan	39	123.78	129.37	61.79	78.03	69.85	59.47
巴中市	Bazhong	35	203.49	44.80	12.88	37.82	24.72	16.68
资阳市	Ziyang	159	1090.08	442.13	210.00	234.95	228.13	186.45
阿坝藏族羌族自治州	Aba	6	47.19	63.49	30.45	30.39	41.79	25.01
甘孜藏族自治州	Ganzi	6	25.30	73.23	20.88	44.17	40.59	12.31
凉山彝族自治州	Liangshan	90	705.82	472.82	228.60	179.22	266.65	220.46

14-10 续表 continued

单位：亿元 (100 million yuan)

年 份 市(州)	Year Region	所有者权益合计 Creditors' Equity	主营业务收入 Main Business Revenue	主营业务成本 Main Business Cost	主营业务税金及附加 Main Business Tax and Charges	利润总额 Total Profits	本年应交增值税 Value-added Tax Payable	全部从业人员年平均人数(万人) Annual Average Employed Persons (10 000 persons)
1998		1083.94				46.47	67.60	160.77
1999		1348.91				26.68	83.50	149.23
2000		1301.09				57.64	84.30	126.57
2001		1480.01				71.57	89.16	119.39
2002		1637.34				99.72	101.24	115.18
2003		1821.40				122.44	129.67	125.64
2004		1766.31	3068.51	2437.99	60.71	154.96	149.12	119.10
2005		2116.05	3934.89	3138.94	73.74	245.57	175.52	128.00
2006		2566.51	4941.02	3962.09	87.14	332.77	227.13	134.79
2007		3396.35	6511.90	5171.48	126.96	496.14	284.06	146.44
2008		4315.03	8262.77	6761.45	146.08	483.25	372.16	159.86
2009		4812.08	9964.93	8093.80	233.40	668.87	388.56	175.95
2010		5935.53	13854.97	11240.86	284.39	1069.06	609.75	211.98
2011		7446.71	19862.11	16271.38	358.56	1510.47	846.44	271.53
成都市	Chengdu	1981.40	4827.57	3775.96	174.63	360.19	240.49	66.48
自贡市	Zigong	182.43	711.84	576.74	5.08	58.40	27.89	9.03
攀枝花市	Panzhihua	464.06	883.88	742.95	7.41	44.37	33.30	13.91
泸州市	Luzhou	228.21	626.24	442.65	21.69	86.80	32.73	7.71
德阳市	Deyang	459.02	1165.94	947.34	10.48	100.66	35.53	14.49
绵阳市	Mianyang	466.24	1247.20	1036.93	9.78	89.65	56.43	17.92
广元市	Guangyuan	60.87	185.66	159.03	1.43	11.85	5.48	3.18
遂宁市	Suining	178.08	662.05	556.15	23.28	51.05	28.80	7.77
内江市	Neijiang	245.63	1150.28	1025.53	7.02	66.53	57.53	13.72
乐山市	Leshan	364.62	952.68	811.45	4.81	69.23	36.99	13.06
南充市	Nanchong	319.36	992.97	818.06	14.44	78.30	48.68	14.33
眉山市	Meishan	139.91	424.80	357.95	1.64	42.98	16.61	7.64
宜宾市	Yibin	660.10	1496.64	1164.32	30.32	184.58	70.31	20.76
广安市	Guangan	95.36	484.18	414.85	3.91	23.25	15.14	9.00
达州市	Dazhou	133.38	701.05	582.44	5.75	50.49	16.61	11.33
雅安市	Yaan	58.34	122.25	102.25	0.67	8.12	5.63	2.46
巴中市	Bazhong	20.07	187.06	152.52	3.37	7.16	7.14	3.36
资阳市	Ziyang	211.00	1077.05	903.99	9.24	86.14	37.35	19.27
阿坝藏族羌族自治州	Aba	21.71	44.40	40.45	0.10	2.44	1.09	0.46
甘孜藏族自治州	Ganzi	32.64	25.74	11.68	0.23	9.31	3.38	0.29
凉山彝族自治州	Liangshan	206.17	633.26	499.81	7.59	74.99	32.83	6.46

14-11 各市(州)规模以上工业企业主要经济效益指标(2011年)
Main Indicators on Economic Benefit of Industrial Enterprises above Designated Size by Region(2011)

地 区	Region	总资产贡献率 (%) Ratio of Total Assets to Industrial Output Value	资产负债率 (%) Assets-Liability Ratio	工业成本费用利润率 (%) Ratio of Profits to Industrial Cost	产品销售率 (%) Proportion of Products Sold
全 省	**Sichuan**	**16.08**	**61.24**	**7.94**	**97.69**
成都市	Chengdu	16.00	57.65	7.62	97.02
自贡市	Zigong	20.95	65.32	7.43	98.88
攀枝花市	Panzhihua	7.27	76.23	6.16	97.48
泸州市	Luzhou	34.77	54.30	12.00	96.72
德阳市	Deyang	11.31	69.18	8.42	96.89
绵阳市	Mianyang	13.85	64.35	7.54	96.32
广元市	Guangyuan	14.70	61.34	5.69	98.34
遂宁市	Suining	35.78	38.10	9.21	97.82
内江市	Neijiang	33.72	49.97	6.70	98.79
乐山市	Leshan	13.19	63.95	7.47	96.72
南充市	Nanchong	21.69	49.10	8.50	98.91
眉山市	Meishan	25.40	57.43	9.80	97.43
宜宾市	Yibin	21.72	53.31	13.12	99.04
广安市	Guangan	21.59	61.71	5.17	99.03
达州市	Dazhou	14.52	75.43	6.06	99.47
雅安市	Yaan	10.65	71.56	10.04	96.96
巴中市	Bazhong	28.74	54.97	3.86	96.21
资阳市	Ziyang	32.99	50.02	7.98	98.28
阿坝藏族羌族自治州	Aba	8.73	74.53	15.30	93.63
甘孜藏族自治州	Ganzi	10.24	70.62	47.88	100.77
凉山彝族自治州	Liangshan	22.29	61.18	11.93	96.95

14-12 各市(州)国有控股工业企业主要经济效益指标(2011年)
Main Indicators on Economic Benefit of State-holding Industrial Enterprises by Region(2011)

地　区	Region	总资产贡献率 (%) Ratio of Total Assets to Industrial Output Value	资产负债率 (%) Assets-Liability Ratio	工业成本费用利润率 (%) Ratio of Profits to Industrial Cost	产品销售率 (%) Proportion of Products Sold
全　省	**Sichuan**	**9.89**	**66.36**	**7.29**	**97.79**
成都市	Chengdu	15.95	60.08	7.23	97.33
自贡市	Zigong	10.23	67.92	10.10	99.11
攀枝花市	Panzhihua	3.46	78.83	2.00	99.73
泸州市	Luzhou	20.85	59.16	16.98	88.87
德阳市	Deyang	4.39	80.64	5.89	96.86
绵阳市	Mianyang	9.09	71.01	4.25	96.73
广元市	Guangyuan	10.23	71.60	9.53	98.77
遂宁市	Suining	10.84	51.35	7.61	101.28
内江市	Neijiang	5.59	66.32	-0.13	99.65
乐山市	Leshan	9.93	63.39	12.79	94.84
南充市	Nanchong	17.63	57.69	9.00	100.07
眉山市	Meishan	6.47	74.47	-0.32	99.40
宜宾市	Yibin	15.10	52.53	14.92	99.34
广安市	Guangan	8.60	67.86	6.75	99.56
达州市	Dazhou	11.28	86.35	18.07	99.98
雅安市	Yaan	9.43	78.21	17.45	100.12
巴中市	Bazhong	37.87	56.23	5.22	93.60
资阳市	Ziyang	4.10	67.95	0.55	96.00
阿坝藏族羌族自治州	Aba	10.06	76.61	34.89	99.05
甘孜藏族自治州	Ganzi	11.27	71.54	60.83	99.70
凉山彝族自治州	Liangshan	17.71	64.51	11.03	97.42

14-13 各市(州)大中型工业企业主要经济效益指标(2011年)
Main Indicators on Economic Benefit of Large-scale and Medium-scale Industrial by Region(2011)

地 区	Region	总资产贡献率 (%) Ratio of Assets to Industrial Output Value (%)	资产负债率 (%) Assets-Liability Ratio (%)	工业成本费用利润率 (%) Ratio of Profits to Industrial Cost (%)	产品销售率 (%) Proportion of Products Sold (%)
全 省	**Sichuan**	**15.02**	**61.88**	**8.20**	**97.77**
成都市	Chengdu	16.91	58.30	8.35	97.08
自贡市	Zigong	15.97	67.90	8.99	99.06
攀枝花市	Panzhihua	5.66	76.93	4.97	98.36
泸州市	Luzhou	27.82	57.25	16.64	93.34
德阳市	Deyang	9.50	72.54	9.33	97.15
绵阳市	Mianyang	12.89	65.16	7.47	96.18
广元市	Guangyuan	12.04	68.41	6.56	98.35
遂宁市	Suining	35.01	41.47	8.82	97.61
内江市	Neijiang	28.37	52.82	5.84	98.66
乐山市	Leshan	12.79	63.58	7.63	97.76
南充市	Nanchong	23.85	49.27	8.72	99.00
眉山市	Meishan	20.77	55.28	11.01	98.12
宜宾市	Yibin	20.86	53.33	13.83	99.16
广安市	Guangan	18.15	65.26	5.14	98.86
达州市	Dazhou	13.56	80.06	7.25	99.52
雅安市	Yaan	12.82	53.99	7.01	97.77
巴中市	Bazhong	41.07	55.19	3.90	95.56
资阳市	Ziyang	32.06	51.60	8.31	98.26
阿坝藏族羌族自治州	Aba	8.44	65.81	5.57	94.10
甘孜藏族自治州	Ganzi	20.19	55.43	51.57	103.15
凉山彝族自治州	Liangshan	25.78	56.40	13.12	96.66

14-14 规模以上工业企业主要产品产量
Output of Major Industrial Products of Industrial Enterprises above Designated Size

产品名称		Item		2005	2008	2009	2010	2011
化学纤维	(万吨)	Chemical Fiber	(10 000 tons)	26.56	37.05	43.17	51.22	61.21
纱	(万吨)	Yarn	(10 000 tons)	25.48	36.60	48.31	70.81	96.86
布	(亿米)	Cloth	(100 million m)	7.07	8.90	10.92	14.90	16.68
丝织品	(万米)	Silk Knit Goods	(10 000 m)	11330	18736	22438	23042	23421
服装	(万件)	Garments	(10 000 pcs)	2764	7293	6433	9933	11937
机制纸及纸板	(万吨)	Machine-made Paper and Paperboard	(10 000 tons)	110.59	211.19	247.21	342.86	369.24
# 新闻纸	(万吨)	Newsprint	(10 000 tons)	11.93	8.43	7.41	6.42	4.87
合成洗涤剂	(吨)	Synthetic Detergents	(ton)	525075	565192	618355	766647	695841
原电池	(万只)	Battery	(10 000 pcs)	5754	30962	24686	37980	41933
原盐	(万吨)	Salt	(10 000 tons)	412.11	560.00	797.40	763.18	1037.65
卷烟	(亿支)	Cigarettes	(100 million pieces)	685.05	831.00	874.00	914.24	944.16
乳制品	(吨)	Dairy Products	(ton)	150432	350757	470554	579963	780055
白酒(商品量)	(万吨)	Liquor	(10 000 tons)	57.83	112.00	156.00	229.80	309.39
啤酒	(万吨)	Beer	(10 000 tons)	126.22	236.10	159.09	158.30	192.05
软饮料	(万吨)	Soft Drink	(10 000 tons)	120.41	246.89	357.74	495.91	644.66
食用植物油	(万吨)	Vegetable Oil	(10 000 tons)	40.83	61.27	102.16	117.73	162.30
配、混合饲料	(万吨)	Mingled Feedstuff	(10 000 tons)	449.94	708.00	616.64	701.16	1154.14
中成药	(吨)	Traditional Chinese Medicine	(ton)	98254	195190	282634	298113	389745
化学原料药	(吨)	Chemical Medicine	(ton)	53994	112789	84238	26716	34690
塑料制品	(吨)	Plastics Goods	(ton)	471729	1066560	1412369	2542933	2293259
家用电冰箱	(万台)	Household Refrigerators	(10 000 units)	23.00	35.30	51.90	81.22	66.99
房间空气调节器	(台)	Air Conditioner	(unit)	1452260	757874	721837	1194903	1165506
电视机	(万台)	Television Sets	(10 000 units)	781.61	799.40	743.20	1208.90	1116.35
# 彩色电视机	(万台)	Color Television Sets	(10 000 units)	781.61	799.40	743.20	1208.90	1116.35
原煤	(万吨)	Coal	(10 000 tons)	5219.05	8602.40	8997.34	10836.15	12263.24
原油	(万吨)	Crude Oil	(10 000 tons)	13.92	19.40	21.68	15.12	16.17

14-14续表 continued

产品名称		Item		2005	2008	2009	2010	2011
汽油	(万吨)	Gasoline	(10 000 tons)	28.16	51.59	69.40	57.76	76.16
天然气	(亿立方米)	Natural Gas	(100 million cu.m)	135.24	165.70	190.60	234.16	267.76
发电量	(亿千瓦小时)	Electricity	(100 million kwh)	958.03	1159.90	1468.50	1683.82	1845.06
#水电	(亿千瓦小时)	Hydropower	(100 million kwh)	616.99	764.10	955.70	1103.37	1245.31
生铁	(万吨)	Pig Iron	(10 000 tons)	1060.50	1425.23	1532.62	1593.81	1714.99
钢	(万吨)	Steel	(10 000 tons)	1094.45	1370.24	1509.14	1580.99	1728.64
成品钢材	(万吨)	Rolled Steel Products	(10 000 tons)	1172.72	1577.19	1830.62	1976.55	2233.29
铁合金	(万吨)	Ferroalloy	(10 000 tons)	106.62	139.04	177.36	238.89	201.05
焦炭	(万吨)	Coke	(10 000 tons)	827.94	1010.05	1162.00	1157.09	1278.87
水泥	(万吨)	Cement	(10 000 tons)	4194.74	6067.00	8887.00	13227.55	14501.08
平板玻璃	(万重量箱)	Plate Glass	(10 000 wt.cases)	1304.94	3034.65	3335.90	4275.94	4892.38
硫酸	(万吨)	Sulfuric Acid	(10 000 tons)	324.85	225.98	333.26	388.22	422.99
浓硝酸	(万吨)	Concentrated Nitric Acid	(10 000 tons)	5.43	5.42	7.58	8.43	8.08
碳酸钠(纯碱)	(万吨)	Soda Ash	(10 000 tons)	106.51	118.12	168.20	169.78	167.76
氢氧化钠(烧碱)	(万吨)	Caustic Soda	(10 000 tons)	75.49	89.56	98.89	106.93	117.91
合成氨	(万吨)	Synthetic Ammonia	(10 000 tons)	374.47	405.70	452.42	403.34	345.47
农用氮、磷、钾化学肥料总计	(折纯)(万吨)	Chemical Fertilizers	(10 000 tons)	428.82	367.51	464.37	510.12	470.68
#氮肥	(万吨)	Nitrogen Fertilizers	(10 000 tons)	337.60	324.88	404.78	414.76	379.59
化学农药	(吨)	Chemical Pesticide	(ton)	38779	73301	137435	128105	125239
电石(折合量)	(万吨)	Calcium carbide	(10 000 tons)	65.76	68.06	82.80	75.98	72.31
塑料	(万吨)	Plastics	(10 000 tons)	61.52	81.89	97.04	104.37	105.25
轮胎外胎	(万条)	Tyres	(10 000 pcs)	615.33	1136.62	1367.29	1558.12	1531.16
发电设备(500千瓦及以上)	(万千瓦)	Power Generating Equipment (each above 500kw)	(10000 kw)	2327.64	3537.46	3129.61	3781.54	4413.27
变压器	(万千伏安)	Transformer	(10 000 kva)	846.77	1599.96	1374.62	1151.61	1368.81
金属切削机床	(万台)	Metal-cutting Machine Tools	(10 000 units)	0.79	0.52	0.44	0.73	0.87
汽车	(辆)	Motor Vehicles	(unit)	56606	76732	76863	102850	188463
内燃机	(万千瓦)	Internal Combustion Engines	(10 000 kw)	901.74	803.00	1091.00	1812.64	

主要统计指标解释

工业 指从事自然资源的开采，对采掘品和农产品进行加工和再加工的物质生产部门。具体包括：(1)对自然资源的开采，如采矿、晒盐等(但不包括禽兽捕猎和水产捕捞)；(2)对农副产品的加工、再加工，如粮油加工、食品加工、缫丝、纺织、制革等；(3)对采掘品的加工、再加工，如炼铁、炼钢、化工生产、石油加工、机器制造、木材加工等，以及电力、自来水、煤气的生产和供应等；(4)对工业品的修理、翻新，如机器设备的修理、交通运输工具(如汽车)的修理等。

工业统计调查单位为独立核算法人工业企业。

本篇资料的统计范围：1998 年至 2006 年为全部国有及年主营业务收入在 500 万元以上非国有工业企业；2007 至 2010 年为年主营业务收入在 500 万元以上工业企业（即规模以上工业企业）；2011 年开始为年主营业务收入在 2000 万元及以上的工业企业（即规模以上工业企业）。

国有及国有控股企业 指国有企业加上国有控股企业。国有企业(即原全民所有制工业或国营工业)指企业全部资产归国家所有，并按《中华人民共和国企业法人登记管理条例》规定登记注册的非公司制的经济组织。包括国有企业、国有独资公司和国有联营企业。1957 年以前的公私合营和私营工业，后均改造为国营工业，1992 年改为国有工业，这部分工业的资料不单独分列时，均包括在国有企业内。国有控股企业是对混合所有制经济的企业进行的“国有控股”分类。它是指这些企业的全部资产中国有资产(股份)相对其他所有者中的任何一个所有者占资(股)最多的企业。该分组反映了国有经济控股情况。

本篇涉及的其他企业登记注册类型的解释详见综合篇

轻工业 指主要提供生活消费品和制作手工工具的工业。按其所使用的原料不同，可分为两大类：(1)以农产品为原料的轻工业，是指直接或间接以农产品为基本原料的轻工业。主要包括食品制造、饮料制造、烟草加工、纺织、缝纫、皮革和毛皮制作、造纸以及印刷等工业；(2)以非农产品为原料的轻工业，是指以工业品为原料的轻工业。主要包括文教体育用品、化学药品制造、合成纤维制造、日用化学制品、日用玻璃制品、日用金属制品、手工工具制造、医疗器械制造、文化和办公用机械制造等工业。

重工业 指为国民经济各部门提供物质技术基础的主要生产资料的工业。按其生产性质和产品用途，可以分为下列三类：(1)采掘(伐)工业，是指对自然资源的开采，包括石油开采、煤炭开采、金属矿开采、非金属矿开采等工业；(2)原材料工业，指向国民经济各部门提供基本材料、动力和燃料的工业。包括金属冶炼及加工、炼焦及焦炭、化学、化工原料、水泥、人造板以及电力、石油和煤炭加工等工业；(3)加工工业，是指对工业原材料进行再加工制造的工业。包括装备国民经济各部门的机械设备制造工业、金属结构、水泥制品等工业，以及为农业提供的生产资料如化肥、农药等工业。

根据上述划分原则，修理业中以重工业产品为修理作业对象的划为重工业，反之划为轻工业。

工业总产值 是工业企业在一定时期内生产的以货币形式表现的工业最终产品或提供工业性劳务活动的总价值量。它反映一定时期内工业生产的总规模和总水平。

计算原则：(1)工业生产的原则，即凡是企业在报告期生产的经检验合格的产品，不管是否在报告期销售，均包括在内。(2)最终产品的原则，即凡是计入工业总产值的产品，必须是本企业生产的经检验合格的，不需要再进行任何加工的最终产品。如果企业有中间产品(半成品)对外销售，则对外销售的中间产品应视为企业的最终产品。(3)工厂法原则，即工业总产值是以工业企业作为基本计算(核算)单位，即按企业的最终产品计算工业总产值。按这种方法计算的工业总产值，不允许同一产品价值在企业内部重复计算，不能把企业内部各个车间(分厂)生产的成果相加，但允许企业间的重复计算。

内容及计算方法：1995 年全国工业普查对工业总产值(原规定)的内容及计算原则和方法做了某些修订，修订后的工业总产值(新规定)包括三项内容，即本期生产成品价值、对外加工费收入、在制品半成品期末期初差额价值三部分。

工业增加值 指工业企业在报告期内以货币表现的工业生产活动的最终成果。

工业增加值有两种计算方法：一是生产法，即工业总产出减去工业中间投入加上应交增值税；二是收入法，即从收入的角度出发，根据生产要素在生产过程中应得到的收入份额计算，具体构成项目有固定资产折旧、劳动者报酬、生产税净额、营业盈余，这种方法也称要素分配法。本年鉴中的工业增加值是以生产法计算的。

生产法工业增加值的计算方法为：　工业增加值= 工业总产出- 工业中间投入+ 应交增值税

资产总计　指企业拥有或控制的能以货币计量的经济资源，包括各种财产、债权和其他权利。资产按其流动性分为流动资产、长期投资、固定资产、无形资产、递延资产和其他资产。

流动资产　指企业可以在一年或者超过一年的一个生产周期内变现或者耗用的资产，包括现金及各种存款、短期投资、应收及预付货款、存货等。

固定资产原价　指企业在建造、购置、安装、改建、扩建、技术改造某项固定资产时所支出的全部货币总额。它一般包括买价、包装费、运杂费和安装费等。

固定资产净值　指固定资产原价减去历年已提折旧额后的净额。

负债合计　指企业所承担的能以货币计量，将以资产或劳务偿付的债务，偿还形式包括货币、资产或提供劳务。负债一般按偿还期长短分为流动负债和长期负债。根据会计“资产负债表”中“负债合计”的年末数填列。

所有者权益合计　指企业投资人对企业净资产的所有权。企业净资产等于企业全部资产减去全部负债后的余额，包括实收资本、资本公积、盈余公积、未分配利润等。

主营业务收入　指会计“利润表”中对应指标的本年累计数。未执行 2001 年《企业会计制度》的企业，用“产品销售收入”的本期累计数代替。

利润总额　指企业在生产经营过程中各种收入扣除各种耗费后的盈余，反映企业在报告期内实现的盈亏总额，包括营业利润、补贴收入、投资净收益和营业外收支净额。根据会计“利润表”中的对应指标的本期累计数填列。

总资产贡献率　反映企业全部资产的获利能力，是企业经营业绩和管理水平的集中体现，是评价和考核企业盈利能力的核心指标。计算公式为：

总资产贡献率(%)＝(利润总额+税金总额+利息支出)/平均资产总额×100%

公式中：税金总额为产品销售税金及附加与应交增值税之和；平均资产总额为期初期末资产之和的算术平均值。

资产负债率　该指标既反映企业经营风险的大小，也反映企业利用债权人提供的资金从事经营活动的能力。计算公式为：

资产负债率(%)＝(负债总额/资产总额)×100%

成本费用利润率　反映企业投入的生产成本及费用的经济效益，同时也反映企业降低成本所取得的经济效益。计算公式为：

成本费用利润率(%)＝(利润总额/成本费用总额)×100%

流动资产周转次数　指在一定时期内流动资产完成的周转次数，反映投入工业企业流动资金的周转速度。本篇章的计算公式为：

流动资产周转次数＝主营业务收入/流动资产合计

产品销售率　该指标反映工业产品已实现销售的程度，是分析工业产销衔接情况，研究工业产品满足社会需求程度的指标。计算公式为：

产品销售率(%)＝〔工业销售产值/工业总产值(现价) 〕×100%

Explanatory Notes on Main Statistical Indicators

Industry refers to the material production sector which is engaged in extraction of natural resources and processing and reprocessing of minerals and agricultural products, including (1) extraction of natural resources, such as mining, salt production, logging (but not including hunting and fishing); (2) processing and reprocessing of farm and sideline produces, such as rice husking, flour milling, wine making, oil pressing, cotton ginning, silk reeling, spinning and weaving, and leather making; (3) manufacture of industrial products, such as steel making, iron smelting, chemicals manufacturing, petroleum processing, machine building, timber processing; water and gas production and electricity generation and supply; (4)repairing of industrial products such as the repairing of machinery and means of transport (including cars).

In industrial statistics surveys, the units of enquiry are corporate industrial enterprises with independent accounting systems.

Corporate industrial enterprises with independent accounting systems refer to enterprises engaging in industrial production activities, which meet the following requirements: (1) They are established legally, having their own names, organizations, location and able to take civil liability; (2) They possess and use their assets independently, assume liabilities and are entitled to sign contracts with other units; (3) They are financially independent and compile their own balance sheets.

State-owned and State-holding Enterprises refer to state-owned enterprises plus State-holding enterprises. State-owned enterprises (originally known as State-run enterprises with ownership by the whole society) are non-corporate economic entities registered in accordance with the Regulation of the People's Republic of China on the Management of Registration of Legal Enterprises, where all assets are owned by the State. Included in this category are State-owned enterprises, State-funded corporations and State-owned joint-operation enterprises. Joint State-private industries and private industries, which existed before 1957, were transformed into state-run industries since 1957, and into State-owned industries after 1992. Statistics on those enterprises are included in the State-owned industries instead of being grouped them separately. State-holding enterprises are a sub-classification of enterprises with mixed ownership, referring to enterprises where the percentage of State assets (or shares by the State) is larger than any other single share holder of the same enterprise. This sub-classification illustrates the control of the State over a particular industry.

For explanation of enterprises of other types of registration covered in this chapter, please refer to General Survey.

Light Industry refers to the industry that produces consumer goods and hand tools. It consists of two categories, depending on the materials used:

(1) Industries using farm products as raw materials. These are branches of light industry which directly or indirectly use farm products as basic raw materials, including the manufacture of food and beverages, tobacco processing, textile, clothing, fur and leather manufacturing, paper making, printing, etc.

(2) Industries using non farm products as raw materials. These are branches of light industry which use manufactured goods as raw materials, including the manufacture of cultural, educational articles and sports goods, chemicals, synthetic fiber, chemical products for daily use, glass products for daily use, metal products for daily use, hand tools, medical apparatus and instruments, and the manufacture of cultural and clerical machinery.

Heavy Industry refers to the industry, which produces capital goods, and provides various sectors of the national economy with necessary material and technical basis. It consists of the following three branches according to the purpose of production or the use of products:

(1)Mining, quarrying and logging industry refers to the industry that extracts natural resources, including extraction of petroleum, coal, metal and non-metal ores and logging.

(2) Raw materials industry refers to the industry that provides various sectors of the national economy with raw materials, fuels and power. It includes smelting and processing of metals, coking and coke chemistry, chemical materials and building materials such as cement, plywood, and power, petroleum refining and coal dressing.

(3) Manufacturing industry refers to the industry that processes raw materials. It includes machine-building industry, which

equips sectors of the national economy, industries of metal structure and cement products, industries producing means of agricultural production, such as chemical fertilizers and pesticides.

According to the above principle of classification, the repairing trades which are engaged primarily in repairing products of heavy industry are classified into heavy industry while these engaged in repairing products of light industry are classified into light industry.

Gross Industrial Output Value is the total volume of final industrial products produced and industrial services provided during a given period in monetary terms. It reflects the total achievements and overall scale of industrial production during a given period.

Principles for calculation: Statistics on industrial production follow the principle that all products produced by the enterprises and accepted during the reference period are to be included no matter whether they are sold or not during the reference period. Determination of final products follow the principle that all products that are included in the calculation of grow industrial output value are the final products of the enterprise which have been accepted through quality check and require no further processing. If an enterprise has intermediate (semi-finished) products to sell, these intermediate products are considered as the final products of the enterprise.

Gross industrial output value is calculated following the principle of factory approach, i.e. industrial enterprise is used as the basic accounting unit in calculating the gross industrial output value. By this approach, value of the same product is not to be double counted, and the output value of different workshops (branch factories) should not be added. However, this approach does not exclude the possibility of double counting between enterprises.

Content and calculation method: The old definition of gross industrial output value was modified during the national industrial census in 1995. The revised (new) definition of gross industrial output value consists of 3 components: value of the finished products during the reference period, income from external processing, and value of change in semi-finished products at the end and at the beginning of the reference period.

Value-added of Industry refers to the final results of industrial production of industrial enterprises in money terms during the reference period.

Industrial value-added can be calculated by two approaches: the production approach, i.e. gross industrial output value minus intermediate input plus value-added tax, and the income approach, i.e. income for various factors used in the course of production, including depreciation of fixed assets, remuneration of labourers, net of production tax, and operating surplus. Value-added of industry in the Yearbook is calculated by production approach as following:

Value-added of industry = gross industrial output – industrial intermediate input + value-added tax

Total Assets refer to all economic resources, in monetary terms, which is owned or controlled by enterprises, including properties, creditors equity and other economic rights of all forms. Classified by the degree of equitability, total assets include circulating assets, long-term investment, fixed assets, intangible assets and deferred assets, and other assets.

Total of Working Capitals refer to capitals which can be cashed in or spent or consumed in an operating cycle of one year or over one year, including cash, all kinds of deposits, short term investment, receivable and payable payment for goods or deposits.

Original Value of Fixed Assets refers to the value of payment by the enterprise in building, purchasing installing reconstructing, expending or transforming a particular item of fixed assets. In general, it includes value of purchase, cost for packaging, transportation, installation, etc.

Net Value of Fixed Assets is obtained by deducting depreciation over years from the original value of fixed assets.

Total Liabilities refer to payable liabilities of enterprises that have to be repaid in terms of money, assets or labour services. In terms of payment, it can be divided into liquid liabilities and long-term liabilities. Data on this item is obtained from the ending figures on total liabilities from the Assets and Liability Table from the enterprises.

Owner's Equity refer to net surplus of an enterprise after various cost in the course of business revenue.It reflects the total amount of the profits and losses of the enterprise during the reporting period, including operating profit, subsidy income, net investment income and net operating income and expenses. Data are obtained from the ending figures on “total equity” from the “balance sheets”.

Revenue from Principal Business refers to the annual accumulation of the corresponding item in the “profit table” of the accountant. For enterprises that do not follow the 2001 Enterprise Accounting Standards, the year-end accumulation of revenue from the sales of products is used as a substitute.

Total Profits refer to the final achievements of production and operation of the enterprises, represented by the total profits after deducting losses (loss is expressed by the negative figure). It is the sum of profits from operation, income from subsidies, investment earnings, net income from activities other than operation, and adjustment of profits and losses of previous years.

Ratio of Profits, Taxes and Interests to Average Assets reflects the profit-making capability of all assets of the enterprise and is a key indicator manifesting the performance and management and evaluating the profit-making potential of the enterprise. It is calculated as follows:

Ratio of profits, taxes and interests to average as sets (%) =[(total profits + total taxes + interest payment) / average assets]× 100%

In the above formula, total taxes is the sum of tax and extra charges on the sales of products and value-added tax payable; and average assets is the arithmetic mean of the sum of beginning assets and ending assets.

Ratio of Debts to Assets reflect both the operation risk and the capability of the enterprise in making use of the capital from the creditors. It is calculated as follows:

Ratio of debts to assets (%) = (total debts / total assets)×100%

Ratio of Profits to Total Industrial Costs refers to the ratio of profits realized in a given period to the total costs in the same period, which reflects the economic efficiency of input cost and is calculated as follows:

Ratio of profits to total industrial cost (%)=(total profits/total cost s)× 100%

Turnover of Working Capital refers to the number of times of turnover of working capital in a given period of time, which reflects the speed of the turnover of working capital of industrial enterprises, and is calculated as follows:

Turnover of working capital=(main business income)/(total working capital)

Ratio of Sales to Gross Output Value reflects the degree at which industrial products are sold. It helps to analyze the linkage between production and sales and the extent of the needs of the society that has been met by the supply of industrial products. It is calculated as follows:

Ratio of Sales to Gross Output Value=[Industrial sales /Gross industrial output value (at current prices)]× 100%

15

建筑业

CONSTRUCTION

15-1 建筑业企业个数、产值、人数及竣工面积

Number of Enterprises, Gross Output Value, Number of Persons Engaged and Floor Space of Buildings Completed of Construction

年 份 Year	企业个数 (个) Number of Enterprises (unit)	总产值 (亿元) Gross Output Value (100 million yuan)	平均人数 (万人) Annual Average Persons Engaged (10 000 persons)	竣工房屋建筑面积 (万平方米) Floor Space of Buildings Completed (10 000 sq.m)
1952	41	0.63	3.54	20.21
1957	87	2.82	14.61	136.38
1962	133	1.58	12.14	48.01
1965	187	7.82	28.93	218.01
1970	222	9.16	43.12	238.60
1975	252	10.36	43.05	272.03
1978	276	13.17	42.38	556.56
1980	325	13.36	39.03	501.02
1985	555	31.85	49.45	835.24
1990	756	67.11	60.21	1060.60
1991	829	77.09	62.97	581.90
1992	871	93.37	70.66	705.20
1993	1090	181.79	80.10	1734.00
1994	1144	230.34	102.50	2068.00
1995	1144	279.10	89.70	2081.00
1996	2725	468.66	160.50	4537.00
1997	2779	520.64	154.24	5638.48
1998	3028	597.76	159.20	5017.25
1999	3050	649.52	160.13	5429.28
2000	3305	713.81	158.10	5839.32
2001	3125	822.87	171.85	7029.93
2002	3475	1078.25	200.42	8491.14
2003	3498	1235.04	212.68	8784.56
2004	4183	1321.22	173.84	8837.99
2005	4073	1480.88	181.80	8692.18
2006	3924	1768.87	188.50	9177.55
2007	3887	2130.17	204.71	9630.60
2008	4559	2624.96	235.78	9797.98
2009	4386	3374.06	265.24	11393.53
2010	4334	4200.86	335.53	12086.29
2011	4318	5305.89	249.46	13663.11

注：2003年建筑业统计数据仅包括当年有工作量的建筑业企业，2004年建筑业统计数据是普查数据。

a)The figure of construction enterprises of 2003 only include the enterprises which had taken in 2003.The figure of 2004 was obtained from surveys.

15-2 建筑业企业基本情况

指 标		Item		合 计 Total Enterprises		#国有企业 State-owned	
				2010	2011	2010	2011
建筑业企业个数	(个)	Number of Construction Enterprises		4334	4318	261	243
年平均就业人员	(万人)	Average Number of Persons Employed	(10 000 persons)	292.15	241.06	50.25	35.00
自有固定资产原价	(万元)	Fixed Assets Owned (original value)	(10 000 yuan)	5565008	5884742	960954	1227295
自有固定资产净价	(万元)	Fixed Assets Owned (net value)	(10 000 yuan)	3578263	3619931	566490	693127
自有机械设备净值	(万元)	Machinery Equipment Owned (net value)	(10 000 yuan)	1448592	1566454	228337	323976
自有机械设备台数	(台)	Number of Machinery and Equipment Owned	(set)	295392	306196	44865	46190
自有机械设备总功率	(万千瓦)	Total Power of Machinery and Equipment Owned	(10 000 kw)	682.07	735	153.15	176.32
建筑业总产值	(万元)	Gross Output Value of Construction	(10 000 yuan)	42008601	53058948	9593047	11590567
竣工产值	(万元)	Output Value of Completed Projects	(10 000 yuan)	22082437	26992585	4566959	5269687
房屋建筑施工面积	(万平方米)	Floor Space of Buildings under Construction	(10 000 sq.m)	29441	34738	7729	9271
房屋建筑竣工面积	(万平方米)	Floor Space of Buildings Completed	(10 000 sq.m)	12086	13663	2154	2327
利润总额	(万元)	Total Profits	(10 000 yuan)	1266659	1791213	167848	238654
税金总额	(万元)	Total Tax	(10 000 yuan)	1508369	1756109	309453	381467
利税总额	(万元)	Total Pre-Tax Profits	(10 000 yuan)	2775028	3547322	477301	620121
按总产值计算的劳动生产率	(元/人)	Overall Labor Productivity	(yuan/person)	143789	141438	190890	138773
技术装备率	(元/人)	Value of Machinery per Labourer	(yuan/person)	4728	6279	2800	8686
动力装备率	(千瓦/人)	Power of Machinery per Labourer	(kw/person)	2.23	2.95	1.88	4.73
房屋建筑面积竣工率	(%)	Rate of Floor Space of Buildings Completed	(%)	41.05	39.33	27.87	25.1
产值利润率	(%)	Ratio of Profit to Gross Output Value	(%)	3.02	3.38	1.75	2.06
产值利税率	(%)	Ratio of Pre-tax Profit to Gross Output Value	(%)	6.61	6.69	4.98	5.35

Main Indicators on Construction Enterprises

# 集体企业 Collective Owned		# 股份有限公司 Share-holding Corporations		# 其他有限责任公司 Other Ltd.Company		# 港澳台商投资 Funded by Entrepreneurs from Hong Kong, Macao and Taiwan		# 外商投资 Foreign Funded	
2010	2011	2010	2011	2010	2011	2010	2011	2010	2011
354	331	243	214	1338	1344	7	7	7	6
19.54	18.70	21.80	20.59	112.08	81.76	0.05	0.05	0.07	0.01
341342	305428	806235	844289	1985469	1950130	1784	2188	1132	263.00
223352	198027	524757	478595	1280270	1213986	724	1019	830	139
61907	74227	281452	272544	608502	589860	50	394	34	30
38032	31442	25442	25222	107352	105739	514	629	10	10
40.50	39.53	69.18	69.39	261.93	287.92	0.04	0.12		
2503195	2898691	4119491	6022041	15911822	19419263	5849	5949	6733	4438
1715317	2141639	1763976	2089003	7845272	9505709	4433	4124	303	1100
2000	2084	2198	2901	8796	10315		5		
1153	1208	964	1080	3641.00	4534.00				
81295	108057	161131	169490	464046	688671	470	155	259	1475
105841	99214	178780	154478	532244	670135	208	219	219	123
187136	207270	339911	323968	996289	1358806	677	374	477	1598
128136	150466	189000	298370	141974	145521	119611	131615	99896	366777
3245	3832	13343	12761	5509	7204	978	7960	511	2400
2.12	2.04	3.28	3.25	2.37	3.52	0.78	2.42		
57.65	57.97	43.86	37.23	41.39	43.96				
3.25	3.73	3.91	2.81	2.92	3.55	8.04	2.61	3.85	33.24
7.48	7.15	8.25	5.38	6.26	7.00	11.57	6.29	7.08	36.01

15-3 各市(州)建筑业企业个数(2011年)
Number of Construction Enterprises by Region(2011)

市(州)及分组	Region and Group	企业个数(个) Number of Enterprises	国有企业 State-Owned	中央企业 Central	地方企业 Local	集体企业 Collective Owned	其他企业 Other	# 股份有限公司 Share-holding Corporations	# 其他有限责任公司 Other Ltd. Company
全　省	**Sichuan**	**4318**	**243**	**31**	**212**	**331**	**3744**	**214**	**1344**
按市(州)分	**Grouped by Region**								
成都市	Chengdu	1582	96	22	74	84	1402	92	522
自贡市	Zigong	150	6		6	18	126	13	42
攀枝花市	Panzhihua	89	8	1	7	8	73		25
泸州市	Luzhou	187	5		5	28	154	1	70
德阳市	Deyang	245	10	4	6	9	226	3	81
绵阳市	Mianyang	273	13	1	12	7	253	6	92
广元市	Guangyuan	194	11	1	10	17	166		33
遂宁市	Suining	171	4	1	3	12	155	13	62
内江市	Neijiang	128	9	1	8	17	102	20	41
乐山市	Leshan	162	6		6	7	149	13	41
南充市	Nanchong	223	14		14	21	188	20	47
眉山市	Meishan	124	5		5	3	116	5	35
宜宾市	Yibin	216	8		8	13	195	9	45
广安市	Guangan	111	6		6	15	90		23
达州市	Dazhou	113	11		11	18	84	5	44
雅安市	Yaan	50	5		5	5	40	2	19
巴中市	Bazhong	99	12		12	16	71	7	39
资阳市	Ziyang	122	4		4	18	100		60
阿坝藏族羌族自治州	Aba	27	5		5	8	14		8
甘孜藏族自治州	Ganzi	22	2		2	7	13	1	6
凉山彝族自治州	Liangshan	30	3		3		27	4	9
按资质等级分	**Grouped by Qualification Grade**								
总承包企业	The General Contractor	2345	171	15	156	238	1936	147	763
特级企业	The Special Grade	13	3		3		10	1	7
一级企业	The first Grade	189	45	12	33	3	141	19	71
二级企业	The Second Grade	1129	72	2	70	65	992	73	374
三级企业	The Third Grade	1014	51	1	50	170	793	54	311
专业承包企业	The Specialized Contractor	1520	69	16	53	80	1371	45	463
一级企业	The first Grade	114	11	5	6	3	100	3	44
二级企业	The Second Grade	515	24	8	16	16	475	18	157
三级企业及其他	The Third Grade & Other	891	34	3	31	61	796	24	262
劳务分包企业	The Subcontractor of Labour Services	453	3		3	13	437	22	118
一级企业	The first Grade	252	1		1	4	247	14	60
二级企业	The Second Grade	130	1		1	2	127	6	40
不分等级	Not Classified by Grade	71	1		1	7	63	2	18

15-4 各市(州)建筑业企业从业人员(2011年)
Number of Persons Employed in Construction Enterprises by Region(2011)

单位：万人 (10 000 persons)

市(州)及分组	Region and Group	合计 Total	国有企业 State -owned	中央企业 Central	地方企业 Local	集体企业 Collective Owned	其他企业 Other	# 股份有限公司 Share-holding Corporations	# 其他股份有限公司 Other Ltd. Company
全　省	**Sichuan**	**249.46**	**37.30**	**9.13**	**28.17**	**19.36**	**192.80**	**21.36**	**81.88**
按市(州)分	**Grouped by Region**								
成都市	Chengdu	93.42	24.14	7.70	16.45	3.20	66.06	9.81	34.31
自贡市	Zigong	8.24	0.90		0.90	0.54	6.79	1.41	2.12
攀枝花市	Panzhihua	5.22	0.60	0.41	0.19	0.41	4.21		3.51
泸州市	Luzhou	16.11	1.15		1.15	2.62	12.34		5.94
德阳市	Deyang	13.54	2.43	0.33	2.10	0.34	10.78	0.39	4.12
绵阳市	Mianyang	11.94	1.02	0.35	0.68	0.39	10.53	0.15	4.25
广元市	Guangyuan	5.40	0.21		0.21	0.55	4.64		0.91
遂宁市	Suining	8.52	0.16	0.02	0.13	1.72	6.63	1.62	1.88
内江市	Neijiang	9.91	0.58	0.32	0.26	0.62	8.71	2.44	2.42
乐山市	Leshan	6.01	0.07		0.07	0.21	5.73	0.86	1.80
南充市	Nanchong	18.41	1.85		1.85	1.09	15.47	1.74	3.84
眉山市	Meishan	6.36	0.23		0.23	0.18	5.95	0.35	2.55
宜宾市	Yibin	8.45	0.43		0.43	0.42	7.60	1.60	2.08
广安市	Guangan	11.03	0.87		0.87	1.55	8.61		1.32
达州市	Dazhou	9.44	0.86		0.86	2.10	6.48	0.28	3.64
雅安市	Yaan	1.14	0.02		0.02	0.05	1.07	0.04	0.68
巴中市	Bazhong	7.27	0.90		0.90	1.44	4.93	0.56	3.02
资阳市	Ziyang	7.43	0.65		0.65	1.78	5.01		3.16
阿坝藏族羌族自治州	Aba	0.46	0.15		0.15	0.09	0.23		0.11
甘孜藏族自治州	Ganzi	0.30	0.04		0.04	0.06	0.20		0.06
凉山彝族自治州	Liangshan	0.86	0.04		0.04		0.82	0.10	0.16
按资质等级分	**Grouped by Qualification Grade**								
总承包企业	The General Contractor	214.93	34.50	7.52	26.98	17.68	162.74	20.43	71.16
特级企业	The Special Grade	10.10	1.87		1.86		8.25	1.89	5.93
一级企业	The first Grade	63.83	24.53	7.23	17.31	1.02	38.28	7.22	20.50
二级企业	The Second Grade	97.74	6.64	0.29	6.35	7.04	84.05	8.48	32.08
三级企业	The Third Grade	43.26	1.46		1.46	9.62	32.16	2.84	12.65
专业承包企业	The Specialized Contractor	20.31	2.72	1.61	1.12	1.55	16.04	0.52	7.42
一级企业	The first Grade	5.50	1.33	1.11	0.23	0.17	3.99	0.24	2.53
二级企业	The Second Grade	8.00	0.87	0.48	0.39	0.59	6.55	0.18	2.53
三级企业及其他	The Third Grade & Other	6.81	0.52	0.02	0.50	0.79	5.50	0.10	2.36
劳务分包企业	The Subcontractor of Labour Services	14.22	0.08		0.07	0.13	14.02	0.41	3.30
一级企业	The first Grade	10.38	0.06		0.05	0.06	10.27	0.35	2.64
二级企业	The Second Grade	1.95	0.02		0.02		1.93	0.02	0.57
不分等级	Not Classified by Grade	1.89				0.07	1.82	0.04	0.09

注:就业人员为年平均人数。

a) Number of persons employed refers to annual average of persons employed.

15-5 各市(州)建筑业企业施工、竣工房屋面积(2011年)
Floor Space of Buildings under Construction and Completed of Construction Enterprises by Region(2011)

市(州)及分组	Region and Group	房屋建筑施工面积(万平方米) Floor Space of Buildings under Construction (10 000 sq.m)	# 本年新开工 New Buildings	# 投标承包面积 Bidden and Contracted	房屋建筑竣工面积(万平方米) Floor Space of Buildings Completed (10 000 sq.m)	# 住宅 Residential Housing	房屋面积竣工率(%) Percentage of Floor Space Completed (%)
全　省	**Sichuan**	**34738.35**	**17285.69**	**25236.54**	**13663.11**	**9864.65**	**39.33**
按市(州)分	**Grouped by Region**						
成都市	Chengdu	15945.53	6579.10	11810.90	4864.35	3498.58	30.51
自贡市	Zigong	1048.78	534.51	818.11	450.27	329.47	42.93
攀枝花市	Panzhihua	403.17	241.86	391.56	71.46	44.48	17.73
泸州市	Luzhou	1953.20	1279.90	1402.28	1056.86	676.61	54.11
德阳市	Deyang	1923.51	1080.58	1559.96	676.46	446.46	35.17
绵阳市	Mianyang	1758.37	842.03	1372.13	680.53	452.11	38.70
广元市	Guangyuan	565.64	281.35	340.16	211.32	129.88	37.36
遂宁市	Suining	1035.91	738.25	656.09	560.36	425.40	54.09
内江市	Neijiang	898.06	517.25	633.67	406.52	311.13	45.27
乐山市	Leshan	779.86	398.17	446.73	372.16	277.74	47.72
南充市	Nanchong	2101.09	1101.77	1444.98	1101.61	874.68	52.43
眉山市	Meishan	877.23	538.69	612.42	479.26	367.96	54.63
宜宾市	Yibin	954.53	648.97	648.88	523.40	347.09	54.83
广安市	Guangan	844.44	485.61	437.77	390.24	307.81	46.21
达州市	Dazhou	1434.92	807.86	1205.04	679.44	537.79	47.35
雅安市	Yaan	111.44	57.34	93.30	71.92	34.50	64.53
巴中市	Bazhong	1072.34	678.63	651.76	469.82	340.12	43.81
资阳市	Ziyang	783.83	383.92	562.98	457.93	375.87	58.42
阿坝藏族羌族自治州	Aba	43.34	19.62	31.39	30.58	6.78	70.57
甘孜藏族自治州	Ganzi	26.58	6.72	13.42	12.71	6.23	47.81
凉山彝族自治州	Liangshan	176.58	63.56	103.01	95.91	73.96	54.31
按资质等级分	**Grouped by Qualification Grade**						
总承包企业	The General Contractor	34075.98	16921.32	25013.08	13322.32	9649.20	39.10
特级企业	The Special Grade	2702.95	965.23	2190.52	642.80	481.08	23.78
一级企业	The first Grade	13459.24	5892.06	11383.86	4048.79	2896.66	30.08
二级企业	The Second Grade	12865.49	6684.97	8126.50	5701.30	4229.43	44.31
三级企业	The Third Grade	5048.30	3379.06	3312.20	2929.43	2042.03	58.03
专业承包企业	The Specialized Contractor	662.37	364.37	223.46	340.79	215.45	51.45
一级企业	The first Grade	91.15	61.16	26.67	47.55	37.53	52.16
二级企业	The Second Grade	417.34	225.51	159.09	242.19	160.88	58.03
三级企业及其他	The Third Grade & Other	153.88	77.70	37.70	51.05	17.04	33.18

15-6 各市(州)建筑业企业动力装备情况(2011年)

Number and Power of Machinery and Equipment Owned of Construction Enterprises by Region(2011)

市(州)及分组	Region and Group	自有机械设备总台数(台) Number of Machinery and Equipment Owned (unit)	自有机械设备总功率(万千瓦) Total Power of Machinery and Equipment Owned (10 000 kw)	自有机械设备净值(万元) Net Value of Machinery and Equipment Owned (10 000 yuan)	技术装备率(元/人) Value of Machinery per Laborer (yuan/person)	动力装备率(千瓦/人) Power of Machinery per Laborer (kw/person)
全　省	**Sichuan**	**306196**	**734.73**	**1566454**	**6279**	**2.95**
按市(州)分	**Grouped by Region**					
成都市	Chengdu	110275	416.53	895955	9591	4.46
自贡市	Zigong	20024	9.98	21222	2576	1.21
攀枝花市	Panzhihua	7704	27.65	88049	16874	5.30
泸州市	Luzhou	14119	21.49	59128	3670	1.33
德阳市	Deyang	11523	26.74	54533	4027	1.98
绵阳市	Mianyang	9665	22.97	51202	4287	1.92
广元市	Guangyuan	6966	13.65	28539	5282	2.53
遂宁市	Suining	8507	11.01	35598	4179	1.29
内江市	Neijiang	12521	19.26	31004	3127	1.94
乐山市	Leshan	8804	10.06	22845	3798	1.67
南充市	Nanchong	12904	16.65	43331	2354	0.90
眉山市	Meishan	13729	25.35	32560	5122	3.99
宜宾市	Yibin	11784	13.27	26212	3103	1.57
广安市	Guangan	21544	48.73	58119	5272	4.42
达州市	Dazhou	14957	23.13	50206	5319	2.45
雅安市	Yaan	6685	6.61	12447	10886	5.78
巴中市	Bazhong	5419	5.91	16803	2311	0.81
资阳市	Ziyang	5701	11.38	21310	2868	1.53
阿坝藏族羌族自治州	Aba	789	0.27	2935	6330	0.58
甘孜藏族自治州	Ganzi	739	1.67	4380	14533	5.54
凉山彝族自治州	Liangshan	1837	2.42	10078	11777	2.83
按资质等级分	**Grouped by Qualification Grade**					
总承包企业	The General Contractor	279757	667.80	1407998	6551	3.11
特级企业	The Special Grade	23598	135.05	365086	36130	13.37
一级企业	The first Grade	79497	279.96	499123	7820	4.39
二级企业	The Second Grade	109286	171.72	366729	3752	1.76
三级企业及其他	The Third Grade & Other	67376	81.07	177060	4093	1.87
专业承包企业	The Specialized Contractor	26439	66.93	158456	7801	3.30
一级企业	The first Grade	15284	50.03	111648	20298	9.10
二级企业	The Second Grade	7600	11.45	35049	4381	1.43
三级企业	The Third Grade	3555	5.45	11759	1726	0.80

15-7 各市(州)建筑业企业总产值(2011年)

单位：万元

市(州)及分组	Region and Group	建筑业总产值 Total Output Value	国有企业 State-owned	中央企业 Central	地方企业 Local	集体企业 Collective Owned
全　省	**Sichuan**	**53058948**	**11590567**	**3880870**	**7709697**	**2898691**
按市(州)分	**Grouped by Region**					
成都市	Chengdu	27698033	8445540	3337661	5107879	624087
自贡市	Zigong	1061188	248691		248691	54366
攀枝花市	Panzhihua	1680916	78024	38954	39070	28068
泸州市	Luzhou	2044170	233965		233965	295918
德阳市	Deyang	2750077	676235	128225	548010	32185
绵阳市	Mianyang	2119381	404150	276025	128125	43540
广元市	Guangyuan	703599	31482	147	31335	108053
遂宁市	Suining	1175968	20402	7345	13057	170143
内江市	Neijiang	1192814	115838	92513	23325	73828
乐山市	Leshan	941508	10115		10115	25201
南充市	Nanchong	2777366	387451		387451	225024
眉山市	Meishan	895088	47526		47526	21636
宜宾市	Yibin	1202530	107536		107536	95189
广安市	Guangan	1890294	174605		174605	225655
达州市	Dazhou	1754006	185269		185269	363548
雅安市	Yaan	132618	2268		2268	5748
巴中市	Bazhong	1698644	306719		306719	355079
资阳市	Ziyang	925593	95847		95847	133368
阿坝藏族羌族自治州	Aba	61822	9207		9207	11818
甘孜藏族自治州	Ganzi	41067	4777		4777	6237
凉山彝族自治州	Liangshan	312266	4920		4920	
按新资质等级分	**Grouped by Qualification Grade**					
总承包企业	The General Contractor	47454240	10122010	2830050	7291960	2621489
特级企业	The Special Grade	6596562	1025102		1025101	
一级企业	The first Grade	18434280	7590765	2729651	4861114	213794
二级企业	The Second Grade	15940084	1152167	100389	1051778	1075836
三级企业	The Third Grade	6483314	353976	10	353967	1331859
专业承包企业	The Specialized Contractor	5112488	1435273	1050820	384453	261548
一级企业	The first Grade	2549393	994587	873583	121004	20155
二级企业	The Second Grade	1525227	328933	172795	156138	106708
三级企业及其他	The Third Grade & Other	1037868	111753	4442	107311	134685
劳务分包企业	The Subcontractor of Labour Services	492220	33285		33285	15654
一级企业	The first Grade	358491	30774		30774	4690
二级企业	The Second Grade	76822	1900		1900	660
不分等级	Not Classified by Grade	56907	611		611	10304

Total Output Value of Construction Enterprises by Region(2011)

(10 000 yuan)

其他企业 Other	# 股份有限公司 Share-holding Corporations	# 其他有限责任公司 Other Ltd. Company	建筑工程产值 Output Value of Construction	安装工程产值 Output Value of Installation	其它产值 Other Output Value	房屋工程和土木工程 Output Value of Building & Civil Engineering	# 房屋工程建筑业 Building	# 土木工程建筑业 Civil Engineering
38569690	**6022041**	**19419263**	**47240792**	**4130125**	**1688031**	**49269201**	**33818242**	**15450959**
18628406	4259802	10413964	24882234	2106663	709136	25351410	14071354	11280054
758131	136872	294268	979936	51315	29937	1030090	907276	122812
1574824		1493778	1493258	135822	51836	1587308	517317	1069991
1514287	14	834044	1919624	64631	59915	1930026	1860428	69597
2041657	45688	1295670	2446039	198500	105538	2572051	1560665	1011387
1671691	30549	603874	1877091	164106	78184	1983447	1862038	121410
564064		134419	607837	76204	19558	632141	538976	93165
985423	163136	311656	1069253	50244	56471	1100900	1014414	86486
1003148	259324	368752	982706	123271	86837	1026547	833346	193201
906192	135443	339019	869122	37465	34921	891229	854064	37165
2164891	620547	552810	2444795	218154	114417	2673109	2329446	343664
825926	25263	328144	815819	28561	50708	842617	746031	96586
999805	154418	332885	1091486	53405	57639	1135297	1010633	124664
1490034		195520	1375286	467242	47766	1841056	1336491	504565
1205189	66731	701254	1627544	66439	60023	1702316	1638174	64143
124602	2654	83162	117873	8006	6739	102116	98796	3320
1036846	99965	580587	1391696	212045	94903	1614368	1534235	80133
696378		468250	854472	55795	15326	859074	737373	121700
40797		15258	54502	3865	3455	56343	51612	4732
30053	2	12924	40865	145	57	40874	29396	11479
307346	21633	59025	299354	8247	4665	296882	286177	10705
34710741	5926328	17373173	43525346	2853514	1075380	46180880	33073717	13107163
5571460	2431084	3006857	6357947	207080	31535	6596562	2593684	4002878
10629721	1749973	7025189	16884341	1149427	400512	18029801	11153860	6875941
13712081	1286992	5518496	14404165	1113992	421927	15282502	13470660	1811843
4797479	458279	1822630	5878893	383015	221406	6272015	5855513	416501
3415667	78886	1913891	3380737	1237233	494518	2814377	526281	2288096
1534650	19222	1076579	1990165	376263	182965	1653003	38243	1614761
1089587	46978	450208	831512	500088	193627	722842	344221	378622
791430	12687	387104	559060	360882	117926	438532	143817	294713
443281	16827	132199	334710	39378	118132	273944	218244	55700
323027	13802	97195	243774	28679	86038	223790	183452	40338
74263	1021	29605	52239	6146	18437	35868	31324	4544
45992	2004	5399	38697	4553	13657	14286	3468	10818

15-7 续表 continued

单位：万元　　　　　　　　　　　　　　　　　　　　　　　　　　(10 000 yuan)

市(州)及分组	Region and Group	建筑安装业 Output Value of Installation	建筑装饰业 Output Value of Decoration	其他建筑业 Output Value of Others	建筑装饰装修业产值 Output Value of Decoration & Fitting up	竣工产值 Output Value of Completed Construction
全　省	**Sichuan**	**2337332**	**678832**	**773583**	**1517699**	**26992585**
按市(州)分	**Grouped by Region**					
成都市	Chengdu	1514885	396394	435344	673960	10900129
自贡市	Zigong	23249	7277	572	7863	686648
攀枝花市	Panzhihua	83182	4707	5719	13600	715402
泸州市	Luzhou	67315	10302	36526	30944	1521554
德阳市	Deyang	101589	20700	55737	32591	1520438
绵阳市	Mianyang	95498	26034	14403	85314	1147871
广元市	Guangyuan	27201	17252	27006	29860	510657
遂宁市	Suining	24554	21384	29130	37728	861353
内江市	Neijiang	74974	80257	11035	82814	816487
乐山市	Leshan	39419	3402	7459	16640	676675
南充市	Nanchong	67234	19976	17046	65682	1748392
眉山市	Meishan	20379	2839	29254	15979	710228
宜宾市	Yibin	18497	19319	29415	27397	761671
广安市	Guangan	38997	257	9985	69849	1282709
达州市	Dazhou	17577	1596	32517	13706	1098712
雅安市	Yaan	29077	1424		10546	96762
巴中市	Bazhong	39361	43994	923	248780	968129
资阳市	Ziyang	36167	1525	28829	45278	747477
阿坝藏族羌族自治州	Aba	5478			5784	50209
甘孜藏族自治州	Ganzi		193		222	26542
凉山彝族自治州	Liangshan	12701		2683	3162	144540
按新资质等级分	**Grouped by Qualification Grade**					
总承包企业	The General Contractor	1069009	28569	175782	913620	24602861
特级企业	The Special Grade				30696	1448235
一级企业	The first Grade	397722	6757		214107	8306501
二级企业	The Second Grade	509666	8602	139313	384517	10143694
三级企业	The Third Grade	161621	13210	36469	284300	4704431
专业承包企业	The Specialized Contractor	1250104	648959	399048	592373	2389724
一级企业	The first Grade	516181	157968	222241	168928	822594
二级企业	The Second Grade	412738	283358	106288	262823	1009142
三级企业及其他	The Third Grade & Other	321185	207633	70519	160622	557988
劳务分包企业	The Subcontractor of Labour Services	18219	1304	198753	11706	
一级企业	The first Grade	11246	240	123216	8802	
二级企业	The Second Grade	261	920	39773	2040	
不分等级	Not Classified by Grade	6712	144	35764	864	

15-8 各市(州)建筑业企业主要财务指标(2011年)
Main Finance Indicators of Construction Enterprises by Region(2011)

单位：万元 (10 000 yuan)

市(州)及分组	Region and Group	资产合计 Total Assets	负债合计 Total Liabilities	所有者权益合计 Total Creditor's Equity	利润总额 Total Profits	税金总额 Total Tax	利税总额 Total Pre-tax Profits
全　省	**Sichuan**	**47577677**	**34929975**	**12646374**	**1791068**	**1756105**	**3547173**
按市(州)分	**Grouped by Region**						
成都市	Chengdu	31774343	25369227	6403789	758850	869670	1628520
自贡市	Zigong	653394	425368	228027	29281	37246	66526
攀枝花市	Panzhihua	2143761	1669521	474240	44744	58309	103053
泸州市	Luzhou	683759	246865	436893	63175	76741	139915
德阳市	Deyang	2162789	1684262	478524	40707	80323	121030
绵阳市	Mianyang	1697033	1100503	596530	91934	72205	164138
广元市	Guangyuan	637200	372138	265063	28446	24723	53169
遂宁市	Suining	835577	427764	407813	66439	40346	106785
内江市	Neijiang	590410	331374	259036	20060	46825	66885
乐山市	Leshan	973015	589830	383185	48283	36532	84816
南充市	Nanchong	816283	291743	524540	145037	98616	243654
眉山市	Meishan	459358	188317	271041	61797	35741	97538
宜宾市	Yibin	829519	521255	308264	35099	38920	74020
广安市	Guangan	783625	297219	486406	133070	70384	203454
达州市	Dazhou	526563	212508	314056	98975	78413	177388
雅安市	Yaan	116389	53165	63225	4056	5010	9066
巴中市	Bazhong	701428	370018	331410	76869	44991	121860
资阳市	Ziyang	643066	418786	224279	31709	31147	62856
阿坝藏族羌族自治州	Aba	137938	64694	73244	7930	2453	10383
甘孜藏族自治州	Ganzi	61788	26908	34880	1756	1113	2869
凉山彝族自治州	Liangshan	350439	268510	81929	2851	6397	9248
按资质等级分	**Grouped by Qualification Grade**						
总承包企业	The General Contractor	42724662	31649022	11074312	1583789	1564591	3148380
特级企业	The Special Grade	11269777	9470908	1798869	213345	161913	375258
一级企业	The first Grade	14243834	10917968	3325866	419635	609251	1028886
二级企业	The Second Grade	13599133	9326518	4272616	643282	560563	1203845
三级企业	The Third Grade	3611918	1933628	1676961	307527	232864	540391
专业承包企业	The Specialized Contractor	4724451	3233985	1490466	194307	176271	370578
一级企业	The first Grade	2090300	1692775	397525	56611	86451	143062
二级企业	The Second Grade	1613210	991977	621233	70318	51403	121721
三级企业及其他	The Third Grade & Other	1020941	549233	471708	67378	38417	105795
劳务分包企业	The Subcontractor of Labour Services	128564	46968	81596	12972	15243	28215
一级企业	The first Grade	76157	27492	48664	8840	12173	21012
二级企业	The Second Grade	29511	7242	22270	2748	1887	4635
不分等级	Not Classified by Grade	22896	12234	10662	1384	1183	2568

15-9 各市(州)总承包和专业承包建筑业企业资产和负债(2011年)
Assets and Liabilities of General and Professional Contractor Construction Enterprises by Region(2011)

单位：万元 (10 000 yuan)

市(州)及分组	Region and Group	年末资产 合计 Total Assets (year-end)	# 流动资产 Circulating Funds	# 固定资产 Fixed Assets	年末负债 合计 Total Liabilities (year-end)	# 流动负债 Liquid Liabilities	# 长期负债 Long-term Liabilities
全　省	**Sichuan**	**47449113**	**35111750**	**4293104**	**34883007**	**32753150**	**2131185**
按市(州)分	**Grouped by Region**						
成都市	Chengdu	31762382	23448325	2035601	25363804	23902210	1462922
自贡市	Zigong	640495	531878	85755	419206	405950	13254
攀枝花市	Panzhihua	2143340	1556907	195120	1669481	1481252	188229
泸州市	Luzhou	680963	464655	161161	246544	229358	17186
德阳市	Deyang	2144226	1861058	140649	1674892	1639912	34978
绵阳市	Mianyang	1680550	1331060	144051	1095727	1037160	58569
广元市	Guangyuan	625707	462350	114140	366702	351120	15583
遂宁市	Suining	835222	555639	152114	427761	404762	22998
内江市	Neijiang	587118	445862	92685	330690	322797	7894
乐山市	Leshan	971468	700091	133605	589655	523764	65891
南充市	Nanchong	797162	498602	173237	287697	268491	19207
眉山市	Meishan	454694	325017	99641	187022	171031	15991
宜宾市	Yibin	818557	622146	93960	514621	490290	24331
广安市	Guangan	782349	525481	207496	297102	285072	12030
达州市	Dazhou	523873	318059	125030	211933	195389	16544
雅安市	Yaan	115991	76177	28343	52834	47620	5214
巴中市	Bazhong	698937	491762	171416	369409	348831	20578
资阳市	Ziyang	636395	510918	62964	417930	325258	92671
阿坝藏族羌族自治州	Aba	137938	66482	26217	64694	49103	15591
甘孜藏族自治州	Ganzi	61307	41588	11986	26793	25485	1308
凉山彝族自治州	Liangshan	350439	277693	37933	268510	248295	20216
按资质等级分	**Grouped by Qualification Grade**						
总承包企业	The General Contractor	42724662	31359309	3712318	31649022	29645505	2004845
特级企业	The Special Grade	11269777	9144093	442520	9470908	8551064	919843
一级企业	The first Grade	14243834	11462058	1186013	10917968	10328328	589640
二级企业	The Second Grade	13599133	8185161	1360423	9326518	8994042	332476
三级企业	The Third Grade	3611918	2567997	723362	1933628	1772071	162886
专业承包企业	The Specialized Contractor	4724451	3752441	580786	3233985	3107645	126340
一级企业	The first Grade	2090300	1833200	175975	1692775	1680634	12141
二级企业	The Second Grade	1613210	1244467	211710	991977	938476	53501
三级企业及其他	The Third Grade & Other	1020941	674774	193101	549233	488535	60698

15-10 各市(州)总承包和专业承包建筑业企业所有者权益和利税(2011年)

Creditor's Equity and Pre-tax Profits of Construction Enterprises of General Constractors and professional Constractors by Region(2011)

单位：万元 (10 000 yuan)

市(州)及分组	Region and Group	所有者权益 Creditors Equity	利税总额 Total Pre-tax Profits	利润总额 Total Profits	税金总额 Total Taxes	# 工程结算税金及附加 Taxes and Extra Charges on Project Settlement Accounts
全　省	**Sichuan**	**12564777**	**3518957**	**1778096**	**1740862**	**1649634**
按市(州)分	**Grouped by Region**					
成都市	Chengdu	6397249	1627530	758263	869266	840140
自贡市	Zigong	221291	65665	28835	36830	32068
攀枝花市	Panzhihua	473857	103046	44741	58305	54966
泸州市	Luzhou	434418	139455	62905	76551	73148
德阳市	Deyang	469335	119844	40581	79264	77459
绵阳市	Mianyang	584821	160172	89749	70423	65243
广元市	Guangyuan	259004	51709	27651	24057	22635
遂宁市	Suining	407461	106731	66427	40305	35916
内江市	Neijiang	256428	65285	19471	45814	43629
乐山市	Leshan	381813	84455	48032	36423	34474
南充市	Nanchong	509464	234793	141036	93756	84061
眉山市	Meishan	267672	95673	60532	35142	31686
宜宾市	Yibin	303936	73081	34721	38360	36395
广安市	Guangan	485248	203304	133027	70277	67444
达州市	Dazhou	311940	175425	98353	77072	68636
雅安市	Yaan	63158	9069	4060	5009	4878
巴中市	Bazhong	329529	120532	76047	44484	38946
资阳市	Ziyang	218466	60707	31143	29565	28331
阿坝藏族羌族自治州	Aba	73244	10383	7930	2453	2363
甘孜藏族自治州	Ganzi	34514	2850	1741	1109	1071
凉山彝族自治州	Liangshan	81929	9248	2851	6397	6145
按资质等级分	**Grouped by Qualification Grade**					
总承包企业	The General Contractor	11074311	3148380	1583789	1564591	1484107
特级企业	The Special Grade	1798869	375258	213345	161913	158587
一级企业	The first Grade	3325866	1028886	419635	609251	586919
二级企业	The Second Grade	4272615	1203845	643282	560563	525353
三级企业	The Third Grade	1676961	540391	307527	232864	213248
专业承包企业	The Specialized Contractor	1490466	370577	194307	176271	165526
一级企业	The first Grade	397525	143062	56611	86451	84294
二级企业	The Second Grade	621233	121721	70318	51403	46902
三级企业及其他	The Third Grade & Other	471708	105794	67378	38417	34330

15-11 各市(州)建筑业企业劳动生产率(2011年)
Labor Productivity of Construction Enterprises by Region(2011)

单位:元/人 (yuan/person)

市(州)及分组	Region and Group	按总产值计算的劳动生产率 Overall Labor Productivity in Terms of Total Output Value	国有企业 State -owned	中央企业 Central	地方企业 Local	集体企业 Colle-ctive Owned	其他企业 Other	# 股份有限公司 Share-holding Corporations	# 其他有限责任公司 Other Ltd. Company
全　省	**Sichuan**	**141438**	**138773**	**327732**	**107557**	**150466**	**141617**	**298370**	**145521**
按市(州)分	**Grouped by Region**								
成都市	Chengdu	151714	179596	321569	139385	199964	140676	441985	138935
自贡市	Zigong	142957	299556		299556	126520	123009	98370	144270
攀枝花市	Panzhihua	347541	139379	101547	221741	120412	389451		446918
泸州市	Luzhou	67511	204640		204640	116572	56934	6850	56385
德阳市	Deyang	78869	31269	333746	25798	114905	157507	132389	219952
绵阳市	Mianyang	180505	406303	780172	199914	124401	160791	211852	145375
广元市	Guangyuan	126855	147527	49033	148931	160578	121039		126286
遂宁市	Suining	152412	220084	299808	191444	106519	163537	132459	156832
内江市	Neijiang	125055	206043	295380	93673	124394	119670	117177	148319
乐山市	Leshan	165826	166362		166362	128379	167176	166699	200710
南充市	Nanchong	122848	60780		60780	214247	142585	348016	144950
眉山市	Meishan	138963	214760		214760	115330	136917	90065	126175
宜宾市	Yibin	119693	215850		215850	43479	135856	107198	148232
广安市	Guangan	180858	191390		191390	150637	185293		152488
达州市	Dazhou	188234	218865		218865	184280	185445	189792	192478
雅安市	Yaan	119035	98609		98609	120249	119430	68054	123956
巴中市	Bazhong	243841	461300		461300	270207	207902	248052	181490
资阳市	Ziyang	149707	160709		160709	157218	146977		146269
阿坝藏族羌族自治州	Aba	142020	62973		62973	139528	199593		145035
甘孜藏族自治州	Ganzi	125936	134944		134944	104997	129935	657	130412
凉山彝族自治州	Liangshan	296295	52061		52061		320352	207813	320962
按资质等级分	**Grouped by Qualification Grade**								
总承包企业	The General Contractor	147492	125950	287356	103408	150677	154974	307021	144315
特级企业	The Special Grade	168628	60825		60825		250226	1506248	150976
一级企业	The first Grade	169789	136043	285705	105122	235820	204937	236145	202900
二级企业	The Second Grade	119698	178257	341227	170486	126849	115983	169323	104410
三级企业	The Third Grade	158590	282864	33000	282924	166268	151727	171172	140315
专业承包企业	The Specialized Contractor	127243	466013	527255	353715	146124	96736	152407	190746
一级企业	The first Grade	103716	649759	670285	532119	116438	67083	78424	219818
二级企业	The Second Grade	178816	282953	257289	318065	132737	166015	264515	188656
三级企业及其他	The Third Grade & Other	146826	288992	245420	291132	165685	134847	133683	140781
劳务分包企业	The Subcontractor of Labour Services	37236	432268		432268	204098	33928	46380	43646
一级企业	The first Grade	37735	615472		615472	83754	34386	44080	39850
二级企业	The Second Grade	43434	82609		82609	153488	42645	54314	57331
不分等级	Not Classified by Grade	29183	152750		152750	628299	23835	64854	73449

主要统计指标解释

建筑业统计单位　指从事房屋、构筑物建造和设备安装活动的法人企业。建筑业法人企业应具有建筑业资质并能够独立核算，应同时具备以下条件：①依法成立，有自己的名称、组织机构和场所，能够承担民事责任；②独立拥有和使用资产，承担负债，有权与其他单位签订合同；③独立核算盈亏，能够编制资产负债表。

建筑业总产值　是以货币形式表现的建筑业企业在一定时期内生产的建筑业产品和提供的服务的总和。建筑业总产值包括：

(1)建筑工程产值：指列入建筑工程预算内的各种工程价值。

(2)安装工程产值：指设备安装工程价值，不包括被安装设备本身价值。

(3)其他产值：指建筑业总产值中除建筑工程、安装工程以外的产值。包括房屋构筑物修理产值、非标准设备制造产值、总包企业向分包企业收取的管理费以及不能明确划分的施工活动所完成的产值。

建筑业增加值　指建筑业企业在报告期内以货币形式表现的建筑业生产经营活动的最终成果。

房屋建筑施工面积　指在报告期内施过工的全部房屋建筑面积，包括本期新开工的房屋面积、上期施工跨入本期继续施工的房屋面积、上期停缓建在本期恢复施工的房屋面积、本期竣工的房屋面积及本期施工后又停缓建的房屋面积。

房屋建筑竣工面积　指在报告期内房屋建筑按照设计要求全部完工，达到了使用条件，经验收鉴定合格，正式移交使用单位的房屋建筑面积。

Explanatory Notes on Main Statistical Indicators

Statistical Unit in Construction refers to corporate enterprise engaged in the construction of buildings and structures and in the installation of equipment. A corporate construction enterprise should meet the following 3 requirements: ①being set up in line with relevant legal basis, having its full name, organization and location, and capable of taking civil liabilities; ②independently possessing and using its assets and assuming its liabilities, and entitled to sign contracts with other institutions; and ③ making independent accounts of its profits and losses, and capable of compiling its own balance sheet.

Gross Output Value of Construction refers to total of construction products, expressed in money terms, completed by construction and installation enterprises during a given period of time. It includes:

(1) Output value of construction projects, that is the value of projects covered by the project budgets;

(2) Output value of installation projects, that is the value of the installation of equipment, (excluding the value of the equipment to be installed);

(3) Output value of others, that is the output value of construction industry excluding that of construction projects and installation projects. It includes: output value of repair of buildings and structures; output value of non-standard equipment manufacturing; overhead expenses received by contracted enterprises to the sub-contracted enterprises and the completed output value of construction activities that have no clear definition.

Value-added of Construction refers to the final result of the activities of production and management of construction industry in monetary terms in the reference period.

Floor Space of Buildings Under Construction refers to floor space of buildings under construction during the reference period, including newly started buildings, buildings started earlier and continued during the reference period, and buildings suspended earlier but restarted during the reference period, buildings completed during the reference period, and buildings under construction and then suspended during the reference period.

Floor Space of Buildings Completed refers to the floor space of buildings that are completed in the reference period in accordance with the requirements of the design, up to the standard for putting them into use, and have been checked and accepted by concerned departments as qualified ones.

16

交通运输、邮电和通讯

TRANSPORTATION, POST AND TELECOMMUNICATIONS SERVICES

16-1 交通运输业基本情况
Basic Conditions of Transportation

指 标	Item	2007	2008	2009	2010	2011
运输线路长度 (万公里)	**Length of Transportation Routes (10 000 km)**					
铁路总里程	Railways in Operation	0.3	0.3	0.3	0.4	0.4
公路	Highways	18.9	22.4	24.9	26.6	28.3
内河	Navigable Inland Waterways	1.0	1.0	1.0	1.1	1.2
民航	Total Civil Aviation Routes	23.3	27.9	28.0	37.5	40.7
客运量总计 (万人)	**Total Passenger Traffic (10 000 persons)**	**208217**	**206121**	**221870**	**242732**	**255665**
铁路	Railways	5365	5774	5738	6829	7482
公路	Highways	197033	196055	211288	230988	242615
水运	Waterways	4106	2739	2897	2733	3083
民用航空	Civil Aviation	1713	1553	1947	2182	2485
旅客周转量总计 (亿人公里)	**Total Passenger-Kilometers (100 million passenger-km)**	**972**	**1187**	**1272**	**1235**	**1556**
铁路	Railways	153	191	195	221	252
公路	Highways	568	757	771	802	901
水运	Waterways	3	3	3	2	3
民用航空	Civil Aviation	248.0	236.0	303.0	208.8	400.2
货运量总计 (万吨)	**Total Freight Traffic (10 000 tons)**	**79940**	**114513**	**118094**	**133364**	**153827**
铁路	Railways	7597	7681	7454	7093	7651
公路	Highways	68667	103068	106472	121017	139771
水运	Waterways	3644	3736	4136	5218	6367
民用航空	Civil Aviation	32	28	32	36	37
货物周转量总计 (亿吨公里)	**Total Freight Ton-kilometers (100 million ton-km)**	**979**	**1513**	**1526**	**1710**	**1909**
铁路	Railways	575	610	611	642	673
公路	Highways	343	828	851	985	1139
水运	Waterways	56	70	57	75	90
民用航空	Civil Aviation	5	5	7	8	8
民用汽车拥有量 (万辆)	Number of Civil Motor Vehicles Owned (10 000 units)	189.9	224.1	289.0	357.9	424.3
载客汽车辆数 (万辆)	Number of Buses and Cars (10 000 units)	137.1	166.6	221.0	281.6	341.5
载货汽车辆数 (万辆)	Number of Trucks (10 000 units)	44.4	49.8	61.2	70.4	77.5
其他机动车 (万辆)	Number of Other Motor Vehicles (10 000 units)	8.4	7.7	6.6	5.9	5.3
公路部门营运车辆 (万辆)	Number of Motor Vehicles Owned by Highway Departments (10 000 units)	40.3	50.8	67.6	62.0	65.7
民用运输船舶拥有量 (艘)	Number of Civil Transport Vessels (unit)	10332	9426	8240	8414	8692
机动船 (艘)	Motor Vessels (unit)	8190	7452	7225	7350	7502
驳船 (艘)	Barges (unit)	2142	1974	1015	1064	1190

16-2 各市(州)公路运输情况(2011年)
Main Indicators of Road Transportation by Region(2011)

市(州)	Region	公路总里程(公里) Total Length of Highway (km)	等级公路里程(公里) Expressway and Class I to IV Highway (km)	公路旅客周转量(万人公里) Passenger-kilometers of Highway (10 000 passenger-km)	公路货物周转量(万吨公里) Freight Ton-kilometers of Highway (10 000 ton-kilometers)
全　省	**Sichuan**	**283268**	**220947**	**9006841**	**11390664**
成都市	Chengdu	21314	19055	2935289	2050952
自贡市	Zigong	6013	4526	239903	440549
攀枝花市	Panzhihua	4598	2868	107462	495332
泸州市	Luzhou	12980	7714	762729	546038
德阳市	Deyang	7758	6889	254562	532399
绵阳市	Mianyang	18160	11232	463155	522445
广元市	Guangyuan	15558	9838	301971	531395
遂宁市	Suining	8626	7453	207076	413844
内江市	Neijiang	9796	5933	287222	491982
乐山市	Leshan	8984	7648	284584	717120
南充市	Nanchong	20283	16196	538917	430742
眉山市	Meishan	7279	5212	212539	408877
宜宾市	Yibin	16796	13261	443894	327499
广安市	Guangan	9641	8157	209420	280815
达州市	Dazhou	19112	16145	277351	963446
雅安市	Yaan	5933	5192	93722	446430
巴中市	Bazhong	15795	14939	263969	191343
资阳市	Ziyang	14431	10564	311304	478986
阿坝藏族羌族自治州	Aba	12317	11135	246518	502057
甘孜藏族自治州	Ganzi	25649	21095	246240	64424
凉山彝族自治州	Liangshan	22244	15898	319013	553988

16-3 邮电业务基本情况
Basic Conditions of Post and Telecommuniation Services

指　　标		Item		2007	2008	2009	2010	2011
邮政业务总量	(亿元)	Business Volume of Post Service	(100 milion yuan)	32.82	40.49	48.47	47.76	57.20
邮电局、所	(处)	Number of Post & Telecommunication Offices	(unit)	5010	4909	4975	4826	4790
邮路长度	(万公里,单程)	Length of Postal Routes	(10 000 km,one way)	17.17	17.73	20.76	9.18	9.81
邮运汽车	(辆)	Postal Cars	(unit)	676	712	748	738	737
函件	(万件)	Number of Letters	(10 000 pcs)	19356	14849	16262	22546	18801
包件	(万件)	Number of Parcels	(10 000 pcs)	264	229	277	240	263
报刊期发数	(万份)	Number of Newspapers and Magazines Circulation	(10 000 copies)	646	869	598	573	626
特快专递	(万件)	Pieces of Express Mail Services	(10 000 pcs)	3463	4222	4691	6651	10638
年末固定电话	(万户)	Number of Fixed Telephones Subscribers(year-end)	(10 000 subscribers)	1738	1690	1551	1419	1383
# 农村固定电话	(万户)	Number of Rural Fixed Telephones(year-end)	(10 000 subscribers)	595	608	566	524	460
年末移动电话用户	(万户)	Number of Mobile Telephones Subscribers(year-end)	(10 000 subscribers)	2400	2837	3409	4156	4800
长途交换机容量	(万路端)	Capacity of Long-distance Telephone Exchanges	(10 000 lines)	64.80	65.00	71.00	53.00	34.00

注：2010年起邮路长度不含邮政速递公司自营邮路；特快专递包括邮政公司和其他快递公司数据。

a)Postal routes exclude express delivery company's own length postman since 2010. The data of Pieces of express mail services comes from the post offices and other express delivery companies.

主要统计指标解释

铁路营业里程　又称营业长度(包括正式营业和临时营业里程)，指办理客货运输业务的铁路正线总长度。凡是全线或部分建成双线及以上的线路，以第一线的实际长度计算；复线、站线、段管线、岔线和特殊用途线以及不计算运费的联络线都不计算营业里程。该指标反映铁路运输业基础设施的发展水平，也是计算客货周转量、运输密度和机车车辆运用效率等指标的基础资料。

公路里程　指在一定时期内实际达到《公路工程技术标准JTG B01-2003》规定的技术等级的公路，并经公路主管部门正式验收交付使用的公路里程数。包括大、中城市的郊区公路，以及通过小城镇（指县城、集镇）街道的公路里程和桥梁长度、隧道长度、渡口的宽度以及分期修建的公路已验收交付使用的里程，不包括大中城市的街道、厂矿、林区生产用道和农业生产用道的里程。两条或多条公路共同经由同一路段，只计算一次，不得重复计算里程长度。该指标反映公路建设的发展规模，也是计算运输网密度等指标的基础资料。

内河航道里程　也称内河通航里程，指在一定时期内，能通航运输船舶及排筏的天然河流、湖泊水库、运河及通航渠道的长度。包括全年季节性通航累计三个月以上的航道，不包括仅供零散流放竹、木排的河道。该指标反映内河水运网规模、水平和发展情况。

民用航空航线里程　指统计期间内全部民用航空航线的航线总长度。航线长度指民用航空航线的计费距离。计算航线里程可按重复和不重复两种方法，前者是指各航线长度相加的总和；后者则要扣除各航线之间相同航段重复计算的部分。

货(客)运量　指在一定时期内，各种运输工具实际运送的货物(旅客)数量。它是反映运输业为国民经济和人民生活服务的数量指标，也是制定和检查运输生产计划、研究运输发展规模和速度的重要指标。货运按吨计算，客运按人计算。货物不论运输距离长短、货物类别，均按实际重量统计。旅客不论行程远近或票价多少，均按一人一次客运量统计；半价票、小孩票也按一人统计。

货物(旅客)周转量　指在一定时期内，由各种运输工具运送的货物(旅客)数量与其相应运输距离的乘积之总和。该指标反映运输业生产的总成果，也是编制和检查运输生产计划，计算运输效率、劳动生产率以及核算运输单位成本的主要基础资料。计算货物周转量通常按发出站与到达站之间的最短距离，也就是计费距离计算。计算公式为：

$$货物(旅客)周转量=\sum〔货物(旅客)运输量\times运输距离〕$$

邮电业务总量　指以货币形式表示的邮电通信企业为社会提供各类邮电通信服务的总数量，是用于观察邮电通信业务发展变化总趋势的综合性总量指标。分别按邮政业务总量和电信业务总量统计。邮电业务总量是以各类业务的实物量分别乘以相应的不变单价，得出各类业务的货币量再加总求得。

移动电话用户　指在电信运营企业营业网点办理开户登记手续，通过移动电话交换机进入移动电话网，占用移动电话号码的各类电话用户。包括GSM数字移动电话用户、CDMA数字移动电话用户和电信运营企业发行的报告期末已激活充值的能异地漫游的各种智能卡用户。

城市电话用户　指直辖市、省辖市、地级市、县级市的市区、市郊区及县城范围内接入局用交换机的电话用户。包括分布在农村地区县团级以上建制的独立工矿区、林区、驻军等电话用户。

农村电话用户　指县城关区以下的集镇和农村接入局用交换机的电话用户。

住宅电话用户　是指安装在居民住宅或农民家里并按照住宅电话用户登记注册和收费的电话用户。包括私人付费、单位付费和按规定免费安装的住宅电话用户。

Explanatory Notes on Main Statistical Indicators

Length of Railways in Operation refers to the total length of the trunk line under passenger and freight transportation (including both full operation and temporary operation). The calculation is based on the actual length of the first line even if this line has a full or partial double track or more tracks, excluding double tracks, station sidings, tracks under the charge of stations, branch lines, special-purpose lines and the non-payable connecting lines. The length of railways in operation is an important indicator to show the development of the infrastructure for the railway transport, and also the essential data to calculate volume of passenger freight transport, traffic density and utilization efficiency of the locomotives and carriages.

Length of Highways refers to the length of highways which are built in conformity with the grades specified by the highway engineering standard [Highways WTBZ-Technical Standard JTJB01-2003] in certain period, and have been formally checked and accepted by the departments of highways and put into use. The length of highways includes that of the suburb highways at large and medium-sized cities, highways passing through streets at small cities and towns, and also the length of bridges , width of ferry piers and phased construction of road that has been put into use. It does not include the length of streets in big and medium-sized cities and highways built for the production purpose at factories, mines, forest areas and agricultural areas. If two or more highways go the same section of the way, the length of the section is only calculated for once and no duplication is allowed. The length of highways is an indicator to show the development of the scale of highway construction and to provide essential information to calculate the transport network density.

Length of Navigable Inland Waterways it is an indicator reflecting the size and development of inland water network, it refers to the length of the natural rivers, lakes, reservoirs, canals, and ditches open to navigation during a given period, which enables the transport by ships and rafts. It includes the channels open to navigation for over an accumulative 3 months in a year, yet this does not include the river courses, which are only used to float odd logs and bamboo rafts. This indicator can reflect the scale, level and development situation of the inland waterway network.

Length of Civil Aviation Routes refers to the length of all routes for civil aviation flights, which is used to account the freight, during the period of statistics.. There are usually two ways to calculate the route length: duplicated calculation and non-duplicated calculateion, the former is the sum of length of all civil aviation routes, and the latter should deduct the duplication length of same route among all routes.

Freight (Passenger) Traffic refers to the volume of freight (passenger) transported with various means. Freight transport is calculated in tons and passenger traffic is calculated in the number of persons. Despite the type of freight and traveling distance, the freight transport is calculated in the actual weight of the goods: and despite the traveling distance and ticket price, the passenger traffic is calculated by the principle that one person can be counted only once in one travel. The passengers who travel with a half price ticket or a child ticket is also calculated as one person. The freight (passenger) traffic provides a quantitative measure to show how the transport industry serves the national economy and people, and is also an important indicator for planning the transport industry and for studying the development scale and speed of the transport industry.

Freight Ton-kilometers (Passenger-kilometers) refer to the sum of the products of the volume of transported cargo (passengers) multiplying by the transport distance. It is an important indicator to reflect the achievement of transportation industry. Normally, the shortest distance between the departure station and the destination station (i.e., the payable distance) is the basis to calculate the freight ton-kilometers. This is an important indicator to show the total results of the transport industry, to prepare and examine the transport plan and to measure the efficiency, the labour productivity and the unit cost of transport. The formula is as follows:

Freight Ton-kilometers (Passenger-kilometers) = Σ {Freight (Passenger) Traffic x Distance of Transportation}

Measuring unit: ton-kilometer (person-kilometer)

Business Volume of Post and Telecommunications refers to the total amount of postal and telecommunication services, expressed in value terms, provided by the post and telecommunications departments for society. This indicator reflects the overall results of development of postal and telecommunication services. It can be classificated as postal services and and telecommunication services. Business volume of post and telecommunications is the sum of all services in kind multiplying with the unit price (constant price) to get the total business value.

Mobile Telephone Subscribers refer to persons who have gone through registration procedures in the operation points of enterprises engaged in telecommunications and are hence connected with the mobile telephone communication network through the mobile telephone switchboards and occupy mobile phone numbers. Included are GSM digital mobile phone subscribers, CDMA digital mobile phone subscribers and subscribers to intelligent phone cards with roaming facility issued by telecommunications enterprises and which have been subscribed to and activated at the end of the reference period.

Urban Telephone Subscribers refer to the number of telephone subscribers, located at the different administrative districts of municipalities directly under the Central Government, cities under the jurisdiction of province, cities at prefecture level, downtown and suburb of city at county level town and county towns, that are connected to the public line telephone network, including rural mineral area, forest area, military area.

Rural Telephone Subscribers refer to telephone subscribers, located at the towns below the level of county town and villages, that are connected to the public line telephone network.

Household Telephone Subscribers refer to telephone sets installed in the dwelling units of urban or rural residents, and registered as residence subscribers for payment, including 3 types of payment for the service: private payment, public payment and free service.

17

国内贸易

DOMESTIC TRADE

17-1 社会消费品零售总额
Total Retail Sales of Consumer Goods

单位：万元 (10 000 yuan)

指　标	Item	2010	2011
全　省	**Sichuan**	**68101204**	**80445836**
按销售单位所在地分	Grouped by Location of Retailers		
1.城镇	Retail Sales in Town	54933751	64955533
2.乡村	Retail Sales in Rural	13167453	15490303
按行业分	Grouped by Industry of Retailers		
1.批发业	Wholesale Trade	4747374	6067721
限额以上	above Designated Size	1158810	2277520
限额以下	under Designated Size	3588564	3790201
2.零售业	Retail Trade	51720220	60520345
限额以上	above Designated Size	17110826	26211127
限额以下	under Designated Size	34609394	34309217
3.住宿业	Lodge Trade	627095	808091
限额以上	above Designated Size	364073	549990
限额以下	under Designated Size	263022	258101
4.餐饮业	Catering Trade	9252516	10977680
限额以上	above Designated Size	1199874	2051072
限额以下	under Designated Size	8052642	8926608
5.其它	Other Trade	1754000	2072000

市(州)	Region	2010	2011
全　省	**Sichuan**	**68101204**	**80445836**
成都市	Chengdu	24288296	28750777
自贡市	Zigong	2526202	2980497
攀枝花市	Panzhihua	1461869	1727891
泸州市	Luzhou	2662319	3150565
德阳市	Deyang	3055028	3584566
绵阳市	Mianyang	4263018	5020002
广元市	Guangyuan	1508779	1770089
遂宁市	Suining	2084908	2457599
内江市	Neijiang	2065996	2438984
乐山市	Leshan	2840917	3349838
南充市	Nanchong	3442130	4066650
眉山市	Meishan	1885569	2227671
宜宾市	Yibin	3167807	3749740
广安市	Guangan	2140010	2530267
达州市	Dazhou	3125469	3697265
雅安市	Yaan	1046540	1229154
巴中市	Bazhong	1178252	1395668
资阳市	Ziyang	2130041	2520879
阿坝藏族羌族自治州	Aba	333576	393816
甘孜藏族自治州	Ganzi	381596	448805
凉山彝族自治州	Liangshan	2512884	2955114

17-2 批发和零售业情况
Wholesale and Retail Trade Conditions

单位：个，人，亿元 (unit,person,10 000 yuan)

指　标	Item	2007	2008	2009	2010	2011
批发和零售业	Wholesale and Retail Trade					
法人企业数	Number of Corperation Units	951	2171	1879	3001	4435
年末从业人数	Persons Engaged	172029	225339	229870	302200	366573
商品购进额	Total Purchases	2606.7	3276.9	3543.2	4729.6	6423.0
商品销售额	Total Sales	2726.8	4112.6	4147.7	5563.7	7897.9
期末商品库存额	Inventory (year-end)	209.5	381.0	328.3	440.1	768.4
批发业	Wholesale Trade					
法人企业数	Number of Corperation Units	450	1198	853	1134	1732
年末从业人数	Persons Engaged	69965	85523	79856	101525	130141
商品购进额	Total Purchases	1840.8	2311.8	2140.8	2846.8	4027.6
商品销售额	Total Sales	2006.2	2906.5	2577.6	3348.4	4841.8
期末商品库存额	Inventory (year-end)	131.3	243.9	194.7	275.8	489.9
零售业	Retail Trade					
法人企业数	Number of Corperation Units	501	973	1026	1867	2703
年末从业人数	Persons Engaged	102064	139816	150014	200675	236432
商品购进额	Total Purchases	765.9	965.1	1402.4	1882.8	2395.4
商品销售额	Total Sales	720.6	1206.0	1570.1	2215.3	3056.1
期末商品库存额	Inventory (year-end)	78.2	137.1	133.6	164.3	278.5

注：2008年以前的统计范围为限额以上法人企业、产业活动单位，2008年及以后为限额以上法人企业。

a) Statistical range before 2008 is corporation and active units above Designated Size and it is corporation units above Designated Size afer 2008.

17-3 限额以上批发零售贸易、住宿餐饮业基本情况(2011年)
Basic Conditions of Enterprises above Designated Size in Wholesale, Retail Sale and Catering Trade(2011)

指　标	Item	法人企业(个) Number of Corporation Units	产业活动单位数(个) Number of Active Units	从业人数(人) Persons Engaged (person)
总　计	**Total**	**6488**	**5169**	**691727**
一、批发业合计	**Wholesale Trade**	**1732**	**88**	**133847**
内资企业	Domestic-Funded Enterprises	1710	16	128664
国有企业	State-owned Enterprises	130	4	24727
集体企业	Collective-owned Enterprises	31		5470
股份合作企业	Cooperative Enterprises	14		902
联营企业	Joint Ownership Enterprises	1		140
有限责任公司	Limited Liability Corporations	667	5	48227
股份有限公司	Share-holding Corporations Ltd.	76	3	6555
私营企业	Private Enterprises	763	3	41120
其他企业	Other Enterprises	28	1	1523
港、澳、台商投资企业	Enterprises With Investment from Hong Kong, Macao and Taiwan	8	1	1390
外商投资企业	Enterprises With Foreign Investment	14	5	2408
二、零售业合计	**Retail Trade**	**2703**	**2208**	**263162**
内资企业	Domestic-Funded Enterprises	2639	27	208529
国有企业	State-owned Enterprises	61	3	14013
集体企业	Collective-owned Enterprises	54	2	1827
股份合作企业	Cooperative Enterprises	29	1	1388
联营企业	Joint Ownership Enterprises	10		688
有限责任公司	Limited Liability Corporations	832	10	76806
股份有限公司	Share-holding Corporations Ltd.	106	4	35600
私营企业	Private Enterprises	1502	5	76423
其他企业	Other Enterprises	45	2	1784
港、澳、台商投资企业	Enterprises with Investment from Hong Kong, Macao and Taiwan	25	2	11022
外商投资企业	Enterprises with Foreign Investment	39	2	17886
三、住宿餐饮业合计	**Lodge and Catering Trade**	**2053**	**2873**	**294718**
内资企业	Domestic-Funded Enterprises	1999	87	199456
国有企业	State-owned Enterprises	130	17	18692
集体企业	Collective-owned Enterprises	27	3	1942
股份合作企业	Cooperative Enterprises	26	1	4031
联营企业	Joint Ownership Enterprises	4		427
有限责任公司	Limited Liability Corporations	622	20	57326
股份有限公司	Share-holding Corporations Ltd.	88	9	9468
私营企业	Private Enterprises	1055	35	103448
其他企业	Other Enterprises	47	2	4122
港、澳、台商投资企业	Enterprises with Investment from Hong Kong, Macao and Taiwan	26	3	7590
外商投资企业	Enterprises with Foreign Investment	28	2	13771

注：产业活动单位指非批发零售业法人企业附营的批发零售业产业活动单位。
a) Active Units refer to units in wholesale,retail Sale except Corperation Units.

17-4 各市(州)限额以上批发零售贸易、住宿餐饮业基本情况(2011年)
Basic Conditions of Enterprises above Designated Size in Wholesale, Retail Sale and Catering Trade by Region(2011)

单位:个、人 (unit,person)

市(州)	Region	合计 Total 法人企业数 Number of Corporation	合计 Total 从业人数 Persons Engaged	批发业 Whlesale Trade 法人企业数 Number of Corporation	批发业 Whlesale Trade 从业人数 Persons Engaged	零售业 Retail Trade 法人企业数 Number of Corporation	零售业 Retail Trade 从业人数 Persons Engaged	住宿业 Lodge 法人企业数 Number of Corporation	住宿业 Lodge 从业人数 Persons Engaged	餐饮业 Catering Trade 法人企业数 Number of Corporation	餐饮业 Catering Trade 从业人数 Persons Engaged
全 省	**Sichuan**	**6488**	**577757**	**1732**	**130141**	**2703**	**236432**	**843**	**89603**	**1210**	**121581**
成都市	Chengdu	2770	292435	853	63275	796	118931	359	40275	762	69954
自贡市	Zigong	179	14424	43	2516	100	6073	11	1955	25	3880
攀枝花市	Panzhihua	174	11127	60	2392	70	4685	12	1426	32	2624
泸州市	Luzhou	304	18636	103	5499	155	9469	20	2254	26	1414
德阳市	Deyang	240	17941	70	4366	110	6586	19	3101	41	3888
绵阳市	Mianyang	275	24934	54	5086	123	10068	37	4452	61	5328
广元市	Guangyuan	168	10274	49	4206	76	3094	31	2570	12	404
遂宁市	Suining	192	15536	55	3247	95	8543	18	1814	24	1932
内江市	Neijiang	166	13466	46	2617	84	7521	13	1336	23	1992
乐山市	Leshan	179	14549	27	2623	99	7277	42	3313	11	1336
南充市	Nanchong	241	19364	27	2375	131	9842	33	3552	50	3595
眉山市	Meishan	153	11140	31	1944	89	5396	15	1826	18	1974
宜宾市	Yibin	312	14602	114	5135	149	5575	33	3112	16	780
广安市	Guangan	289	12746	39	3205	223	6961	20	2074	7	506
达州市	Dazhou	216	21605	39	5457	130	11587	27	2885	20	1676
雅安市	Yaan	59	5311	10	1273	19	1844	24	1989	6	205
巴中市	Bazhong	64	6346	7	1070	41	3283	15	1848	1	145
资阳市	Ziyang	170	26592	35	3883	96	4595	9	857	30	17257
阿坝藏族羌族自治州	Aba	93	7812	4	599	24	1163	51	5125	14	925
甘孜藏族自治州	Ganzi	35	2779	6	902	12	469	14	1368	3	40
凉山彝族自治州	Liangshan	209	16138	60	8471	81	3470	40	2471	28	1726

17-5 分行业限额以上批发零售贸易业商品购、销、存总额(2011年)
Total Purchases, Sales and Inventory of Enterprises above Designated Size in Wholesale and Retail Trade by Sector(2011)

单位:万元

指　　标	Item	购进总额 Total Purchases	销售总额 Total Sales	年末库存总额 Inventory (year-end)
总　计	**Total**	**64230014**	**78979014**	**7684188**
一、批发企业合计	**Wholesale Trade**	**40275757**	**48418427**	**4899164**
食品、饮料、烟草批发业	Food, Beverages and Tobaccos	7522987	9912133	1168249
# 粮食、食用油	Grains and Edible Oil	523995	631657	145075
烟草及其制品	Tobaccos	4504013	6156679	451397
纺织、服装及日用品批发业	Textiles, Garments, Shoes and Hats	1364590	1540528	154926
# 服装批发业	Garments	675356	743996	108804
文化、体育用品及器材批发业	Cultural and Sports Goods and Appliances	333734	350182	37117
医药及医疗器材批发业	Medicines and Medical Appliances	4191431	4951568	562425
矿产品、建材及化工产品批发	Mineral Products	20753889	24463276	2186113
煤炭及制品批发业	Coal and Related Products	959247	1131546	67564
石油及制品批发业	Petroleum and Related Products	3584070	4619258	138363
金属及金属矿批发业	Metal Materials and Mineral	7914260	9682155	1237042
建材批发业	Building Materials	3236867	3716424	222200
化肥批发业	Chemical Fertilizers	2106225	2128778	296486
机械设备、五金交点及电子产品	Machinery, Hardware and Electronic Equipment	4891795	5753515	464575
汽车、摩托车及零配件批发	Motor Vehicles, Motorcycles and Parts	483297	599465	53179
家用电器批发业	Household Appliance	756838	833385	76784
计算机、软件及辅助设备	Computers, Software and Assistant Equipment	2275090	2443044	144680
其他批发业	Other Wholesale not Classified Elsewhere	420542	546657	42033
二、零售企业合计	**Retail Trade**	**23954257**	**30560587**	**2785025**
综合零售业	General Retail	4918480	7151995	791458
# 百货零售业	Daily Consumer Goods	2865668	4546525	469939
超级市场零售业	Super Market	1670157	2160573	295524
食品、饮料及烟草制品专门零售	Food, Beverages and Tobaccos	524187	645843	71817
纺织、服装及日用品专门零售业	Textiles, Garments, Shoes and Hats	695913	775387	130271
# 服装零售业	Garments	391964	425600	51694
文化、体育用品及器材专门零售	Cultural and Sports Goods and Appliances	658231	645434	222486
医药及医疗器材专门零售业	Medicines and Medical Appliances	323370	405432	60056
汽车、摩托车燃料及零配件	Motor Vehicles, Motorcycles and Parts	13544017	17019036	1150136
# 汽车零售业	Motor Vehicles	7995472	8861654	852754
机动车燃料零售业	Mobile Fuel	5227952	7798438	266298
家用电器及电子产品专门零售	Household Appliance and Electronic Product	2468554	2869360	263395
五金、家具室内装饰材料专门零售	Hardware, Furniture and Domestic Decoration Material	375937	543262	31296
无店铺及其他零售业	Without Shop and Other Retail Trade	445569	504839	64110

17-6 各市(州)限额以上批发零售贸易业商品购、销、存总额(2011年)
Total Purchases, Sales and Inventory of Enterprises above Designated Size in Wholesale and Retail Trade by Region(2011)

单位：万元 (10 000 yuan)

市(州)	Region	购进总额 Total Purchases	销售总额 Total Sales	批发 Wholesale Trade	零售 Retail Trade	年末库存总额 Inventory (year-end)
全 省	**Sichuan**	**64230014**	**78979014**	**48418427**	**30560587**	**7684188**
成都市	Chengdu	39902184	49128277	30794101	18334176	4962287
自贡市	Zigong	954679	1116095	529022	587072	81687
攀枝花市	Panzhihua	1274640	1656609	992591	664018	201365
泸州市	Luzhou	1443545	2052408	1206846	845562	263418
德阳市	Deyang	2179534	3274423	2615986	658437	266908
绵阳市	Mianyang	4028880	4401398	2515730	1885668	386232
广元市	Guangyuan	751626	874129	716406	157723	65415
遂宁市	Suining	776782	980173	640613	339560	78947
内江市	Neijiang	1102639	1229427	457210	772217	68094
乐山市	Leshan	1270509	1393568	510872	882696	116437
南充市	Nanchong	1170884	1433517	482330	951187	127322
眉山市	Meishan	1047825	1124686	660764	463922	194383
宜宾市	Yibin	2037574	2279955	1750255	529700	379887
广安市	Guangan	1087900	1305503	474276	831227	63971
达州市	Dazhou	1356321	1790636	633220	1157417	132826
雅安市	Yaan	118450	427108	318547	108561	32691
巴中市	Bazhong	493539	584880	217883	366997	30636
资阳市	Ziyang	803896	901238	488742	412496	63474
阿坝藏族羌族自治州	Aba	202277	238282	195036	43246	11919
甘孜藏族自治州	Ganzi	223695	289902	254836	35066	11573
凉山彝族自治州	Liangshan	2002635	2496800	1963158	533642	144716

17-7 限额以上批发零售贸易业主要商品分类销售额(2011年)

Total Sales of Enterprises above Designated Size in Wholesale and Retail Sale by Category of Main Commodities(2011)

单位：万元 (10 000 yuan)

项　目	Item	合计 Total	批发 Wholesale	零售 Retail Sale
食品类	Food	2378650	897856	1480794
# 肉禽蛋类	Meat, Poultry and Eggs	511734	124471	387263
饮料类	Beverages	759016	382999	376017
烟酒类	Tobacco and Liquor	7764036	6900236	863800
服装、鞋帽类	Garments, Footwear and Hats	3071486	660799	2410687
针、纺织品类	Knitwear and Textiles	367340	110501	256839
化妆品类	Cosmetics	482318	115894	366424
金银珠宝类	Gold, Silver and Jewelry	340072	22139	317933
日用品类	Articles for Daily Use	1167191	359809	807382
洗涤用品类	Washing Articles	506887	256907	249980
五金、电料类	Hardware and Electrical Materials	101129	37767	63362
体育、娱乐用品类	Sports and Recreation Articles	74949	6416	68533
书报杂志类	Newspapers and Magazines	446838	70659	376179
电子出版物及音像制品类	E-journal and Video Products	53521	12029	41492
家用电器和音像器材类	Household Appliances and Video Appliances	3061396	675357	2386039
中西药品类	Traditional Chinese and Western Medicines	4672923	4132379	540544
文化办公用品类	Cultural and Official Goods	1379587	979627	399960
家具类	Furniture	203466	5945	197521
通讯器材类	Communication Appliances	978970	636358	342612
煤炭及制品类	Coal and Related Product	1681138	1605112	76026
木材及制品类	Wood and Wooden Product	3303	3303	
石油及制品类	Petroleum and Related Product	14003763	6805976	7197787
化工材料及制品类	Raw Chemical Materials	3944077	3944077	
金属材料类	Metals	11256356	11256356	
建筑及装潢材料类	Building and Decoration Materials	1095901	717669	378232
机电产品设备类	Mechanical and Electrical Products	1229191	991438	237753
# 农机类	Agricultural Machinery	123178	123178	
种子饲料类	Seed and Feedstuff	122247	122247	
棉麻类	Cotton, Hemp and Local livestock	115378	115359	19

17-8 限额以上批发零售贸易企业主要财务指标(2011年)
Main Financial Indicators of Enterprises above Designated Size in Wholesale and Retail Trades(2011)

单位：万元 (10 000 yuan)

指　标	Item	资产合计 Total Assets	# 流动资产 Circulating Funds	# 固定资产 Fixed Asset	负债合计 Total Liabilities	所有者权益 Total Creditors Equity	# 实收资本 Paid-up Capital
总　计	**Total**	**32209381**	**23752464**	**3917335**	**22243911**	**9965470**	**5069894**
一、批发企业合计	**Wholesale Trade**	**19029245**	**15950959**	**1147260**	**13637766**	**5391479**	**1939522**
# 国有及国有控股	State-owned & State Holding Majority Shares	4212118	3433505	468983	2019812	2192306	299696
按登记注册类型分	Grouped by Registration						
内资企业	Domestic-funded	18538892	15663081	1139412	13306057	5232834	1849858
国有企业	State-owned	4415194	3590255	485013	2060039	2355155	306209
集体企业	Collective Owned	965580	777540	78707	786566	179015	86120
股份合作企业	Cooperative	35435	31983	2105	28704	6731	2964
联营企业	Joint-owned	2345	1860	43	468	1877	50
有限责任公司	Limited Liability	8044497	7027431	273793	6489952	1554546	882393
股份有限公司	Share-holding	551435	403321	57587	435431	116004	96350
私营企业	Private	4368374	3728965	218119	3374175	994199	452508
其他企业	Other	156032	101727	24045	130723	25308	23265
港澳台商投资企业	Funded by Hongkong, Macao and Taiwan	67608	62035	2860	62967	4641	3695
外商投资企业	Foreign-funded	422746	225843	4989	268742	154003	85969
二、零售企业合计	**Retail Trade**	**13180136**	**7801505**	**2770075**	**8606144**	**4573992**	**3130371**
# 国有及国有控股	State-owned & State Holding Majority Shares	1071796	310131	255459	519004	552792	529041
按登记注册类型分	Grouped by Registration						
内资企业	Domestic-funded	11590988	6825196	2474610	7487031	4103958	2768907
国有企业	State-owned	1089141	314799	262138	528391	560750	531262
集体企业	Collective Owned	38915	26388	7760	22483	16432	10918
股份合作企业	Cooperative	28328	19136	5141	18351	9977	7541
联营企业	Joint-owned	91835	32031	12319	68527	23308	25616
有限责任公司	Limited Liability	4146358	3156517	369082	3082932	1063426	1351359
股份有限公司	Share-holding	3174359	1133740	1406913	1633107	1541252	366979
私营企业	Private	2933151	2089746	396915	2074961	858190	462745
其他企业	Other	88902	52840	14343	58279	30623	12487
港澳台商投资企业	Funded by Hongkong, Macao and Taiwan	630817	340973	131242	462364	168454	134096
外商投资企业	Foreign-funded	958331	635337	164223	656750	301581	227369

17-8续表 continued

单位：万元　　(10 000 yuan)

指　标	Item	主营业务收入 Business Revenue	主营业务成本 Main Business Revenue	主营业务税金及附加 Sales Tax and Extra-Charges	管理费用 Management Cost	财务费用 Financial Cost	营业利润 Business Profits	利润总额 Total Profits
总　计	**Total**	**71187423**	**64495004**	**522189**	**1369865**	**512031**	**2258591**	**2045084**
一、批发企业合计	**Wholesale Trade**	**43725045**	**39863453**	**378427**	**741098**	**309331**	**1438716**	**1339876**
# 国有及国有控股	State-owned & State Holding Majority Shares	11078865	9452004	267521	305394	35315	768638	744210
按登记注册类型分	Grouped by Registration							
内资企业	Domestic-funded	42609872	38818424	377161	732481	308804	1415205	1348551
国有企业	State-owned	11583296	9836857	294246	325469	36128	835411	810953
集体企业	Collective Owned	1662193	1599600	2589	25741	15631	8730	15823
股份合作企业	Cooperative	90131	82891	362	1876	147	1459	1496
联营企业	Joint-owned	6490	6275		53	7	104	90
有限责任公司	Limited Liability	18064358	17055254	40898	201464	168189	233766	242008
股份有限公司	Share-holding	1783401	1679905	2189	15649	12406	13863	8791
私营企业	Private	9211092	8380475	35507	155566	69703	314956	262431
其他企业	Other	208912	177167	1370	6663	6593	6915	6959
港澳台商投资企业	Funded by Hongkong, Macao and Taiwan	278290	265961	205	2262	265	1513	1516
外商投资企业	Foreign-funded	836883	779068	1061	6354	262	21998	-10191
二、零售企业合计	**Retail Trade**	**27462378**	**24631551**	**143762**	**628768**	**202700**	**819875**	**705208**
# 国有及国有控股	State-owned & State Holding Majority Shares	3191076	2981143	4254	29790	11628	72733	71336
按登记注册类型分	Grouped by Registration							
内资企业	Domestic-funded	24514071	22061706	130518	520441	187407	751784	643821
国有企业	State-owned	3234974	3019328	4839	30440	11942	76287	74970
集体企业	Collective Owned	211598	192158	1016	5036	719	4441	3921
股份合作企业	Cooperative	94267	83978	1986	3007	268	1837	1825
联营企业	Joint-owned	177212	152486	219	2843	1623	13335	12623
有限责任公司	Limited Liability	8575518	7646346	64460	202550	61495	263926	233228
股份有限公司	Share-holding	4627033	4184758	14042	74642	57658	138308	127978
私营企业	Private	7319464	6533694	42062	195904	51375	243526	180211
其他企业	Other	274007	248959	1894	6019	2327	10125	9065
港澳台商投资企业	Funded by Hongkong, Macao and Taiwan	997193	866391	4170	35346	10405	28355	22433
外商投资企业	Foreign-funded	1951115	1703454	9074	72981	4888	39736	38954

17-9 各市(州)限额以上批发零售贸易企业主要财务指标(2011年)
Main Financial Indicators of Enterprises above Designated Size in Wholesale and Sales Trades by Region(2011)

单位: 万元 (10 000 yuan)

市(州)	Region	资产合计 Total Assets	负债合计 Total Liabilities	主营业务收入 Main Business Revenue	主营业务成本 Cost of Main Business	销售费用 Sales Cost	主营业务税金及附加 Sales Tax and Extra-Charges	主营业务利润 Sales Profits
全　省	**Sichuan**	**32209381**	**22243911**	**71187423**	**64495004**	**2495792**	**522189**	**6170230**
成都市	Chengdu	19372787	14434824	43273630	40052306	1476569	202491	3018834
自贡市	Zigong	856616	593252	1005805	894008	46215	10871	100925
攀枝花市	Panzhihua	920816	599308	1568464	1419513	53368	8133	140819
泸州市	Luzhou	872883	560215	1929380	1603576	120757	38384	287420
德阳市	Deyang	1304761	977389	2864600	2637459	68327	17862	209279
绵阳市	Mianyang	1201166	786456	3857868	3505248	115682	27204	325416
广元市	Guangyuan	302543	168459	808709	706441	32112	11872	90396
遂宁市	Suining	2499285	1273355	1519731	1196383	65451	18345	305003
内江市	Neijiang	404636	277879	1094919	1019869	27035	7487	67563
乐山市	Leshan	500621	324227	1353789	1186471	49758	17953	149366
南充市	Nanchong	435940	262077	1337201	1171006	58115	19074	147121
眉山市	Meishan	406022	267051	1091018	957496	29905	13465	120058
宜宾市	Yibin	806703	476931	2062440	1772590	78139	24970	264880
广安市	Guangan	272334	139317	1236896	1032124	42705	19829	184944
达州市	Dazhou	392682	232328	1637048	1439447	61585	23718	173883
雅安市	Yaan	117033	54378	416599	363054	13877	6634	46911
巴中市	Bazhong	123988	61210	585611	514279	16336	11847	59486
资阳市	Ziyang	255010	132896	822525	712270	38822	15467	94788
阿坝藏族羌族自治州	Aba	95166	49308	208995	174479	6640	4489	30027
甘孜藏族自治州	Ganzi	63333	23845	263188	225683	12772	4079	33426
凉山彝族自治州	Liangshan	1005057	549206	2249009	1911305	81624	18017	319688

17-10 限额以上餐饮企业主要财务指标(2011年)

Main Financial Indicators of Enterprises above Designated Size in Catering Trade(2011)

单位：万元 (10 000 yuan)

指　标	Item	资产合计 Total Assets	# 流动资产 Circulating Funds	# 固定资产 Fixed Asset	负债合计 Total Liabilities	主营业务收入 Business Revenue
总　计	**Total**	**5403831**	**1735887**	**2073677**	**3492682**	**2910046**
# 国有及国有控股	State-owned & State Holding Majority Shares	547629	132253	309325	316914	209697
按登记注册类型分	Grouped by Registration					
内资企业	Domestic-funded	4852625	1615473	1766728	3043562	2518757
国有企业	State-owned	607140	143401	340127	355947	230570
集体企业	Collective Owned	37437	8451	24679	30192	20386
股份合作企业	Cooperative	198932	69738	45866	124120	54915
联营企业	Joint-owned	7792	1025	5699	10492	4334
有限责任公司	Limited Liability	1628263	492029	467420	984587	735718
股份有限公司	Share-holding	282607	87331	132125	167390	107682
私营企业	Private	2019458	791426	712728	1329167	1314573
其他企业	Others	70996	22073	38085	41668	50580
港澳台商投资企业	Funded by Hongkong, Macao and Taiwan	233473	48883	104970	302374	166743
外商投资企业	Foreign-funded	317733	71530	201979	146746	224546

17-10续表 continued

单位：万元 (10 000 yuan)

指　标	Item	主营业务成本 Cost of Business	管理费用 Managemant	主营业务税金及附加 Sales Tax and Extra-charges	营业利润 Business Profits	利润总额 Total Profits
总　计	**Total**	**1233598**	**502710**	**158651**	**147790**	**121364**
# 国有及国有控股	State-owned & State Holding Majority Shares	60747	52334	10783	6790	-51
按登记注册类型分	Grouped by Registration					
内资企业	Domestic-funded	1084770	431580	136544	103961	76685
国有企业	State-owned	71848	57913	11917	4842	-1935
集体企业	Collective Owned	20658	2525	1054	-7845	-8051
股份合作企业	Cooperative	22485	8907	2860	1530	3174
联营企业	Joint-owned	1821	1347	271	-1254	-1154
有限责任公司	Limited Liability	329441	136106	40722	8454	7018
股份有限公司	Share-holding	46003	18822	6078	3777	3212
私营企业	Private	569940	197634	70962	91537	71366
其他企业	Others	22573	8327	2680	2920	3054
港澳台商投资企业	Funded by Hongkong, Macao and Taiwan	47310	32442	9332	19577	20021
外商投资企业	Foreign-funded	101517	38688	12776	24252	24659

17-11 各市(州)限额以上餐饮企业主要财务指标(2011年)
Main Financial Indicators of Enterprises above Designated Size in Catering Trade by Region(2011)

单位: 万元 (10 000 yuan)

市(州)	Region	资产合计 Total Assets	负债合计 Total Debt	主营业务收入 Main Business Revenue	主营业务成本 Cost of Main Business	销售费用 Sales Cost	主营业务税金及附加 Sales Tax and Extra-Charges	营业利润 Business Profits
全　省	**Sichuan**	**5403831**	**3492682**	**2910046**	**1233598**	**811026**	**158651**	**147790**
成都市	Chengdu	2828776	1931111	1733252	719344	508900	97500	83421
自贡市	Zigong	75136	48868	46699	21084	13086	2981	3398
攀枝花市	Panzhihua	103429	66004	36599	16076	9613	1954	-602
泸州市	Luzhou	104474	69567	40254	18714	9650	2223	1301
德阳市	Deyang	173171	99083	73508	27480	20589	4101	-134
绵阳市	Mianyang	315265	199928	117877	48849	34758	6424	5436
广元市	Guangyuan	61702	45074	30891	15867	8110	1704	-1735
遂宁市	Suining	123070	36505	32536	17121	5514	1411	2718
内江市	Neijiang	86541	60998	31679	16089	8255	1426	109
乐山市	Leshan	162269	95250	47675	23998	12004	2630	-3198
南充市	Nanchong	214938	144649	89048	40195	19512	4828	7167
眉山市	Meishan	116727	38551	38284	18715	8787	1809	1437
宜宾市	Yibin	103713	86373	56788	29031	10956	3755	3644
广安市	Guangan	33969	24004	25473	11485	6757	1432	493
达州市	Dazhou	63121	30603	44050	20242	11328	2091	2123
雅安市	Yaan	65530	38309	23144	11512	5999	1089	259
巴中市	Bazhong	36221	25599	22779	9798	5705	1273	1411
资阳市	Ziyang	154287	62255	259348	115549	67307	12155	34998
阿坝藏族羌族自治州	Aba	409335	289399	87712	18787	26979	4656	1088
甘孜藏族自治州	Ganzi	49734	29083	14324	5535	3341	764	1284
凉山彝族自治州	Liangshan	122423	71468	58128	28129	13879	2446	3171

主要统计指标解释

社会消费品零售总额 指企业（单位、个体户）通过交易直接售给个人、社会集团非生产、非经营用的实物商品金额，以及提供餐饮服务所取得的收入金额。个人包括城乡居民和入境人员，社会集团包括机关、社会团体、部队、学校、企事业单位、居委会或村委会等。

批发业 指批发商向批发、零售单位及其他企事业、机关单位批量销售生活用品和生产资料的活动，以及从事进出口贸易和贸易经纪与代理的活动。批发商可以对所批发的货物拥有所有权，并以本单位、公司的名义进行交易活动；也可以不拥有货物的所有权，而以中介身份做代理销售商。还包括各类商品批发市场中固定摊位的批发活动。

零售业 指百货商店、超级市场、专门零售商店、品牌专卖店、售货摊等主要面向最终消费者（如居民等）的销售活动。包括以互联网、邮政、电话、售货机等方式的销售活动，还包括在同一地点，后面加工生产，前面销售的店铺（如前店后厂的面包房）。不包括：谷物、种子、饲料、牲畜、矿产品、生产用原料、化工原料、农用化工产品、机械设备（乘用车、计算机及通信设备等除外）等生产资料的销售（列入批发业）；非零售单位附带的零售活动，如汽车修理单位销售汽车零件（列入单位主业所对应的行业类别中）；商业零售单位所在商厦的物业管理（列入物业管理）；商业零售单位所在的商品市场、商业大厦的市场管理活动（列入市场管理）。

批发和零售业商品购进、销售、库存总额 指各种登记注册类型的批发和零售业企业(单位)以本企业(单位)为总体的，从国内、国外市场购进的商品总量、销售和出口的商品总量、库存的商品总量等情况。

商品购进总额 指从本企业以外的单位和个人购进(包括从国外直接进口)作为转卖或加工后转卖的商品总额(含增值税)。

商品销售总额 指对本企业以外的单位和个人出售的商品总额（包括售给本单位消费用的商品，含增值税）。

商品库存总额 指报告期末各种登记注册类型的批发和零售业企业(单位)已取得所有权的商品。

住宿业 指有偿为顾客提供临时住宿的服务活动。不包括提供长期住宿场所的活动，如出租房屋、公寓等（列入房地产开发经营）。

餐饮业 指在一定场所，对食物进行现场烹饪、调制，并出售给顾客主要供现场消费的服务活动。

住宿和餐饮业营业额 指住宿和餐饮业法人企业（单位）在经营活动中因提供服务或销售商品等取得的收入。包括：客房收入、餐费收入、商品销售额和其他收入。客房收入指住宿和餐饮业法人企业（单位）在经营活动中因提供住宿服务取得的收入。餐费收入指住宿和餐饮业法人企业（单位）因为顾客提供就餐服务取得的收入，包括经烹饪、调制加工后出售的各种食品，如主食、炒菜、凉拌菜等的收入。

限额以上批发和零售业统计范围：从 2011 年开始包括年主营业务收入 2000 万元及以上的批发业和年主营业务收入 500 万元及以上的零售业法人单位。

限额以上住宿和餐饮业统计范围：从 2011 年开始包括年主营业务收入 200 万元及以上的住宿和餐饮业法人单位。

Explanatory Notes on Main Statistical Indicators

Total Retail Sales of Consumer refer to the amount obtained by enterprises (units, self-employed individuals) through direct sales of non-production and non-business physical commodity to individuals, social institutions, and revenue from providing catering services. Individuals include rural and urban households, population from abroad, social institutions include government agencies, social organizations, military units, schools, institutions, neighbourhood (village) committees.

Wholesale Trade refers to the activities of wholesaler selling at wholesale commodities for daily use and capital goods to enterprises of wholesale and retail trades and other enterprises, institutions and government offices, including the activities of wholesaler engaged in import and export and acting as a trade agent. The wholesaler may have the right of ownership over the commodities of wholesale and trade in the name of its own's or a company, the wholesaler may not have the right of ownership, only acts an agent. The wholesale trade also include the activities of wholesaler at the fixed stalls of the wholesale market of different commodities.

Retail Trade refers to the activities of department store, supermarket, franchised store, brand store, retail stall and on-the-spot-making-selling store selling commodities to the final consumers (citizens) by any means including internet, post, telephone, sales machine. Retail trade excludes the activities of sales of capital goods such a grain, seed, feed, livestock, mineral products, raw material for production, industrial chemicals, chemical products for farm, machine and equipment (vehicle, computer and communication equipment), and the activities of supplementary sales of non-retailer such as the sales of spareparts of car repair business (listed as branch in correspondence with principle business), property management of buildings of retail units (listed as property management); market management of commercial markets and buildings of retail units (listed as market management) .

Purchase, Sales and Stock of Commodities by Wholesale and Retail Trade refer to the total volume of commodities purchased, total volume of sales and exports , and the stock of commodities by wholesale and retail enterprises (establishments) of different status of registration from domestic and overseas markets.

Total Purchases of Commodities refer to the total value of purchases of commodities by the enterprises (establishments) from other establishments or individuals (including direct import from abroad) for the purpose of re-selling, either with or without further processing of the commodities purchased.

Total Sales of Commodities refer to value of commodities sold by the establishments to other establishments and individuals (including goods sold for self consumption, including the value-added tax).

Total Stock of Commodities refers to total commodities possessed by wholesale and retail enterprises (units) of various types of registration status at the end of the reference period, reflecting the commodity stock level of various wholesale and retail enterprises and the potential for market supply.

Hotel Services refer to the charged accommodation services provided to customers, excluding the long term accommodation service activities such as rental housing and apartments(it is under real estate development and management).

Catering Services refer to the activities of enterprises providing on-the-spot services of selling food cooked and prepared to the customer in certain sites.

Business Revenue of Hotels and Catering Services refers to revenue received from providing services or selling commodities by corporate enterprises and establishments engaged in hotels and catering services, including income from hotels, from catering services, from selling of commodities and from other services. Income from hotels refers to income of corporate enterprises and establishments engaged in hotels and catering services by providing lodging services. Income from catering services refers to income of corporate enterprises and establishments engaged in hotels and catering services by providing catering services, including selling of cooked or prepared foods such as staple food, cooked dishes or cold dishes.

Wholesale and Retail Trade above Designated Statistics Range: included wholesale trade of which annual main business income are more than 20 million yuan , and retail corporate units of which the main business income are more than 5 million yuan from 2011.

Accommodation and Catering Trade above Designated Statistics Range:include accommodation and catering corporate units of which the main business income are more than 2 million yuan from 2011.

18

对外经济贸易和旅游

FOREIGN TRADE AND ECONOMIC COOPERATION AND INTERNATIONAL TOURISM

18-1 对外经济贸易
Foreign Trade and Economic Cooperation

单位：万美元、份 (USD 10 000，copy)

指　标	Item	2005	2007	2008	2009	2010	2011
进出口总额	**Total Import and Export**	**790476**	**1438461**	**2203828**	**2422728**	**3277822**	**4778444**
出口总额	Total Export	470089	860826	1310789	1415167	1884504	2904567
进口总额	Total Import	320387	577635	893039	1007561	1393318	1873877
对外签订利用外资协议(合同)金额	**Total Amount of Foreign Capital to be Utilized in the Signed Agreements and Contracts**	**205576**	**457954**	**628590**	**245001**	**621470**	**630678**
外商直接投资	Foreign Direct Investment	200303	454628	625175	242542	611651	625949
外商其他投资	Other Foreign Investment	5273	3326	3415	2459	9819	4729
实际利用外资额	**Total Amount of Foreign Capital Actually Used**	**110206**	**201169**	**334159**	**412933**	**701299**	**1102733**
对外借款	Foreign Loan	19505	24018	21990	30602	35000	73528
外商直接投资	Foreign Direct Investment	88686	149322	308842	358980	602517	948137
外商其他投资	Other Foreign Investment	2015	27829	3327	2051	9782	4568
港澳援建资金	Reconstruction Funds of Hong Kong and Macao				21300	54000	76500
对外经济合作	**Economic Cooperation with Foreign Countries and Territories**						
合同金额	Contracted Value	140805	496678	481547	451467	689802	750253
对外承包工程	Contracted Projects	138397	482757	450120	439995	684878	745344
对外劳务合作	Labor Services	2408	13921	31427	11472	4924	4909
完成营业额	Value of Business Fulfilled	60079	121437	240475	337185	402137	504240
对外承包工程	Contracted Projects	57274	118736	235191	335622	399299	498692
对外劳务合作	Labor Services	2805	2701	5284	1563	2838	5548

18-2 人民币汇率（年平均价）
RMB Exchange Rate (Annual Average)

单位：万美元、份 (10 000 Dollar,copy)

年份 Year	100美元 $100	100日元 100 yen	100港元 HK $ 100	100欧元 € 100
1985	294	1	38	
1990	478	3	61	
1995	835	9	108	
2000	828	8	106	
2001	828	7	106	
2002	828	7	106	801
2003	828	7	106	936
2004	828	8	106	1029
2005	819	7	105	1020
2006	797	7	103	1002
2007	760	6	97	1042
2008	695	7	89	1022
2009	683	7	88	953
2010	677	8	87	897
2011	646	8	83	900

18-3 海关进口商品分类金额
Value of Import by Category of Commodities

单位:万美元 (USD 10 000)

商品类别	Category of Commodities	2005	2008	2009	2010	2011
总 额	**Total Value**	**320387**	**893039**	**1007561**	**1393318**	**1873877**
活动物;动物产品	Live Animals and Animal Products	431	430	639	1560	3361
植物产品	Vegetables, Fruits and Cereals	3527	9991	10436	14564	13388
动植物油脂及蜡	Animal and Vegetable Oil, Wax	776	209	549	1742	90
食品、饮料、烟草	Food, Beverages and Tobacco	3108	7977	5865	5590	9026
矿产品	Minerals	38853	70853	56956	93380	125873
化学工业及相关产品	Chemicals and Related Products	30974	40404	47970	64163	111162
塑料、橡胶及其制品	Plastics, Rubber and Related Products	4814	9714	12243	22512	30215
生皮、皮革、毛皮及制品	Raw Hides, Leather, Furs and Related Products	1487	6485	4791	8295	9468
木、软木及制品;编结制品	Wood and Wooden Products, Cork and Related Products, Plaited Products	108	187	673	776	687
木浆、纸浆及纸制品	Wood Pulp, Paper Pulp and Paper Products	2171	6417	5454	12726	20757
纺织原料及纺织制品	Textile Materials and Products	3435	4698	5302	7535	9338
鞋、帽、伞、杖及羽毛制品	Footwear, Headgear, Umbrellas, Canes and Feather Products	803	932	1338	1402	1297
矿物材料制品、陶瓷品、玻璃制品	Stone Products, Ceramics and Glassware	2869	2821	4093	11513	14275
珍珠、宝石、贵金属制品	Pearls, Precious Stones and Precious Metal Products	289	6562	1754	4861	3383
贱金属及其制品	Base Metals and Related Products	33947	82611	88579	77700	77573
核反应堆、电机、声视频设备	Nuclear Reactors, Machinery & Electric Equipment,Vedio and Audio Appliances	127440	525072	629782	879656	1154842
车辆、航空器、船舶及有关运输设备	Vehicles, Aircrafts, Ships and Related Transportation Equipment	43419	66408	69475	94595	124286
光学、医疗等仪器、钟表、乐器	Optical, Medical Instruments and Equipment, Clocks and Watches, Musical Instruments	21706	45427	58350	79880	107019
家具、玩具等杂项制品	Furnitures, Toys and Miscellaneous Manufactured Articles	214	2261	1454	3225	4682
艺术品、收藏品及古物	Works of Art, Collection Pieces and Antiques		17	3	7	59
特殊交易品及分类商品	Pecular Trade And Classification Commodity	16	3563	1854	648	53096

18-4 海关出口商品分类金额
Value of Export by Category of Commodities

单位:万美元 (USD 10 000)

商品类别	Category of Commodities	2005	2008	2009	2010	2011
总　额	**Total Value**	**470089**	**1310789**	**1415167**	**1884064**	**2904567**
活动物；动物产品	Live Animals & Animal Products	19338	21793	15644	16969	20126
植物产品	Vegetables, Fruits and Cereals	7602	14748	13906	15366	20364
动植物油脂及蜡	Animal and Vegetable Oil, Wax	11	83	51	49	445
食品、饮料、烟草	Food, Beverages and Tobacco	12812	20438	19625	27088	32910
矿产品	Minerals	1910	2307	1626	2839	4141
化学工业及相关产品	Chemicals and Related Products	63410	126003	93960	132299	185903
塑料、橡胶及其制品	Plastics, Rubber and Related Products	9667	23630	34208	72060	81903
生皮、皮革、毛皮及制品	Raw Hides, Leather, Furs and Related Products	14021	26091	32840	91762	185608
木、软木及制品;编结制品	Wood and Wooden Products, Cork and Related Products, Plaited Products	7429	8692	5639	4822	4626
木浆、纸浆及纸制品	Wood Pulp, Paper Pulp and Paper Products	1290	2098	5334	18068	24143
纺织原料及纺织制品	Textile Materials and Products	89808	210895	230962	308956	236295
鞋、帽、伞、杖及羽毛制品	Footwear, Headgear, Umbrellas, Canes and Feather Products	12789	41551	74572	101139	104969
矿物材料制品、陶瓷品、玻璃制品	Stone Products, Ceramics and Glassware	9500	22649	34705	80215	96878
珍珠、宝石、贵金属制品	Pearls, Precious Stones and Precious Metal Products	1802	1334	3826	13575	11596
贱金属及其制品	Base Metals and Related Products	73039	156714	121781	170805	220671
核反应堆、电机、声视频设备	Nuclear Reactors, Machinery & Electric Equipment,Vedio & Audio Appliances	125024	567287	631530	663492	1432723
车辆、航空器、船舶及有关运输设备	Vehicles, Aircrafts, Ships and Related Transportation Equipment	7998	17299	23266	35437	39753
光学、医疗等仪器、钟表、乐器	Optical, Medical Instruments and Equipment, Clocks & Watches, Musical Instruments	3406	11719	18056	38599	46721
家具、玩具等杂项制品	Furnitures, Toys and Miscellaneous Manufactured Articles	8904	31576	50129	88046	98859
艺术品、收藏品及古物	Works of Art, Collection Pieces and Antiques	39	83	149	558	1522
特殊交易品及分类商品	Pecular Trade And Classification Commodity	236	3660	3191	1724	54240

18-5 各市(州)进出口总额(2011年)
Total Import and Export by Region(2011)

单位：万美元 (USD 10 000)

市(州)	Region	进出口总额 Total Import and Export		出口总额 Total Export		进口总额 Total Import	
		2010	2011	2010	2011	2010	2011
全 省	**Sichuan**	**3277822**	**4778445**	**1884504**	**2904568**	**1393318**	**1873877**
成都市	Chengdu	2467759	3790634	1387408	2295596	1080351	1495038
自贡市	Zigong	54138	70685	24869	34450	29269	36235
攀枝花市	Panzhihua	25389	26586	18760	17549	6629	9037
泸州市	Luzhou	13325	15192	10576	10336	2749	4856
德阳市	Deyang	223195	290775	94137	139348	129058	151427
绵阳市	Mianyang	159752	185135	82665	97375	77087	87760
广元市	Guangyuan	20729	29708	17380	26262	3349	3446
遂宁市	Suining	28150	39699	22703	33358	5447	6341
内江市	Neijiang	16845	25694	16757	23328	88	2366
乐山市	Leshan	97630	79858	67581	49862	30049	29996
南充市	Nanchong	30867	32795	28196	31231	2671	1564
眉山市	Meishan	9985	13577	9048	11191	937	2386
宜宾市	Yibin	65275	81229	44170	54634	21105	26595
广安市	Guangan	29275	44622	28011	42018	1264	2604
达州市	Dazhou	7070	15237	6327	7303	743	7934
雅安市	Yaan	1333	3261	1226	1884	107	1377
巴中市	Bazhong	4863	2584	4863	2584		
资阳市	Ziyang	15669	21093	13880	17533	1789	3560
阿坝藏族羌族自治州	Aba	1475	3853	856	2521	619	1332
甘孜藏族自治州	Ganzi	1305	646	1299	646	6	
凉山彝族自治州	Liangshan	3793	5582	3792	5559	1	23

18-6 涉外饭店(宾馆)接待海外旅游者情况
Basic Condition of Foreign Hotel Reception of Oversea Arrivals

项　目	Item	2005	2008	2009	2010	2011
人数合计　(万人次)	**Total　(10 000 persons)**	**106.28**	**69.95**	**84.99**	**104.93**	**163.97**
外国人	**Foreigners**	**68.27**	**47.77**	**61.49**	**74.97**	**113.73**
亚洲	Asia	47.50	22.04	32.07	40.95	57.86
日本	Japan	15.45	5.78	16.46	20.23	23.70
马来西亚	Malaysia	6.80	1.70	5.60	3.18	4.69
新加坡	Singapore	7.39	3.64	2.69	3.62	6.79
泰国	Thailand	5.80	2.38	1.61	2.13	4.23
欧洲	Europe	9.50	12.17	13.61	17.44	29.48
英国	United Kingdom	1.86	3.27	3.87	5.24	9.30
德国	Germany	1.95	1.56	1.84	2.42	5.36
法国	France	1.77	2.60	2.84	2.80	4.25
意大利	Italy	0.80	0.71	0.73	0.72	1.18
北美洲	North America	8.49	11.49	11.82	11.93	19.35
加拿大	Canada	1.12	1.86	2.28	2.20	3.47
美国	United States	6.99	7.03	7.05	8.91	14.64
澳大利亚	Australia	1.02	1.82	1.77	2.31	3.89
非洲	Africa	0.29	0.53	0.44	0.40	0.63
其他	Other	1.18	1.54	0.73	1.09	1.13
台湾同胞	**Compatriots from Taiwan**	**24.02**	**9.55**	**9.83**	**14.85**	**27.78**
人天数合计　(万人天)	**Total Number of Tourists Visiting and Days　(10 000 person-days)**	**187.82**	**127.98**	**157.37**	**198.19**	**312.04**
外国人	Foreigners	120.48	92.95	117.53	144.01	223.13
台湾同胞	Compatriots from Taiwan	40.96	14.71	16.74	25.79	45.72
旅游外汇收入　(万美元)	**Foreign Exchange Earnings of Tourism　(USD 10 000)**	**31595.00**	**21498.35**	**28855.93**	**35408.78**	**59382.55**

18-7 主要涉外星级饭店一览(2011年)
List of Star-Rated Tourist Hotels(2011)

名 称	Name	地 址	Address	电话号码 Telephone Number
五星级	**Five-Star**			
锦江宾馆	Jinjiang Hotel	成都市人民南路二段36号	No.36 2nd Section Renmin Nanlu Avenue, Chengdu	028-85582222
成都西藏饭店	Tibet Hotel(Chengdu)	成都市人民北路一段十号	No.10 1st Section Renmin Beilu Avenue, Chengdu	028-83183388
成都凯宾斯基饭店	Kempinski Hotel Chengdu	成都市人民南路四段42号	No.42 4nd Section Renmin Nanlu Avenue, Chengdu	028-85269999
加州花园酒店贵宾楼	VIP Building of Jiazhou Garden Hotel	成都市沙湾路258号	No.258 Shawan Road, Chengdu	028-87649999
天府丽都喜来登饭店	Sheraton Chengdu Lido Hotel	成都市人民中路一段15号	No.15 lst section Remin Zhonglu Ave.,Chengdu	028-86768999
成都索菲特万达大酒店	Sofitel Wanda Hotel	成都市滨江中路15号	No.15 Binjiang Road, Chengdu	028-66669999
总府皇冠假日酒店	Crown Plaza Holiday Inn	成都市总府路31号	No.31 Zongfu Street, Chengdu	028-86786666
成都市家园国际酒店	Chengdu Haoyuan Hotel	成都市机场路181号	No.181 Airport Road, Chengdu	028-82939999
望江宾馆	Wangjiang Hotel	成都市下沙河铺42号	No.42 Xiashahepu, Chengdu	028-84790000
成飞宾馆贵宾楼	Chegnfei Hotel VIP Floor	成都市青羊区黄田坝	Huangtianba,Qingyang District, Chengdu City	028-87415648
九寨沟天堂国际会议度假中心	Jiuzhaigou Paradise International Conference Centre Hotel	九寨沟县漳扎镇甘海子	GanHaizi Village,Zhangzh Town, Jiuzhaigou County	0837-7789999
九寨沟喜来登国际大酒店	Jiuzhaigou International Hotel	阿坝州九寨沟景区	Jiuzhaigou, Aba	0837-7739988
广安思源大酒店	GuanganSishen Hotel	广安市城南五湖西路301号	No.301 Chengnanwuhu West Road, Guangan	0826-2355888
红珠山宾馆	Hongzhushan Hotel	乐山市峨眉山市报国寺	Baoguo Temple,Meishan City	0833-5525888
泸州酒城宾馆	luzhou.jiucheng Hotel	泸州市上平远路71号	No.71 Shangping Yuanlu Avenue,Luzhou	0830-3159999
成都香格里拉大酒店	Shangri-La Hotel,Chengdu	成都滨江东路九号	No.9 Bingjiang East Road,Chengdu City	028-88889999
青城（豪生）国际酒店	Qingcheng (Howard Johnson) International Hotel	都江堰市青城山镇青城大道88号	No.88 Qingcheng Avenue,Qingcheng Mountain Town,Dujiangyan City	028-88988888
成都城市名人酒店	Chengdu Celebrity City Hotel	成都市人民南路一段122-124号	No.122-124 1st Section Renmin South Street,Chengdu City	028-86833333
成都世纪天堂洲际大饭店	Chengdu Century InterContinental Hotel	成都市世纪城路88号	No.88 Century City Road,Chengdu City	028-85349999
四川岷山饭店	Minsgab Hotel,Sichuan	成都人民南路二段55号	No.55 2nd Section Renmin South Road, Chengdu City	028-85583333
富乐山九洲国际酒店	Fulejiuzhou International Hotel	绵阳市芙蓉路一段1号	No.1 1st Section Furong Road, Mianyang City	0816-2284888
岷江东湖国际酒店	Mingjiang East Lake International Hotel	眉山市东坡区环岛路1号	No.1 Huandao Road,Dongpo District, Chengdu City	028-38666033
宜宾竹海世外桃源度假酒店	Eden Resort Hotel Yibin	宜宾市长宁县竹海镇	Changning Zhuhai Town,Yibin	0831-4999999
四星级	**Four-Star**			
成都岷山饭店	Chengdu Minshan Hotel	成都市人民南路二段63号	No.68 2nd Section Renmin Nan Avenue,Chengdu	028-85583333
四川宾馆	Sichuan Hotel	成都市总府街31号	No.31 Zongfu Street, Chengdu	028-86755555
金叶宾馆	Jinye Hotel	都江堰城北观景路	Beiguanjing Road,North Town, Dujiangyan	028-87119999

18-7续表1 continued

名　　称	Name	地　　址	Address	电话号码 Telephone Number
成都天府阳光酒店	Chengdu Tianfu Sunshine Hotel	成都市泰升北路2号	No.2 Taisheng North Raod,Chengdu	028-86922233
成都天仁大酒店	Chengdu Tianlun Hotel	成都市三洞桥街18号	No.18 Sandongqiao street,Chengdu	028-87731111
成都博瑞花园酒店	Chengdu Borui Garden Hotel	成都龙泉驿区龙都北路	Longdu North Road, Longquanyi, Chengdu	028-84839888
成都天伦酒店	Chengdu Tianlun Hotel	成都龙泉驿区 同安镇阳光城	Yangguangcheng, Tongan Town, Longquanyi, Chengdu	028-84885688
都江堰鹤翔山庄	Dujiangyan Hexiang Valli	都江堰青城山	Qingcheng Mt, Dujiangyan	028-87218956
四川国堰宾馆	Sichuan Guoyan Hotel	都江堰观景路中段	Shuangjing Road, Dujiangyan	028-87146666
四川绿洲大酒店	Sichuan Luzhou Grand Hotel	成都市忠烈祠街99号	No.99 Zhonglieci Street, Chengdu	028-82938899
四川新华国际酒店	Sichuan Xinhua International Hotel	成都市古中寺街8号	No.8 Guzhongsi Street, Chengdu	028-82985588
成都宇豪金港湾酒店	Universal House Golden Gulf Hotel	成都市西区	West District,Chengdu	028-87746666
沃特酒店	Water Hotel & Spa	成都市太升南路53-57号	No.53-57 Daisheng South Road, Chengdu	028-82988888
成都金玉阳光大酒店	Chengdu Jinyu Sunshine Grand Hotel	成都市双林路88号	No.88 Shuanglin Road, Chengdu	028-66138888
四川芙蓉丽庭酒店	Sichuan Furongliting Hotel	成都市一环路北二段 西二路17号	No.17 West Section 3 1st Ring Rood,Chengdu	028-83172222
成都京川宾馆	Chengdu Jinchuan Hotel	成都一环路西一段144号	No.144 West Section 1, 1st Ring Road,Chengdu	028-87014938
成都罗曼大酒店	Chengdu Loman Grand Hotel	成都人民中路二段22号	No.22 Renmin Middle Road,chengdu	028-82929999
世代锦江商务酒店	Shidai Jingjiang Business Hotel	成都市下南大街59号	No.59 Xian South Avenue, Chengdu	028-86090888
四川星逸酒店	Sichuan Xingyi Hotel	成都市德盛路33号	No.33 Desheng Road,Chengdu	028-86919999
四川岷山拉萨大酒店	Minshan Lhasa Grand Hotel	成都市肖家河北街88号	No.88 North Street,Xiaojia District,Chengdu	028-85198998
四川新良大酒店	Xinliang Hotel	成都市上东大街53号	No.53 Shang East Street ,Chengdu	028-86739999
成都喜玛拉雅大酒店	Chengdu Himalaya Hotel	成都市二环路北一段17号	No.17 North Section 1 2nd Ring Road,Chengdu	028-86319988
郫县镜湖园宾馆	Pixian Jinghuyuan Hotel	郫县皮筒镇望丛中路63号	63 Wangcong Middle Road, Pitong, Pixian county	028-87929888
自贡雄飞假日酒店	Holiday Inn Zigong Xiongfei Hotel	自贡市自流井区 解放路193号	No.193 Jiefang Avenue, Ziliujin, Zigong	0813-2118888
绵州酒店	Mianzhou Hotel	绵阳市临园路东段62号	No.62 East Section Lingyuan Avenue, Mianyang	0816-2239888
内江长江大酒店	Neijiang Changjiang Grand Hotel	内江市西林大道338号	No.338 Xilin Avenue, Neijiang	0832-2277777
绵阳王子大酒店	Mianyang Prince Grand Hotel	绵阳市临园路西段25号	No.25 West Section Linyuan Avenue, Mianyang	0816-6358999
富乐山国际酒店别墅区	Fuleshan Villa	绵阳市芙蓉路一段1号	No.1 Furong Road, Mianyang	0816-2284888
绵阳长虹国际酒店	Mianyang Changhong Grand Hotel	绵阳市高新区	Economy and Tech.Zone,Mianyang	0816-2416666
自贡汇东大酒店	Zigong Huidong Hotel	自贡市汇东路东段16号	No.16 East Section Huidong Road, Zigong	0813-8288888
峨眉山华生酒店	Emei Mt. Huasheng Hotel	峨眉山市佛光南路	Fuguang Nanlu Road, Emei	0833-5546999

18-7续表2 continued

名　称	Name	地　址	Address	电话号码 Telephone Number
宜宾华荣酒店	Yibin Huarong Hotel	宜宾市长江大道东段67号	No.67 East West Changjiang Ave., Yibin	0831-2399999
广安岷山世纪大饭店	Guangan Century Hotel	广安市金广大道88号	No.88 Jinguang Ave., Guangan	0826-2336666
峨眉山大酒店	Emei Mt. Hotel	乐山市峨眉山市报国寺	Baoguo Temple, Emei	0833-5526888
遂宁天友国际酒店	Suining Tianyou Hotel	遂宁市经济技术开发区明月路100号	No.100 Mingyue Road, Economy and Technology Development Zone, Suining	0825-2396666
峨眉山饭店	Emeishan Hotel	乐山市峨眉山市报国寺	Baoguo Temple, Emei	0833-5590518
遂宁明星康年酒店	Suining Minxinkangnian hotel	遂宁市开发区明日路88号	No.88 Minri Road, Economy and Technology Dev. Zone, Suining	0825-2210998
宜宾酒都饭店	Yibin Jiudu Hotel	宜宾市专署街50号	No.50 Zhuanshu Street, Yibin	0831-8188888
新四姑娘山庄	New Siguliangshan Villa	阿坝州小金县日隆镇双桥沟口	Shuangqiaogoukou, Rilong Town, Xiaojin, Aba	0837-2796886
乐山金海棠酒店	Leshan Jintang Hotel	乐山市中区海棠路	Haitang Avenue,Downtown,Leshan	0833-2128888
泸州南苑宾馆	Luzhou Nanyuan Hotel	泸州市江阳区大山坪	Dashanping, Luzhou	0830-3158888
攀枝花川惠大酒店	Panzhihua Chuanzhong Grand Hotel	攀枝花市炳草岗人民街118号	No.118 Renmin Steet, Bingcaogang, Panzhihua	0812-6348888
绵阳绵州温泉酒店	Mianyang Mianzhou Hot spring Hotel	绵阳安县罗浮山	Luohu Mt. An County,Mianyang	0816-4636666
九寨沟星宇大酒店	Jiuzhaigou Xinyu Grand Hotel	阿坝州九寨沟漳扎镇	Zhangza, Jiuzhaigou	0837-7766888
锦江蜀亨大酒店	Jinjiang Shuheng Hotel	资阳市资阳大道西段	West Section Ziyang Avenue,Ziyang	0832-6665388
南充北湖宾馆	Nanchong Beihu Hotel	南充市文化路301号	No.301 Wenhua Road, Nanchong	0817-2229999
德阳宏达金桥大酒店	Deyang Hongda Golden Bridge Grand Hotel	德阳市什邡市亭江东路	Tingjiang East Road, Shifang	0838-8200888
广安东阳国际酒店	Guangan Dongyang International Hotel	广安市建安中路136号	No.136 Jianan middle Road, Guangan	0826-5100888
泸州伊顿饭店	Edon Hotel	泸州市江阳西路25号	No.25 Jiangyang West Avenue,Luzhou	0830-3156666
四川梦温泉酒店	Sichuan Dream Hotspring Hotel	雅安市周公山温泉开发区	Montain Zhougong Hotspring Development Zone, Yaan	0835-2312388
攀枝花宾馆	Panzhihua Hotel	攀枝花市东区人民街	People Street, Dongqu, Panzhihua	0812-3601606
九寨沟格桑宾馆	Jiuzhaigou Geshang Hotel	九寨沟县漳扎镇	Zhangza,Jiuzhaigou, Aba	0837-7734958
雅安倍特星月宾馆	Yaan Beite Xinyue Hotel	雅安市雨城区张家山路10号	No.10 Zhangjiashan Road, Yuchengqu,Yaan	0835-2225888
南充万泰大酒店	Wantai Grand Hotel	南充市铁荣路路1号	126 Heping Dong Road,Nanchong	0817-2311888
内江长江大酒店	Neijiang Changjiang Grand Hotel	内江市西林大道338号	No.338 Xilin Avenue, Neijiang	0832-2277777
资中顺通大酒店	Zizhong Shuntong Grand Hotel	资中城南开发区苌虹路296号	No.296 Changhong Road,Developed Zone West City,Zizhong	0832-5577777
内江运亨大酒店	Neijiang Yunheng Grand Hotel	内江市中区双苏路66号	No.66 Shuangsu Road, Downtown,Neijiang	0832-2200066
达州东湖大酒店	Dazhou Dongfu Grand Hotel	达州市东湖公园内	East Parker,dazhou	0818-6136999
广元国际大酒店	Guangyuan Guoji Grand Hotel	广元市东城开发区国路555号	No.555 Guo Road,Dongcheng Development Town,Guangyuan	0839-3296173
九寨沟千鹤国际大酒店	Jiuzaigoui Qianhe Grand Hotel	九寨沟县漳扎镇龙康村火地坝	Huopao,Longkang,zhangzha Town,Jiuzaigou Country	0837-7739188

18-7续表3 continued

名　称	Name	地　址	Address	电话号码 Telephone Number
达州宾馆	Dazhou Hotel	达州市荷叶街318号	No.318 Heye Road,Dazhou	0818-2122348
广安华蓥山大酒店	Guangan Huarongshan Guand Hotel	广安市华蓥山旅游区	Travell Town,Huarong Country, Guangan	0826-4330888
西昌顺华大酒店	Xichang Shunhua Hotel	西昌市长安南路海河桥头	Chnagan Nanlu Haiheqiao,Xichang	0834-2507686
西昌凯丽莱酒店	Xichang Conily Inn	西昌市胜利南路88号	No.88 Victory West Road,Xichang	0834-3200888
西昌名仁大酒店	Xichang Mingren Grand Hotel	西昌市航天大道西河桥头	West River Qiaotou,Space Avenue, Xichang	0834-8888898
泸沽湖假日酒店	Lugu Lake Holiday Hotel	凉山州盐原县泸沽湖镇	Lugu Lake Town,YanYuan County, Liangshang	0834-6391111
德阳旌湖宾馆	Deyang Jinhu Hotel	德阳市长江西路一段1号	No.1 First Section Changjiang West Road ,Deyang	0838-2303888
南充宇豪酒店	Nanchong Yuhao Hotel	南充市顺庆区文化路1号	No.1 Cultur Road,Shuiqing District, Nanchong	0817-2266666
楠水阁温泉度假会议中心	Nanshuige Resort & Spa Convention Center	雅安市周公山温泉公园	Hot Springs Zhougong Hill,Ya'an	0835-2329999
雅安红珠宾馆	Ya'an Hongzhu Hotel	雅安市陇西路88号	No.88 Longxi Road,Ya'an	0835-8018888
宜宾银龙戎州大厦宾馆	Yibin Yinlongrongzhou Hotel	宜宾长江北五粮液大道旧州路15号	No.15 Jiuzhou,Wuliangye Avenue,North Changjiang,Yibin	0831-5195818
成都长盛帝都国际酒店	Chengdu Changsheng Royal Park International Hotel	成都市永丰路45号	No.45 Yongfeng Road,Chengdu	028-65515555
成都怡东国际酒店	Chengdu Excelsior Hotel	成都市二仙桥东三路一号	No.1 East Road Erxian Bridge,Chengdu	028-65561111
绵阳顺辉.世纪巴登酒店	Mianyang Shun Hui. Century Baden Hotel	绵阳市涪城区临园路西段28号	No.28 Western Section Pro Park Road，Fucheng District, Mianyang City	0816-6353333
新北川宾馆	New North Chuan Museum	北川县尔玛路25号	No.25 Erma Road,North Chuan County	0816-4229999
武胜印山假日酒店	Wusheng Indian Hill Holiday Inn	广安市武胜县沿口镇临江街2号	No.2 along the Town of Riverside Street, Guang'an Wusheng County	0832-6680006
攀枝花安宁明珠大酒店	Panzhihua Peace Pearl Hotel	攀枝花市米易县城北新区	Beixin District, Miyi County, Panzhihua City	0812-8188888
攀枝花金沙明珠大酒店	Panzhihua Sands Pearl Hotel	攀枝花市东区江边街50号	No.50 Riverside Street,East District, Panzhihua City	0812-2230000
攀枝花学府大酒店	Panzhihua Institutions Hotel	攀枝花市机场路10号	No.10 Airport Road,Panzhihua City	0812-3370888
康巴大酒店	Kamba Large Hotel	甘孜州康定新区榆林路9号	No.9 Yulin Road Kangding New, Ganzi Prefecture	0836-2818888
会理瀛洲园酒店	Huili Yingzhou Garden Hotel	凉山州会理县城关西街185号	No.185 Chengguan West Street, Huili County, Liangshan Prefecture	0834-3338866
内江隆昌东方宾馆	Neijiang Longchang Oriental Hotel	内江市隆昌县金鹅镇隆泸大道	Longlu Avenue ,Golden Goose Town, Longchang County ,Neijiang City	0832-3956888
华阳大酒店	Huayang Big Hotel	达州市通川区红旗路76号	No.76 Hongqi Road Tongchuan District, Dazhou City	0818-2638111
万兴大酒店	Wanxing Hotel	达州市渠县渠江镇迎宾路8号	No.8 Yingbing Road Qu River Town,Qu County,Dazhou City	0818-8898888
南充营山天胜	Nanchong Yingshan Tiansheng	南充市营山县兴隆路258号	No.258 Xinglong Road , Yingshan County, Dazhou City	0817-8218888
四川苍溪国际大酒店	Sichuan Cangxi International Hotel	广元市苍溪县滨江路328号	No.328 Bingjiang Road , Changxi County,Guangyuan City	0839-5888888
峨眉山月花园酒店	Emeishan January Garden Hotel	乐山市夹江县夹峨公路夹江大桥	Jiajiang Bridge Jia'e Road , Jiajiang County,Leshan City	0833-5682222
资阳乐至鑫鹏大酒店	Ziyang Lezhi Xinpeng Hotel	资阳市乐至县仙鹤观村四社	No.4 Community Xianheguan Village, Lezhi County,Ziyang City	028-23133006
遂宁万和大酒店	Suining Wanhe Hotel	遂宁市蓬溪县蜀北下路	Shubeixia road,Pengxi County, Shuining City	0825-5421888

18-8 主要名胜风景区一览(2011年)
List of Main Scenic Spots(2011)

名　称	Name	地　址	Address
世界级	**World Scenic Spots**		
峨眉山-乐山大佛	Mt. Emei-Leshan Giant Buddha	乐山市	Leshan
黄龙	Huanglong Scenic Area	阿坝州松潘县	Songpan, Aba
九寨沟	Jiuzhaigou Valley	阿坝州九寨沟县	Jiuzhaigou, Aba
青城山-都江堰	Mt. Qingcheng-Dujiangyan Irrigation System	成都市都江堰市	Dujiangyan, Chengdu
大熊猫栖息地	Giant Panda Habitat	成都市、阿坝州、雅安市	Chengdu,Aba,Yaan
国家级	**State Scenic Spots**		
剑门蜀道	Jianmen Pass and Ancient Path to Sichuan	广元市剑阁县	Jiange, Guangyuan
贡嘎山	Mt. Gongga	甘孜州	Ganzi
蜀南竹海	Shunan Bamboo Sea (Forest of Bamboo)	宜宾市长宁县	Changning, Yibin
西岭雪山	Xiling Snow Mt.	成都市大邑县	Dayi, Chengdu
四姑娘山	Mt.Siguniang	阿坝州小金县	Xiaojin, Aba
石海洞乡	Stone Sea and Cave Township	宜宾市兴文县	Xinwen, Yibin
螺髻山—邛海	Mt. Luoji and Qiong Sea	凉山州普格县、西昌市	Puge & Xichang, Liangshan
光雾山-诺水河	Mt.Guangwu-Ruoshui River	巴中市南江县、通江县	Nanjiang & Tongjiang, Bazhong
白龙湖	Bailong Lake	广元市青川县	Qingchuan, Guangyuan
天台山	Mt.Tantai	成都市邛崃市	Qionglai, Chengdu
龙门山	Mt.Longmen	成都市彭州市	Pengzhou, Chengdu
省级	**Province Scenic Spots**		
龙泉花果	Longquan Flower & Fruit Mt.	成都市龙泉驿区	Longquyi, Chengdu
西山	Mt. Xishan	南充市	Nanchong
蒙山	Mt.Mengshan	雅安市名山县	Mingshan, Yaan
云顶石城	Yunding Stonetown	成都市金堂县	Jintang, Chengdu
朝阳湖	Chaoyang Lake	成都市蒲江县	Pujiang, Chengdu
蓥华山	Mt. Yinghua	德阳市什邡市	Shifang, Deyang
白云山-重龙山	Mt. Baiyun-Mt. Chonglong	内江市资中县	Zizhong, Neijiang
佛爷洞	Foye Cave	绵阳市江油市	Jiangyou, Mianyang
百里峡	Baili Gorge	达州市宣汉县	Xuanhan, Dazhou
罗浮山-白水湖	Mt.Luofu-Baishui Lake	绵阳市安县	Anxian, Mianyang
云台山	Mt. Yuntai	绵阳市	Mianyang
鼓城山-七里峡	Mt. Pengcheng-Qili Gorge	广元市旺苍县	Wangcang, Guangyuan
重龙山	Mt. Chonglong	内江市资中县	Zizhong, Neijiang
彭祖山	Mt. Pengzhu	眉山市彭山县	Pengshan, Meishan

18-8续表1 continued

名　称	Name	地　址	Address
华蓥山	Mt. Huaying	广安市华蓥市	Huaying, Guangan
真佛山	Mt. Zhenfo	达州市达县	Daxian, Dazhou
自流井-恐龙	Ziliu Well-Dinosaur Fossil	自贡市	Zigong
九龙沟	Jiulonggou Valley	成都市崇州市	Chongzhou, Chengdu
佛宝风景区	Fobao Scenic Area	泸州市合江县	Hejiang, Luzhou
玉蟾山	Mt. Yuchan	泸州市泸县	Luxian, Luzhou
槽鱼滩	Caoyu Shoal	眉山市洪雅县	Hongya, Meishan
黑龙潭	Heilongtan Scenic Spot	眉山市仁寿县	Renshou, Meishan
泸沽湖	Lugu Lake	凉山州盐源县	Yanyuan, Liangshan
马湖	Mt. Ma	凉山州雷波县	Leibo, Liangshan
卡龙沟	Kalonggou Valley	阿坝州黑水县	Heishui, Aba
丹山	Mt.Dan	泸州市叙永县	Xuyong, Luzhou
广德灵泉	Guangdeling Spring	遂宁市	Suining
古湖	Guyu Lake	内江市隆昌县	Longchang, Neijiang
中岩风景区	Zhongyan Scenic Area	眉山市青神县	Qingshen, Meishan
白云山	Mt. Baiyun	南充市蓬安县	Pengan, Nanchong
芙蓉山	Mt. Furong	宜宾市珙县	Gongxian, Yibin
筠连岩溶	Junlian Karst	宜宾市筠连县	Junlian, Yibin
田湾河	Tianwan River	雅安市石棉县	Shimian, Yaan
夹金山	Mt. Jiajin	雅安市宝兴县	Baoxing, Yaan
碧峰峡	Bifeng Gorge	雅安市	Yanan
叠溪-松坪沟	Die Brook-Songping Gorge	阿坝州茂县	Maoxian, Aba
米亚罗	Miyaluo Scenic Spot	阿坝州理县	Lixian, Aba
彝海	Yi Sea	凉山州冕宁县	Mianning, Liangshan
老君山	Mt. Laojun	宜宾市屏山县	Pingshan, Yibin
黑竹沟	Heizhu Gorge	乐山市峨边县	Ebian, Leshan
大渡河-美女峰	Dadu River-Meinu Peak	乐山市	Leshan
黄龙溪	Huanglongxi Ancient Town	成都市双流县	Shuangliu, Chengdu
乾元山	Mt. Qianyuan	绵阳市江油市	Jiangyou, Mianyang
李白故里	Libai Former Residence	绵阳市江油市	Jiangyou, Mianyang
龙潭溶洞	Longtan Limestone Cave	凉山州米易县	Miyi, Panzhihua

18-8续表2 continued

名 称	Name	地 址	Address
龙时山-仙人湖	Mt. Longshi-Xianren Lake	凉山州会理县	Huili, Liangshan
锦屏风景区	Jinping Scenic Spot	南充市阆中市	Langzhong, Nanchong
灵鹫山-大雪峰	Mt.Lingjiu-Daxue Peak	雅安市芦山县	Lushan, Yaan
八台山	Mt. Batai	达州市万源市	Wanyuan, Dazhou
升钟风景区	Shengzhong Scenic Spot	南充市南部县	Nanbu, Nanchong
笔架山	Mt. Bijia	泸州市合江县	Hejiang, Luzhou
富乐山	Mt. Fule	绵阳市	Mianyang
平安风景区	Pingan Scenic Spot	遂宁市射洪县	Shehong, Suining
玉龙湖	Yulong Lake	泸州市泸县	Luxian, Luzhou
僰王山	Mt. Bowang	兴文县	Xiwen, Yibin
黄荆八节	Huangjinshijie Waterfall	泸州市古蔺县	Gulin, Luzhou
九狮山	Mt. Jiushi	泸州市龙马潭区	Longmatan, Luzhou
二郎山	Mt. Erlangshan	雅安市天全县	Tianquan, Yaan
亚丁风景区	Yading Natural Reserve	甘孜州稻城县	Daocheng, Ganzi
天仙洞	Tianxian Cave	泸州市纳溪区	Naxi, Luzhou
龙潭汉阙	Longtan Han Que	达州市渠县	Quxian, Dazhou
墨尔多山	Mt. Moerduo	甘孜州丹巴县	Danba, Ganzi
越溪河	Yuxi River	宜宾市宜宾县	Yibinxian, Yibin
太阳谷	Taiyang Vale	甘孜州得容县	Derong, Ganzi
千佛山	Mt.Qianfo	绵阳市安县	Anxian, Mianyang
三江	Sanjiang	阿坝州汶川县	Wenchuan, Aba
九鼎山-文镇沟大峡谷	Mt.Jiuding-Wenzhenggou Gorge	阿坝州茂县	Maoxian, Aba
神门	Shenmen	巴中市南江县	Nanjiang, Bazhong
朱德故里-琳琅山	Mt.Linlang-the Native Place of Zhude	南充市义陇县	Yinong, Nanchong
小相岭-灵光古道	Xiaoxiangling-Lingguang Ancient Path	凉山州喜德县	Xide, Liangshan
小西湖-沙椤峡谷	Small West Lake-Suoluo Gorge	乐山市五通桥区	Wutongqiao, Leshan
阴平古道	Yinping Ancient Path	广元市青川县	Qinchuan, Guangyuan
草坡	Caopo	阿坝州汶川县	Wenchuan, Aba
香巴拉七湖	Xiangbala Seven Lakes	甘孜州乡城县	Xiangcheng, Ganzi
九顶山	Mt.Jiuding	德阳市绵竹市	Mianzhu, Deyang
紫岩山	Mt. Ziyan	德阳市绵竹市	Mianzhu, Deyang
旭河	Xu River	雅安市汉源县	Hanyuan,Yaan

主要统计指标解释

进出口总额 指实际进出我国国境的货物总金额。包括对外贸易实际进出口货物，来料加工装配进出口货物，国家间、联合国及国际组织无偿援助物资和赠送品，华侨、港澳台同胞和外籍华人捐赠品，租赁期满归承租人所有的租赁货物，进料加工进出口货物，边境地方贸易及边境地区小额贸易进出口货物(边民互市贸易除外)，中外合资经营企业、中外合作经营企业、外商独资经营企业进出口货物和公用物品，到、离岸价格在规定限额以上的进出口货样和广告品(无商业价值、无使用价值和免费提供出口的除外)，从保税仓库提取在中国境内销售的进口货物，以及其他进出口货物。该指标可以观察一个国家在对外贸易方面的总规模。我国规定出口货物按离岸价格统计，进口货物按到岸价格统计。

利用外资 指各级政府、部门、企业和其他经济组织通过对外借款、吸收外商直接投资以及用其他方式筹措的境外现汇、设备、技术等。

对外借款 指通过对外正式签订借款协议，从境外筹措的资金，包括外国政府贷款、国际金融组织贷款、外国银行商业贷款、出口信贷以及对外发行债券等。

外商直接投资 指外国企业和经济组织或个人(包括华侨、港澳台胞以及我国在境外注册的企业)按我国有关政策、法规，用现汇、实物、技术等在我省境内开办外商独资企业、与我省境内的企业或经济组织共同举办中外合资经营企业、合作经营企业或合作开发资源的投资(包括外商投资收益的再投资)，以及经政府有关部门批准的项目投资总额内企业从境外借入的资金。

对外承包工程 指我国境内企业法人或者其他经济组织按照国际通行做法，在国外及港澳台地区承揽、实施工程建设项目的勘察、设计、施工、监理、设备材料采购、安装调试、工程咨询、工程管理等经营活动。

对外劳务合作 指我国境内企业法人与国（境）外允许招收或雇用外籍劳务人员的公司、中介机构或私人雇主签订合同，并按合同约定的条件有组织地招聘、选拔、派遣我国公民到国（境）外为外方雇主提供劳务服务并进行管理的经济活动。

入境旅游人数 指报告期内来我国观光、度假、探亲访友、就医疗养、购物、参加会议或从事经济、文化、体育、宗教活动的外国人、港澳台同胞等入境游客。统计时，外国人、港澳台同胞每入境一次统计 1 人次。

国际旅游(外汇)收入 指入境游客在中国（大陆）境内旅行、游览过程中用于交通、参观游览、住宿、餐饮、购物、娱乐等全部花费。

星级饭店 指设备、设施、服务符合《旅游饭店星级的划分与评定》（GB/T14308-2003），通过相关旅游管理部门评定，并取得星级饭店称号的饭店（含预备星级饭店）。

Explanatory Notes on Main Statistical Indicators

Total Imports and Exports at Customs refer to the real value of commodities imported into and exported from the boundary of China. They include the actual imports and exports through foreign trade, imported and exported goods under the processing and assembling trades and materials, supplies and gifts as aid given gratis between governments and by the United Nations and other international organizations, and contributions donated by overseas Chinese, compatriots in Hong Kong and Macao and Chinese with foreign citizenship, leasing commodities owned by tenant at the expiration of leasing period, the imported and exported commodities processed with imported materials, commodities trading in border areas (excluding mutual exchange goods), the imported and exported commodities and articles for public use of the Sino-foreign joint ventures, cooperative enterprises and ventures exclusively with foreign own investment. Also included are import or export of samples and advertising goods for whose CIF or FOB value are beyond the permitted ceiling (excluding goods of no trading or use value and free commodities for export), import ed goods sold in China from bonded warehouses and other imported or exported goods. The indicator of the total imports and exports at customs can be used to observe the total size of external trade in a country. In accordance with the stipulation of the Chinese government, imports are calculated at CIF, while exports are calculated at FOB

Utilization of Foreign Capital refers to remittance, equipment and technology financed from abroad, by loans, foreign direct investment and other forms undertaken by the governments at all levels, by various departments, enterprises and other economic units.

Foreign Borrowings refer to funds borrowed from abroad through formal signing of borrowing agreements with foreign institutions, including loans of foreign governments, loans of international financial institutions, commercial loans of foreign banks, export credit , and funds raised by Chinese bonds issued abroad.

Foreign Direct Investment refers to the investments inside Sichuan by foreign enterprises and economic organizations or individuals (including overseas Chinese, compatriots from Hong Kong, Macao and Taiwan, and Chinese enterprises registered abroad), following the relevant policies and laws of China, for the establishment of ventures exclusively with foreign own investment, Sino-foreign joint ventures and cooperative enterprises or for co-operative exploration of resources with enterprises or economic organizations in Sichuan. It includes the reinvestment of the foreign entrepreneurs with the profits gained from the investment and the funds that enterprises borrow from abroad in the total investment of projects which are approved by the relevant department of the government.

Overseas Contracted Project refers to in accordance with the international common practice, domestic corporates or other economic organizations contract and implement construction projects in foreign countries, Hong Kong SAR, Macao SAR and Taiwan province including reconnaissance, design, construction, supervision, purchasing of equipment and materials, installation and testing, engineering consulting and project management.

Overseas Labour Services refer to domestic corporates which signed contracts with overseas corporations, intermediary agencies and private employers which are allowed to recruit or hire foreign labour forces, they will send Chinese citizens to go abroad to provide labour services to foreign employers through organized recruitment and selection according to the signed contracts and relevant management activities.

International Visitor Arrivals refer to the number of foreigners, Chinese compatriots from Hong Kong, Macao and Taiwan Chinese (mainland) who come to China (mainland) for sight-seeing, vacation, visiting relatives, medical treatment, shopping, attending conference, or to engage in economic, cultural, sports and religious activities. In compiling statistics, each time of entering China is counted as one person-time.

Foreign Exchange Earnings from International Tourism refer to the total expenditure of foreigners, overseas Chinese, Chinese compatriots from Hong Kong, Macao and Taiwan during their stay in the mainland of China on transportation,sighting, accommodation, food, shopping and entertainment.

Star-rated Hotels refer to hotels rated with stars as assessed by the relevant tourism authorities according to GB/T14308-2003 standard with reference to their infrastructure, facilities and service levels.

19

金融和保险

BANKING AND INSURANCE

19-1 金融机构(含外资)本外币信贷收支表(资金来源)
Balance Sheet of Local and Foreign Credit Funds of Financial Institutions (Including Foreign) (Funds Sources)

单位：亿元 (100 million yuan)

项　目	Item	2011	比年初增减数 amount over the beginning of the year
资金来源总计	**All Sources**	**34566.63**	**5141.34**
各项存款	Deposits	34971.21	4606.86
单位存款	Deposits of Units	16832.60	1822.41
个人存款	Deposits of Individuals	16244.14	2535.06
储蓄存款	Urban and Rural Savings Deposits	16200.74	2503.80
财政性存款	Treasury Deposits	1434.64	193.99
委托存款	Trusted Deposits	46.80	-8.59
金融债券	Bonds	28.20	23.30
中长期借款	Medium-term & Long-term Loans	8.78	-0.58
应付及暂收款	Account Receivable and Advanced Payment	694.11	199.54
同业往来(来源方)	Interbank exchanges (the originator)	368.02	56.96
外汇买卖(来源方)	Foreign Exchange Trading (source side)	1033.69	224.66
各项准备	Reserves	571.56	157.42
所有者权益	Creditors' Equity	1178.13	407.15
其他	Other	-4287.07	-533.98

注：本表金融机构包括中国人民银行、中资全国性大型银行、中资全国性中小型银行、中资区域性中小型银行、城市信用社、农村信用社、财务公司、信托投资公司、租赁公司、外资金融机构和汽车金融公司（后同）。

a) Financial Institution of balance sheet cover the People's Bank of China, funded large national banks, regional small and medium-funded national small and medium-sized banks, urban and rural credit cooperatives, finance companies, trust and investment companies, leasing companies, foreign financial institutions and auto finance company (the same as the following) .

19-2 金融机构(含外资)本外币信贷收支表(资金运用)
Balance Sheet of Local and Foreign Credit Funds of Financial Institutions (Including Foreign) (Funds Uses)

单位：亿元 (100 million yuan)

项　目	Item	2011	比年初增减数 amount over the beginning of the year
资金运用总计	**All Uses**	**34566.63**	**5141.34**
各项贷款	Loans	22514.23	3196.32
短期贷款	Short-term Loans	6067.66	1120.28
个人贷款及透支	Personal Loans and Overdrafts	1155.46	236.18
单位普通贷款及透支	Ordinary Loans and Overdrafts of Units	4603.76	779.92
银团贷款	Syndicated Loans	10.63	-8.49
贸易贷款	Trade Loans	297.80	112.66
中长期贷款	Medium-term & Long-term Loans	16113.02	2059.31
融资租赁	Finance Leases	0.89	-0.76
票据融资	Bill Financing	269.81	-14.79
有价证券	Securities	668.58	270.17
股权及其他投资	Equity and other Investment	333.49	165.32
应收及预付款	Account Receivable and Advanced Payment	211.73	103.14
同业往来(运用方)	Interbank Exchanges (the use of party)	42.14	-5.81
系统内资金网来(运用方)	Interbank Exchanges (the use of party)	9087.24	1027.25
外汇买卖(运用方)	Foreign Exchange Trading (the use of party)	1033.56	224.54
固定资产	Fixed Assets	334.48	62.40
库存现金	Cash on hand	313.97	98.03
投资性房地产	Investment Property	0.70	-0.04

19-3 金融机构法定存款基准利率
Nominal Interest Rates on Deposits of Financial Institutions

单位：年利率%　　(Annual Interest Rrate %)

项 目	Item	2008 .10.9 Oct.9 2008	2008 .10.30 Oct.30 2008	2008 .11.27 Nov.27 2008	2008 .12.23 Dec.23 2008	2010 .10.20 Dec.20 2010	2010 .12.26 Dec.26 2010	2011 .02.09 Dec.09 2011	2011 .04.06 Dec.06 2011	2011 .07.07 Jul.07 2011
个人人民币储蓄存款	**Household Deposits**									
活期	Demand Deposits	0.72	0.72	0.36	0.36	0.36	0.36	0.40	0.50	0.50
定期	Time Deposits									
三个月	3 Months	3.15	2.88	1.98	1.71	1.91	2.25	2.60	2.85	3.10
半年	6 Months	3.51	3.24	2.25	1.98	2.20	2.50	2.80	3.05	3.30
一年	1 Year	3.87	3.60	2.52	2.25	2.50	2.75	3.00	3.25	3.50
二年	2 Years	4.41	4.14	3.06	2.79	3.25	3.55	3.90	4.15	4.40
三年	3 Years	5.13	4.77	3.60	3.33	3.85	4.15	4.50	4.75	5.00
五年	5 Years	5.58	5.13	3.87	3.60	4.20	4.55	5.00	5.25	5.50

19-4 金融机构法定贷款利率
Nominal Interest Rates on Loans of Financial Institutions

单位：年利率%　　(Annual Interest Rrate %)

项 目	Item	2008 .9.16 Sep.16 2008	2008 .10.9 Oct.9 2008	2008 .10.27 Oct.27 2008	2008 .10.30 Oct.30 2008	2008 .11.27 Nov.27 2008	2008 .12.23 Dec.23 2008	2010 .10.20 Dec.20 2010	2010 .12.26 Dec.26 2010	2011 .02.09 Dec.09 2011	2011 .04.06 Dec.06 2011	2011 .07.07 Jul.07 2011
短期贷款	**Short-term Loan**											
六个月以内(含六个月)	6 Months Or Less	6.21	6.12	6.12	6.03	5.04	4.86	5.10	5.35	5.60	5.58	6.10
六个月至一年(含一年)	12 Months Or Lwss	7.20	6.93	6.93	6.66	5.58	5.31	5.56	5.81	6.06	6.31	6.56
中长期贷款	**Mediun-term & Long-time Loan**											
一至三年(含三年)	Three Years Or Less	7.29	7.02	7.02	6.75	5.67	5.40	5.60	5.85	6.10	6.40	6.65
三至五年(含五年)	5 Years Or Less	7.56	7.29	7.29	7.02	5.94	5.76	5.96	6.22	6.45	6.65	6.90
五年以上	Above 5 Years	7.74	7.47	7.47	7.20	6.12	5.94	6.14	6.40	6.60	6.80	7.05
个人住房公积金贷款	**Loans For Public Accumulation Funds Of Housing**											
五年以下(含五年)	5 Year Or Less	4.59	4.32	4.05	4.05	3.51	3.33	3.50	3.75	4.00	4.20	4.45
五年以上	Above 5 Years	5.13	4.86	4.59	4.59	4.05	3.87	4.05	4.30	4.50	4.70	4.90

19-5 保险业务经济技术指标
Economic and Technical Indicators of Insurance Business

单位：万元 (10 000 yuan)

项　目	Item	2007	2008	2009	2010	2011
保费收入合计	**Premium Income Total**	**3357969**	**4942803**	**5790283**	**7657702**	**7787004**
财产保险	**Property Insurance**	**939322**	**1097573**	**1487179**	**1915557**	**2250926**
企业财产保险	Enterprise Property Insurance	47940	56018	62732	78628	96990
机动车辆保险	Automobile Insurance	735634	837267	1141732	1523384	1774926
货物运输保险	Cargo Transportation Insurance	15113	15828	17074	20593	22387
责任保险	Liability Insurance	30921	41879	52339	66424	79906
信用保证保险	Credit and Guarantee Insurance	7307	7163	57075	55107	37962
其他财产保险	Others Property Insurance	102407	139417	156227	171420	238754
人身保险	**Life Insurance**	**2418647**	**3845230**	**4303104**	**5742146**	**5536078**
人寿保险	Life Insurance Business					
非分红产品	Non-participating	420162	415766	429334	431535	428981
分红产品	Participating	998347	2109324	2947486	4332509	4529533
投资连接产品	Unit-link	201058	124642	26955	24870	752
万能产品	Universal	499562	799835	457276	437493	30927
健康险	Health Insurance					
短期健康险	Short-term Health Insurance	107166	133381	155225	164378	179297
长期健康险	Long-term Health Insurance	87482	144185	130266	178563	161360
意外伤害险	Personal Accident Insurance	104871	118097	156561	172798	205228
赔款给付支出合计	**Claim Total**	**918319**	**1234751**	**1305534**	**1509352**	**1911459**
财产保险	**Property Insurance**	**466302**	**628724**	**731084**	**858986**	**1094152**
企业财产保险	Enterprise Property Insurance	20287	28420	35585	30266	41439
机动车辆保险	Automobile Insurance	384444	490670	573397	694935	918189
货物运输保险	Cargo Transportation Insurance	3521	3335	4669	4444	7130
责任保险	Liability Insurance	15496	18764	23915	22446	29607
信用保证保险	Credit and Guarantee Insurance	3441	470	4345	2201	1058
其他财产保险	Others Property Insurance	39113	87065	89173	104694	96729
人身保险	**Life Insurance**	**452017**	**606028**	**574450**	**650365**	**817307**
人寿保险	Life Insurance Business					
非分红产品	Non-participating	135797	105706	141065	135482	123160
分红产品	Participating	198588	325094	228350	324994	459443
投资连接产品	Unit-link	103	179	259	343	746
万能产品	Universal	2803	3888	33355	4436	5315
健康险	Health Insurance					
短期健康险	Short-term Health Insurance	66043	94416	104515	17878	102918
长期健康险	Long-term Health Insurance	6209	12872	15674	105597	60410
意外伤害险	Personal Accident Insurance	42474	63872	51232	61635	65315

19-6 各财产保险公司和人身保险公司四川省分公司保费收入
Premium Income of Property Insurance Companies (Sichuan Branch) and Life Insurance Companies (Sichuan Branch)

单位：万元 (10 000 yuan)

公司名称	Company Name	2007	2008	2009	2010	2011
合　计	**Total**	**3357969**	**4942803**	**5790283**	**7657702**	**5419005**
财产保险公司	**Property Insurance Companies**	**997772**	**1173481**	**1581147**	**2022695**	**1645546**
中国人民财产保险股份有限公司	PICC Property & Casualty Insurance Company Limited	446994	518931	683146	817834	516807
中国太平洋财产保险股份有限公司	China Pacific Insurance (Group) Co.,Ltd	64316	77368	105040	156965	402909
中国平安财产保险股份有限公司	Ping An Insurance (Group) Company of China , Ltd.	86960	129922	226526	391627	532694
永安财产保险股份有限公司	Yong An Insurance Co,.Ltd.	37892	40171	39743	42545	457231
华泰财产保险股份有限公司	Huatai Insurance Co., Ltd.	13776	17818	19310	26319	366692
中华联合财产保险公司	China United Property Insurance Company	147179	140778	140667	140764	73385
天安保险股份有限公司	Tanan Property Insurance Co., Ltd.	29697	26436	31459	35786	79075
太平保险有限公司	TaiPing Insurance Company Ltd.	36176	50245	60587	77213	199329
中国大地财产保险股份有限公司	China Continent Property & Casualty Insurance Company	49325	57800	57526	61447	12919
华安财产保险股份有限公司	Sinosafe Insurance	1952	4508	13449	20519	36411
法国安盟保险公司	Groupama	1065	1822	4321	6844	9887
中国出口信用保险公司	China Export & Credit Insurance Corporation (SINOSURE)	4387	3227	52312	44889	11069
安邦财产保险股份有限公司	Anbang Property & Casualty Insurance Co.,Ltd	32404	25764	30178	39667	34904
永诚财产保险股份有限公司	Alltrust Insurance Company of China , Co., Ltd	10930	17474	30635	43200	406336
天平汽车保险股份有限公司	Tianping Auto Insurance Company of China ,Co.,Ltd.	9074	7648	14185	20732	27033
阳光财产保险股份有限公司	Sunshine Property & Casualty Insurance Company of China ,Co.,Ltd.	14801	19247	23711	29690	16925
都邦财产保险股份有限公司	Dubang Property & Casualty Insurance Company of China ,Co.,Ltd.	7883	12198	13852	13682	9440
渤海财产保险股份有限公司	Bohai Property & Casualty Insurance Company of China ,Co.,Ltd.	1445	6424	6838	4463	6787
中银财产保险股份有限公司	China Bank Property & Casualty Insurance Company of China ,Co.,Ltd.	1516	7089	10699	14165	122079
华农财产保险股份有限公司	Huanong Property & Casualty Insurance Co.,Ltd.		3106	4974	3378	131929
安诚财产保险股份有限公司	Ancheng Property & Casualty Insurance Co.,Ltd.		4207	8589	9911	13342
民安财产保险股份有限公司	Ming'an Property & Casualty Insurance Co.,Ltd.		1302	3400	4762	20387
浙商财产保险股份有限公司	Zheshang Property & Casualty Insurance Co.,Ltd.				12617	24419
鼎和财产保险股份有限公司	Dinghe Property & Casualty Insurance Company of China ,Co.,Ltd.				3544	1848
英大泰和财产保险股份有限公司	Yingda Taihe Property & Casualty Insurance Co.,Ltd.				132	1848

19-6 续表 continued

单位：万元 (10 000 yuan)

公司名称	Company Name	2006	2007	2008	2009	2010
人身保险公司	**Life Insurance Companies**	**1722627**	**2360197**	**3769322**	**4209136**	**5635007**
中国人寿保险股份有限公司	China Life Insurance(Group) Company	847353	910148	1423341	1473145	1730738
中国太平洋人寿保险股份有限公司	China Pacific Insurance(group)Co.,Ltd	147011	259138	447887	428386	539682
中国平安人寿保险股份有限公司	Ping An Insurance (Group) Company of China , Ltd.	232051	253434	331064	448099	523514
新华人寿保险股份有限公司	New China Insurance Co., Ltd.	163569	180953	331644	370624	536929
泰康人寿保险股份有限公司	Taikang Life Insurance Company	116158	195245	369668	465415	574710
太平人寿保险有限公司	Taiping Life Insurance Co.,Ltd.	111569	199484	199296	228404	373068
民生人寿保险股份有限公司	Minsheng Life Insurance Co.,Ltd.	4937	31827	68083	28333	58957
中英人寿保险有限公司	Aviva Cofco Life Insurance Co.,Ltd.	36418	81018	76003	83317	90794
生命人寿保险股份有限公司	Sino Life Insurance Co.,Ltd.	34260	43831	60406	63231	112487
海尔纽约人寿保险股份有限公司	Hair Newyork Life Insurance Co.,Ltd.	7810	12078	12173	12894	13557
长城人寿保险股份公司	Great Wall Life Insurance Co.,Ltd.	17488	25674	16927	13304	21423
中宏人寿保险股份公司	Manulife-Sinochem Insurance Co.,Ltd.	477	1850	4151	6320	8350
中德安联人寿保险有限公司	Allianz China Life Insurance Co.,Ltd.	1473	35202	26446	18464	12577
嘉禾人寿保险股份有限公司	Jiahe Life Insurance Co.,Ltd.	1886	28690	57776	36229	53057
中国人民人寿保险股份有限公司 *	PICC Life Insurance Co.,Ltd.	168	85979	218932	313077	427725
华泰人寿保险有限公司	Huatai Life Insurance Co.,Ltd.		12671	51000	64423	73855
人保健康保险有限公司	PICC Health Insurance Co.,Ltd.		2976	40551	12164	36377
恒安标准人寿保险有限公司	Heng'an Standard Life Co.,ltd.			10459	13926	11540
招商信诺保险有限公司	CIGNA&CMC Insurance Co.,Ltd.			1057	4530	12785
合众人寿保险有限公司	Union Life Insurance Co.,Ltd.			15477	33435	72407
阳光人寿保险有限公司	Sunshine Life Insurance Co.,Ltd.			6356	45872	169529
中意人寿保险有限公司	General China Insurance Co.,Ltd.			601	25075	24327
华夏人寿保险有限公司	Huaxia China Insurance Co.,Ltd.			25	20470	19985
中国平安养老保险股份有限公司	Ping An Insurance (Group) Company of China , Ltd.					26117
中新大东方人寿保险有限公司	Zhongxin Grand Oriental Person's Life Insurance Co.,Ltd.					1526
中邮人寿保险有限公司	China Post Lift Insurance Co.,Ltd.					88102
幸福人寿保险有限公司	Happy Life Insurance Co.,Ltd.					19443
联泰大都会人寿保险有限公司	United MetLife Insurance co.,Ltd.					1446

注：中国人民人寿保险股份有限公司原名为中国人保寿险有限公司。

a) PICC Life Insurance Co.,Ltd. Fornerly Known as China Life Insurance Co.,Ltd.

主要统计指标解释

信贷资金 指金融机构以信用方式积聚和分配的货币资金。金融机构信贷资金的来源有各项存款、金融债券、对国际金融机构负债、流通中现金、其他项目等；信贷资金的运用有各项贷款、有价证券及投资、金银占款、外汇占款、财政借款及在国际金融机构中的资产等。

存款 指企业、机关、团体或居民根据资金必须收回的原则，把货币资金存入银行或其他信贷机构保管并取得一定利息的一种信用活动形式。根据存款对象或性质的不同可划分为企业存款、财政存款、机关团体存款、城乡储蓄存款、农业存款、信托及委托类存款、其他存款等科目。它是银行信贷资金的主要来源。

贷款 指银行或其他信贷机构根据资金必须归还的原则，按一定利率，为企业、个人等提供资金的一种信用活动形式。我国银行贷款分为短期贷款、委托及信托类贷款、其他类贷款等。

保险公司 在中国境内的、经过保险监督管理部门批准设立，并依法登记注册的各类商业保险公司。

保险金额 指保险人承担赔偿或者给付保险金责任的最高限额。

保费 指投保人为取得保险人在约定范围内所承担赔偿责任而支付给保险人的费用。

赔款 指保险人根据保险合同的规定，向被保险人支付的赔偿保险责任损失的金额。

给付 包括死伤医疗给付和满期给付。死伤医疗给付是指保险人根据人寿保险及长期健康保险合同的规定，因被保险人在保险期内发生保险责任范围内的保险事故支付给被保险人(或受益人)的金额。满期给付是指被保险人生存期满，保险人按人寿保险合同规定支付给被保险人的满期保险金额。

Explanatory Notes on Main Statistical Indicators

Credit Funds refer to the monetary funds accumulated and distributed in the means of credit by the financial institutions. The sources of credit funds include various deposits, financial bonds, liabilities to international financial institutions, currency in circulation, other items. The uses of credit funds include loans, securities and investment, position for bullion and silver purchase, position for foreign exchange purchase, advances to treasury, and assets with international financial institutions..

Deposit is a form of credit by which enterprises, institutions, organizations or households can put money into banks and other credit institutions for safekeeping and interest earning under the principle of free withdrawal. According to different depositors, deposits are divided into enterprise deposits, treasury deposits, deposits of government agencies and organizations, capital construction deposits, savings deposits, rural saving deposits, entrusted deposits and other deposits. Deposits are major sources of the credit funds of banks.

Loan is a form of credit by which banks and other credit institutions provide funds at certain interest rate to enterprises and individuals in the light of the principle of unconditional repayment. Loans from Chinese banks include short-term loan, medium- term and long-term loans, entrusted loans, and other loans.

Insurance Companies refer to commercial insurance companies of various forms registered by law and established in China with the approval of insurance regulatory agencies.

Amount Insured refers to the maximum that the insurant will get for the claim of the case insured.

Premium is the fee paid by the insurant to the insurer to obtain the obligation of compensation from the insurance within the agreed terms.

Settled Claim is the compensation paid by the insurer to the insurant in accordance with the insurance contract.

Payment includes payment for death, injury or medical treatment and mature payment. Payment for death, injury or medical treatment refers to the money paid to the insurant (or the beneficiary) in accordance with the life or health insurance contract when the insurant encounters accidents within the insured period covered in the contract. Mature payment refers to the mature payment to the insurant in accordance with the life insurance contract at the end of the insured period.

20

教育、科技和专利

EDUCATION, SCIENCE, TECHNOLOGY AND PATENTS

20-1 各类学校数
Number of Schools by Type

单位: 所 (unit)

年份 Year	普通高等学校 Regular Institutions of Higher Education	中等职业学校 Secondary vocational schools	普通中学 Regular Secondary Schools	小学 Primary Schools	幼儿园 Kindergartens	盲聋哑弱智学校 Schools for the Blind, Deaf, Deaf Mute and the Retarded
1952	10		306	35373	609	
1957	13		488	43665	612	
1962	17		866	44683	305	
1965	20		3693	108974	1349	5
1970	18		2769	70263	687	3
1975	17		3287	86254	2397	3
1978	28		4605	72563	35306	3
1980	29		4524	67659	24814	3
1985	39		4017	61953	13280	9
1990	40		4332	55047	13831	22
1991	40		4433	53792	10478	27
1992	40		4460	53011	11148	45
1993	41		4545	52280	10216	52
1994	42		4572	51498	12079	52
1995	42		4578	55799	12485	53
1996	42		4506	48911	11602	59
1997	42		4420	46917	11223	55
1998	43		4448	46092	11385	62
1999	43		4375	45133	12016	63
2000	42		4321	43326	12780	63
2001	49		5154	31447	7875	69
2002	59		5093	25972	7935	68
2003	62		5000	24573	8388	70
2004	68		4965	21935	7602	73
2005	72		4995	19305	8875	83
2006	76		5181	17372	8596	88
2007	76		5093	15834	8580	88
2008	78		4937	13993	8425	93
2009	92		4809	12437	8562	95
2010	93	679	4738	9282	9483	100
2011	94	656	4704	8847	10162	107

注：中等职业学校中包括技工学校。各类学校基本情况由省教育厅提供(后同)。

a)Secondary vocational school includes technical school.The basic condition of schools is provided by the provincial Department of Education (the same as following).

20-2 各类学校专任教师数
Number of Full-time Teachers by Type of School

单位：人 (person)

年份 Year	普通高等学校 Regular Institutions of Higher Education	中等职业学校 Secondary Vocational Schools	普通中学 Regular Secondary Schools	小 学 Primary Schools	幼儿园 Kindergartens	盲聋哑弱智学校 Schools for the Blind, Deaf, Deaf Mute and the Retarded
1952	1228		5953	111229	1556	
1957	3238		11873	132141	4679	
1962	5675		18597	146639	4523	
1965	6125		29097	225914	4720	35
1970	6414		55788	213151	3992	53
1975	7487		92015	334794	1858	20
1978	9047		167540	342661	39245	25
1980	10562		152660	343175	39028	44
1985	14577		145715	340164	32284	115
1990	16058		176179	321087	43573	322
1991	16056		180737	314747	45528	416
1992	15767		185790	312380	49970	565
1993	16216		183492	313597	49873	610
1994	16208		186224	320196	54504	647
1995	16439		190184	320923	55420	728
1996	16799		193942	323713	56052	730
1997	16786		196636	330212	56107	837
1998	17228		199357	334999	57738	987
1999	17891		207305	336356	58165	1148
2000	18418		217039	331551	58128	1113
2001	21984		227035	325123	30956	942
2002	26852		237425	321193	30591	973
2003	31372		247098	316029	32515	994
2004	39306		253358	307940	33997	1068
2005	44854		258924	307113	36654	1174
2006	52211		265540	306886	37530	1318
2007	55903		269967	306149	39337	1407
2008	59174		273559	307687	41827	1478
2009	61772		279414	306528	45136	1572
2010	64991	44051	284962	305741	51909	1711
2011	67448	48873	285755	305508	57528	1784

20-3 各类学校在校学生数
Number of Student Enrollment by Type of School

单位：人 (person)

年份 Year	普通高等学校 Regular Institutions of Higher Education	中等职业学校 Secondary Vocational Schools	普通中学 Regular Secondary Schools	小 学 Primary Schools	幼儿园 Kindergartens	盲聋哑弱智学校 Schools for the Blind, Deaf, Deaf Mute and the Retarded
1952	9104		155252	3807776		
1957	19565		320254	4574044		
1962	36587		324216	3962046		
1965	28236		669901	7859341	127921	398
1970			1481952	6341703	95325	503
1975	21203		2085366	11013460	199412	345
1978	35715		3838846	10745859	1389229	339
1980	48497		2974390	11441551	957632	347
1985	72812		2516824	10418664	833754	623
1990	91866		2892023	6873322	1062885	1422
1991	91365		2853499	6500936	1375654	1846
1992	96678		2724618	6424068	1572526	3133
1993	113465		2481484	6662850	1576287	3261
1994	125944		2561995	7020619	1689081	3972
1995	126280		2705466	7350179	1777728	509
1996	131459		2765730	7797611	1793653	7400
1997	140451		2748214	8270885	1779648	9444
1998	151905		2908894	8438446	1860762	10104
1999	180256		3364576	8270859	1923949	10771
2000	235470		3919813	8026506	1892626	8224
2001	316701		4282666	7948490	1658864	14616
2002	412357		4568419	7785414	1595534	13390
2003	512663		4810712	7554308	1588575	15839
2004	637340		4909216	7365754	1527298	17354
2005	775436		4855390	7145093	1526827	24788
2006	860640		5014951	7217750	1562466	28621
2007	918438		5054691	6965306	1560935	39900
2008	991072		5026261	6488221	1597919	41739
2009	1035934		4990033	6170471	1707263	41767
2010	1086215	1399557	4900896	5921080	1887545	41839
2011	1139316	1407636	4778133	5798017	2110148	40898

20-4 各类学校招生数

Number of New Student Enrollment by Type of School

单位：人 (person)

年份 Year	普通高等学校 Regular Institutions of Higher Education	中等职业学校 Secondary Vocational Schools	普通中学 Regular Secondary Schools	小 学 Primary Schools	盲聋哑弱智学校 Schools for the Blind, Deaf, Deaf Mute and the Retarded
1952	2353		81221		
1957	4823		116364	128678	
1962	4895		121261	1544971	
1965	6570		316756	2302127	
1970			747057	1899719	
1975	7569		1200679	2800872	33
1978	14916		1609352	2649457	34
1980	11610		1106948	2519225	87
1985	26069		943009	1455993	281
1990	26962		1019786	999538	485
1991	26919		971091	994759	536
1992	33613		947724	1179830	1047
1993	42058		883979	1364953	671
1994	40259		981989	1459974	992
1995	41714		1041585	1479126	1423
1996	43774		948623	1412690	1210
1997	46196		964969	1397645	1386
1998	49035		1176141	1293404	1232
1999	65481		1427007	1240217	1163
2000	95565		1527602	1256880	1182
2001	119470		1595486	1338908	2676
2002	152754		1717062	1320396	2157
2003	180308		1746751	1223734	2550
2004	215243		1696131	1169163	2726
2005	267198		1684360	1092214	3916
2006	266491		1767927	1151856	4503
2007	297566		1758759	1083015	6169
2008	328341		1754692	1006479	6333
2009	307127		1692325	945131	6483
2010	337892	575964	1641724	1231433	6684
2011	351846	575321	1593466	996827	6767

20-5 各类学校毕业生数
Number of Graduates by Type of School

单位：人 (person)

年份 Year	普通高等学校 Regular Institutions of Higher Education	中等职业学校 Secondary Vocational Schools	普通中学 Regular Secondary Schools	小　学 Primary Schools	盲聋哑弱智学校 Schools for the Blind, Deaf, Deaf Mute and the Retarded
1952	2742				
1957	1773		75254	739606	
1962	5317		80499	303087	
1965	8489		104984	399595	
1970	4796		142279	829050	
1975	5701		626880	1279795	35
1978	5884		1268232	1782504	35
1980	7130		934730	1603760	82
1985	13592		728872	1446826	57
1990	27672		746250	1408170	66
1991	27041		763298	1187057	8
1992	28348		813783	1074324	148
1993	26088		793429	940854	212
1994	28826		707196	999601	229
1995	40915		644932	1018463	336
1996	37872		719950	897863	445
1997	35658		818628	875741	552
1998	36672		868089	1069005	1036
1999	35465		804529	1327862	943
2000	40104		818595	1397579	1190
2001	44602		992309	1347390	1824
2002	52405		1224114	1361854	1677
2003	74307		1299710	1324117	2090
2004	100998		1385780	1221872	2131
2005	139328		1510287	1187842	2160
2006	173287		1527428	1221708	2953
2007	228028		1554082	1247914	4565
2008	247707		1575017	1253417	5312
2009	252214		1571659	1166577	5933
2010	278577	357279	1587603	1113444	5817
2011	289165	387422	1606332	1042069	5486

20-6 普通高等学校基本情况(2011年)
Basic Statistics on Regular Institutions of Higher Education(2011)

单位：人 (person)

项 目	Item	学校数(所) Number of Institutions	毕业生数 Graduates	招生数 New Student Enrollment	在校学生数 Student Enrollment	教职工数 Staff and Workers	# 校本部 Main Campus
合 计	**Total**	**94**	**289165**	**351846**	**1139316**	**103433**	**97214**
# 女	Female		145829	181498	580369	46202	43769
综合大学	Comprehensive University	31	91477	115555	347739	31875	29507
理工院校	Science and Engineering College	30	96672	120011	381053	36635	34753
农业院校	Agriculture College	2	9765	11305	41426	2937	2682
医药院校	Medicine College	5	14217	16292	62808	5961	5361
师范院校	Teacher Training College	8	32719	40613	144770	12187	11264
财经院校	Economics and Finance College	7	16367	16481	53117	4984	4983
政法院校	Politics and Law College	2	4428	3292	11604	690	690
体育院校	Physical Culture College	1	1962	2196	8597	830	790
艺术院校	Art Institues	5	7391	11369	34029	4064	3917
民族院校	College of Nationalities	2	7486	8656	29822	2381	2378
语文院校	Chinese College	1	2314	3322	12642	889	889

注：毕业生数、招生数、在校学生数合计中含成人高等学校普通本、专科学生的情况。
a)The sum of graduates, new students enrollment and students enrollment includes the data of students in regular college course and specialized subjects of adult higher education.

20-6续表 continued

单位：人 (person)

项 目	Item	专任教师数 Full-time Teachers	正高级 Senior	副高级 Sub-senior	中级 Middle	初级 Junior	未定职称 No Rank
合 计	**Total**	**67448**	**6711**	**17433**	**27660**	**11949**	**3695**
# 女	Female	30616	1624	6925	13625	6628	1814
综合大学	Comprehensive University	20858	2194	5670	7961	3942	1091
理工院校	Science and Engineering College	22999	2207	6061	9776	3955	1000
农业院校	Agriculture College	2182	211	456	780	445	290
医药院校	Medicine College	3798	401	1044	1469	712	172
师范院校	Teacher Training College	8317	794	2001	3943	1109	470
财经院校	Economics and Finance College	3072	421	814	1197	477	163
政法院校	Politics and Law College	497	35	120	195	90	57
体育院校	Physical Culture College	600	68	163	253	111	5
艺术院校	Art Institues	2663	185	446	920	831	281
民族院校	College of Nationalities	1758	190	501	825	169	73
语文院校	Chinese College	704	5	157	341	108	93

20-7 普通本科分学科学生数(2011年)
Number of Students in Junior Colleges by Field of Study

单位：人 (person)

项 目	Item	毕业生数 Graduates	招生数 New Student Enrollment	在校学生数 Student Enrollment
合 计	**Total**	**137759**	**182028**	**683515**
# 女	Female	64336	89822	334382
哲 学	Philosophy	34	50	146
经济学	Economics	6373	6499	26241
法 学	Law	4538	5610	21948
教育学	Education	4495	6770	23635
文 学	Literature	31707	42790	157491
历史学	History	470	776	2802
理 学	Science	13190	15646	61686
工 学	Engineering	44189	57056	213487
农 学	Agriculture	3062	3580	14348
医 学	Medicine	8361	10540	48105
管理学	Management	21340	32711	113626

20-8 分学科研究生数(2011年)
Number of Postgraduates by Field of Study(2011)

单位：人 (person)

项 目	Item	毕业生数 Graduates	# 攻读博士学位 Study in Doctor Degree	招生数 New Student Enrollment	# 攻读博士学位 Study in Doctor Degree	在校学生数 Student Enrollment	# 攻读博士学位 Study in Doctor Degree
合 计	**Total**	**20618**	**2229**	**26522**	**2756**	**82857**	**12567**
# 女	# Female	8769	644	11718	902	34965	4062
哲 学	Philosophy	233	20	218	17	716	91
经济学	Economics	1355	212	1649	198	5214	1104
法 学	Law	1169	46	1403	103	4672	426
教育学	Education	704		1103		2987	
文 学	Literature	1538	119	1977	108	5847	490
历史学	History	246	52	292	46	1014	239
理 学	Science	1899	334	2238	405	7371	1478
工 学	Engineering	8057	798	10392	1154	32928	5733
农 学	Agriculture	516	77	927	103	2530	410
医 学	Medicine	1964	380	2458	419	7523	1363
军事学	Strategics	6		6		33	
管理学	Management	2931	191	3859	203	12022	1233
专业学位	Professional Degree	674		7696	149	15052	310

20-9 中等专业学校基本情况(2011年)
Basic Statistics on Specialized Secondary Schools(2011)

单位: 人 (person)

项目	Item	毕业生数 Graduates	招生数 New Student Enrollment	在校学生数 Student Enrollment	专任教师数 Full-time Teachers
合计	**Total**	**340512**	**523302**	**1266229**	**39933**
# 女	Female	168424	262784	637642	17680
# 专业课	Speciality Course				
农林牧渔类	Farming Forestry Animal Husbandry and Fishery	7503	33275	82251	887
资源环境类	Resouces and Environment	830	1913	3885	92
能源与新能源类	Energy and New Energy	4803	3171	8483	208
土木水利类	Civil Engineering and Water Conservancy	15164	29546	61404	746
加工制造类	Machining and Manufacture	87540	107147	274208	4072
石油化工类	Petroleum Chemical	1714	1816	5689	159
轻纺食品类	Textile Food	7009	8108	22221	245
交通运输类	Transportation	17827	40632	94297	917
信息技术类	Information Technology	103163	124278	308545	4710
医药卫生类	Medicine and Sanitation	21764	41777	112798	1486
休闲保健类	Leisure Care	290	988	2182	74
财经商贸类	Fanancial Business	25958	30791	77460	1561
旅游服务类	Tourism Service	16682	28874	66623	1504
文化艺术类	Culture and Art	10194	15244	36740	1152
体育与健身	Sports and Fitness	1206	1572	4178	601
教育类	Education	11187	40375	74702	1295
司法服务类	Judicial Service	214	634	1400	21
公共管理与服务类	Public Management and Service	5914	7493	18626	644
其他	Others	1550	5668	10537	1273

注：专任教师中含文化基础课和实习指导课教师。
a) Full-time teachers include basic courses and practical guidance Cultural Teachers.

20-10 技工学校基本情况
Basic Statistics on Technical School

单位:人 (person)

年份 Year	学校数(个) Schools (unit)	毕业生数 Graduates	招生数 New Students Enrollment	在校学生数 Students Enrollment	教职工数 Staff and Teachers	培训社会人员数 Number of Training for Social Personnel	# 失业人员 Unemployed	# 农村劳动者 Rural Laborers
1990	387	37673	46334	119125	25778	23049		
1995	407	60392	54438	130896	26504			
1996	276	37891	37341	94529	17143	56176		
1997	277	39048	37565	85361	15654	60467	1188	1249
1998	278	35732	30696	76257	14528	69136	2064	3462
1999	264	29355	22475	52256	12598	74226	6994	
2000	186	20177	16753	40147	9843	54335	6830	
2001	156	17125	19644	45575	8832	58441	7192	
2002	129	15142	28817	50982	7750	90939	4762	
2003	125	17339	35608	73678	8200	104131	19379	
2004	124	23631	42638	85501	8899	120668	16848	
2005	121	28326	47042	101037	8992	141836	14470	36156
2006	122	37684	53857	120462	9821	129603	19098	36935
2007	112	40946	65242	136395	9671	131459	18164	49701
2008	120	40816	68771	144608	10080	153200	16114	53324
2009	121	43214	64335	162614	10404	227563	18741	66781
2010	116	46910	52019	141407	10136	181246	12921	57617
2011	115	46500	42362	136347	9368	204035	19838	58244

注：①本表由四川省人力资源和社会保障厅提供。②2009年开始,原指标“培训社会人员结业数”调整为“培训社会人员数”。
a) Data of the table are provided by the Sichuan Provincial Office for Human Resources and Social Security.
b) Since 2009,indicator "number of training personnel exit is adjusted indicator "number of training for social personnel".

20-11 成人教育基本情况(2011年)
Basic Statistics on Adult Education(2011)

单位:人 (person)

项　目	Item	学校数(所) Schools (unit)	毕(结)业生数 Graduates	招生数 New Student Enrollment	在校学生数 Student Enrollment	教职工数 Teachers and Staff	# 专任教师 Full-time Teachers
成人高等教育	**Adult Education Schools**	**22**	**120420**	**135163**	**309473**	**3580**	**2231**
职工高等学校	Schools of Higher Education for Staff and Workers	18	6459	4491	13546	2065	1235
管理干部学院	Colleges for Management Cadres	1	370	760	1612	94	43
教育学院	Pedagogical Colleges	1	1279	1518	3923	847	687
广播电视大学	Radio and TV Universities	2	14573	10303	26983	574	266
普通高校成人教育	Adult Higher Education		97739	118091	263409		
成人中学	**Secondary Schools for Adults**		**75**	**56982**	**55857**	**304**	**282**
农民中学	Secondary Schools for Peasants		75	56982	55857	304	282
初中	Junior		75	56982	55857	304	282
成人技术培训学校	**Technical Training Schools for Adults**	**6162**	**3027242**		**2762549**	**17623**	**10643**
职工技术培训学校	Technical Training Schools for Staff and Workers	154	408680		420979	5347	4121
农民技术培训学校	Technical Training Schools for Peasants	5669	2506466		2198843	8956	4526
# 县办农技培训学校	County Technical Training Schools for Peasants	242	318975		192896	398	316
# 乡办	Run by Town	1235	1353231		1165792	3168	1620
# 村办	Run by Village	4115	741105		756252	4444	1726

注：成人技术培训学校数据中含其它培训机构数据。
a)Data of Adult technical training schools include data of other training institutions.

20-12 各类学校女学生和女教师数
Number of Female Students and Teachers by Type of School

单位：人 (person)

指　标	Item	2005	2006	2007	2008	2009	2010	2011
女学生	**Number of Female Students**							
普通高等学校	Regular Institutions of Higher Education	355423	406881	440291	483595	512049	543727	580369
中等职业学校	Secondary Vocational Schools						674900	686400
普通中学	Regular Secondary Schools	2281980	2363969	2405659	2411872	2403115	2371942	2323156
高中	Senior	630230	657238	668129	677834	700220	724940	758252
初中	Junior	1651750	1706731	1737530	1734038	1702895	1647002	1564904
小学	Primary Schools	3384956	3417157	3293659	3068125	2911134	2799856	2743668
特殊教育学校	Special Schools	8865	10002	13253	13962	14259	14002	13499
女教师	**Number of Female Teachers**							
普通高等学校	Regular Institutions of Higher Education	18197	22031	24152	26078	27496	29297	30616
中等职业学校	Secondary Vocational Schools						15680	17680
普通中学	Regular Secondary Schools	98860	103362	107309	111153	115744	120391	123039
高中	Senior	26232	28411	30139	30847	30588	32636	34349
初中	Junior	72628	74951	77170	80306	85156	87755	88690
小学	Primary Schools	147943	149536	151396	154321	155871	158241	159507
特殊教育学校	Special Schools	770	898	954	1016	1077	1166	1231

注：中等职业学校的女教师数不包括技工学校。
a)Female teachers in secondary vocational schools are not included in technical schools.

20-13 各市(州)中等职业教育基本情况(2011年)
Basic Statistics on Secondary Vocational Schools by Region(2011)

单位：人 (person)

市(州)	Region	学校数(所) Number of Schools	毕业生数 Graduates	招生数 New Student Enrollment	在校学生数 Student Enrollment	教职工数 Teacher and Staff	# 专任教师 Full-time Teachers
全 省	**Sichuan**	**540**	**340512**	**523302**	**1266229**	**54691**	**39933**
成都市	Chengdu	92	65479	95207	237486	12766	8358
自贡市	Zigong	20	7701	13209	36131	1807	1285
攀枝花市	Panzhihua	4	3506	5597	15051	655	475
泸州市	Luzhou	21	28821	37969	94480	4062	2871
德阳市	Deyang	20	15593	23377	59002	2169	1500
绵阳市	Mianyang	34	28015	31943	75377	2765	2045
广元市	Guangyuan	22	12251	20172	48496	2035	1589
遂宁市	Suining	17	9841	24392	49068	1936	1631
内江市	Neijiang	30	14165	23031	56437	2625	1898
乐山市	Leshan	28	15586	19634	47754	2624	1675
南充市	Nanchong	46	22826	43885	96488	4286	3106
眉山市	Meishan	18	17145	20977	57142	1854	1379
宜宾市	Yibin	29	23377	32966	80778	2865	2433
广安市	Guangan	25	6664	25661	66890	1497	1133
达州市	Dazhou	34	25603	39478	94562	4295	3505
雅安市	Yaan	9	4011	6680	16608	555	433
巴中市	Bazhong	36	13918	23442	44275	1799	1523
资阳市	Ziyang	27	18476	19792	51160	1705	1351
阿坝藏族羌族自治州	Aba	5	1337	1026	2660	384	305
甘孜藏族自治州	Ganzi	4	805	1317	4134	268	178
凉山彝族自治州	Liangshan	19	5392	13547	32250	1739	1260

注：以上数据不含技工学校。
a)Data above exclude Technical Schools.

20-14 各市(州)普通高中基本情况(2011年)
Basic Statistics on Regular Senior Secondary Schools by Region(2011)

单位：人 (person)

市(州)	Region	学校数 (所) Number of Schools	毕业生数 Graduates	招生数 New Student Enrollment	在校学生数 Student Enrollment	专任教师 Full-time Teachers
全 省	**Sichuan**	**740**	**452646**	**535394**	**1512025**	**82768**
成都市	Chengdu	127	65801	73196	215952	14947
自贡市	Zigong	21	13163	15440	44307	2236
攀枝花市	Panzhihua	10	6497	7860	21198	1407
泸州市	Luzhou	26	25630	29707	82119	4398
德阳市	Deyang	23	16414	18827	53125	3256
绵阳市	Mianyang	34	32707	42882	111841	6339
广元市	Guangyuan	26	20679	24190	69947	3652
遂宁市	Suining	22	20012	21437	61584	3779
内江市	Neijiang	41	17351	21798	58732	2978
乐山市	Leshan	26	15939	18261	53212	2996
南充市	Nanchong	72	45938	57048	159098	7530
眉山市	Meishan	32	18951	19298	56945	3108
宜宾市	Yibin	33	23556	29618	82055	4655
广安市	Guangan	35	25692	30446	89892	3986
达州市	Dazhou	42	32163	37466	106582	4785
雅安市	Yaan	15	6021	7216	20276	1279
巴中市	Bazhong	42	22395	28924	81552	3136
资阳市	Ziyang	36	19479	20811	59682	3528
阿坝藏族羌族自治州	Aba	18	4324	5147	14595	1158
甘孜藏族自治州	Ganzi	23	2850	3820	9471	650
凉山彝族自治州	Liangshan	36	17084	22002	59860	2965

20-15 各市(州)普通初中基本情况(2011年)
Basic Statistics on Regular Junior Secondary Schools by Region(2011)

单位：人 (person)

市(州)	Region	学校数（所）Number of Schools	毕业生数 Graduates	招生数 New Student Enrollment	在校学生数 Student Enrollment	专任教师数 Full-time Teachers
全　省	**Sichuan**	**3964**	**1153686**	**1058072**	**3266108**	**202987**
成都市	Chengdu	360	139059	131775	405905	28718
自贡市	Zigong	113	33885	30905	93684	5589
攀枝花市	Panzhihua	50	15796	16747	49436	3403
泸州市	Luzhou	196	64815	67785	198476	10187
德阳市	Deyang	140	43511	33262	110498	7996
绵阳市	Mianyang	224	69083	57600	186825	12462
广元市	Guangyuan	158	45715	39411	123896	7910
遂宁市	Suining	141	47716	41706	128964	8954
内江市	Neijiang	147	48482	39708	127451	8796
乐山市	Leshan	195	38670	32437	103017	7639
南充市	Nanchong	444	107905	94661	295621	19524
眉山市	Meishan	208	45138	33667	113518	7540
宜宾市	Yibin	275	74562	66890	205750	13374
广安市	Guangan	242	66054	61380	189045	10463
达州市	Dazhou	340	96441	92220	277645	14524
雅安市	Yaan	56	19822	16273	53319	3309
巴中市	Bazhong	158	64774	61587	190301	8292
资阳市	Ziyang	280	47814	45493	142030	9958
阿坝藏族羌族自治州	Aba	40	12803	12182	37344	2564
甘孜藏族自治州	Ganzi	26	12694	12828	39488	2102
凉山彝族自治州	Liangshan	171	58947	69555	193895	9683

20-16 各市(州)普通小学基本情况(2011年)
Basic Statistics on Primary Schools by Region(2011)

单位：人 (person)

市(州)	Region	学校数（所） Number of Schools	毕业生数 Graduates	招生数 New Student Enrollment	在校学生数 Student Enrollment	专任教师 Full-time Teachers
全　省	**Sichuan**	**8847**	**1042069**	**996827**	**5798017**	**305508**
成都市	Chengdu	502	125333	113085	680101	37858
自贡市	Zigong	425	30384	31691	170267	8234
攀枝花市	Panzhihua	62	16683	13784	90228	5075
泸州市	Luzhou	282	65020	77346	397215	15732
德阳市	Deyang	226	33732	26735	168595	11150
绵阳市	Mianyang	428	52022	41403	261625	17008
广元市	Guangyuan	248	36373	26982	166838	13568
遂宁市	Suining	221	40447	29583	191027	12023
内江市	Neijiang	313	39704	43829	231116	13345
乐山市	Leshan	487	32438	30022	168471	11863
南充市	Nanchong	261	88279	85199	508081	24909
眉山市	Meishan	194	32799	26297	162911	10238
宜宾市	Yibin	1345	66474	63533	364706	19202
广安市	Guangan	254	60578	46974	301772	13249
达州市	Dazhou	332	95027	86371	534094	23427
雅安市	Yaan	276	16552	16516	92238	6478
巴中市	Bazhong	248	59735	48045	315607	13675
资阳市	Ziyang	265	45498	51259	262429	13196
阿坝藏族羌族自治州	Aba	288	13416	13005	78097	5975
甘孜藏族自治州	Ganzi	615	13970	19391	107077	6180
凉山彝族自治州	Liangshan	1575	77605	105777	545522	23123

20-17 各市(州)幼儿园基本情况(2011年)
Basic Statistics on Kindergartens by Region(2011)

市(州)	Region	园数（所）Number of Kindergartens	班数（个）Number of Classes	幼儿数（人）Child Enrollment (person)	教职工数（人）Teacher and Staff (person)	# 教师 Teachers
全 省	**Sichuan**	**10162**	**59768**	**2110148**	**101712**	**57528**
成都市	Chengdu	1699	10519	359337	33432	16809
自贡市	Zigong	337	1819	65843	2899	1670
攀枝花市	Panzhihua	190	1073	32713	2496	1171
泸州市	Luzhong	469	3818	148569	5720	3136
德阳市	Deyang	228	2068	82398	3128	1845
绵阳市	Mianyang	510	3451	116476	6956	3643
广元市	Guangyuan	250	1942	61908	2404	1482
遂宁市	Suining	279	2026	75998	2998	1908
内江市	Neijiang	500	2543	101343	3914	2317
乐山市	Leshan	413	2216	71981	4389	2454
南充市	Nanchong	532	4130	158228	3616	2595
眉山市	Meishan	450	2134	77548	3662	2128
宜宾市	Yibin	827	3538	120092	5426	3318
广安市	Guangan	710	2590	92913	3357	2111
达州市	Dazhou	681	5345	176783	5186	3343
雅安市	Yaan	218	1197	40156	1991	1124
巴中市	Bazhong	194	2925	79366	1536	1083
资阳市	Ziyang	1036	3448	127717	4668	2816
阿坝藏族羌族自治州	Aba	61	394	12679	662	510
甘孜藏族自治州	Ganzi	331	505	14882	453	386
凉山彝族自治州	Liangshan	247	2087	93218	2819	1679

20-18 研究与实验发展(R&D)情况
Basic Statistics on Research and Development Activities

指　标		Item		2005	2006	2007	2008	2009	2010
研究与实验发展(R&D)经费	(万元)	Funds for R&D	(10 000 yuan)	962450	1075659	1391130	1622607	2144590	2706452
地区生产总值(GDP)	(亿元)	GDP	(100 million yuan)	7385.10	8690.24	10562.39	12601.23	14151.28	17185.48
R&D占地区生产总值(GDP)比例	(%)	R&D as Percentage of GDP	(%)	1.30	1.24	1.32	1.29	1.52	1.57
R&D经费按执行部门分组		**Grouped by Executive Departments**							
科研机构	(万元)	Scientific Research Institutions	(10 000 yuan)	384195	409265	532841	650937	909848	1239870
高等院校	(万元)	Institutions of Higher Education	(10 000 yuan)	145941	149184	199362	224952	274254	363510
企业	(万元)	Enterprises	(10 000 yuan)	422936	507879	649519	737499	917698	1061086
# 工业企业	(万元)	Industrial Enterprises	(10 000 yuan)	397645	481482	621812	710616	817784	879858
其他	(万元)	Others	(10 000 yuan)	9378	9331	9408	9219	42789	41987
R&D经费按隶属关系分组		**Grouped by Affiliation**							
中央	(万元)	Central Government	(10 000 yuan)	595327	636736	805531	1030421	1321262	1868115
地方	(万元)	Local Government	(10 000 yuan)	367123	438923	585599	592186	823449	838337
R&D经费按资金来源分组		**Grouped by Funding Sources**							
政府资金	(万元)	Government Appropriation Funds	(10 000 yuan)	438399	473458	586403	768660	1044100	1512529
企业资金	(万元)	Funds Raised by Enterprises	(10 000 yuan)	456173	551310	731824	787050	1037607	1136088
国外资金	(万元)	Foreign Funds	(10 000 yuan)	3966	1390	1832	3727	3533	5958
其他资金	(万元)	Other Funds	(10 000 yuan)	63912	49501	71071	63171	59349	51878

20-19 各市(州)研究与实验发展(R&D)情况
Basic Statistics on Research and Development by Region

年 份 / 市(州)	Year / Region	R&D人员折合全时人员 (人年) Full-time Equivalent of R&D Personnel (man-year)	# 研究人员 Researchers	R&D经费内部支出 (万元) Internal Expenditure on R&D	# 经常费支出 Recurrent Costs
2001		48180	35325	574712	506285
2002		61312	44957	619233	571565
2003		57867	43995	794211	736462
2004		60201	46373	780066	713398
2005		65747	51403	962450	894850
2006		67932	53552	1075659	984546
2007		78452	62595	1391130	1273338
2008		87557	63130	1622607	1537790
2009		85921	48786	2144590	1755258
2010		83506	45205	2706452	2031519
成都市	Chengdu	36652	19047	1395387	1084437
自贡市	Zigong	3319	1658	43241	37303
攀枝花市	Panzhihua	2446	1613	53482	47637
泸州市	Luzhou	1707	692	38801	28169
德阳市	Deyang	6336	3893	246368	182715
绵阳市	Mianyang	17069	9231	690340	468069
广元市	Guangyuan	562	298	7421	6740
遂宁市	Suining	412	174	4302	3094
内江市	Neijiang	2258	1210	56548	45547
乐山市	Leshan	1050	500	13942	10603
南充市	Nanchong	494	332	9319	7714
眉山市	Meishan	131	11	4271	2772
宜宾市	Yibin	4297	1572	80307	62046
广安市	Guangan	741	67	19095	17418
达州市	Dazhou	778	436	8536	4195
雅安市	Yaan	131	82	19945	10369
巴中市	Bazhong	55	26	1113	822
资阳市	Ziyang	279	168	7829	6104
阿坝藏族羌族自治州	Aba	78	55	695	644
甘孜藏族自治州	Ganzi	181	127	849	847
凉山彝族自治州	Liangshan	120	72	4110	3878

注：R&D人员折合全时人员中的研究人员，在2009年及以前为科学家和工程师。

a) Indicator of researchers in the full-time equivalent of R&D personnel is the indicator of scientists and engineers before 2009.

20-20 各市(州)县级以上政府部门属研究与开发机构及情报文献机构数、人员数(2011年)

Number and Personnel of State-owned Research and Development Institutions and Information and Literature Institutions at and above County Level by Region(2011)

市(州)	Region	合计 Total Number 机构(个) Institutions (unit)	合计 Total Number 从业人员(人) Employees (person)	自然科学技术领域 Field of Natural Sciences and Technology 机构(个) Institutions (unit)	自然科学技术领域 从业人员(人) Employees (person)	自然科学技术领域 #科技活动人员 S & T Personnel	社会、人文科学技术领域 Field of Social Sciences and Humanities 机构(个) Institutions (unit)	社会、人文科学技术领域 从业人员(人) Employees (person)	社会、人文科学技术领域 #科技活动人员 S & T Personnel	科技情报和文献机构 Scientific-Technical Information and Literature Institutions 机构(个) Institutions (unit)	科技情报和文献机构 从业人员(人) Employees (person)	科技情报和文献机构 #科技活动人员 S & T Personnel
全　省	**Sichuan**	**154**	**14822**	**112**	**13102**	**8949**	**17**	**875**	**802**	**25**	**845**	**780**
成都市	Chengdu	80	11337	60	10019	6536	11	734	668	9	584	530
自贡市	Zigong	8	384	6	338	235	1	30	29	1	16	14
攀枝花市	Panzhihua	5	337	4	315	266				1	22	22
泸州市	Luzhou	3	186	2	169	124				1	17	17
德阳市	Deyang	2	40				1	28	26	1	12	12
绵阳市	Mianyang	3	169	2	140	119				1	29	25
广元市	Guangyuan	5	132	4	117	117				1	15	15
遂宁市	Suining	3	37	1	8	7				2	29	29
内江市	Neijiang	4	313	3	298	285				1	15	15
乐山市	Leshan	3	77	3	77	62						
南充市	Nanchong	6	420	5	408	265				1	12	12
眉山市	Meishan											
宜宾市	Yibin	6	264	5	250	178				1	14	12
广安市	Guangan	1	11				1	11	11			
达州市	Dazhou	5	154	3	110	93	1	25	23	1	19	18
雅安市	Yaan	2	54	1	45	34				1	9	9
巴中市	Bazhong	2	11	1	6	6				1	5	5
资阳市	Ziyang	2	100	2	100	90						
阿坝藏族羌族自治州	Aba	3	243	2	228	161	1	15	15			
甘孜藏族自治州	Ganzi	5	223	4	191	167				1	32	30
凉山彝族自治州	Liangshan	6	330	4	283	204	1	32	30	1	15	15

注：县级以上政府部门属研究与开发机构及情报文献机构资料由省科技厅提供。

a) Information of research and development institutions and the literature of intelligence agencies in government departments above the county level are provided by provincial Science and Technology Department.

20-21 各市(州)县级以上政府部门属研究与开发机构及情报文献机构经费收入总额(2011年)

Total Funds of State-owned Research and Development Institutions and Information and Literature Institutions at and above County Level by Region(2011)

单位:千元 (1 000 yuan)

市(州)	Region	合 计 Total	自然科学技术领域 Field of Natural Sciences and Technology	# 政府拨款 Government Appropriations	社会、人文科学技术领域 Field of Social Sciences and Humanities	# 政府拨款 Government Appropriations	科技情报和文献机构 Scientific-Technical Information and Literature Institutions	# 政府拨款 Government Appropriations
全 省	**Sichuan**	**4365021**	**4029444**	**2500191**	**183700**	**140436**	**151877**	**107937**
成都市	Chengdu	3818566	3531791	2085787	166724	124330	120051	84311
自贡市	Zigong	54810	48624	42305	5112	5112	1074	1074
攀枝花市	Panzhihua	70114	66460	61149			3654	3647
泸州市	Luzhou	43987	41811	24986			2176	2106
德阳市	Deyang	4746			2600	2600	2146	2146
绵阳市	Mianyang	25520	19938	18810			5582	40
广元市	Guangyuan	18008	16509	16504			1499	1499
遂宁市	Suining	4438	850				3588	3588
内江市	Neijiang	37832	36669	34335			1163	817
乐山市	Leshan	10294	10294	9276				
南充市	Nanchong	70924	68861	53936			2063	2063
眉山市	Meishan							
宜宾市	Yibin	49026	47804	26418			1222	989
广安市	Guangan	2008			2008	2008		
达州市	Dazhou	20490	16196	16196	2960	2090	1334	1334
雅安市	Yaan	4942	4236	3906			706	576
巴中市	Bazhong	800	480	480			320	320
资阳市	Ziyang	23600	23600	22373				
阿坝藏族羌族自治州	Aba	26764	26629	18605	135	135		
甘孜藏族自治州	Ganzi	40767	36885	36737			3882	2032
凉山彝族自治州	Liangshan	37385	31807	28388	4161	4161	1417	1395

20-22 各市(州)县级以上政府部门属研究与开发机构及情报文献机构经费支出总额(2011年)

Total Expenditures of State-owned Research and Development Institutions and Information and Literature Institutions at and above County Level by Region(2011)

单位:千元 (1 000 yuan)

市(州)	Region	合 计 Total	自然科学技术领域 Field of Natural Sciences and Technology	# 科技经费支出 Scientific-Technical Expenditures	社会、人文科学技术领域 Field of Social Sciences and Humanities	# 科技经费支出 Scientific-Technical Expenditures	科技情报和文献机构 Scientific-Technical Information and Literature Institutions	# 科技经费支出 Scientific-Technical Expenditures
全 省	**Sichuan**	**4248147**	**3922263**	**2831686**	**177485**	**126952**	**148399**	**92323**
成都市	Chengdu	3724862	3444359	2439818	160034	113603	120469	69969
自贡市	Zigong	48306	42120	40974	5112	5112	1074	1074
攀枝花市	Panzhihua	57052	53671	36605			3381	3381
泸州市	Luzhou	43015	40839	34576			2176	2176
德阳市	Deyang	5183			3037	2260	2146	1910
绵阳市	Mianyang	23841	19926	17477			3915	40
广元市	Guangyuan	16589	15090	14500			1499	1499
遂宁市	Suining	3863	790	360			3073	3073
内江市	Neijiang	32299	31081	23808			1218	1022
乐山市	Leshan	10294	10294	10294				
南充市	Nanchong	71219	69156	58333			2063	2063
眉山市	Meishan							
宜宾市	Yibin	42266	40656	27467			1610	1377
广安市	Guangan	2008			2008	682		
达州市	Dazhou	20587	16632	16396	2998	1050	957	750
雅安市	Yaan	5155	4449	4449			706	706
巴中市	Bazhong	800	480	480			320	320
资阳市	Ziyang	31385	31385	24499				
阿坝藏族羌族自治州	Aba	30824	30689	20369	135	84		
甘孜藏族自治州	Ganzi	43585	41364	34131			2221	1720
凉山彝族自治州	Liangshan	35014	29282	27150	4161	4161	1571	1243

20-23 高等学校科技人力资源情况(2011年)
Basic Statistics on Human Resources for Scientific and Technological Activities in Institutions of Higher Education(2011)

单位：人 (person)

学历分类	Classfied by Education	合计 Total	科学家和工程师 Scientists and Engineers	# 高级 Senior	# 中级 Medium	其他技术人员 Other Technical Personnel
总计(理工农医)	**Total (Polytechnic,Agronomy,Medicine)**	**35534**	**33966**	**12395**	**14099**	**1568**
研究生及以上	Postgraduates and Above	15973	15841	7233	6167	132
大学毕业	Graduates of Regular College Course	12663	12324	4370	4996	339
大专毕业	Graduates of Specialized Subject	4278	3833	688	1924	445
中专毕业	Graduates of Specialized Secondary Schools	1855	1631	82	895	224
高中及以下	Secondary School and Below	765	337	22	117	428

20-24 高等学校科研项目、人员及经费(2011年)
Projects, Personnel and Funds of Research and Development of Institutions of Higher Education(2011)

科技活动类型分类	Item	课题数(项) Number of Projects (unit)	当年投入人员(人年) Personnel Engaged in Projects in Current Year (person-year)	当年投入经费(万元) Funds of Project Development in Current Year (10 000 yuan)	当年支出经费(万元) Expenditures Development in Current Year (10 000 yuan)
总计(理工农医)	**Total**	**20602**	**11096.4**	**423880**	**389985**
基础研究	Fundamental Research	6038	4196.4	90243	73904
应用研究	Applied Research	11009	5386.0	238817	227664
实验发展	Experimental Development	2267	950.0	72150	70859
研究与发展成果应用	Used by Research and Experiment Development Projects	536	274.7	11641	7960
科技服务	Scientific and Technical Service	752	289.3	11029	9598

注：高等学校科技和科研资料由省教育厅提供。

a) Date of higher education technology and scientific information are provided by Education Department.

20-25 科技成果水平及应用情况(2011年)
Level and Utility of Achievement in Scientific and Technical Research(2011)

单位：项 (item)

指　标	Item	合计 Total	科研机构 Research Institutions	大专院校 Universities and Colleges	企业 Enterprises	其他 Other
基本情况	**Basic Condition**					
登记项目数	Number of Projects Registered	618	79	87	387	65
鉴定项目数	Number of Projects Appraised	559	61	67	375	56
奖励项目数	Number of Projects Praised	238	33	55	125	25
成果计划	**Achievements Plan**					
国家计划项目	Projects of Country Plans	49	10	26	10	3
部门计划项目	Projects of Department	36	16	3	10	7
地方计划项目	Projects of Local Government	68	22	18	20	8
部门基金项目	Projects of Department Foundation	5		3	2	
地方基金项目	Projects of Local Government Foundation	4		2	2	
其它	Other	455	31	35	342	47
成果类别	**Achievements Type**					
基础理论	Basic Theory	8		7		1
应用技术	Applied Technology	579	74	66	382	57
软科学	Soft Science	31	5	14	5	7
成果水平	**Achievements Level**					
国际领先	International Original	51	7	6	34	4
国际先进	International Advanced	144	15	32	90	7
国内领先	Domestic Original	272	39	24	179	30
国内先进	Domestic Advanced	103	10	4	75	14
应用项目	**Projects Applied**					
农、林、牧、渔业	Farming, Forestry, Animal Husbandry and Fishery	74	30	16	17	11
工业	Industry	299	11	17	266	5
建筑业	Construction	33	4	3	26	
交通运输、邮电通讯业	Transportation, Postal and Telecommunications Services	30	1	2	24	3
信息传输、计算机服务和软件业	Information Transmission, Computer Services and Software	20	1	1	16	2
批发和零售业	Wholesale and Retail Trade	1			1	
住宿和餐饮业	Resident Services and Catering Service	1	1			
金融、保险业	Banking and Insurance	1			1	
房地产业	Real Estate					
租赁和商务服务业	Leasing And Business Services					
科学研究、技术服务和地质勘查业	Scientific Research,Technic Services and Geological Prospecting	49	21	9	16	3
水利、环境和公共设施管理业	Real Estate, Water, Environment Public Facilities Conservancy and Resident Services	14	3	1	7	3
居民服务和其他服务业	Residental Service And Others	2			1	1
教育	Education	2		1	1	
卫生、社会保障和社会福利业	Health Care, Social Security and Social Welfare	45	1	15	3	26
文化、体育和娱乐业	Culture, Sports and Entertainment	1	1			
公共管理和社会组织	Public Management and Social Organizations	7		1	3	3
其他行业	Other					
未应用项目	**Projects not Applied**					
缺乏资金	Lack of Funds	14	2	8	4	
技术不配套	Technology Incomplete	8	1	4	3	
无接收单位	No Receiving Unit	3	1		2	
其他原因	Other Causes	5	1	1		3

注：科技成果水平及应用资料由省科技厅提供。

a) Data of achievement and application of information technology are provided by provincial Science and Technology Department.

20-26 专利受理量及批准量
Patent Applications Examined and Granted

单位：项 (item)

项　目	Item	2007	2008	2009	2010	2011
全省专利受理量合计	**Total Applications Examined**	**19165**	**24335**	**33047**	**40230**	**49734**
1. 发明	I. Creations and Inventions	3406	4098	6260	8342	11808
实用新型	Utility Models	5205	6914	11943	16671	19241
外观设计	Designs	10554	13323	14844	15217	18685
2. 个人	II.Individuals	12952	15566	19873	21172	17991
大专院校	Universities and Colleges	803	1071	1409	1918	3198
科研单位	Research Institutions	483	639	814	817	1768
工矿企业	Industrial and Mineral Enterprises	4838	6947	10833	16105	26130
机关团体	Government Agencies and Organizations	89	112	118	218	647
全省专利批准量合计	**Total Applications Granted**	**9935**	**13369**	**20132**	**32212**	**28446**
1. 发明	I. Creations and Inventions	825	1086	1596	2204	3270
实用新型	Utility Models	4023	5295	6561	12724	12533
外观设计	Designs	5087	6988	11975	17284	12643
2. 个人	II.Individuals	6811	8843	13432	19030	10449
大专院校	Universities and Colleges	389	498	611	856	1543
科研单位	Research Institutions	214	457	479	581	710
工矿企业	Industrial and Mineral Enterprises	2469	3508	5531	11612	15523
机关团体	Government Agencies and Organizations	52	63	79	133	221

注：专利资料由省知识产权局提供。
a) Data of patent information are provided by Provincial Intellectual Property Department.

20-27 各类技术合同签定及执行情况
Concluded and Fulfilled Technical Contracts

项　目	Item	合同数 (项) Number of Contracts (item)		合同成交额 (万元) Value of Contracts (10 000 yuan)		技术交易额 (万元) Technology Business Value (10 000 yuan)	
		2010	2011	2010	2011	2010	2011
全　省	**Total**	**9025**	**9942**	**611867**	**715278**	**550283**	**683504**
技术开发	Technical Development	5605	5542	378092	477072	365581	467391
技术转让	Technical Transfer	437	521	152660	126186	108368	105127
技术咨询	Technical Consultation	557	617	7622	8261	7290	8162
技术服务	Technical Services	2426	3262	73493	103758	69044	102823

注：各类技术合同签定及执行情况由省科技厅提供。
a) Data of Various types of technology and the implementation of the contract signed are provided by provincial Science and Technology Department.

主要统计指标解释

普通高等学校 指按国家规定的设置标准和审批程序批准举办的，通过全国普通高等学校统一招生考试，招收高中毕业生为主要培养对象，实施高等学历教育的全日制大学、独立设置的学院和高等专科学校、高等职业学校及其他机构（独立学院和分校、大专班）。

成人高等学校 指按照国家规定的设置标准和审批程序批准举办的，通过全国成人高等学校统一招生考试，招收具有高中毕业或同等学历的人员为主要培养对象，利用函授、业余、脱产等多种形式对其实施高等学历教育的学校。包括职工高等学校、农民高等学校、管理干部学院、教育学院、独立函授学院、广播电视大学、其他机构等。其他机构是承担国家成人招生计划任务不计校数的机构。

科技活动 指在自然科学、农业科学、医药科学、工程与技术科学、人文与社会科学领域(简称科学技术领域)中，与科技知识的产生、发展、传播和应用密切相关的有组织的活动。可分为研究与试验发展(R&D)、研究与试验发展成果应用及相关的科技服务三类活动。该定义是联合国教科文组织考虑成员国特别是发展中国家开展科技统计工作的需要，而对科技活动所作的统计界定。

科技活动人员 指直接从事科技活动、以及专门从事科技活动管理和为科技活动提供直接服务，累计的实际工作时间占全年制度工作时间 10%及以上的人员。(1)直接从事科技活动的人员包括：在独立核算的科学研究与技术开发机构、高等学校、各类企业及其他事业单位内设的研究室、实验室、技术开发中心及中试车间(基地)等机构中从事科技活动的研究人员、工程技术人员、技术工人及其它人员；虽不在上述机构工作，但编入科技活动项目(课题)组的人员；科技信息与文献机构中的专业技术人员；从事论文设计的研究生等。(2)专门从事科技活动管理和为科技活动提供直接服务的人员，包括：独立核算的科学研究与技术开发机构、科技信息与文献机构、高等学校、各类企业及其他事业单位主管科技工作的负责人，专门从事科技活动的计划、行政、人事、财务、物资供应、设备维护、图书资料管理等工作的各类人员，但不包括保卫、医疗保健人员、司机、食堂人员、茶炉工、水暖工、清洁工等为科技活动提供间接服务的人员。该指标用来反映投入科技活动人力的规模。

科学家和工程师 指科技活动人员中具有高、中级技术职称(职务)的人员和不具有高、中级技术职称(职务)的大学本科及以上学历人员。该指标用来反映投入科技活动人力的素质。

研究与试验发展(R&D) 指在科学技术领域，为增加知识总量，以及运用这些知识去创造新的应用进行的系统的创造性的活动，包括基础研究、应用研究、试验发展三类活动。国际上通常采用 R&D 活动的规模和强度指标反映一国的科技实力和核心竞争力。

R&D 人员 指参与研究与试验发展项目研究、管理和辅助工作的人员，包括项目(课题)组人员，企业科技行政管理人员和直接为项目(课题)活动提供服务的辅助人员。反映投入从事拥有自主知识产权的研究开发活动的人力规模。

R&D 经费内部支出合计 指调查单位用于内部开展 R&D 活动（基础研究、应用研究和试验发展）的实际支出。包括用于 R&D 项目（课题）活动的直接支出，以及间接用于 R&D 活动的管理费、服务费、与 R&D 有关的基本建设支出以及外协加工费等。不包括生产性活动支出、归还贷款支出以及与外单位合作或委托外单位进行 R&D 活动而转拨给对方的经费支出。

专利 是专利权的简称，是对发明人的发明创造经审查合格后，由专利局依据专利法授予发明人和设计人对该项发明创造享有的专有权。包括发明、实用新型和外观设计。反映拥有自主知识产权的科技和设计成果情况。

发明(专利) 指对有关产品、方法或其改进所提出的新的技术方案。是国际通行的反映拥有自主知识产权技术的核心指标。

实用新型(专利) 指对产品的形状、构造或者其结合所提出的适于实用的新的技术方案。反映具有一定技术含量的技术成果情况。

外观设计(专利) 指对产品的形状、图案、色彩或者其结合所作出的富有美感并适于工业上应用的新设计。反映拥有自主知识产权的外观设计成果情况。

Explanatory Notes on Main Statistical Indicators

Regular Institutions of Higher Learning refer to educational establishments set up according to the government evaluation and approval procedures, enrolling graduates from senior secondary schools and providing higher education courses and training for senior professionals. They include full-time universities, colleges, high professional schools, high professional vocational schools and others(non-university tertiary, branch schools and undergraduate classes).

Institutions of Higher Learning for Adults refer to educational establishments, set up in line with relevant rules approved by the government, enrolling staff and workers with senior secondary school or equivalent education, and providing higher education courses in many forms of correspondence, spare time, or full time for adults. Professionals thus trained receive a qualification equivalent to graduates studying regular courses at regular universities, colleges and professional colleges. Institutions of higher learning for adults include schools of high education for staff and workers, schools of high education for peasants, colleges for management cadres, pedagogical colleges , independent correspondence colleges, Radio and TV universities and other educational establishments. Other educational establishments are responsible for enrolling adult students but not covered in the number of schools.

Scientific and Technological Activities (S&T Activities) refer to organized activities which are closely related with the creation, development, dissemination and application of the scientific and technical knowledge in the fields of natural sciences, agricultural science, medical science, engineering and technological science, humanities and social sciences (referred to as scientific and technological fields). S&T activities can be classified in to 3 categories: research and development (R&D) activities, application of R&D results, and related S&T services. This statistical definition is made by UNICHIEF for scientific and technological activities to meet the need of carrying out statistical work in this field for its member countries in particular those developing countries.

Personnel Engaged in S&T Activities refer to personnel directly engaged in S&T activities, in the management of S&T activities, and in providing direct service to S&T activities, who spend over 10% of the total working hours in a year in S&T activities. (1) Personnel directly engaged in S&T activities include researchers, engineers, technicians and other related personnel engaged in S&T activities in independent-accounting R&D institutions, institutions of higher learning, and in research institutes, laboratories, technology development centers and central experiment workshops under enterprises and institutions. Also included are people working in S&T research project teams, professional and technical personnel working in S&T information archiving institutes, and graduate students working on the design of their thesis. (2) Personnel engaged in the management of S&T activities and in providing direct service to S&T activities include senior management people responsible for S&T activities in independent -accounting R&D institutions, S&T information archiving institutes, institutions of higher learning, and in enterprises and institutions where S&T activities are undertaken. Also included are people responsible for the planning, administration, personnel management, financial management, logistics supply, equipment maintenance, information and library management that are related with S&T activities. People providing indirect services are excluded, such as security, medical service, drivers, plumbers, cleaners and those providing catering and related service. This indicator reflects the size of personnel engaged in S&T activities.

Scientists and Engineers refer to persons engaged in S&T activities who have obtained titles of senior and middle level professional positions, and those without such position but have completed university or higher education. This indicator reflects the quality of personnel engaged in S&T activities.

Research and Development (R&D) refers to systematic and creative activities in the field of science and technology aiming at increasing the knowledge and using the knowledge for new application. R&D includes 3 categories of activities: basic research, applied research and experiments and development. The scale and intensity of R&D are widely used internationally to reflect the strength of S&T and the core competitiveness of a country in the world.

R & D Personnel refer to persons engaged in research, management and supporting activities of R & D, including persons in the project teams, persons engaged in the management of S&T activities of enterprises and supporting staff providing direct service to the research projects. This indicator reflects the size of personnel engaged in R&D activities with independent intellectual property.

Total Internal Expenditure of Funds on R&D refers to the real expenditure of surveyed units on their own R&D activities (basic research, application study, test and development) including direct expenditure on R&D activities, indirect expenditure of management and services on R&D activities, expenditure on capital construction and material processing by others. Excluding the expenditure on production activities, return of loan, and fees transferred to cooperated and entrusted agencies on R&D activities.

Patent is an abbreviation for the patent right and refers to the exclusive right of ownership by the inventors or designers for the creation or inventions, given from the patent offices after due process of assessment and approval in accordance with the Patent Law. Patents are granted for inventions, utility models and designs. This indicator reflects the achievements of S&T and design with independent intellectual property.

Patented Inventions refer to the new technical proposals to the products or methods or their modifications. This is universal core indicator reflecting the technologies with independent intellectual property.

Patented Utility Models refer to the practical and new technical proposals on the shape and structure of the product or the combination of both. This indicator reflects the condition of technological results with certain technical content.

Designs refer to the aesthetics and industrially applicable new designs for the shape, pattern and color of the product, or their combinations. This indicator reflects the appearance design achievements with independent intellectual property.

21

文化、体育和卫生

CULTURE, SPORTS AND PUBLIC HEALTH

21-1 文化艺术、文物事业机构数

Number of Institutions for Culture, Art and Cultural Relics

单位：个 (unit)

年份 Year	艺术表演团体 Art Performance Troupes	公共图书馆 Public Libraries	文化馆 Cultural Centers	文化站 Cultural Stations	博物馆 Museums
1952	126	4	148	146	1
1957	148	21	163	115	2
1962	205	36	161	76	11
1965	198	36	167	31	13
1970	169	36	171	16	13
1975	190	36	178	13	13
1978	193	57	178	8	12
1980	183	71	177	656	11
1985	148	82	172	5196	24
1990	109	109	168	4957	34
1991	106	112	168	4973	37
1992	105	117	169	4329	37
1993	103	117	169	3745	37
1994	101	118	170	3634	42
1995	101	123	171	3613	42
1996	101	125	172	3384	44
1997	101	127	170	3574	44
1998	100	129	170	3689	47
1999	99	129	171	3666	47
2000	98	129	171	3667	50
2001	89	129	174	3720	51
2002	89	131	173	3525	51
2003	89	132	181	3722	51
2004	84	137	180	3701	54
2005	85	141	180	4515	54
2006	81	146	202	3600	59
2007	84	151	202	3795	62
2008	83	154	203	3873	85
2009	84	156	203	4019	89
2010	82	161	204	4448	108
2011	75	169	205	4593	144

注：文化艺术、图书馆、博物馆等资料由省文化厅提供。

a)Data of culture and art, libraries, museums and other information are provided by the provincial Department of Culture.

21-2 各市(州)文化艺术和文物事业机构和人员数(2011年)
Basic Statistics on Culture, Art and Cultural Relics by Region(2011)

市(州)	Region	艺术表演团体 Art Performance Troupes		公共图书馆 Public Libraries			文化馆 Cultural Centers		博物馆 Museums	
		机构数(个) Institutions (unit)	从业人员(人) Employed Persons (person)	机构数(个) Institutions (unit)	从业人员(人) Employed Persons (person)	藏书量(千册) Collections (1 000 volumnes)	机构数(个) Institutions (unit)	从业人员(人) Employed Persons (person)	机构数(个) Institutions (unit)	从业人员(人) Employed Persons (person)
全　省	**Sichuan**	**75**	**4168**	**169**	**1984**	**31356**	**205**	**2561**	**144**	**4463**
成都市	Chengdu	12	1707	22	672	15392	22	501	29	1512
自贡市	Zigong	4	245	7	50	421	7	57	3	170
攀枝花市	Panzhihua	2	138	6	50	625	6	77	2	12
泸州市	Luzhou	4	118	7	75	1192	8	95	6	67
德阳市	Deyang	1	20	6	71	746	7	96	8	324
绵阳市	Mianyang	4	132	8	75	1951	10	115	10	301
广元市	Guangyuan	2	48	8	71	970	9	73	10	226
遂宁市	Suining	1	53	6	34	408	6	71	4	129
内江市	Neijiang	5	180	4	55	524	6	111	4	33
乐山市	Leshan	5	146	11	85	502	12	114	5	117
南充市	Nanchong	7	300	8	78	958	10	118	5	375
眉山市	Meishan	2	23	7	52	230	7	65	4	64
宜宾市	Yibin	1	145	10	81	1125	11	144	9	102
广安市	Guangan	4	89	6	77	1602	6	67	2	323
达州市	Dazhou	5	263	7	117	1010	8	149	5	51
雅安市	Yaan	1		9	58	686	9	81	8	70
巴中市	Bazhong	5	85	5	64	468	5	65	10	292
资阳市	Ziyang	3	89	5	64	1064	5	84	1	118
阿坝藏族羌族自治州	Aba	2	103	11	38	333	14	86	8	39
甘孜藏族自治州	Ganzi	2	83	3	29	450	19	168	5	26
凉山彝族自治州	Liangshan	3	201	13	88	699	18	224	6	112

注：全省合计中含省直属单位数。

a) The Province's Total Data include Data of Unites Directly under the Provincal.

21-3 各市(州)文化站基本情况(2011年)
Basic Statistics on Cultural Stations by Region(2011)

市(州)	Region	文化站(个) Cultural Stations (unit)	# 乡镇文化站 Village and Towns Cultural Station	从业人员(人) Employed Persons (person)	举办展览(个) Number of Exhibitions	组织文艺活动次数(次) Art Performance & Cultural Sessions (times)	藏书量(千册) Collections (1 000 pieces)
全　省	**Sichuan**	**4593**	**4361**	**5912**	**6766**	**30558**	**9981**
成都市	Chengdu	315	222	967	1611	8036	1888
自贡市	Zigong	108	96	143	193	1012	348
攀枝花市	Panzhihua	44	44	76	137	1580	157
泸州市	Luzhou	141	128	190	166	980	356
德阳市	Deyang	127	120	162	170	813	1175
绵阳市	Mianyang	293	277	426	736	2170	596
广元市	Guangyuan	238	230	259	398	1179	597
遂宁市	Suining	111	105	115	268	1201	602
内江市	Neijiang	121	111	230	201	867	301
乐山市	Leshan	218	211	203	463	1511	253
南充市	Nanchong	421	395	528	219	1999	337
眉山市	Meishan	131	128	229	413	1037	308
宜宾市	Yibin	185	175	272	163	1053	204
广安市	Guangan	176	172	330	192	795	312
达州市	Dazhou	311	311	380	585	1147	1191
雅安市	Yaan	130	128	167	199	1034	211
巴中市	Bazhong	188	188	214	239	778	295
资阳市	Ziyang	175	171	301	108	958	571
阿坝藏族羌族自治州	Aba	218	218	79	11	339	138
甘孜藏族自治州	Ganzi	324	324				106
凉山彝族自治州	Liangshan	618	607	641	294	2069	35

21-4 群众艺术馆、文化馆(站)业务活动及经费情况(2011年)
Basic Statistics on Activities and Expenditures of Mass Art Centers (Stations) and Cultural Centers(2011)

项　目		Item		总计 Total	群众艺术馆(文化馆) Mass Art Centers Cultural Centers	文化站 Cultural Stations
单位数	(个)	Number of Units	(unit)	4798	205	4593
举办展览	(个)	Number of Exhibitions	(unit)	7976	1210	6766
组织文艺活动	(次)	Art Performances and Story-Telling Sessions		39449	8891	30558
举办训练班		Training Courses				
班次	(次)	Number of Classes	(times)	22212	6649	15563
结业人次	(万人次)	Number of Persons Completing Courses	(10 000 person-times)	165	38	127
群众业余演出团(队)	(个)	Part-time Art Groups	(unit)	13342	2392	10950
总支出	(万元)	Total Expenditures	(10 000 yuan)	86892	40740	46152
# 基本支出	(万元)	Basic Expense	(10 000 yuan)	41470	21649	19821

注:本表各项指标仅指文化部门系统内的。

The data in this table only refer to those under the administration of cultural departments.

21-5 公共图书馆业务活动及经费情况(2011年)
Business Activities and Expenditures of Public Libraries(2011)

项　目		Item		总计 Total	省级公共图书馆 Public Libraries at Provincial Level	市(州)级公共图书馆 Public Libraries at Prefecture Level	县级公共图书馆 Public Libraries at County Level
总藏量	(千册、件)	Total Collections	(1 000 volumes)	31356	5645	11305	14406
书架总长度	(千米)	Total Length of Bookshelves	(km)	1138	86	874	178
发放借书证数	(千个)	Number of Library Cards Distributed	(1 000 units)	513	21	207	285
书刊外借情况		Condition of Books Borrowed by the Readers					
人次	(千人次)	Total Number of Circulation	(1 000 person-times)	6192	31	2262	3899
册次	(千册次)	Number of Books Borrowed by the Readers	(1 000 volume-times)	10418	47	4412	5959
为读者举办各种活动		Service Activities Provided for Readers					
次数	(次)	Number of Activities	(times)	2973	34	641	2298
参加人数	(千人次)	Number of Readers Involved	(1 000 person-times)	1193	11	445	737
总支出	(万元)	Total Expenditures	(10 000 yuan)	28633	3443	8618	16572
基本支出	(万元)	Basic Expenses	(10 000 yuan)	14223	2009	5017	7197
# 新增藏量购置费	(万元)	Purchase of New Reserves	(10 000 yuan)	3516	513	912	2091
本年新购藏量	(万册)	New Reserves this Year	(10 000 volumes)	271	71	84	116
阅览室座席	(千个)	Seating Capacity of Reading Rooms	(1 000 seats)	32	1	8	23

21-6 博物馆、文物机构业务活动及经费情况(2011年)
Business Activities and Expenditures of Museums and Cultural Relics Agencies(2011)

项　目		Item		博物馆 Museums	文物保护管理机构 Cultural Relics Agencies
藏品	(件)	Number of Collections	(piece)	1121019	219464
# 一级品	(件)	Grade One	(piece)	3595	600
本年支出	(万元)	Total Expenditures	(10 000 yuan)	88924	25689
# 基本支出	(万元)	Basic Expense	(10 000 yuan)	28745	7556
# 商品和服务支出	(万元)	Goods and Sevices Expe	(10 000 yuan)	25257	8117

21-7 图书、杂志和报纸出版情况
Number of Books, Magazines and Newspapers Published

年份 Year	图书 Books Published 种数 (种) Number of Publications (kind)	# 新出版 New Publications	总印数 (万册) Total Printed Copies (10 000 copies)	总印张数 (万印张) Total Printed Sheets (10 000 sheets)	杂志 Magazines Published 种数 (种) Number of Publications (kind)	每期平均印数 (万册) Average Printed Copies per Issue (10 000 copies)	总印数 (万册) Total Printed Copies (10 000 copies)	总印张数 (万印张) Total Printed Sheets (10 000 sheets)	报纸 Newspapers Published 种数 (种) Number of Newspaper Published (kind)	每期平均印数 (万份) Average Printed Copies per Issue (10 000 copies)	总印数 (万份) Total Printed Copies (10 000 copies)	总印张数 (万印张) Total Printed Sheets (10 000 sheets)
1952	53	20	1481	3195	25	45	565	540	14	34	6799	5150
1957	52		909	1783					15	35	8109	6005
1962	86		2484	5256								
1965	65		6280	15006								
1970	24		4225	10677								
1975	292	233	17184	48499								
1978	277	241	24993	83916	13	57	562	1173	15	170	51889	43758
1980	549	502	31370	119063	71	341	3036	8699	22	214	50627	42305
1985	1273	1151	28023	99516	224	690	5532	17810	69	859	92878	64138
1990	2676	1896	21152	82360	226	324	3257	9149	66	818	94657	64642
1991	2769	1730	16634	71891	234	362	3192	9443	70	869	101753	68660
1992	3022	2063	22903	99185	249	404	4030	11697	75	818	97368	72598
1993	2459	1795	17666	72266	256	456	4674	12491	80	823	104000	73974
1994	3840	2818	21650	105849	275	412	4067	11865	91	885	102319	72532
1995	3017	1876	15438	83894	287	487	4993	14898	93	710	100500	122632
1996	3833	2256	27975	138772	289	409	4339	12025	95	680	109084	138292
1997	4510	2005	33272	153193	289	405	4336	12484	95	763	126818	227065
1998	4436	2369	31491	151112	284	403	4508	13211	100	757	124922	235944
1999	4306	2254	29852	147862	287	419	4754	14944	100	782	127708	240359
2000	3855	2134	27315	157672	275	451	4950	16238	91	711	133590	366840
2001	3820	2104	26032	158031	334	362	4172	16233	84	671	136737	394553
2002	3895	2244	25932	165312	256	440	5572	20688	92	654	135163	319004
2003	4131	2315	25889	170470	267	352	4767	21421	93	634	139266	357423
2004	4059	1911	21690	154980	225	293	5269	32515	107	651	155972	498494
2005	4836	2975	23643	193903	330	459	7502	60933	130	659	155865	671830
2006	4873	3070	19643	149609	335	509	8215	59996	136	618	155800	685570
2007	5150	3287	19591	146591	335	496	9514	74788	136	660	168638	656104
2008	5021	2885	19490	142562	336	475	8237	53222	136	670	164273	737694
2009	6719	3878	17492	127321	336	494	8303	52759	136	613	155286	797707
2010	6645	3396	19493	147325	340	498	10593	74892	136	687	170176	999545
2011	8081	3951	24787	179489	343	471	9293	67424	136	670	174021	1019233

注：图书、杂志、报纸、音像制品出版资料由省新闻出版局提供。
a) data of Books, magazines, newspapers, audio-visual products published are provided by the provincial Press and Publication Bureau.

21-8 录像制品出版情况
Publication of Video Products

年份 Year	录像制品合计 Total 种数(种) Kind	录像制品合计 Total 数量(万盒、万张) Volume (10 000 pieces)	录像带 Audio-tapes 种数(种) Kind	录像带 Audio-tapes 数量(万盒) Volume (10 000 cassettes)	数码激光视盘 VCD 种数(种) Kind	数码激光视盘 VCD 数量(万张) Volume (10 000 pieces)	高密度激光视盘 DVD-V 种数(种) Kind	高密度激光视盘 DVD-V 数量(万张) Volume (10 000 pieces)
2000	172	97.72			172	97.72		
2001	260	391.98	48	24.60	210	365.38	2	2.00
2002	446	501.51	18	64.25	401	424.61	27	12.65
2003	490	310.23	57	34.00	380	205.63	53	25.60
2004	241	198.36			216	184.54	25	13.82
2005	294	171.80			240	147.94	54	23.87
2006	542	240.82	3	1.10	243	122.99	296	116.73
2007	491	164.01	1	0.30	288	99.38	202	64.33
2008	343	153.23	1	0.80	163	83.37	179	69.06
2009	250	124.30			106	53.26	144	72.04
2010	191	108.46			58	24.01	133	84.45
2011	96	73.13	1	0.25	22	10.58	73	62.30

21-9 录音制品出版情况
Publication of Audio Products

年份 Year	录音制品合计 Audio Products 种数(种) Kind	录音制品合计 Audio Products 数量(万盒、万张) Volume (10 000 pieces)	盒式音带 Cassettes Audio-tapes 种数(种) Kind	盒式音带 Cassettes Audio-tapes 数量(万盒) Volume (10 000 cassettes)	激光唱片 CD 种数(种) Kind	激光唱片 CD 数量(万张) Volume (10 000 pieces)
1998	85	123.53	56	96.83	29	26.70
1999	178	89.31	80	56.74	98	32.57
2000	92	64.03	40	37.73	52	26.30
2001	114	93.53	61	42.27	53	51.26
2002	210	95.39	117	53.44	93	41.95
2003	158	127.27	56	38.52	102	88.75
2004	42	61.96	1	0.40	41	36.52
2005	177	88.20	69	33.70	108	54.50
2006	139	70.45	44	15.60	95	54.85
2007	164	71.73	48	13.74	114	55.99
2008	72	25.40	13	8.05	59	16.99
2009	75	40.58	12	15.30	63	25.28
2010	47	28.38	15	14.28	32	14.09
2011	32	25.77	4	4.00	28	21.77

21-10 广播电视事业发展情况
Basic Statistics on Development of Broadcasting and Television

年份 Year	广播电台 (座) Broadcasting Stations (set)	中短波发射台及转播台 (座) Transmission Stations and Relaying Stations of Medium and Short Wave (set)	中短波发射机功率 (部/千瓦) Power of Transmitters of Medium and Short Wave (unit / kw)	电视台 (座) Television Stations (set)	电视发射台及转播台 (座) Television Transmission Stations and Relaying Stations (set)	电视发射机功率 (部/千瓦) Power of Television Transmission (unit / kw)	广播覆盖率 (%) Population Coverage Rate of Broadcasting (%)	电视覆盖率 (%) Population Coverage Rate of Television (%)	广播电视台(站) (个) Broadcasting and Television Stations of County Level (set)
1952	3	2	2 / 2				20.06		
1957	1	1	2 / 2				20.06		80
1962	3	4	3 / 23.8	1	1	1 / 1	30.18	3.87	129
1965	3	4	3 / 123.8	1	1	1 / 1	30.09	3.87	141
1970	3	4	5 / 260.6	1	1	1 / 1	35.28	5.29	150
1975	3	9	10 / 327.6	1	14	15 / 5.50	43.13	18.73	157
1978	3	9	11 / 413.3	1	82	76 / 6.74	46.91	38.60	165
1980	3	11	15 / 488.0	1	208	235 / 21.39	49.91	45.69	168
1985	5	13	20 / 442.5	3	865	921 / 73.05	52.37	58.70	169
1990	14	18	29 / 453.0	15	2100	2577 / 183.38	64.46	71.46	166
1991	13	19	30 / 462.0	16	2244	2775 / 186.89	64.75	71.78	171
1992	15	19	32 / 514.0	21	2438	3106 / 199.05	64.84	71.88	169
1993	19	20	35 / 533.1	23	2518	3289 / 194.78	70.21	76.12	165
1994	25	20	34 / 632.0	27	2950	3757 / 202.80	75.40	80.50	150
1995	52	27	43 / 515.1	31	3114	4036 / 218.38	80.40	85.50	134
1996	58	27	40 / 521.1	32	3303	3952 / 207.09	84.47	83.57	161
1997	67	27	48 / 556.1	34	3227	3959 / 230.62	86.34	87.37	162
1998	17	29	48 / 556.1	23	3264	4009 / 235.94	88.90	88.97	44
1999	18	30	47 / 654.2	23	2626	3244 / 185.04	91.05	91.98	46
2000	19	28	52 / 673.1	23	4779	5636 / 266.82	92.85	93.61	42
2001	20	35	68 / 482.5	20	4839	5598 / 267.37	93.66	94.46	42
2002	20	34	69 / 558.0	22	4428	5353 / 260.53	94.07	95.08	110
2003	20	34	69 / 558.0	22	4385	5696 / 263.36	94.83	95.54	111
2004	20	34	69 / 558.0	22	4308	4546 / 250.77	95.34	96.39	111
2005	20	35	96 / 658.0	21	3849	5044 / 262.29	95.41	96.74	113
2006	20	35	96 / 658.0	21	2471	5524 / 280.14	95.70	96.77	113
2007	20	37	112 / 711.0	21	2469	5757 / 376.57	95.92	97.05	114
2008	16	37	114 / 710.0	16	4434	5644 / 505.59	95.97	97.10	119
2009	15	37	96 / 680.0	15	3944	5323 / 600.38	96.19	97.27	152
2010	10	37	101 / 687.0	10	3482	4810 / 587.11	96.22	97.33	156
2011	8	37	102 / 787.0	8	3001	4121/628.243	96.60	97.69	158

注：广播电视资料由省广电局提供。

a) Data of radio and TV broadcast information are provided by the Province Radio and TV broadcast Bureau.

21-11 广播电视播放情况(2011年)
Basic Statistics on Broadcasting and Television(2011)

项　目	Item	节目套数(套) Number of Programs (set)	公共广播(电视)节目播出时间(小时) Broadcasting Hours of Public Broadcasting (Television) (hour)	新闻资讯类节目 News and Referrence Programs	专题服务类节目 Special Subject and Services Programs	综艺类节目 Omnibus Enter-tainment Programs	广播(影视)剧类节目 Broadcast Movies And TV	广告类节目 Advertis-ement	其他类节目 Others
广播播出合计	**All Radio Broadcasting**	**117**	**540466**	**125106**	**120928**	**130472**	**24165**	**34821**	**104974**
省级广播	Provincial Level	8	60871	12470	14520	26925	36	4531	2389
市(州)级广播	Prefecture Level	35	215932	43525	58160	45427	12339	20093	36388
县(市、区)级广播	County Level	74	263663	69110	48248	58121	11790	10197	66197
电视播出合计	**All Television Broadcasting**	**204**	**1038580**	**166712**	**105763**	**74679**	**441622**	**119691**	**130113**
省级电视	Provincial Level	12	93650	10705	8745	8491	38352	14375	12982
市(州)级电视	Prefecture Level	47	319904	43984	38410	18150	132540	48899	37921
县(市、区)级电视	County Level	145	625027	112024	58607	48038	270731	56417	79210

21-12 各市(州)有线广播电视基本情况(2011年)
Basic Statistics on Cable Broadcasting and Television by Region(2011)

单位：户、公里 (unit:door,kilometer)

市(州)	Region	有线广播电视用户 Cable Broadcasting and Television Users	# 数字电视用户 Digital Television Users	# 付费数字电视用户 Pay Digital Television Users	有线广播电视传输网络干线总长 Total Length of Main Link of Cable Broadcasting and Television Transmission
全　省	**Sichuan**	**13403416**	**3194543**	**919028**	**305867**
成都市	Chengdu	3501167	1745570	533640	46080
自贡市	Zigong	389032	18458	13358	5358
攀枝花市	Panzhihua	249000	17847	2300	3031
泸州市	Luzhou	404789	58490		7421
德阳市	Deyang	656160	126598	105348	20258
绵阳市	Mianyang	1056462	282765	70322	25737
广元市	Guangyuan	455969	177818	17759	9694
遂宁市	Suining	708349	42387	40787	39690
内江市	Neijiang	638245	18735	14788	19348
乐山市	Leshan	601915	121803	64405	15108
南充市	Nanchong	957188	192430		21415
眉山市	Meishan	493961	40944	19768	13038
宜宾市	Yibin	442677	6002	2881	7410
广安市	Guangan	315596	8014		9640
达州市	Dazhou	713720	19259	8117	9294
雅安市	Yaan	259061	11494	6390	9900
巴中市	Bazhong	394321	40060		8405
资阳市	Ziyang	737633	202456		26648
阿坝藏族羌族自治州	Aba	98681	27893		3273
甘孜藏族自治州	Ganzi	54831	6667	1273	786
凉山彝族自治州	Liangshan	274659	28853	17892	4332

21-13 各市(州)农村广播电视有线传输情况(2011年)
Basic Statistics on Rural Radio and Television Cable Transmission by Region(2011)

市(州)	Region	农村有线广播电视用户数 (户) Rural Cable radio and Television Users (door)	农村有线广播电视入户率 (%) Rural Households on Cable TV Rate (%)	农村广播覆盖率 (%) Rural Radio Coverage (%)	农村电视覆盖率 (%) Rural Television Coverage (%)
全 省	**Sichuan**	**6137143**	**30.08**	**95.85**	**97.19**
成都市	Chengdu	961014	50.06	99.98	99.87
自贡市	Zigong	161276	13.77	98.74	96.58
攀枝花市	Panzhihua	47000	32.59	92.84	93.47
泸州市	Luzhou	253555	22.30	96.54	99.20
德阳市	Deyang	344604	33.77	100.00	98.78
绵阳市	Mianyang	584591	53.74	97.70	98.21
广元市	Guangyuan	275610	33.11	95.91	97.23
遂宁市	Suining	374777	45.86	99.39	99.39
内江市	Neijiang	401225	35.86	95.84	97.30
乐山市	Leshan	199345	23.69	98.16	98.23
南充市	Nanchong	605528	33.48	98.27	98.09
眉山市	Meishan	248426	23.79	99.69	99.58
宜宾市	Yibin	95629	8.03	94.82	95.56
广安市	Guangan	173527	14.12	97.52	96.04
达州市	Dazhou	353158	23.77	94.85	94.61
雅安市	Yaan	113221	30.58	89.27	98.02
巴中市	Bazhong	268284	30.24	96.04	99.35
资阳市	Ziyang	528101	27.80	97.45	98.86
阿坝藏族羌族自治州	Aba	26512	17.13	80.72	94.95
甘孜藏族自治州	Ganzi	15715	7.73	87.53	86.85
凉山彝族自治州	Liangshan	106045	10.20	80.05	90.90

21-14 各市(州)的晨、晚练基本情况(2011年)
Conditions of Morning and Evening Exercise By Region (2011)

单位：个、人 (unit、person)

市(州)	Region	上年度累计站(点)数 Cumulative Number of Sites Last Year	本年度发展站(点)数 The Added Number of Sites This Year	本年度自然消失站(点)数 The Naturally Disappeared Sites This Year	站(点)每天相对稳定的活动人数 Number of Having Exercise Relatively Stable Every Day	站(点)配置社会体育指导员人数 Social Sport Instructors in Exercising Station
全　省	**Sichuan**	**10838**	**1444**	**968**	**1431407**	**28007**
成都市	Chengdu	1510	695		131974	6744
自贡市	Zigong	265	3		21215	190
攀枝花市	Panzhihua	141	1		101442	257
泸州市	Luzhou	322	14	2	61700	533
德阳市	Deyang	484	30	2	475	980
绵阳市	Mianyang	2231	223		397060	11605
广元市	Guangyuan	524	53	3	18980	519
遂宁市	Suining	262	4	2	16141	272
内江市	Neijiang	491	2		67011	1203
乐山市	Leshan	1166	5	768	9181	1262
南充市	Nanchong	498	2		24855	950
眉山市	Meishan	319	17	10	5490	345
宜宾市	Yibin	640	33		143620	1090
广安市	Guangan	402	23	104	59000	391
达州市	Dazhou	184	83	13	61050	401
雅安市	Yaan	489	70	7	77640	356
巴中市	Bazhong	182		7	810	12
资阳市	Ziyang	124	114		118990	268
阿坝藏族羌族自治州	Aba	112			4530	86
甘孜藏族自治州	Ganzi	166	33	50	17467	88
凉山彝族自治州	Liangshan	326	39		92776	455

注：体育资料由省体育局提供。
a) Data of sports are provided by the Sports Bureau.

21-15 各市(州)公益性社会体育指导员认证及培训情况(2011年)
Certification and Training of Public Welfare Social Sport Instructors by Region(2011)

单位：人 (person)

市(州)	Region	本年度认证总人数 Number of Certified Instructors This Year	# 二级 Second Grade	# 三级 Third Grade	截止年末认证总人数 Number of Certified Instructors Year-end	# 二级 Second Grade	# 三级 Third Grade	本年度参加培训人数 Number of Training Instructors This Year	# 二级 Second Grade	# 三级 Third Grade
全　省	**Sichuan**	**10347**	**2412**	**7935**	**86684**	**16748**	**69936**	**13721**	**3221**	**10500**
成都市	Chengdu	2771	169	2602	20652	1825	18827	2812	183	2629
自贡市	Zigong	161	64	97	1780	488	1292	183	64	119
攀枝花市	Panzhihua	276	98	178	1371	610	761	339	156	183
泸州市	Luzhou	204	42	162	2634	592	2042	217	45	172
德阳市	Deyang	391	55	336	2356	205	2151	458	55	403
绵阳市	Mianyang	1760	50	1710	17465	1104	16361	2045	50	1995
广元市	Guangyuan	302	85	217	3167	840	2327	465	85	380
遂宁市	Suining	236	71	165	969	351	618	240	71	169
内江市	Neijiang	397	102	295	3148	871	2277	448	140	308
乐山市	Leshan	661	235	426	10122	3007	7115	1113	291	822
南充市	Nanchong	502	200	302	4235	1206	3029	1251	230	1021
眉山市	Meishan	318	56	262	1158	316	842	328	66	262
宜宾市	Yibin	737	346	391	4009	1196	2813	888	450	438
广安市	Guangan	60	60		1671	648	1023	100	100	
达州市	Dazhou	361	100	261	4051	1145	2906	947	500	447
雅安市	Yaan	201	5	196	1687	527	1160	784	53	731
巴中市	Bazhong				703	234	469			
资阳市	Ziyang	280	77	203	2572	707	1865	353	77	276
阿坝藏族羌族自治州	Aba	5	5		420	78	342	5	5	
甘孜藏族自治州	Ganzi				402	20	382	4		4
凉山彝族自治州	Liangshan	724	592	132	2112	778	1334	741	600	141

注：全省数据中包含省级数据。
a)The province-data contains provincial data.

21-16 各市(州)的国民体质监测站点基本情况(2011年)
National Physique Monitoring Station By Region(2011)

单位：个、人 (unit、person)

市(州)	Region	总站(点)数 Number of Station	组建测试队(支) Number of Test Team	测试工作人员数 Number of Test Staff	累计受测人员数 Cumulative Number of Testors	本年度受测人员数 Number of Testors This Year	本年度测试达标人数 Number of Test Standards This Year	本年度测试达标率(%) Ratio of Test Standards This Year
全　省	**Sichuan**	**96**	**98**	**915**	**1534012**	**127729**	**108519**	**84.96**
成都市	Chengdu	11	11	100	572465	51279	44865	87.49
自贡市	Zigong	8	9	70	77347	6002	4536	75.57
攀枝花市	Panzhihua	2	2	19	12670	6610	6010	90.92
泸州市	Luzhou	1	2	19	7700			
德阳市	Deyang	2	2	40	30300	820	715	87.20
绵阳市	Mianyang	1	2	38	23820	6450	4995	77.44
广元市	Guangyuan	4	6	28	27320	3520	2932	83.30
遂宁市	Suining	6	5	57	35730	2400	2108	87.83
内江市	Neijiang	11	2	12	33190			
乐山市	Leshan	2	1	11	4010	50	40	80.00
南充市	Nanchong	10	16	86	254500	4500	2168	48.18
眉山市	Meishan	7			53904			
宜宾市	Yibin	1	1	6	30000	5200	5000	96.15
广安市	Guangan	7	10	120	31116			
达州市	Dazhou	4	4	41	43264	26932	22338	82.94
雅安市	Yaan	1	1	25	82200	600	575	95.83
巴中市	Bazhong	2	2	26	26320	5000	4200	84.00
资阳市	Ziyang	3	4	26	4700	1100	1050	95.45
阿坝藏族羌族自治州	Aba	5	6	87	15900			
甘孜藏族自治州	Ganzi	3	6	35	105760	6730	6540	97.18
凉山彝族自治州	Liangshan	5	6	69	61796	536	447	83.40

注：全省数据中包含省级数据。

a)The Total Number include Provincial Data.

21-17 各市(州)体育彩票发行情况(2011年)
Sports Lottery Distribution by Region(2011)

单位：万元 (10 000 yuan)

市(州)	Region	当年体育彩票发行额 Circulation of Sport Lottery This Year	# 足彩 Football Lottery	# 即开型 Open-Type	当年提取公益金 Public Welfare Fund Drawn from Sport lottery (year-end)
全　省	**Sichuan**	**332969**	**22898**	**85081**	**95069**
成都市	Chengdu	142249	11126	36414	40362
自贡市	Zigong	9039	743	1838	2657
攀枝花市	Panzhihua	9763	471	2168	2822
泸州市	Luzhou	7765	617	1612	2314
德阳市	Deyang	15712	1155	4200	4513
绵阳市	Mianyang	17150	1328	3596	4819
广元市	Guangyuan	6783	733	1913	1910
遂宁市	Suining	6908	515	1691	1931
内江市	Neijiang	9020	594	2114	2512
乐山市	Leshan	18059	705	5176	5237
南充市	Nanchong	11588	631	3076	3347
眉山市	Meishan	8780	721	2437	2506
宜宾市	Yibin	11382	762	2153	3306
广安市	Guangan	5626	387	1523	1509
达州市	Dazhou	14073	719	2608	4203
雅安市	Yaan	6710	308	1950	1878
巴中市	Bazhong	6005	195	1767	1720
资阳市	Ziyang	6885	459	1627	2011
阿坝藏族羌族自治州	Aba	4378	146	1938	1193
甘孜藏族自治州	Ganzi	3312	160	1408	902
凉山彝族自治州	Liangshan	11780	423	3873	3415

注：当年提取公益金合计中含中央、省级提取数据。
a)Pubic Welfare Funds Drawn from Sport Lottery Include State and Provincial Data.

21-18 卫生机构基本情况(2011年)
Basic Statistics on Health Institutions(2011)

机构类别	Item	机构数(个) Health Institution (unit)	实有床位数(张) Beds (unit)	人员合计(人) Personnel (persons)	# 卫生技术人员 Medical Technical Personnel	# 管理人员 Managerial Personnel
全 省	**Total**	**75814**	**335151**	**505113**	**353561**	**25632**
医院合计	Total Number of Hospitals	1393	212282	243520	195033	15270
市	Hospitals at Prefecture Level	862	142738	171178	136147	10890
县	Hospitals at County Level	531	69544	72342	58886	4380
综合医院	General Hospitals	931	147528	177873	143121	11066
中医医院	Hospitals of Chinese Medicine	174	30223	33919	28022	1739
中西医结合医院	Hospital Combining Traditional Chinese and Western Medicine	18	3087	3391	2795	182
民族医院	Minority Nationality Hospital	22	438	558	450	47
专科医院	Specialized	248	31006	27779	20645	2236
# 口腔	Stomatological	18	422	1467	1178	136
眼科	Ophthalmological	12	780	1108	803	101
耳鼻喉	Otoraryngology	6	253	415	248	24
肿瘤	Oncological	5	1987	1845	1603	97
心血管病	Cardiovascular System Diseases	3	566	590	468	41
妇产(科)	Gynaecological and Obstetrical	22	793	2176	1313	199
儿童	Paediatrics	4	716	1726	1226	74
精神病	Psychiatrical	44	15315	7750	5837	582
传染病	Epidemiological	8	1125	1364	1085	90
皮肤病	Dermatology	8	207	214	141	40
麻风病	Leprological	1	5	13	9	1
职业病	Occupational disease	2	510	460	355	57
骨科	Orthopaedics	35	3779	3397	2731	264

注：卫生机构资料由省卫生厅提供。

a) Data of Health agencies are provided by the provincial health department.

21-18 续表continued

机构类别	Item	机构数(个) Health Institution (unit)	实有床位数(张) Beds (unit)	人员合计(人) Personnel (persons)	# 卫生技术人员 Medical Technical Personnel	# 管理人员 Managerial Personnel
康复	Recuperation	12	1172	565	442	57
整形外科医院	Orthopetic Survey	2	52	221	82	22
美容医院	Beauty Hospital	9	220	719	403	100
其它专科	Other Specialized Hospital	57	3104	3749	2721	351
疗养院	Nurse Hospital	6	455	742	399	103
社区卫生服务中心	Community Health Care Centre	344	8299	13773	11430	760
社区卫生服务站	Community Health Service Stations	526	1925	3583	2995	313
卫生院	Sanitation Station	4619	102544	88075	72743	5969
门诊部	Outpatient Department	339	728	2826	2285	219
诊所	Clinics	12591		28368	27518	
卫生所、医务室	Healthy Centre	1208		3051	2908	
村卫生室	Village Clinics	54005		87844	13260	
急救中心(站)	First-aid Centre	17	25	332	209	51
采供血机构	Blood Collection and Supply Institution	25		1441	992	140
妇幼保健院(所、站)	Maternity and Child Care Centre	203	7892	14297	11673	803
专科疾病防治院(所、站)	Specialized Prevention Station	38	1001	963	736	66
疾病预防控制中心(防疫站)	Epidemic Prevention and Control Centre	206		10638	7853	947
卫生监督所	Sanitary Supervision Station	204		3557	2599	575
医学科学研究机构	Research Institution of Medical Sciences	8		818	383	97
医学在职培训机构	Medical On the Job Training Institution	20		370	120	59
健康教育所(站、中心)	Healthy Education Centre	13		77	24	26
其他卫生机构	Other Health Care Institution	49		838	401	234

21-19 各市(州)卫生机构数
Number of Health Institutions by Region

年份 地区	Year Region	机构数(个) Number of Health Care Institutions	# 医院 Hospital	# 社区卫生服务中心 Community Health Care Centres	# 卫生院 Sanitation Stations	# 疾病预防控制中心 Epidemic Prevention and Control Centre	# 妇幼保健院(所、站) Maternity and Child Care Centre
2002		72768	1173	44	6280	214	200
2003		72810	1164	50	6048	208	198
2004		70944	1144	63	5369	209	196
2005		72399	1155	68	5179	207	197
2006		75262	1178	213	5012	207	202
2007		72862	1162	214	4845	208	201
2008		71207	1143	234	4817	208	201
2009		72907	1187	257	4745	207	202
2010		74311	1260	306	4688	207	203
2011		75814	1393	344	4619	206	203
成都市	Chengdu	7401	408	98	251	22	21
自贡市	Zigong	2346	53	13	96	7	7
攀枝花市	Panzhihua	1025	25	19	43	8	8
泸州市	Luzhou	4778	67	15	137	8	7
德阳市	Deyang	2816	69	13	135	7	7
绵阳市	Mianyang	4173	70	17	276	11	10
广元市	Guangyuan	3285	34	15	258	8	7
遂宁市	Suining	3724	49	14	105	6	6
内江市	Neijiang	3126	46	19	111	6	6
乐山市	Leshan	3026	84	11	208	12	12
南充市	Nanchong	8269	78	27	452	10	10
眉山市	Meishan	1989	40	10	131	7	7
宜宾市	Yibin	4137	68	14	174	11	11
广安市	Guangan	3347	37	8	174	6	6
达州市	Dazhou	4063	49	12	306	7	8
雅安市	Yaan	1367	35	3	156	9	9
巴中市	Bazhong	3062	14	17	244	5	5
资阳市	Ziyang	4912	40	8	189	5	5
阿坝藏族羌族自治州	Aba	1562	28	2	223	14	14
甘孜藏族自治州	Ganzi	2359	40	1	332	19	19
凉山彝族自治州	Liangshan	5047	59	8	618	18	18

21-20 各市(州)卫生机构床位数
Number of Beds in Health Institutions by Region

年 份 地 区	Year Region	床位数（张） Number of Beds in Health Care Centre (unit)	# 医院 Hospital	# 社区卫生服务中心 Community Health Care Centres	# 卫生院 Sanitation Stations	# 妇幼保健院（所、站） Maternity and Child Care Centre
2002		187179	119976	206	56467	4289
2003		187741	120173	144	56671	4501
2004		191523	123995	304	56945	4786
2005		194940	127129	1053	57460	5016
2006		201854	130677	2270	59707	5301
2007		214329	136757	3149	66063	5838
2008		244119	149289	4526	80697	6390
2009		275528	167271	5170	92403	7050
2010		302061	185459	6812	98252	7843
2011		335151	212282	8299	102544	7892
成都市	Chengdu	79780	62110	3546	11268	1609
自贡市	Zigong	11757	8056	140	3014	397
攀枝花市	Panzhihua	7972	6356	259	893	181
泸州市	Luzhou	15277	8325	453	5424	171
德阳市	Deyang	15725	9220	146	5845	334
绵阳市	Mianyang	22236	13315	209	8068	473
广元市	Guangyuan	12392	6949	424	4616	294
遂宁市	Suining	11468	7547	234	3493	194
内江市	Neijiang	13744	8145	256	5097	229
乐山市	Leshan	14764	9469	240	4273	537
南充市	Nanchong	21883	12120	491	8457	583
眉山市	Meishan	10462	5451	271	4162	468
宜宾市	Yibin	18006	11424	264	5770	401
广安市	Guangan	9828	5667	218	3669	212
达州市	Dazhou	16913	7999	321	8167	373
雅安市	Yaan	8027	6069	74	1686	159
巴中市	Bazhong	9868	4038	172	5385	250
资阳市	Ziyang	15067	7950	447	6224	296
阿坝藏族羌族自治州	Aba	3292	2062	45	1053	126
甘孜藏族自治州	Ganzi	3280	1949	1	1095	229
凉山彝族自治州	Liangshan	13410	8061	88	4885	376

21-21 各市(州)卫生机构人员数
Number of Persons Engaged in Health Institutions by Region

年 份 地 区	Year Region	人员合计(人) Total (person)	# 卫生技术人员 Medical Technical Personnel	# 执业医师 Licensed Doctor	# 执业助理医师 Licensed Assistant Doctor	# 注册护士 Licensed Nurse	# 管理人员 Managerial Personnel
2002		378830	248470	86978	33378	60098	20070
2003		373628	245326	86101	34124	59494	17960
2004		363179	242255	84785	34531	60871	17392
2005		362014	244367	86205	35832	61237	15825
2006		378374	255140	87944	41446	63730	15903
2007		388697	264186	91273	34848	73475	19511
2008		400424	277166	96460	34723	78062	18550
2009		437758	303050	109090	29594	91164	18456
2010		467774	323915	114734	29843	104930	23288
2011		505113	353561	122525	31489	121319	25632
成都市	Chengdu	130490	101030	35078	4801	40048	7530
自贡市	Zigong	17485	12653	4293	1275	4711	889
攀枝花市	Panzhihua	11272	8790	3279	464	3457	617
泸州市	Luzhou	22940	14861	5117	1738	4624	1109
德阳市	Deyang	22030	16134	5667	1685	5275	958
绵阳市	Mianyang	29964	22217	7432	2032	7707	1173
广元市	Guangyuan	17356	11672	4239	1041	3654	925
遂宁市	Suining	17245	12011	4506	1004	4009	739
内江市	Neijiang	19350	13317	4761	1528	4573	1035
乐山市	Leshan	20093	14825	5027	1671	5221	923
南充市	Nanchong	33008	20662	7917	1753	6213	2024
眉山市	Meishan	15805	10785	3808	1280	3282	682
宜宾市	Yibin	24507	16349	5257	1748	5764	953
广安市	Guangan	15575	9380	3346	845	2645	803
达州市	Dazhou	27917	16838	5408	1981	4969	1164
雅安市	Yaan	9092	6798	2586	601	2261	658
巴中市	Bazhong	16297	9905	3271	2201	2361	683
资阳市	Ziyang	21204	13757	4572	1618	4135	968
阿坝藏族羌族自治州	Aba	5670	3634	1215	350	904	439
甘孜藏族自治州	Ganzi	7617	4683	1328	449	1127	558
凉山彝族自治州	Liangshan	20196	13260	4418	1424	4379	802

21-21 续表 continued

年　份 地　区	Year Region	人员合计 (人) Total (person)	# 医院 Hospital	# 社区卫生服务中心 Community Health Care Centres	# 卫生院 Sanitation Stations	# 疾病预防控制中心 Epidemic Prevention and Control Centre	# 妇幼保健院(所、站) Maternity and Child Care Centre
2002		378830	144086	556	79247	11219	10053
2003		373628	142945	509	77447	10944	8672
2004		363179	142017	709	72939	10518	8674
2005		362014	142955	1487	70403	10410	8648
2006		378374	147122	2672	69172	10491	8856
2007		388697	167409	5918	73729	10450	10588
2008		400424	175472	7813	76458	10444	11188
2009		437758	195099	9370	82778	10352	11950
2010		467774	215902	11658	84200	10431	13153
2011		505113	243520	13773	88075	10638	14297
成都市	Chengdu	130490	84916	6871	10903	2379	4055
自贡市	Zigong	17485	9215	161	2640	391	843
攀枝花市	Panzhihua	11272	6987	454	756	293	346
泸州市	Luzhou	22940	8336	613	4441	332	300
德阳市	Deyang	22030	10598	381	4289	357	709
绵阳市	Mianyang	29964	15147	520	6358	497	722
广元市	Guangyuan	17356	7479	422	4113	372	474
遂宁市	Suining	17245	7861	147	2687	211	287
内江市	Neijiang	19350	8204	321	3825	339	363
乐山市	Leshan	20093	9898	393	3523	482	840
南充市	Nanchong	33008	12505	724	6156	483	789
眉山市	Meishan	15805	6093	385	4042	374	713
宜宾市	Yibin	24507	11339	319	4412	473	551
广安市	Guangan	15575	5778	281	3651	398	366
达州市	Dazhou	27917	9247	568	7140	565	659
雅安市	Yaan	9092	5001	86	1751	303	228
巴中市	Bazhong	16297	4323	267	4546	312	440
资阳市	Ziyang	21204	7723	521	5404	351	530
阿坝藏族羌族自治州	Aba	5670	2213	85	1147	397	235
甘孜藏族自治州	Ganzi	7617	2227	20	2094	406	299
凉山彝族自治州	Liangshan	20196	8430	234	4197	923	548

21-22 前十大类病伤死亡原因及构成(2011年)
Death Rate of 10 Major Diseases Categories(2011)

顺位 No.	病伤死亡原因	Cause of Death	死亡率(1/10万) Death Rate (per 100 000 persons)	构成(%) As % of Total Deaths
1	循环系统	Diseases of the Circulation System	191.59	31.12
2	肿瘤	Tumour	162.83	26.45
3	呼吸系统	Diseases of the Respiratory System	145.32	23.61
4	损伤和中毒	Trauma and Toxicosis	50.41	8.19
5	消化系统	Diseases of the Digestive System	22.29	3.62
6	内分泌、营养、代谢、免疫	Endocrine, Nutritional, Metabolic and Immune Diseases	12.94	2.10
7	传染病和寄生虫病	Infectious Disease and Verminosis	7.27	1.18
8	泌尿和生殖系统	Diseases of the Genitourinary System	6.41	1.04
9	神经系统疾病	Nervous System Diseases	3.72	0.61
10	精神障碍	Mental Disorders	2.42	0.39

21-23 前十位单病种死亡原因及构成(2011年)
Death Rate of 10 Single-species Major Diseases(2011)

顺位 No.	前十位单病种类目	10 Single-species Major Diseases	死亡率(1/10万) Death Rate (per 100 000 persons)	构成比(%) As%of Total Deaths
1	慢性下呼吸道疾病	Chronic Lower Respiratory Tract Disease	124.31	20.19
2	脑血管病	Cerebrovascular Disease	113.61	18.45
3	肺癌	Malignant Tumour	41.04	6.67
4	肝癌	Malignant Liver Tumour	28.43	4.62
5	急性心肌梗死	Acute Myocardial Infarction	23.34	3.79
6	胃癌	Malignant Stomach Tumour	21.20	3.44
7	食管癌	Malignant Oesophagus Tumour	20.39	3.31
8	其他冠心病	Other Coronary Heart Disease	18.33	2.98
9	肺炎	Pneumonia	16.30	2.65
10	交通事故	Traffic	11.82	1.92

21-24 国家免疫规划疫苗基础免疫接种率(2011年)
Basis Inoculability Rate of National Immunization Vaccine Planning(2011)

种　类	Item	常规报告接种率(%) Conventional Report Inoculability Rate (%)
卡介苗	Bcg Vaccine	99.50
脊灰疫苗	Poliomyelitis Vaccine	99.50
百白破三联	Chincough, Diphtheria and Tetanus Joint Vaccine	99.39
麻疹疫苗	Measles Vaccine	99.36
乙肝疫苗全程	Hepatitis-B Vaccine Full Process	99.43

21-25 法定报告传染病发病及死亡情况(2011年)
Incidence and Death from Infectious Diseases(2011)

病　种	Item	发病率(1/10万) Incidence Diseases Rate (per 100 000 persons)	死亡率(1/10万) Death Rate (per 100 000 persons)	病死率(%) Mortality Rate per 100 Infectous Disease Patients
甲乙丙合计	**Total of Category A, B and C**	**358.6403**	**1.7745**	**0.4948**
一.甲乙类合计	**I. Total of Category A and B**	**223.1921**	**1.7347**	**0.7772**
鼠疫	The Plague	-	-	*
霍乱	Cholera	0.0025	-	-
传染性非典型肺炎	SARS	-	-	*
艾滋病	AIDS	2.6810	1.2584	46.9388
H I V	HIV	10.1258	2.0095	19.8453
病毒性肝炎	Hepatitis	87.3061	0.0696	0.0798
甲肝	A	4.4182	0.0012	0.0281
乙肝	B	68.7830	0.0572	0.0832
丙肝	C	9.5028	0.0087	0.0916
戊肝	E	1.4126	0.0012	0.0880
肝炎(未分型)	Hepatitis (Not Classified)	3.1896	0.0012	0.0390
脊髓灰质炎	Poliomyelitis	-	-	*
人感染高致病性禽流感	People Avian Flu	-	-	*
甲型H1N1流感	Influenza A H1N1 influenza	0.5260	0.0025	0.4728
麻疹	Measles	1.5071	0.0037	0.2475
流行性出血热	Hemorrhage Fever	0.0734	0.0025	3.3898
狂犬病	Hydrophobia	0.0920	0.0883	95.9459
流行性乙型脑炎	Encephalitis B	0.3954	0.0162	4.0881
登革热	Dengue Fever	0.0037	-	-
炭疽	Anthrax	0.1069	-	-
细菌性和阿米巴性痢疾	Dysentery	16.3097	0.0050	0.0305
肺结核	Pulmonary Tuberculosis	78.8429	0.2661	0.3375
伤寒和副伤寒	Typhoild and Paratyphoid Fever	0.2810	-	-
流行性脑脊髓膜炎	Epidemic Encephalitis	0.0211	-	-
百日咳	Pertussis	0.4750	-	-
白喉	Diphtheria	-	-	*
新生儿破伤风 *	Newborn Baby Tetanus	0.0312	0.0054	17.2414
猩红热	Scarlet Fever	2.4771	-	-
布鲁氏菌病	Brucellosis	0.0099	-	-
淋病	Gonorrhea	4.9616	-	-
梅毒	Syphilis	26.7091	0.0087	0.0326
钩端螺旋体病	Leptospirosis	0.0858	0.0025	2.8986
血吸虫病	Schistosomiasis	0.0435	-	-
疟疾	Malaria	0.2450	0.0050	2.0305
二.丙类合计	**I. Total of Category C**	**135.4482**	**0.0398**	**0.0294**
流行性感冒	Influenza	1.8242	-	-
流行性腮腺炎	Epidemic Mumps	28.4625	-	-
风疹	Rubella	5.5821	-	-
急性出血性结膜炎	Acute Haemorrhagic Conjunctivitis	2.0704	-	-
麻风病	Leprosy	0.0709	-	-
流行性和地方性斑疹伤寒	Typhus Fever	0.1567	-	-
黑热病	Kala-Azar	0.0709	-	-
包虫病	Echinococcosis	0.2773	-	-
丝虫病	Filariasis	0.0012	-	-
其它感染性腹泻病	Other Infectious Diarrhoea	46.6810	0.0012	0.0027
手足口病	Hand, Foot and Mouth Disease	50.2511	0.0385	0.0767

注：新生儿破伤风发病率＝当年发病数÷当年0岁组人口数×1000‰；新生儿破伤风死亡率＝当年死亡数÷当年0岁组人口数×1000‰。

a) Incidence diseases rate of newborn baby tetanus=Number of Incidence diseases in current year÷Number of Population of 0 age group in current year ×1000‰,Death rate of newborn baby tetanus=Number of Death in current year÷Number of Population of 0 age group in current year×1000‰.

主要统计指标解释

文化及相关产业 指为社会公众提供文化、娱乐产品和服务的活动以及与这些活动有关联的活动的集合。根据提供文化、娱乐产品和服务活动的属性特点，划分为公益性文化活动和经营性文化活动两大类。

文化及相关产业是第三产业的重要组成部分。是在我国《国民经济行业分类》基础上的派生分类，有文化服务和相关文化服务两大类：

文化服务 主要指新闻服务，出版发行和版权服务，广播、电视、电影服务，文化艺术服务，网络文化服务，文化休闲娱乐服务，其他文化服务。

相关文化服务 主要指文化用品、设备及相关文化产品的生产，文化用品、设备及相关文化产品的销售。

艺术表演团体 由文化部门主办或实行行业管理（经文化市场行政部门审批或已申报登记并领取相关许可证），专门从事表演艺术等活动的各类专业艺术表演团体，含民间职业剧团。如话剧团、方言话剧团、滑稽剧团、儿童剧团、歌剧团、木偶团、皮影团等以及由若干剧种组成的综合性专业艺术表演团体。不包括群众业余文艺表演团体。

卫生机构 指从卫生行政部门取得《医疗机构执业许可证》，或从民政、工商行政、机构编制管理部门取得法人单位登记证书，为社会提供医疗保健、疾病控制、卫生监督服务或从事医学科研和教育等工作的单位。卫生机构包括医院、疗养院、社区卫生服务中心(站)、卫生院、门诊部、诊所(卫生所、医务室)、急救中心(站)、采供血机构、妇幼保健院(所、站)、专科疾病防治院(所、站)、疾病预防控制中心(防疫站)、卫生监督所、卫生监督、检测机构、医学科研机构、医学在职培训机构、健康教育所(站)等其他卫生机构。

卫生人员 指在医疗、预防保健、医学科研和在职教育等卫生机构工作的职工，包括卫生技术人员、其他技术人员、管理人员和工勤人员。

卫生技术人员 包括执业(助理)医师、注册护士、药师（士）、检验和影像人员等卫生专业人员。不包括从事管理工作的卫生技术人员。

甲乙类法定报告传染病发病率 是指某年某地区每10万人口中甲、乙类法定报告传染病发病情况。即法定报告传染病发病率=甲、乙类法定报告传染病发病数/人口数×100000。

甲乙类法定报告传染病死亡率 是指某年某地区每10万人口中甲、乙类法定报告传染病死亡情况。即法定报告传染病死亡率=甲、乙类法定报告传染病死亡数/人口数×100000。

甲乙类法定报告传染病病死率 是指某年某地区甲、乙类法定报告传染病死亡数与发病数之比。即法定报告传染病病死率=甲、乙类法定报告传染病死亡数/发病数×100% 。

Explanatory Notes on Main Statistical Indicators

Culture and Related Industries refer to the aggregate of activities, providing the mass with culture goods, amusement goods and services. According to the characteristics of culture goods, amusement goods and services, they can be classified into two categories, or nonprofit cultural activities and profit cultural activities.

Culture and related industries is the important component of the tertiary industry. These are the derivative sector from the Industrial Classification of the National Economy and are composed of two categories of culture services and related cultural services.

Culture Services mainly include news services, publishing and copyright services, radio, television, film, arts, network, recreation, and other cultural services.

Related Cultural Services mainly include cultural stationery, equipment and related cultural goods, and the sales of cultural stationery, equipment and related cultural goods.

Arts Performance Troupes refer to the various professional performing arts groups, which sponsored by the cultural sectors or guided by the cultural society (approved by the cultural market administration, or registered and permitted with the relative certificate), including non-governmental troupes, such as drama troupes, dialect troupes, comedy troupes, children troupes, Opera troupes, puppetry troupes, Shadowgraph troupes, etc., comprehensive professional arts performance troupes. The masses amateur art performing groups are not included.

Medical Organizations refer to the institutions which have been qualified the Certification of Health Care Institution by the administration of public health, including: hospitals, sanatoriums, community health service centers (stations), health centers, clinics (health stations and infirmaries), women and children care agencies (centres and stations), special disease prevention and curing agencies (centres and stations), first-aid centres (stations) clinic inspection centers,health surveillance, testing organizations,medical research institutions, medical service training institutions, health education centers (stations).

Health Care Employee refer to all employee engaged in the health care institutions, such as medical organizations, disease prevention and control centres, health care agencies, medicinal scientific research and on-job training institutions, including medical technical personnel, other technical personnel, manager and labour.

Medical Technical Personnel refer to the professional staff engaged in health care, including licensed (assistant) doctors, registered nurse, pharmacists, laboratory technician, and imaging staff, excluding the medical technical personnel engaged in management job.

Incidence Rate of A and B Type of Notifiable Infectious Diseases refer to the incidence cases notifiable class A and class B infectious diseases per 100 thousand population in the reference region in the reference year. The formula is:

Incidence Rate of Notifiable Infectious Diseases = Incidence Cases Notifiable Class A and Class B Infectious Diseases / Population ×10000

Death Rate of A and B Type of Notifiable Infectious Diseases refer to the death cases notifiable class A and class B infectious diseases per 100 thousand population in the reference region in the reference year. The formula is:

Death Rate of Notifiable Infectious Diseases = Death Cases Notifiable Class A and Class B Infectious Diseases / Population × 10000

Mortality Rate of A and B Type of Notifiable Infectious Diseases refer to the ratio of death cases notifiable class A and class B infectious diseases to the incidence cases in the reference region in the reference year. The formula is:

Mortality Rate of Notifiable Infectious Diseases = Death Cases Notifiable Class A and Class B Infectious Diseases / Incidence Cases ×100

22

其他社会活动

OTHER SOCIAL ACTIVITIES

22-1 社会福利事业基本情况
Basic Statistics on Social Welfare

项　目		Item		2011
收养类		**Adopting Social Welfare Institutions**		
单位数	**(个)**	**Number of units**	**(unit)**	**3343**
工商部门登记	(个)	Registered in Business Administration	(unit)	1
编制部门登记	(个)	Registered in Establishment Departments	(unit)	601
民政部门登记	(个)	Registered in Civil Administration	(unit)	1665
未登记	(个)	Unregistered	(unit)	1076
床位数	**(张)**	**Number of Beds**	**(unit)**	**312753**
工商部门登记	(张)	Registered in Business Administration	(unit)	170
编制部门登记	(张)	Registered in Establishment Departments	(unit)	78315
民政部门登记	(张)	Registered in Civil Administration	(unit)	148173
未登记	(张)	Unregistered	(unit)	86095
工作人员	**(人)**	**Persons Engaged**	**(person)**	**16936**
工商部门登记	(人)	Registered in Business Administration	(person)	21
编制部门登记	(人)	Registered in Establishment Departments	(person)	6724
民政部门登记	(人)	Registered in Civil Administration	(person)	6343
未登记	(人)	Unregistered	(person)	3848
收养人员	**(人)**	**Persons Housed**	**(person)**	**268445**
工商部门登记	(人)	Registered in Business Administration	(person)	135
编制部门登记	(人)	Registered in Establishment Departments	(person)	63801
民政部门登记	(人)	Registered in Civil Administration	(person)	130023
未登记	(人)	Unregistered	(person)	74486
福利企业		**Social Welfare Enterprises**		
单位数	**(个)**	**Number of Enterprises**	**(unit)**	**800**
福利工厂	(个)	Welfare Factories	(unit)	390
假肢厂	(个)	Prosthetics Factories	(unit)	1
农场	(个)	Farm	(unit)	1
其他福利企业	(个)	Others	(unit)	408
职工人数	**(人)**	**Workers**	**(person)**	**59192**
福利工厂	(个)	Welfare Factories	(person)	29358
假肢厂	(个)	Prosthetics Factories	(person)	115
农场	(个)	Farm	(person)	49
其他福利企业	(个)	Others	(person)	29670
残疾人员就业人数	**(人)**	**Disabled Employed**	**(person)**	**25642**
福利工厂	(人)	Welfare Factories	(person)	12285
假肢厂	(人)	Prosthetics Factories	(person)	28
农场	(人)	Farm	(person)	9
其他福利企业	(人)	Others	(person)	13320
残疾职工工资总额	**(万元)**	**Total Wages of Disabled Workers**	**(10 000 yuan)**	**33138**
福利工厂	(万元)	Welfare Factories	(10 000 yuan)	15011
假肢厂	(万元)	Prosthetics Factories	(10 000 yuan)	112
农场	(万元)	Farm	(10 000 yuan)	5
其他福利企业	(万元)	Others	(10 000 yuan)	18011

注：社会福利事业和婚姻登记情况由省民政厅提供。
a) Data of Social welfare and marriage registration are provided by the provincial Civil Affairs Department.

22-2 收养类单位床位数及收养人员数
Number of Beds and Persons Housed in Social Welfare Institutions

项　　目	Item	床位数(张) Number of Beds (unit)		收养人数(人) Person Housed (person)	
		2010	2011	2010	2011
合　计	**Total**	**286246**	**305101**	**335064**	**262925**
优抚收养性单位	Units for Arranging the Family Members of Martyrs and Disabled Veterans	5540	5492	3240	4179
荣誉军人康复医院	Convalescent Homes for Honored Ex-servicemen	2069	810	271	296
复员军人疗养院	Sanatoriums for Ex-servicemen	78	78	76	76
复退军人精神病院	Mental Hospitals for Ex-servicemen	1899	1910	1717	1612
光荣院	Homes for Disabled Veterans	1494	2694	1176	2195
福利收养性单位	Adopting Social Welfare Institutions	280706	299609	331824	258746
社会福利院	Social Welfare Homes	12920	18637	8843	11385
儿童福利院	Children Welfare Homes	2220	2683	1768	2049
社会福利医院	Psychopathy Welfare Homes	5321	5344	4656	4528
城镇养老服务机构	Urban Elderly Welfare Institutions	28548	16806	21871	12660
农村养老服务机构	Rural Pension Services	231697	256139	294686	228124

22-3 婚姻登记和离婚情况
Basic Statistics on Marriages and Divorces

项　　目	Item	2006	2007	2008	2009	2010	2011
按居住地分	By Residence						
内地居民登记结婚 (对)	Registered Marriages of Mainland (couple)	449466	530404	625887	708213	713263	749223
涉外及华侨、港澳台居民登记结婚 (对)	Registered Marriages with Foreigner ar (couple)	2935	1917	1879	1785	1580	602
按婚前状况分	By Premarital Situation						
初婚 (人)	First Marriages (person)	761481	894651	1059382	1205823	1197122	1243260
再婚 (人)	Remarriages (person)	143321	169991	196150	214173	232564	256390
再婚中恢复结婚 (对)	Remarriages of Divorced Couple (couple)	7601	9655	13530	12423	8594	9248
内地居民离婚数 (对)	Registered Divorces of Mainland (couple)	106606	122314	136741	150401	173824	186641

22-4 各市(州)内地居民婚姻登记和离婚情况
Basic Statistics on Marriage and Divorces by Region

单位：对 (couple)

市(州)	Region	内地居民登记结婚 Registered Marriages of Mainland						内地居民登记离婚 Registered Divorces of Mainland					
		2006	2007	2008	2009	2010	2011	2006	2007	2008	2009	2010	2011
全　省	**Sichuan**	**449466**	**530404**	**625887**	**708213**	**713263**	**749223**	**106606**	**122314**	**136741**	**150401**	**173824**	**186641**
成都市	Chengdu	106621	109035	121513	130084	119408	127462	31181	35797	38154	39020	43236	44115
自贡市	Zigong	9510	15894	21810	18619	24959	24563	1875	4304	5326	5296	6369	7012
攀枝花市	Panzhihua	9696	9342	9540	10272	9780	12187	3610	3663	3682	3821	3946	4081
泸州市	Luzhou	24828	27165	31144	32182	38260	37628	5147	5668	6230	7076	8331	9114
德阳市	Deyang	20226	21638	26595	29746	26303	31324	6942	7573	8421	9698	10157	10940
绵阳市	Mianyang	32717	35582	37820	47120	46778	48105	8575	7987	8917	11204	13033	12054
广元市	Guangyuan	14323	13503	18487	18702	19400	24137	3552	2600	3866	3709	4462	5413
遂宁市	Suining	12065	16800	17507	22645	25423	34371	1621	2758	2819	3698	4552	6817
内江市	Neijiang	24708	27024	31352	37049	36061	37898	5890	5935	6691	6991	8898	10335
乐山市	Leshan	22989	25342	26553	28797	27988	29927	6372	7122	7658	8273	9547	9716
南充市	Nanchong	26040	38590	47865	63796	60430	61802	4731	5530	6463	8170	9612	10917
眉山市	Meishan	19541	22782	28639	30440	37337	30378	5002	5393	6342	7191	10337	8642
宜宾市	Yibin	26436	33799	40165	44321	40138	44636	5064	7121	8022	9316	10830	12037
广安市	Guangan	22425	25813	30756	32039	33873	32900	2737	3464	4090	4797	5533	6371
达州市	Dazhou	19085	34950	46789	49363	55942	52131	3851	5221	6457	6865	7964	8914
雅安市	Yaan	10181	11902	12622	14186	12715	13705	2584	3014	3211	3547	3731	4113
巴中市	Bazhong	12109	16129	23732	33215	40540	40617	1282	1514	1978	2225	2757	3127
资阳市	Ziyang	20780	28329	32347	41969	37014	42643	4149	5304	6003	6273	7502	9707
阿坝藏族羌族自治州	Aba	4841	5130	5141	6401	6145	5428	521	451	419	544	381	449
甘孜藏族自治州	Ganzi	1704	777	3706	4338	3949	4812	275	123	288	504	458	549
凉山彝族自治州	Liangshan	8641	10878	11804	12929	10820	12569	1615	1772	1704	2183	2188	2218

注：离婚数不包括法院判决数；离婚数合计中含省本级数据。

a) The number of divorces mediated by the count was not included in the number of divorces. The Number of Sichuan Registered Divorces Includes the Number of Province Level.

22-5 律师、公证、调解工作基本情况
Basic Statistics on Lawyers, Notarization and Mediation

项　目		Item		2005	2006	2007	2008	2009	2010	2011
律师工作		**Lawyers**								
律师事务所	(所)	Number of Law Offices	(unit)	615	641	675	731	758	802	875
律师工作者	(人)	Number of Lawyers	(person)	6331	6564	6827	7247	8033	8918	10029
# 专职律师	(人)	Full-time Lawyers	(person)	6025	6212	6485	6896	7630	8504	9278
担任法律顾问的单位	(家)	Number of Units with Permanent Legal Advisors	(unit)	12704	13125	14526	14895	14673	15530	29782
民事诉讼代理	(件)	Agent of Civil Cases	(case)	35310	33271	45389	49772	46040	49772	63853
刑事诉讼辩护及代理	(件)	Defender and Agent of Criminal Cases	(case)	15852	14907	32120	33845	33873	33845	28287
非诉讼法律事务	(件)	Agent of Non-Litigious Legal Affairs	(case)	44558	45950	21296	42463	29784	42463	21073
咨询和代写法律文书	(次)	Agent of Advise and Legal Documents Written for Others	(copy)	283976	271281	212200	502229	207818	502229	317941
公证工作		**Notarization**								
公证处	(个)	Number of Notary Offices	(unit)	207	205	205	205	205	205	206
公证人员	(人)	Notarial Personnel	(person)	1165	1131	1232	1250	1529	1720	1696
# 公证员	(人)	Notaries	(person)	679	641	659	648	685	723	736
受理国内公证	(件)	Internal Notarization	(case)	150854	483402	484638	399516	439941	732398	648249
受理涉外公证	(件)	Foreign-related Notarization	(case)	18322	41971	39881	43282	55936	65775	70713
受理涉台、港、澳公证	(件)	Notarization of Hong Kong Macao & Taiwan	(case)	2366	5136	5518	5645	7472	6886	6317
出证	(件)	Number of Notarized Documents	(copy)	170028	526813	528224	442932	496083	802173	724675
人民调解工作		**People's Mediation**								
专职司法助理员	(人)	Number of Full-time Judicial Assistants	(person)	3712	3404	3353	3238	3768	3331	4402
人民调解委员会	(个)	Number of People's Mediation Committees	(unit)	64879	63769	62662	64102	64340	63912	62521
调解员	(人)	Number of Mediators	(person)	524428	512801	518827	531255	533327	429763	416482
基层法律服务所调解纠纷	(件)	Mediation of Grassroots Legal Service	(case)	42060	46620	47181	48395	50966	41119	

注：律师、公证和调解资料由省司法厅提供。

a) Data of lawyers, notaries and mediation information are provided by the provincial Department of Justice.

22-6 调解民间纠纷情况
Mediation of Civil Disputes

项　目	Item	调解纠纷(件) Mediation of Disputes (case)		各类纠纷所占比重 (%) Percentage of Disputes (%)	
		2010	2011	2010	2011
合　计	**Total**	**437673**	**468189**	**100.0**	**100.0**
婚姻家庭纠纷	Marriage and Family Disputes	104384	112319	23.8	24.0
邻里纠纷	Neighbourhood Disputes	93398	109471	21.3	23.4
房屋宅基地纠纷	Homestead Housing Disputes	19773	19353	4.5	4.1
合同纠纷	Contracts Disputes	23797	22651	5.4	4.8
生产经营纠纷	Production and Management Disputes	10894	11938	2.5	2.6
损害赔偿	Damage Disputes	36109	37582	8.3	8.0
劳动争议	Labor Disputes	20854	17907	4.8	3.8
村务管理纠纷	Village Services ManagementDisputes	9057	6119	2.1	1.3
山林土地纠纷	Forest Land Disputes	21978	22136	5.0	4.7
征地拆迁纠纷	Land Acquisition and Resettlement Disputes	21938	17268	5.0	3.7
计划生育纠纷	Family Planning Disputes	3360	2292	0.8	0.5
环境保护	Environmental Protection	3737	3297	0.9	0.7
道路交通事故	Road Traffic Accidents	15040	25012	3.4	5.4
物业纠纷	Property Disputes	2717	3779	0.6	0.8
医疗纠纷	Medical Malpractice	4205	4479	1.0	1.0
其他纠纷	Other Disputes	46432	52586	10.6	11.2

22-7 检察机关直接立案侦查职务犯罪案件情况
Cases under Direct Investigation by Procurator's Offices

年份 Year	受案件数(件) Cases Accepted (case)	立案件数(件) Cases Registered (case)	立案人数(人) Person of Cases Registered (person)	结案件数(件) Cases Settled (case)	结案人数(人) Person of Cases Registered (person)	挽回经济损失(万元) Retrieving Economic Losses (10 000 yuan)
1996	12090	4370	5107	4837	5715	32837.32
1997	11176	3217	3611	2908	3263	23571.87
1998	6791	1607	1881	1486	1757	11321.75
1999	5188	1966	2230	1734	1949	15178.21
2000	5994	2532	2853	2259	2537	17411.21
2001	5160	2306	2536	2207	2444	14794.34
2002	4949	2260	2476	2154	2364	14339.05
2003	3449	2108	2312	1939	2117	17489.11
2004	3577	2055	2462	1956	2299	27268.34
2005	3336	1855	2224	1755	2112	25430.53
2006	2790	1736	2080	1617	1939	18604.58
2007	2762	1731	2193	1691	2124	21095.90
2008	2508	1548	1975	1542	1980	23484.73
2009	2557	1504	2024	1475	1975	21432.00
2010	2153	1511	2066	1719	2302	24222.91
2011	1879	1493	2109	1440	2013	65269.71

22-8 各市(州)检察机关直接立案侦查职务犯罪案件情况
Cases under Direct Investigation by Procurator's Offices by Region

市(州)	Region	受案件数(件) Cases Accepted (case)			立案件数(件) Cases Registered (case)			立案人数(人) Person of Cases Registered (person)		
		2009	2010	2011	2009	2010	2011	2009	2010	2011
合　计	**Sichuan**	**2557**	**2153**	**1879**	**1504**	**1511**	**1493**	**2024**	**2066**	**2109**
四川省人民检察院	Provincial Procuratorate	13	7	18	11	7	17	11	7	17
成都市	Chengdu	369	306	283	237	192	201	328	348	346
自贡市	Zigong	113	143	125	46	77	64	96	95	90
攀枝花市	Panzhihua	62	55	69	56	52	63	60	61	64
泸州市	Luzhou	212	127	108	104	90	97	127	115	126
德阳市	Deyang	63	64	80	30	34	56	44	40	70
绵阳市	Mianyang	145	138	107	76	87	89	109	120	114
广元市	Guangyuan	106	107	90	69	74	66	83	89	95
遂宁市	Suining	66	52	46	50	50	42	61	58	64
内江市	Neijiang	96	93	68	49	65	61	93	104	103
乐山市	Leshan	83	61	67	62	59	67	83	71	91
南充市	Nanchong	225	167	120	111	102	111	150	151	154
眉山市	Meishan	47	49	36	36	47	35	51	66	72
宜宾市	Yibin	184	121	92	99	88	72	135	123	108
广安市	Guangan	123	92	74	61	65	65	76	85	87
达州市	Dazhou	138	125	76	93	100	70	130	135	110
雅安市	Yaan	60	69	54	49	57	50	53	59	62
巴中市	Bazhong	82	55	71	46	48	58	55	60	65
资阳市	Ziyang	99	86	80	67	72	74	91	102	107
阿坝藏族羌族自治州	Aba	66	54	43	38	35	23	44	42	30
甘孜藏族自治州	Ganzi	50	41	41	21	26	21	24	27	21
凉山彝族自治州	Liangshan	104	81	67	65	57	60	77	71	72
四川省人民检察院成都铁路运输分院	Procuratorate of Chengdu Railroad Bureau	51	60	64	28	27	31	43	37	41

注：人民检察院的办案情况由四川省检察院整理提供。

a) Cases of People's Procuratorate provided by Sichuan People's Procuratorate.

22-8 续表 continued

市(州)	Region	结案件数(件) Cases Settled (case)			结案人数(人) Person of Case Settled (person)			挽回经济损失(万元) Retrieving Economic Losses (10 000 yuan)		
		2009	2010	2011	2009	2010	2011	2009	2010	2011
合　计	**Sichuan**	**1475**	**1719**	**1440**	**1975**	**2302**	**2013**	**21432**	**24223**	**65269**
四川省人民检察院	Provincial Procuratorate	5	9	7	5	9	7	663	488	41160
成都市	Chengdu	195	252	198	269	413	327	1203	6298	5447
自贡市	Zigong	39	78	54	80	104	76	587	508	156
攀枝花市	Panzhihua	68	54	60	74	63	61	1068	1128	542
泸州市	Luzhou	103	102	92	126	126	119	3368	534	1278
德阳市	Deyang	31	35	64	45	41	77	73	1436	3763
绵阳市	Mianyang	66	98	86	98	133	111	904	1423	1010
广元市	Guangyuan	71	72	54	83	85	79	417	759	1656
遂宁市	Suining	47	58	47	59	66	69	375	291	281
内江市	Neijiang	54	62	66	96	107	108	1077	247	389
乐山市	Leshan	51	68	62	70	80	84	223	1565	898
南充市	Nanchong	103	148	111	137	210	153	1058	1652	282
眉山市	Meishan	44	47	33	59	66	64	3491	1939	233
宜宾市	Yibin	99	83	73	135	117	110	453	252	1146
广安市	Guangan	54	84	61	73	105	83	1134	826	255
达州市	Dazhou	138	126	71	187	161	108	1448	931	2115
雅安市	Yaan	45	61	51	48	64	61	744	1188	1007
巴中市	Bazhong	46	56	52	55	69	57	161	357	308
资阳市	Ziyang	68	79	72	93	108	104	1491	529	749
阿坝藏族羌族自治州	Aba	35	38	17	42	46	21	217	456	333
甘孜藏族自治州	Ganzi	16	23	15	18	26	16	383	289	495
凉山彝族自治州	Liangshan	66	57	66	78	62	81	690	774	1599
四川省人民检察院成都铁路运输分院	Procuratorate of Chengdu Railroad Bureau	31	29	28	45	41	37	204	353	167

22-9 各市(州)检察机关审查批准、决定逮捕犯罪嫌疑人和提起公诉被告人情况
Arrests of Criminal Suspects and Defendants under Public Prosecution Approved by Procuratorate's Offices by Region

案件分类 市(州)	Case Item Region	批捕、决定逮捕合计 Total of Arrests				决定起诉合计 Total of Pubilc Prosecutions			
		2010		2011		2010		2011	
		件 (case)	人 (person)	件 (case)	人 (person)	件 (case)	人 (person)	件 (case)	人 (person)
合 计	**Total**	**27744**	**41491**	**29561**	**43001**	**33484**	**51019**	**35321**	**52820**
公安、安全、监狱机关提请小计	**Sub-total of Requests by Departments of State and Public Security and Prisons**	**27125**	**40752**	**28963**	**42281**	**32241**	**49268**	**34172**	**51136**
危害国家安全、公共安全案	Offences Against State Security	1738	1929	1791	1953	4524	4844	5342	5638
破坏社会主义市场经济秩序案	Offences Against Socialist Economic Order	869	1379	1003	1547	893	1591	1083	1782
侵犯公民人身、民主权利案	Offences Against Citizens' Personal and Democratic Rights	5317	7025	5759	7497	6432	8618	6184	8302
妨害社会管理秩序案	Offences Against Social Management of Order	6184	10171	6639	11069	6588	11843	7159	13018
侵犯财产案	Offences Against Properties	13004	20232	13761	20204	13789	22351	14395	22385
危害国防利益案	Offences Against National Defense	13	16	10	11	15	21	9	11
检察机关直接立案侦查案件小计	**Sub-total of Cases Handled Directly by Procuratorate's Offices**	**619**	**739**	**598**	**720**	**1243**	**1751**	**1149**	**1684**
贪污贿赂案	Offences on Corruption and Bribery	585	700	559	674	1047	1495	973	1435
渎职侵权案	Offences on Abuse and Dereliction of Duty	34	39	39	46	196	256	176	249
按市(州)分	**Grouped by Region**								
四川省人民检察院	Provincial Procuratorate	86	93	96	114				
成都市	Chengdu	8923	12714	10168	14403	9389	13565	11143	16276
自贡市	Zigong	673	1074	703	1049	983	1655	1024	1672
攀枝花市	Panzhihua	819	1278	919	1496	1039	1729	1126	1934
泸州市	Luzhou	955	1356	1023	1508	1397	2072	1366	2063
德阳市	Deyang	1051	1560	1051	1466	1499	2174	1429	1955
绵阳市	Mianyang	1182	1892	1319	1996	1914	3130	2024	3065
广元市	Guangyuan	606	1088	635	1040	834	1543	798	1381
遂宁市	Suining	736	1235	729	1119	1040	1663	1054	1555
内江市	Neijiang	1133	1699	1019	1427	1479	2297	1253	1911
乐山市	Leshan	1106	1609	1102	1520	1443	2087	1511	2124
南充市	Nanchong	1182	1775	1254	1781	1493	2378	1569	2396
眉山市	Meishan	755	1231	812	1205	1130	1764	1127	1729
宜宾市	Yibin	1306	1987	1724	2571	1687	2549	1987	3006
广安市	Guangan	1020	1803	1036	1810	1158	1841	1285	1981
达州市	Dazhou	1317	1987	1219	1830	1550	2322	1358	2110
雅安市	Yaan	577	874	584	854	706	1148	688	1075
巴中市	Bazhong	422	675	437	639	527	908	576	875
资阳市	Ziyang	790	1045	718	913	1152	1709	1025	1403
阿坝藏族羌族自治州	Aba	329	478	358	494	372	548	361	531
甘孜藏族自治州	Ganzi	326	496	325	479	318	541	311	474
凉山彝族自治州	Liangshan	1933	2895	1900	2762	1864	2695	1830	2701
四川省人民检察院成都铁路运输分院	Procuratorate of Chengdu Railroad Bureau	517	647	430	525	510	701	476	603

22-10 人民法院审理各类案件受理结案情况
Criminal Trial Cases Accepted and Settled by Courts

单位：件 (case)

项　目	Item	受 理 Cases Accepted 2010	2011	结 案 Cases Settled 2010	2011
一审	**First Trial**	**321911**	**374796**	**295839**	**345793**
刑事	Criminal	34174	38809	32581	36995
民事	Civil	284276	331904	260287	305139
行政	Administrative	3461	4083	2971	3659
二审	**Second Trial**	**30867**	**30425**	**28276**	**27978**
刑事	Criminal	4342	4163	3959	3850
民事	Civil	25235	24934	23133	22883
行政	Administrative	1290	1328	1184	1245
审判监督	**Trial Oversight**	**1938**	**2340**	**1459**	**1860**
刑事	Criminal	129	137	103	107
民事	Civil	1784	2168	1340	1725
行政	Administrative	25	35	16	28
国家赔偿	**State Compensation**	**51**	**110**	**33**	**77**
执行案件	**Implementation cases**	**100421**	**110377**	**90097**	**102875**
申诉申请再审	**Appeals for retrial**	**6462**	**7986**	**3668**	**7060**
减刑假释	**Commutation of Sentence,Parole and Released**	**25539**	**28784**	**25539**	**28784**
其他案件	**Other Cases**	**7187**	**34679**	**7187**	**34517**

22-11 人民法院执行案件标的和减、免、缓诉讼费情况
Subjects Implemented and Litigation Costs Reduced, Exempted and Defered by Courts

项　目	Item	2010	2011
新收执行标的 (亿元)	Subjects Implemented Newly (100 million yuan)	177.11	198.22
已执行标的 (亿元)	Subjects Implemented (100 million yuan)	181.08	192.76
减、免、缓诉讼费案件 (件)	Cases of litigation costs reduced, exempted and defered (case)	12279	11306
减、免、缓诉讼费 (万元)	Litigation costs reduced, exempted and defered (10 000 yuan)	3175.10	2596.84
减交 (万元)	Reduction (10 000 yuan)	83.69	148.11
免交 (万元)	Exemption (10 000 yuan)	275.83	388.73
缓交 (万元)	Deferral (10 000 yuan)	2815.58	2059.40

注：人民法院审理案件等情况由四川省高级人民法院整理提供。
a)People's Court cases prepared and provided by the Sichuan Provincial Higher People's Court.

22-12 公安机关受理查处治安案件情况(2011年)
Offense Cases Against Public Order Handled by Public Security Organs(2011)

单位：起 (case)

案件类别	Category of Cases	受理 Cases Accepted to be Treated	查处 Cases Investigated and Treated
合　计	**Total**	**263111**	**219265**
扰乱公共秩序	Disrupt Public Order	15755	14977
扰乱单位秩序	Disrupt Unit Order	2844	2724
扰乱公共场所秩序	Disrupt Public Place Order	2248	2146
扰乱公共交通工具上的秩序	Disrupt Public Transport Order	332	325
妨碍交通工具正常行驶	Impedes Normal Conditions of Transport	507	491
扰乱大型群众性活动秩序		7	7
妨害公共安全	Prejudice Public Safety	5895	5593
违反危险物质管理规定	Violation of Hazardous Material Regulations	564	532
非法携带枪支、弹药、管制刀	Illegal Possession of Firearms. Ammunition. Knife Control	2928	2856
盗窃、损毁公共设施	Theft. Damage to Public Facilities	607	456
侵犯他人人身权利、财产权利	Violations of the Personal Rights of Others. Property Rights	173046	130903
强迫他人劳动	Forced Labor	11	10
侮辱、诽谤、诬告陷害	Insult. Libel. Calumniation	931	890
发送信息干扰正常生活	Send Information Interfered with the Normal Life	152	136
殴打他人	Assault	67796	61351
盗窃	Theft	45739	21324
妨害社会管理	Prejudice and Social Management	68415	67792
阻碍执行职务	Impeding the Implementation of Duties	1493	1393
违反旅馆业管理	Hotel Management Violation	3777	3805
卖淫、嫖娼	Prostitution. Whoring	4927	4838
毒品违法活动	Drug-related activities	26848	26940

注：治安情况、火灾事故和交通事故资料由省公安厅提供。
a) Data of law and order, fire and accident are provided by the provincial Public Security Bureau.

22-13 各市(州)查处治安案件和刑事案件破案数

Number of Offense Cases Against Public Order Investigated and Prosecuted and Criminal Case Cracked by Region

单位：起 (case)

地　区	Region	治安案件 Offense Cases Against Public Order				刑事案件破案 Criminal Case Cracked	
		发现 Discovered		查处 Investigated and Prosecuted			
		2010	2011	2010	2011	2010	2011
全　省	**Sichuan**	**270214**	**263111**	**221469**	**219265**	**92466**	**94057**
成都市	Chengdu	80733	75034	53099	51330	20563	20944
自贡市	Zigong	6280	5100	5248	4293	3299	3455
攀枝花市	Panzhihua	9309	10561	8874	10052	2364	2496
泸州市	Luzhou	5675	5675	5533	5617	3046	3832
德阳市	Deyang	6026	6080	5692	5619	7096	6115
绵阳市	Mianyang	18642	21936	17367	20385	11458	12249
广元市	Guangyuan	9960	9327	7236	6488	3128	3784
遂宁市	Suining	4647	5060	4369	4746	2824	2217
内江市	Neijiang	5061	5007	4921	4752	4941	3938
乐山市	Leshan	10902	10901	10902	10901	4898	4643
南充市	Nanchong	20689	9544	16077	6269	3534	3443
眉山市	Meishan	11337	14723	9676	12725	2783	3002
宜宾市	Yibin	16667	18192	10759	12928	4059	5592
广安市	Guangan	21193	23011	21193	23011	4936	5422
达州市	Dazhou	16228	14529	14004	12298	3666	3048
雅安市	Yaan	2463	2574	2373	2483	1566	1955
巴中市	Bazhong	4892	4130	4828	3974	1845	1857
资阳市	Ziyang	5598	5874	5492	5733	3266	2973
阿坝藏族羌族自治州	Aba	1904	1591	1854	1514	532	534
甘孜藏族自治州	Ganzi	783	1045	757	1040	428	456
凉山彝族自治州	Liangshan	11225	13217	11215	13107	2234	2102

22-14 火灾事故情况
Basic Statistics on Fires

指 标		Item		合计 Total 2010	合计 Total 2011	特大事故 Extraordinarily 2010	特大事故 Extraordinarily 2011	重大事故 Serious 2010	重大事故 Serious 2011	一般事故 Ordinary 2010	一般事故 Ordinary 2011
火灾事故发生起数	(起)	Number of Fires	(case)	6203	5589					6203	5589
死亡人数	(人)	Number of Deaths	(person)	37	42					37	42
受伤人数	(人)	Number of Injuries	(person)	20	19					20	19
损失折款	(万元)	Losses Converted in Cash	(10 000 yuan)	9471.9	10142.9					9471.9	10142.9
平均每起事故损失	(元)	Losses per Case	(yuan)	152700	18148					152700	18148

22-15 各市(州)火灾事故情况
Basic Statistics on Fires by Region

地 区	Region	火灾事故(起) Number of Fires (case) 2010	火灾事故(起) Number of Fires (case) 2011	火灾伤亡人数(人) Number of Deaths (person) 2010	火灾伤亡人数(人) Number of Deaths (person) 2011	火灾损失金额(万元) Losses Converted into Cash (10 000 yuan) 2010	火灾损失金额(万元) Losses Converted into Cash (10 000 yuan) 2011
全 省	**Sichuan**	**6203**	**5589**	**57**	**42**	**9471.9**	**10142.9**
成都市	Chengdu	2370	2235	8	5	4085.5	1906.8
自贡市	Zigong	119	110	9		195.2	237.9
攀枝花市	Panzhihua	44	81	2		155.5	430.1
泸州市	Luzhou	69	119	2	1	324.6	533.9
德阳市	Deyang	77	98	3	5	296.9	462.0
绵阳市	Mianyang	546	459	1	4	772.1	725.1
广元市	Guangyuan	193	113			216.8	92.1
遂宁市	Suining	706	744			277.8	230.7
内江市	Neijiang	78	159	3		36.2	1188.8
乐山市	Leshan	190	97	2		222.9	245.9
南充市	Nanchong	198	149		2	125.2	123.6
眉山市	Meishan	113	69	1	2	92.2	662.6
宜宾市	Yibin	470	475		2	739.3	187.3
广安市	Guangan	390	263		5	175.3	110.0
达州市	Dazhou	121	67	3	1	219.9	691.6
雅安市	Yaan	39	49	3	3	232.9	516.8
巴中市	Bazhong	198	76	4	1	308.7	172.0
资阳市	Ziyang	66	56		2	30.7	242.7
阿坝藏族羌族自治州	Aba	34	30	7		355.4	314.9
甘孜藏族自治州	Ganzi	83	62	5		543.3	569.5
凉山彝族自治州	Liangshan	99	78	4	9	65.5	498.7

22-16 交通事故情况(2011年)
Basic Statistics on Traffic Accidents(2011)

项　目	Item	合计 Total	特大事故 Extraordinarily Serious	重大事故 Serious	一般事故 Ordinary	其它 Others
发生数 (起)	Number of Traffic Accidents (case)	11856	16	61	11779	
死亡人数 (人)	Number of Deaths (person)	2805	121	258	2426	
受伤人数 (人)	Number of Injuries (person)	14982	97	227	14658	
损失折款 (万元)	Losses Converted into Cash (10 000 yuan)	7325.8	520.6	727.2	6078.0	
平均每起事故损失 (元)	Losses Converted per Case (yuan)	6179	325375	119213	5160	

22-17 各市(州)交通事故情况(2011年)
Basic Statistics on Traffic Accidents by Region(2011)

地　区	Region	发生数 (起) Number of Traffic Accidents (case)	死亡人数 (人) Number of Deaths (person)	受伤人数 (人) Number of Injuries (person)	损失折款 (万元) Losses Converted into Cash (10 000 yuan)
全　省	**Sichuan**	**11856**	**2805**	**14982**	**7325.80**
成都市	Chengdu	2809	684	2991	798.89
自贡市	Zigong	455	83	625	49.16
攀枝花市	Panzhihua	202	52	283	73.44
泸州市	Luzhou	349	133	396	72.32
德阳市	Deyang	654	154	670	309.44
绵阳市	Mianyang	845	184	1035	785.50
广元市	Guangyuan	563	70	834	135.74
遂宁市	Suining	255	69	314	108.45
内江市	Neijiang	361	44	495	47.63
乐山市	Leshan	977	159	1372	317.27
南充市	Nanchong	479	97	570	144.49
眉山市	Meishan	242	92	267	30.74
宜宾市	Yibin	1067	104	1633	597.16
广安市	Guangan	197	47	271	39.51
达州市	Dazhou	195	85	232	57.93
雅安市	Yaan	312	97	448	393.39
巴中市	Bazhong	136	89	167	50.13
资阳市	Ziyang	359	99	480	68.47
阿坝藏族羌族自治州	Aba	208	69	375	243.38
甘孜藏族自治州	Ganzi	74	83	119	385.95
凉山彝族自治州	Liangshan	537	99	588	240.01

注：合计中含高速公路交通事故的数据。
a)The data of Sichuan include the data of Traffic Accidents on Expressway.

主要统计指标解释

社会福利企业 指以集中安置有一定劳动能力的残疾人员就业为目（残疾职工占生产人员10%以上）、带有社会福利性质的企业总称。主要包括福利工厂、假肢厂和其他福利企业。

公证人员 指在公证处工作的人员总称，包括公证处主任、副主任、公证员、公证员助理(助理公证员)和其他从事辅助性工作的人员。

人民检察院直接立案侦查案件 指按照管辖的规定，由人民检察院直接立案侦查的贪污贿赂犯罪、渎职犯罪、国家机关工作人员利用职权实施的侵犯公民人身权利和民主权利的犯罪以及经省级人民检察院决定立案侦查的国家机关工作人员利用职权实施的其他重大犯罪案件。

受理 是指人民法院对符合诉讼法规定立案条件，决定立案审理的案件。受理包括上期“旧存”和本期“新收”案件两部分。

结案 是指人民法院依照诉讼法规定审理案件，案件审理结束已作出处理决定的案件。

特大火灾 指造成30人以上死亡，或者100人以上重伤，或者1亿元以上直接财产损失的火灾。

重大火灾 指造成10人以上30人以下死亡，或者50人以上100人以下重伤，或者5000万元以上1亿元以下直接财产损失的火灾。

较大火灾 指造成3人以上10人以下死亡，或者10人以上50人以下重伤，或者1000万元以上5000万元以下直接财产损失的火灾。

一般火灾 指造成3人以下死亡，或者10人以下重伤，或者1000万元以下直接财产损失的火灾。

特大交通事故 指一次造成死亡3人以上，或者重伤11人以上，或者死亡1人，同时重伤8人以上，或者死亡2人，同时重伤5人以上，或者财产损失6万元以上的交通事故。

重大交通事故 指一次造成死亡1至2人，或者重伤3人以上10人以下，或者财产损失3万元以上不足6万元的交通事故。

Explanatory Notes on Main Statistical Indicators

Social Welfare Enterprises refers to those welfare-oriented enterprises employing a significant number of handicapped people with certain labour ability (handicapped employees shall exceed 10% of the production staff), including welfare factories, artificial limb plants as well as other welfare enterprises.

Notary Personnel refers to people working for notary offices including: directors, deputy director, notaries, assistant notaries, and other people providing assistance.

Cases Registered and Handled Directly by People's Procuratorate Offices refer to those serious criminal cases that, according to the functional jurisdiction, are registered and handled by the People's Procuratorate Offices, including the ones on bribery and corruption, the ones on abuse and dereliction of duty, offences against citizens' personal and democratic rights by government officials abusing their powers; and that are registered and handled by the provincial Procuratorate offices in relation to other major crimes committed by government officials by abusing their powers.

Accepted Case Refer to People's Court in accordance with the Provisions of prosedural law decide to hear .The number including two part:cases turned over from previous year and cases accepted this year.

Settled Case Refer to People's Court in accordance with the Provisions of prosedural law decide to accept the case and make decision.

Extraordinarily Serious Fire Case refers to a case which has caused over 30 deaths; or over 100 serious injuries; or a direct property loss over 100 million yuan.

Serious Fire Case refers to a case which has caused over 10 to 30 deaths; or over 50 to 100 serious injuries; or a direct property loss over 50 million to 100 million yuan.

Comparatively Serious Fire Case refers to a case which has caused over three to ten deaths; or over 10 to 50 serious injuries; or a direct property loss over 10 million to 50 million yuan.

Ordinary Fire Case refers to a case which has caused less than three deaths; or less than 10 serious injuries; or a direct property loss less than 10 million yuan.

Extraordinarily Serious Traffic Accident refers to an accident which has caused three or more deaths; or over 11 serious injuries; or one death and over 8 serious injuries; or two deaths and over 5 serious injuries; or a loss over 60 thousand yuan.

Serious Traffic Accident refers to an accident which has caused one or two deaths; or three to ten serious injuries; or a loss over 30 thousand yuan to 60 thousand yuan.

23

法人单位概况

UNIT LIST

23-1 按机构类型和登记注册类型分法人单位数和从业人员数
Number of Corporation Units and Employees Divided by Body Type and Registration

单位：个、人 (unit,person)

项　目	Item	2004		2008		2011	
		法人单位数 corporation units	从业人员数 Number of Employees	法人单位数 corporation units	从业人员数 Number of Employees	法人单位数 corporateion units	从业人员数 Number of Employees
合　计	Total	**257201**	**8976724**	**310269**	**11079018**	**368298**	**13015711**
按机构类型分	Divided by Body Type						
企业法人	Enterprise Corporate	110433	6575488	157395	8268248	208137	10054600
事业法人	Cause Corporate	52538	1454227	51029	1565626	53095	1590200
机关法人	Body Corporate	18577	498941	19582	577809	19554	583652
社会法人	Social Entities	10075	88081	14810	180457	16891	218826
民办非企业单位	Private non-enterprise Units	3609	47503	9190	112584	9893	131256
其他法人	Other Legal	61969	312484	58263	374294	60728	437177
按登记注册类型分	Divided by Registration						
内资企业	Domestic Enterprises	255807	8806953	308470	10792321	366273	12640860
国有企业	State-owned Enterprises	76190	3095008	76708	3177562	79850	3255528
集体企业	Collective-owned Enterprises	19996	652074	9119	409350	9444	420053
股份合作企业	Cooperative Enterprises	2674	152566	2443	124505	2629	122925
联营企业	Joint Ownership Enterprises	646	28056	622	31375	668	30598
国有联营企业	State-owned Associates	61	1981	85	5263	87	5081
集体联营企业	Collective Associates	278	8942	249	10814	271	11411
国有与集体联营企业	State-owned and Collective Associates	113	6229	70	4196	72	4376
其他联营企业	other Associates	194	10904	218	11102	238	9730
有限责任公司	Limited Liability Company	16709	1595632	24116	2054864	39144	2629411
国有独资公司	State-owned Company	319	139356	506	154635	608	181778
其他有限责任公司	other Limited Liability Company	16390	1456276	23610	1900229	38536	2447633
股份有限公司	Share-holding Corporations Ltd.	3859	683775	6177	754240	7464	818464
私营企业	Private Enterprises	65429	2185644	110569	3568456	139000	4521183
私营独资企业	Private-owned Enterprise	27720	529729	51483	919824	58098	1062271
私营合伙企业	Private Partnership Enterprise	5690	151548	8991	228315	10500	262320
私营有限责任公司	Privates Limited Liability Company	29011	1348268	45626	2189152	63574	2903167
私营股份有限公司	Private Share-holding Corporations Ltd.	3008	156099	4469	231165	6828	293425
其他企业	Other Enterprises	70304	414198	78716	671969	88074	842698
港、澳、台商投资企业	Hong Kong, Macao and Taiwan Invested Enterprises	545	58453	640	98075	734	146918
外商投资企业	Foreign-invested Enterprises	849	111318	1159	188622	1291	227933

注：2004年数据为第一次全国经济普查数，2008年数据为第二次全国经济普查数，2011年数据为基本单位统计年报数。(后同)

a) Data in 2004 are the number of the first National Economic Census, data in 2008 are the number of the second National Economic Census, data in 2011 are the annual statistical number of the basic unit statistics. (the same as the following)

23-2 按行业(门类)分法人单位数和从业人员数
Number of Corporation Units and Employees by Industry

单位：个、人 (unit,person)

行　业	Item	2004		2008		2011	
		法人单位数 corporation units	从业人员数 Number of Employees	法人单位数 corporation units	从业人员数 Number of Employees	法人单位数 corporation units	从业人员数 Number of Employees
合　计	**Total**	**257201**	**8976724**	**310269**	**11079018**	**368298**	**13015711**
农、林、牧、渔业	Farming, Forestry, Animal Husbandry and Fishery	79	10815	28	4077	14495	250340
采矿业	Mining	4797	510383	5436	588889	5835	672841
制造业	Manufacturing	38626	2349225	49258	3076706	54999	3908297
电力、燃气及水的生产和供应业	Electricity, Gas, Production and Supply of Water	3617	203754	5288	233509	5684	247858
建筑业	Building Industry	5636	1773969	7864	2149752	10053	2412375
交通运输、仓储和邮政业	Transport, Storage and Postal Industry	3268	444049	5835	334191	7255	351973
信息传输、计算机服务和软件业	Information Transmission, Computer Services and Software Industry	4773	74170	8384	132159	9446	130308
批发和零售业	Wholesale and Retail Trade	26374	456008	39561	597979	57236	824362
住宿和餐饮业	Accommodation and Catering	4151	172581	5696	226752	7261	303485
金融业	Financial Sector	1752	190527	1503	228990	2011	230757
房地产业	Real Estate	5535	170850	8426	237383	11090	303126
租赁和商务服务业	Leasing and Business Services	9492	147676	13675	274142	19017	309695
科学研究、技术服务和地质勘查业	Research, Technical Service and Geological Prospecting	10109	179829	10348	224901	11366	218641
水利、环境和公共设施管理业	Water, Environment and Public Facilities Management Industry	2532	74089	3021	90587	3202	94705
居民服务和其他服务业	Resident Services and other Services	2350	36124	3394	56155	4368	64002
教育	Education	16286	829938	19476	912432	20007	924146
卫生、社会保障和社会福利业	Health, Social Security and Social Welfare	12729	277993	14255	342171	14181	351659
文化、体育和娱乐业	Culture, Sports and Entertainment	4519	58499	4342	71454	4589	77074
公共管理和社会组织	Public Administration and Social Organizations	100576	1016245	104479	1296789	106202	1340060
国际组织	International Organizations					1	7

23-3 各市(州)法人单位数和从业人员数
Number of Corporation Units and Employees by Region

单位：个、人　　(unit,person)

市(州)	Region	2004		2008		2011	
		法人单位数 corporation units	从业人员数 Number of Employees	法人单位数 corporation units	从业人员数 Number of Employees	法人单位数 corporation units	从业人员数 Number of Employees
全　省	**Sichuan**	**257201**	**8976724**	**310269**	**11079018**	**368298**	**13015711**
成都市	Chengdu	58080	2792768	72645	3489238	93547	3997518
自贡市	Zigong	9233	313230	11172	414540	12647	452233
攀枝花市	Panzhihua	5826	272140	7488	295873	8677	324513
泸州市	Luzhou	12720	426128	12894	513886	15313	600305
德阳市	Deyang	12052	521964	15540	610193	19991	756240
绵阳市	Mianyang	14450	520411	18639	634669	23014	781189
广元市	Guangyuan	10812	230123	11756	256012	13070	304740
遂宁市	Suining	6995	238945	8841	308859	10287	360396
内江市	Neijiang	10149	353953	12348	450391	13980	546398
乐山市	Leshan	10914	429051	13393	486143	15199	546272
南充市	Nanchong	14691	427038	17440	551949	20012	681675
眉山市	Meishan	9098	279684	9484	362076	9793	411614
宜宾市	Yibin	13055	429951	15818	500002	20984	669052
广安市	Guangan	8959	272745	10595	336600	11911	430737
达州市	Dazhou	12933	398597	14301	497870	16132	557516
雅安市	Yaan	5587	163839	6639	182088	7080	199021
巴中市	Bazhong	7944	166188	9412	196720	10049	227682
资阳市	Ziyang	9252	260624	13065	412028	15419	491926
阿坝藏族羌族自治州	Aba	5027	114806	5581	113187	5900	127124
甘孜藏族自治州	Ganzi	6284	101920	6971	129966	7160	145586
凉山彝族自治州	Liangshan	13140	262619	16247	336728	18133	403974

主要统计指标解释

法人单位 是指有权以自己的名义拥有资产、发生负债，并独立从事经济活动（或与其他单位进行交易）的经济组织。法人单位应同时具备以下条件：（一）依法成立，有自己的名称、组织机构和场所，能够独立承担民事责任；（二）独立拥有资产或者经费，承担负债，有权与其他单位签订合同；（三）具有一套包括资产负债表在内的账户，或者根据需要能够编制账户。

法人单位包括：企业法人、事业单位法人、机关法人、社会团体法人和其他法人。

从业人员 指在本单位工作并取得劳动报酬或收入的期末实有人员数。从业人员包括在各单位工作的外方人员和港澳台方人员、兼职人员、再就业的离退休人员、借用的外单位人员和第二职业者，但不包括离开本单位仍保留劳动关系的职工。

Explanatory Notes on Main Statistical Indicators

Corporation unit refer to economic organization. which has assets, incurs liabilities and engages in economic activities independently(or transactions with other units) with his own name.Corporation unit should have the following conditions: (a) established by law, have their own name, organization and location, ability to independently bear civil liability; (b) independently owned assets or funds, liabilities assumed, the right to contract with other units; (c) includes a set of accounts including balance sheet, or as required to prepare accounts.

Corporation unit include enterprise corporation, cause corporation, body corporation, social entities, private non-enterprise units and other legal.

Persons Employed refer to be engaged in employment and thus receive remuneration payment or earn income. They include staff and workers run by the local people, foreigners and Chinese compatriots from Hong Kong, Macao, and Taiwan working in various units, part-time employees, re-employed retirees, employees of other units working temporarily at current posts, and employees holding the second job, but do not include persons who have left their working units while keeping their labour contract (employment relation) unchanged.

24

企业调查

ENTERPRISE SURVEY

24-1 企业家信心指数和企业景气指数
Entrepreneur Confidence Index and Business Climate Index

单位：点 (point)

年份、季度 Year、Quarter	企业家信心指数 Entrepreneur Confidence Index	企业景气指数 Business Climate Index	年份、季度 Year、Quarter	企业家信心指数 Entrepreneur Confidence Index	企业景气指数 Business Climate Index
2000.1	98.9	103.4	2006.1	126.3	128.0
2000.2	99.8	103.9	2006.2	127.5	130.0
2000.3	96.0	98.1	2006.3	131.2	134.7
2000.4	97.8	105.6	2006.4	132.1	137.5
2001.1	106.8	105.4	2007.1	132.8	133.2
2001.2	110.2	111.6	2007.2	135.9	136.4
2001.3	109.9	110.2	2007.3	135.0	136.5
2001.4	109.8	109.3	2007.4	136.5	139.1
2002.1	114.3	115.6	2008.1	138.8	134.2
2002.2	115.4	116.2	2008.2	122.5	116.7
2002.3	118.8	123.0	2008.3	118.1	118.1
2002.4	123.7	125.8	2008.4	94.4	100.4
2003.1	124.2	123.9	2009.1	103.9	111.8
2003.2	106.9	111.0	2009.2	110.9	114.5
2003.3	119.5	118.1	2009.3	120.5	120.3
2003.4	128.4	126.3	2009.4	124.9	126.1
2004.1	128.0	123.5	2010.1	133.4	127.5
2004.2	123.5	124.1	2010.2	125.9	126.4
2004.3	123.8	122.9	2010.3	129.4	128.1
2004.4	124.9	127.5	2010.4	132.1	130.9
2005.1	130.1	126.5	2011.1	132.4	128.1
2005.2	118.7	123.9	2011.2	127.5	128.9
2005.3	121.0	126.2	2011.3	125.1	125.2
2005.4	130.3	126.4	2011.4	118.5	120.6

24-2 各类分组的企业家信心指数(2011年)
Entrepreneur Confidence Index Grouped Various Type(2011)

项　目	Item	一季度 (点) the First Quarter (point)	一季度 比上季增减 (点) Fluctuation to the Previous Quarter	二季度 (点) the Second Quarter (point)	二季度 比上季增减 (点) Fluctuation to the Previous Quarter
全省企业家信心指数	**Sichuan**	**132.4**	**0.3**	**127.5**	**-4.9**
分行业的企业家信心指数	**By Sector**				
工业	Industry	131.3	-1.5	128.2	-3.1
建筑业	Construction	130.4	-6.3	121.2	-9.2
交通、仓储及邮电通信业	Transport, Storage, Post and Telecommunications	128.8	7.7	120.9	-7.9
批发和零售贸易	Wholesale and Retail Trade	137.7	6.6	133.2	-4.5
房地产业	Real Estate Trade	115.0	-8.3	97.4	-17.6
社会服务业	Social Services	132.6	3.4	133.1	0.5
信息传输、计算机服务和软件业	Information Transmission, Computer Services and Software	159.0	11.9	144.2	-14.8
住宿和餐饮业	Hotels and Catering Services	135.8	0.8	138.1	2.3
分类型的企业家信心指数	**By Ownership**				
国有企业	State-owned Enterprises	137.8	-1.3	131.1	-6.7
集体企业	Collective Owned Enterprises	111.8	-2.9	111.9	0.1
股份合作企业	Share Holding Enterprises	117.1	-0.6	113.9	-3.2
有限责任公司	Limited Liability Corporations	127.3	-0.5	121.5	-5.8
股份有限公司	Share-holding Corporations Ltd.	147.0	13.2	141.1	-5.9
私营企业	Private Enterprises	126.5	-5.1	117.0	-9.5
港、澳、台投资企业	Enterprises Funded by Hongkong, Macao and Taiwan	129.4	-33.3	150.0	20.6
外商投资企业	Foreign-funded Enterprises	145.6	1.8	140.8	-4.8
分规模的企业家信心指数	**By Size of Enterprises**				
大型	Large Enterprises	147.7	4.0	142.9	-4.8
中型	Medium-sized Enterprises	135.9	-0.7	127.8	-8.1
小型	Small Enterprises	124.9	0.3	121.0	-3.9
特殊企业群体的企业家信心指数	**By Groups of Special Enterprise**				
国家重点联系企业	Key Enterprises in Contact with the Government	101.5	-30.2	105.6	4.1
国家试点企业集团成员	Members of Enterprise Groups in Experiment of the Government	100.0	-28.1	100.0	0.0
出口企业	Exporters	127.3	-5.3	125.5	-1.8
上市公司	Listed Companies	114.1	-14.0	112.2	-1.9
国有及国有控股企业	State-owned and State Share-held Enterprises	142.3	1.3	134.8	-7.5

24-2续表 continued

项　目	Item	三季度 (点) the Third Quarter (point)	三季度比上季增减 (点) Fluctuation to the Previous Quarter	四季度 (点) the Fourth Quarter (point)	四季度比上季增减 (点) Fluctuation to the Previous Quarter
全省企业家信心指数	**Sichuan**	**125.1**	**-2.4**	**118.5**	**-6.6**
分行业的企业家信心指数	**By Sector**				
工业	Industry	124.3	-3.9	117.2	-7.1
建筑业	Construction	117.4	-3.8	109.5	-7.9
交通、仓储及邮电通信业	Transport, Storage, Post and Telecommunications	126.9	6.0	123.9	-3.0
批发和零售贸易	Wholesale and Retail Trade	136.0	2.9	133.9	-2.1
房地产业	Real Estate Trade	96.9	-0.5	73.7	-23.2
社会服务业	Social Services	131.4	-1.7	129.7	-1.7
信息传输、计算机服务和软件业	Information Transmission, Computer Services and Software	150.2	6.0	143.4	-6.8
住宿和餐饮业	Hotels and Catering Services	127.8	-10.3	135.9	8.1
分类型的企业家信心指数	**By Ownership**				
国有企业	State-owned Enterprises	129.2	-1.9	129.6	0.4
集体企业	Collective Owned Enterprises	104.4	-7.5	99.9	-4.5
股份合作企业	Share Holding Enterprises	129.4	15.5	111.8	-17.6
有限责任公司	Limited Liability Corporations	119.2	-2.3	109.7	-9.5
股份有限公司	Share-holding Corporations Ltd.	139.5	-1.6	137.2	-2.3
私营企业	Private Enterprises	118.3	1.3	117.5	-0.8
港、澳、台投资企业	Enterprises Funded by Hongkong, Macao and Taiwan	134.0	-16.0	120.3	-13.7
外商投资企业	Foreign-funded Enterprises	144.9	4.2	130.8	-14.1
分规模的企业家信心指数	**By Size of Enterprises**				
大型	Large Enterprises	134.4	-8.5	130.5	-3.9
中型	Medium-sized Enterprises	127.5	-0.3	120.0	-7.5
小型	Small Enterprises	119.7	-1.3	114.2	-5.5
特殊企业群体的企业家信心指数	**By Groups of Special Enterprise**				
国家重点联系企业	Key Enterprises in Contact with the Government	78.4	-27.2	82.2	3.8
国家试点企业集团成员	Members of Enterprise Groups in Experiment of the Government	67.8	-32.2	100.0	32.2
出口企业	Exporters	120.0	-5.5	112.0	-8.0
上市公司	Listed Companies	113.2	1.0	101.4	-11.8
国有及国有控股企业	State-owned and State Share-held Enterprises	134.7	-0.1	133.0	-1.7

24-3 各类分组的企业景气指数(2011年)
Business Climate Index Grouped Various Type(2011)

项　目	Item	一季度 (点) the First Quarter (point)	一季度比上季增减 (点) Fluctuation to the Previous Quarter	二季度 (点) the Second Quarter (point)	二季度比上季增减 (点) Fluctuation to the Previous Quarter
全省企业景气指数	**Sichuan**	**128.1**	**-2.8**	**128.9**	**0.8**
分行业企业景气指数	**By Sector**				
工业	Industry	124.6	-5.9	128.7	4.1
建筑业	Construction	124.1	-12.6	123.7	-0.4
交通、仓储及邮电通信业	Transport, Storage, Post and Telecommunications	130.8	12.6	118.0	-12.8
批发和零售贸易	Wholesale and Retail Trade	142.5	5.7	135.8	-6.7
房地产业	Real Estate Trade	116.6	-7.2	112.5	-4.1
社会服务业	Social Services	131.8	0.5	133.7	1.9
信息传输、计算机服务和软件业	Information Transmission, Computer Services and Software	156.9	5.4	147.7	-9.2
住宿和餐饮业	Hotels and Catering Services	134.1	9.4	135.2	1.1
分类型企业景气指数	**By Ownership**				
国有企业	State-owned Enterprises	139.2	-3.1	136.5	-2.7
集体企业	Collective Owned Enterprises	111.4	0.7	115.1	3.7
股份合作企业	Share Holding Enterprises	120.0	-6.5	127.8	7.8
有限责任公司	Limited Liability Corporations	123.1	-1.8	122.5	-0.6
股份有限公司	Share-holding Corporations Ltd.	141.8	0.9	142.5	0.7
私营企业	Private Enterprises	128.0	2.8	120.5	-7.5
港、澳、台投资企业	Enterprises Funded by Hongkong, Macao and Taiwan	141.3	-22.8	147.1	5.8
外商投资企业	Foreign-funded Enterprises	147.9	4.0	139.9	-8.0
分规模的企业景气指数	**By Size of Enterprises**				
大型	Large Enterprises	153.1	-7.7	154.5	1.4
中型	Medium-sized Enterprises	133.0	-3.6	132.0	-1.0
小型	Small Enterprises	120.6	0.8	118.8	-1.8
特殊企业群体的企业景气指数	**By Groups of Special Enterprise**				
国家重点联系企业	Key Enterprises in Contact with the Government	105.5	-40.4	131.5	26.0
国家试点企业集团成员	Members of Enterprise Groups in Experiment of the Government	100.0	-61.4	132.2	32.2
出口企业	Exporters	127.0	-14.1	129.9	2.9
上市公司	Listed Companies	114.0	-18.2	114.1	0.1
国有及国有控股企业	State-owned and State Share-held Enterprises	141.8	-2.0	137.5	-4.3

24-3续表 continued

项　目	Item	三季度 （点） the Third Quarter (point)	三季度比上季增减 （点） Fluctuation to the Previous Quarter	四季度 （点） the Fourth Quarter (point)	四季度比上季增减 （点） Fluctuation to the Previous Quarter
全省企业景气指数	**Sichuan**	**125.2**	**-3.7**	**120.6**	**-4.6**
分行业企业景气指数	**By Sector**				
工业	Industry	122.7	-6.0	118.1	-4.6
建筑业	Construction	116.6	-7.1	114.4	-2.2
交通、仓储及邮电通信业	Transport, Storage, Post and Telecommunications	129.7	11.7	113.5	-16.2
批发和零售贸易	Wholesale and Retail Trade	137.4	1.6	137.4	0.0
房地产业	Real Estate Trade	105.7	-6.8	93.0	-12.7
社会服务业	Social Services	133.3	-0.4	123.9	-9.4
信息传输、计算机服务和软件业	Information Transmission, Computer Services and Software	156.9	9.2	153.7	-3.2
住宿和餐饮业	Hotels and Catering Services	131.1	-4.1	138.9	7.8
分类型企业景气指数	**By Ownership**				
国有企业	State-owned Enterprises	136.2	-0.3	132.8	-3.4
集体企业	Collective Owned Enterprises	98.7	-16.4	107.0	8.3
股份合作企业	Share Holding Enterprises	129.4	1.6	114.7	-14.7
有限责任公司	Limited Liability Corporations	119.9	-2.6	111.8	-8.1
股份有限公司	Share-holding Corporations Ltd.	141.7	-0.8	137.9	-3.8
私营企业	Private Enterprises	118.8	-1.7	119.9	1.2
港、澳、台投资企业	Enterprises Funded by Hongkong, Macao and Taiwan	147.2	0.1	138.9	-8.3
外商投资企业	Foreign-funded Enterprises	138.3	-1.6	128.4	-9.9
分规模的企业景气指数	**By Size of Enterprises**				
大型	Large Enterprises	155.1	0.6	138.8	-16.3
中型	Medium-sized Enterprises	127.8	-4.2	125.5	-2.3
小型	Small Enterprises	117.5	-1.3	112.3	-5.2
特殊企业群体的企业景气指数	**By Groups of Special Enterprise**				
国家重点联系企业	Key Enterprises in Contact with the Government	148.5	17.0	111.6	-36.9
国家试点企业集团成员	Members of Enterprise Groups in Experiment of the Government	163.8	31.6	132.2	-31.6
出口企业	Exporters	128.3	-1.6	121.7	-6.6
上市公司	Listed Companies	124.7	10.6	108.9	-15.8
国有及国有控股企业	State-owned and State Share-held Enterprises	139.4	1.9	132.8	-6.6

24-4 分行业生产经营景气指数(2011年)
Business Climate Index by Sector(2011)

项　目	Item	一季度（点） the First Quarter (point)	一季度比上季增减（点） Fluctuation to the Previous Quarter	二季度（点） the Second Quarter (point)	二季度比上季增减（点） Fluctuation to the Previous Quarter	三季度（点） the Third Quarter (point)	三季度比上季增减（点） Fluctuation to the Previous Quarter	四季度（点） the Fourth Quarter (point)	四季度比上季增减（点） Fluctuation to the Previous Quarter
工业企业景气指数	**Industry Index**	**124.6**	**-5.9**	**128.7**	**4.1**	**122.8**	**-5.9**	**118.1**	**-4.7**
生产总量景气指数	Total Volume of Production	102.8	-25.5	131.6	28.8	119.8	-11.8	110.7	-9.1
生产成本景气指数	Production Cost	55.4	7.4	57.1	1.7	58.6	1.5	63.0	4.4
产品订货景气指数	Order for Products	109.6	-11.0	118.3	8.7	110.6	-7.7	104.1	-6.5
产品销售量景气指数	Products Sales	105.9	-26.1	130.0	24.1	115.1	-14.9	110.5	-4.6
产品销售价格景气指数	Products Sale Prices	116.8	-10.1	114.5	-2.3	107.9	-6.6	97.8	-10.1
产成品库存景气指数	Products Stock	120.4	-2.1	115.6	-4.8	110.6	-5.0	111.6	1.1
盈利景气指数	Total After-tax Profits	105.0	-20.7	120.3	15.3	113.6	-6.7	103.9	-9.7
流动资金景气指数	Circulating Funds	87.0	-0.9	83.6	-3.4	84.9	1.3	75.4	-9.5
融资景气指数	Financing	79.1	-3.5	77.0	-2.1	75.3	-1.7	73.3	-2.0
货款拖欠景气指数	Commodity Arrears	103.0	2.6	90.0	-13.0	93.3	3.3	93.0	-0.3
原材料及能源供应景气指数	Raw and Processed Materials, and Energy Supply	101.8	4.2	105.9	4.1	106.7	0.8	101.8	-4.9
原材料及能源购进价格景气指数	Price of Raw and Processed Materials, and Energy	39.4	5.0	50.4	11.0	52.1	1.7	66.3	14.3
劳动力需求景气指数	Labou Requirement	118.6	6.5	115.7	-2.9	107.7	-8.0	104.4	-3.3
固定资产投资景气指数	Investment in Fixed Assets	106.8	-12.0	116.8	10.0	115.3	-1.5	118.0	2.7
企业科技创新景气指数	Industry Technology Innovation	105.0	-7.1	115.3	10.3	110.0	-5.3	109.6	-0.4
建筑业企业景气指数	**Construction**	**124.1**	**-12.6**	**123.1**	**-1.0**	**116.6**	**-6.5**	**114.4**	**-2.2**
工程合同景气指数	Contracted Projects	83.2	-26.7	98.2	15.0	105.6	7.4	100.1	-5.5
建筑工程量景气指数	Construction Projects	88.7	-49.7	129.2	40.5	121.8	-7.4	109.0	-12.8
新开工工程量景气指数	New Construction Projects	88.5	-29.0	113.6	25.2	104.3	-9.3	95.7	-8.6
技术设备能力景气指数	Technologic Equipment	152.1	7.8	150.0	-2.1	145.9	-4.1	144.2	-1.7
工程进度景气指数	Comstruction Process	123.3	-23.9	131.1	7.8	125.8	-5.3	125.6	-0.2
工程结算收入景气指数	Revenue of Project Settlement Accounts	90.1	-52.1	118.5	28.4	109.2	-9.3	112.2	3.0
工程结算成本景气指数	Cost of Project Settlement Accounts	66.5	26.2	68.9	2.5	42.7	-26.2	60.9	18.2
企业盈利景气指数	Total Profit	114.5	-14.1	118.6	4.2	104.8	-13.8	113.4	8.7
建筑材料购进价格景气指数	Purchases Prices of Construction Materials	40.6	11.1	74.5	33.9	43.2	-31.3	69.9	26.7
企业流动资金景气指数	Circulating Funds	91.3	1.0	85.8	-5.5	83.2	-2.6	71.4	-11.8
企业融资景气指数	Financing	76.7	-3.1	75.3	-1.4	68.4	-6.9	62.3	-6.1

24-4续表1 continued

项　目	Item	一季度（点）the First Quarter (point)	一季度比上季增减（点）Fluctuation to the Previous Quarter	二季度（点）the Second Quarter (point)	二季度比上季增减（点）Fluctuation to the Previous Quarter	三季度（点）the Third Quarter (point)	三季度比上季增减（点）Fluctuation to the Previous Quarter	四季度（点）the Fourth Quarter (point)	四季度比上季增减（点）Fluctuation to the Previous Quarter
货款拖欠景气指数	Commodity Arrears	101.1	9.7	94.3	-6.8	82.0	-12.3	83.8	1.8
劳动力需求景气指数	labour demand	105.3	-19.5	128.6	23.3	114.1	-14.5	100.5	-13.6
固定资产投资景气指数	Investment in Fixed Assets	103.2	-11.0	103.8	0.6	98.8	-5.0	92.7	-6.1
交通运输、仓储及邮政业企业景气指数	**Transportation, Storage and Post**	**130.8**	**12.6**	**118.0**	**-12.8**	**129.7**	**11.7**	**113.5**	**-16.2**
业务预定景气指数	Business Revenue	126.9	15.0	100.3	-26.6	115.6	15.3	105.8	-9.8
业务量景气指数	Business Volume	136.1	23.7	103.3	-32.8	122.4	19.2	104.7	-17.7
业务收费价格景气指数	Business Charge Prices	111.9	5.9	101.9	-10.0	108.6	6.7	102.4	-6.2
营业成本景气指数	Business Costs	48.2	-0.5	66.8	18.7	55.0	-11.8	58.9	3.9
盈利景气指数	Total Profit	115.6	11.8	99.1	-16.5	110.2	11.1	100.2	-10.0
流动资金景气指数	Circulating Funds	95.1	12.4	78.3	-16.8	86.8	8.5	84.3	-2.5
融资景气指数	Financing	80.2	0.8	79.6	-0.6	73.7	-5.9	74.6	0.9
货款拖欠景气指数	Commodity Arrears	108.7	1.2	101.8	-6.9	106.3	4.5	103.0	-3.3
劳动力需求景气指数	labour demand	114.9	-0.4	103.4	-11.5	111.6	8.2	115.7	4.1
固定资产投资景气指数	Investment in Fixed Assets	114.9	-2.2	119.0	4.1	116.1	-2.9	108.5	-7.6
批发零售贸易企业景气指数	**Wholesale and Retail Trade**	**142.3**	**5.5**	**136.1**	**-6.2**	**137.3**	**1.2**	**137.3**	**0.0**
购货合同景气指数	Purchase Contract	122.3	6.5	109.7	-12.6	113.9	4.3	121.6	7.7
商品销售量景气指数	Total Sales	119.2	-6.0	110.2	-9.0	126.0	15.8	135.1	9.1
出口销售景气指数	Sales of Export Commodities	96.6	-1.5	94.2	-2.4	97.3	3.1	96.6	-0.7
商品库存景气指数	Stock of Goods	123.5	8.1	113.2	-10.3	125.1	11.9	128.5	3.4
商品销售价格景气指数	Sales Prices	132.8	0.0	92.4	-40.4	118.9	26.5	105.7	-13.2
商品购进价格景气指数	Total Purchases	50.8	-1.3	81.7	30.9	63.7	-18.0	85.0	21.3
经营费用景气指数	Management Costs	56.1	-0.5	69.4	13.3	48.3	-21.1	46.9	-1.4
盈利景气指数	Total Profit	124.5	3.1	106.9	-17.6	122.3	15.4	125.7	3.4
流动资金景气指数	Circulating Funds	112.1	3.9	104.3	-7.8	110.9	6.6	112.3	1.5
融资景气指数	Financing	104.9	7.9	80.5	-24.4	101.2	20.7	100.5	-0.7
货款拖欠景气指数	Commodity Arrears	118.8	12.5	112.3	-6.5	111.3	-1.0	99.7	-11.6
劳动力需求景气指数	Labour Requiment	129.4	15.6	112.7	-16.7	123.2	10.5	117.2	-6.0
固定资产投资景气指数	Investment in Fixed Assets	114.4	3.6	114.0	-0.4	119.2	5.2	119.3	0.2

24-4续表2 continued

项　目	Item	一季度（点）the First Quarter (point)	一季度比上季增减（点）Fluctuation to the Previous Quarter	二季度（点）the Second Quarter (point)	二季度比上季增减（点）Fluctuation to the Previous Quarter	三季度（点）the Third Quarter (point)	三季度比上季增减（点）Fluctuation to the Previous Quarter	四季度（点）the Fourth Quarter (point)	四季度比上季增减（点）Fluctuation to the Previous Quarter
竞争能力景气指数	Competition Ability	137.7	7.3	133.3	-4.4	134.6	1.3	137.8	3.2
房地产业企业景气指数	**Real Estate Index**	**116.6**	**-7.2**	**112.7**	**-3.9**	**105.7**	**-7.0**	**93.0**	**-12.7**
土地开发面积景气指数	Land Development Investment	82.7	-12.8	84.2	1.5	86.3	2.1	75.0	-11.3
新开工面积景气指数	Floor Space of New Buildings	86.5	-9.9	84.5	-2.0	85.8	1.3	73.1	-12.7
房屋竣工面积景气指数	Buildings Completed	77.3	-18.8	82.3	5.0	88.2	5.9	83.9	-4.3
完成投资景气指数	Investment Completed	89.0	-22.9	99.5	10.6	96.1	-3.4	85.5	-10.6
商品房预售面积景气指数	Forward Sales of Commercial Houses	77.3	-10.8	66.7	-10.6	72.8	6.2	61.0	-11.8
商品房销售面积景气指数	Sale Space of Commercial Houses	74.6	-12.0	65.7	-8.9	66.7	1.0	60.7	-6.0
空置商品房面积景气指数	Idle Commercial Houses	140.1	0.5	131.0	-9.1	122.7	-8.3	113.0	-9.7
商品房销售价格景气指数	Commercial Houses Sales Prices	119.6	-8.2	101.9	-17.7	93.8	-8.1	68.5	-25.3
盈利景气指数	Total Profit	101.5	-13.8	89.5	-12.0	80.7	-8.8	66.7	-14.0
流动资金景气指数	Circulating Funds	92.7	2.8	89.7	-3.0	73.2	-16.5	65.1	-8.1
融资景气指数	Financing	72.7	-2.5	68.8	-3.9	59.4	-9.4	55.8	-3.6
货款拖欠景气指数	Commodity Arrears	119.3	1.9	116.4	-2.9	116.1	-0.3	105.5	-10.6
劳动力需求景气指数	labour Requuiment	102.5	0.9	97.0	-5.5	94.1	-2.9	75.3	-18.8
固定资产投资景气指数	Investment in Fixed Assets	93.9	-11.0	97.4	3.5	94.2	-3.2	84.2	-10.0
社会服务业企业景气指数	**Social Services**	**131.8**	**0.5**	**133.9**	**2.1**	**133.3**	**-0.6**	**123.9**	**-9.4**
服务预定景气指数	Service Reserve	118.1	12.5	115.9	-2.2	110.6	-5.3	97.0	-13.6
旅游客源景气指数	Tourists Source	122.2	36.6	122.2	0.0	122.8	0.6	77.5	-45.3
业务量景气指数	Business Charge Prices	123.9	19.1	119.3	-4.6	114.4	-4.9	101.3	-13.1
收费服务价格景气指数	Business Charge Prices	116.5	14.6	114.0	-2.5	113.6	-0.4	102.8	-10.8
营业成本景气指数	Business Costs	60.5	5.9	56.0	-4.5	59.6	3.6	56.1	-3.5
盈利景气指数	Total Profit	116.8	11.0	124.4	7.6	108.0	-16.4	94.8	-13.2
流动资金景气指数	Circulating Funds	96.3	3.3	96.0	-0.3	91.6	-4.4	89.6	-2.0
融资景气指数	Financing	81.7	0.2	76.7	-5.0	79.8	3.1	64.3	-15.5
货款拖欠景气指数	Commodity Arrears	95.0	-7.6	98.8	3.8	96.8	-2.0	100.6	3.8
劳动力需求景气指数	labour Requuiment	126.4	19.5	121.9	-4.5	115.7	-6.2	103.8	-11.9
固定资产投资景气指数	Investment in Fixed Assets	112.8	1.7	111.0	-1.8	112.3	1.3	111.7	-0.6

24-4续表3 continued

项　目	Item	一季度 (点) the First Quarter (point)	一季度比上季增减 (点) Fluctuation to the Previous Quarter	二季度 (点) the Second Quarter (point)	二季度比上季增减 (点) Fluctuation to the Previous Quarter	三季度 (点) the Third Quarter (point)	三季度比上季增减 (点) Fluctuation to the Previous Quarter	四季度 (点) the Fourth Quarter (point)	四季度比上季增减 (点) Fluctuation to the Previous Quarter
竞争能力景气指数	Competition Ability	142.3	0.5	141.9	-0.4	144.4	2.5	139.6	-4.8
信息传输、计算机服务和软件企业景气指数	**Information Transmission, Computer Services and Software**	**156.9**	**5.4**	**147.2**	**-9.7**	**156.9**	**9.7**	**153.7**	**-3.2**
产品订货景气指数	Order for Products	106.6	-26.6	115.3	8.8	128.6	13.3	129.8	1.2
产品销售景气指数	Order for Products	122.7	-24.0	127.2	4.6	148.9	21.7	147.8	-1.1
销售价格景气指数	Business Price	84.4	3.1	81.9	-2.5	87.2	5.3	84.6	-2.6
营业收入景气指数	Business Revenue	123.0	-7.5	128.6	5.6	149.6	21.0	141.0	-8.6
营业成本景气指数	Business Costs	90.6	18.0	93.7	3.1	65.2	-28.5	58.1	-7.1
盈利景气指数	Total Profit	118.7	3.3	134.3	15.6	126.4	-7.9	134.8	8.4
流动资金景气指数	Circulating Funds	122.4	-4.3	125.0	2.6	121.6	-3.4	117.8	-3.8
融资景气指数	Financing	118.7	1.6	117.5	-1.2	114.6	-2.9	113.6	-1.0
货款拖欠景气指数	Commodity Arrears	104.2	-2.4	88.7	-15.5	85.8	-2.9	103.7	17.9
劳动力需求景气指数	labour Requuiment	119.0	0.9	114.2	-4.8	122.2	8.0	113.1	-9.1
固定资产投资景气指数	Investment in Fixed Assets	109.6	-28.0	137.2	27.6	135.5	-1.7	131.9	-3.6
竞争能力景气指数"	Competition Ability	145.0	-2.1	148.4	3.4	138.7	-9.7	141.8	3.1
住宿和餐饮业企业景气指数	**Hotels and Catering Services**	**134.1**	**9.4**	**135.2**	**1.1**	**131.1**	**-4.1**	**138.9**	**7.8**
业务预定景气指数	Businee Reserve	102.9	-13.8	95.2	-7.7	107.5	12.3	117.0	9.6
客房出租景气指数	Lease of Guest Room	98.1	-0.7	107.4	9.3	96.3	-11.1	103.8	7.5
业务量景气指数	Business Volume	100.2	-16.5	92.8	-7.4	108.9	16.1	124.2	15.3
业务收费价格景气指数	Business Charge Prices	123.0	-7.5	128.6	5.6	149.6	21.0	141.0	-8.6
营业收入景气指数	Business Revenue	101.8	-16.0	92.3	-9.5	108.6	16.3	121.0	12.4
营业成本景气指数	Business Costs	69.4	25.0	81.6	12.2	56.2	-25.4	51.9	-4.3
盈利景气指数	Total Profits	102.4	-12.3	104.4	2.0	98.4	-6.0	116.8	18.5
流动资金景气指数	Circulating Funds	101.9	2.5	103.9	2.0	104.0	0.1	98.2	-5.8
融资景气指数	Financing	88.4	-4.9	85.1	-3.3	84.9	-0.2	82.1	-2.8
货款拖欠景气指数	Commodity Arrears	92.3	-12.0	99.4	7.1	93.6	-5.8	96.9	3.3
劳动力需求景气指数	labour Requuiment	125.2	10.2	102.3	-22.9	125.0	22.7	128.9	3.9
固定资产投资景气指数	Investment in Fixed Assets	108.1	-9.1	113.9	5.8	116.0	2.1	112.0	-4.0
竞争能力投资景气指数	Competition Ability	125.3	-1.1	131.5	6.2	133.4	1.9	129.6	-3.8

24-5 企业生产总量景气指数(2011年)
Gross Output Climate Index(2011)

项　目	Item	一季度 (点) the First Quarter (point)	一季度 比上季增减 (点) Fluctuation to the Previous Quarter	二季度 (点) the Second Quarter (point)	二季度 比上季增减 (点) Fluctuation to the Previous Quarter
全省企业生产总量景气指数	**Sichuan**	**105.3**	**-20.9**	**124.7**	**19.4**
分行业企业生产总量景气指数	**By Sector**				
工业	Industry	102.7	-25.6	131.6	28.9
建筑业	Construction	88.7	-49.7	130.2	41.5
交通、仓储及邮电通信业	Transport, Storage, Post and Telecommunications	136.1	23.7	103.3	-32.8
批发和零售贸易	Wholesale and Retail Trade	119.6	-5.6	109.7	-9.9
房地产业	Real Estate Trade	89.0	-22.9	98.7	9.8
社会服务业	Social Services	123.9	19.1	119.9	-4.0
信息传输、计算机服务和软件业	Information Transmission, Computer Services and Software	122.7	-24.0	127.5	4.9
住宿和餐饮业	Hotels and Catering Services	100.2	-16.5	92.8	-7.4
分类型企业生产总量景气指数	**By Ownership**				
国有企业	State-owned Enterprises	102.8	-38.7	131.9	29.1
集体企业	Collective Owned Enterprises	94.3	-16.1	97.4	3.1
股份合作企业	Share Holding Enterprises	105.7	-3.1	108.3	2.6
有限责任公司	Limited Liability Corporations	106.9	-14.9	112.5	5.7
股份有限公司	Share-holding Corporations Ltd.	118.3	-14.8	141.1	22.8
私营企业	Private Enterprises	102.4	-10.2	105.5	3.1
港、澳、台投资企业	Enterprises Funded by Hongkong, Macao and Taiwan	92.6	-45.9	120.6	28.0
外商投资企业	Foreign-funded Enterprises	124.0	0.6	116.6	-7.4
分规模企业生产总量景气指数	**By Size of Enterprises**				
大型	Large Enterprises	104.1	-62.4	156.4	52.4
中型	Medium-sized Enterprises	110.6	-20.0	127.5	16.9
小型	Small Enterprises	105.5	-7.9	104.6	-0.9
特殊企业群体的企业生产总量景气指数	**By Groups of Special Enterprise**				
国家重点联系企业	Key Enterprises in Contact with the Government	78.0	-98.4	151.6	73.6
国家试点企业集团成员	Members of Enterprise Groups in Experiment of the Government	63.2	-137.0	168.4	105.3
出口企业	Exporters	101.5	-44.5	139.1	37.6
上市公司	Listed Companies	71.0	-78.6	134.4	63.4
国有及国有控股企业	State-owned and State Share-held Enterprises	112.7	-28.1	136.4	23.7

24-5续表 continued

项　目	Item	三季度 (点) the Third Quarter (point)	三季度比上季增减 (点) Fluctuation to the Previous Quarter	四季度 (点) the Fourth Quarter (point)	四季度比上季增减 (点) Fluctuation to the Previous Quarter
全省企业生产总量景气指数	**Sichuan**	**120.3**	**-4.4**	**113.0**	**-7.3**
分行业企业生产总量景气指数	**By Sector**				
工业	Industry	119.9	-11.7	110.8	-9.1
建筑业	Construction	121.8	-8.4	109.0	-12.8
交通、仓储及邮电通信业	Transport, Storage, Post and Telecommunications	122.4	19.2	104.7	-17.7
批发和零售贸易	Wholesale and Retail Trade	125.8	16.1	134.9	9.1
房地产业	Real Estate Trade	96.1	-2.6	85.5	-10.6
社会服务业	Social Services	114.4	-5.5	101.3	-13.1
信息传输、计算机服务和软件业	Information Transmission, Computer Services and Software	148.9	21.4	147.8	-1.1
住宿和餐饮业	Hotels and Catering Services	108.9	16.1	124.2	15.3
分类型企业生产总量景气指数	**By Ownership**				
国有企业	State-owned Enterprises	130.7	-1.2	120.2	-10.5
集体企业	Collective Owned Enterprises	105.8	8.4	102.9	-2.9
股份合作企业	Share Holding Enterprises	111.8	3.5	120.6	8.8
有限责任公司	Limited Liability Corporations	113.4	0.9	107.4	-6.0
股份有限公司	Share-holding Corporations Ltd.	140.9	-0.2	126.4	-14.5
私营企业	Private Enterprises	104.3	-1.2	109.2	4.9
港、澳、台投资企业	Enterprises Funded by Hongkong, Macao and Taiwan	119.8	-0.8	121.9	2.1
外商投资企业	Foreign-funded Enterprises	120.6	4.0	118.9	-1.7
分规模企业生产总量景气指数	**By Size of Enterprises**				
大型	Large Enterprises	159.9	3.6	135.6	-24.3
中型	Medium-sized Enterprises	119.5	-8.0	117.1	-2.4
小型	Small Enterprises	109.9	5.3	104.2	-5.7
特殊企业群体的企业生产总量景气指数	**By Groups of Special Enterprise**				
国家重点联系企业	Key Enterprises in Contact with the Government	177.4	25.8	167.1	-10.3
国家试点企业集团成员	Members of Enterprise Groups in Experiment of the Government	195.0	26.6	195.0	0.0
出口企业	Exporters	130.5	-8.6	128.1	-2.4
上市公司	Listed Companies	136.2	1.9	125.3	-10.9
国有及国有控股企业	State-owned and State Share-held Enterprises	137.9	1.5	125.6	-12.3

24-6 企业税后利润景气指数(2011年)
After-tax Profits Climate Index(2011)

项　目	Item	一季度 (点) the First Quarter (point)	一季度 比上季增减 (点) Fluctuation to the Previous Quarter	二季度 (点) the Second Quarter (point)	二季度 比上季增减 (点) Fluctuation to the Previous Quarter
全省企业税后利润景气指数	**Sichuan**	**108.9**	**-13.2**	**116.9**	**8.0**
分行业企业税后利润景气指数	**By Sector**				
工业	Industry	105.0	-20.7	120.2	15.2
建筑业	Construction	114.5	-14.1	119.1	4.7
交通、仓储及邮电通信业	Transport, Storage, Post and Telecommunications	115.6	11.8	99.1	-16.5
批发和零售贸易	Wholesale and Retail Trade	124.5	3.1	107.0	-17.5
房地产业	Real Estate Trade	101.5	-13.8	88.8	-12.7
社会服务业	Social Services	116.8	11.0	124.2	7.4
信息传输、计算机服务和软件业	Information Transmission, Computer Services and Software	118.7	3.3	135.7	17.0
住宿和餐饮业	Hotels and Catering Services	102.4	-12.3	104.4	2.0
分类型企业税后利润景气指数	**By Ownership**				
国有企业	State-owned Enterprises	114.4	-9.7	118.6	4.2
集体企业	Collective Owned Enterprises	110.1	0.7	100.1	-10.0
股份合作企业	Share Holding Enterprises	125.7	13.9	136.1	10.4
有限责任公司	Limited Liability Corporations	104.6	-10.5	110.4	5.8
股份有限公司	Share-holding Corporations Ltd.	127.3	-13.3	125.4	-1.9
私营企业	Private Enterprises	105.7	-13.7	98.5	-7.2
港、澳、台投资企业	Enterprises Funded by Hongkong, Macao and Taiwan	95.0	-40.1	137.1	42.1
外商投资企业	Foreign-funded Enterprises	119.4	2.1	110.1	-9.3
分规模企业税后利润景气指数	**By Size of Enterprises**				
大型	Large Enterprises	129.3	-5.7	137.5	8.2
中型	Medium-sized Enterprises	113.8	-13.2	116.0	2.2
小型	Small Enterprises	103.7	-8.4	105.1	1.4
特殊企业群体的企业税后利润景气指数	**By Groups of Special Enterprise**				
国家重点联系企业	Key Enterprises in Contact with the Government	61.8	-65.3	140.3	78.5
国家试点企业集团成员	Members of Enterprise Groups in Experiment of the Government	31.6	-66.8	125.6	94.0
出口企业	Exporters	102.0	-35.9	122.7	20.7
上市公司	Listed Companies	94.9	-52.0	143.7	48.8
国有及国有控股企业	State-owned and State Share-held Enterprises	122.7	-6.1	124.6	2.0

24-6续表 continued

项　目	Item	三季度 (点) the Third Quarter (point)	三季度比上季增减 (点) Fluctuation to the Previous Quarter	四季度 (点) the Fourth Quarter (point)	四季度比上季增减 (点) Fluctuation to the Previous Quarter
全省企业税后利润景气指数	**Sichuan**	**111.5**	**-5.4**	**106.4**	**-5.1**
分行业企业税后利润景气指数	**By Sector**				
工业	Industry	113.6	-6.6	103.9	-9.7
建筑业	Construction	104.8	-14.3	113.4	8.7
交通、仓储及邮电通信业	Transport, Storage, Post and Telecommunications	110.2	11.1	100.2	-10.0
批发和零售贸易	Wholesale and Retail Trade	122.4	15.4	125.7	3.3
房地产业	Real Estate Trade	80.7	-8.1	66.7	-14.0
社会服务业	Social Services	108.0	-16.2	94.8	-13.2
信息传输、计算机服务和软件业	Information Transmission, Computer Services and Software	126.4	-9.3	134.8	8.4
住宿和餐饮业	Hotels and Catering Services	98.4	-6.0	116.8	18.5
分类型企业税后利润景气指数	**By Ownership**				
国有企业	State-owned Enterprises	116.3	-2.3	119.4	3.1
集体企业	Collective Owned Enterprises	90.2	-9.9	88.0	-2.2
股份合作企业	Share Holding Enterprises	105.9	-30.2	105.9	0.0
有限责任公司	Limited Liability Corporations	104.1	-6.3	98.6	-5.5
股份有限公司	Share-holding Corporations Ltd.	132.5	7.1	119.4	-13.1
私营企业	Private Enterprises	96.6	-1.9	100.5	3.9
港、澳、台投资企业	Enterprises Funded by Hongkong, Macao and Taiwan	95.4	-41.7	109.9	14.5
外商投资企业	Foreign-funded Enterprises	120.0	9.9	99.2	-20.8
分规模企业税后利润景气指数	**By Size of Enterprises**				
大型	Large Enterprises	150.0	12.5	135.2	-14.8
中型	Medium-sized Enterprises	110.6	-5.4	105.8	-4.8
小型	Small Enterprises	99.8	-5.3	98.2	-1.6
特殊企业群体的企业税后利润景气指数	**By Groups of Special Enterprise**				
国家重点联系企业	Key Enterprises in Contact with the Government	133.4	-6.9	98.2	-35.2
国家试点企业集团成员	Members of Enterprise Groups in Experiment of the Government	125.6	0.0	94.1	-31.5
出口企业	Exporters	120.7	-2.0	115.8	-4.9
上市公司	Listed Companies	132.7	-11.0	119.8	-12.9
国有及国有控股企业	State-owned and State Share-held Enterprises	126.0	1.4	122.5	-3.5

24-7 企业流动资金景气指数(2011年)
Liquidity Climate Index(2011)

项目	Item	一季度 (点) the First Quarter (point)	一季度比上季增减 (点) Fluctuation to the Previous Quarter	二季度 (点) the Second Quarter (point)	二季度比上季增减 (点) Fluctuation to the Previous Quarter
全省企业流动资金景气指数	**Sichuan**	**92.7**	**1.2**	**88.8**	**-3.9**
分行业企业流动资金景气指数	**By Sector**				
工业	Industry	87.0	-0.9	83.6	-3.4
建筑业	Construction	91.3	1.0	86.3	-5.0
交通、仓储及邮电通信业	Transport, Storage, Post and Telecommunications	95.1	12.4	78.3	-16.8
批发和零售贸易	Wholesale and Retail Trade	112.2	4.0	104.4	-7.8
房地产业	Real Estate Trade	92.7	2.8	89.4	-3.3
社会服务业	Social Services	96.3	3.3	95.3	-1.0
信息传输、计算机服务和软件业	Information Transmission, Computer Services and Software	122.4	-4.3	126.3	3.9
住宿和餐饮业	Hotels and Catering Services	101.9	2.5	103.9	2.0
分类型企业流动资金景气指数	**By Ownership**				
国有企业	State-owned Enterprises	91.4	-1.1	85.0	-6.4
集体企业	Collective Owned Enterprises	85.6	13.8	77.8	-7.8
股份合作企业	Share Holding Enterprises	82.9	-11.2	108.3	25.4
有限责任公司	Limited Liability Corporations	89.7	1.3	86.0	-3.7
股份有限公司	Share-holding Corporations Ltd.	112.3	10.8	100.3	-12.0
私营企业	Private Enterprises	99.1	1.5	94.5	-4.6
港、澳、台投资企业	Enterprises Funded by Hongkong, Macao and Taiwan	108.8	-6.1	113.8	5.0
外商投资企业	Foreign-funded Enterprises	129.3	-2.6	124.7	-4.6
分规模企业流动资金景气指数	**By Size of Enterprises**				
大型	Large Enterprises	113.8	3.2	91.9	-21.9
中型	Medium-sized Enterprises	94.5	0.0	91.6	-2.9
小型	Small Enterprises	91.4	4.0	88.2	-3.2
特殊企业群体的企业流动资金景气指数	**By Groups of Special Enterprise**				
国家重点联系企业	Key Enterprises in Contact with the Government	70.5	-22.7	55.4	-15.1
国家试点企业集团成员	Members of Enterprise Groups in Experiment of the Government	62.8	-58.5	62.8	0.0
出口企业	Exporters	88.2	-0.5	85.1	-3.1
上市公司	Listed Companies	95.9	-1.4	79.0	-16.9
国有及国有控股企业	State-owned and State Share-held Enterprises	103.4	4.3	92.8	-10.6

24-7续表 continued

项　目	Item	三季度 (点) the Third Quarter (point)	三季度比上季增减 (点) Fluctuation to the Previous Quarter	四季度 (点) the Fourth Quarter (point)	四季度比上季增减 (点) Fluctuation to the Previous Quarter
全省企业流动资金景气指数	**Sichuan**	**89.1**	**0.3**	**81.4**	**-7.7**
分行业企业流动资金景气指数	**By Sector**				
工业	Industry	84.9	1.4	75.4	-9.5
建筑业	Construction	83.2	-3.1	71.4	-11.8
交通、仓储及邮电通信业	Transport, Storage, Post and Telecommunications	86.8	8.5	84.3	-2.5
批发和零售贸易	Wholesale and Retail Trade	110.9	6.5	112.3	1.4
房地产业	Real Estate Trade	73.2	-16.2	65.1	-8.1
社会服务业	Social Services	91.6	-3.7	89.6	-2.0
信息传输、计算机服务和软件业	Information Transmission, Computer Services and Software	121.6	-4.7	117.8	-3.8
住宿和餐饮业	Hotels and Catering Services	104.0	0.1	98.2	-5.8
分类型企业流动资金景气指数	**By Ownership**				
国有企业	State-owned Enterprises	89.3	4.3	85.8	-3.5
集体企业	Collective Owned Enterprises	75.6	-2.2	69.1	-6.5
股份合作企业	Share Holding Enterprises	100.0	-8.3	85.3	-14.7
有限责任公司	Limited Liability Corporations	84.0	-2.0	76.3	-7.7
股份有限公司	Share-holding Corporations Ltd.	104.7	4.4	98.4	-6.3
私营企业	Private Enterprises	92.8	-1.7	88.4	-4.4
港、澳、台投资企业	Enterprises Funded by Hongkong, Macao and Taiwan	123.7	9.9	103.0	-20.7
外商投资企业	Foreign-funded Enterprises	132.9	8.2	122.1	-10.8
分规模企业流动资金景气指数	**By Size of Enterprises**				
大型	Large Enterprises	114.3	22.4	96.3	-18.0
中型	Medium-sized Enterprises	89.6	-2.0	84.3	-5.3
小型	Small Enterprises	85.8	-2.4	80.6	-5.2
特殊企业群体的企业流动资金景气指数	**By Groups of Special Enterprise**				
国家重点联系企业	Key Enterprises in Contact with the Government	83.0	27.6	67.3	-15.7
国家试点企业集团成员	Members of Enterprise Groups in Experiment of the Government	94.4	31.6	62.8	-31.6
出口企业	Exporters	79.7	-5.4	72.9	-6.8
上市公司	Listed Companies	89.6	10.6	81.1	-8.5
国有及国有控股企业	State-owned and State Share-held Enterprises	97.5	4.7	91.3	-6.2

24-8 企业货款拖欠景气指数(2011年)
Loan Delinquency Climate Index(2011)

项　目	Item	一季度 (点) the First Quarter (point)	一季度 比上季增减 (点) Fluctuation to the Previous Quarter	二季度 (点) the Second Quarter (point)	二季度 比上季增减 (点) Fluctuation to the Previous Quarter
全省企业货款拖欠景气指数	**Sichuan**	**104.4**	**2.6**	**94.7**	**-9.7**
分行业企业货款拖欠景气指数	**By Sector**				
工业	Industry	102.9	2.5	90.0	-12.9
建筑业	Construction	101.1	9.7	94.2	-6.9
交通、仓储及邮电通信业	Transport, Storage, Post and Telecommunications	108.7	1.2	101.8	-6.9
批发和零售贸易	Wholesale and Retail Trade	119.1	12.8	112.7	-6.4
房地产业	Real Estate Trade	119.3	1.9	116.2	-3.1
社会服务业	Social Services	95.0	-7.6	98.8	3.8
信息传输、计算机服务和软件业	Information Transmission, Computer Services and Software	104.2	-2.4	88.6	-15.6
住宿和餐饮业	Hotels and Catering Services	92.3	-12.0	99.4	7.1
分类型企业货款拖欠景气指数	**By Ownership**				
国有企业	State-owned Enterprises	110.4	3.3	99.7	-10.7
集体企业	Collective Owned Enterprises	102.6	11.9	111.6	9.0
股份合作企业	Share Holding Enterprises	94.3	-14.5	94.4	0.1
有限责任公司	Limited Liability Corporations	104.7	3.3	97.4	-7.3
股份有限公司	Share-holding Corporations Ltd.	106.2	6.9	92.6	-13.6
私营企业	Private Enterprises	103.3	-4.0	106.0	2.7
港、澳、台投资企业	Enterprises Funded by Hongkong, Macao and Taiwan	91.2	-41.3	114.7	23.5
外商投资企业	Foreign-funded Enterprises	108.9	3.3	97.6	-11.3
分规模企业货款拖欠景气指数	**By Size of Enterprises**				
大型	Large Enterprises	110.1	13.6	86.3	-23.8
中型	Medium-sized Enterprises	109.4	8.5	98.3	-11.1
小型	Small Enterprises	102.0	-3.0	100.7	-1.3
特殊企业群体的企业货款拖欠景气指数	**By Groups of Special Enterprise**				
国家重点联系企业	Key Enterprises in Contact with the Government	108.6	21.8	53.2	-55.4
国家试点企业集团成员	Members of Enterprise Groups in Experiment of the Government	101.0	38.0	37.2	-63.8
出口企业	Exporters	99.3	7.3	84.4	-14.9
上市公司	Listed Companies	99.9	-15.5	79.9	-20.0
国有及国有控股企业	State-owned and State Share-held Enterprises	109.4	3.2	96.1	-13.3

24-8续表 continued

项　目	Item	三季度 (点) the Third Quarter (point)	三季度比上季增减 (点) Fluctuation to the Previous Quarter	四季度 (点) the Fourth Quarter (point)	四季度比上季增减 (点) Fluctuation to the Previous Quarter
全省企业货款拖欠景气指数	**Sichuan**	**95.1**	**0.5**	**94.6**	**-0.5**
分行业企业货款拖欠景气指数	**By Sector**				
工业	Industry	93.2	3.2	93.0	-0.2
建筑业	Construction	82.0	-12.2	83.8	1.8
交通、仓储及邮电通信业	Transport, Storage, Post and Telecommunications	106.3	4.5	103.0	-3.3
批发和零售贸易	Wholesale and Retail Trade	111.6	-1.1	99.7	-11.9
房地产业	Real Estate Trade	116.1	-0.1	105.5	-10.6
社会服务业	Social Services	96.8	-2.0	100.6	3.8
信息传输、计算机服务和软件业	Information Transmission, Computer Services and Software	85.8	-2.8	103.7	17.9
住宿和餐饮业	Hotels and Catering Services	93.6	-5.8	96.9	3.3
分类型企业货款拖欠景气指数	**By Ownership**				
国有企业	State-owned Enterprises	99.7	0.0	96.1	-3.6
集体企业	Collective Owned Enterprises	95.7	-15.9	92.5	-3.2
股份合作企业	Share Holding Enterprises	88.2	-6.2	100.0	11.8
有限责任公司	Limited Liability Corporations	96.0	-1.4	93.3	-2.7
股份有限公司	Share-holding Corporations Ltd.	103.5	10.9	99.7	-3.8
私营企业	Private Enterprises	97.6	-8.4	97.6	0.0
港、澳、台投资企业	Enterprises Funded by Hongkong, Macao and Taiwan	97.9	-16.8	84.9	-13.0
外商投资企业	Foreign-funded Enterprises	90.8	-6.8	110.6	19.8
分规模企业货款拖欠景气指数	**By Size of Enterprises**				
大型	Large Enterprises	92.4	6.1	85.2	-7.2
中型	Medium-sized Enterprises	96.7	-1.6	97.1	0.4
小型	Small Enterprises	99.8	-0.9	96.2	-3.6
特殊企业群体的企业货款拖欠景气指数	**By Groups of Special Enterprise**				
国家重点联系企业	Key Enterprises in Contact with the Government	34.1	-19.1	67.6	33.5
国家试点企业集团成员	Members of Enterprise Groups in Experiment of the Government	5.0	-32.2	36.6	31.6
出口企业	Exporters	76.4	-8.0	81.8	5.4
上市公司	Listed Companies	89.3	9.5	112.6	23.3
国有及国有控股企业	State-owned and State Share-held Enterprises	100.8	4.7	97.3	-3.5

24-9 企业用工景气指数(2011年)
Labor Climate Index(2011)

项　目	Item	一季度 (点) the First Quarter (point)	一季度比上季增减 (点) Fluctuation to the Previous Quarter	二季度 (点) the Second Quarter (point)	二季度比上季增减 (点) Fluctuation to the Previous Quarter
全省企业用工景气指数	**Sichuan**	**117.8**	**4.5**	**115.0**	**-2.8**
分行业的企业用工景气指数	**By Sector**				
工业	Industry	118.6	6.5	115.7	-2.9
建筑业	Construction	105.3	-19.5	129.3	24.0
交通、仓储及邮电通信业	Transport, Storage, Post and Telecommunications	114.9	-0.4	103.4	-11.5
批发和零售贸易	Wholesale and Retail Trade	129.5	15.7	112.8	-16.7
房地产业	Real Estate Trade	102.5	0.9	96.2	-6.3
社会服务业	Social Services	126.4	19.5	122.5	-3.9
信息传输、计算机服务和软件业	Information Transmission, Computer Services and Software	119.0	0.9	114.3	-4.7
住宿和餐饮业	Hotels and Catering Services	125.2	10.2	102.3	-22.9
分类型的企业用工景气指数	**By Ownership**				
国有企业	State-owned Enterprises	107.3	-5.6	105.1	-2.2
集体企业	Collective Owned Enterprises	100.0	-5.6	106.4	6.4
股份合作企业	Share Holding Enterprises	108.6	8.6	113.9	5.3
有限责任公司	Limited Liability Corporations	120.8	8.7	111.6	-9.2
股份有限公司	Share-holding Corporations Ltd.	122.6	5.6	127.3	4.7
私营企业	Private Enterprises	116.1	2.0	110.0	-6.1
港、澳、台投资企业	Enterprises Funded by Hongkong, Macao and Taiwan	115.8	2.5	117.7	1.9
外商投资企业	Foreign-funded Enterprises	126.9	7.9	116.7	-10.2
分规模的企业用工景气指数	**By Size of Enterprises**				
大型	Large Enterprises	122.3	4.6	130.1	7.8
中型	Medium-sized Enterprises	121.2	4.8	116.8	-4.4
小型	Small Enterprises	114.5	5.3	106.3	-8.2
特殊企业群体的企业用工景气指数	**By Groups of Special Enterprise**				
国家重点联系企业	Key Enterprises in Contact with the Government	102.3	2.6	72.2	-30.1
国家试点企业集团成员	Members of Enterprise Groups in Experiment of the Government	99.4	32.7	67.8	-31.6
出口企业	Exporters	125.2	8.0	119.4	-5.8
上市公司	Listed Companies	105.5	-5.6	119.2	13.7
国有及国有控股企业	State-owned and State Share-held Enterprises	113.9	-0.3	114.8	0.9

24-9续表 continued

项　　目	Item	三季度（点）the Third Quarter (point)	三季度比上季增减（点）Fluctuation to the Previous Quarter	四季度（点）the Fourth Quarter (point)	四季度比上季增减（点）Fluctuation to the Previous Quarter
全省企业用工景气指数	**Sichuan**	**110.8**	**-4.2**	**105.6**	**-5.2**
分行业的企业用工景气指数	**By Sector**				
工业	Industry	107.7	-8.0	104.5	-3.2
建筑业	Construction	114.1	-15.2	100.5	-13.6
交通、仓储及邮电通信业	Transport, Storage, Post and Telecommunications	111.6	8.2	115.7	4.1
批发和零售贸易	Wholesale and Retail Trade	123.3	10.5	116.9	-6.4
房地产业	Real Estate Trade	94.1	-2.1	75.3	-18.8
社会服务业	Social Services	115.7	-6.8	103.8	-11.9
信息传输、计算机服务和软件业	Information Transmission, Computer Services and Software	122.2	7.9	113.1	-9.1
住宿和餐饮业	Hotels and Catering Services	125.0	22.7	128.9	3.9
分类型的企业用工景气指数	**By Ownership**				
国有企业	State-owned Enterprises	107.0	1.9	111.5	4.5
集体企业	Collective Owned Enterprises	99.9	-6.5	98.3	-1.6
股份合作企业	Share Holding Enterprises	111.8	-2.1	105.9	-5.9
有限责任公司	Limited Liability Corporations	109.7	-1.9	101.9	-7.8
股份有限公司	Share-holding Corporations Ltd.	126.2	-1.1	108.7	-17.5
私营企业	Private Enterprises	103.9	-6.1	111.2	7.4
港、澳、台投资企业	Enterprises Funded by Hongkong, Macao and Taiwan	131.5	13.9	127.3	-4.2
外商投资企业	Foreign-funded Enterprises	126.2	9.5	119.1	-7.1
分规模的企业用工景气指数	**By Size of Enterprises**				
大型	Large Enterprises	126.9	-3.2	98.8	-28.1
中型	Medium-sized Enterprises	111.1	-5.7	108.9	-2.2
小型	Small Enterprises	108.7	2.4	104.7	-4.0
特殊企业群体的企业用工景气指数	**By Groups of Special Enterprise**				
国家重点联系企业	Key Enterprises in Contact with the Government	96.4	24.2	77.8	-18.6
国家试点企业集团成员	Members of Enterprise Groups in Experiment of the Government	99.4	31.6	67.8	-31.6
出口企业	Exporters	112.2	-7.2	107.3	-4.9
上市公司	Listed Companies	124.1	4.9	108.8	-15.3
国有及国有控股企业	State-owned and State Share-held Enterprises	116.7	2.0	109.4	-7.3

24-10 企业固定资产投资景气指数(2011年)
Fixed Assets Investment Climate Index(2011)

项　目	Item	一季度 (点) the First Quarter (point)	一季度比上季增减 (点) Fluctuation to the Previous Quarter	二季度 (点) the Second Quarter (point)	二季度比上季增减 (点) Fluctuation to the Previous Quarter
全省企业固定资产投资景气指数	**Sichuan**	**107.2**	**-9.7**	**115.1**	**7.9**
分行业的企业固定资产投资景气指数	**By Sector**				
工业	Industry	106.8	-12.0	116.7	9.9
建筑业	Construction	103.2	-11.0	104.5	1.3
交通、仓储及邮电通信业	Transport, Storage, Post and Telecommunications	114.9	-2.2	119.0	4.1
批发和零售贸易	Wholesale and Retail Trade	114.5	3.7	114.2	-0.3
房地产业	Real Estate Trade	93.9	-11.0	97.0	3.1
社会服务业	Social Services	112.8	1.7	110.2	-2.6
信息传输、计算机服务和软件业	Information Transmission, Computer Services and Software	109.6	-28.0	137.5	27.9
住宿和餐饮业	Hotels and Catering Services	108.1	-9.1	113.9	5.8
分类型的企业固定资产投资景气指数	**By Ownership**				
国有企业	State-owned Enterprises	104.9	-13.9	116.1	11.2
集体企业	Collective Owned Enterprises	100.1	-1.3	100.5	0.4
股份合作企业	Share Holding Enterprises	111.4	5.5	116.7	5.3
有限责任公司	Limited Liability Corporations	106.1	-5.2	108.7	2.6
股份有限公司	Share-holding Corporations Ltd.	112.5	-15.4	130.7	18.2
私营企业	Private Enterprises	109.0	-4.1	107.0	-2.0
港、澳、台投资企业	Enterprises Funded by Hongkong, Macao and Taiwan	85.8	-30.1	104.2	18.4
外商投资企业	Foreign-funded Enterprises	117.5	-28.1	115.2	-2.3
分规模的企业固定资产投资景气指数	**By Size of Enterprises**				
大型	Large Enterprises	114.2	-23.4	131.4	17.2
中型	Medium-sized Enterprises	109.1	-8.2	115.5	6.4
小型	Small Enterprises	104.7	-5.6	107.7	3.0
特殊企业群体的企业固定资产投资景气指数	**By Groups of Special Enterprise**				
国家重点联系企业	Key Enterprises in Contact with the Government	59.1	-57.7	86.8	27.7
国家试点企业集团成员	Members of Enterprise Groups in Experiment of the Government	36.6	-68.6	67.5	31.0
出口企业	Exporters	103.5	-20.4	117.8	14.3
上市公司	Listed Companies	86.1	-51.1	104.7	18.7
国有及国有控股企业	State-owned and State Share-held Enterprises	110.1	-12.7	121.2	11.1

24-10续表 continued

项　目	Item	三季度 (点) the Third Quarter (point)	三季度比上季增减 (点) Fluctuation to the Previous Quarter	四季度 (点) the Fourth Quarter (point)	四季度比上季增减 (点) Fluctuation to the Previous Quarter
全省企业固定资产投资景气指数	**Sichuan**	**113.9**	**-1.2**	**113.7**	**-0.2**
分行业的企业固定资产投资景气指数	**By Sector**				
工业	Industry	115.3	-1.4	118.0	2.7
建筑业	Construction	98.8	-5.7	92.7	-6.1
交通、仓储及邮电通信业	Transport, Storage, Post and Telecommunications	116.1	-2.9	108.5	-7.6
批发和零售贸易	Wholesale and Retail Trade	119.2	5.0	119.4	0.2
房地产业	Real Estate Trade	94.2	-2.8	84.2	-10.0
社会服务业	Social Services	112.3	2.1	111.7	-0.6
信息传输、计算机服务和软件业	Information Transmission, Computer Services and Software	135.5	-2.0	131.9	-3.6
住宿和餐饮业	Hotels and Catering Services	116.0	2.1	112.0	-4.0
分类型的企业固定资产投资景气指数	**By Ownership**				
国有企业	State-owned Enterprises	120.6	4.5	115.5	-5.1
集体企业	Collective Owned Enterprises	84.2	-16.3	81.2	-3.0
股份合作企业	Share Holding Enterprises	102.9	-13.8	105.9	3.0
有限责任公司	Limited Liability Corporations	108.4	-0.3	106.6	-1.8
股份有限公司	Share-holding Corporations Ltd.	126.7	-4.0	125.4	-1.3
私营企业	Private Enterprises	110.1	3.1	111.2	1.1
港、澳、台投资企业	Enterprises Funded by Hongkong, Macao and Taiwan	105.1	0.9	105.7	0.6
外商投资企业	Foreign-funded Enterprises	112.4	-2.8	120.9	8.5
分规模的企业固定资产投资景气指数	**By Size of Enterprises**				
大型	Large Enterprises	140.7	9.3	137.1	-3.6
中型	Medium-sized Enterprises	112.1	-3.4	112.5	0.5
小型	Small Enterprises	107.1	-0.6	104.2	-2.9
特殊企业群体的企业固定资产投资景气指数	**By Groups of Special Enterprise**				
国家重点联系企业	Key Enterprises in Contact with the Government	151.7	64.9	138.9	-12.8
国家试点企业集团成员	Members of Enterprise Groups in Experiment of the Government	163.5	96.0	163.5	0.1
出口企业	Exporters	120.9	3.1	125.7	4.8
上市公司	Listed Companies	122.6	17.9	110.9	-11.7
国有及国有控股企业	State-owned and State Share-held Enterprises	121.8	0.6	120.4	-1.4

24-11 企业产品订货景气指数(2011年)
Product Orders Climate Index(2011)

项目	Item	一季度 (点) the First Quarter (point)	一季度比上季增减 (点) Fluctuation to the Previous Quarter	二季度 (点) the Second Quarter (point)	二季度比上季增减 (点) Fluctuation to the Previous Quarter
全省企业产品订货景气指数	**Sichuan**	**107.3**	**-9.0**	**111.3**	**4.1**
分行业企业产品订货景气指数	**By Sector**				
工业	Industry	109.7	-10.9	118.3	8.6
建筑业	Construction	83.2	-26.7	98.5	15.3
交通、仓储及邮电通信业	Transport, Storage, Post and Telecommunications	126.9	15.0	100.3	-26.6
批发和零售贸易	Wholesale and Retail Trade	122.0	6.2	109.5	-12.5
房地产业	Real Estate Trade	77.3	-10.8	66.2	-11.1
社会服务业	Social Services	118.1	12.5	115.8	-2.3
信息传输、计算机服务和软件业	Information Transmission, Computer Services and Software	106.6	-26.6	116.5	10.0
住宿和餐饮业	Hotels and Catering Services	102.9	-13.8	95.2	-7.7
分类型企业产品订货景气指数	**By Ownership**				
国有企业	State-owned Enterprises	103.3	-19.3	111.0	7.7
集体企业	Collective Owned Enterprises	92.9	-9.8	94.4	1.5
股份合作企业	Share Holding Enterprises	111.4	14.3	100.0	-11.4
有限责任公司	Limited Liability Corporations	105.8	-6.2	104.1	-1.7
股份有限公司	Share-holding Corporations Ltd.	119.2	-1.5	119.6	0.4
私营企业	Private Enterprises	106.6	-0.7	92.0	-14.6
港、澳、台投资企业	Enterprises Funded by Hongkong, Macao and Taiwan	94.6	-33.8	111.8	17.2
外商投资企业	Foreign-funded Enterprises	116.4	-4.0	121.8	5.4
分规模企业产品订货景气指数	**By Size of Enterprises**				
大型	Large Enterprises	109.1	-25.8	129.5	20.4
中型	Medium-sized Enterprises	112.0	-6.0	111.6	-0.4
小型	Small Enterprises	102.6	-5.0	97.7	-4.9
特殊企业群体的企业产品订货景气指数	**By Groups of Special Enterprise**				
国家重点联系企业	Key Enterprises in Contact with the Government	56.1	-65.3	86.5	30.4
国家试点企业集团成员	Members of Enterprise Groups in Experiment of the Government	36.6	-63.4	68.8	32.3
出口企业	Exporters	106.6	-19.0	116.3	9.7
上市公司	Listed Companies	80.3	-33.7	95.8	15.5
国有及国有控股企业	State-owned and State Share-held Enterprises	109.5	-13.2	113.0	3.6

24-11续表 continued

项　目	Item	三季度 (点) the Third Quarter (point)	三季度比上季增减 (点) Fluctuation to the Previous Quarter	四季度 (点) the Fourth Quarter (point)	四季度比上季增减 (点) Fluctuation to the Previous Quarter
全省企业产品订货景气指数	**Sichuan**	**113.9**	**-1.2**	**113.7**	**-0.2**
分行业企业产品订货景气指数	**By Sector**				
工业	Industry	115.3	-1.4	118.0	2.7
建筑业	Construction	98.8	-5.7	92.7	-6.1
交通、仓储及邮电通信业	Transport, Storage, Post and Telecommunications	116.1	-2.9	108.5	-7.6
批发和零售贸易	Wholesale and Retail Trade	119.2	5.0	119.4	0.2
房地产业	Real Estate Trade	94.2	-2.8	84.2	-10.0
社会服务业	Social Services	112.3	2.1	111.7	-0.6
信息传输、计算机服务和软件业	Information Transmission, Computer Services and Software	135.5	-2.0	131.9	-3.6
住宿和餐饮业	Hotels and Catering Services	116.0	2.1	112.0	-4.0
分类型企业产品订货景气指数	**By Ownership**				
国有企业	State-owned Enterprises	120.6	4.5	115.5	-5.1
集体企业	Collective Owned Enterprises	84.2	-16.3	81.2	-3.0
股份合作企业	Share Holding Enterprises	102.9	-13.8	105.9	3.0
有限责任公司	Limited Liability Corporations	108.4	-0.3	106.6	-1.8
股份有限公司	Share-holding Corporations Ltd.	126.7	-4.0	125.4	-1.3
私营企业	Private Enterprises	110.1	3.1	111.2	1.1
港、澳、台投资企业	Enterprises Funded by Hongkong, Macao and Taiwan	105.1	0.9	105.7	0.6
外商投资企业	Foreign-funded Enterprises	112.4	-2.8	120.9	8.5
分规模企业产品订货景气指数	**By Size of Enterprises**				
大型	Large Enterprises	140.7	9.3	137.1	-3.6
中型	Medium-sized Enterprises	112.1	-3.4	112.5	0.5
小型	Small Enterprises	107.1	-0.6	104.2	-2.9
特殊企业群体的企业产品订货景气指数	**By Groups of Special Enterprise**				
国家重点联系企业	Key Enterprises in Contact with the Government	151.7	64.9	138.9	-12.8
国家试点企业集团成员	Members of Enterprise Groups in Experiment of the Government	163.5	96.0	163.5	0.1
出口企业	Exporters	120.9	3.1	125.7	4.8
上市公司	Listed Companies	122.6	17.9	110.9	-11.7
国有及国有控股企业	State-owned and State Share-held Enterprises	121.8	0.6	120.4	-1.4

24-12 企业融资景气指数(2011年)
Financing Climate Index(2011)

项　目	Item	一季度 (点) the First Quarter (point)	一季度 比上季增减 (点) Fluctuation to the Previous Quarter	二季度 (点) the Second Quarter (point)	二季度 比上季增减 (点) Fluctuation to the Previous Quarter
全省企业融资景气指数	**Sichuan**	**83.1**	**-1.2**	**79.1**	**-4.0**
分行业的企业融资景气指数	**By Sector**				
工业	Industry	79.1	-3.5	76.9	-2.2
建筑业	Construction	76.7	-3.1	75.7	-1.0
交通、仓储及邮电通信业	Transport, Storage, Post and Telecommunications	80.2	0.8	79.6	-0.6
批发和零售贸易	Wholesale and Retail Trade	104.9	7.9	80.3	-24.6
房地产业	Real Estate Trade	72.7	-2.5	68.3	-4.4
社会服务业	Social Services	81.7	0.2	76.8	-4.9
信息传输、计算机服务和软件业	Information Transmission, Computer Services and Software	118.7	1.6	118.8	0.1
住宿和餐饮业	Hotels and Catering Services	88.4	-4.9	85.1	-3.3
分类型的企业融资景气指数	**By Ownership**				
国有企业	State-owned Enterprises	79.0	-5.4	79.0	0.0
集体企业	Collective Owned Enterprises	66.9	-6.0	77.5	10.6
股份合作企业	Share Holding Enterprises	65.7	-19.6	75.0	9.3
有限责任公司	Limited Liability Corporations	78.4	-1.6	75.2	-3.2
股份有限公司	Share-holding Corporations Ltd.	108.2	11.9	86.2	-22.0
私营企业	Private Enterprises	85.3	-1.1	78.5	-6.8
港、澳、台投资企业	Enterprises Funded by Hongkong, Macao and Taiwan	94.5	1.4	97.9	3.4
外商投资企业	Foreign-funded Enterprises	115.6	-9.6	108.7	-6.9
分规模的企业融资景气指数	**By Size of Enterprises**				
大型	Large Enterprises	108.3	-0.5	82.4	-25.9
中型	Medium-sized Enterprises	85.5	-1.6	81.1	-4.4
小型	Small Enterprises	77.4	-0.8	74.9	-2.5
特殊企业群体的企业融资景气指数	**By Groups of Special Enterprise**				
国家重点联系企业	Key Enterprises in Contact with the Government	52.5	-38.0	51.5	-1.0
国家试点企业集团成员	Members of Enterprise Groups in Experiment of the Government	36.6	-63.4	36.6	0.1
出口企业	Exporters	78.1	-9.8	78.7	0.7
上市公司	Listed Companies	84.1	-8.1	92.6	8.5
国有及国有控股企业	State-owned and State Share-held Enterprises	91.8	0.2	82.0	-9.8

24-12续表 continued

项　目	Item	三季度 (点) the Third Quarter (point)	三季度比上季增减 (点) Fluctuation to the Previous Quarter	四季度 (点) the Fourth Quarter (point)	四季度比上季增减 (点) Fluctuation to the Previous Quarter
全省企业融资景气指数	**Sichuan**	**78.3**	**-0.8**	**75.6**	**-2.7**
分行业的企业融资景气指数	**By Sector**				
工业	Industry	75.3	-1.6	73.3	-2.0
建筑业	Construction	68.4	-7.3	62.3	-6.1
交通、仓储及邮电通信业	Transport, Storage, Post and Telecommunications	73.7	-5.9	74.6	0.9
批发和零售贸易	Wholesale and Retail Trade	101.2	20.9	100.5	-0.7
房地产业	Real Estate Trade	59.4	-8.9	55.8	-3.6
社会服务业	Social Services	79.8	3.0	64.3	-15.5
信息传输、计算机服务和软件业	Information Transmission, Computer Services and Software	114.6	-4.2	113.6	-1.0
住宿和餐饮业	Hotels and Catering Services	84.9	-0.2	82.1	-2.8
分类型的企业融资景气指数	**By Ownership**				
国有企业	State-owned Enterprises	76.9	-2.1	79.2	2.3
集体企业	Collective Owned Enterprises	62.3	-15.2	64.6	2.3
股份合作企业	Share Holding Enterprises	82.4	7.4	70.6	-11.8
有限责任公司	Limited Liability Corporations	72.0	-3.2	68.7	-3.3
股份有限公司	Share-holding Corporations Ltd.	100.2	14.0	96.0	-4.2
私营企业	Private Enterprises	76.0	-2.5	71.4	-4.6
港、澳、台投资企业	Enterprises Funded by Hongkong, Macao and Taiwan	101.7	3.8	90.0	-11.7
外商投资企业	Foreign-funded Enterprises	114.5	5.8	109.9	-4.6
分规模的企业融资景气指数	**By Size of Enterprises**				
大型	Large Enterprises	107.0	24.6	106.8	-0.2
中型	Medium-sized Enterprises	80.1	-1.0	76.0	-4.1
小型	Small Enterprises	71.5	-3.4	68.8	-2.7
特殊企业群体的企业融资景气指数	**By Groups of Special Enterprise**				
国家重点联系企业	Key Enterprises in Contact with the Government	53.0	1.5	72.7	19.7
国家试点企业集团成员	Members of Enterprise Groups in Experiment of the Government	36.6	0.1	68.1	31.6
出口企业	Exporters	73.9	-4.8	72.9	-1.0
上市公司	Listed Companies	88.6	-4.0	89.1	0.5
国有及国有控股企业	State-owned and State Share-held Enterprises	88.4	6.4	88.0	-0.4

主要统计指标解释

景气指数 又称景气度，它是对企业景气调查中的定性指标通过定量方法加以汇总，综合反映某一特定调查群体或某一社会经济现象所处的状态或发展趋势的一种指标。企业的景气指数是根据调查企业中，选择“好”或“上升”或“乐观”的企业与选择“差”或“下降”或“不乐观”的企业的所占份额(一般以主营业务收入对比重加权，下同)之差来计算的，统一用纯正数形式表示，以100作为景气指数的临界值，其数值范围在0---200之间；当景气指数大于100时，表明经济状况趋于上升或改善，处于景气状态；当景气指数小于100时，表明经济状况趋于下降或恶化，处于不景气状态。其具体计算方法为：（选择“好”的企业份额—选择“差”的企业份额）×100+100。

企业家信心指数 是根据企业家对企业外部市场经济环境与宏观政策的认识、看法、判断与预期（通常为对“乐观”、“一般”、“不乐观”的选择）而编制的指数，用以综合反映企业家对宏观经济环境的感受与信心。

企业景气指数 是根据企业家对本企业综合生产经营情况的判断与预期(通常为对“良好”、“一般”、“不佳”的选择)而编制的指数，用以综合反映企业的生产经营状况。

Explanatory Notes on Main Statistical Indicators

Business Climate Index It is a qualitative index which, by adding up certain quantitative figures, reflects the status or tendency the investigated group or social economic phenomenon is in. The difference between the proportion of the enterprises whose business climate indices show “good” or “upward” or “optimistic” and that of those whose business climate indices show “bad” or “downward” or “not optimistic” is obtained by working out the difference between their major business earnings, usually expressed in positive numbers. The critical point of the business climate index is 100, with the scope between 0 and 200. When it is above 100, the index show that the economic status is in an upward trend or being ameliorated, and that the condition is in good health. When it is below 100, the index show that the economic status is in a downward trend or being deteriorated, and that the condition is in bad health. The formula for calculating business climate index is:

Business Climate Index = The Proportion of “Good” Enterprises / The Proportion of “Bad” Enterprises × 100 + 100.

Entrepreneur Confidence Index It indicates the feeling about, and confidence in, the macroeconomic environment on the part of the entrepreneur, reflected by his or her interpretation, opinions, judgment, and expectation (usually expressed as “optimistic”, “ordinary”, or “not optimistic”) of the enterprise’s external market economic environment and general policies.

Enterprise Business Climate Index It indicates the enterprise’s production and management status, reflected by the entrepreneur’s judgment and expectation (usually expressed as “good”, “ordinary”, or not good”) of the general situation the enterprise’s production and management are in.